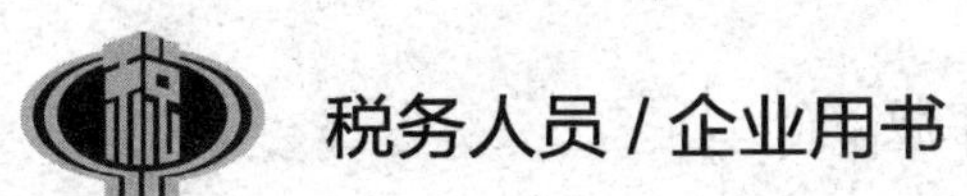

企业所得税
汇算清缴疑难问题解析

（2018年版）

企业所得税纳税申报表丛书编写组　编著

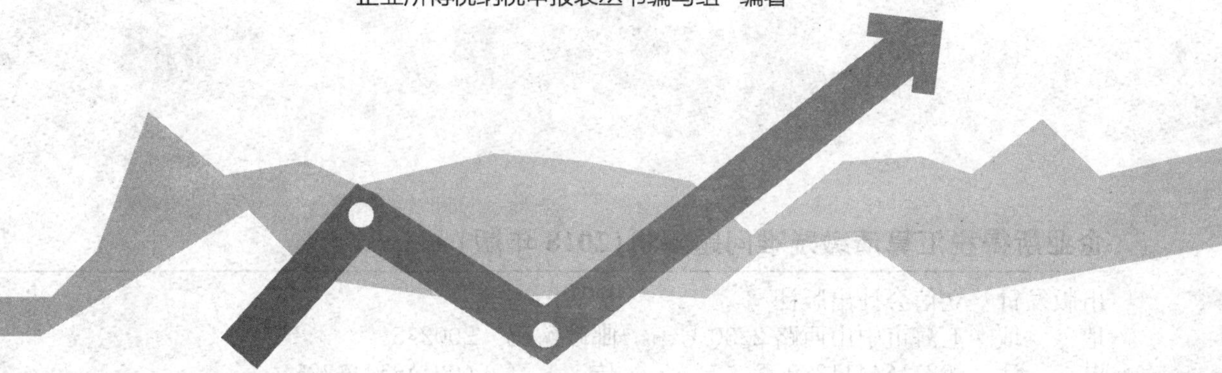

立信会计出版社
LIXIN ACCOUNTING PUBLISHING HOUSE

图书在版编目(CIP)数据

企业所得税汇算清缴疑难问题解析:2018年版/企业所得税纳税申报表丛书编写组编著. —上海:立信会计出版社,2018.2

ISBN 978-7-5429-5715-3

Ⅰ.①企… Ⅱ.①企… Ⅲ.①企业所得税—税收管理—中国—问题解答 Ⅳ.①F812.424-44

中国版本图书馆CIP数据核字(2018)第031892号

策划编辑　张巧玲
责任编辑　陈　旻

企业所得税汇算清缴疑难问题解析(2018年版)

出版发行　立信会计出版社
地　　址　上海市中山西路2230号　　邮政编码　200235
电　　话　(021)64411389　　传　　真　(021)64411325
网　　址　www.lixinaph.com　　电子邮箱　lxaph@sh163.net
网上书店　www.shlx.net　　电　　话　(021)64411071
经　　销　各地新华书店

印　　刷　河北鑫兆源印刷有限公司
开　　本　787毫米×1092毫米　1/16
印　　张　27
字　　数　706千字
版　　次　2018年2月第1版
印　　次　2018年2月第1次
书　　号　ISBN 978-7-5429-5715-3/F
定　　价　79.00元

编写说明

为了更好地宣传现行企业所得税法律法规及配套政策，让纳税人掌握最新企业所得税知识，做好年度汇算清缴工作，提高汇算清缴质量，我们组织了研究企业所得税年度纳税申报表起草工作的人员，结合现行企业所得税有关政策和会计要求，编写了《企业所得税汇算清缴疑难问题解析》(2018 年版)和《企业所得税汇算清缴实务之年度纳税申报表项目解析与填报实务》(2018 年版)(含表单及填报说明)两本书，该丛书已经连续出版 5 年，深受税务机关及纳税人的喜欢，今年由立信会计出版社出版发行。

《企业所得税汇算清缴实务之年度纳税申报表项目解析与填报实务》(2018 年版)(含表单及填报说明)依据最新政策，以填报最新的企业所得税年度纳税申报表及变化的表重点举例为主线，从企业利润、纳税调整、纳税所得税额计算、准备金、资产折旧、加计扣除等所得税重点事项管理出发，做了全面、详细的讲解，并结合会计核算和税收规定，进行系统分析说明，尽可能列举一些填报范例。另外，为了使读者更有效地掌握申报表的填报精髓，起草小组特别以国内大型和小企业年度汇算清缴业务为蓝本，进行综合案例编制、填报示范，以便于纳税人掌握申报表的填报方法，提高质量。该书具有极高的权威性、准确性、实用性、指导性和可操作性，是从业人员、税务干部、纳税人正确理解和掌握新企业所得税年度纳税申报表具体操作方法必备的工具书和培训教材。

《企业所得税汇算清缴疑难问题解析》(2018 年版)精选了典型企业所得税汇算清缴问题，具有一定的代表性，主要来源于国家税务总局、12366 纳税热线及各省官方网站、中国注册税务师协会及税务干部基层反馈实务中存在的政策应用原理、政策理解不统一等把握不确定常见的共性、重点疑难问题。每个问题尽可能地将会计知识融合在税收里面，在书中对同一问题涉及的关联政策或风险进行提示。

本套书由国家税务总局所得税司有关同志及各省参与研究申报表工作的人员共同编写，主要由江苏省地方税务局许海波、鲍品洁、史文斌、郭兆刚、范小东，北京市地方税务局张海川、李斌，上海市国家税务局许毅榕，江苏省国家税务局刘衎,福建省三明市国家税务局叶士福、苏晖旭,河北省国家税务局唐建国,天津市国家税务局张林林,江苏省南京市国家税务局殷宪韬,山西省税务干部学校李彩娥等编写,由岳光富、黄纬东、杨荣海、范玲、缪青、李芳芳、黄学迅、吕行、钟子明等复核及审定,全书由许海波、叶士福统稿,广东省地方税务局林炜霞、海南省地方税务局张红、黑龙江省国家税务局张立婷、吉林省国家税务局张旭天、青岛市国家税务局刘玮、宿迁市地方税务局吴健、成都市国家税务局张泽智、沈阳市税务干部学校关岩、广东龙达财税林浩钊、三明财政干部张起访也参与了问题收集及审稿。本书在编写的过程中得到了有关省市税务机关所得税管理部门及中国注册税务师协会的支持,万分感谢所有人对所得税业务交流的贡献及共享。

我们随书还赠送了起草小组成员培训录制的视频,读者可以通过封面二维码注册操作,具体操作流程请参考本书封底。

鉴于本书涉及政策面广、内容复杂、时间紧迫,虽然我们已经尽了最大努力,但书中难免有遗漏和不足之处,敬请广大读者批评指正。

目　录

第一部分　年度重点问题总结

第二部分　新企业所得税年度纳税申报表疑难问题

第三部分　收入类疑难问题

第四部分 扣除类疑难问题

第五部分 资产类疑难问题

第六部分 优惠类疑难问题

第七部分 其他类疑难问题

第一部分　年度重点问题总结

 最新企业所得税费用扣除比例及税政依据

合伙问题分析

最新企业所得税费用扣除比例及税政依据

费用类别	扣除标准/限额比例	说明事项（标准、限额比例的计算基数等）	政策依据
以前年度实际发生的、应扣而未扣或者少扣的支出	据实扣除	专项申报及说明后，准予追补至该项目发生年度计算扣除，但期限不得超过5年	《关于企业所得税应纳税所得额若干税务处理问题的公告》（国家税务总局公告2012年第15号）第六条
当年度实际发生的相关成本、费用	据实扣除	未能及时取得该成本、费用的有效凭证的，预缴季度所得税时，可暂按账面发生金额进行核算；在汇算清缴时，应补充提供该成本、费用的有效凭证	《关于企业所得税若干问题的公告》（国家税务总局公告2011年第34号）第六条
非公有制企业党组织工作经费	1%	不超过职工年度工资薪金总额1%	《中共中央组织部 财政部 国家税务总局关于非公有制企业党组织工作经费问题的通知》（组通字〔2014〕42号）
职工工资（含福利性补贴）	据实扣除	任职或受雇，具备合理性等 列入企业员工工资薪金制度、固定与工资薪金一起发放的福利性补贴，符合国税函〔2009〕3号文件第一条规定的，可作为企业发生的工资薪金支出，按规定在税前扣除 在年度汇算清缴结束前向员工实际支付的已预提汇缴年度工资薪金，准予在汇缴年度按规定扣除	《企业所得税法实施条例》第三十四条 《国家税务总局关于企业工资薪金及职工福利费扣除问题的通知》（国税函〔2009〕3号） 《关于企业工资薪金和职工福利费等支出税前扣除问题的公告》（国家税务总局公告2015年第34号）（适用于2014年度及以后年度企业所得税汇算清缴）
	加计100%扣除	支付残疾人员的工资	《企业所得税法》第三十条 《企业所得税法实施条例》第九十六条 《财政部 国家税务总局关于安置残疾人员就业有关企业所得税优惠政策问题的通知》（财税〔2009〕70号）
雇用季节工、临时工、实习生、返聘离退休人员所实际发生的费用	据实扣除	应区分为工资薪金支出和职工福利费支出，属于工资薪金支出的，准予计入企业工资薪金总额的基数，作为计算其他各项相关费用扣除的依据	《企业所得税法实施条例》第三十四条 《关于企业所得税应纳税所得额若干税务处理问题的公告》（国家税务总局公告2012年第15号）第一条
接受外部劳务派遣用工所实际发生的费用	据实扣除	按照协议（合同）约定直接支付给劳务派遣公司的费用，应作为劳务费支出； 直接支付给员工个人的费用，应作为工资薪金支出和职工福利费支出。其中属于工资薪金支出的费用，准予计入企业工资薪金总额的基数，作为计算其他各项相关费用扣除的依据	《国家税务总局关于企业工资薪金和职工福利费等支出税前扣除问题的公告》（国家税务总局公告2015年第34号）第三条 适用于2014年度及以后年度企业所得税汇算清缴

(续表)

费用类别	扣除标准/限额比例	说明事项(标准、限额比例的计算基数等)	政策依据
职工福利费	14%	工资薪金总额,比例内据实扣除	《企业所得税法实施条例》第四十条《国家税务总局关于企业工资薪金及职工福利费扣除问题的通知》(国税函〔2009〕3号)
职工教育经费	2.5%	工资薪金总额; 超过部分,准予在以后纳税年度结转扣除	《企业所得税法实施条例》第四十二条
	8%	注册在中国境内、实行查账征收、经认定的高新技术企业; 自2017年1月1日至全国范围内经认定的技术先进型服务企业;现有31个中国服务外包示范城市已认定的2017年度技术先进型服务企业继续有效。从2018年1月1日起,中国服务外包示范城市技术先型服务企业认定管理工作依照所在省(自治区、直辖市、计划单列市)制定的管理方法实施。 不超过工资薪金总额8%的部分,准予在计算企业所得税应纳税所得额时扣除;超过部分,准予在以后纳税年度结转扣除	《财政部 税务总局 商务部 科技部 国家发展改革委关于将技术先进型服务企业所得税政策推广至全国实施的通知》(财税〔2017〕79号) 《财政部 国家税务总局关于高新技术企业职工教育经费税前扣除政策的通知》(财税〔2015〕63号,自2015年1月1日起执行)
职工培训费用(特殊规定的企业适用)	全额扣除	集成电路设计企业和符合条件的软件企业(经认定的动漫企业自主开发、生产动漫产品,可申请享受国家现行鼓励软件产业发展的所得税优惠政策),应单独进行核算并按实际发生额在计算应纳税所得税额时扣除。 应准确划分职工教育经费中的职工培训费支出,不能准确划分的,以及准确划分后职工教育经费中扣除职工培训费用的余额,一律按照《实施条例》第四十二条规定的比例扣除。 核力发电企业为培养核电厂操纵员发生的培养费用,可作为企业的发电成本在税前扣除。 航空企业实际发生的飞行员养成费、飞行训练费、乘务训练费和空中保卫员训练费等空勤训练费用,根据《实施条例》第二十七条规定,可以作为航空企业运输成本在税前扣除	《财政部 国家税务总局关于进一步鼓励软件产业和集成电路产业发展企业所得税政策的通知》(财税〔2012〕27号,自2011年1月1日起执行)第六条 《财政部 国家税务总局 国家发展和改革委员会 工业和信息化部关于软件和集成电路产业企业所得税优惠政策有关问题的通知》(财税〔2016〕49号) 《国家税务总局关于企业所得税应纳税所得额若干问题的公告》(国家税务总局公告2014年第29号) 《国家税务总局关于企业所得税若干问题的公告》(国家税务总局公告2011年第34号)
职工工会经费	2%	工资薪金总额; 凭工会组织开具的《工会经费收入专用收据》或税务机关代收工会经费凭据扣除	《企业所得税法实施条例》第四十一条 《关于工会经费企业所得税税前扣除凭据问题的公告》(国家税务总局公告2010年第24号) 《关于税务机关代收工会经费企业所得税税前扣除凭据问题的公告》(国家税务总局公告2011年第30号)

（续表）

费用类别	扣除标准/限额比例	说明事项（标准、限额比例的计算基数等）	政策依据
接受技术成果投资入股	按接受投资入股时的评估值摊销扣除	企业或个人以技术成果投资入股境内居民企业，被投资企业支付的对价全部为股票（权）的，允许被投资企业按技术成果投资入股时的评估值入账并在企业所得税前摊销扣除	《财政部 国家税务总局关于完善股权激励和技术入股有关所得税政策的通知》（财税〔2016〕101 号）自 2016 年 9 月 1 日起施行
业务招待费	（60%，5‰）	发生额的 60%，且不超过销售或营业收入的 5‰； 股权投资业务企业分回的股息、红利及股权转让收入可作为收入计算基数； 企业通过正式签订《房地产销售合同》或《房地产预售合同》所取得的收入（销售未完工产品的收入），应确认为销售收入的实现	《企业所得税法实施条例》第四十三条 《关于贯彻落实企业所得税法若干税收问题的通知》（国税函〔2010〕79 号） 《国家税务总局关于印发〈房地产开发经营业务企业所得税处理办法〉的通知》（国税发〔2009〕31 号）第六条
广告费和业务宣传费	15%	当年销售（营业）收入，超过部分向以后结转。 企业通过正式签订《房地产销售合同》或《房地产预售合同》所取得的收入（销售未完工产品的收入），应确认为销售收入的实现	《企业所得税法实施条例》第四十四条 《国家税务总局关于印发〈房地产开发经营业务企业所得税处理办法〉的通知》（国税发〔2009〕31 号）第六条
	30%	当年销售（营业）收入，超过部分准予在以后年度扣除；化妆品制造与销售、医药制造、饮料制造（不含酒类制造）企业。签订分摊协议一方发生的不超过当年销售（营业）收入税前扣除限额比例内的广告费和业务宣传费支出可以在本企业扣除，也可以将其中的部分或全部按照分摊协议归集至另一方扣除	《财政部 税务总局关于广告费和业务宣传费支出税前扣除政策的通知》（财税〔2017〕41 号，自 2016 年 1 月 1 日起至 2020 年 12 月 31 日止）
	不得扣除	烟草企业的烟草广告费和业务宣传费	
捐赠支出	12%	“企业发生的公益性捐赠支出，在年度利润总额 12%以内的部分，准予在计算应纳税所得额时扣除；超过年度利润总额 12%的部分，准予结转以后 3 年内在计算应纳税所得额时扣除。”年度利润总额是指依照国家统一会计制度的规定计算的大于零的数额； 公益性捐赠（含捐赠住房作为公共租赁住房）； 有捐赠票据，财政部、国家税务总局和民政部以及省、自治区、直辖市、计划单列市财政、税务和民政部门公布的税前扣除资格名单内，所属年度内可扣； 企业实施股权捐赠后，以其股权历史成本为依据确定捐赠额，并依此按照企业所得税法有关规定在所得税前予以扣除（应取得公益性社会团体按照捐赠企业提供的股权历史成本开具的捐赠票据）	《企业所得税法》第九条 《企业所得税法实施条例》第五十三条 《关于公益性捐赠税前扣除有关问题的通知》（财税〔2008〕160 号） 《关于公益性捐赠税前扣除有关问题的补充通知》（财税〔2010〕45 号） 《财政部 国家税务总局关于通过公益性群众团体的公益性捐赠税前扣除有关问题的通知》（财税〔2009〕124 号） 《国家税务总局关于企业所得税执行中若干税务处理问题的通知》（国税函〔2009〕202 号） 《财政部 国家税务总局关于公共租赁住房税收优惠政策的通知》（财税〔2015〕139 号，执行至 2018 年 12 月 31 日） 《财政部 国家税务总局关于公益股权捐赠企业所得税政策问题的通知》（财税〔2016〕45 号，自 2016 年 1 月 1 日起执行）

(续表)

费用类别	扣除标准/限额比例	说明事项(标准、限额比例的计算基数等)	政策依据
特定事项捐赠支出	全额	对企业、社会组织和团体赞助、捐赠北京2022年冬奥会、冬残奥会、测试赛的资金、物资、服务支出,在计算企业应纳税所得额时予以全额扣除	《财政部 国家税务总局 海关总署关于北京2022年冬奥会和冬残奥会税收政策的通知》(财税〔2017〕60号)
利息支出	据实(向金融企业借款)	非金融企业向金融企业借款的利息支出、金融企业的各项存款利息支出和同业拆借利息支出、企业经批准发行债券的利息支出	《企业所得税法实施条例》第三十八条第(一)项 《关于企业所得税若干问题的公告》(国家税务总局公告〔2011〕34号)
	不超过金融企业同期同类范围内可扣(非关联企业间借款)	非金融企业向非金融企业,不超过按照金融企业同期同类贷款利率计算的数额可扣除。 并提供"金融企业的同期同类贷款利率情况说明"(本省任何一家金融企业提供同期同类贷款利率情况); 利率,既可以是金融企业公布的同期同类平均利率,也可以是金融企业对某些企业提供的实际贷款利率	《企业所得税法实施条例》第三十八条第(二)项 《关于企业所得税若干问题的公告》(国家税务总局公告2011年第34号)第一条
利息支出(债资比)	不超过金融企业同期同类据实扣除(关联企业付给境内关联方的利息)	符合上栏"非关联企业间借款"的利息扣除条件 提供资料证明交易符合独立交易原则或企业实际税负不高于境内关联方	《企业所得税法》第四十六条 《企业所得税法实施条例》第一百一十九条 《财政部 国家税务总局关于企业关联方利息支出税前扣除标准有关税收政策问题的通知》(财税〔2008〕121号) 《特别纳税调整实施办法(试行)》(国税发〔2009〕2号)
	关联企业付给境内关联方的利息,金融企业为5:1;其他企业为2:1,同时不超过金融企业同期同类利率	企业实际支付给关联方的利息支出,除符合上栏条件的以外,不超过其接受关联方债权性投资与其权益性投资规定比例和税法及其实施条例有关规定计算的部分,准予扣除,超过的部分不得在发生当期和以后年度扣除。 注:不能简单理解为关联方出资额或股权(权益性投资)的5倍或2倍	《企业所得税法》第四十六条 《企业所得税法实施条例》第一百一十九条 《财政部 国家税务总局关于企业关联方利息支出税前扣除标准有关税收政策问题的通知》(财税〔2008〕121号) 《特别纳税调整实施办法(试行)》(国税发〔2009〕2号)
利息支出(向自然人借款)	不超过金融企业同期同类利率(无关联关系)	借贷真实、合法、有效,签订借款合同,不具有非法集资等违法行为	《企业所得税法实施条例》第三十八条 《国家税务总局关于企业向自然人借款的利息支出企业所得税税前扣除问题的通知》(国税函〔2009〕777号)
	关联企业付给境内关联方的利息,金融企业为5:1;其他企业为2:1 同时不超过金融企业同期同类利率	企业实际支付的利息支出,除符合下栏条件的以外,不超过其接受关联方债权性投资与其权益性投资规定比例和税法及其实施条例有关规定计算的部分,准予扣除,超过的部分不得在发生当期和以后年度扣除	《企业所得税法》第四十六条 《企业所得税法实施条例》第一百一十九条 《特别纳税调整实施办法(试行)》(国税发〔2009〕2号) 《财政部 国家税务总局关于企业关联方利息支出税前扣除标准有关税收政策问题的通知》(财税〔2008〕121号) 《国家税务总局关于企业向自然人借款的利息支出企业所得税税前扣除问题的通知》(国税函〔2009〕777号)
	不超过金融企业同期同类利率据实扣除(有关联关系自然人)	能证明关联交易符合独立交易原则	(同上)

（续表）

费用类别	扣除标准/限额比例	说明事项（标准、限额比例的计算基数等）	政策依据
利息支出（规定期限内未缴足应缴资本额的）	超过部分不得扣除	不得扣除的借款利息＝该期间借款利息额×该期间未缴足注册资本额÷该期间借款额	《国家税务总局关于企业投资者投资未到位而发生的利息支出企业所得税前扣除问题的批复》（国税函〔2009〕312号）
非银行企业内营业机构间支付利息	不得扣除		《企业所得税法实施条例》第四十九条
罚款、罚金和被没收财物损失	不得扣除	行政罚款不得扣除，企业间经济往来的违约金可以扣除	《企业所得税法》第十条
税收滞纳金	不得扣除	仅指税收滞纳金，不含其他滞纳金	《企业所得税法》第十条
赞助支出	不得扣除		《企业所得税法》第十条
未经核定的准备金支出	不得扣除		《企业所得税法》第十条
向投资者支付的股息、红利等权益性投资收益款项	不得扣除		《企业所得税法》第十条
住房公积金	据实	规定范围内	《企业所得税法实施条例》第三十五条
各类基本社会保障性缴款	据实	规定范围内（"五费一金"：基本养老保险费、基本医疗保险费、失业保险费、工伤保险费、生育保险费等基本社会保险费和住房公积金）	《企业所得税法实施条例》第三十五条
		安置残疾人的机关事业单位以及由机关事业单位改制后的企业，为残疾人缴纳的机关事业单位养老保险，属于基本养老保险范围	《国家税务总局关于促进残疾人就业税收优惠政策相关问题的公告》（国家税务总局公告2015年第55号）
补充养老保险	5%	工资总额	《企业所得税法实施条例》第三十五条 《财政部 国家税务总局关于补充养老保险费、补充医疗保险费有关企业所得税政策问题的通知》（财税〔2009〕27号）
补充医疗保险	5%	工资总额	
与取得收入无关支出	不得扣除	与取得收入不直接相关的支出	《企业所得税法实施条例》第二十七条
不征税收入用于支出所形成费用	不得扣除	包括不征税收入用于支出所形成的财产，不得计算对应的折旧、摊销扣除； 企业的不征税收入用于支出所形成的费用，不得在计算应纳税所得额时扣除；企业的不征税收入用于支出所形成的资产，其计算的折旧、摊销不得在计算应纳税所得额时扣除。	《企业所得税法实施条例》第二十八条 《财政部 国家税务总局关于财政性资金 行政事业性收费 政府性基金有关企业所得税政策问题的通知》（财税〔2008〕151号）
环境保护、生态恢复等专项资金	据实	按规定提取；改变用途的不得扣除	《企业所得税法实施条例》第四十五条
企业财产保险	据实		《企业所得税法实施条例》第四十六条
特殊工种职工的人身安全险	可以扣除		《企业所得税法实施条例》第三十六条
其他商业保险	不得扣除	国务院财政、税务主管部门规定可以扣除的除外	《企业所得税法实施条例》第三十六条
租入固定资产的租赁费	按租赁期均匀扣除	经营租赁租入	《企业所得税法实施条例》第四十七条

(续表)

费用类别	扣除标准/限额比例	说明事项(标准、限额比例的计算基数等)	政策依据
融资租入固定资产租赁费	分期扣除	融资租入构成融资租入固定资产价值的部分可提折旧	《企业所得税法实施条例》第四十七条
劳动保护支出	据实	合理	《企业所得税法实施条例》第四十八条
企业间支付的管理费(如上缴总机构管理费)	不得扣除		《企业所得税法实施条例》第四十九条
企业内营业机构间支付的租金	不得扣除		《企业所得税法实施条例》第四十九条
企业内营业机构间支付的特许权使用费	不得扣除		《企业所得税法实施条例》第四十九条
固定资产折旧	规定范围内可扣	不低于最低折旧年限	《企业所得税法》第十一条 《企业所得税法实施条例》第五十七～六十条
固定资产折旧	可以缩短折旧年限或者采取加速折旧的方法	根据《企业所得税法》第三十二条及《实施条例》第九十八条的相关规定,企业拥有并用于生产经营的主要或关键的固定资产,由于以下原因确需加速折旧的,可以缩短折旧年限或者采取加速折旧的方法: (一)由于技术进步,产品更新换代较快的;(二)常年处于强震动、高腐蚀状态的	《国家税务总局关于企业固定资产加速折旧所得税处理有关问题的通知》(国税发〔2009〕81 号)
小额固定资产可在当期一次性扣除	允许一次性计入当期成本费用扣除,不再分年度计算折旧	所有行业的企业持有的单位价值不超过 5 000 元的固定资产	
所有企业专门用于研发的仪器、设备加速折旧 重要行业企业的固定资产加速折旧 [重要行业的企业指以所列 10 个行业的业务为主营业务,其固定资产投入使用当年的主营业务收入占企业收入总额 50%(不含)以上的企业]	可选择缩短折旧年限或加速折旧方法(缩短折旧年限的,最低折旧年限不得低于企业所得税法实施条例第六十条规定折旧年限的 60%;采取加速折旧方法的,可采取双倍余额递减法或者年数总和法)	所有行业企业 2014 年 1 月 1 日后新购进(包括自行建造)的专门用于研发的,单位价值超过 100 万元的仪器、设备 生物药品制造业,专用设备制造业,铁路、船舶、航空航天和其他运输设备制造业,计算机、通信和其他电子设备制造业,仪器仪表制造业,信息传输、软件和信息技术服务业等 6 个行业的企业 2014 年 1 月 1 日后新购进(包括自行建造)的固定资产。 包括上述 6 个行业的小型微利企业 2014 年 1 月 1 日后新购进(包括自行建造)的单位价值超过 100 万元的研发和生产经营共用的仪器、设备 轻工、纺织、机械、汽车等四个领域重点行业的企业 2015 年 1 月 1 日后新购进(包括自行建造)的固定资产。 包括上述 4 个行业的小型微利企业 2015 年 1 月 1 日后新购进(包括自行建造)的研发和生产经营共用的仪器、设备,单位价值超过 100 万元的	《企业所得税法》第十一条;第三十二条 《企业所得税法实施条例》第五十七～六十条;第九十八条 《财政部 国家税务总局关于完善固定资产加速折旧企业所得税政策的通知》(财税〔2014〕75 号) 《关于固定资产加速折旧税收政策有关问题的公告》(国家税务总局公告 2014 年第 64 号) 《财政部 国家税务总局关于进一步完善固定资产加速折旧企业所得税政策的通知》(财税〔2015〕106 号) 《国家税务总局关于进一步完善固定资产加速折旧企业所得税政策有关问题的公告》(国家税务总局公告 2015 年第 68 号)

（续表）

费用类别	扣除标准/限额比例	说明事项（标准、限额比例的计算基数等）	政策依据
重要行业的小型微利企业研发和生产经营共用的仪器、设备扣除（单位价值不超过100万元） ［重要行业的企业指以所列10个行业的业务为主营业务，其固定资产投入使用当年的主营业务收入占企业收入总额50%（不含）以上的企业］ 所有企业专门用于研发的仪器、设备（单位价值不超过100万元）	允许一次性计入当期成本费用，计算应纳税所得额时扣除，不再分年度计算折旧	生物药品制造业，专用设备制造业，铁路、船舶、航空航天和其他运输设备制造业，计算机、通信和其他电子设备制造业，仪器仪表制造业，信息传输、软件和信息技术服务业等6个行业的小型微利企业2014年1月1日后新购进（包括自行建造）的，单位价值不超过100万元的研发和生产经营共用的仪器、设备	《企业所得税法》第十一条；第三十二条 《企业所得税法实施条例》第五十七～六十条；第九十八条 《财政部 国家税务总局关于完善固定资产加速折旧企业所得税政策的通知》（财税〔2014〕75号） 《国家税务总局关于固定资产加速折旧税收政策有关问题的公告》（国家税务总局公告2014年第64号） 《财政部 国家税务总局关于进一步完善固定资产加速折旧企业所得税政策的通知》（财税〔2015〕106号） 《国家税务总局关于进一步完善固定资产加速折旧企业所得税政策有关问题的公告》（国家税务总局公告2015年第68号）
		轻工、纺织、机械、汽车等四个领域重点行业的小型微利企业2015年1月1日后新购进（包括自行建造）的研发和生产经营共用的仪器、设备，单位价值不超过100万元的	
		所有行业的企业2014年1月1日后新购进（包括自行建造）的，单位价值不超过100万元，专门用于研发的仪器、设备	
外购软件缩短折旧、摊销年限	折旧或摊销年限可以适当缩短，最短可为2年（含）	符合固定资产或无形资产确认条件	《企业所得税法》第十一条；第三十二条 《企业所得税法实施条例》第五十七～六十条；第九十八条 《财政部 国家税务总局关于进一步鼓励软件产业和集成电路产业发展企业所得税政策的通知》（财税〔2012〕27号）
生产设备缩短折旧年限	折旧年限可以适当缩短，最短可为3年（含）	集成电路生产企业的生产设备	
生产性生物资产折旧	规定范围内可扣	林木类10年，畜类3年	《企业所得税法实施条例》第六十二～六十四条
无形资产摊销	不低于10年分摊	一般无形资产	《企业所得税法》第十二条 《企业所得税法实施条例》第六十五～六十七条
	法律或合同约定年限分摊	投资或受让的无形资产	《企业所得税法实施条例》第六十七条
	不可扣除	自创商誉；外购商誉的支出，在企业整体转让或清算时扣除	《企业所得税法》第十二条 《企业所得税法实施条例》第六十七条
	不可扣除	与经营活动无关的无形资产	《企业所得税法》第十二条
长期待摊费用	限额内可扣	已足额提取折旧的房屋建筑物改建支出，按预计尚可使用年限分摊 租入房屋建筑物的改建支出，按合同约定的剩余租赁期分摊	《企业所得税法》第十三条 《企业所得税法实施条例》第六十八条
		固定资产大修理支出，按固定资产尚可使用年限分摊	《企业所得税法》第十三条 《企业所得税法实施条例》第六十九条
		其他长期待摊费用，摊销年限不低于3年	《企业所得税法》第十三条 《企业所得税法实施条例》第七十条

(续表)

费用类别	扣除标准/限额比例	说明事项(标准、限额比例的计算基数等)	政策依据
资产损失	实际资产损失 法定资产损失	清单申报和专项申报两种申报形式申报扣除; 商业零售企业存货单笔(单项)损失超过500万元的,无论何种因素形成的,均应以专项申报方式进行企业所得税纳税申报; 金融企业涉农贷款、中小企业贷款逾期1年以上,经追索无法收回,应依据涉农贷款、中小企业贷款分类证明,按下列规定计算确认贷款损失进行税前扣除: (一)单户贷款余额不超过300万元(含300万元)的,应依据向借款人和担保人的有关原始追索记录(包括司法追索、电话追索、信件追索和上门追索等原始记录之一,并由经办人和负责人共同签章确认),计算确认损失进行税前扣除。 (二)单户贷款余额超过300万元至1 000万元(含1 000万元)的,应依据有关原始追索记录(应当包括司法追索记录,并由经办人和负责人共同签章确认),计算确认损失进行税前扣除。 (三)单户贷款余额超过1 000万元的,仍按《国家税务总局关于发布〈企业资产损失所得税税前扣除管理办法〉的公告》(国家税务总局公告2011年第25号)有关规定计算确认损失进行税前扣除	《企业所得税法》第八条 《企业所得税法实施条例》第三十二条 《财政部 国家税务总局关于企业资产损失税前扣除政策的通知》(财税〔2009〕57号) 《国家税务总局关于发布〈企业资产损失所得税税前扣除管理办法〉的公告》(国家税务总局公告2011年第25号) 《国家税务总局关于商业零售企业存货损失税前扣除问题的公告》(国家税务总局公告2014年第3号) 《国家税务总局关于金融企业涉农贷款和中小企业贷款损失税前扣除问题的公告》(国家税务总局公告2015年第25号)
开办费	可以扣除	开始经营当年一次性扣除或作为长期待摊费用摊销	《国家税务总局关于企业所得税若干税务事项衔接问题的通知》(国税函〔2009〕98号)
筹建期间,发生的与筹办活动有关的业务招待费支出,广告费和业务宣传费	按有关规定扣除	招待费按实际发生额的60%计入企业筹办费;广告费和业务宣传费,按实际发生额计入企业筹办费	《国家税务总局关于企业所得税应纳税所得额若干税务处理问题的公告》(国家税务总局公告2012年第15号)第五条
股权投资发生的损失	一次性扣除	在经确认的损失发生年度,作为企业的损失一次性扣除	《国家税务总局关于企业股权投资损失所得税处理问题的公告》(国家税务总局公告2010年第6号)
研究开发费用2015年度及以前年度适用	加计扣除(未形成无形资产的,据被扣附后基础上按研发费用的50%加计扣除;形成无形资产的,按成本的150%摊销)	从事国家规定项目的研发活动发生的研发费; 作为不征税收入处理的财政性资金用于研发的部分不得加计扣除	《企业所得税法》第三十条 《企业所得税法实施条例》第九十五条 《企业研究开发费用税前扣除管理办法(试行)》(国税发〔2008〕116号) 《财政部 国家税务总局关于研究开发费用税前加计扣除有关政策问题的通知》(财税〔2013〕70号) 《中华人民共和国企业所得税年度纳税申报表(A类,2014年版)》

（续表）

费用类别	扣除标准/限额比例	说明事项（标准、限额比例的计算基数等）	政策依据
研究开发费用加计扣除 2016年度及以后年度适用	加计扣除（未形成无形资产的，据被扣附后基础上按研发费用的50%加计扣除；形成无形资产的，按成本的150%摊销）	下列活动不适用加计扣除政策： 1. 企业产品（服务）的常规性升级。 2. 对某项科研成果的直接应用，如直接采用公开的新工艺、材料、装置、产品、服务或知识等。 3. 企业在商品化后为顾客提供的技术支持活动。 4. 对现存产品、服务、技术、材料或工艺流程进行的重复或简单改变。 5. 市场调查研究、效率调查或管理研究。 6. 作为工业（服务）流程环节或常规的质量控制、测试分析、维修维护。 7. 社会科学、艺术或人文学方面的研究。 下列行业不适用加计扣除政策： 1. 烟草制造业。 2. 住宿和餐饮业。 3. 批发和零售业。 4. 房地产业。 5. 租赁和商务服务业。 6. 娱乐业。 7. 财政部和国家税务总局规定的其他行业。 失败的研发活动所发生的研发费用可享受税前加计扣除政策	《企业所得税法》第三十条 《企业所得税法实施条例》第九十五条 《财政部 国家税务总局 科技部关于完善研究开发费用税前加计扣除政策的通知》（财税〔2015〕119号） 《国家税务总局关于企业研究开发费用税前加计扣除政策有关问题的公告》（国家税务总局公告2015年第97号，自2016年1月1日起执行）
科技型中小企业研究开发费用税前扣除	未形成无形资产计入当期损益的，在按规定据实扣除的基础上，在2017年1月1日至2019年12月31日期间，再按照实际发生额的75%在税前加计扣除；形成无形资产的，在上述期间按照无形资产成本的175%在税前摊销	1. 科技型中小企业享受研发费用税前加计扣除政策的其他政策口径按照《财政部 国家税务总局 科技部关于完善研究开发费用税前加计扣除政策的通知》（财税〔2015〕119号）规定执行。 2. 科技型中小企业开展研发活动实际发生的研发费用，在2019年12月31日以前形成的无形资产，在2017年1月1日至2019年12月31日期间发生的摊销费用，可适用《通知》规定的优惠政策。 3. 企业在汇算清缴期内按照《评价办法》第十条、第十一条、第十二条规定取得科技型中小企业登记编号的，其汇算清缴年度可享受《通知》规定的优惠政策。企业按《评价办法》第十二条规定更新信息后不再符合条件的，其汇算清缴年度不得享受《通知》规定的优惠政策	《财政部 税务总局 科技部关于提高科技型中小企业研究开发费用税前加计扣除比例的通知》（财税〔2017〕34号） 《国家税务总局关于提高科技型中小企业研究开发费用税前加计扣除比例有关问题的公告》（国家税务总局公告2017年第18号）
税金	按规定扣除	其中：企业所得税不得扣除；代缴的个人所得税不得直接扣除；允许抵扣的增值税不得扣除	《企业所得税法》第十条 《企业所得税法实施条例》第三十一条
工作服饰费用	据实	根据工作性质和特点，企业统一制作并要求员工工作时统一着装所发生的工作服饰费用可扣除	《企业所得税法实施条例》第二十七条 《关于企业所得税若干问题的公告》（国家税务总局公告2011年第34号）第二条

(续表)

费用类别	扣除标准/限额比例	说明事项(标准、限额比例的计算基数等)	政策依据
证券、期货、保险代理等企业向经纪人、代办商支付手续费及佣金	据实	从事代理服务、主营业务收入为手续费、佣金的企业(如证券、期货、保险代理等企业),为取得该类收入而实际发生手续费及佣金支出等营业成本,准予在企业所得税前据实扣除	《国家税务总局关于企业所得税应纳税所得额若干税务处理问题的公告》(国家税务总局公告2012年第15号)第三条
电信企业向经纪人、代办商支付的手续费、佣金	5%	不超过企业当年收入总额5%的部分。 电信企业手续费及佣金支出仅限于电信企业在发展客户、拓展业务等过程中因委托销售电话入网卡、电话充值卡所发生的手续费及佣金支出	《国家税务总局关于企业所得税应纳税所得额若干税务处理问题的公告》(国家税务总局公告2012年第15号)第四条 《国家税务总局关于电信企业手续费及佣金支出税前扣除问题的公告》(国家税务总局公告2013年第59号)
手续费和佣金支出	5%(一般企业)	按服务协议或合同确认的收入金额的5%算限额,除委托个人代理外,须转账支付,否则不可扣	《财政部 国家税务总局关于企业手续费及佣金支出税前扣除政策的通知》(财税〔2009〕29号)第一条第2目
	15%(财产保险企业)	按当年全部保费收入扣除退保金等后余额的15%算限额	《财政部 国家税务总局关于企业手续费及佣金支出税前扣除政策的通知》(财税〔2009〕29号)第一条第1目
	10%(人身保险企业)	按当年全部保费收入扣除退保金等后余额的10%算限额	《财政部 国家税务总局关于企业手续费及佣金支出税前扣除政策的通知》(财税〔2009〕29号)第一条第1目
	不得扣除	为发行权益性证券支付给有关证券承销机构的手续费及佣金	《财政部 国家税务总局关于企业手续费及佣金支出税前扣除政策的通知》(财税〔2009〕29号)第二条
	10%	从事房地产开发经营业务的企业委托境外机构销售开发产品的,其支付境外机构的销售费用(含佣金或手续费)不超过委托销售收入10%的部分,准予据实扣除	《房地产开发经营业务企业所得税处理办法》(国税发〔2009〕31号印发)第二十条
证券交易所风险基金	20% 10%	上海、深圳证券交易所依据《证券交易所风险基金管理暂行办法》(证监发〔2000〕22号)的有关规定,按证券交易所交易收取经手费的20%、会员年费的10%提取的证券交易所风险基金,在各基金净资产不超过10亿元的额度内,准予在企业所得税税前扣除	《财政部 国家税务总局关于证券行业准备金支出企业所得税税前扣除有关政策问题的通知》(财税〔2017〕23号)
证券结算风险基金	20%	中国证券登记结算公司所属上海分公司、深圳分公司依据《证券结算风险基金管理办法》(证监发〔2006〕65号)的有关规定,按证券登记结算公司业务收入的20%提取的证券结算风险基金,在各基金净资产不超过30亿元的额度内,准予在企业所得税税前扣除	
		证券公司依据《证券结算风险基金管理办法》(证监发〔2006〕65号)的有关规定,作为结算会员按人民币普通股和基金成交金额的3%000、国债现货成交金额的1%000、1天期国债回购成交额的5%00000、2天期国债回购成交额的10%00000、3天期国债回购成交额的15%00000、4天期国债回购成交额的20%00000、7天期国债回购成交额的50%00000、14天期国债回购成交额的1%000、28天期国债回购成交额的2%000、91天期国债回购成交额的6%000、182天期国债回购成交额的12%000逐日交纳的证券结算风险基金,准予在企业所得税税前扣除	《财政部 国家税务总局关于证券行业准备金支出企业所得税税前扣除有关政策问题的通知》(财税〔2017〕23号)

（续表）

费用类别	扣除标准/限额比例	说明事项（标准、限额比例的计算基数等）	政策依据
证券投资者保护基金	20%	上海、深圳证券交易所依据《证券投资者保护基金管理办法》（证监会令第27号、第124号）的有关规定，在风险基金分别达到规定的上限后，按交易经手费的20%缴纳的证券投资者保护基金，准予在企业所得税税前扣除	《财政部 国家税务总局关于证券行业准备金支出企业所得税税前扣除有关政策问题的通知》（财税〔2017〕23号）
	0.5%～5%	证券公司依据《证券投资者保护基金管理办法》（证监会令第27号、第124号）的有关规定，按其营业收入0.5%～5%缴纳的证券投资者保护基金，准予在企业所得税税前扣除	《财政部 国家税务总局关于证券行业准备金支出企业所得税税前扣除有关政策问题的通知》（财税〔2017〕23号）
期货交易所风险准备金	20%	大连商品交易所、郑州商品交易所和中国金融期货交易所依据《期货交易管理条例》（国务院令第489号）、《期货交易所管理办法》（证监会令第42号）和《商品期货交易财务管理暂行规定》（财商字〔1997〕44号）的有关规定，上海期货交易所依据《期货交易管理条例》（国务院令第489号）、《期货交易所管理办法》（证监会令第42号）和《关于调整上海期货交易所风险准备金规模的批复》（证监函〔2009〕407号）的有关规定，分别按向会员收取手续费收入的20%计提的风险准备金，在风险准备金余额达到有关规定的额度内，准予在企业所得税税前扣除	《财政部 国家税务总局关于证券行业准备金支出企业所得税税前扣除有关政策问题的通知》（财税〔2017〕23号）
期货公司风险准备金	5%	期货公司依据《期货公司管理办法》（证监会令第43号）和《商品期货交易财务管理暂行规定》（财商字〔1997〕44号）的有关规定，从其收取的交易手续费收入减去应付期货交易所手续费后的净收入的5%提取的期货公司风险准备金，准予在企业所得税税前扣除	《财政部 国家税务总局关于证券行业准备金支出企业所得税税前扣除有关政策问题的通知》（财税〔2017〕23号）
期货投资者保障基金	2%	上海期货交易所、大连商品交易所、郑州商品交易所和中国金融期货交易所依据《期货投资者保障基金管理暂行办法》（证监会令第38号、第129号）和《关于明确期货投资者保障基金缴纳比例有关事项的规定》（证监会财政部公告〔2016〕26号）的有关规定，按其向期货公司会员收取的交易手续费的2%（2016年12月8日前按3%）缴纳的期货投资者保障基金，在基金总额达到有关规定的额度内，准予在企业所得税税前扣除	《财政部 国家税务总局关于证券行业准备金支出企业所得税税前扣除有关政策问题的通知》（财税〔2017〕23号）
	5‱至10‱的比例	期货公司依据《期货投资者保障基金管理办法》（证监会令第38号、第129号）和《关于明确期货投资者保障基金缴纳比例有关事项的规定》（证监会财政部公告〔2016〕26号）的有关规定，从其收取的交易手续费中按照代理交易额的5‱～10‱的比例（2016年12月8日前按5‱～10‱的比例）缴纳的期货投资者保障基金，在基金总额达到有关规定的额度内，准予在企业所得税税前扣除	《财政部 国家税务总局关于证券行业准备金支出企业所得税税前扣除有关政策问题的通知》（财税〔2017〕23号）

(续表)

费用类别	扣除标准/限额比例	说明事项(标准、限额比例的计算基数等)	政策依据
金融企业贷款损失准备金(政策性银行、商业银行、财务公司、城乡信用社和金融租赁公司等金融企业)	1%	本年年末准予提取贷款损失准备金的贷款资产余额的1%; 准予当年税前扣除的贷款损失准备金=本年年末准予提取贷款损失准备金的贷款资产余额×1%-截至上年年末已在税前扣除的贷款损失准备金的余额。 发生的符合条件的贷款损失,应先冲减已在税前扣除的贷款损失准备金,不足冲减部分可据实在计算当年应纳税所得额时扣除	《财政部 国家税务总局关于金融企业贷款损失准备金企业所得税税前扣除有关政策的通知》(财税〔2015〕9号):自2014年1月1日起至2018年12月31日止执行 金融企业涉农贷款和中小企业贷款损失准备金的税前扣除政策,凡按照财税〔2015〕3号文件的规定执行的,不再适用财税〔2015〕9号文件的规定。 按上述公式计算的数额如为负数,应当相应调增当年应纳税所得额
	不得扣除	委托贷款、代理贷款、国债投资、应收股利、上交央行准备金以及金融企业剥离的债权和股权、应收财政贴息、央行款项等不承担风险和损失的资产,不得提取贷款损失准备在税前扣除	《财政部 国家税务总局关于金融企业贷款损失准备金企业所得税税前扣除有关政策的通知》(财税〔2015〕9号,自2014年1月1日起至2018年12月31日止执行)
小额贷款公司计提的贷款损失准备金	1%	自2017年1月1日至2019年12月31日,对经省级金融管理部门(金融办、局等)批准成立的小额贷款公司按年末贷款余额的1%计提的贷款损失准备金准予在企业所得税税前扣除。具体政策口径按照《财政部 国家税务总局关于金融企业贷款损失准备金企业所得税税前扣除有关政策的通知》(财税〔2015〕9号)执行	《财政部 税务总局关于小额贷款公司有关税收政策的通知》(财税〔2017〕48号)
银行业金融机构存款保险保费(不包括存款保险保费滞纳金)	不超过1.6‱	银行业金融机构依据《存款保险条例》规定的存款保险费率,计算交纳的存款保险保费,准予在企业所得税税前扣除; 准予在企业所得税税前扣除的存款保险保费=保费基数×存款保险费率	《财政部 国家税务总局关于银行业金融机构存款保险保费企业所得税税前扣除有关政策问题的通知》(财税〔2016〕106号,自2015年5月1日起执行)
涉农贷款损失准备金	涉农贷款和中小企业贷款损失准备金按比例扣除: 关注类贷款 2% 次级类贷款 25% 可疑类贷款 50% 损失类贷款 100%	涉农贷款和中小企业(年销售额和资产总额均不超过2亿元)贷款; 金融企业发生的符合条件的涉农贷款和中小企业贷款损失,应先冲减已在税前扣除的贷款损失准备金,不足冲减部分可据实在计算应纳税所得额时扣除	《财政部 国家税务总局关于金融企业涉农贷款和中小企业贷款损失准备金税前扣除有关问题的通知》(财税〔2015〕3号,自2014年1月1日起至2018年12月31日止执行)
保险保障基金	比例内据实扣除 保险公司有下列情形之一的,其缴纳的保险保障基金不得在税前扣除: 1. 财产保险公司的保险保障基金余额达到公司总资产6%的。 2. 人身保险公司的保险保障基金余额达到公司总资产1%的	1. 非投资型财产保险,不超过保费收入0.8%;投资型财产保险,有保证收益,不得超过业务收入0.08%,无保证收益,不得超过业务收入0.05%; 2. 人寿保险业务,有保证收益的,不超过业务收入0.15%;无保证收益,不超过业务收入的0.05%; 3. 短期健康保险业务,不超过保费收入的0.8%;长期健康保险业务,不超过保费收入的0.15%; 4. 非投资型意外伤害保险,不超过保费收入的0.8%;投资型意外伤害保险,有保证收益的,不超过业务收入的0.08%,无保证收益的,不超过业务收入0.05%	按照《保险法》和《保险保障基金管理办法》规定缴纳形成的,在规定情形下用于救助保单持有人、保单受让公司或者处置保险业风险的非政府性行业风险救助基金 《财政部 国家税务总局关于保险公司准备金支出企业所得税税前扣除有关政策问题的通知》(财税〔2012〕45号,自2011年1月1日至2015年12月31日执行) 《财政部 国家税务总局关于保险公司准备金支出企业所得税税前扣除有关政策问题的通知》(财税〔2016〕114号,自2016年1月1日至2020年12月31日执行)

（续表）

费用类别	扣除标准/限额比例	说明事项（标准、限额比例的计算基数等）	政策依据
保险公司准备金	保险公司按国务院财政部门的相关规定提取的未到期责任准备金、寿险责任准备金、长期健康险责任准备金、已发生已报案未决赔款准备金和已发生未报案未决赔款准备金，准予在税前扣除	1. 未到期责任准备金、寿险责任准备金、长期健康险责任准备金依据经中国保监会核准任职资格的精算师或出具专项审计报告的中介机构确定的金额提取。 2. 已发生已报案未决赔款准备金，按最高不超过当期已经提出的保险赔款或者给付金额的100%提取；已发生未报案未决赔款准备金按不超过当年实际赔款支出额的8%提取。 保险公司实际发生的各种保险赔款、给付，应首先冲抵按规定提取的准备金，不足冲抵部分，准予在当年税前扣除	《财政部 国家税务总局关于保险公司准备金支出企业所得税税前扣除有关政策问题的通知》（财税〔2012〕45号，自2011年1月1日至2015年12月31日执行） 《财政部 国家税务总局关于保险公司准备金支出企业所得税税前扣除有关政策问题的通知》（财税〔2016〕114号，自2016年1月1日至2020年12月31日执行）
农业保险大灾风险准备金	保险公司经营财政给予保费补贴的农业保险，按不超过财政部门规定的农业保险大灾风险准备金（简称大灾准备金）计提比例，计提的大灾准备金，准予在企业所得税前据实扣除	本年度扣除的大灾准备金＝本年度保费收入×规定比例－上年度已在税前扣除的大灾准备金结存余额。 按上述公式计算的数额如为负数，应调增当年应纳税所得额。 财政给予保费补贴的农业保险，是指各级财政按照中央财政农业保险保费补贴政策规定给予保费补贴的种植业、养殖业、林业等农业保险	《财政部 国家税务总局关于保险公司准备金支出企业所得税税前扣除有关政策问题的通知》（财税〔2016〕114号，自2016年1月1日至2020年12月31日执行） 规定比例，是指按照《财政部关于印发〈农业保险大灾风险准备金管理办法〉的通知》（财金〔2013〕129号）规定的计提比例
执行财政部企业会计规定计提的准备金与之前执行保监会有关监管规定计提的准备金形成的差额的税务处理		保险企业因执行财政部企业会计规定计提的准备金与之前执行中国保险业监督管理委员会有关监管规定计提的准备金形成的差额，应计入保险企业应纳税所得额。凡上述准备金差额尚未进行税务处理的，可分10年均匀计入2015年及以后年度应纳税所得额；已进行税务处理的不再分期计入以后年度应纳税所得额	《财政部 国家税务总局关于保险企业计提准备金有关税收处理问题的通知》（财税〔2015〕115号）
担保赔偿准备（中小企业信用担保机构）	1%	当年年末担保责任余额； 同时将上年度计提的担保赔偿准备余额转为当期收入	《财政部 国家税务总局关于中小企业融资（信用）担保机构有关准备金企业所得税税前扣除政策的通知》（财税〔2017〕22号）
未到期责任准备（中小企业信用担保机构）	50%	当年担保费收入； 同时将上年度计提的未到期责任准备余额转为当期收入	
未到期责任准备（中小企业信用担保机构）		中小企业融资（信用）担保机构实际发生的代偿损失，符合税收法律法规关于资产损失税前扣除政策规定的，应冲减已在税前扣除的担保赔偿准备，不足冲减部分据实在企业所得税税前扣除	

(续表)

费用类别	扣除标准/限额比例	说明事项(标准、限额比例的计算基数等)	政策依据
煤矿企业维简费支出 高危行业企业安全生产费用支出	实际发生可扣除; 按照有关规定预提的维简费和安全生产费用,不得在税前扣除	属于收益性支出的,可直接作为当期费用在税前扣除;属于资本性支出的,应计入有关资产成本,并按企业所得税法规定计提折旧或摊销费用在税前扣除	《国家税务总局关于煤矿企业维简费和高危行业企业安全生产费用企业所得税税前扣除问题的公告》(国家税务总局公告〔2011〕第26号)
企业维简费支出(不含煤矿企业)	实际发生可扣除; 按照有关规定预提的维简费,不得在当期税前扣除	属于收益性支出的,可作为当期费用税前扣除;属于资本性支出的,应计入有关资产成本,并按企业所得税法规定计提折旧或摊销费用在税前扣除	《国家税务总局关于企业维简费支出企业所得税税前扣除问题的公告》(国家税务总局公告2013年第67号)
石油特别收益金	准予在企业所得税前扣除,中石油公司所属分公司应当按照扣除石油特别收益金后的利润额计算预缴税款		《财政部关于印发〈石油特别收益金征收管理办法〉的通知》(财企〔2006〕72号)和《中华人民共和国企业所得税法实施条例》
行政和解金	不得税前扣除	行政相对人交纳的行政和解金,不得在所得税税前扣除 企业从投保基金公司取得的行政和解金,应计入企业当期收入	《财政部 国家税务总局关于行政和解金有关税收政策问题的通知》(财税〔2016〕100号,自2016年1月1日起执行)
棚户区改造		企业参与政府统一组织的工矿(含中央下放煤矿)棚户区改造、林区棚户区改造、垦区危房改造并同时符合一定条件的棚户区改造支出,准予在企业所得税前扣除	《财政部 国家税务总局关于企业参与政府统一组织的棚户区改造有关企业所得税政策问题的通知》(财税〔2013〕65号)

2 2017年企业所得税优惠事项备案管理项目与政策依据

序号	优惠事项类别	享受优惠事项	享受优惠与备案时限	主要留存备查资料	主要政策依据
1	国债利息收入免征企业所得税	企业持有国务院财政部门发行的国债取得的利息收入免征企业所得税	预缴享受年度备案	1. 国债净价交易交割单; 2. 购买、转让国债的证明,包括持有时间,票面金额,利率等相关材料; 3. 应收利息(投资收益)科目明细账或按月汇总表; 4. 减免税计算过程的说明	1.《中华人民共和国企业所得税法》第二十六条第一款; 2.《中华人民共和国企业所得税法实施条例》第八十二条; 3.《国家税务总局关于企业国债投资业务企业所得税处理问题的公告》(国家税务总局公告2011年第36号)
2	取得的地方政府债券利息收入免征企业所得税	企业取得的地方政府债券利息收入(所得)免征企业所得税	预缴享受年度备案	1. 购买地方政府债券证明,包括持有时间,票面金额,利率等相关材料; 2. 应收利息(投资收益)科目明细账或按月汇总表; 3. 减免税计算过程的说明	1.《财政部 国家税务总局关于地方政府债券利息所得免征所得税问题的通知》(财税〔2011〕76号); 2.《财政部 国家税务总局关于地方政府债券利息免征所得税问题的通知》(财税〔2013〕5号)

（续表）

序号	优惠事项类别	享受优惠事项	享受优惠与备案时限	主要留存备查资料	主要政策依据
3	符合条件的居民企业之间的股息、红利等权益性投资收益免征企业所得税	居民企业直接投资于其他居民企业取得的权益性投资收益免征企业所得税。所称股息、红利等权益性投资收益，不包括连续持有居民企业公开发行并上市流通的股票不足12个月取得的投资收益	预缴享受年度备案	1. 被投资企业出具的股东名册和持股比例（企业在证券交易市场购买上市公司股票获得股权的，提供相关记账凭证、本公司持股比例以及持股时间超过12个月情况说明）； 2. 被投资企业董事会（或股东大会）利润分配决议； 3. 若企业取得的是被投资企业未按股东持股比例分配的股息、红利等权益性投资收益，还需提供被投资企业的最新公司章程； 4. 被投资企业进行清算所得税处理的，留存被投资企业填报的加盖主管税务机关受理章的《中华人民共和国清算所得税申报表》及附表三《剩余财产计算和分配明细表》复印件	1.《中华人民共和国企业所得税法》第二十六条第二款； 2.《中华人民共和国企业所得税法实施条例》第十七条、第八十三条； 3.《财政部 国家税务总局关于执行企业所得税优惠政策若干问题的通知》(财税〔2009〕69号)第四条； 4.《国家税务总局关于贯彻落实企业所得税法若干税收问题的通知》(国税函〔2010〕79号)第四条
4	内地居民企业连续持有H股满12个月取得的股息红利所得免征企业所得税	对内地企业投资者通过沪港通投资香港联交所上市股票取得的股息红利所得，计入其收入总额，依法计征企业所得税。其中，内地居民企业连续持有H股满12个月取得的股息红利所得，依法免征企业所得税	预缴享受年度备案	1. 相关记账凭证、本公司持股比例以及持股时间超过12个月的情况说明； 2. 被投资企业董事会（或股东大会）利润分配决议	《财政部 国家税务总局证监会关于沪港股票市场交易互联互通机制试点有关税收政策的通知》(财税〔2014〕81号)
5	符合条件的非营利组织的收入免征企业所得税	符合条件的非营利组织取得的捐赠收入、不征税收入以外的政府补助收入、会费收入、不征税收入和免税收入孳生的银行存款利息收入等。不包括非营利组织的营利收入。非营利组织主要包括事业单位、社会团体、基金会、民办非企业单位、宗教活动场所等	预缴享受年度备案	1. 非营利组织资格有效认定文件或其他相关证明； 2. 登记管理机关出具的事业单位、社会团体、基金会、民办非企业单位对应汇缴年度的检查结论（新设立非营利组织不需提供）； 3. 应纳税收入及其有关的成本、费用、损失，与免税收入及其有关的成本、费用、损失分别核算的情况说明； 4. 取得各类免税收入的情况说明	1.《中华人民共和国企业所得税法》第二十六条第四款； 2.《中华人民共和国企业所得税法实施条例》第八十四条、第八十五条； 3.《财政部 国家税务总局关于非营利组织企业所得税免税收入问题的通知》(财税〔2009〕122号)； 4.《财政部 国家税务总局关于非营利组织免税资格认定管理有关问题的通知》(财税〔2014〕13号)
6	中国清洁发展机制基金取得的收入免征企业所得税	中国清洁发展机制基金取得的CDM项目温室气体减排量转让收入上缴国家的部分，国际金融组织赠款收入，基金资金的存款利息收入，购买国债的利息收入，国内外机构、组织和个人的捐赠收入，免征企业所得税	预缴享受年度备案	免税收入核算情况	《财政部 国家税务总局关于中国清洁发展机制基金及清洁发展机制项目实施企业有关企业所得税政策问题的通知》(财税〔2009〕30号)第一条

(续表)

序号	优惠事项类别	享受优惠事项	享受优惠与备案时限	主要留存备查资料	主要政策依据
7	投资者从证券投资基金分配中取得的收入暂不征收企业所得税	对投资者从证券投资基金分配中取得的收入,暂不征收企业所得税	预缴享受年度备案	1. 有关购买证券投资基金记账凭证; 2. 证券投资基金分配公告	《财政部 国家税务总局关于企业所得税若干优惠政策的通知》(财税〔2008〕1号)第二条第二款
8	受灾地区企业取得的救灾和灾后恢复重建款项等收入免征企业所得税	受灾地区企业通过公益性社会团体、县级以上人民政府及其部门取得的抗震救灾和灾后恢复重建款项和物资,以及税收法律、法规和国务院批准的减免税金及附加收入,免征企业所得税。其中,芦山受灾地区政策执行期限自2013年4月20日起至2015年12月31日;鲁甸受灾地区政策执行期限自2014年8月3日起至2016年12月31日	预缴享受年度备案	1. 受灾地区企业通过公益性社会团体、县级以上人民政府及其部门取得的抗震救灾和灾后恢复重建款项和物资的证明材料; 2. 省税务机关规定的其他资料	1.《财政部 海关总署 国家税务总局关于支持芦山地震灾后恢复重建有关税收政策问题的通知》(财税〔2013〕58号)第一条第二款; 2.《财政部 海关总署 国家税务总局关于支持鲁甸地震灾后恢复重建有关税收政策问题的通知》(财税〔2015〕27号)第一条第二款
9	中国保险保障基金有限责任公司取得的保险保障基金等收入免征企业所得税	对中国保险保障基金有限责任公司(以下简称保险保障基金公司)根据《保险保障基金管理办法》(以下简称《管理办法》)取得的下列收入,免征企业所得税: 1. 境内保险公司依法缴纳的保险保障基金; 2. 依法从撤销或破产保险公司清算财产中获得的受偿收入和向有关责任方追偿所得,以及依法从保险公司风险处置中获得的财产转让所得; 3. 捐赠所得; 4. 银行存款利息收入; 5. 购买政府债券、中央银行、中央企业和中央级金融机构发行债券的利息收入; 6. 国务院批准的其他资金运用取得的收入	预缴享受年度备案	1. 免税收入核算情况; 2. 省税务机关规定的其他资料	《财政部 国家税务总局关于保险保障基金有关税收政策问题的通知》(财税〔2016〕10号)
10	综合利用资源生产产品取得的收入在计算应纳税所得额时减计收入	企业以《资源综合利用企业所得税优惠目录》规定的资源作为主要原材料,生产国家非限制和非禁止并符合国家及行业相关标准的产品取得的收入,减按90%计入企业当年收入总额	预缴享受年度备案	1. 企业实际资源综合利用情况(包括综合利用的资源、技术标准、产品名称等)的说明; 2. 省税务机关规定的其他资料	1.《中华人民共和国企业所得税法》第三十三条; 2.《中华人民共和国企业所得税法实施条例》第九十九条; 3.《财政部 国家税务总局 国家发展改革委关于公布资源综合利用企业所得税优惠目录(2008年版)的通知》(财税〔2008〕117号); 4.《财政部 国家税务总局关于执行资源综合利用企业所得税优惠目录有关问题的通知》(财税〔2008〕47号)

（续表）

序号	优惠事项类别	享受优惠事项	享受优惠与备案时限	主要留存备查资料	主要政策依据
11	金融、保险等机构取得的涉农贷款利息收入、保费收入在计算应纳税所得额时减计收入	对金融机构农户小额贷款的利息收入在计算应纳税所得额时，按90%计入收入总额；对保险公司为种植业、养殖业提供保险业务的保费收入，在计算应纳税所得额时，按90%计入收入。中和农信项目管理有限公司和中国扶贫基金会举办的农户自立服务社（中心）从事农户小额贷款取得的利息收入按照对金融机构农户小额贷款的利息收入在计算应纳税所得额时按90%计入收入总额的规定执行	预缴享受年度备案	1. 相关保费收入、利息收入的核算情况； 2. 相关保险合同、贷款合同； 3. 省税务机关规定的其他资料	1.《财政部 国家税务总局关于延续支持农村金融发展有关税收政策的通知》（财税〔2017〕44号）第二条、第三条； 2.《财政部 国家税务总局关于中国扶贫基金会小额信贷试点项目税收政策的通知》（财税〔2010〕35号）； 3.《财政部 国家税务总局关于中国扶贫基金会所属小额贷款公司享受有关税收优惠政策的通知》（财税〔2012〕33号）
12	取得企业债券利息收入减半征收企业所得税	企业持有中国铁路建设等企业债券取得的利息收入，减半征收企业所得税	预缴享受年度备案	1. 购买铁路建设债券、其他企业债券证明。包括持有时间，票面金额，利率等相关材料； 2. 应收利息（投资收益）科目明细账或按月汇总表； 3. 减免税计算过程的说明	《财政部 国家税务总局关于铁路债券利息收入所得税政策问题的通知》（财税〔2016〕30号）
13	开发新技术、新产品、新工艺发生的研究开发费用加计扣除	企业为开发新技术、新产品、新工艺发生的研究开发费用，未形成无形资产计入当期损益的，在按照规定据实扣除的基础上，按照研究开发费用的50%加计扣除；形成无形资产的，按照无形资产成本150%摊销。对从事文化产业支撑技术等领域的文化企业，开发新技术、新产品、新工艺发生的研究开发费用，允许按照税收法律法规的规定，在计算应纳税所得额时加计扣除。科技型中小企业开展研发活动中实际发生的研发费用，未形成无形资产计入当期损益的，在按规定据实扣除的基础上，在2017年1月1日至2019年12月31日期间，再按照实际发生额的75%在税前加计扣除；形成无形资产的，在上述期间按照无形资产成本的175%在税前摊销	汇缴享受	1. 自主、委托、合作研究开发项目计划书和企业有权部门关于自主、委托、合作研究开发项目立项的决议文件； 2. 自主、委托、合作研究开发专门机构或项目组的编制情况和研发人员名单； 3. 经国家有关部门登记的委托、合作研究开发项目的合同； 4. 从事研发活动的人员和用于研发活动的仪器、设备、无形资产的费用分配说明； 5. 集中开发项目研发费决算表、《集中研发项目费用分摊明细情况表》和实际分享比例等资料； 6. 研发项目辅助明细账和研发项目汇总表； 7. 省税务机关规定的其他资料	1.《中华人民共和国企业所得税法》第三十条； 2.《中华人民共和国企业所得税法实施条例》第九十五条； 3.《财政部 国家税务总局 科技部关于完善研究开发费用税前加计扣除政策的通知》（财税〔2015〕119号）； 4.《国家税务总局关于企业研究开发费用税前加计扣除政策有关问题的公告》（国家税务总局公告2015年第97号）； 5.《国家税务总局关于研发费用税前加计扣除归集范围有关问题的公告》（国家税务总局公告2017年第40号）； 4.《财政部 海关总署 国家税务总局关于继续实施支持文化企业发展若干税收政策的通知》（财税〔2014〕85号）第四条； 5.《财政部 国家税务总局 科技部关于提高科技型中小企业研究开发费用税前加计扣除比例的通知》（财税〔2017〕34号）
14	安置残疾人员及国家鼓励安置的其他就业人员所支付的工资加计扣除	企业安置残疾人员的，在按照支付给残疾职工工资据实扣除的基础上，按照支付给残疾职工工资的100%加计扣除。残疾人员的范围适用《中华人民共和国残疾人保障法》的有关规定	汇缴享受	1. 为安置的每位残疾人按月足额缴纳了企业所在区县人民政府根据国家政策规定的基本养老保险、基本医疗保险、失业保险和工伤保险等社会保险证明资料； 2. 通过非现金方式支付工资薪酬的证明； 3. 安置残疾职工名单及其《残疾人证》或《残疾军人证》； 4. 与残疾人员签订的劳动合同或服务协议	1.《中华人民共和国企业所得税法》第三十条； 2.《中华人民共和国企业所得税法实施条例》第九十六条； 3.《财政部 国家税务总局关于安置残疾人员就业有关企业所得税优惠政策问题的通知》（财税〔2009〕70号）； 4.《国家税务总局 关于促进残疾人就业税收优惠政策有关问题的公告》（国家税务总局公告2013年第78号）

(续表)

序号	优惠事项类别	享受优惠事项	享受优惠与备案时限	主要留存备查资料	主要政策依据
15	从事农、林、牧、渔业项目的所得减免征收企业所得税	企业从事蔬菜、谷物、薯类、油料、豆类、棉花、麻类、糖料、水果、坚果的种植,农作物新品种选育,中药材种植,林木培育和种植,牲畜、家禽饲养,林产品采集,灌溉、农产品初加工、兽医、农技推广、农机作业和维修等农、林、牧、渔服务业项目,远洋捕捞项目所得免征企业所得税。企业从事花卉、茶以及其他饮料作物和香料作物种植,海水养殖、内陆养殖项目所得减半征收企业所得税。"公司+农户"经营模式从事农、林、牧、渔业项目生产企业,可以减免企业所得税	预缴享受年度备案	1. 有效期内的远洋渔业企业资格证书(从事远洋捕捞业务的); 2. 从事农作物新品种选育的认定证书(从事农作物新品种选育的); 3. 与农户签订的委托养殖合同("公司+农户"经营模式的企业); 4. 与家庭承包户签订的内部承包合同(国有农场实行内部家庭承包经营); 5. 农产品初加工项目及工艺流程说明(两个或两个以上的分项目说明); 6. 同时从事适用不同企业所得税待遇项目的,每年度单独计算减免税项目所得的计算过程及其相关账册,期间费用合理分摊的依据和标准; 7. 省税务机关规定的其他资料	1.《中华人民共和国企业所得税法》第二十七条第一款; 2.《中华人民共和国企业所得税法实施条例》第八十六条; 3.《财政部 国家税务总局关于发布享受企业所得税优惠政策的农产品初加工范围(试行)的通知》(财税〔2008〕149 号); 4.《国家税务总局关于黑龙江垦区国有农场土地承包费缴纳企业所得税问题的批复》(国税函〔2009〕779 号); 5.《财政部 国家税务总局关于享受企业所得税优惠的农产品初加工有关范围的补充通知》(财税〔2011〕26 号); 6.《国家税务总局关于实施农林牧渔业项目企业所得税优惠问题的公告》(国家税务总局公告 2011 年第 48 号)
16	从事国家重点扶持的公共基础设施项目投资经营的所得定期减免企业所得税	企业从事《公共基础设施项目企业所得税优惠目录》规定的港口码头、机场、铁路、公路、城市公共交通、电力、水利等项目的投资经营的所得,自项目取得第一笔生产经营收入所属纳税年度起,第一年至第三年免征企业所得税,第四年至第六年减半征收企业所得税。企业承包经营、承包建设和内部自建自用的项目,不得享受上述规定的企业所得税优惠(定期减免税)	预缴享受年度备案	1. 有关部门批准该项目文件; 2. 公共基础设施项目建成并投入运行后取得的第一笔生产经营收入凭证(原始凭证及账务处理凭证); 3. 公共基础设施项目完工验收报告; 4. 公共基础设施项目投资额验资报告; 5. 同时从事适用不同企业所得税待遇项目的,每年度单独计算减免税项目所得的计算过程及其相关账册,合理分摊期间共同费用的核算办法; 6. 项目权属变动情况及转让方已享受优惠情况的说明及证明资料(优惠期间项目权属发生变动时准备); 7. 省税务机关规定的其他资料	1.《中华人民共和国企业所得税法》第二十七条第二款; 2.《中华人民共和国企业所得税法实施条例》第八十七条、第八十九条; 3.《财政部 国家税务总局关于执行公共基础设施项目企业所得税优惠目录有关问题的通知》(财税〔2008〕46 号); 4.《财政部 国家税务总局 国家发展改革委关于公布公共基础设施项目企业所得税优惠目录(2008 年版)的通知》(财税〔2008〕116 号); 5.《国家税务总局关于实施国家重点扶持的公共基础设施项目企业所得税优惠问题的通知》(国税发〔2009〕80 号); 6.《财政部 国家税务总局关于公共基础设施项目和环境保护 节能节水项目企业所得税优惠政策问题的通知》(财税〔2012〕10 号); 7.《财政部 国家税务总局关于继续支持农村饮水安全工程建设运营税收政策的通知》(财税〔2016〕19 号)第五条; 8.《国家税务总局关于电网企业电网新建项目享受所得税优惠政策问题的公告》(国家税务总局公告 2013 年第 26 号); 9.《财政部 国家税务总局关于公共基础设施项目享受企业所得税优惠政策问题的补充通知》(财税〔2014〕55 号)

（续表）

序号	优惠事项类别	享受优惠事项	享受优惠与备案时限	主要留存备查资料	主要政策依据
17	从事符合条件的环境保护、节能节水项目的所得定期减免企业所得税	企业从事《环境保护、节能节水项目企业所得税优惠目录》所列项目的所得，自项目取得第一笔生产经营收入所属纳税年度起，第一年至第三年免征企业所得税，第四年至第六年减半征收企业所得税（定期减免税）	预缴享受年度备案	1. 该项目符合《环境保护、节能节水项目企业所得税优惠目录》的相关证明； 2. 环境保护、节能节水项目取得的第一笔生产经营收入凭证； 3. 环境保护、节能节水项目所得单独核算资料，以及合理分摊期间共同费用的核算资料； 4. 项目权属变动情况及转让方已享受优惠情况的说明及证明资料（优惠期间项目权属发生变动）； 5. 省税务机关规定的其他资料	1.《中华人民共和国企业所得税法》第二十七条第三款； 2.《中华人民共和国企业所得税法实施条例》第八十八条、第八十九条； 3.《财政部 国家税务总局 国家发展改革委关于公布环境保护节能节水项目企业所得税优惠目录（试行）的通知》（财税〔2009〕166号）； 4.《财政部 国家税务总局关于公共基础设施项目和环境保护 节能节水项目企业所得税优惠政策问题的通知》（财税〔2012〕10号）； 5.《关于印发节能节水和环境保护专用设备企业所得税优惠目录（2017年版）的通知》（财税〔2017〕71号）
18	符合条件的技术转让所得减免征收企业所得税	一个纳税年度内，居民企业技术转让所得不超过500万元的部分，免征企业所得税；超过500万元的部分，减半征收企业所得税	预缴享受年度备案	1. 所转让的技术产权证明； 2. 企业发生境内技术转让： （1）技术转让合同（副本）； （2）省级以上科技部门出具的技术合同登记证明； （3）技术转让所得归集、分摊、计算的相关资料； （4）实际缴纳相关税费的证明资料。 3. 企业向境外转让技术： （1）技术出口合同（副本）； （2）省级以上商务部门出具的技术出口合同登记证书或技术出口许可证； （3）技术出口合同数据表； （4）技术转让所得归集、分摊、计算的相关资料； （5）实际缴纳相关税费的证明资料； （6）有关部门按照商务部、科技部发布的《中国禁止出口限制出口技术目录》出具的审查意见； 4. 转让技术所有权的，其成本费用情况；转让使用权的，其无形资产摊销费用情况； 5. 技术转让年度，转让双方股权关联情况	1.《中华人民共和国企业所得税法》第二十七条第四款； 2.《中华人民共和国企业所得税法实施条例》第九十条； 3.《国家税务总局关于技术转让所得减免企业所得税有关问题的通知》（国税函〔2009〕212号）； 4.《财政部 国家税务总局关于居民企业技术转让有关企业所得税政策问题的通知》（财税〔2010〕111号）； 5.《国家税务总局关于技术转让所得减免企业所得税有关问题的公告》（国家税务总局公告2013年第62号）； 6.《财政部 国家税务总局关于将国家自主创业示范区有关税收试点政策推广到全国范围实施的通知》（财税〔2015〕116号）
19	实施清洁发展机制项目的所得定期减免企业所得税	清洁发展机制项目（以下简称CDM项目）实施企业将温室气体减排量转让收入的65%上缴给国家的HFC和PFC类CDM项目，以及将温室气体减排量转让收入的30%上缴给国家的N_2O类CDM项目，其实施该类CDM项目的所得，自项目取得第一笔减排量转让收入所属纳税年度起，第一年至第三年免征企业所得税，第四年至第六年减半征收企业所得税（定期减免税）	预缴享受年度备案	1. 清洁发展机制项目立项有关文件； 2. 企业将温室气体减排量转让的HFC和PFC类CDM项目，及将温室气体减排量转让的N_2O类CDM项目的证明材料； 3. 将温室气体减排量转让收入上缴给国家的证明资料； 4. 清洁发展机制项目第一笔减排量转让收入凭证； 5. 清洁发展机制项目所得单独核算资料，以及合理分摊期间共同费用的核算资料	《财政部 国家税务总局关于中国清洁发展机制基金及清洁发展机制项目实施企业有关企业所得税政策问题的通知》（财税〔2009〕30号）第二条第二款

(续表)

序号	优惠事项类别	享受优惠事项	享受优惠与备案时限	主要留存备查资料	主要政策依据
20	符合条件的节能服务公司实施合同能源管理项目的所得定期减免企业所得税	对符合条件的节能服务公司实施合同能源管理项目,符合企业所得税税法有关规定的,自项目取得第一笔生产经营收入所属纳税年度起,第一年至第三年免征企业所得税,第四年至第六年按照25%的法定税率减半征收企业所得税(定期减免税)	预缴享受年度备案	1. 能源管理合同; 2. 国家发展改革委、财政部公布的第三方机构出具的合同能源管理项目情况确认表,或者政府节能主管部门出具的合同能源管理项目确认意见; 3. 项目转让合同、项目原享受优惠的备案文件(项目发生转让的,受让节能服务企业); 4. 项目第一笔收入的发票及作收入处理的会计凭证; 5. 合同能源管理项目应纳税所得额计算表; 6. 合同能源管理项目所得单独核算资料,以及合理分摊期间共同费用的核算资料; 7. 省税务机关规定的其他资料	1.《财政部 国家税务总局关于促进节能服务产业发展增值税营业税和企业所得税政策问题的通知》(财税〔2010〕110号)第二条; 2.《国家税务总局 国家发展改革委关于落实节能服务企业合同能源管理项目企业所得税优惠政策有关征收管理问题的公告》(国家税务总局 国家发展改革委公告2013年第77号)
21	创业投资企业按投资额的一定比例抵扣应纳税所得额	创业投资企业采取股权投资方式投资于未上市的中小高新技术企业2年以上的,可以按照其投资额的70%在股权持有满2年的当年抵扣该创业投资企业的应纳税所得额;当年不足抵扣的,可以在以后纳税年度结转抵扣	汇缴享受	1. 创业投资企业经备案管理部门核实后出具的年检合格通知书; 2. 中小高新技术企业投资合同或章程、实际所投资金验资报告等相关材料; 3. 由省、自治区、直辖市和计划单列市高新技术企业认定管理机构出具的中小高新技术企业有效的高新技术企业证书复印件(注明"与一致",并加盖公章); 4. 中小高新技术企业基本情况[包括企业职工人数、年销售(营业)额、资产总额等]说明; 5. 关于创业投资企业投资运作情况的说明; 6. 省税务机关规定的其他资料	1.《中华人民共和国企业所得税法》第三十一条; 2.《中华人民共和国企业所得税法实施条例》第九十七条; 3.《国家税务总局关于实施创业投资企业所得税优惠问题的通知》(国税发〔2009〕87号); 4.《财政部 国家税务总局关于执行企业所得税优惠政策若干问题的通知》(财税〔2009〕69号)
22	有限合伙制创业投资企业法人合伙人按投资额的一定比例抵扣应纳税所得额	有限合伙制创业投资企业采取股权投资方式投资于未上市的中小高新技术企业2年(24个月)以上,该有限合伙制创业投资企业的法人合伙人可按照其对未上市中小高新技术企业投资额的70%抵扣该法人合伙人从该有限合伙制创业投资企业分得的应纳税所得额,当年不足抵扣的,可以在以后纳税年度结转抵扣。 有限合伙制创业投资企业采取股权投资方式投资于	汇缴享受	1. 创业投资企业年检合格通知书; 2. 中小高新技术企业投资合同或章程、实际所投资金的验资报告等相关材料; 3. 省、自治区、直辖市和计划单列市高新技术企业认定管理机构出具的中小高新技术企业有效的高新技术企业证书复印件(注明"与原件一致",并加盖公章); 4. 中小高新技术企业基本情况[职工人数、年销售(营业)额、资产总额等]说明	1.《国家税务总局关于有限合伙制创业投资企业法人合伙人企业所得税有关问题的公告》(国家税务总局公告2015年第81号); 2.《财政部 税务总局关于创业投资企业和天使投资个人有关税收试点政策的通知》(财税〔2017〕38号); 3.《国家税务总局公告2017年第20号 国家税务总局关于创业投资企业和天使投资个人税收试点政策有关问题的公告》(国家税务总局公告2017年第20号);

（续表）

序号	优惠事项类别	享受优惠事项	享受优惠与备案时限	主要留存备查资料	主要政策依据
22		未上市的中小高新技术企业满2年（24个月，下同）的，其法人合伙人可按照对未上市中小高新技术企业投资额的70%抵扣该法人合伙人从该有限合伙制创业投资企业分得的应纳税所得额，当年不足抵扣的，可以在以后纳税年度结转抵扣。 公司制创业投资企业采取股权投资方式直接投资于种子期、初创期科技型企业（以下简称初创科技型企业）满2年（24个月，下同）的，可以按照投资额的70%在股权持有满2年的当年抵扣该公司制创业投资企业的应纳税所得额；当年不足抵扣的，可以在以后纳税年度结转抵扣。 有限合伙制创业投资企业（以下简称合伙创投企业）采取股权投资方式直接投资于初创科技型企业满2年的，法人合伙人可以按照对初创科技型企业投资额的70%抵扣法人合伙人从合伙创投企业分得的所得；当年不足抵扣的，可以在以后纳税年度结转抵扣		5.《法人合伙人应纳税所得额抵扣情况明细表》； 6.《有限合伙制创业投资企业法人合伙人应纳税所得额分配情况明细表》； 7. 省税务机关规定的其他资料	4.《国家税务总局关于实施创业投资企业所得税优惠问题的通知》（国税发〔2009〕87号）； 5.《财政部 国家税务总局关于将国家自主创业示范区有关税收试点政策推广到全国范围实施的通知》（财税〔2015〕116号）
23	符合条件的小型微利企业减免企业所得税	从事国家非限制和禁止行业的企业，减按20%的税率征收企业所得税。自2017年1月1日至2019年12月31日，对年应纳税所得额低于50万元（含50万元）的小型微利企业，其所得减按50%计入应纳税所得额，按20%的税率缴纳企业所得税	预缴享受年度备案	1. 所从事行业不属于限制性行业的说明； 2. 优惠年度的资产负债表； 3. 从业人数的计算过程	1.《中华人民共和国企业所得税法》第二十八条； 2.《中华人民共和国企业所得税法实施条例》第九十二条； 3.《财政部 税务总局关于扩大小型微利企业所得税优惠政策范围的通知》（财税〔2017〕43号）； 4.《国家税务总局关于贯彻落实扩大小型微利企业所得税优惠政策范围有关征管问题的公告》（国家税务总局公告2017年第23号）
24	国家需要重点扶持的高新技术企业减按15%的税率征收企业所得税	国家需要重点扶持的高新技术企业，减按15%的税率征收企业所得税。国家需要重点扶持的高新技术企业，是指拥有核心自主知识产权，产品（服务）属于国家重点支持的高新技术领域规定的范围、研究开发费用占销售收入的比例不低于规定比例、高新技术产品（服务）收入占企业总收入的比例不低于规定比例、科技人员占企	预缴享受年度备案	1. 高新技术企业资格证书； 2. 高新技术企业认定资料； 3. 知识产权相关材料； 4. 年度主要产品（服务）发挥核心支持作用的技术属于《国家重点支持的高新技术领域》规定范围的说明，高新技术产品（服务）及对应收入资料； 5. 年度职工和科技人员情况证明材料；	1.《中华人民共和国企业所得税法》第二十八条； 2.《中华人民共和国企业所得税法实施条例》第九十三条； 3.《科技部 财政部 国家税务总局关于修订印发高新技术企业认定管理办法的通知》（国科发火〔2016〕32号）； 4.《科技部 财政部 国家税务总局关于修订印发〈高新技术企业认定管理工作指引〉的通知》（国科发火〔2016〕195号）；

(续表)

序号	优惠事项类别	享受优惠事项	享受优惠与备案时限	主要留存备查资料	主要政策依据
24		业职工总数的比例不低于规定比例,以及高新技术企业认定管理办法规定的其他条件的企业		6. 当年和前两个会计年度研发费用总额及占同期销售收入比例、研发费用管理资料以及研发费用辅助账,研发费用结构明细表; 7. 省税务机关规定的其他资料	5.《国家税务总局关于实施高新技术企业所得税优惠有关问题的通知》(国税函〔2009〕203 号); 6.《科技部 财政部 国家税务总局关于在中关村国家自主创新示范区开展高新技术企业认定中文化产业支撑技术等领域范围试点的通知》(国科发高〔2013〕595 号); 7.《国家税务总局关于实施高新技术企业所得税优惠政策有关问题的公告》(国家税务总局公告 2017 年第 24 号)
25	民族自治地方的自治机关对本民族自治地方的企业应缴纳的企业所得税中属于地方分享的部分减征或免征	依照《中华人民共和国民族区域自治法》的规定,实行民族区域自治的自治区、自治州、自治县的自治机关对本民族自治地方的企业应缴纳的企业所得税中属于地方分享的部分,可以决定减征或者免征。自治州、自治县决定减征或者免征的,须报省、自治区、直辖市人民政府批准	预缴享受年度备案	由民族自治地方省税务机关确定	1.《中华人民共和国企业所得税法》第二十九条; 2.《中华人民共和国企业所得税法实施条例》第九十四条; 3.《财政部 国家税务总局关于贯彻落实国务院关于实施企业所得税过渡优惠政策有关问题的通知》(财税〔2008〕21 号)
26	经济特区和上海浦东新区新设立的高新技术企业在区内取得的所得定期减免企业所得税	经济特区和上海浦东新区内,在 2008 年 1 月 1 日(含)之后完成登记注册的国家需要重点扶持的高新技术企业,在经济特区和上海浦东新区内取得的所得,自取得第一笔生产经营收入所属纳税年度起,第一年至第二年免征企业所得税,第三年至第五年按照 25%的法定税率减半征收企业所得税(定期减免税)	预缴享受年度备案	1. 高新技术企业资格证书; 2. 高新技术企业认定资料; 3. 知识产权相关材料; 4. 年度主要产品(服务)发挥核心支持作用的技术属于《国家重点支持的高新技术领域》规定范围的说明,高新技术产品(服务)及对应收入资料; 5. 年度职工和科技人员情况证明材料; 6. 当年和前两个会计年度研发费用总额及占同期销售收入比例、研发费用管理资料以及研发费用辅助账,研发费用结构明细表; 7. 省税务机关规定的其他资料。 8. 新办企业取得第一笔生产经营收入凭证; 9. 区内区外所得的核算资料; 10. 省税务机关规定的其他资料	1.《中华人民共和国企业所得税法》第五十七条第二款; 2.《国务院关于经济特区和上海浦东新区新设立高新技术企业实行过渡性税收优惠的通知》(国发〔2007〕40 号); 3.《国家税务总局关于实施高新技术企业所得税优惠有关问题的通知》(国税函〔2009〕203 号); 4.《科技部 财政部 国家税务总局关于修订印发〈高新技术企业认定管理工作指引〉的通知》(国科发火〔2016〕195 号); 5.《国家税务总局关于实施高新技术企业所得税优惠有关问题的通知》(国税函〔2009〕203 号); 6.《国家税务总局关于实施高新技术企业所得税优惠政策有关问题的公告》(国家税务总局公告 2017 年第 24 号)

（续表）

序号	优惠事项类别	享受优惠事项	享受优惠与备案时限	主要留存备查资料	主要政策依据
27	经营性文化事业单位转制为企业的免征企业所得税	从事新闻出版、广播影视和文化艺术的经营性文化事业单位转制为企业的，自转制注册之日起免征企业所得税	预缴享受年度备案	1. 企业转制方案文件； 2. 有关部门对文化体制改革单位转制方案批复文件； 3. 整体转制前已进行事业单位法人登记的，同级机构编制管理机关核销事业编制的证明，以及注销事业单位法人的证明； 4. 企业转制的工商登记情况； 5. 企业与职工签订的劳动合同； 6. 企业缴纳社会保险费记录； 7. 有关部门批准引入非公有资本、境外资本和变更资本结构的批准函； 8. 同级文化体制改革和发展工作领导小组办公室出具的同意变更函（已认定发布的转制文化企业名称发生变更，且主营业务未发生变化的）	《财政部 国家税务总局 中宣部关于继续实施文化体制改革中经营性文化事业单位转制为企业若干税收政策的通知》（财税〔2014〕84 号）
28	动漫企业自主开发、生产动漫产品定期减免企业所得税	经认定的动漫企业自主开发、生产动漫产品，可申请享受国家现行鼓励软件产业发展的所得税优惠政策。即在 2017 年 12 月 31 日前自获利年度起，第一年至第二年免征企业所得税，第三年至第五年按照 25％的法定税率减半征收企业所得税，并享受至期满为止（定期减免税）	预缴享受年度备案	1. 动漫企业认定证明； 2. 动漫企业认定资料； 3. 动漫企业年审通过名单； 4. 获利年度情况说明	1.《文化部 财政部 国家税务总局关于印发〈动漫企业认定管理办法（试行）〉的通知》（文市发〔2008〕51 号）； 2.《文化部 财政部 国家税务总局关于实施〈动漫企业认定管理办法（试行）〉有关问题的通知》（文产发〔2009〕18 号）； 3.《财政部 国家税务总局关于扶持动漫产业发展有关税收政策问题的通知》（财税〔2009〕65 号）第二条
29	受灾地区损失严重企业免征企业所得税	对受灾地区损失严重的企业，免征企业所得税。其中，芦山受灾地区政策执行至 2015 年 12 月 31 日；鲁甸受灾地区免征 2014 年至 2016 年度企业所得税	预缴享受年度备案	1. 属于受灾地区损失严重企业的证明材料； 2. 省税务机关规定的其他资料	1.《财政部 海关总署 国家税务总局关于支持芦山地震灾后恢复重建有关税收政策问题的通知》（财税〔2013〕58 号）第一条第一款； 2.《财政部 海关总署 国家税务总局关于支持鲁甸地震灾后恢复重建有关税收政策问题的通知》（财税〔2015〕27 号）第一条第一款

(续表)

序号	优惠事项类别	享受优惠事项	享受优惠与备案时限	主要留存备查资料	主要政策依据
30	受灾地区农村信用社免征企业所得税	对受灾地区农村信用社免征企业所得税。其中,芦山受灾地区政策执行期限自2013年4月20日起至2017年12月31日;鲁甸受灾地区政策执行期限自2014年1月1日至2018年12月31日	预缴享受年度备案	省税务机关规定的资料	1.《财政部 海关总署 国家税务总局关于支持芦山地震灾后恢复重建有关税收政策问题的通知》(财税〔2013〕58号)第一条第三款; 2.《财政部 海关总署 国家税务总局关于支持鲁甸地震灾后恢复重建有关税收政策问题的通知》(财税〔2015〕27号)第一条第三款
31	受灾地区的促进就业企业限额减征企业所得税	受灾地区的商贸等企业,在新增加的就业岗位中,招用当地因地震灾害失去工作的人员,与其签订1年以上期限劳动合同并依法缴纳社会保险费的,经县级人力资源和社会保障部门认定,按实际招用人数和实际工作时间予以定额依次扣减增值税、营业税、城市维护建设税、教育费附加、地方教育费附加和企业所得税。其中,芦山受灾地区政策执行期限至2015年12月31日;鲁甸受灾地区政策执行期限执行至2016年12月31日	汇缴享受	1. 劳动保障部门出具《企业实体吸纳失业人员认定证明》; 2. 劳动保障部门出具的《持就业失业登记证人员在企业预定工作时间表》; 3. 失业人员的《就业创业证》或《就业失业登记证》; 4. 企业工资支付凭证; 5. 每年度享受货物与劳务税抵免情况说明及其相关申报表; 6. 省税务机关规定的其他资料	1.《财政部 海关总署 国家税务总局关于支持芦山地震灾后恢复重建有关税收政策问题的通知》(财税〔2013〕58号)第五条第一款; 2.《财政部 海关总署 国家税务总局关于支持鲁甸地震灾后恢复重建有关税收政策问题的通知》(财税〔2015〕27号)第五条第一款
32	技术先进型服务企业减按15%的税率征收企业所得税	对经认定的技术先进型服务企业,减按15%的税率征收企业所得税;经认定的技术先进型服务企业发生的职工教育经费支出,不超过工资薪金总额8%的部分,准予在计算应纳税所得额时扣除;超过部分,准予在以后纳税年度结转扣除	预缴享受年度备案	1. 技术先进型服务企业资格证书; 2. 技术先进型服务企业认定资料; 3. 各年度技术先进型服务业务收入总额、离岸服务外包业务收入总额占本企业当年收入总额比例情况说明	《财政部 税务总局 商务部 科技部 国家发展改革委关于将技术先进型服务企业所得税政策推广至全国实施的通知》(财税〔2017〕79号)
33	新疆困难地区新办企业定期减免企业所得税	对在新疆困难地区新办的属于《新疆困难地区重点鼓励发展产业企业所得税优惠目录》范围内的企业,自取得第一笔生产经营收入所属纳税年度起,第一年至第二年免征企业所得税,第三年至第五年减半征收企业所得税(定期减免税)	预缴享受年度备案	由新疆维吾尔自治区国家税务局、地方税务局确定	1.《财政部 国家税务总局关于新疆困难地区新办企业所得税优惠政策的通知》(财税〔2011〕53号); 2.《财政部 国家税务总局 国家发展改革委 工业和信息化部关于公布新疆困难地区重点鼓励发展产业企业所得税优惠目录(试行)的通知》(财税〔2011〕60号)
34	新疆喀什、霍尔果斯特殊经济开发区新办企业定期免征企业所得税	对在新疆喀什、霍尔果斯两个特殊经济开发区内新办的属于《新疆困难地区重点鼓励发展产业企业所得税优惠目录》范围内的企业,自取得第一笔生产经营收入所属纳税年度起,5年内免征企业所得税(定期减免税)	预缴享受年度备案	由新疆维吾尔自治区国家税务局、地方税务局确定	1.《财政部 国家税务总局 国家发展改革委 工业和信息化部关于公布新疆困难地区重点鼓励发展产业企业所得税优惠目录(试行)的通知》(财税〔2011〕60号); 2.《财政部 国家税务总局关于新疆喀什 霍尔果斯两个特殊经济开发区企业所得税优惠政策的通知》(财税〔2011〕112号)

（续表）

序号	优惠事项类别	享受优惠事项	享受优惠与备案时限	主要留存备查资料	主要政策依据
35	支持和促进重点群体创业就业企业限额减征企业所得税	对商贸企业、服务型企业、劳动就业服务企业中的加工型企业和街道社区具有加工性质的小型企业实体，在新增加的岗位中，当年新招用在人力资源社会保障部门公共就业服务机构登记失业半年以上且持《就业创业证》或《就业失业登记证》（注明“企业吸纳税收政策”）人员，与其签订1年以上期限劳动合同并依法缴纳社会保险费的，在3年内按实际招用人数予以定额依次扣减增值税、城市维护建设税、教育费附加、地方教育附加和企业所得税优惠。定额标准为每人每年4 000元，最高可上浮30%，各省、自治区、直辖市人民政府可根据本地区实际情况在此幅度内确定具体定额标准，并报财政部和税务总局备案。 按上述标准计算的税收扣减额应在企业当年实际应缴纳的增值税、城市维护建设税、教育费附加、地方教育附加和企业所得税税额中扣减，当年扣减不完的，不得结转下年使用	汇缴享受	1. 劳动保障部门出具《企业实体吸纳失业人员认定证明》； 2. 劳动保障部门出具的《持就业失业登记证人员在企业预定工作时间表》； 3. 就业人员的《就业创业证》或《就业失业登记证》； 4. 招用失业人员劳动合同或服务协议； 5. 为招用失业人员缴纳社保证明材料； 6. 企业工资支付凭证； 7. 每年度享受货物与劳务税抵免情况说明及其相关申报表； 8. 省税务机关规定的其他资料	1.《国家税务总局 财政部 人力资源社会保障部 教育部 民政部关于支持和促进重点群体创业就业有关税收政策具体实施问题的公告》（国家税务总局公告2014年第34号）； 2.《财政部 国家税务总局 人力资源和社会保障部 教育部关于支持和促进重点群体创业就业税收政策有关问题的补充通知》（财税〔2015〕18号）； 3.《财政部 国家税务总局 人力资源社会保障部关于扩大企业吸纳就业税收优惠适用人员范围的通知》（财税〔2015〕77号）； 4.《财政部 税务总局 人力资源社会保障部关于继续实施支持和促进重点群体创业就业有关税收政策的通知》（财税〔2017〕49号）； 5.《国家税务总局 财政部 人力资源社会保障部 教育部 民政部关于继续实施支持和促进重点群体创业就业有关税收政策具体操作问题的公告》（国家税务总局 财政部 人力资源社会保障部 教育部 公告民政部2017年第27号）
36	扶持自主就业退役士兵创业就业企业限额减征企业所得税	对商贸企业、服务型企业、劳动就业服务企业中的加工型企业和街道社区具有加工性质的小型企业实体，在新增加的岗位中，当年新招用自主就业退役士兵，与其签订1年以上期限劳动合同并依法缴纳社会保险费的，在3年内按实际招用人数予以定额依次扣减增值税、城市维护建设税、教育费附加、地方教育附加和企业所得税优惠。定额标准为每人每年4 000元，最高可上浮50%，各省、自治区、直辖市人民政府可根据本地区实际情况在此幅度内确定具体定额标准，并报财政部和税务总局备案	汇缴享受	1. 新招用自主就业退役士兵的《中国人民解放军义务兵退出现役证》或《中国人民解放军士官退出现役证》； 2. 企业与新招用自主就业退役士兵签订的劳动合同（副本）； 3. 企业为实际雇佣自主就业退役士兵缴纳的社会保险费记录； 4. 企业工资支付凭证； 5. 每年度享受货物与劳务税抵免情况说明及其相关申报表； 6. 省税务机关规定的其他资料	《财政部 国家税务总局 民政部关于继续实施扶持自主就业退役士兵创业就业有关税收政策的通知》（财税〔2017〕46号）

（续表）

序号	优惠事项类别	享受优惠事项	享受优惠与备案时限	主要留存备查资料	主要政策依据
37	集成电路线宽小于0.8微米(含)的集成电路生产企业定期减免企业所得税	集成电路线宽小于0.8微米(含)的集成电路生产企业，经认定后，在2017年12月31日前自获利年度起计算优惠期，第一年至第二年免征企业所得税，第三年至第五年按照25%的法定税率减半征收企业所得税，并享受至期满为止(定期减免税)	预缴享受年度备案	1. 在发展改革或工业和信息化部门立项的备案文件(应注明总投资额、工艺线宽标准)复印件以及企业取得的其他相关资质证书复印件等； 2. 企业职工人数、学历结构、研究开发人员情况及其占企业职工总数的比例说明，以及汇算清缴年度最后一个月社会保险缴纳证明等相关证明材料； 3. 加工集成电路产品主要列表及国家知识产权局(或国外知识产权相关主管机构)出具的企业自主开发或拥有的1～2份代表性知识产权(如专利、布图设计登记、软件著作权等)的证明材料； 4. 经具有资质的中介机构鉴证的企业财务会计报告(包括会计报表、会计报表附注和财务情况说明书)以及集成电路制造销售(营业)收入、研究开发费用、境内研究开发费用等情况说明； 5. 与主要客户签订的1～2份代表性销售合同复印件； 6. 保证产品质量的相关证明材料(如质量管理认证证书复印件等)； 7. 税务机关要求出具的其他材料	1.《财政部 国家税务总局关于进一步鼓励软件产业和集成电路产业发展企业所得税政策的通知》(财税〔2012〕27号)第一条； 2.《国家税务总局关于软件和集成电路企业认定管理有关问题的公告》(国家税务总局公告2012年第19号)； 3.《国家税务总局关于执行软件企业所得税优惠政策有关问题的公告》(国家税务总局公告2013年第43号)
38	线宽小于0.25微米的集成电路生产企业减按15%税率征收企业所得税	线宽小于0.25微米的集成电路生产企业，经认定后，减按15%的税率征收企业所得税	预缴享受年度备案		1.《财政部 国家税务总局关于进一步鼓励软件产业和集成电路产业发展企业所得税政策的通知》(财税〔2012〕27号)第二条； 2.《国家税务总局关于软件和集成电路企业认定管理有关问题的公告》(国家税务总局公告2012年第19号)； 3.《国家税务总局关于执行软件企业所得税优惠政策有关问题的公告》(国家税务总局公告2013年第43号)； 4.《财政部 国家税务总局 发展改革委 工业和信息化部关于软件和集成电路产业企业所得税优惠政策有关问题的通知》(财税〔2016〕49号)
39	投资额超过80亿元的集成电路生产企业减按15%税率征收企业所得税	投资额超过80亿元的集成电路生产企业，经认定后，减按15%的税率征收企业所得税	预缴享受年度备案		1.《财政部 国家税务总局关于进一步鼓励软件产业和集成电路产业发展企业所得税政策的通知》(财税〔2012〕27号)第二条； 2.《国家税务总局关于软件和集成电路企业认定管理有关问题的公告》(国家税务总局公告2012年第19号)； 3.《国家税务总局关于执行软件企业所得税优惠政策有关问题的公告》(国家税务总局公告2013年第43号)； 4.《财政部 国家税务总局 发展改革委 工业和信息化部关于软件和集成电路产业企业所得税优惠政策有关问题的通知》(财税〔2016〕49号)

（续表）

序号	优惠事项类别	享受优惠事项	享受优惠与备案时限	主要留存备查资料	主要政策依据
40	线宽小于0.25微米的集成电路生产企业定期减免企业所得税	线宽小于0.25微米的集成电路生产企业，经认定后，经营期在15年以上的，在2017年12月31日前自获利年度起计算优惠期，第一年至第五年免征企业所得税，第六年至第十年按照25%的法定税率减半征收企业所得税，并享受至期满为止（定期减免税）	预缴享受年度备案	1. 在发展改革或工业和信息化部门立项的备案文件（应注明总投资额、工艺线宽标准）复印件以及企业取得的其他相关资质证书复印件等； 2. 企业职工人数、学历结构、研究开发人员情况及其占企业职工总数的比例说明，以及汇算清缴年度最后一个月社会保险缴纳证明等相关证明材料； 3. 加工集成电路产品主要列表及国家知识产权局（或国外知识产权相关主管机构）出具的企业自主开发或拥有的1～2份代表性知识产权（如专利、布图设计登记、软件著作权等）的证明材料； 4. 经具有资质的中介机构鉴证的企业财务会计报告（包括会计报表、会计报表附注和财务情况说明书）以及集成电路制造销售（营业）收入、研究开发费用、境内研究开发费用等情况说明； 5. 与主要客户签订的1～2份代表性销售合同复印件； 6. 保证产品质量的相关证明材料（如质量管理认证证书复印件等）； 7. 税务机关要求出具的其他材料	1.《财政部 国家税务总局关于进一步鼓励软件产业和集成电路产业发展企业所得税政策的通知》（财税〔2012〕27号）第二条； 2.《国家税务总局关于软件和集成电路企业认定管理有关问题的公告》（国家税务总局公告2012年第19号）； 3.《国家税务总局关于执行软件企业所得税优惠政策有关问题的公告》（国家税务总局公告2013年第43号）； 4.《财政部 国家税务总局 发展改革委 工业和信息化部关于软件和集成电路产业企业所得税优惠政策有关问题的通知》（财税〔2016〕49号）
41	投资额超过80亿元的集成电路生产企业定期减免企业所得税	投资额超过80亿元的集成电路生产企业，经认定后，经营期在15年以上的，在2017年12月31日前自获利年度起计算优惠期，第一年至第五年免征企业所得税，第六年至第十年按照25%的法定税率减半征收企业所得税，并享受至期满为止。（定期减免税）	预缴享受年度备案	（同上）	1.《财政部 国家税务总局关于进一步鼓励软件产业和集成电路产业发展企业所得税政策的通知》（财税〔2012〕27号）第二条； 2.《国家税务总局关于软件和集成电路企业认定管理有关问题的公告》（国家税务总局公告2012年第19号）； 3.《国家税务总局关于执行软件企业所得税优惠政策有关问题的公告》（国家税务总局公告2013年第43号）； 4.《财政部 国家税务总局 发展改革委 工业和信息化部关于软件和集成电路产业企业所得税优惠政策有关问题的通知》（财税〔2016〕49号）
42	新办集成电路设计企业定期减免企业所得税	我国境内新办的集成电路设计企业，经认定后，在2017年12月31日前自获利年度起，第一年至第二年免征企业所得税，第三年至第五年按照25%的法定税率减半征收企业所得税，并享受至期满为止（定期减免税）	预缴享受年度备案	1. 企业职工人数、学历结构、研究开发人员情况及其占企业职工总数的比例说明，以及汇算清缴年度最后一个月社会保险缴纳证明等相关证明材料； 2. 企业开发销售的主要集成电路产品列表，以及国家知识产权局（或国外知识产权相关主管机构）出具的企业自主开发或拥有的1～2份代表性知识产权（如专利、布图设计登记、软件著作权等）的证明材料； 3. 经具有资质的中介机构鉴证的企业财务会计报告（包括会计报表、会计报表附注和财务情况说明书）以及集成电路设计销售（营业）收入、集成电路自主设计销售（营业）收入、研究开发费用、境内研究开发费用等情况表； 4. 第三方检测机构提供的集成电路产品测试报告或用户报告，以及与主要客户签订的1～2份代表性销售合同复印件； 5. 企业开发环境等相关证明材料； 6. 税务机关要求出具的其他材料	1.《财政部 国家税务总局关于进一步鼓励软件产业和集成电路产业发展企业所得税政策的通知》（财税〔2012〕27号）第三条； 2.《国家税务总局关于软件和集成电路企业认定管理有关问题的公告》（国家税务总局公告2012年第19号）； 3.《国家税务总局关于执行软件企业所得税优惠政策有关问题的公告》（国家税务总局公告2013年第43号）； 4.《财政部 国家税务总局 发展改革委 工业和信息化部关于软件和集成电路产业企业所得税优惠政策有关问题的通知》（财税〔2016〕49号）

(续表)

序号	优惠事项类别	享受优惠事项	享受优惠与备案时限	主要留存备查资料	主要政策依据
43	符合条件的集成电路封装、测试企业定期减免企业所得税	符合条件的集成电路封装、测试企业,在2017年(含2017年)前实现获利的,自获利年度起,第一年至第二年免征企业所得税,第三年至第五年按照25%的法定税率减半征收企业所得税,并享受至期满为止;2017年前未实现获利的,自2017年起计算优惠期,享受至期满为止(定期减免税)	预缴享受年度备案	1. 在发展改革或工业和信息化部门立项的备案文件(应注明总投资额、工艺线宽标准)复印件以及企业取得的其他相关资质证书复印件等; 2. 企业职工人数、学历结构、研究开发人员情况及其占企业职工总数的比例说明,以及汇算清缴年度最后一个月社会保险缴纳证明等相关证明材料; 3. 加工集成电路产品主要列表及国家知识产权局(或国外知识产权相关主管机构)出具的企业自主开发或拥有的1～2份代表性知识产权(如专利、布图设计登记、软件著作权等)的证明材料; 4. 经具有资质的中介机构鉴证的企业财务会计报告(包括会计报表、会计报表附注和财务情况说明书)以及集成电路制造销售(营业)收入、研究开发费用、境内研究开发费用等情况说明; 5. 与主要客户签订的1～2份代表性销售合同复印件; 6. 保证产品质量的相关证明材料(如质量管理认证证书复印件等); 7. 税务机关要求出具的其他材料	1.《财政部 国家税务总局 发展改革委 工业和信息化部关于进一步鼓励集成电路产业发展企业所得税政策的通知》(财税〔2015〕6号); 2.《财政部 国家税务总局 发展改革委 工业和信息化部关于软件和集成电路产业企业所得税优惠政策有关问题的通知》(财税〔2016〕49号)
44	符合条件的集成电路关键专用材料生产企业、集成电路专用设备生产企业定期减免企业所得税	符合条件的集成电路关键专用材料生产企业、集成电路专用设备生产企业,在2017年(含2017年)前实现获利的,自获利年度起,第一年至第二年免征企业所得税,第三年至第五年按照25%的法定税率减半征收企业所得税,并享受至期满为止;2017年前未实现获利的,自2017年起计算优惠期,享受至期满为止(定期减免税)	预缴享受年度备案		《财政部 国家税务总局 发展改革委 工业和信息化部关于进一步鼓励集成电路产业发展企业所得税政策的通知》(财税〔2015〕6号)
45	符合条件的软件企业定期减免企业所得税	我国境内符合条件的软件企业,经认定后,在2017年12月31日前自获利年度起,第一年至第二年免征企业所得税,第三年至第五年按照25%的法定税率减半征收企业所得税,并享受至期满为止(定期减免税)	预缴享受年度备案	1. 企业开发销售的主要软件产品列表或技术服务列表; 2. 主营业务为软件产品开发的企业,提供至少1个主要产品的软件著作权或专利权等自主知识产权的有效证明文件,以及第三方检测机构提供的软件产品测试报告;主营业务仅为技术服务的企业提供核心技术说明; 3. 企业职工人数、学历结构、研究开发人员及其占企业职工总数的比例说明,以及汇算清缴年度最后一个月社会保险缴纳证明等相关证明材料; 4. 经具有资质的中介机构鉴证的企业财务会计报告(包括会计报表、会计报表附注和财务情况说明书)以及软件产品开发销售(营业)收入、软件产品自主开发销售(营业)收入、研究开发费用、境内研究开发费用等情况说明; 5. 与主要客户签订的1～2份代表性的软件产品销售合同或技术服务合同复印件; 6. 企业开发环境相关证明材料; 7. 税务机关要求出具的其他材料	1.《财政部 国家税务总局关于进一步鼓励软件产业和集成电路产业发展企业所得税政策的通知》(财税〔2012〕27号)第三条; 2.《国家税务总局关于软件和集成电路企业认定管理有关问题的公告》(国家税务总局公告2012年第19号); 3.《国家税务总局关于执行软件企业所得税优惠政策有关问题的公告》(国家税务总局公告2013年第43号); 4.《财政部 国家税务总局 发展改革委 工业和信息化部关于软件和集成电路产业企业所得税优惠政策有关问题的通知》(财税〔2016〕49号)

（续表）

序号	优惠事项类别	享受优惠事项	享受优惠与备案时限	主要留存备查资料	主要政策依据
46	国家规划布局内重点软件企业可减按10%的税率征收企业所得税	国家规划布局内的重点软件企业，如当年未享受免税优惠的，可减按10%的税率征收企业所得税	预缴享受年度备案	1. 企业享受软件企业所得税优惠政策需要报送的备案资料； 2. 符合第二类条件的，应提供在国家规定的重点软件领域内销售（营业）情况说明； 3. 符合第三类条件的，应提供商务主管部门核发的软件出口合同登记证书，以及有效出口合同和结汇证明等材料； 4. 税务机关要求提供的其他材料	1.《财政部 国家税务总局关于进一步鼓励软件产业和集成电路产业发展企业所得税政策的通知》（财税〔2012〕27号）第四条； 2.《国家税务总局关于软件和集成电路企业认定管理有关问题的公告》（国家税务总局公告2012年第19号）； 3.《国家税务总局关于执行软件企业所得税优惠政策有关问题的公告》（国家税务总局公告2013年第43号）； 4.《财政部 国家税务总局 发展改革委 工业和信息化部关于软件和集成电路产业企业所得税优惠政策有关问题的通知》（财税〔2016〕49号）
47	国家规划布局内集成电路设计企业可减按10%的税率征收企业所得税	国家规划布局内的集成电路设计企业，如当年未享受免税优惠的，可减按10%的税率征收企业所得税	预缴享受年度备案	1. 企业享受集成电路设计企业所得税优惠政策需要报送的备案资料； 2. 符合第二类条件的，应提供在国家规定的重点集成电路设计领域内销售（营业）情况说明； 3. 税务机关要求提供的其他材料	1.《财政部 国家税务总局关于进一步鼓励软件产业和集成电路产业发展企业所得税政策的通知》（财税〔2012〕27号）第四条； 2.《国家税务总局关于软件和集成电路企业认定管理有关问题的公告》（国家税务总局公告2012年第19号）； 3.《国家税务总局关于执行软件企业所得税优惠政策有关问题的公告》（国家税务总局公告2013年第43号）； 4.《财政部 国家税务总局 发展改革委 工业和信息化部关于软件和集成电路产业企业所得税优惠政策有关问题的通知》（财税〔2016〕49号）
48	设在西部地区的鼓励类产业企业减按15%的税率征收企业所得税	对设在西部地区的鼓励类产业企业减按15%的税率征收企业所得税。对设在赣州市的鼓励类产业的内资企业和外商投资企业减按15%的税率征收企业所得税	预缴享受年度备案	1. 主营业务属于《西部地区鼓励类产业目录》中的具体项目的相关证明材料； 2. 符合目录的主营业务收入占企业收入总额70%以上的说明； 3. 省税务机关规定的其他资料	1.《财政部 海关总署 国家税务总局关于深入实施西部大开发战略有关税收政策问题的通知》（财税〔2011〕58号）； 2.《国家税务总局关于深入实施西部大开发战略有关企业所得税问题的公告》（国家税务总局公告2012第12号）；

(续表)

序号	优惠事项类别	享受优惠事项	享受优惠与备案时限	主要留存备查资料	主要政策依据
48	设在西部地区的鼓励类产业企业减按 15%的税率征收企业所得税	对设在西部地区的鼓励类产业企业减按 15%的税率征收企业所得税。对设在赣州市的鼓励类产业的内资企业和外商投资企业减按 15%的税率征收企业所得税	预缴享受年度备案	1. 主营业务属于《西部地区鼓励类产业目录》中的具体项目的相关证明材料; 2. 符合目录的主营业务收入占企业收入总额 70%以上的说明; 3. 省税务机关规定的其他资料	3.《财政部 海关总署 国家税务总局关于赣州市执行西部大开发税收政策问题的通知》(财税〔2013〕4 号)第二条; 4.《西部地区鼓励类产业目录》(中华人民共和国国家发展和改革委员会令第 15 号); 5.《国家税务总局关于执行〈西部地区鼓励类产业目录〉有关企业所得税问题的公告》(国家税务总局公告 2015 年第 14 号)
49	符合条件的生产和装配伤残人员专门用品企业免征企业所得税	对符合条件的生产和装配伤残人员专门用品企业,免征企业所得税	预缴享受年度备案	1. 生产和装配伤残人员专门用品,在民政部《中国伤残人员专门用品目录》范围之内的说明; 2. 伤残人员专门用品制作师名册、《执业资格证书》(假肢、矫形器需准备); 3. 企业的生产和装配条件以及帮助伤残人员康复的其他辅助条件的说明材料	《财政部 国家税务总局 民政部关于生产和装配伤残人员专门用品企业免征企业所得税的通知》(财税〔2011〕81 号)
50	广东横琴、福建平潭、深圳前海等地区的鼓励类产业企业减按 15%税率征收企业所得税	对设在广东横琴新区、福建平潭综合实验区和深圳前海深港现代服务业合作区的鼓励类产业企业减按 15%的税率征收企业所得税	预缴享受年度备案	1. 主营业务属于企业所得税优惠目录中的具体项目的相关证明材料; 2. 符合目录的主营业务收入占企业收入总额 70%以上的说明; 3. 广东横琴新区、福建平潭综合实验区和深圳前海深港现代服务业合作区税务机关要求提供的其他资料	《财政部 国家税务总局关于广东横琴新区 福建平潭综合实验区 深圳前海深港现代服务业合作区企业所得税优惠政策及优惠目录的通知》(财税〔2014〕26 号)
51	购置用于环境保护、节能节水、安全生产等专用设备的投资额按一定比例实行税额抵免	企业购置并实际使用《环境保护专用设备企业所得税优惠目录》《节能节水专用设备企业所得税优惠目录》和《安全生产专用设备企业所得税优惠目录》规定的环境保护、节能节水、安全生产等专用设备的,该专用设备的投资额的 10%可以从企业当年的应纳税额中抵免;当年不足抵免的,可以在以后 5 个纳税年度结转抵免。享受上述规定的企业所得税优惠的企业,应当实际购置并自身实际投入使用前款规定的专用设备;企业购置上述专用设备在 5 年内转让、出租的,应当停止享受企业所得税优惠,并补缴已经抵免的企业所得税税款	汇缴享受	1. 购买并自身投入使用的专用设备清单及发票; 2. 以融资租赁方式取得的专用设备的合同或协议; 3. 专用设备属于《环境保护专用设备企业所得税优惠目录》《节能节水专用设备企业所得税优惠目录》或《安全生产专用设备企业所得税优惠目录》中的具体项目的说明; 4. 省税务机关规定的其他资料	1.《中华人民共和国企业所得税法》第三十四条; 2.《中华人民共和国企业所得税法实施条例》第一百条; 3.《财政部 国家税务总局关于执行环境保护专用设备企业所得税优惠目录 节能节水专用设备企业所得税优惠目录和安全生产专用设备企业所得税优惠目录有关问题的通知》(财税〔2008〕48 号); 4.《关于印发节能节水和环境保护专用设备企业所得税优惠目录(2017 年版)的通知》(财税〔2017〕71 号);

（续表）

序号	优惠事项类别	享受优惠事项	享受优惠与备案时限	主要留存备查资料	主要政策依据
51					5.《财政部 国家税务总局 安全监管总局关于公布安全生产专用设备企业所得税优惠目录（2008年版）的通知》（财税〔2008〕118号）； 6.《财政部 国家税务总局关于执行企业所得税优惠政策若干问题的通知》（财税〔2009〕69号）第十条； 7.《国家税务总局关于环境保护节能节水 安全生产等专用设备投资抵免企业所得税有关问题的通知》（国税函〔2010〕256号）
52	固定资产或购入软件等可以加速折旧或摊销	由于技术进步，产品更新换代较快的固定资产；常年处于强震动、高腐蚀状态的固定资产，企业可以采取缩短折旧年限或者采取加速折旧的方法。集成电路生产企业的生产设备，其折旧年限可以适当缩短，最短可为3年（含）。企业外购的软件，凡符合固定资产或无形资产确认条件的，可以按照固定资产或无形资产进行核算，其折旧或摊销年限可以适当缩短，最短可为2年（含）	汇缴享受（税会处理一致的，自预缴享受；税会处理不一致的，汇缴享受）	1. 固定资产的功能、预计使用年限短于规定计算折旧的最低年限的理由、证明资料及有关情况的说明； 2. 被替代的旧固定资产的功能、使用及处置等情况的说明； 3. 固定资产加速折旧拟采用的方法和折旧额的说明； 4. 集成电路生产企业认定证书（集成电路生产企业的生产设备适用本项优惠）； 5. 拟缩短折旧或摊销年限情况的说明（外购软件缩短折旧或摊销年限）； 6. 省税务机关规定的其他资料	1.《中华人民共和国企业所得税法》第三十二条； 2.《中华人民共和国企业所得税法实施条例》第九十八条； 3.《国家税务总局关于企业固定资产加速折旧所得税处理有关问题的通知》（国税发〔2009〕81号）； 4.《财政部 国家税务总局关于进一步鼓励软件产业和集成电路产业发展企业所得税政策的通知》（财税〔2012〕27号）第七条、第八条； 5.《国家税务总局关于执行软件企业所得税优惠政策有关问题的公告》（国家税务总局公告2013年第43号）
53	固定资产加速折旧或一次性扣除	对生物药品制造业，专用设备制造业，铁路、船舶、航空航天和其他运输设备制造业，计算机、通信和其他电子设备制造业，仪器仪表制造业，信息传输、软件和信息技术服务业，轻工、纺织、机械、汽车等行业企业新购进的固定资产，可缩短折旧年限或采取加速折旧的方法。对所有行业企业新购进的专门用于研发的仪器、设备，单位价值不超过100万元的，允许一次性计入当期成本费用在计算应纳税所得额时扣除，不再分年度计算折旧；单位价值超过100万元的，可缩短折旧年限或采取加速折旧的方法。对所有行业企业持有的单位价值不超过5000元的固定资产，允许一次性计入当期成本费用在计算应纳税所得额时扣除，不再分年度计算折旧	预缴享受年度备案	1. 企业属于重点行业、领域企业的说明材料［以某重点行业业务为主营业务，固定资产投入使用当年主营业务收入占企业收入总额50%（不含）以上］； 2. 购进固定资产的发票、记账凭证等有关凭证、凭据（购入已使用过的固定资产，应提供已使用年限的相关说明）等资料； 3. 核算有关资产税法与会计差异的台账； 4. 省税务机关规定的其他资料	1.《财政部 国家税务总局关于完善固定资产加速折旧企业所得税政策的通知》（财税〔2014〕75号）； 2.《国家税务总局关于固定资产加速折旧税收政策有关问题的公告》（国家税务总局公告2014年第64号）； 3.《财政部 国家税务总局关于进一步完善固定资产加速折旧企业所得税政策的通知》（财税〔2015〕106号）； 4.《国家税务总局关于进一步完善固定资产加速折旧企业所得税政策有关问题的公告》（国家税务总局公告2015年第68号）

(续表)

序号	优惠事项类别	享受优惠事项	享受优惠与备案时限	主要留存备查资料	主要政策依据
54	享受过渡期税收优惠定期减免企业所得税	自 2008 年 1 月 1 日起，原享受企业所得税“五免五减半”等定期减免税优惠的企业，新税法施行后继续按原税收法律、行政法规及相关文件规定的优惠办法及年限享受至期满为止，但因未获利而尚未享受税收优惠的，其优惠期限从 2008 年度起计算	预缴享受。有效期内无需备案，发生变更时备案	省税务机关规定的其他资料	《国务院关于实施企业所得税过渡优惠政策的通知》(国发〔2007〕39 号)
55	冬奥会和冬残奥会税收政策	北京冬奥组委免征应缴纳的企业所得税； 对国际奥委会取得的与北京 2022 年冬奥会有关的收入免征增值税、消费税、企业所得税； 对按中国奥委会、主办城市签订的《联合市场开发计划协议》和中国奥委会、主办城市、国际奥委会签订的《主办城市合同》规定，中国奥委会取得的由北京冬奥组委分期支付的收入、按比例支付的盈余分成收入免征增值税、消费税和企业所得税； 对国际残奥委会取得的与北京 2022 年冬残奥会有关的收入免征增值税、消费税、企业所得税和印花税； 对中国残奥委会根据《联合市场开发计划协议》取得的由北京冬奥组委分期支付的收入免征增值税、消费税、企业所得税和印花税	预缴享受年度备案	1. 免税收入核算情况； 2. 税务机关规定的其他资料	《财政部 税务总局 海关总署关于北京 2022 年冬奥会和冬残奥会税收政策的通知》(财税〔2017〕60 号)

第二部分　新企业所得税年度纳税申报表疑难问题

1　企业所得税年度纳税申报表(2017 年版)有什么变化?

精要解答

境外控股
税务处理

为全面落实企业所得税相关政策,进一步优化税收环境,减轻纳税人办税负担,税务总局对企业所得税年度纳税申报表进行了优化、简化,发布《中华人民共和国企业所得税年度纳税申报表(A 类,2017 年版)》,主要有以下变化。

(一) 根据政策变化对部分表单和数据项进行了调整

为落实捐赠支出扣除政策、研发费用加计扣除政策、高新技术企业和软件、集成电路企业优惠政策等一系列税收政策,修订了《捐赠支出及纳税调整明细表》(A105070)、《研发费用加计扣除优惠明细表》(A107012)、《高新技术企业优惠情况及明细表》(A107041)、《软件、集成电路企业优惠情况及明细表》(A107042)等表单,调整了《期间费用明细表》(A104000)、《纳税调整项目明细表》(A105000)、《企业重组及递延纳税事项纳税调整明细表》(A105100)、《特殊行业准备金及纳税调整明细表》(A105120)、《符合条件的居民企业之间的股息、红利等权益性投资收益优惠明细表》(A107011)、《抵扣应纳税所得额明细表》(A107030)等表单的部分数据项。

(二) 对部分表单进行了精简

为减轻纳税人填报负担,取消原有的《固定资产加速折旧、扣除明细表》(A105081)、《资产损失(专项申报)税前扣除及纳税调整明细表》(A105091)、《综合利用资源生产产品取得的收入优惠明细表》(A107012)和《金融、保险等机构取得的涉农利息、保费收入优惠明细表》(A107013)等 4 张表单。

(三) 对部分表单的数据项进行了优化

为减少涉税信息重复填报,对《企业基础信息表》(A000000)、《资产折旧、摊销及纳税调整明细表》(A105080)、《资产损失税前扣除及纳税调整明细表》(A105090)、《免税、减计收入及加计扣除优惠明细表》(A107010)、《所得减免优惠明细表》(A107020)、《减免所得税优惠明细表》(A107040)、《企业所得税汇总纳税分支机构所得税分配表》(A109010)等表单的数据项进行了调整和优化。

(四) 对部分表单数据项的填报口径和逻辑关系进行了优化和明确

根据企业所得税政策调整和实施情况,对《中华人民共和国企业所得税年度纳税申报表(A 类)》(A100000)、《职工薪酬支出及纳税调整明细表》(A105050)、《企业所得税弥补亏损明细表》(A106000)、《境外所得税收抵免明细表》(A108000)、《境外所得纳税调整后所得明细表》(A108010)、《境外分支机构弥补亏损明细表》(A108020)、《跨年度结转抵免境外所得税明细表》(A108030)、《跨地区经营汇总纳税企业年度分摊企业所得税明细表》(A109000)部分数据项的填报口径和逻辑关系进行了优化和明确。

温馨提示

《国家税务总局关于发布〈中华人民共和国企业所得税年度纳税申报表(A 类,2017 年版)〉

的公告》适用于纳税人2017年度及以后年度汇算清缴。以前年度企业所得税年度纳税申报表相关规则与本《公告》不一致的,不追溯调整。纳税人调整以前年度涉税事项的,应按相应年度的企业所得税年度纳税申报表相关规则调整。

2 企业所得税年度纳税申报表(2017年版)与企业所得税年度纳税申报表(2014年版)比较,各明细表变化内容有哪些?必填表有哪几张?

精要解答

1. 国家税务总局发布的《中华人民共和国企业所得税年度纳税申报表(A类,2017年版)》(国家税务总局公告2017年第54号)对使用了3年的2014年版企业所得税年度纳税申报表进行大幅修订。新版企业所得税申报表仍有37张,在2017年度企业所得税汇算清缴时,实行查账征收的纳税人必须要填报的申报表有:

《企业所得税年度纳税申报表填报表单》《企业基础信息表》(A000000)、《中华人民共和国企业所得税年度纳税申报表(A类)》(A100000)、《一般企业收入明细表》(A101010)、《一般企业成本支出明细表》(A102010)、《期间费用明细表》(A104000)、《纳税调整项目明细表》(A105000)、《职工薪酬支出及纳税调整明细表》(A105050)、《资产折旧、摊销及纳税调整明细表》(A105080),其他纳税申报表(附表)由纳税人根据企业的涉税事项选择是否填报。特别注意,在纳税调整项目明细表(A105000～A105120)系列,《职工薪酬支出及纳税调整明细表》(A105050)、《捐赠支出及纳税调整明细表》(A105070)、《资产折旧、摊销及纳税调整明细表》(A105080)、《资产损失税前扣除及纳税调整明细表》(A105090)、《特殊行业准备金及纳税调整明细表》(A105120)、名为纳税调整项目表,但只要有相应税前扣除事项发生,就必须报送(发生即填报)的申报表。

2. 企业所得税年度纳税申报表(2017年版)与企业所得税年度纳税申报表(2014年版)比较,各明细表变化内容主要有:

表单号	2017年版与2014年版变化内容比较		政策依据或主要变化点、原因提示
	2014年版内容	2017年版内容	
A000000	分正常申报、更正申报、补充申报	取消正常申报、更正申报、补充申报形式。"104从业人数"保留	"104从业人数"栏填报说明中再次重申,从业人数指建立劳动关系和接受劳务派遣用2人数之和
	注册资本	取消注册资本	《公司法》
	取消境外中资控股居民企业栏	增加106非营利组织、专门从事股权投资业务栏 增加107从事股权投资业务	实用性不强,107打上"是"后续表格不受"主营业务收入"+"其他业务收入"+"视同销售"收入的限制
	汇总纳税企业	重新划分基本信息表的汇总纳税企业类型。	国家税务总局2012年57号公告,重新划分汇总纳税企业类型
	"202会计档案的存放地""203会计核算软件"等12项内容	删除因其实用性不强	实用性不强
	取消300企业主要股东及对外投资情况中有302对外投资情况	增加重组事项201—204-4,将300改为企业主要股东及分红情况,增加了当年(决议日)分配的股息、红利等权益性投资收益金额的内容	企业重组、资产(股权)划转、非货币性投资、技术入股等事项相关数据的填报,在基本信息表中增加对应项目并建立系统对应关联关系

（续表）

表单号	2017年版与2014年版变化内容比较		政策依据或主要变化点、原因提示
	2014年版内容	2017年版内容	
A100000	第21行“减:抵扣应纳税所得额”第22行“减:弥补以前年度亏损”	第21行“减:弥补以前年度亏损”第22行“减:抵扣应纳税所得额”将原先抵扣后改为先弥补再抵扣	为了让纳税人充分享受创业投资企业所得税优惠，如纳税人当期既有可抵扣的应纳税所得额，又有需要弥补的以前年度亏损额的，须先用纳税调整后所得弥补以前年度亏损，再用弥补亏损后的余额抵扣创业投资企业可抵扣的应纳税所得额。亏损受限制，抵扣所得税额无限制结转
	第37、38行附列资料	取消了第37、38行附列资料内容	
	第20行“所得减免”:填报属于税法规定所得减免金额。本行通过《所得减免优惠明细表》(A107020)填报，本行<0时，填报负数	第20行： 当第19行≤0时，本行填报0； 当第19行>0时， (1) A107020表合计行第11列≤表A100000第19行，本行=表A107020合计行第11列； (2) A107020表合计行第11列>表A100000第19行，本行=表A100000第19行	请注意，主表填表说明和境外抵免表的填表说明境外所得可以抵减境内以前年度的亏损
	第3行“营业税金及附加”	改为“税金及附加”	全面试行营业税改征增值税后，纳税人会计核算上的“营业税金及附加”科目名称调整为“税金及附加”科目
A104000		增加24行“党组织”工作经费	组通字〔2014〕42号、组通字〔2017〕38号，为满足统计工作的需要
A105000		增加29行“党组织”工作经费	组通字〔2014〕42号、组通字〔2017〕38号
		增加41行有限合伙企业法人合伙方应分得的应纳税所得额	财税〔2008〕159号，为满足纳税人按照“先分后税”原则从合伙企业应分得的法人合伙方应纳税所得额的填报需求
A105030		填报说明增加处置投资项目符合企业重组且适用特殊性税务处理规定的，本表不作调整，在《企业重组及递延纳税事项纳税调整明细表》(A105100)进行纳税调整；增加第8列，损失以“-”号填列	
	填报说明删除第9列“税收计算的处置所得”中的税收计算为处置损失的，本表不作调整，在《资产损失税前扣除及纳税调整明细表》(A10509)进行调整		
	表间关系:第10行第11列，若≥0，填入表A105000第4行第3列；若<0，将绝对值填入表A105000第4行第4列	表间关系修改为:若第10行第11列≥0，第10行第11列=表A105000第4行第3列；若第10行第11列<0，第10行第11列绝对值=表A105000第4行第4列	

(续表)

表单号	2017年版与2014年版变化内容比较		政策依据或主要变化点、原因提示
	2014年版内容	2017年版内容	
A105050		增加"实际发生额"一列。填报内容增加:"实际发生额"需分析填报纳税人实际发放的工资薪金、职工福利费用、职工教育经费、工会经费和各类基本社会保障性缴款、住房公积金以及补充养老保险、补充医疗保险的会计核算金额等。纳税人只要发生相关支出,不论是否纳税调整,均需填报。同时对填报内容进行较大的修改,应高度重视	1. 填报说明增加了"纳税人只要发生相关支出,不论是否纳税调整,均需填报"。 2. 解决职工薪酬支出的账载金额与企业实际发生额的差异调整问题,在本表增加实际发生额列次对应调整相关数据。 3. 填报说明中按行内容分别对每项"账载金额""实际发生额""税收金额"行解析
	表间关系:将第13行第5列,若≥0,填入表A105000第14行第3列;若<0,将其绝对值填入A105000第14行第4列	表间关系修改为:若第13行第6列≥0,第13行第6列=表A105000第14行第3列;若第13行第6列<0,第13行第6列的绝对值=表A105000第14行第4列(注:2017版申报表较2014版申报表增加一列)	
A105060	表间关系:第12行,若≥0,填入表A105000第16行第3列,若<0,将第12行的绝对值填入表A105000第16行第4列	表间关系修改为:若第12行≥0,第12行=表A105000第16行第3列;若第12行<0,第12行的绝对值=表A105000第16行第3列	
A105070	依《企业所得税法》企业发生的公益性捐赠支出,在年度利润总额12%以内的部分,准予在计算应纳税所得额时扣除	1. 依《企业所得税法》(修正案)企业发生的公益性捐赠支出,在年度利润总额12%以内的部分,准予在计算应纳税所得额时扣除;超过年度利润总额12%的部分,准予结转以后3年内在计算应纳税所得额时扣除。 2. 非公益性及全额扣除的公益性捐赠支出的填报,对本表进行调整。 3. 在行次"限额扣除的公益性捐赠"项目下加入前3年度相关填报项目;在列次增加"以前年度结转可扣除的捐赠额"及"可结转以后年度扣除的捐赠额"项目。 4. 2017年版的A105070表将原"公益性捐赠"一列分拆为"全额扣除的公益性捐赠"和"限额扣除的公益性捐赠"两行,"全额扣除的公益性捐赠支出"这一行,填报纳税人发生的可全额税前扣除的公益性捐赠支出(账载金额及税收金额等)。 5. 注意A105070从表格到时填报说明都发生较大的变化应引起高度重视	1. 为满足现行企业所得税法第九条关于公益性捐赠支出的相关规定,同时兼顾原有的非公益性及全额扣除的公益性捐赠支出的填报,对本表进行调整。 2. 只要会计上发生了捐赠支出(含捐赠支出结转),即使符合规定的扣除范围,不管是否需要按照税法规定进行纳税调整就应填报此表

（续表）

表单号	2017 年版与 2014 年版变化内容比较		政策依据或主要变化点、原因提示
	2014 年版内容	2017 年版内容	
A105080	删除了 A105081 表，将 A105081 表《固定资产加速折旧、扣除明细表》中的内容整合至 A105080 表(2017 年版)	减少涉税信息重复填报，对将 2014 版的 A105080 表与 A105081 表进行整合，取消 A105081 表，本明细表变化较大，应引起高度重视： 1. 行次：保留了原 A105080 表的设置，增加第 8～17 行“享受固定资产加速折旧及一次性扣除政策的资产加速折旧额大于一般折旧额的部分”相关行次，包括“重要行业固定资产加速折旧(不含一次性扣除)”“其他行业研发设备加速折旧”“允许一次性扣除的固定资产”“允许一次性扣除的固定资产——单价不超过 100 万元专用研发设备”“允许一次性扣除的固定资产——重要行业小型微利企业单价不超过 100 万元研发生产共用设备”“允许一次性扣除的固定资产——5 000 元以下固定资产”“技术进步、更新换代固定资产”“常年强震动、高腐蚀固定资产”“外购软件折旧”“集成电路企业生产设备”；增加“无形资产——软件”及其中“享受企业外购软件加速摊销政策”；增加附列资料“全民所有制改制资产评估增值政策资产”。 2. 列次：为满足“享受固定资产加速折旧及一次性扣除政策的资产加速折旧额大于一般折旧额的部分”的填报，设置“享受加速折旧政策的资产按税收一般规定计算的本年折旧、摊销额”“加速折旧统计额”两列，用于统计分析加速折旧政策享受情况。	列将 2014 年版“本年加速折旧额”“其中：2014 年及以后新增固定资产加速折旧额”修改为“享受加速折旧政策的资产按税收一般规定计算的折旧、摊销额”“加速折旧统计额。”取消了，2014 年版纳税调整中的“调整原因”，修改为“纳税调整金额”
A105090	删除 A105091 表和 A105090 表中“账载金额”“税中金额”，将 2014 版申报表 A105090、A105091 表内容进行整合	1. A105090《资产损失税前扣除及纳税调整明细表》是原 A105090 表和 A105091 表的整合。行次设置保留了原 A105090 表的内容，其中专项申报行次按损失大类填报。 2. 减少涉税信息重复填报，简轻纳税人填报负担，对将 2014 年版的 A105090 表与 A105091 表进行整合，取消 A105091 表。本明细表变化较大，应引起高度重视	列增加“资产损失的账载金额”“资产处置收入”“赔偿收入”“资产计税基础”“资产损失的税收金额”，删除 2014 年版“账载金额”“税收金额”；行次将原 A105091 表内容增加在该表中
A105100	将 2014 年版 A105100《企业重组纳税调整明细表》改为《企业重组及递延纳税事项纳税调整明细表》	行次上增加了“非货币性资产对外投资”“技术入股”“股权划转、资产划转”重组内容。 填报内容上对列次填报内容进行修改，在特殊性税务处理中增加了递延纳税	财税〔2014〕116 号、国家税务总局公告 2015 年第 33 号、国家税务总局公告 2015 年第 40 号、国家税务总局公告 2015 年第 48 号、财税〔2016〕101 号

(续表)

表单号	2017年版与2014年版变化内容比较		政策依据或主要变化点、原因提示
	2014年版内容	2017年版内容	
A105120	行次30行,根据财税〔2016〕114号政策巨灾风险准备金进行调整,取消巨灾风险准备金	行次增加至43行,在保险公司行次中增加了保险保障基金内容,并对其进行细化。增加小额贷款公司贷款损失准备金和大灾风险准备金内容	财税〔2016〕114号、财税〔2017〕22号、财税〔2017〕48号 对“保险保障基金”增加明细项第3~12行相关内容、更新“大灾风险准备金”行次并增加小额贷款公司贷款损失准备金相关行次
A106000	纳税调整后的所得在2014年版申报表中应分析填报	将2014年版中“纳税调整后的所得”修改为“可弥补亏损所得”:第6行填报表A100000第19行“纳税调整后所得”减去第20行“所得减免”后的值。 第1行至第5行填报以前年度主表第23行(2013纳税年度前)或以前年度表A106000第2列第6行的金额(亏损额以“-”号表示)。发生查补以前年度应纳税所得额、追补以前年度未能税前扣除的实际资产损失等情况的,该行需按修改后的“纳税调整后所得”金额进行填报	表间关系:2014年版第6行第10列=表A100000第22行改为第6行第10列=表A100000第21行
A107010	删除A107010表中的“证券投资基金从证券市场取得的收入”“证券投资基金投资者获得的分配收入”“证券投资基金管理人运用基金买卖股票、债券的差价收入”“受灾地区企业取得的救灾和灾后恢复重建款项等收入”“中国期货保证金监控中心有限责任公司取得的银行存款利息等收入”“国家鼓励的其他就业人员工资加计扣除”	1. 删除2014年版《综合利用资源生产产品取得的收入优惠明细表》《金融、保险等机构取得的涉农利息、保费收入优惠明细表》,将其内容整合至A107010表中。 2. 增加“内地居民企业通过沪港通投资且连续持有H股满12个月取得的股息红利所得免征企业所得税”“内地居民企业通过深港通投资且连续持有H股满12个月取得的股息红利所得免征企业所得税”“符合条件的非营利组织(科技企业孵化器)的收入免征企业所得税”“符合条件的非营利组织(国家大学科技园)的收入免征企业所得税”“投资者从证券投资基金分配中取得的收入免征企业所得税”“中央电视台的广告费和有线电视费收入免征企业所得税”“中国奥委会取得北京冬奥组委支付的收入免征企业所得税”“中国残奥委会取得北京冬奥组委分期支付的收入免征企业所得税”“金融机构取得的涉农贷款利息收入在计算应纳税所得额时减计收入”“保险机构取得的涉农保费收入在计算应纳税所得额时减计收入”“小额贷款公司取得的农户小额贷款利息收入在计算应纳税所得额时减计收入”“科技型中小企业开发新技术、新产品、新工艺发生的研究开发费用加计扣除(填写A107012)”“企业为获得创新性、创意性、突破性的产品进行创意设计活动而发生的相关费用加计扣除” 3. 填报说明进行修改	1.《综合利用资源生产产品取得的收入优惠明细表》(A107012)和《金融、保险等机构取得的涉农利息、保费收入优惠明细表》(A107013)进行整合,将有关内容整合至A107010表中,同时对因政策性调整的项目内容进行了删除。根据财税〔2017〕48号、财税〔2016〕114号、财税(2015)119号等文件对项目进行增加。 2. A107010表单列“企业为获得创新性、创意性、突破性的产品进行创意设计活动发生的相关费用加计扣除”行次,表明创意设计活动可独立于研发项目外,单独加计扣除,符合条件的创意设计活动加计扣除,既不需要填写研发费加计扣除表,也不受研发费加计扣除相关政策的限制

（续表）

表单号	2017年版与2014年版变化内容比较		政策依据或主要变化点、原因提示
	2014年版内容	2017年版内容	
A107011		增加"被投资企业统一社会信用代码（纳税人识别号）"一列；增加"其中：股票投资—沪港通H股""股票投资—深港通H股"两行	通过增加"被投资企业统一社会信用代码（纳税人识别号）"利于加强对税收管理。填报说明发生较大变化，请关注
A107012	2017年版企业所得税年度申报表删除了原《综合利用资源生产产品取得的收入优惠明细表》（A107012）《金融、保险等机构取得的涉农利息、保费收入优惠明细表》（A107013）表，将两表项目在A107011表进行整合、体现，同时对《研发费用加计扣除优惠明细表》（A107014）进行修改，并将表单号进行调整	将《综合利用资源生产产品取得的收入优惠明细表》（A107012）《金融、保险等机构取得的涉农利息、保费收入优惠明细表》（A107013）表删除，《研发费用加计扣除优惠明细表》表单号改为（A107012）。《研发费用加计扣除优惠明细表》（A107012）较《研发费用加计扣除优惠明细表》（A107014）发生较大变化，填报说明发生较大变化，请关注	1. 将国家税务总局公告2015年第97号《研发项目可加计扣除研究开发费用情况归集表》整合到《研发费用加计扣除优惠明细表》（A107012）中，适用于财税（2015）119号、财税（2017）34号规定的企业。费用归集口径和国家税务总局公告2017年第40号保持一致； 2. 从2017年起认定的高新技术企业，当年能否享受高新优惠，研发费占比指标看3年的合计数
A107020	2014年版年度申报表A107020表有40行7列，行次项目分为： 1. 农、林、牧、渔业项目； 2. 国家重点扶持的公共基础设施项目； 3. 符合条件的环境保护、节能节水项目； 4. 符合条件的技术转让项目； 5. 其他专项优惠项目五类并再分为若干明细类，列次分为：项目收入、项目成本、相关税费、应分摊调整额、项目所得额、减免所得额	1. 2017年版年度申报表A107020表有22行11列，项目有：①农、林、牧、渔业项目；②国家重点扶持的公共基础设施项目；③符合条件的环境保护、节能节水项目；④符合条件的技术转让项目；⑤实施清洁机制发展项目；⑥符合条件的节能服务公司实施合同能源管理项目；⑦其他专项。增加了实施清洁机制发展项目、符合条件的节能服务公司实施合同能源管理项目两类，没有对各项目再进行细分，开放减免税明细项目的填报，仅按农林牧渔业、国家重点扶持的公共基础设施项目等七个大类设置固定行次，取消原表一类减免税优惠固定一行、同一优惠类型的多个项目只能合并填报在某一行的模式，企业可以根据自己享受项目进行选择填报。 2. 列中增加了优惠事项名称、优惠方式、项目所得额（免税项目、减半项目），为便于税收优惠统计及后续管理，增加了部分列次。包括了解项目基本信息的"项目名称""优惠事项名称""优惠方式"等三列，以及为统计免税、减半征收项目具体减免所得额的三列："项目所得额——免税项目""项目所得额——减半项目""减免所得额"。填报说明发生较大变化，请关注	特别注意： 1. 2014年版年度申报表A107020表"减免所得额"填报享受所得减免企业所得税优惠的企业，该项目按照税法规定实际可以享受免征、减征的所得额。小于零时填写负数； 2. 2017年版年度申报表则要求，纳税人根据税法及相关税收政策规定，填报本年发生的所得减免优惠情况，本期纳税调整后所得（表A100000第19行）为负数的不需填报本表； 3. 第11列＝第9列＋第10列×50%；当（第9列＋第10列×50%）＜0时，第11列＝0； 4. 2017年版年度申报表只罗列大类项目，并为每个大类项目增加了"项目名称""优惠事项名称""优惠方式"等列，企业可自行填列子类名称，以及是"免税"还是"减半征收"

(续表)

表单号	2017年版与2014年版变化内容比较		政策依据或主要变化点、原因提示
	2014年版内容	2017年版内容	
A107030	2014年版年度申报表A107030表有8行2列。仅适用填报国税发〔2009〕87号文规定企业进行填报	1. 2017年版年度申报表A107030表有15行4列。区分创业投资企业直接投资或通过有限合伙制创业投资企业投资于未上市中小高新企技术业或投资于种子期、初创期科技型企业的四种情形。增加“投资于未上市中小高新企技术业”“投资于种子期、初创期科技型企业”两列,适用了国税发(2009)87号文、财税〔2009〕69号、财税〔2015〕116号、国家税务总局公告2015年第81号、财税〔2017〕38号、国家税务总局公告2017年第20号规定企业填报,本填报说明发生较大变化,请关注; 2. 本表表间关系在A100000表位置由21行“抵扣应纳税所得额”22行“弥补以前年度亏损”调整为21行“弥补以前年度亏损”22行“抵扣应纳税所得额”,顺序发生了变化; 3. 表间关系第13行第1列=本表第9行第1列、第12行第1列、表A100000第19-20-21行三者的孰小值;若上述孰小值<0,第13行第1列=0	A107030表填报本年度发生的创业投资企业抵扣应纳税所得额优惠情况。企业只要本年有新增符合条件的投资额、从有限合伙制创业投资企业分得的应纳税所得额或以前年度结转的尚未抵扣的股权投资余额,无论本年是否抵扣应纳税所得额,均需填报本表
A107040	2014年版年度申报表A107040表有29行2列。删除“享受过渡期税收优惠”等税收政策执行到期内容	1. 2017年版年度申报表A107040表有32行2列。删除了2014版年度申报表A107040表的“享受过渡期税收优惠企业”栏。删除了受灾地区损失严重的企业、受灾地区的促进就业企业已失效的税收优惠事项;小微企业减半征收项目。将原“其他专项优惠”项目删除,将其二级的各项税收优惠事项全部提升为一级税收优惠事项。 2. 增加“经济特区和上海浦东新区新设立的高新技术企业在区内取得的所得定期减免企业所得税”“芦山受灾地区农村信用社免征企业所得税”“鲁甸受灾地区农村信用社免征企业所得税”“动漫企业自主开发、生产动漫产品定期减免企业所得税”“国家规划布局内集成电路设计企业可减按10%的税率征收企业所得税”“国家规划布局内重点软件企业可减按10%的税率征收企业所得税”“符合条件的集成电路关键专用材料生产企业、集成电路专用设备生产企业定期减免企业所得税”“经营性文化事业单位转制为企业的免征企业所得税”“技术先进型服务企业减按15%的税率征收企业所得税”“新疆困难地区新办企业定期减免企业所得税”“北京冬奥组委、北京冬奥会测试赛赛事组委会免征企业所得税”“支持和促进重	对28行“减:项目所得额按法定税率减半征收企业所得税叠加享受减免税优惠”在修改申报表填报中进行整合,便于查找。28行填报内容为:纳税人同时享受优惠税率和所得项目减半情形下,在填报本表低税率优惠时,所得项目按照优惠税率减半计算多享受优惠的部分。 企业从事农林牧渔业项目、国家重点扶持的公共基础设施项目、符合条件的环境保护、节能节水项目、符合条件的技术转让、其他专项优惠等所得额应按法定税率25%减半征收,同时享受小型微利企业、高新技术企业、技术先进型服务企业、集成电路线宽小于0.25微米或投资额超过80亿元人民币集成电路生产企业、国家规划布局内重点软件企业和集成电路设计企业等优惠税率政策,由于申报表填报顺序,按优惠税率减半叠加享受减免税优惠部分,应在本行对该部分金额进行调整。本行应大于等于0且小于等于第1+2+…+20+22+…+27行的值。 计算公式:本行=减半项目所得额×50%×(25%-优惠税率) 特别注意:项目所得减半征税和西部大开发15%优惠税率可以叠加享受

（续表）

表单号	2017年版与2014年版变化内容比较		政策依据或主要变化点、原因提示
	2014年版内容	2017年版内容	
A107040		点群体创业就业企业限额减征企业所得税”“扶持自主就业退役士兵创业就业企业限额减征企业所得税”“民族自治地方的自治机关对本民族自治地方的企业应缴纳的企业所得税中属于地方分享的部分减征或免征”。填报说明发生变化，请关注	
A107041	1. 2014年版年度申报表A107041表有29行2列。 2. 删除：①是否发生重大安全、质量事故；②是否有环境等违法、违规行为，受到有关部门处罚的；③是否发生偷骗税行为；④本年具有大学专科以上学历的科技人员数；⑤本年研发人员占企业当年职工总数的比例；⑥减免税金额	1. 2017年版年度申报表A107041表有32行5列。 2. 修改：①将“产品（服务）属于《国家重点支持的高新技术领域》规定的范围（填写具体范围名称）”改为“对企业主要产品（服务）发挥核心支持作用的技术所属范围：一级领域、二级领域、三级领域”；②将“本年具有大学专科以上学历的科技人员占企业当年职工总数的比例”改为“本年科技人员占企业当年职工总数的比例”。 3. 增加：①“不征税收入”；②“其中：可计入研发费用的境外的外部研发费”；③“销售（营业）收入”；④“三年研发费用占销售（营业）收入的比例”；⑤“国家需要重点扶持的高新技术企业减征企业所得税”；⑥“经济特区和上海浦东新区新设立的高新技术企业定期减免税额”⑦研发费用需填3年。 4. “委托外部研究开发费用”的下级项目“境内的外部研发费”和“境外的外部研发费”由原来填写发生额的80%改为填写实际发生额，并增加“可计入研发费用的境外的外部研发费”项目，用以判断中国境内发生的研究开发费用总额占全部研究开发费用总额的比例是否不低于60%。 5. 增加对“国家需要重点扶持的高新技术企业减征企业所得税”经济特区和上海浦东新区新设立的“高新技术企业定期减免税额”的填报	1. 国科发火〔2016〕32号）、（国科发火〔2016〕195号）、国家税务总局公告2017年第24号等相关税收政策规定，填报本年发生的高新技术企业优惠情况。 2. “对企业主要产品（服务）发挥核心支持作用的技术所属范围”设计为三级领域选择，便于后期统计。 3. 根据《高新技术企业认定管理工作指引》第五条第（三）款关于研发费占比产生异议的处理规定，“归集的高新研发费用金额”“销售（营业）收入”采集3年数据。 4. 凡具有高新技术企业资格的纳税人，即使在亏损年度不享受税收优惠，也均须填报本明细表
A107042	1. 2014年版年度申报表A107042表有42行3列	1. 2017年版年度申报表A107042表有32行3列。 2. 为适应取消“双软”认定的要求，删除了原表中的“基本信息”。 3. 增加了“企业类型及减免方式”，由企业根据实际情况选择“企业类型”和“减免方式”，根据企业的选择内容判断企业需要填写的“收入指标”相应内容，并与A107040《减免所得税优惠明细表》第6行至16行的优惠事项相对应，将本表第32行“减免税金额”带入相应行次。 4. 简化“收入指标”的行次，第20至22行所有的企业均需填写，其中：第21行由企业根据享受优惠事项的不同填写相应符合条件的销售（营业）收入；第23至31行需享受特定优惠事项的企业填写。 5. 本表进行较大幅度调整，请关注填报说明	根据财税〔2012〕27号、财税〔2016〕49号、发改高技〔2016〕1056号、财税〔2015〕6号、国税总局公告2013第43号进行较大幅度调整

（续表）

表单号	2017年版与2014年版变化内容比较		政策依据或主要变化点、原因提示
	2014年版内容	2017年版内容	
A109000	1. 2014年版年度申报表A109000表有17行2列	2017年版年度申报表A109000表有17行2列。对内容进行了优化	删除第1行、第4行、第11行、第14行第16行的“总机构”
A109010	1. “分配比例”:填报经总机构所在地主管税务机关审核确认的各分支机构分配比例,分配比例应保留小数点后四位; 2. 表内关系: ① 总机构分摊所得税额＝应纳所得税额×25%。 ② 总机构财政集中分配所得税额＝应纳所得税额×25%。 ③ 分支机构分摊所得税额＝应纳所得税额×25%	1. 对表进行优化,原“总机构财政集中分配所得税分配比例”调整至“分支机构分摊所得税额”中。 2. “分配比例”:填报经总机构所在地主管税务机关审核确认的各分支机构分配比例,分配比例应保留小数点后十位。 3. 表内关系: ① 总机构分摊所得税额＝应纳所得税额×总机构分摊比例。 ② 总机构财政集中分配所得税额＝应纳所得税额×财政集中分配比例。 ③ 分支机构分摊所得税额＝应纳所得税额×分支机构分摊比例。 4. 对A109010表进行优化	“分配比例”由应保留小数点后四位调整为应保留小数点后十位

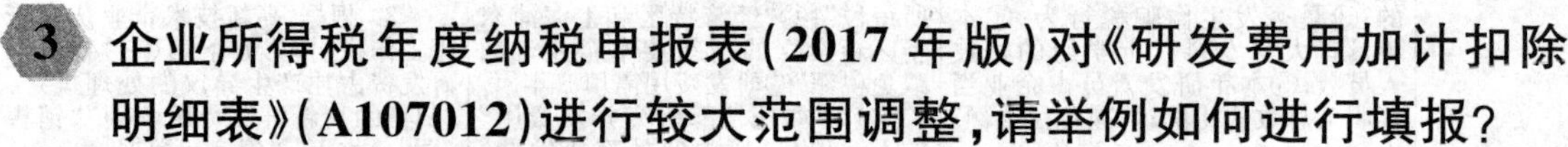

3 企业所得税年度纳税申报表(2017年版)对《研发费用加计扣除明细表》(A107012)进行较大范围调整,请举例如何进行填报?

精要解答

为落实研发费用加计扣除政策,国家税务总局对《企业所得税年度申报表》进行修订,《研发费用加计扣除优惠明细表》(A107012)调整范围较大,利于纳税人进行填报。

直接收款方式的税务处理

案例

例:2017年1～7月,甲公司自行研究开发一项新产品专利技术。当年7月5日,该专利技术已经达到预定用途,按10年进行摊销。有关经济业务如下:

(1) 2017年1月,甲公司收到市科技部门的科研项目扶持资金50万元,符合且选择作为不征税收入处理,全部用于该项目研究阶段的研发人员工资发放。

(2) 在研究阶段发生材料费300万元、人工工资400万元,用于研发固定资产的折旧费用200万元(其中包括房屋的折旧100万元)、无形资产(用于研发的软件)摊销100万元,总计1 000万元。

(3) 在开发阶段,所发生的支出全部符合资本化条件,发生材料费100万元、人工工资200万元,用于研发固定资产的折旧费用200万元(全部为研发专用设备的折旧),总计500万元。

(一) 2017年的会计与税务处理(金额单位:万元,下同)

(1) 2017年1月,取得财政性资金会计处理。

借:银行存款　　500 000

　贷:营业外收入　　500 000

(2) 研究阶段发生支出。

借:研发支出——费用化支出 10 000 000
　贷:原材料 3 000 000
　　应付职工薪酬 4 000 000
　　累计折旧 2 000 000
　　累计摊销 1 000 000

期末转入管理费用。

借:管理费用 10 000 000
　贷: 研发支出——费用化支出 10 000 000

(3) 开发阶段发生支出。

借:研发支出——资本化支出 5 000 000
　贷:原材料 1 000 000
　　应付职工薪酬 2 000 000
　　累计折旧 2 000 000

(4) 7 月,专利技术达到预定可使用状态。

借:无形资产——专利权 5 000 000
　贷:研发支出——资本化支出 5 000 000

(5) 当年对专利权进行摊销＝500×6÷120＝25(万元)。

借:管理费用 250 000
　贷:累计摊销 250 000

(6) 税务处理:

① 2017 年甲公司取得财政性资金 50 万元,符合《财政部 国家税务总局关于专项用途财政性资金企业所得税处理问题的通知》(财税〔2011〕70 号)规定,并作为不征税收入管理,会计上全部计入营业外收入,应调减当年应纳税所得额 50 万元(如企业未将该笔财政性资金作为不征税收入处理,则可加计扣除,不需调整)。

② 甲公司将不征税收入 50 万元用于科技项目研发,按照税法的规定,不征税收入用于支出所形成的费用,不得在计算应纳税所得额时扣除;用于支出所形成的资产,其计算的折旧、摊销不得在计算应纳税所得额时扣除。因此,应调增当年应纳税所得额 50 万元。

③ 对于费用化的研发费用。税法规定可以在据实扣除的基础上,按照本年度实际发生额的 50%,从本年度应纳税所得额中扣除。由于不征税收入对应的研发支出不允许扣除,同时也不得加计扣除;另外,按照财税〔2015〕119 号文件的规定,房屋的折旧费用不得加计扣除。因此,费用化支出可以加计扣除的金额＝(1000－50－100)×50%＝425(万元),应调减当年应纳税所得额。

④ 对于资本化的研发费用。税法规定,企业开展研发活动中实际发生的研发费用,形成无形资产的,按照无形资产成本的 150%在税前摊销。2016 年专利技术会计上摊销 25 万元,可以在税前扣除的金额＝500×150%×6÷120＝37.5(万元),加计扣除额 12.5 万元应调减当年应纳税所得额。

研发费用加计扣除优惠明细表(A107012)

基本信息			
1	□一般企业　□科技型中小企业	科技型中小企业登记编号	
2	本年可享受研发费用加计扣除项目数量		
研发活动费用明细			
3	一、自主研发、合作研发、集中研发(4＋8＋17＋20＋24＋35)		13 500 000
4	(一)人员人工费用(5＋6＋7)		5 500 000
5	1. 直接从事研发活动人员工资薪金		5 500 000
6	2. 直接从事研发活动人员五险一金		
7	3. 外聘研发人员的劳务费用		
8	(二)直接投入费用(9＋10＋…＋16)		4 000 000
9	1. 研发活动直接消耗材料		4 000 000
10	2. 研发活动直接消耗燃料		
11	3. 研发活动直接消耗动力费用		
12	4. 用于中间试验和产品试制的模具、工艺装备开发及制造费		
13	5. 用于不构成固定资产的样品、样机及一般测试手段购置费		
14	6. 用于试制产品的检验费		
15	7. 用于研发活动的仪器、设备的运行维护、调整、检验、维修等费用		
16	8. 通过经营租赁方式租入的用于研发活动的仪器、设备租赁费		
17	(三)折旧费用(18＋19)		3 000 000
18	1. 用于研发活动的仪器的折旧费		3 000 000
19	2. 用于研发活动的设备的折旧费		
20	(四)无形资产摊销(21＋22＋23)		1 000 000
21	1. 用于研发活动的软件的摊销费用		1 000 000
22	2. 用于研发活动的专利权的摊销费用		
23	3. 用于研发活动的非专利技术(包括许可证、专有技术、设计和计算方法等)的摊销费用		
24	(五)新产品设计费等(25＋26＋27＋28)		
25	1. 新产品设计费		
26	2. 新工艺规程制定费		
27	3. 新药研制的临床试验费		
28	4. 勘探开发技术的现场试验费		
29	(六)其他相关费用(30＋31＋32＋33＋34)		
30	1. 技术图书资料费、资料翻译费、专家咨询费、高新科技研发保险费		
31	2. 研发成果的检索、分析、评议、论证、鉴定、评审、评估、验收费用		
32	3. 知识产权的申请费、注册费、代理费		
33	4. 职工福利费、补充养老保险费、补充医疗保险费		
34	5. 差旅费、会议费		
35	(七)经限额调整后的其他相关费用		
36	二、委托研发[(37－38)×80%]		
37	委托外部机构或个人进行研发活动所发生的费用		

（续表）

基本信息		
38	其中：委托境外进行研发活动所发生的费用	
39	三、年度研发费用小计（3＋36）	13 500 000
40	（一）本年费用化金额	8 500 000
41	（二）本年资本化金额	5 000 000
42	四、本年形成无形资产摊销额	250 000
43	五、以前年度形成无形资产本年摊销额	
44	六、允许扣除的研发费用合计（40＋42＋43）	8 750 000
45	减：特殊收入部分	
46	七、允许扣除的研发费用抵减特殊收入后的金额（44－45）	
47	减：当年销售研发活动直接形成产品（包括组成部分）对应的材料部分	
48	减：以前年度销售研发活动直接形成产品（包括组成部分）对应材料部分结转金额	
49	八、加计扣除比例	50％
50	九、本年研发费用加计扣除总额（46－47－48）×49	4 375 000
51	十、销售研发活动直接形成产品（包括组成部分）对应材料部分结转以后年度扣减金额（当46－47－48≥0，本行＝0；当46－47－48＜0，本行＝46－47－48的绝对值）	

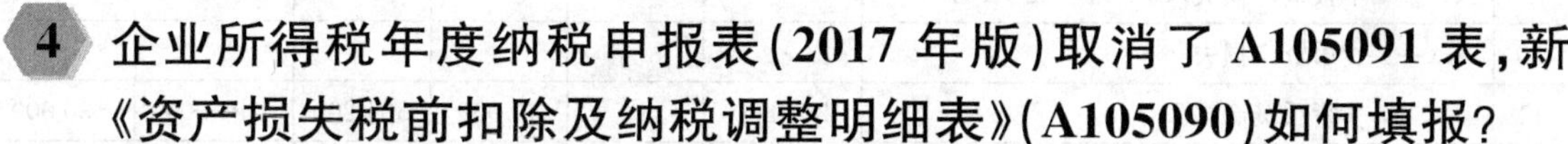

4 企业所得税年度纳税申报表（2017 年版）取消了 A105091 表，新《资产损失税前扣除及纳税调整明细表》（A105090）如何填报？

精要解答

《国家税务总局关于发布〈中华人民共和国企业所得税年度纳税申报表（A 类，2017 年版）〉的公告》（国家税务总局公告 2017 第 54 号）取消了 A105091 表，将原 A105090 表与 A105091 表进行整合，填报更加简化。

案例

甲公司 2017 年购入甲商品一批，2017 年 12 月实施财产清查，财产盘亏形成非正常损失账面成本 26 万元，转出增值税进项税额 4.42 万元，该存货已于 2017 年计提跌价准备 3 万元，责任人赔偿 1 万元。上述损失企业会计核算记入“营业外支出”科目。

一、会计处理

借：银行存款　　10 000

　营业外支出　　264 200

　存货跌价准备　　30 000

　贷：库存商品　　260 000

　　应交税费——应交增值税（进项税额转出）　　44 200

二、税务处理

企业应判断该项损失应属于专项申报扣除的资产损失，并按规定随汇缴申报报送相关证据资料。税会存在差异 3 万元，原因为以前年度企业计提存货跌价准备，税收上应作纳税调增 3 万元，在处置存货时，对原已纳税调增的部分应予以冲回。

允许税前扣除的损失金额=26+4.42-1=29.42(万元)

会计上计入损益的存货损失金额=26-3+4.42-1=26.42(万元)

三、具体填报

行次	项　目	资产损失的账载金额	资产处置收入	赔偿收入	资产计税基础	资产损失的税收金额	纳税调整金额
		1	2	3	4	5(4-2-3)	6(1-5)
1	一、清单申报资产损失(2+3+4+5+6+7+8)						
2	(一)正常经营管理活动中,按照公允价格销售、转让、变卖非货币资产的损失						
3	(二)存货发生的正常损耗						
4	(三)固定资产达到或超过使用年限而正常报废清理的损失						
5	(四)生产性生物资产达到或超过使用年限而正常死亡发生的资产损失						
6	(五)按照市场公平交易原则,通过各种交易场所、市场等买卖债券、股票、期货、基金以及金融衍生产品等发生的损失						
7	(六)分支机构上报的资产损失						
8	(七)其他						
9	二、专项申报资产损失(10+11+12+13)						
10	(一)货币资产损失						
11	(二)非货币资产损失	264 200		10 000	304 200	294 200	-30 000
12	(三)投资损失						
13	(四)其他						
14	合计(1+9)						

第三部分　收入类疑难问题

1　不征税收入与免税收入的区别有哪些？

问题概述

A 公司按市政府要求转型农业产业化生产，2017 年 2 月收到市财政补助资金 100 万元，3 月因技改项目收到市科技局下拨技改基金 200 万元，请问 A 公司取得款项是如何区别为不征税收入还是免税收入？

精要解答

不征税收入：

《中华人民共和国企业所得税法》第七条规定，收入总额中的下列收入为不征税收入：财政拨款；依法收取并纳入财政管理的行政事业性收费、政府性基金；国务院规定的其他不征税收入。

《中华人民共和国企业所得税法实施条例》第二十六条规定，《企业所得税法》第七条第（三）项所称国务院规定的其他不征税收入，是指企业取得的，由国务院财政、税务主管部门规定专项用途并经国务院批准的财政性资金。

《财政部 国家税务总局关于专项用途财政性资金有关企业所得税处理问题的通知》（财税〔2009〕87 号）进一步明确：对企业在 2008 年 1 月 1 日至 2010 年 12 月 31 日期间从县级以上各级人民政府财政部门及其他部门取得的应计入收入总额的财政性资金，凡同时符合以下条件的，可以作为不征税收入，在计算应纳税所得额时从收入总额中减除：企业能够提供资金拨付文件，且文件中规定该资金的专项用途；财政部门或其他拨付资金的政府部门对该资金有专门的资金管理办法或具体管理要求；企业对该资金以及以该资金发生的支出单独进行核算。《财政部 国家税务总局关于专项用途财政性资金企业所得税处理问题的通知》（财税〔2011〕70 号）沿用财税〔2009〕87 号的规定，并自 2011 年 1 月 1 日起执行。

免税收入：

《中华人民共和国企业所得税法》第二十六条规定，企业的下列收入为免税收入：

（1）国债利息收入。

（2）符合条件的居民企业之间的股息、红利等权益性投资收益。

（3）在中国境内设立机构、场所的非居民企业从居民企业取得与该机构、场所有实际联系的股息、红利等权益性投资收益。

（4）符合条件的非营利组织的收入。

免税收入，本身已构成应税收入但予以免除，属于税收优惠项目。具体包括以下 4 项：国债利息收入；符合条件的居民企业之间的股息、红利等权益性投资收益；在中国境内设立机构、场所的非居民企业从居民企业取得与该机构、场所有实际联系的股息、红利等权益性投资收益；符合条件的非营利组织的收入，不包括非营利组织从事营利性活动取得的收入。

免税收入和不征税收入的区别在于：不征税收入与免税收入属于不同的概念，不征税收入不属于税收优惠，而免税收入属于税收优惠。免税收入是一个税收优惠概念，是国家为了实现某些经济和社会目标,在特定时期或者对特定项目取得的经济利益给予的税收优惠范畴,列入不征税收入的项目一般不属于营利性活动带来的经济利益,是专门从事特定目的的收入,这些收入从企业所得税原理上来说属于不列为征税范围的收入范畴。

温馨提示

在实际工作中存在对不征税收入与免税收入的不同认识,不征税收入是专门从事特定目的的收入,如政府预算拨款,依法收取并纳入财政管理的行政事业性收费、政府性基金等。而免税收入是纳税人应税收入的重要组成部分,只是国家给予的税收优惠照顾如国债利息收入,符合条件的居民企业之间的股息、红利收入,在中国境内设立机构、场所的非居民企业从居民企业取得与该机构、场所有实际联系的股息、红利收入,符合条件的非营利公益组织的收入等。不征税收入并非属于税收优惠,有时甚至会对企业产生不利影响。而免税收入,本身已构成应税收入但予以免除,属于税收优惠项目。

特别要注意的是,两者在成本费用方面的扣除有根本性的不同。根据《关于贯彻落实企业所得税法若干税收问题的通知》(国税函〔2010〕79 号)第六条规定,企业取得的各项免税收入所对应的各项成本费用,除另有规定者外,可以在计算企业应纳税所得额时扣除。而《关于专项用途财政性资金企业所得税处理问题的通知》(财税〔2011〕70 号),以及此前的《关于专项用途财政性资金有关企业所得税处理问题的通知》(财税〔2009〕87 号)都明确,不征税收入用于支出所形成的费用,不得在计算应纳税所得额时扣除;用于支出所形成的资产,其计算的折旧、摊销不得在计算应纳税所得额时扣除。

2 企业不征税收入取得利息是否应确认收入?

问题概述

宏达实业有限公司 2017 年因技改取得政府补助 1.5 亿元符合不征税收入,该公司将该款项存入银行,当年取得利息 800 万元,请问该笔利息是否应确认为收入进行申报?

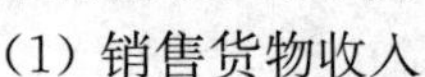

预收账款
税务处理

《中华人民共和国企业所得税法》规定,企业以货币形式和非货币形式从各种来源取得的收入,为收入总额。包括:

(1) 销售货物收入。

(2) 提供劳务收入。

(3) 转让财产收入。

(4) 股息、红利等权益性投资收益。

(5) 利息收入。

(6) 租金收入。

(7) 特许权使用费收入。

(8) 接受捐赠收入。

(9) 其他收入。

税法只规定对符合条件的财政拨款以及符合不征税条件的财政性资金本身不征税,并未规定对这些不征税收入所产生的利息收入不征税。因此,企业取得符合不征税收入的财政性资金,将该笔款项存入银行所产生的利息收入必须并入应税收入总额。宏达实业有限公司 2017 年取得由不征税收入产生的利息 800 万元,应确认为应税收入缴纳企业所得税。

温馨提示

《财政部 国家税务总局关于非营利组织企业所得税免税收入问题的通知》(财税〔2009〕122号)规定,非营利组织的下列收入为免税收入:

(1) 接受其他单位或者个人捐赠的收入。

(2) 除《中华人民共和国企业所得税法》第七条规定的财政拨款以外的其他政府补助收入,但不包括因政府购买服务取得的收入。

(3) 按照省级以上民政、财政部门规定收取的会费。

(4) 不征税收入和免税收入孳生的银行存款利息收入。

(5) 财政部、国家税务总局规定的其他收入。

目前,对于银行存款利息而言,只有非营利组织不征税收入和免税收入孳生的银行存款利息收入属免税收入。

3 取得财政性资金如何进行处理?

问题概述

A有限公司2016年获得当地市政府财政补助120万元,用于购买新设备改造工艺。假若2016年1月利用该项补助资金购买了120万元的新设备,预计使用10年,无残值。请问A公司如何进行税务和会计处理?

精要解答

(一) 财政性补助资金的会计处理

根据《企业会计准则第16号——政府补助》的规定,政府补助是指企业从政府无偿取得货币性资产或非货币性资产,不包括政府作为企业所有者投入的资本。政府补助分为与资产相关的政府补助和与收益相关的政府补助,前者是指企业取得的、用于购建或以其他方式形成长期资产的政府补助,后者是指除与资产相关的政府补助之外的政府补助。

1. 与资产相关的政府补助,应当确认为递延收益,自相关资产达到预定可使用状态时起,在相关资产使用寿命内平均分配,分次计入以后各期损益(营业外收入)。相关资产在使用寿命结束前被出售、转让、报废或发生毁损的,应将尚未分配的递延收益余额一次性转入资产处置当期的损益(营业外收入)。

2. 与收益相关的政府补助,应当分别下列情况处理:

(1) 用于补偿企业以后期间的相关费用或损失的,确认为递延收益,并在确认相关费用的期间,计入当期损益(营业外收入)。

(2) 用于补偿企业已发生的相关费用或损失的,直接计入当期损益(营业外收入)。

(3) 已确认的政府补助需要返还的,存在相关递延收益的,冲减相关递延收益账面余额,超出部分计入当期损益;不存在相关递延收益的,直接计入当期损益。

例如,A有限公司2016年获得当地市政府财政补助120万元,用于购买新设备改造工艺。假若2016年1月利用该项补助资金购买了120万元的新设备,预计使用10年,无残值。相关会计处理为(下同):

收到资金时:

借:银行存款	1 200 000	
贷:递延收益		1 200 000

购置固定资产时：

借：固定资产　　1 200 000

　贷：银行存款　　1 200 000

按月计提折旧时：

借：制造费用　　10 000

　贷：累计折旧　　10 000

借：递延收益　　10 000

　贷：营业外收入　　10 000

会计上，全年该项资金应计入营业外收入 12 万元。

（二）财政性补助资金的税务处理

财政性补助资金从税收角度看分两种情形：一种是需征税的财政性资金，另一种是属于不征税收入的财政性资金。

根据《财政部 国家税务总局关于专项用途财政性资金企业所得税处理问题的通知》（财税〔2011〕70 号）的规定：

（1）企业从县级以上各级人民政府财政部门及其他部门取得的应计入收入总额的财政性资金，凡同时符合以下条件的，可以作为不征税收入，在计算应纳税所得额时从收入总额中减除：

第一，企业能够提供规定资金专项用途的资金拨付文件。

第二，财政部门或其他拨付资金的政府部门对该资金有专门的资金管理办法或具体管理要求。

第三，企业对该资金以及以该资金发生的支出单独进行核算。

（2）根据《企业所得税法实施条例》第二十八条的规定，上述不征税收入用于支出所形成的费用，不得在计算应纳税所得额时扣除；用于支出所形成的资产，其计算的折旧、摊销不得在计算应纳税所得额时扣除。

（3）企业将财政性资金作不征税收入处理后，在 5 年（60 个月）内未发生支出且未缴回财政部门或其他拨付资金的政府部门的部分，应计入取得该资金第六年的应税收入总额；计入应税收入总额的财政性资金发生的支出，允许在计算应纳税所得额时扣除。

结合上述文件来看，会计与税法对财政补助的确认存在时间性差异。税法对企业收到货币形式的政府补助，在收到政府补助的当期，应全部计入应纳税所得额，不在以后期间内递延确认，应对当年会计上未确认营业外收入的递延收益进行纳税调增，以后年度逐年进行纳税调减。若财政性资金属于不征税收入，税法上应在发放资金当年对不征税收入进行纳税调减，同时对不征税收入支出形成的费用，按照会计确认的期间进行纳税调增。

温馨提示

《关于印发修订〈企业会计准则第 16 号——政府补助〉的通知》（财会〔2017〕15 号）对取得资产或收益相关政府补助进行规定：

“第八条　与资产相关的政府补助，应当冲减相关资产的账面价值或确认为递延收益。与资产相关的政府补助确认为递延收益的，应当在相关资产使用寿命内按照合理、系统的方法分期计入损益。按照名义金额计量的政府补助，直接计入当期损益。

相关资产在使用寿命结束前被出售、转让、报废或发生毁损的，应当将尚未分配的相关递延收益余额转入资产处置当期的损益。

第九条 与收益相关的政府补助，应当分情况按照以下规定进行会计处理：

(一) 用于补偿企业以后期间的相关成本费用或损失的，确认为递延收益，并在确认相关成本费用或损失的期间，计入当期损益或冲减相关成本。

(二) 用于补偿企业已发生的相关成本费用或损失的，直接计入当期损益或冲减相关成本。

第十条 对于同时包含与资产相关部分和与收益相关部分的政府补助，应当区分不同部分分别进行会计处理；难以区分的，应当整体归类为与收益相关的政府补助。

第十一条 与企业日常活动相关的政府补助，应当按照经济业务实质，计入其他收益或冲减相关成本费用。与企业日常活动无关的政府补助，应当计入营业外收支。”

财会〔2017〕15 号文自 2017 年 6 月 12 日起施行，企业对 2017 年 1 月 1 日存在的政府补助采用未来适用法处理，对 2017 年 1 月 1 日至施行日之间新增的政府补助根据准则进行调整。因此，新准则实施后，应当根据企业实际会计处理情况进行对应的纳税调整。

4 企业在筹建期收到政府补助如何进行涉税处理？

分期收款方式税务处理

问题概述

M公司从事于生物制药，2017 年 1 月开始进行筹建，2017 年 6 月取得政府补助 180 万元，请问在筹建期间该公司取得该项补助如何进行涉税处理？

精要解答

《财政部 国家税务总局关于财政性资金行政事业性收费政府性基金有关企业所得税政策问题的通知》(财税〔2008〕151 号)规定，企业取得的各类财政性资金，除属于国家投资和资金使用后要求归还本金的以外，均应计入企业当年收入总额。财政性资金，是指企业取得的来源于政府及其有关部门的财政补助、补贴、贷款贴息，以及其他各类财政专项资金，包括直接减免的增值税和即征即退、先征后退、先征后返的各种税收，但不包括企业按规定取得的出口退税款；所称国家投资，是指国家以投资者身份投入企业，并按有关规定相应增加企业实收资本(股本)的直接投资。

《财政部 国家税务总局关于专项用途财政性资金企业所得税处理问题的通知》(财税〔2011〕70 号)规定，企业从县级以上各级人民政府财政部门及其他部门取得的应计入收入总额的财政性资金，凡同时符合以下条件的，可以作为不征税收入，在计算应纳税所得额时从收入总额中减除：①企业能够提供规定资金专项用途的资金拨付文件；②财政部门或其他拨付资金的政府部门对该资金有专门的资金管理办法或具体管理要求；③企业对该资金以及以该资金发生的支出单独进行核算。

会计准则第 16 号规定，政府补助分为两类：

(1) 与资产相关的政府补助，收到时应当确认为递延收益，并在相关资产使用寿命内平均分配，计入当期损益。

(2) 与收益相关的政府补助：①用于补偿企业以后期间的相关费用或损失的，收到时确认为递延收益，并在确认相关费用的期间，计入当期损益。②用于补偿企业已发生的相关费用或损失的，收到时直接计入当期损益。

企业收到政府补助所得税处理应当首先判定是否属于不征税收入，如果符合不征税收入条件的，按照 70 号文件相关规定处理；如果不符合不征税收入条件的，应当作为政府补助在收到当期确认应税所得，发生的相关支出允许在当期扣除。

温馨提示

《国家税务总局关于贯彻落实企业所得税法若干税收问题的通知》(国税函〔2010〕79 号)规定,企业自开始生产经营的年度,为开始计算企业损益的年度。企业从事生产经营之前进行筹办活动期间发生筹办费用支出,不得计算为当期的亏损,应按照《国家税务总局关于企业所得税若干税务事项衔接问题的通知》(国税函〔2009〕98 号)第九条规定执行,即:新税法中开(筹)办费未明确列作长期待摊费用,企业可以在开始经营之日的当年一次性扣除,也可以按照新税法有关长期待摊费用的处理规定处理,但一经选定,不得改变。

企业筹建期取得政府补助处理方法与正常经营期税务处理方法一致。

5 筹建期取得政府补贴是否作为筹建期结束,生产经营的开始?

问题概述

我公司属于生产企业,正处于筹建期,最近收到市财政局拨付的补贴款,作为补贴收入。请问,这意味着企业的筹建期已经结束吗?

精要解答

对于筹建期的开始和结束,目前税法方面未出台明确规定。按照财务会计制度相关规定,筹办期间应是指企业被批准筹建之日起至开始生产、经营(包括试生产、试营业)之日的期间。在一般情况下,商业企业应以取得第一笔收入为生产、经营开始之日,工业企业应以开始投料为生产、经营开始之日。但是,对于已达到生产、经营状态,尚未取得收入或投料的企业,就不应以是否取得收入或投料为生产、经营开始之日,需要企业根据实际情况进行具体的判断。

企业筹建期间取得的应征税的财政补贴收入,不属于生产经营收入,如果全额在当年缴税,则当年仍按照筹建期相关规定,不作为计算盈亏的年度。

温馨提示

新企业所得税法对筹建期限没有具体明确的界定。但原《企业所得税暂行条例实施细则》(财法字〔1994〕3 号)第三十四条规定是这样界定的:筹建期是指从企业被批准筹建之日起至开始生产、经营(包括试生产、试营业)之日的期间。

企业被批准筹建之日,通常是指企业取得《名称预先核准通知书》上注明的日期。公司注册成立之日为工商营业执照上注明的日期,开办费是指企业在筹建期发生的费用,包括人员工资、办公费、培训费、差旅费、印刷费、注册登记费以及不计入固定资产和无形资产成本的汇兑损益和利息等支出。这个时期发生的费用允许作为开办费税前扣除。但取得的发票上名称应该是《名称预先核准通知书》上注明的公司名称。如果发票上名称与后来注册公司的名称不一致,除非能够提供充分确凿证据,证明两个公司为同一公司,通常不能税前扣除。

6 稳岗补贴是否要申报企业所得税?

问题概述

宏达实业有限公司 2017 年因淘汰落后产能进行改革,取得政府稳岗补贴 1 000 万元,请问该项补贴汇算清缴时是否要申报企业所得税?

精要解答

《关于专项用途财政性资金企业所得税处理问题的通知》(财税〔2011〕70 号)规定:企业从

县级以上各级人民政府财政部门及其他部门取得的应计入收入总额的财政性资金，凡同时符合以下条件的，可以作为不征税收入，在计算应纳税所得额时从收入总额中减除：一是企业能够提供规定资金专项用途的资金拨付文件；二是财政部门或其他拨付资金的政府部门对该资金有专门的资金管理办法或具体管理要求；三是企业对该资金以及以该资金发生的支出单独进行核算。

企业取得的稳岗补贴，是按照国务院下发的《关于进一步做好新形势下就业创业工作的意见》（国发〔2015〕23号）以及人力资源和社会保障部、财政部、国家发展和改革委员会、工业和信息化部下发《关于失业保险支持企业稳定岗位有关问题的通知》（人社部发〔2014〕76号）规定，由财政部门拨付的专项资金，有着专门的资金管理办法和具体管理要求，企业能够对该项资金以及以该资金发生的支出单独核算的，即符合《企业所得税法》规定的不征税收入，在计算应纳税所得额中予以减除。

收到稳岗补贴的企业还需要注意：收到稳岗补贴资金用于支出所形成的费用，不得在计算应纳税所得额时扣除；用于支出所形成的资产，其计算的折旧、摊销不得在计算应纳税所得额时扣除。稳岗补贴资金作不征税收入处理后，在5年（60个月）内未发生支出且未缴回财政部门或其他拨付资金的政府部门的部分，企业应在取得稳岗补贴资金的第六年时，计入应税收入总额。计入应税收入总额的财政性资金发生的支出，允许在计算应纳税所得额时扣除。

温馨提示

稳岗补贴是国家为应对国际金融危机对我国企业的影响，缓解就业压力，对采取有效措施不裁员、少裁员，稳定就业岗位的企业，由失业保险基金给予稳定岗位补贴的一项国家政策。现行政策规定，稳岗补贴政策执行到2020年年底。

对符合政策范围和基本条件的企业，可按不超过该企业及其职工上年度实际缴纳失业保险费总额的50%给予稳岗补贴，所需资金从失业保险基金中列支。

稳岗补贴主要用于职工生活补助、缴纳社会保险费、转岗培训、技能提升培训等相关支出。稳岗补贴的具体比例由省级人力资源社会保障和财政部门确定。

稳岗补贴是一项政府补助，企业收到稳岗补贴后，应根据《关于专项用途财政性资金企业所得税处理问题的通知》（财税〔2011〕70号）、《企业会计准则——政府补助》的规定，对该资金以及以该资金发生的支出单独进行核算。

企业收入稳岗补贴时，如果用于补偿企业以后期间的相关费用或损失的，确认为递延收益，并在确认相关费用的期间，计入当期损益。用于补偿企业已发生的相关费用或损失的，直接计入当期损益。

7 从劳动和社会保障部门取得的职业培训补贴和岗位用工补贴，是否要缴纳企业所得税？如果是出国参展，取得财政局补助的展位费呢？

问题概述

M公司为煤炭企业，2017年招录新员工350人，该县劳动和社会保障部门按招收人数每人补助0.1万元的职业培训补贴和岗位用工补贴费计35万元，请问M公司取得的35万元是否应缴纳企业所得税？另外，该公司2017年3月出国参加展览，取得市财政局补助的展位费是否应缴纳企业所得税？

精要解答

《财政部 国家税务总局关于专项用途财政性资金企业所得税处理问题的通知》(财税〔2011〕70号)规定,企业从县级以上各级人民政府财政部门及其他部门取得的应计入收入总额的财政性资金,凡同时符合以下条件的,可以作为不征税收入,在计算应纳税所得额时从收入总额中减除:

(1) 企业能够提供规定资金专项用途的资金拨付文件。

(2) 财政部门或其他拨付资金的政府部门对该资金有专门的资金管理办法或具体管理要求。

(3) 企业对该资金以及以该资金发生的支出单独进行核算。

根据上述规定,如果从县级以上劳动和社会保障部门取得上述财政性资金,且同时符合上述文件规定的不征税收入三个条件的,可以作为不征税收入处理。但是不征税收入用于支出形成的费用以及资产的折旧、摊销不得税前扣除。否则应将取得收入纳入当期损益缴纳企业所得税。

该公司出国参加展览取得市财政局补助的展位费也同样处理。

温馨提示

委托代销税务处理

《财政部 国家税务总局关于财政性资金行政事业性收费政府性基金有关企业所得税政策问题的通知》(财税〔2008〕151号)规定,企业取得的各类财政性资金,除属于国家投资和资金使用后要求归还本金的以外,均应计入企业当年收入总额;对企业取得的由国务院财政、税务主管部门规定专项用途并经国务院批准的财政性资金,准予作为不征税收入,在计算应纳税所得额时从收入总额中减除。

《财政部 国家税务总局关于专项用途财政性资金企业所得税处理问题的通知》(财税〔2011〕70号)规定,不征税收入用于支出所形成的费用,不得在计算应纳税所得额时扣除;用于支出所形成的资产,其计算的折旧、摊销不得在计算应纳税所得额时扣除。企业将符合本通知第一条规定条件的财政性资金作不征税收入处理后,在5年(60个月)内未发生支出且未缴回财政部门或其他拨付资金的政府部门的部分,应计入取得该资金第六年的应税收入总额;计入应税收入总额的财政性资金发生的支出,允许在计算应纳税所得额时扣除。

8 请问《纳税调整项目明细表》(A105000)第4行“投资收益”核算内容是什么?

问题概述

《纳税调整项目明细表》(A105000)第4行“投资收益”核算内容是什么?

精要解答

《纳税调整项目明细表》(A105000)第4行根据《投资收益纳税调整明细表》(A105030)填报。第1列“账载金额”为表A105030第10行第1+8列的金额;第2列“税收金额”为表A105030第10行第2+9列的金额;表A105030第10行第11列,若≥0,填入本行第3列“调增金额”;若<0,将绝对值填入本行第4列“调减金额”。

《投资收益纳税调整明细表》(A105030)适用于发生投资收益纳税调整项目的纳税人填报。纳税人根据税法、《国家税务总局关于贯彻落实企业所得税法若干税收问题的通知》(国税函〔2010〕79号)等相关规定,以及国家统一企业会计制度,填报投资收益的会计处理、税法规定,以及纳税调整情况。发生持有期间投资收益,并按税法规定为减免税收入的(如国债利息收入等)，A105030 表不作调整。处置投资项目按税法规定确认为损失的，A105030 表不作调整，在《资产损失税前扣除及纳税调整明细表》(A105090)进行纳税调整。

《纳税调整项目明细表》(A105000)第 5 行“(四)按权益法核算长期股权投资对初始投资成本调整确认收益”：第 4 列“调减金额”填报纳税人采取权益法核算，初始投资成本小于取得投资时应享有被投资单位可辨认净资产公允价值份额的差额计入取得投资当期的营业外收入的金额。

《纳税调整项目明细表》(A105000)第 6 行“(五)交易性金融资产初始投资调整”：第 3 列“调增金额”填报纳税人根据税法规定确认交易性金融资产初始投资金额与会计核算的交易性金融资产初始投资账面价值的差额。

根据上述规定，《纳税调整项目明细表》(A105000)第 4 行“投资收益”核算内容为发生持有和处置收益的纳税调整项目，不包括初始投资成本调整等以下内容：

(1) 发生持有期间投资收益，并按税法规定为减免税收入的(如国债利息收入和居民企业之间的股息、红利等)。

(2) 符合免税条件的“国债利息收入”在 A107010《免税、减计收入及加计扣除优惠明细表》的第 2 行“国债利息收入”填报。

(3) 符合免税条件的“符合条件的居民企业之间的股息、红利等权益性投资收益”在 A107011《符合条件的居民企业之间的股息、红利等权益性投资收益优惠明细表》填报。

(4) 处置投资项目产生的投资收益，按税法规定确认为损失的，本表不作调整，在《资产损失税前扣除及纳税调整明细表》(A105090)进行纳税调整。

(5) 按权益法核算长期股权投资对初始投资成本调整确认收益在《纳税调整项目明细表》(A105000)第 5 行“(四)按权益法核算长期股权投资对初始投资成本调整确认收益”调整。

(6) 交易性金融资产等项目初始投资产生的投资收益，在 A105000《纳税调整项目明细表》中的第 6 行“交易性金融资产初始投资调整”调整。

温馨提示

1. 投资收益是指企业进行投资所获得的经济利益

企业在一定的会计期间对外投资所取得的回报。投资收益包括对外投资所分得的股利和收到的债券利息，以及投资到期收回或到期前转让债权得到的款项高于账面价值的差额等。投资活动也可能遭受损失，如投资到期收回或到期前转让的所得款低于账面价值的差额，即为投资损失。投资收益减去投资损失则为投资净收益。

2. 投资收益的主要账务处理

(1) 长期股权投资采用成本法核算的，企业应按被投资单位宣告发放的现金股利或利润中属于本企业的部分，借记“应收股利”科目，贷记本科目；属于被投资单位在取得本企业投资前实现净利润的分配额，应作为投资成本的收回，借记“应收股利”等科目，贷记“长期股权投资”科目。

长期股权投资采用权益法核算的，应按根据被投资单位实现的净利润或经调整的净利润计算应享有的份额，借记“长期股权投资——损益调整”科目，贷记本科目。被投资单位发生净亏损的，比照“长期股权投资”科目的相关规定进行处理。

处置长期股权投资时，应按实际收到的金额，借记“银行存款”等科目，按其账面余额，贷记“长期股权投资”科目，按尚未领取的现金股利或利润，贷记“应收股利”科目，按其差额，贷记或借记本科目。已计提减值准备的，还应同时结转减值准备。

处置采用权益法核算的长期股权投资，除上述规定外，还应结转原计入资本公积的相关金额，借记或贷记“资本公积——其他资本公积”科目，贷记或借记本科目。

(2) 企业持有交易性金融资产、持有至到期投资、可供出售金融资产期间取得的投资收益以及处置交易性金融资产、交易性金融负债、指定为以公允价值计量且其变动计入当期损益的金融资产或金融负债、持有至到期投资、可供出售金融资产实现的损益,比照“交易性金融资产”“持有至到期投资”“可供出售金融资产”“交易性金融负债”等科目的相关规定进行处理。

(3) 期末,应将本科目余额转入“本年利润”科目,本科目结转后应无余额。

9 权益性投资收益收入时间如何确认?

问题概述

A 公司 2015 年 12 月 20 日作出决议,分配以前年度的利润 90 万元,投资方 B 公司 2017 年 4 月收到款项并计入投资收益。B 公司在 2017 年汇算清缴期间向税务机关办理免税手续,请问 B 公司确认收入时间是 2015 年还是 2017 年?

精要解答

《中华人民共和国企业所得税法实施条例》第十七条规定,企业所得税法第六条第(四)项所称股息、红利等权益性投资收益,是指企业因权益性投资从被投资方取得的收入。股息、红利等权益性投资收益,除国务院财政、税务主管部门另有规定外,按照被投资方作出利润分配决定的日期确认收入的实现。A 公司 2015 年 12 月 20 日作出决议,分配以前年度的利润 90 万元,投资方 B 公司 2017 年 4 月收到款项并计入投资收益,应以 2015 年 12 月 20 日作出决议时间确认为收入时间。

温馨提示

《中华人民共和国企业所得税法实施条例》第十七条规定,股息、红利等权益性投资收益,除国务院财政、税务主管部门另有规定外,按照被投资方作出利润分配决定的日期确认收入的实现。

会计处理上,如采用成本法核算长期股权投资的,持有期间被投资单位宣告分派现金股利或利润时,按应享有的份额确认为当期投资收益,借记“应收股利”科目,贷记“投资收益”科目。因为被投资方作出利润分配决定的日期与宣告分派现金股利或利润日期一般来说间隔时间不长,基本上都在同一会计年度,因此税会一般无差异。如采用权益法核算长期股权投资的,投资企业在持有长期股权投资期间,应按照被投资单位实现的净利润(以取得投资时被投资单位可辨认净资产的公允价值为基础计算)中应享有的份额,借记“长期股权投资——损益调整”科目,贷记“投资收益”科目。被投资单位发生净亏损作相反的会计分录,借记“投资收益”科目,贷记“长期股权投资——损益调整”科目,但以“长期股权投资”科目的账面价值减记至零为限。自被投资单位取得的现金股利或利润,应抵减长期股权投资的账面价值。在被投资单位宣告分派现金股利或利润时,借记“应收股利”科目,贷记“长期股权投资——损益调整”科目。税会存在明显差异,需要在汇算清缴时进行纳税调整。

在实际工作中,投资方财务人员常常不能及时掌握被投资企业的分配情况,会出现被投资企业分配与投资企业入账之间存在较长的时间差问题,应按税法有关规定进行调整。

10 物业管理公司预收业主跨年度的物业管理费,何时确认企业所得税收入?

问题概述

A 公司是一家物业管理公司,每年合同到期时均会与业主签订合同,若涉及预收业主跨年度的物业管理费，何时确认企业所得税收入？

精要解答

根据《中华人民共和国企业所得税法实施条例》（中华人民共和国国务院令第512号）第九条规定，企业应纳税所得额的计算，以权责发生制为原则，属于当期的收入和费用，不论款项是否收付，均作为当期的收入和费用；不属于当期的收入和费用，即使款项已经在当期收付，均不作为当期的收入和费用。

同时，根据《国家税务总局关于确认企业所得税收入若干问题的通知》（国税函〔2008〕875号）第二条第（四）项第八目规定，长期为客户提供重复劳务收取的费用，在相关劳务活动发生时确认收入。

物业管理公司预收业主跨年度的物业管理费，在实际提供物业管理服务时确认为企业所得税当期的收入。

温馨提示

同样，根据《中华人民共和国企业所得税法实施条例》（中华人民共和国国务院令第512号）第九条规定，对于业主而言，其支付的跨年度的物业管理费，也必须在物业管理公司实际提供物业管理服务时确认为当期的费用，而不能在支付时直接进入费用。

租金收入税务处理

11 企业为出租方，与承租方签订了为期两年的房屋租赁合同，合同中约定租金在租期开始时一次性支付，出租方如何确认收入？

问题概述

某饮料厂因生产的饮料在市场上销路不畅，经董事会决定将一生产线租给A公司进行生产，合同约定租赁期为2年，租金为每年300万元，租金以签订合同当月一次性付清，请问该饮料厂如何确认收入？

精要解答

《国家税务总局关于贯彻落实企业所得税法若干税收问题的通知》（国税函〔2010〕79号）规定，企业提供固定资产、包装物或者其他有形资产的使用权取得的租金收入，应按交易合同或协议规定的承租人应付租金的日期确认收入的实现。其中，如果交易合同或协议中规定租赁期限跨年度，且租金提前一次性支付的，根据《实施条例》第九条规定的收入与费用配比原则，出租人可对上述已确认的收入，在租赁期内，分期均匀计入相关年度收入。

《中华人民共和国企业所得税实施条例》第十九条规定，企业所得税法第六条第（六）项所称租金收入，是指企业提供固定资产、包装物或者其他有形资产的使用权取得的收入。租金收入，按照合同约定的承租人应付租金的日期确认收入的实现。

因此，该饮料厂可以选择按合同约定应付租金的日期一次性确认收入或在租赁期内，分期均匀确认收入。

温馨提示

企业收取租金交易合同或协议中规定租赁期限跨年度，且租金提前一次性支付的，可以根据自身生产经营情况采取按合同约定应付租金的日期一次性确认收入或者在合同期限内分期均匀确认收入。

12 免租期的租金如何进行税务处理?

问题概述

某市市区甲商场(一般纳税人)将临街铺面租赁给乙连锁零售公司,签订经营性租赁合同,双方无关联关系,合同约定租赁期开始日为2017年1月1日,2017—2018年两年免除租金,2019—2021年每年收取租金200万元(不含税)。分别于年初1月1日预付当年租金。2017—2018年两年免租期间是否需确认企业所得税收入,会计如何处理?

精要解答

根据《企业所得税法实施条例》第十九条规定,租金收入是指企业提供固定资产、包装物或者其他有形资产的使用权取得的收入。租金收入,按照合同约定的承租人应付租金的日期确认收入的实现。

根据《国家税务总局关于贯彻落实企业所得税法若干税收问题的通知》(国税函〔2010〕79号)规定,租赁合同或协议中规定租赁期限跨年度,且租金提前一次性支付的,在租赁期内,出租人可对上述已确认的收入根据收入与费用配比原则,分期均匀计入相关年度收入。

根据上述规定:

(1) 预收租金收入不能完全按照权责发生制原则确认,也应当按照合同约定的承租人应付租金的日期确认收入的实现,税收与会计确认收入会产生时间性差异,企业预收的租金收入当年应作纳税调增处理,计入预收当年的应纳税所得额,计征企业所得税。

(2) 国税函〔2010〕79号对《企业所得税法实施条例》第十九条规定的补充修改,意味着企业提前一次性收到租赁期跨年度的租金收入可以在租赁期内根据权责发生制原则,分期均匀计入相关年度收入。但出租人分期均匀确认租金收入必须同时具备两个条件:一是合同或协议规定租赁期限为跨年度。二是租金为提前一次性支付。

因此,企业所得税2017—2018年两年免租期间不确认收入,2019—2021年每年确认200万元租金收入。会计应遵循权责发生制,2017—2021年每年均匀确认120万元租金收入。所以2017年、2018年企业所得税汇算清缴时需调减120万元应纳税所得额,2019—2021年每年调整80万元应纳税所得额。

温馨提示

《国家税务总局关于土地价款扣除时间等增值税征管问题的公告》(国家税务总局公告2016年第86号)第七条规定,纳税人出租不动产,租赁合同中约定免租期的,不属于《营业税改征增值税试点实施办法》第十四条规定的视同销售服务。出租方与承租方约定的免租期不视同销售缴纳增值税。

《财政部 国家税务总局关于安置残疾人就业单位城镇土地使用税等政策的通知》(财税〔2010〕121号)第二条关于出租房产免收租金期间房产税问题规定,对出租房产,租赁双方签订的租赁合同约定有免收租金期限的,免收租金期限由产权所有人按照房产原值缴纳房产税。

13 国家税务总局公告2016第80号第二款"除另有规定外"指什么?

问题概述

如何理解国家税务总局公告2016年第80号第二款"除另有规定外,应按照被移送资产的公允价值确定销售收入"指的是什么？

精要解答

根据《国家税务总局关于企业所得税有关问题的公告》（国家税务总局公告 2016 年第 80 号）规定，企业发生《国家税务总局关于企业处置资产所得税处理问题的通知》（国税函〔2008〕828 号）第二条规定情形的，除另有规定外，应按照被移送资产的公允价值确定销售收入。这里另有规定主要包括以下情形：

（1）《财政部 国家税务总局关于促进企业重组有关企业所得税处理问题的通知》（财税〔2014〕109 号）第三条规定的股权、资产划转行为的，应按照财税〔2014〕109 号文件规定进行税务处理，需复核四种情形：①对 100％直接控制的居民企业之间，以及受同一或相同多家居民企业 100％直接控制的居民企业之间按账面净值划转股权或资产；②凡具有合理商业目的、不以减少、免除或者推迟缴纳税款为主要目的；③股权或资产划转后连续 12 个月内不改变被划转股权或资产原来实质性经营活动；④且划出方企业和划入方企业均未在会计上确认损益的，可以选择按以下规定进行特殊性税务处理。即，满足四种情形可不按照公允价值计算资产价值。

（2）《财政部 国家税务总局关于全面推开营业税改征增值税试点的通知》（财税〔2016〕36 号）中关于"在资产重组过程中，通过合并、分立、出售、置换等方式，将全部或者部分实物资产以及与其相关联的债权、负债和劳动力一并转让给其他单位和个人，其中涉及的不动产、土地使用权转让行为"属于不征收增值税项目。

（3）《财政部 国家税务总局关于企业重组业务企业所得税处理若干问题的通知》（财税〔2009〕59 号）中"适用特殊性税务处理"情形，包括涉及中国境内与境外之间，均以被收购（转让、合并、分立）股权或资产的原有计税基础确定入账计税基础而不确认所得。

温馨提示

《国家税务总局关于企业处置资产所得税处理问题的通知》（国税函〔2008〕828 号）规定，企业将资产移送他人的，因资产所有权属已发生改变而不属于内部处置资产，应按规定视同销售确定收入。属于企业自制的资产，应按企业同类资产同期对外销售价格确定销售收入；属于外购的资产，可按购入时的价格确定销售收入。《国家税务总局关于做好 2009 年度企业所得税汇算清缴工作的通知》（国税函〔2010〕148 号）文件对国税函〔2008〕828 号涉及的企业处置资产确认问题进一步作出补充规定。该文件指出，《国家税务总局关于企业处置资产所得税处理问题的通知》（国税函〔2008〕828 号）第三条规定，企业处置外购资产按购入时的价格确定销售收入，是指企业处置该项资产不是以销售为目的，而是具有替代职工福利等费用支出性质，且购买后一般在一个纳税年度内处置。

自国家税务总局公告 2016 年第 80 号文公告实施起，《国家税务总局关于企业处置资产所得税处理问题的通知》（国税函〔2008〕828 号）第三条同时废止。

14 企业外购小轿车作为福利奖励给职工是否应确认收入？

问题概述

宏达实业有限公司与职工签订协议，如果能为企业发明一项新药专利，就赠送给职工一辆价值 20 万元的小轿车，请问该公司是否应确认收入？

精要解答

《国家税务总局关于企业处置资产所得税处理问题的通知》（国税函〔2008〕828 号）第二条

规定,企业将资产移送他人的下列情形,因资产所有权属已发生改变而不属于内部处置资产,应按规定视同销售确定收入:①用于市场推广或销售;②用于交际应酬;③用于职工奖励或福利;④用于股息分配;⑤用于对外捐赠;⑥其他改变资产所有权属的用途。

《国家税务总局关于企业所得税有关问题的公告》(国家税务总局公告2016年第80号)规定,企业发生《国家税务总局关于企业处置资产所得税处理问题的通知》(国税函〔2008〕828号)第二条规定情形的,除另有规定外,应按照被移送资产的公允价值确定销售收入。

根据上述规定,企业将小轿车奖励给职工,资产所有权已发生转移,应视同销售缴纳企业所得税。

温馨提示

特许权使用费税务处理

《企业会计准则第9号——职工薪酬》规定,职工薪酬是指职工在职期间和离职后提供给职工的全部货币性薪酬和非货币性薪酬,其中,非货币性薪酬主要为非货币性福利,包括向职工无偿提供自己拥有的资产等。

《企业会计准则第14号——收入》第四条规定,销售商品收入同时满足下列条件的,才能予以确认:①企业已将商品所有权上的主要风险和报酬转移给购货方;②企业既没有保留通常与所有权相联系的继续管理权,也没有对已售出的商品实施有效控制;③收入的金额能够可靠地计量;④相关的经济利益很可能流入企业;⑤相关的已发生或将发生的成本能够可靠地计量。

根据以上规定,企业将外购的房屋作为福利奖励给职工个人,不符合《企业会计准则第14号——收入》,会计上不作为收入处理。

对于视同销售,会计人员在进行账务处理时,往往有两种方法:一种是会计上不按视同销售处理,将发生的支出直接列入相关的成本费用;另一种是会计上按视同销售处理,计入主营业务收入。对于第一种账务处理,会计与税法上会产生差异。对于第二种账务处理,会计与税法上无差异,不需要进行纳税调整。

15 企业自产的货物用于职工奖励,以什么价格确认销售收入?

问题概述

M公司为生产计算机公司,系为一般纳税人,2017年春节将自产的电脑用于奖励职工,该电脑成本价每台为2 500元,市场公允价为4 500元,请问企业自产的货物用于职工奖励,在税收上以什么价格确认销售收入?

精要解答

《国家税务总局关于企业处置资产所得税处理问题的通知》(国税函〔2008〕828号)第二条规定,企业将资产移送他人的下列情形,因资产所有权属已发生改变而不属于内部处置资产,应按规定视同销售确定收入:

(1) 用于市场推广或销售。

(2) 用于交际应酬。

(3) 用于职工奖励或福利。

(4) 用于股息分配。

(5) 用于对外捐赠。

(6) 其他改变资产所有权属的用途。

《国家税务总局关于企业所得税有关问题的公告》(国家税务总局公告 2016 年第 80 号)规定，企业发生《国家税务总局关于企业处置资产所得税处理问题的通知》(国税函〔2008〕828 号)第二条规定情形的，除另有规定外，应按照被移送资产的公允价值确定销售收入。

M 公司将自产的电脑用于奖励职工，在税收上应以公允价格确认收入。

温馨提示

《国家税务总局关于企业所得税有关问题的公告》(国家税务总局公告 2016 年第 80 号)规定，企业发生《国家税务总局关于企业处置资产所得税处理问题的通知》(国税函〔2008〕828 号)第二条规定情形的，除另有规定外，应按照被移送资产的公允价值确定销售收入。这里指出除另有规定外指的是如《财政部 国家税务总局关于促进企业重组有关企业所得税处理问题的通知》(财税〔2014〕109 号)第三条规定的股权、资产划转行为等情况。

16 关联企业间“无息借款”如何进行税务处理？

问题概述

A 公司与 B 公司于 2017 年 1 月共同投资 1 000 万元设立了子公司 M 公司。A 公司权益性投资 600 万元，占 60%股份；B 公司权益性投资 400 万元，占 40%股份。因 M 公司经营发展的需要，A 公司 2017 年 6 月无偿借给 M 公司 1 000 万元，请问该笔无息贷款，应如何进行税务处理？

精要解答

《中华人民共和国企业所得税法》企业以货币形式和非货币形式从各种来源取得的收入，为收入总额。包括：

(1) 销售货物收入。

(2) 提供劳务收入。

(3) 转让财产收入。

(4) 股息、红利等权益性投资收益。

(5) 利息收入。

(6) 租金收入。

(7) 特许权使用费收入。

(8) 接受捐赠收入。

(9) 其他收入。

《中华人民共和国企业所得税法实施条例》第十八条规定，企业所得税法第六条第(五)项所称利息收入，是指企业将资金提供他人使用但不构成权益性投资，或者因他人占用本企业资金取得的收入，包括存款利息、贷款利息、债券利息、欠款利息等收入。利息收入，按照合同约定的债务人应付利息的日期确认收入的实现。

《企业所得税法实施条例》第三十八条第(二)项规定，企业在生产经营活动中发生的非金融企业向非金融企业借款的利息支出，不超过按照金融企业同期同类贷款利率计算的数额的部分，准予扣除。

《国家税务总局关于企业所得税若干问题的公告》(国家税务总局公告 2011 年第 34 号)第一条规定，“同期同类贷款利率”是指在贷款期限、贷款金额、贷款担保以及企业信誉等条件基本相同下，金融企业提供贷款的利率，既可以是金融企业公布的同期同类平均利率，也可以是金融企业对某些企业提供的实际贷款利率。

《税收征收管理法》第三十六条规定，企业或者外国企业在中国境内设立的从事生产、经营的机构、场所与其关联企业之间的业务往来，应当按照独立企业之间的业务往来收取或者支付价款、费用。不按照独立企业之间的业务往来收取或者支付价款、费用，而减少其应纳税的收入或者所得额的，税务机关有权进行合理调整。

A 公司无偿借给 M 公司 1 000 万元应按同期银行贷款利率确定收入，M 公司所支付利息也可税前扣除，但必须取得合法有效的凭证。

温馨提示

M 公司所支付利息税前扣除还受到以下条件约束：

《财政部 国家税务总局关于企业关联方利息支出税前扣除标准有关税收政策问题的通知》(财税〔2008〕121 号)规定，在计算应纳税所得额时，企业实际支付给关联方的利息支出，不超过以下规定比例和税法及其实施条例有关规定计算的部分，准予扣除，超过的部分不得在发生当期和以后年度扣除。

(1) 企业实际支付给关联方的利息支出，符合本通知第二条规定外，其接受关联方债权性投资与其权益性投资比例为：①金融企业，为 5∶1；②其他企业，为 2∶1。

(2) 企业如果能够按照税法及其实施条例的有关规定提供相关资料，并证明相关交易活动符合独立交易原则的；或者该企业的实际税负不高于境内关联方的，其实际支付给境内关联方的利息支出，在计算应纳税所得额时准予扣除。

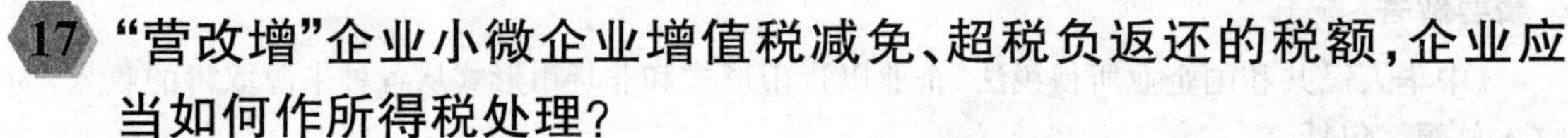

17 “营改增”企业小微企业增值税减免、超税负返还的税额，企业应当如何作所得税处理？

问题概述

我公司是小规模纳税人按季度申报缴纳增值税，征收率为 3%，2017 年 7 月取得提供服务收入含税销售额为 20 600 元，8 月提供餐饮服务收入为 41 200 元，9 月提供餐饮服务收入为 30 900元，我公司按季度申报缴纳增值税。根据政策我公司享受了增值税免税优惠，我们认为免征的增值税不应当征收企业所得税，且在会计核算上未核算免征的增值税。请问，我公司的处理正确吗？

精要解答

《国家税务总局关于全面推开营业税改征增值税试点有关税收征收管理事项的公告》(国家税务总局公告 2016 年第 23 号)规定，增值税小规模纳税人销售货物，提供加工、修理修配劳务月销售额不超过 3 万元(按季度纳税 9 万元)，销售服务、无形资产月销售额不超过 3 万元(按季度纳税 9 万元)的，自 2016 年 5 月 1 日起至 2017 年 12 月 31 日，可分别享受小微企业暂免征收增值税的优惠政策。

根据修订后的《企业会计准则第 16 号——政府补助》(自 2017 年 6 月 12 日起施行)规定，小微企业免征的增值税，与销售额的大小有密切的关系，所以不应作为《企业会计准则第 16 号——政府补助》。在这个准则发布之前，小微企业免征的增值税，大都记入“营业外收入”科目，作为“利得”进行处理，修订后的准则要求企业区分收到的政府补助是否与其日常活动相关，并据此判断是否纳入营业利润之内，并记入“其他收益”科目。“其他收益”是本次修订新增的一个损益类会计科目，应当在利润表中的“营业利润”项目之上单独列报“其他收益”项目，计入其他收益的政府补助在该项目中反映。该科目专门用于核算与企业日常活动相关，但不宜确认收入或冲减成本费用的政府补助。你公司上述业务正确的会计处理如下：

（1）7月会计处理：

借：银行存款　　20 600
　贷：主营业务收入　　20 000
　　应交税费——应交增值税　　600

注：月末不需要计提城市维护建设税和教育费附加。

（2）8月会计处理：

借：银行存款　　41 200
　贷：主营业务收入　　40 000
　　应交税费——应交增值税　　1 200

（3）9月会计处理：

借：银行存款　　30 900
　贷：主营业务收入　　30 000
　　应交税费——应交增值税　　900

（4）2017年第三季度的销售额为90 000元（20 000＋40 000＋30 000），销售额不超过9万元，可以按规定免缴增值税。

借：应交税费——应交增值税（减免税款）　　2 700
　贷：其他收益　　2 700

借：其他收益　　2 700
　贷：本年利润　　2 700

企业所得税处理：

《财政部 国家税务总局关于财政性资金行政事业性收费政府性基金有关企业所得税政策问题的通知》（财税〔2008〕151号）规定"一、财政性资金

……

（二）对企业取得的由国务院财政、税务主管部门规定专项用途并经国务院批准的财政性资金，准予作为不征税收入，在计算应纳税所得额时从收入总额中减除

……

本条所称财政性资金，是指企业取得的来源于政府及其有关部门的财政补助、补贴、贷款贴息，以及其他各类财政专项资金，包括直接减免的增值税和即征即退、先征后退、先征后返的各种税收，但不包括企业按规定取得的出口退税款；所称国家投资，是指国家以投资者身份投入企业、并按有关规定相应增加企业实收资本（股本）的直接投资。"

《财政部 国家税务总局关于专项用途财政性资金企业所得税处理问题的通知》（财税〔2011〕70号）规定："一、企业从县级以上各级人民政府财政部门及其他部门取得的应计入收入总额的财政性资金，凡同时符合以下条件的，可以作为不征税收入，在计算应纳税所得额时从收入总额中减除：

（一）企业能够提供规定资金专项用途的资金拨付文件；

（二）财政部门或其他拨付资金的政府部门对该资金有专门的资金管理办法或具体管理要求；

(三)企业对该资金以及以该资金发生的支出单独进行核算。"

所以,享受小微企业减免增值税优惠应计入企业所得税收入总额,由于该项增值税优惠并未规定得到减免的增值税额的专项用途,所以不符合不征税收入的条件,应当征收企业所得税。

如企业取得超税负返还的税额,也应当同样处理。

温馨提示

"其他收益"与"其他综合收益"科目的区别,"其他综合收益"科目属于所有者权益类科目,"其他收益"科目属于损益类科目。但两者同时属于报表项目。"其他收益"科目是利润表的报表项目,"其他综合收益"科目是资产负债表和利润表的报表项目。这是由其科目性质决定的。

建筑劳务收入税务处理

"其他收益"科目不并入营业收入作为业务招待费、广告费和业务宣传费扣除标准的基数。

18 企业减免的城镇土地使用税、房产税是否交纳企业所得税?

问题概述

企业减免的城镇土地使用税、房产税是否交纳企业所得税?

精要解答

依据《财政部 国家税务总局关于财政性资金行政事业性收费政府性基金有关企业所得税政策问题的通知》(财税〔2008〕151号)的规定,企业取得的各类财政性资金,除属于国家投资和资金使用后要求归还本金的以外,均应计入企业当年收入总额。财政性资金是指企业取得的来源于政府及其有关部门的财政补助、补贴、贷款贴息,以及其他各类财政专项资金,包括直接减免的增值税和即征即退、先征后退、先征后返的各种税收,但不包括企业按规定取得的出口退税款;所称国家投资,是指国家以投资者身份投入企业,并按有关规定相应增加企业实收资本(股本)的直接投资。

企业直接减免的土地使用税、房产税不属于收入,只不过是减少了相应的税金及费用,企业所得税按照正常的计算应纳税所得额。

如果是税收返还的土地使用税、房产税,如符合财税〔2011〕70号规定的不征税收入的条件,则按不征税收入的规定进行处理;对于不符合不征税收入条件的财政性补贴,应当在取得财政补贴款项的当年度计入应纳税所得额。

温馨提示

《财政部关于印发〈增值税会计处理规定〉的通知》(财会〔2016〕22号)规定:全面试行营业税改征增值税后,"营业税金及附加"科目名称调整为"税金及附加"科目,该科目核算企业经营活动发生的消费税、城市维护建设税、资源税、教育费附加及房产税、土地使用税、车船税、印花税等相关税费;利润表中的"营业税金及附加"项目调整为"税金及附加"项目。

特别提醒:以前房产税、车船税、土地使用税、印花税在"管理费用"等科目核算,不在"税金及附加"科目核算。

《小企业会计准则》规定,小企业按照规定应交纳的城镇土地使用税、房产税、车船税、矿产资源补偿费、排污费,借记"营业税金及附加"科目,贷记"应交税费"科目(应交城镇土地使用税、应交房产税、应交车船税、应交矿产资源补偿费、应交排污费)。

19 企业所得税核定征收“应税收入额”与“收入总额”区别？

问题概述

请问企业所得税核定征收“应税收入额”与“收入总额”有什么区别？

精要解答

企业所得税核定征收主要包括定额征收和核定应税所得率征收。《关于印发〈企业所得税核定征收办法〉（试行）》的通知（国税发〔2008〕30 号）第六条规定，采用应税所得率方式核定征收企业所得税的，应纳所得税额计算公式如下：

应纳所得税额＝应纳税所得额×适用税率

应纳税所得额＝应税收入额×应税所得率

或：　应纳税所得额＝成本（费用）支出额/（1－应税所得率）×应税所得率

《中华人民共和国企业所得税法》第六条规定，企业以货币形式和非货币形式从各种来源取得的收入，为收入总额，包括销售货物收入，提供劳务收入，转让财产收入，股息、红利等权益性投资收益，利息收入，租金收入，特许权使用费收入，接受捐赠收入和其他收入。

《国家税务总局关于企业所得税核定征收若干问题的通知》（国税函〔2009〕377 号）规定，国税发〔2008〕30 号文件第六条中的“应税收入额”等于收入总额减去不征税收入和免税收入后的余额。用公式表示为：

应税收入额＝收入总额－不征税收入－免税收入

其中，收入总额为企业以货币形式和非货币形式从各种来源取得的收入。

从上述规定可以得知，收入总额的范围明显大于应税收入额。

温馨提示

《关于印发〈企业所得税核定征收办法〉（试行）》的通知（国税发〔2008〕30 号）第三条规定，纳税人具有下列情形之一的，核定征收企业所得税：

（1）依照法律、行政法规的规定可以不设置账簿的。

（2）依照法律、行政法规的规定应当设置但未设置账簿的。

（3）擅自销毁账簿或者拒不提供纳税资料的。

（4）虽设置账簿，但账目混乱或者成本资料、收入凭证、费用凭证残缺不全，难以查账的。

（5）发生纳税义务，未按照规定的期限办理纳税申报，经税务机关责令限期申报，逾期仍不申报的。

（6）申报的计税依据明显偏低，又无正当理由的。

税务机关应积极督促核定征收企业所得税的纳税人建账建制，改善经营管理，引导纳税人向查账征收方式过渡。对符合查账征收条件的纳税人，要及时调整征收方式，实行查账征收。在一个纳税年度内，对符合条件的，及时调整征收方式，实行查账征收。

20 核定征收企业取得银行存款利息，是否缴纳企业所得税？

问题概述

A 公司 2016 年成立，系小规模纳税人，因账务不健全不能正确核算成本，税务机关采取核定征收方式对其征收企业所得税,2016年度收到银行存款利息50万元,请问这部分利息是否应缴纳企业所得税?

精要解答

根据《企业所得税法实施条例》第六条规定,企业以货币形式和非货币形式从各种来源取得的收入,为收入总额。包括:

(1) 销售货物收入。

(2) 提供劳务收入。

(3) 转让财产收入。

(4) 股息、红利等权益性投资收益。

(5) 利息收入。

(6) 租金收入。

(7) 特许权使用费收入。

(8) 接受捐赠收入。

(9) 其他收入。

根据《企业所得税法实施条例》第十八条规定,《企业所得税法》第六条第(五)项所称利息收入,是指企业将资金提供他人使用但不构成权益性投资,或者因他人占用本企业资金取得的收入,包括存款利息、贷款利息、债券利息、欠款利息等收入。利息收入,按照合同约定的债务人应付利息的日期确认收入的实现。

银行存款利息属于企业所得税法规定的收入总额的组成部分,因此,A公司2016年度收到的银行存款利息应缴纳企业所得税。

温馨提示

《国家税务总局关于印发〈企业所得税核定征收办法〉(试行)的通知》(国税发〔2008〕30号)第六条采用应税所得率方式核定征收企业所得税的,应纳所得税额计算公式如下:

应纳所得税额=应纳税所得额×适用税率

应纳税所得额=应税收入额×应税所得率

或:　　应纳税所得额=成本(费用)支出额/(1-应税所得率)×应税所得率

《国家税务总局关于企业所得税核定征收若干问题的通知》(国税发〔2008〕30号)文件第六条中的"应税收入额"等于收入总额减去不征税收入和免税收入后的余额。用公式表示为:

应税收入额=收入总额-不征税收入-免税收入

其中,收入总额为企业以货币形式和非货币形式从各种来源取得的收入。由此可见,核定征收方式只是税务机关对存在国税发〔2008〕30号第三条纳税人具有情形之一的所采取的一种征收方式,企业取得收入应是《企业所得税法》第六条规定的,企业以货币形式和非货币形式从各种来源取得的收入,为收入总额。

核定征收企业取得银行存款利息应确认为收入总额缴纳企业所得税。

21 企业盘盈固定资产收入是否缴纳企业所得税?

问题概述

2017年12月底,宏泰软件公司在进行固定资产清查时发现有一资产因故没有入账,该公司按会计准则记入“以前年度损益调整”科目，没有做收入处理，请问对于该盘盈固定资产税务上是否要进行纳税调整？

不动产销售税务处理

精要解答

《中华人民共和国企业所得税法》规定，企业以货币形式和非货币形式从各种来源取得的收入，为收入总额。

《中华人民共和国企业所得税法实施条例》规定，《企业所得税法》第六条第（九）项所称其他收入，是指企业取得的除《企业所得税法》第六条第（一）项至第（八）项规定的收入外的其他收入，包括企业资产溢余收入、逾期未退包装物押金收入、确实无法偿付的应付款项、已作坏账损失处理后又收回的应收款项、债务重组收入、补贴收入、违约金收入、汇兑收益等。

如果企业会计处理计入“以前年度损益调整”，没有将其计入收入，应进行纳税调整。

温馨提示

依《中华人民共和国企业所得税法实施条例》规定，企业资产溢余收入应计入当期损益，会计上如果将其计入“以前年度损益调整”，应进行纳税调整。

22 企业将资产移送他人用于市场推广或销售，如何所得税处理？

问题概述

企业将资产移送他人用于市场推广或销售，如何所得税处理？

精要解答

《国家税务总局关于企业所得税有关问题的公告》（国家税务总局公告 2016 年第 80 号）规定，自 2016 年度起，企业将资产移送他人用于市场推广或销售、交际应酬、职工奖励或福利、股息分配、对外捐赠或其他改变资产所有权属的用途，除另有规定外，应按照被移送资产的公允价值确定销售收入。如企业发生《财政部 国家税务总局关于促进企业重组有关企业所得税处理问题的通知》（财税〔2014〕109 号）第三条规定的股权、资产划转行为的，应按照财税〔2014〕109 号文件规定进行税务处理。

温馨提示

《国家税务总局关于企业处置资产所得税处理问题的通知》（国税函〔2008〕828 号）第二条规定，企业发生本通知第二条规定情形时，属于企业自制的资产，应按企业同类资产同期对外销售价格确定销售收入；属于外购的资产，可按购入时的价格确定销售收入。

《国家税务总局关于企业所得税有关问题的公告》（国家税务总局公告 2016 年第 80 号）规定，企业发生《国家税务总局关于企业处置资产所得税处理问题的通知》（国税函〔2008〕828 号）第二条规定情形的，除另有规定外，应按照被移送资产的公允价值确定销售收入。

23 企业转让股权是否应缴纳企业所得税？

问题概述

A 公司拥有 B 公司 100％的股权，初始投资成本为 100 万元，B 公司截至 2017 年 6 月底账面净资产 200 万元，其中注册资本 100 万元、盈余公积 30 万元、未分配利润 70 万元，现 A 公司按220万元出售予境内C企业,应确认该项股权转让所得多少?

精要解答

《国家税务总局关于贯彻落实企业所得税法若干税收问题的通知》(国税函〔2010〕79号)规定,企业发生债务重组,应在债务重组合同或协议生效时确认收入的实现;企业转让股权收入,应于转让协议生效,且完成股权变更手续时,确认收入的实现;权益性投资取得股息、红利等收入,应以被投资企业股东会或股东大会作出利润分配或转股决定的日期,确定收入的实现。转让股权收入扣除为取得该股权所发生的成本后,为股权转让所得。企业在计算股权转让所得时,不得扣除被投资企业未分配利润等股东留存收益中按该项股权所可能分配的金额。

由于留存收益包括未分配利润和盈余公积两个部分,上述盈余公积30万元、未分配利润70万元不得扣减。则A企业应确认财产转让所得120万元(220—100)。

温馨提示

《关于企业清算业务企业所得税处理若干问题的通知》(财税〔2009〕60号)规定:"被清算企业的股东分得的剩余资产的金额,其中相当于被清算企业累计未分配利润和累计盈余公积中按该股东所占股份比例计算的部分,应确认为股息所得;剩余资产减除股息所得后的余额,超过或低于股东投资成本的部分,应确认为股东的投资转让所得或损失。"本例中,如投资方不选择转让,而对子公司进行清算,分回剩余资产200万元,则其中100万元,可以确认为股息所得,享受免税待遇。

《国家税务总局关于企业所得税若干问题的公告》(国家税务总局公告2011年第34号)规定:"投资企业从被投资企业撤回或减少投资,其取得的资产中,相当于初始出资的部分,应确认为投资收回;相当于被投资企业累计未分配利润和累计盈余公积按减少实收资本比例计算的部分,应确认为股息所得;其余部分确认为投资资产转让所得。"如投资方采用撤回或减少投资的方式,其取得的资产中相当于被投资企业累计未分配利润和累计盈余公积按减少实收资本比例计算的部分,应确认为股息所得,享受免税待遇。

24 企业在筹建期取得的利息收入如何纳税?

问题概述

我公司是一家制造业企业,在筹建期出现了利息收入,应如何进行会计处理?对于这笔收入企业所得税如何申报?

精要解答

根据《国家税务总局关于贯彻落实企业所得税法若干税收问题的通知》(国税函〔2010〕79号)第七条规定,企业自开始生产经营的年度,为开始计算企业损益的年度。企业从事生产经营之前进行筹办活动期间发生筹办费用支出,不得计算为当期的亏损,应按照《国家税务总局关于企业所得税若干税务事项衔接问题的通知》(国税函〔2009〕98号)第九条规定执行。

根据《国家税务总局关于企业所得税若干税务事项衔接问题的通知》(国税函〔2009〕98号)第九条规定,新税法中开(筹)办费未明确列作长期待摊费用,企业可以在开始经营之日的当年一次性扣除,也可以按照新税法有关长期待摊费用的处理规定处理,但一经选定,不得改变。企业在新税法实施以前年度的未摊销完的开办费,也可根据上述规定处理。

因此,企业筹建期间取得的利息收入应按会计制度规定计入筹办费后,按照相关税法规定进行处理。

温馨提示

如是金融行业，取得利息收入相当于已经开展经营活动，应计入当期收入，在预缴时和年度汇算清缴时进行申报。

25 企业在筹建期间利用闲置资金投资理财产品而取得的收入，是否应缴纳企业所得税？

问题概述

A公司2017年3月开始进行筹建，同月该公司董事会决议将闲置资金投资理财产品，2017年12月31日取得收入为200万元，请问A公司取得该项收入是否应缴纳企业所得税？

精要解答

《中华人民共和国企业所得税法》第二十六条规定企业的下列收入为免税收入：

(1) 国债利息收入。

(2) 符合条件的居民企业之间的股息、红利等权益性投资收益。

(3) 在中国境内设立机构、场所的非居民企业从居民企业取得与该机构、场所有实际联系的股息、红利等权益性投资收益。

(4) 符合条件的非营利组织的收入。

《中华人民共和国企业所得税法实施条例》第八十三条《企业所得税法》第二十六条第(二)项所称符合条件的居民企业之间的股息、红利等权益性投资收益，是指居民企业直接投资于其他居民企业取得的投资收益。《企业所得税法》第二十六条第(二)项和第(三)项所称股息、红利等权益性投资收益，不包括连续持有居民企业公开发行并上市流通的股票不足12个月取得的投资收益。

《关于企业取得财产转让等所得企业所得税处理问题的公告》(国家税务总局公告2010年第19号)规定，企业取得财产(包括各类资产、股权、债权等)转让收入、债务重组收入、接受捐赠收入、无法偿付的应付款收入等，不论是以货币形式，还是非货币形式体现，除另有规定外，均应一次性计入确认收入的年度计算缴纳企业所得税。

A公司将闲置资金投资理财产品取得的收入200万元，不属于免税收入，应按规定缴纳企业所得税。

温馨提示

《财政部 国家税务总局关于企业所得税若干优惠政策的通知》(财税〔2008〕1号)规定，关于鼓励证券投资基金发展的优惠政策：

(1) 对证券投资基金从证券市场中取得的收入，包括买卖股票、债券的差价收入，股权的股息、红利收入，债券的利息收入及其他收入，暂不征收企业所得税。

(2) 对投资者从证券投资基金分配中取得的收入，暂不征收企业所得税。

(3) 对证券投资基金管理人运用基金买卖股票、债券的差价收入，暂不征收企业所得税。

如A公司将闲置资金投资证券投资基金取得的分配收入，按规定可暂不征收企业所得税。

26 金融商品持有期间(含到期)取得的非保本收益，要缴纳企业所得税吗？

问题概述

财税〔2016〕36号的《销售服务、无形资产、不动产注释》第一条第(五)项第1点所称“保本收益、报酬、资金占用费、补偿金”,是指合同中明确承诺到期本金可全部收回的投资收益。金融商品持有期间(含到期)取得的非保本的上述收益,不属于利息或利息性质的收入,不征收增值税。

金融商品持有期间(含到期)取得的非保本的上述收益,不属于利息或利息性质的收入,不征收增值税。那么,这些非保本收益要缴纳企业所得税吗?

精要解答

增值税余额对所得税影响

企业所得税与增值税是完全不同的税种,不征收增值税的,并不一定不征收企业所得税。

根据《财政部 国家税务总局关于企业所得税若干优惠政策的通知》(财税〔2008〕1 号)规定:“二、关于鼓励证券投资基金发展的优惠政策

(一)对证券投资基金从证券市场中取得的收入,包括买卖股票、债券的差价收入,股权的股息、红利收入,债券的利息收入及其他收入,暂不征收企业所得税。

(二)对投资者从证券投资基金分配中取得的收入,暂不征收企业所得税。

(三)对证券投资基金管理人运用基金买卖股票、债券的差价收入,暂不征收企业所得税。”

除上述规定外,企业取得的非保本收益均应计入所得,缴纳企业所得税。

温馨提示

银行理财产品按照收益类型可以分为三类:一是保证收益类,二是保本浮动收益类,三是非保本浮动收益类,前两类又可以归纳为保本类,第三类为非保本类。

保证收益类:保障本金与收益安全,到期收获本金与预期收益。

保本浮动收益类:保障本金安全,收益不固定,有可能达不到预期收益率。

非保本浮动收益类:不保障本金安全,且收益也是不固定的,有可能达不到预期收益率并且出现本金亏损。

27 试运行收入应当如何进行确认及纳税填报?

问题概述

某公司是增值税一般纳税人,2017 年购入一条酱油生产线,工程试车前,在建工程账面价值 200 万元。在试运行阶段该生产线共生产酱油 10 吨,发生实际成本 20 万元,取得不含税销售收入 30 万元。如何进行企业所得税处理?

精要解答

《国家税务总局关于确认企业所得税收入若干问题的通知》(国税函〔2008〕875 号)第一条规定,企业销售商品同时满足下列条件的,应确认收入的实现:

(1) 商品销售合同已经签订,企业已将商品所有权相关的主要风险和报酬转移给购货方。

(2) 企业对已售出的商品既没有保留通常与所有权相联系的继续管理权,也没有实施有效控制。

(3) 收入的金额能够可靠地计量。

(4) 已发生或将发生的销售方的成本能够可靠地核算。

《国家税务总局关于印发企业所得税汇算清缴管理办法的通知》(国税发〔2009〕79 号)第三条规定,凡在纳税年度内从事生产、经营(包括试生产、试经营),或在纳税年度中间终止经营活

动的纳税人，无论是否在减税、免税期间，也无论盈利或亏损，均应按照企业所得税法及其实施条例和本办法的有关规定进行企业所得税汇算清缴。

2017 年度企业所得税汇算清缴填报纳税申报表时，在《A105010 视同销售和房地产开发企业特定业务纳税调整明细表》第 10 行"其他"内填报 300 000 元，在第 20 行"其他"内填报 200 000元，当期应调增应纳税所得额 100 000 元。

温馨提示

《企业会计准则应用指南——会计科目和主要账务处理》1604 中"在建工程"科目规定，在建工程进行负荷联合试车发生的费用，借记本科目（待摊支出），贷记"银行存款""原材料"等科目；试车形成的产品或副产品对外销售或转为库存商品的，借记"银行存款""库存商品"等科目，贷记本科目在建工程（待摊支出）。税会间存在差异，会计上不确认收入，税收上应确认收入。2017 年度企业所得税汇算清缴填报纳税申报表时，应填报《A105010 视同销售和房地产开发企业特定业务纳税调整明细表》。

根据《国家税务总局关于全面推开营业税改征增值税试点后增值税纳税申报有关事项的公告》（国家税务总局公告 2016 年第 13 号）、《国家税务总局关于调整增值税纳税申报有关事项的公告》（国家税务总局公告 2016 年第 27 号）和《国家税务总局关于营业税改征增值税部分试点纳税人增值税纳税申报有关事项调整的公告》（国家税务总局公告 2016 年第 30 号）规定，该公司应该把试运行生产销售的香醋收入，在《增值税纳税申报表》"一般项目"下，本月第 2 行"应税货物销售额"内填报 300 000 元。

28 企业的配建房移交给政府是否应确认收入？

问题概述

宏达房地产有限公司 2016 年开发艺林花园商品房，同时按建设要求需要配建幼稚园和变电站，2017 年工程竣工，宏达房地产有限公司将配建幼稚园和变电站移交给政府，请问移交的幼稚园和变电站是否应确认收入？

精要解答

《国家税务总局关于印发〈房地产开发经营业务企业所得税处理办法〉的通知》（国税发〔2009〕31 号）第十七条规定，企业在开发区内建造的会所、物业管理场所、电站、热力站、水厂、文体场馆、幼儿园等配套设施，按以下规定进行处理：

（1）属于非营利性且产权属于全体业主的，或无偿赠与地方政府、公用事业单位的，可将其视为公共配套设施，其建造费用按公共配套设施费的有关规定进行处理。

（2）属于营利性的，或产权归企业所有的，或未明确产权归属的，或无偿赠与地方政府、公用事业单位以外其他单位的，应当单独核算其成本。除企业自用应按建造固定资产进行处理外，其他一律按建造开发产品进行处理。

《国家税务总局关于印发〈房地产开发经营业务企业所得税处理办法〉的通知》（国税发〔2009〕31 号）第七条规定：企业将开发产品用于捐赠、赞助、职工福利、奖励、对外投资、分配给股东或投资人、抵偿债务、换取其他企事业单位和个人的非货币性资产等行为，应视同销售，于开发产品所有权或使用权转移，或于实际取得利益权利时确认收入（或利润）的实现。

《国家税务总局关于企业处置资产所得税处理问题的通知》（国税函〔2008〕828 号）第二条规定，企业将资产移送他人的下列情形，因资产所有权属已发生改变而不属于内部处置资产，应按规定视同销售确定收入。

(1) 用于市场推广或销售。

(2) 用于交际应酬。

(3) 用于职工奖励或福利。

(4) 用于股息分配。

(5) 用于对外捐赠。

(6) 其他改变资产所有权属的用途。

由此可见,是否可以不作为收入处理,应视企业的具体操作而定:如果配建房"发生所有权转移"是先经过"大确权"到开发商名下,再转移给政府,就要作收入处理;如果配建房不经过"大确权",直接移交政府支配使用,可以不作为收入处理。

温馨提示

《国家税务总局关于印发〈房地产开发经营业务企业所得税处理办法〉的通知》(国税发〔2009〕31号)第七条规定:确认收入(或利润)的方法和顺序为:

(1) 按本企业近期或本年度最近月份同类开发产品市场销售价格确定。

(2) 由主管税务机关参照当地同类开发产品市场公允价值确定。

(3) 按开发产品的成本利润率确定。开发产品的成本利润率不得低于15%,具体比例由主管税务机关确定。

29 营改增后企业的房产出租收入如何缴纳企业所得税?

问题概述

A公司是增值税一般纳税人,于2016年12月20日与甲公司签订房屋租赁协议,协议约定租期3年(2017年1月1日至2019年12月31日),租金2016年12月31日前一次性支付,共计33.3万元,该房产在本地,为2016年7月购置。营改增之后,增值税应当在收到预收款时确认纳税义务,那企业所得税是否与增值税同步确认呢?如何进行会计处理?

精要解答

根据《纳税人提供不动产经营租赁服务增值税征收管理暂行办法》(国家税务总局公告2016年第16号)第三条第二款规定,一般纳税人出租其2016年5月1日后取得的不动产,适用一般计税方法计税。应向A公司机构所在地主管国税机关申报应缴增值税=33.3÷(1+11%)×11%=3.3(万元)。

会计处理如下:

借:银行存款	333 000
贷:预收账款	300 000
应交税费——应交增值税(销项税额)	33 000

根据《国家税务总局关于贯彻落实企业所得税法若干税收问题的通知》(国税函〔2010〕79号)第一条"根据《中华人民共和国企业所得税法实施条例》(以下简称《实施条例》)第十九条的规定,企业提供固定资产、包装物或者其他有形资产的使用权取得的租金收入,应按交易合同或协议规定的承租人应付租金的日期确认收入的实现。其中,如果交易合同或协议中规定租赁期限跨年度,且租金提前一次性支付的,根据《实施条例》第九条规定的收入与费用配比原则,出租人可对上述已确认的收入,在租赁期内,分期均匀计入相关年度收入。出租方如为在我国境内

设有机构场所，且采取据实申报缴纳企业所得的非居民企业，也按本规定执行。"所以，A 公司可以在 2016 年 12 月一次性确认 30 万元租金收入，也可分 3 年，即 2017、2018、2019 年各确认 10 万元。

温馨提示

在上述业务中增值税与企业所得税的处理并不一定同步，注意各税种法律的适用。除企业所得税外，房产出租主要涉及以下税种。

一、关于增值税

企业出租房屋取得的收入按"现代服务—租赁服务"缴纳增值税。一般纳税人适用税率为 11%。小规模纳税人按 5%征收率计算缴纳增值税。

一般纳税人出租其 2016 年 4 月 30 日前取得的不动产，可以选择适用简易计税方法，按照 5%的征收率计算应纳税额。纳税人出租其 2016 年 4 月 30 日前取得的与机构所在地不在同一县（市）的不动产，应按照上述计税方法在不动产所在地预缴税款后，向机构所在地主管税务机关进行纳税申报。

一般纳税人出租其 2016 年 5 月 1 日后取得的、与机构所在地不在同一县（市）的不动产，应按照 3%的预征率在不动产所在地预缴税款后，向机构所在地主管税务机关进行纳税申报。

小规模纳税人出租其取得的不动产（不含个人出租住房），应按照 5%的征收率计算应纳税额。纳税人出租与机构所在地不在同一县（市）的不动产，应按照上述计税方法在不动产所在地预缴税款后，向机构所在地主管税务机关进行纳税申报。

2018 年 12 月 31 日前，公共租赁住房经营管理单位出租公共租赁住房，免征增值税。

军队空余房产租赁收入，免征增值税。

二、关于房产税

企业出租房屋，以房产租金收入为房产税的计税依据，税率为 12%。

无租使用其他单位房产的应税单位和个人，依照房产余值代缴纳房产税。

对企事业单位、社会团体以及其他组织按市场价格向个人出租用于居住的住房，减按 4%的税率征收房产税。

对按政府规定价格出租的公有住房和廉租住房，包括企业和自收自支事业单位向职工出租的单位自有住房；房管部门向居民出租的公有住房；落实私房政策中带户发还产权并以政府规定租金标准向居民出租的私有住房等，暂免征收房产税。

2016 年 1 月 1 日至 2018 年 12 月 31 日，对公共租赁住房免征房产税。

根据《财政部 国家税务总局关于安置残疾人就业单位城镇土地使用税等政策的通知》（财税〔2010〕121 号）文件规定，对出租房产，租赁双方签订的租赁合同约定有免收租金期限的，免收租金期间由产权所有人按照房产原值缴纳房产税。

三、关于印花税

企业出租房屋签订的租赁合同属于财产租赁合同，需按规定缴纳印花税，税率为 0.1%。税额不足 1 元，按 1 元贴花。

30 房地产开发企业采取"拆一还一"形式进行实物补偿视同销售吗？如视同销售，其价格如何确定？

问题概述

甲房地产公司 2015 年度采取拆迁安置方式对乙小区进行住宅开发建设，在安置方式上，公司采取"拆一还一,就地安置,差价核算,自行过渡"的产权调换方式对被拆迁人房屋进行安置补偿。2016年2月甲房地产公司就地安置拆迁户5 000平方米,乙小区市场售价10 000元/平方米,土地成本2亿元,建筑施工等其他开发成本1.6亿元,总可售面积8万平方米,其中包括用于拆迁安置的面积为5 000平方米。甲房地产开发企业采取"拆一还一"形式进行实物补偿视同销售吗?

精要解答

商品视同销售税务问题

《中华人民共和国企业所得税法实施条例》第六十六条第三款规定:通过捐赠、投资、非货币性资产交换、债务重组等方式取得的无形资产,以该资产的公允价值和支付的相关税费为计税基础。

《房地产开发经营业务企业所得税处理办法》(国税发〔2009〕31号)第七条规定,企业将开发产品用于捐赠、赞助、职工福利、奖励、对外投资、分配给股东或投资人、抵偿债务、换取其他企事业单位和个人的非货币性资产等行为,应视同销售,于开发产品所有权或使用权转移,或于实际取得利益权利时确认收入(或利润)的实现。确认收入(或利润)的方法和顺序为:

(1) 按本企业近期或本年度最近月份同类开发产品市场销售价格确定。

(2) 由主管税务机关参照当地同类开发产品市场公允价值确定。

(3) 按开发产品的成本利润率确定。

开发产品的成本利润率不得低于15%,具体比例由主管税务机关确定。

关于计税成本的确定,该房地产公司用自建商品房抵偿应付拆迁补偿款的行为,应当分解为按公允价值转让非现金资产,再以与非现金资产公允价值相当的金额偿还债务两项经济业务进行所得税处理。也就是说,该房地产公司"拆一还一"行为要按公允价值对所还原的商品房视同销售确认收入,同时以相同金额确认作为房地产开发计税成本的拆迁补偿费。

拆迁补偿费支出=5 000×10 000=50 000 000(元)

视同销售收入=5 000×10 000=50 000 000(元)

单位可售面积计税成本=(2亿+1.6亿+5 000万)/80 000平方米=5 125(元/平方米)

视同销售成本=5 000×5 125=2 5625 000(元)=2 562.5(万元)

视同销售所得=5 000万-2 562.5万=2 437.5(万元)

需要在拆迁当期确认视同销售所得2 437.5万元。

需要提示企业注意的是,视同销售的收入即5 000万元在做拆迁补偿成本的同时,应在乙小区整个项目总可售面积之间进行分摊,而不能减去拆迁安置的5 000平方米,即不能以75 000平方米作为分母,否则会加大可售部分单位工程成本。

温馨提示

《关于土地增值税清算有关问题的通知》(国税函〔2010〕220号)规定,房地产企业用建造的本项目房地产安置回迁户的,安置用房视同销售处理,按《国家税务总局关于房地产开发企业土地增值税清算管理有关问题的通知》(国税发〔2006〕187号)第三条第(一)款规定确认收入,同时将此确认为房地产开发项目的拆迁补偿费。房地产开发企业支付给回迁户的补差价款,计入拆迁补偿费;回迁户支付给房地产开发企业的补差价款,应抵减本项目拆迁补偿费。

《国家税务总局关于房地产开发企业土地增值税清算管理有关问题的通知》(国税发〔2006〕187号)第三条"非直接销售和自用房地产的收入确定"第(一)款规定:

房地产开发企业将开发产品用于职工福利、奖励、对外投资、分配给股东或投资人、抵偿债务、换取其他单位和个人的非货币性资产等,发生所有权转移时应视同销售房地产,其收入按下列方法和顺序确认：

(1) 按本企业在同一地区、同一年度销售的同类房地产的平均价格确定。

(2) 由主管税务机关参照当地当年、同类房地产的市场价格或评估价值确定。

31 房地产开发企业将自建商品房转为自用需要视同销售确认收入吗？

问题概述

山水房地产公司2017年将自建的碧水蓝天花园二层计600平方米的房产转为办公室用房，请问是否应视同销售？

精要解答

《国家税务总局关于企业处置资产所得税处理问题的通知》(国税函〔2008〕828号)规定，企业发生下列情形的处置资产，除将资产转移至境外以外，由于资产所有权属在形式和实质上均不发生改变，可作为内部处置资产，不视同销售确认收入，相关资产的计税基础延续计算。

(1) 将资产用于生产、制造、加工另一产品。

(2) 改变资产形状、结构或性能。

(3) 改变资产用途(如自建商品房转为自用或经营)。

(4) 将资产在总机构及其分支机构之间转移。

(5) 上述两种或两种以上情形的混合。

(6) 其他不改变资产所有权属的用途。

因此，企业改变资产用途不需要视同销售确认收入。

温馨提示

增值税视同销售与企业所得税视同销售的区别，所有权是否转移是关键。

在增值税视同销售的几种情形中不一定都要求货物的所有权发生转移，如新《增值税暂行条例实施细则》第四条规定的将货物交付他人代销，销售代销货物，设有两个以上机构并实行统一核算的纳税人将货物从一个机构移送其他机构(两机构实行统一核算)用于销售，但相关机构设在同一县(市)的除外，用于非应税项目等所有权未发生转移的情形均需作增值税的视同销售。而国税函〔2008〕828号文第一条明确规定："企业发生下列情形的处置资产，除将资产转移至境外以外，由于资产所有权属在形式和实质上均不发生改变，可作为内部处置资产，不视同销售确认收入，相关资产的计税基础延续计……"由此可见，企业所得税视同销售要求资产的所有权必须发生转移，如果所有权没有发生转移，则不能视同销售，所以，资产所有权是否发生转移是判断是否需进行企业所得税视同销售的重要标志。

32 房地产公司收到的定金、订金、意向金，是否要预缴企业所得税？

问题概述

A房地产公司2017年开发玉锦花园一楼盘收到的定金、订金、意向金合计500万元，请问题是否应确认为收入预缴企业所得税？

精要解答

《国家税务总局关于印发〈房地产开发经营业务企业所得税处理办法〉的通知》(国税发

〔2009〕31号)规定,开发产品销售收入的范围为销售开发产品过程中取得的全部价款,包括现金、现金等价物及其他经济利益。企业代有关部门、单位和企业收取的各种基金、费用和附加等,凡纳入开发产品价内或由企业开具发票的,应按规定全部确认为销售收入;未纳入开发产品价内并由企业之外的其他收取部门、单位开具发票的,可作为代收代缴款项进行管理;企业通过正式签订《房地产销售合同》或《房地产预售合同》所取得的收入,应确认为销售收入的实现,具体按以下规定确认:

(1) 采取一次性全额收款方式销售开发产品的,应于实际收讫价款或取得索取价款凭据(权利)之日,确认收入的实现。

(2) 采取分期收款方式销售开发产品的,应按销售合同或协议约定的价款和付款日确认收入的实现。付款方提前付款的,在实际付款日确认收入的实现。

(3) 采取银行按揭方式销售开发产品的,应按销售合同或协议约定的价款确定收入额,其首付款应于实际收到日确认收入的实现,余款在银行按揭贷款办理转账之日确认收入的实现。

根据上述规定,如房地产公司尚未与客户正式签订《房地产销售合同》或《房地产预售合同》,后期是否能签订合同也不确定,且无法确定购买方的具体付款方式,则对收取的预缴款项或意向金不视同收入的实现,也不按预计毛利率计算预计毛利额。

企业通过正式签订《房地产销售合同》或《房地产预售合同》所取得的收入,应确认为销售收入的实现;正式签订《房地产销售合同》或《房地产预售合同》之前所收取的定金、订金、意向金,不需要预缴企业所得税。

温馨提示

定金与订金、意向金的区别:

根据《担保法》的有关规定,定金当事人可以约定一方向对方给付定金作为的担保。履行债务后,定金应当抵作价款或者收回。给付定金的一方不履行约定债务的,无权要求返还定金;收受定金的一方不履行约定的债务的,应当双倍返还定金。定金应当以书面形式约定。当事人在定金合同中应当约定交付定金的期限。定金合同从实际交付定金之日起生效。

订金,根据我国现行法律的有关规定,其不具有定金的性质,一般情况下,交付订金的视作交付预付款。

意向金,它不是定金也非订金,严格地说它不是一个法律概念,意向金的支付只是买方购买房屋的意愿表示。在意向金还没有转为定金之前,购买人随时可以取回意向金。

33 赠送的奖品是否应作视同销售缴纳企业所得税?

问题概述

A公司举办年会邀请合作伙伴人员参加,赠送的奖品是否作视同销售缴纳企业所得税?

精要解答

《企业所得税法》第二十五条明确规定,企业发生非货币性资产交换,以及将货物、财产、劳务用于捐赠、赞助、集资、广告、样品、职工福利和利润分配,应当视同销售货物、转让财产和提供劳务。同时,根据《国家税务总局关于企业处置资产所得税处理问题的通知》(国税函〔2008〕828号)第二条第五款和第六款的规定,企业将资产移送用于对外捐赠,以及其他改变资产所有权属的用途,因资产所有权属已发生改变而不属于内部处置资产,应按规定视同销售确定收入。

赠送给合作伙伴人员的奖品，其所有权已发生转移，应作视同销售缴纳企业所得税。另外，赠送给合作伙伴人员的奖品支出属于业务招待费，所以应按照业务招待费的相关规定税前扣除。

温馨提示

劳务视同销售问题

纳税人应根据赠送礼品不同性质确定税前扣除限额：

(1) 如果是企业在业务宣传、广告等活动中，向客户赠送礼品，则属于广告费和业务宣传费，根据《企业所得税法实施条例》第四十四条"企业发生的符合条件的广告费和业务宣传费支出，除国务院财政、税务主管部门另有规定外，不超过当年销售(营业)收入15%的部分，准予扣除；超过部分，准予在以后纳税年度结转扣除。"的规定扣除。另外，在2020年12月31日之前，税前扣除限额还有财税〔2017〕41号文件的例外规定，即化妆品制造或销售、医药制造和饮料制造(不含酒类制造)发生的广告费和业务宣传费支出，不超过当年销售(营业)收入30%的部分，准予扣除；超过部分，在以后纳税年度结转扣除。烟草企业的烟草广告费和业务宣传费支出，一律不得在计算应纳税所得额时扣除。

(2) 如果企业在年会、座谈会、庆典以及其他活动中向客户赠送礼品，则是交际应酬费，应当归列"业务招待费支出"，根据《企业所得税法实施条例》第四十三条"企业发生的与生产经营活动有关的业务招待费支出，按照发生额的60%扣除，但最高不得超过当年销售(营业)收入的5‰"的规定扣除。

(3) 如果将礼品赠送给与本企业业务无关的个人，则属于非广告性质赞助支出，根据《企业所得税法》第十条第(六)项及其实施条例第五十四条的规定，不得税前扣除。

34 销售大中型机械设备，尚未验收，企业所得税是否确认收入？

问题概述

某公司生产销售大中型机械设备，一般生产周期需要5个月左右。2017年3月与客户签订销售合同，总价3 000万元(不含税)，合同签订时已经收取货款1 500万元(即50%)，未开具销售发票；约定另外的45%验收完成后支付，余款5%质保金，2年后支付。目前已经发货，客户尚未验收。请问，企业所得税是否需要缴纳？

精要解答

根据《国家税务总局关于确认企业所得税收入若干问题的通知》(国税函〔2008〕875号)的规定：

"一、除企业所得税法及实施条例另有规定外，企业销售收入的确认，必须遵循权责发生制原则和实质重于形式原则。

(一) 企业销售商品同时满足下列条件的，应确认收入的实现：

1. 商品销售合同已经签订，企业已将商品所有权相关的主要风险和报酬转移给购货方；

2. 企业对已售出的商品既没有保留通常与所有权相联系的继续管理权，也没有实施有效控制；

3. 收入的金额能够可靠地计量；

4. 已发生或将发生的销售方的成本能够可靠地核算。

(二) 符合上款收入确认条件，采取下列商品销售方式的，应按以下规定确认收入实现时间：

……

2. 销售商品采取预收款方式的,在发出商品时确认收入。

3. 销售商品需要安装和检验的,在购买方接受商品以及安装和检验完毕时确认收入。如果安装程序比较简单,可在发出商品时确认收入。

……"

销售的大中型机械设备属于需要安装和检验的,虽已经发货,但客户尚未验收,所以暂不确认收入。

温馨提示

《增值税暂行条例》第十九条规定,销售货物或者应税劳务,为收讫销售款项或者取得索取销售款项凭据的当天;先开具发票的,为开具发票的当天。

《增值税暂行条例实施细则》第三十八条规定,采取预收货款方式销售货物,为货物发出的当天,但生产销售生产工期超过 12 个月的大型机械设备、船舶、飞机等货物,为收到预收款或者书面合同约定的收款日期的当天;

依据上述规定,采取预收款方式销售商品,增值税纳税义务发生时间,为货物发出的当天,但生产销售生产工期超过 12 个月的大型机械设备、船舶、飞机等货物,为收到预收款或者书面合同约定的收款日期的当天;若先开具发票的,为开具发票的当天。

35 货物赔偿是否需要视同销售?

问题概述

我公司对外销售电器一批,客户收货后发现质量问题,我公司将用同款电器进行赔偿,同时原机器也不再收回。赔偿部分我公司是否需要开具发票?企业所得税是否视同销售?

精要解答

《国家税务总局关于企业处置资产所得税处理问题的通知》(国税函〔2008〕828 号)第二条规定,企业将资产移送他人的下列情形,因资产所有权属已发生改变而不属于内部处置资产,应按规定视同销售确定收入。

(1) 用于市场推广或销售。

(2) 用于交际应酬。

(3) 用于职工奖励或福利。

(4) 用于股息分配。

(5) 用于对外捐赠。

(6) 其他改变资产所有权属的用途。

根据上述规定,你公司因已销商品质量问题而无偿赔付的同款电器,其资产所有权已发生转移,企业所得税应进行视同销售处理。

温馨提示

(一) 如果因质量问题发生退回,收回商品,应当分别情况处理

1. 未确认收入的已发出商品的退回

借:库存商品

　贷:发出商品

2. 已确认收入的销售商品退回

一般情况下，直接冲减退回当月的销售收入、销售成本等：

借：主营业务收入

　　应交税费——应交增值税（销项税额）

　贷：银行存款（应收账款）

按退回商品的成本：

借：库存商品

　贷：主营业务成本

3. 重新发货，按销售处理

（二）增值税

《增值税暂行条例实施细则》第四条规定，单位或者个体工商户的下列行为，视同销售货物：将自产、委托加工或者购进的货物无偿赠送其他单位或者个人。

《增值税暂行条例》第十条规定，用于非增值税应税项目、免征增值税项目、集体福利或者个人消费的购进货物或者应税劳务的进项税额不得从销项税额中抵扣。

《增值税暂行条例实施细则》第四条规定，单位或个体经营者的下列行为，视同销售货物：①将货物交付他人代销；②销售代销货物；③设有两个以上机构并实行统一核算的纳税人，将货物从一个机构移送其他机构用于销售，但相关机构设在同一县（市）的除外；④将自产或委托加工的货物用于非应税项目；⑤将自产、委托加工或购买的货物作为投资，提供给其他单位或个体经营者；⑥将自产、委托加工或购买的货物分配给股东或投资者；⑦将自产、委托加工的货物用于集体福利或个人消费；⑧将自产、委托加工或购买的货物无偿赠送他人。

根据上述规定，产品在保修期内出现问题，进行免费维修消耗的材料或免费更换的配件，属于用于增值税应税项目，不需作进项税额转出处理。另外，由于保修期内免费保修业务是作为销售合同的一部分，有关收入实际已经在销售时获得，企业已就销售额缴纳了税款，免费保修时无须再缴纳增值税，维修领用零件也不需视同销售缴纳增值税。

保修期内免费保修提供的材料，价款包含在取得的销售收入之内，是一个客观的事实，这一事实与无偿赠送有根本的区别，因此，保修期内免费保修提供的材料，不按无偿赠送视同销售征收增值税。

同样道理，销售方销售货物因质量问题免费再次提供相同货物，价款也包含在取得的销售收入之内，也不是无偿赠送，不按无偿赠送视同销售征收增值税。

36 年终已完工但未审计工程如何确认收入？

问题概述

我公司在前年承包了一项工程，去年年底基本完工，虽然合同约定了价款，但约定要按工程审计的结果结算，而审计结果直至年底仍未出。会计应如何处理？税务上怎么办？审计结束开了发票以后又怎么处理？

精要解答

（1）会计方面，建造合同相关业务一般按《企业会计准则第15号——建造合同》的规定处理，但你所述你公司的情况可以结合《企业会计准则第14号——收入》中“提供劳务收入”有关规定处理。

按规定,在资产负债表日提供劳务交易的结果能够可靠估计的,应当采用完工百分比法确认提供劳务收入。提供劳务交易的结果能够可靠估计,是指同时满足下列条件:收入的金额能够可靠地计量;相关的经济利益很可能流入企业;交易的完工进度能够可靠地确定;交易中已发生和将发生的成本能够可靠地计量。

企业在资产负债表日提供劳务交易结果不能够可靠估计的,应当分别下列情况处理:已经发生的劳务成本预计能够得到补偿的,按照已经发生的劳务成本金额确认提供劳务收入,并按相同金额结转劳务成本。

已经发生的劳务成本预计不能够得到补偿的,应当将已经发生的劳务成本计入当期损益,不确认提供劳务收入。准则还规定,企业应当按照从接受劳务方已收或应收的合同或协议价款确定提供劳务收入总额,但已收或应收的合同或协议价款不公允的除外。

像问题所述情况,收入的金额不能可靠确定,但所发生成本预计能够得到补偿,当期可以先按所发生劳务成本确认收入并结转成本,待审计结束后按确定的收入金额调整差额。

(2) 企业所得税方面,按照企业所得税法及其实施条例的规定,企业从事建筑、安装、装配工程业务或者提供其他劳务等,持续时间超过 12 个月的,按照纳税年度或者完成的工作量确认收入的实现。

按照国家税务总局《关于确认企业所得税收入若干问题的通知》(国税函〔2008〕875 号)精神,企业在各个纳税期末,提供劳务交易的结果能够可靠估计的,应采用完工进度(完工百分比)法确认提供劳务收入。提供劳务交易的结果能够可靠估计,是指同时满足下列条件:收入的金额能够可靠地计量;交易的完工进度能够可靠地确定;交易中已发生和将发生的成本能够可靠地核算。

由此可见,企业所得税方面对完工百分比的规定仍首先要求收入金额可以可靠计量。而在贵公司所述情况下,如果审计结果暂时不能出来,可以先按合同金额申报纳税,待审计完成后,再作调整。但考虑到调整业务有诸多不便,一般实践中允许按会计上确认的收入申报纳税,待实际审计完成确定了结算金额后再申报差额。

温馨提示

新的收入准则将在 2018 年开始执行,会计处理将发生重大变化。

2017 年 7 月 5 日,财政部修订发布了《企业会计准则第 14 号——收入》,自我国 2006 年发布收入准则和建造合同准则至今已逾十载,财政部首次对收入相关准则进行了全面修订。该准则规范收入确认、计量以及对相关信息的披露。

本次准则修订的主要内容有四点:

(1) 统一收入确认模型,解决目前收入确认时点的问题。

新收入准则将现行收入和建造合同两项准则纳入统一的收入确认模型,要求采用统一的收入确认方法,规范所有与客户之间的合同产生的收入,更好地解决了"在某一时段内"还是"在某一时点"确认收入的问题。

(2) 收入确认时点的判断标准由风险报酬转移变成控制权转移。

现行收入准则要求区分销售商品收入和提供劳务收入,并且强调在将商品所有权上的主要风险和报酬转移给购买方时确认销售商品收入。新收入准则打破商品和劳务的界限,要求客户取得相关商品(或服务)控制权时确认收入,此举更加科学、合理地反映企业的收入确认过程。

(3) 解决了包含多重交易安排合同的收入确认问题。

新收入准则对包含多重交易安排的合同的会计处理提供了更明确的指引,要求企业在合同开始日对合同进行评估，识别合同所包含的各单项履约义务，按照各单项履约义务所承诺商品（或服务）的单独售价的相对比例将交易价格分摊至各单项履约义务，进而在履行各单项履约义务时确认相应的收入。

(4) 对于某些特定交易（或事项）的收入确认和计量给出了能更好地指导实务操作的规定。

新收入准则对于某些特定交易（或事项）的收入确认和计量给出了明确规定。例如，区分总额和净额确认收入、附有质量保证条款的销售、附有客户额外购买选择权的销售、向客户授予知识产权许可、售后回购、无需退还的初始费等，这些规定在事务操作中更实用，满足企业收入核算的实际需要，从而提高会计信息的可比性与可靠性。

新收入准则根据不同情况有不同实施时间，具体如下：

(1) 国际财务报告准则第 15 号将于 2018 年 1 月 1 日开始施行，并允许主体提前采用。因此，所有在香港上市或在采用国际财务报告准则的境外市场发行权益证券或债券的境内公司，都须自 2018 年 1 月 1 日起执行该准则。

(2) 在境内外同时上市的企业以及在境外上市并采用国际财务报告准则或企业会计准则编制财务报告的企业，自 2018 年 1 月 1 日起执行新收入准则，这一要求与国际财务报告准则第 15 号的生效日期保持一致，以避免该类上市公司境内外报表出现差异。

(3) 其他在境内上市的企业，要求自 2020 年 1 月 1 日起执行新收入准则，为这些企业预留 2 年的准备时间，以总结借鉴境外上市公司执行新收入准则的经验，确保所有上市公司高质量地执行新准则。

(4) 执行企业会计准则的非上市企业，要求自 2021 年 1 月 1 日起执行新收入准则，为这些企业预留近 3 年的准备时间，以确保准则在该类企业得到平稳有效实施。

(5) 对于条件具备、有意愿和有能力提前执行新收入准则的企业，允许其提前执行本准则。

37 电动汽车补贴的收入应如何确认？

财政性资
增值税处理

问题概述

电动汽车生产企业销售电动汽车可享受国家补贴和地方补贴，该项补贴会在一定时期内经审核是否符合条件，再发放给电动汽车生产企业。该项补贴的文件上明确该种补贴对象为购买者。在购买者购车时，仅支付车价减去补贴的部分。请问该项补贴收入的确认时间为销售汽车时还是收到补贴收入时？

精要解答

修订后的《企业会计准则第 16 号——政府补助》第五条：企业与政府发生交易所取得的收入，如果该交易与企业销售商品或提供劳务等日常经营活动密切相关，且来源于政府的经济资源是企业商品或服务的对价或者是对价的组成部分，应当按照《企业会计准则第 14 号——收入》的规定进行会计处理，不适用本准则。

第十一条　与企业日常经营活动相关的政府补助，应当计入其他收益。与企业日常经营活动无关的政府补助，应当计入营业外收入。

《国家税务总局关于确认企业所得税收入若干问题的通知》（国税函〔2008〕875 号）第一条明确，除《企业所得税法》及《企业所得税法实施条例》另有规定外，企业销售收入的确认，必须遵循权责发生制原则和实质重于形式原则。

企业销售商品同时满足下列条件的，应确认收入的实现：

(1) 商品销售合同已经签订,企业已将商品所有权相关的主要风险和报酬转移给购货方。

(2) 企业对已售出的商品既没有保留通常与所有权相联系的继续管理权,也没有实施有效控制。

(3) 收入的金额能够可靠地计量。

(4) 已发生或将发生的销售方的成本能够可靠地核算。

因此,如果补贴需要在一定时期内经审核是否符合条件,再发放给电动汽车生产企业,那么企业应在收到补贴时确认收入。

如果企业销售一辆车,国家即给予相应的补贴,不需要审核,那么应该在销售车辆完成、销售收入确认的时点时确认该笔补贴收入。

温馨提示

根据《关于中央财政补贴增值税有关问题的公告》(国家税务总局公告 2013 年第 3 号),“纳税人取得的中央财政补贴,不属于增值税应税收入,不征收增值税。”

《财政部 科技部 工业和信息化部 发改委关于继续开展新能源汽车推广应用工作的通知》(财建〔2013〕551 号)规定,“纳入中央财政补贴范围的新能源汽车车型应是符合要求的纯电动汽车、插电式混合动力汽车和燃料电池汽车。重点加大政府机关、公共机构、公交等领域新能源汽车推广力度。”

因此,对于企业取得的国家补贴,不属于增值税的征收范围,但对于取得的地方补贴,则应当并入销售收入征收增值税。合同总价中应包括地方补贴部分,不包含国家补贴。

第四部分 扣除类疑难问题

 工资薪金、劳务费、劳动保护费、福利费间的区别有哪些？

项目	区别	涉税分析
工资薪金与劳务费	“工资、薪金”存在雇佣与被雇佣关系、“工资、薪金”在单位有“职位”或“岗位”，还参加单位的考勤、服从单位的规章制度管理。 劳务人员是因临时发生的事项而临时招用。企业不设置该项固定工作岗位，双方也不存在雇佣关系	“工资、薪金”税前扣除：按照工资薪金税前扣除，计入企业工资薪金总额的基数，作为计算其他各项相关费用扣除的依据。 “劳务费”税前扣除：支付劳务报酬的企业可到劳务地主管国税机关申请代开劳务服务发票，并扣缴相应的个人所得税等税费，据以入账，企业取得了代开的发票，支付的劳务费用可在企业所得税前扣除。 “劳务派遣”税前扣除：支付给劳务派遣公司的费用，应作为劳务费支出，需要取得发票方能税前扣除；直接支付给员工个人的费用，应作为工资薪金支出和职工福利费支出，凭相关内部等凭证方能税前扣除
劳动保护费与福利费	劳动保护支出：劳动防护用品是指由生产经营单位为从业人员配备的，使其在劳动过程中免遭或者减轻事故伤害及职业危害的个人防护装备，用品提供或配备的对象为本企业任职或者受雇的员工；用品具有劳动保护性质，因工作需要而发生；数量上能满足工作需要即可；以实物形式发生。 职工福利费：包括为职工卫生保健、生活、住房、交通等所发放的各项补贴和非货币性福利，包括企业向职工发放的因公外地就医费用、未实行医疗统筹企业职工医疗费用、职工供养直系亲属医疗补贴、供暖费补贴、职工防暑降温费、职工困难补贴、救济费、职工食堂经费补贴、职工交通补贴等。 两者的主要区别在于，劳动保护支出为了单位经营活动需要，发生在特定岗位上，一般情况下不是人人都有的，如出纳岗位的清洁用品支出；职工福利费是带有“福利”性质的，“额外”支出，“普遍性”，不是直接“需要”，比如过节发放给职工的食品、生活用品、超市充值卡等支出，货币性（现金或者购物卡等）形式一般按照福利费支出处理	劳动保护支出：①取得相关合理税前扣除凭证（一般情况下都需要发票），没有税前扣除标准，可在企业所得税税前据实列支；②取得进项税额抵扣凭证（一般情况下都需要专票），可以按规定抵扣进项税额；③不属于工资薪金等个人所得，不需要缴纳个税； 福利费支出：①取得相关合理税前扣除凭证（不一定要发票），不超过工资、薪金总额14%的部分，准予在企业所得税税前扣除；②即使取得增值税专用发票，也不能抵扣进项税额；③根据个人所得税法的规定原则，对于发给个人的福利，不论是现金还是实物，均应缴纳个人所得税。但目前我们对于集体享受的、不可分割的、非现金方式的福利，原则上不征收个人所得税

2 企业给每个员工购买了口罩，这笔支出能否在企业所得税前扣除？

问题概述

由于雾霾天气，企业给每个员工购买了防雾霾口罩，这笔支出能否在企业所得税前扣除？

精要解答

根据《国家税务总局关于企业工资薪金及职工福利费扣除问题的通知》（国税函〔2009〕3号）第三条的规定：《实施条例》第四十条规定的企业职工福利费，包括为职工卫生保健、生活、住房、交通等所发放的各项补贴和非货币性福利,包括企业向职工发放的因公外地就医费用、未实行医疗统筹企业职工医疗费用、职工供养直系亲属医疗补贴、供暖费补贴、职工防暑降温费、职工困难补贴、救济费、职工食堂经费补贴、职工交通补贴等。

因此,企业给员工购买口罩发生的支出可以作为职工福利费,不超过工资总额14%的部分准予在企业所得税税前扣除。

温馨提示

企业给员工购买口罩发生的支出应取得增值税发票作为税前扣除凭证,但是由于该购进货物是用于职工福利的,其进项税额不得抵扣。

3 提前解除员工劳动合同所支付的补偿金能否税前扣除?

问题概述

我公司2017年6月提前解除了3名员工的劳动合同,支付了补偿金10万元,补偿金能否税前扣除?

精要解答

(1) 根据《中华人民共和国企业所得税法》(中华人民共和国主席令第63号)第八条规定:“企业实际发生的与取得收入有关的、合理的支出,包括成本、费用、税金、损失和其他支出,准予在计算应纳税所得额时扣除。”

(2) 根据《企业会计准则第9号——职工薪酬》(2014年7月1日)第二条规定:职工薪酬,是指企业为获得职工提供的服务或解除劳动关系而给予的各种形式的报酬或补偿。职工薪酬包括短期薪酬、离职后福利、辞退福利和其他长期职工福利。辞退福利是指企业在职工劳动合同到期之前解除与职工的劳动关系,或者为鼓励职工自愿接受裁减而给予职工的补偿。

因此,符合上述规定的补偿款可以在企业所得税前扣除。

温馨提示

(1)《企业所得税法实施条例》第三十四条规定,企业发生的合理的工资薪金支出,准予扣除。前款所称工资薪金,是指企业每一纳税年度支付给在本企业任职或者受雇的员工的所有现金形式或者非现金形式的劳动报酬,包括基本工资、奖金、津贴、补贴、年终加薪、加班工资,以及与员工任职或者受雇有关的其他支出。

从上述规定可以看出,《企业所得税实施条例》对工资薪金列举不包括员工辞退福利,并且被辞退员工显然已经不是“任职或者受雇”。

(2) 根据国税函〔2009〕3号规定的职工福利费范围来看,辞退福利并不属于职工福利费范围。因此,职工辞退福利不应作为职工福利费支出按不超过工资薪金总额14%的部分在税前扣除。

从上述规定可以推断,职工辞退福利既不属于工资薪金也不属于职工福利费,而应属于与取得应纳税收入有关的所有必要和正常的支出。

但由于辞退福利分为职工有选择权和没有选择权两种情况,因此在企业所得税前扣除时也有所不同。

如果职工没有继续在职的选择权,那么辞退福利被视同因与职工解除劳动关系给予的补偿。企业对已达一定工作年限、一定年龄或接近退休年龄的职工内部退养支付的一次性生活补贴,以及企业支付给解除劳动合同职工的一次性补偿支出(包括买断工龄支出)等,原则上可以在企业所得税税前扣除。

如果职工有继续在职的选择权，那么辞退福利属于或有事项，通过预计负债计入费用。《企业所得税法》第八条规定，企业实际发生的与取得收入有关的、合理的支出，包括成本、费用、税金、损失和其他支出，准予在计算应纳税所得额时扣除，因此，由企业确认的预计负债而计入费用的金额不允许税前扣除。

4 企业离职补偿金可以作为三项经费计提基数吗？

问题概述

2017 年 A 公司因生产经营原因，有 150 名员工离职，该公司支付离职补偿金 150 万元，请问 A 公司支付的离职补偿金能否作为三项经费计提基数？

精要解答

财政性资金所得税处理

《企业所得税法》第八条规定，企业实际发生的与取得收入有关的、合理的支出，包括成本、费用、税金、损失和其他支出，准予在计算应纳税所得额时扣除。

《企业所得税法实施条例》第三十四条规定，企业发生的合理的工资、薪金支出，准予扣除。前款所称工资、薪金，是指企业每一纳税年度支付给在本企业任职或者受雇的员工的所有现金形式或者非现金形式的劳动报酬，包括基本工资、奖金、津贴、补贴、年终加薪、加班工资，以及与员工任职或者受雇有关的其他支出。

《国家税务总局关于企业工资薪金及职工福利费扣除问题的通知》（国税函〔2009〕3 号）明确，只有“合理的工资、薪金”才可以成为计提基数。企业不超过工资、薪金总额一定比例“发生的职工福利费支出”“拨缴的工会经费”“发生的职工教育经费支出”，准予企业所得税前扣除，其中的“工资、薪金总额”，指企业按照股东大会、董事会、薪酬委员会或相关管理机构制定的工资、薪金制度规定实际发放给员工的工资、薪金。

《国家统计局关于工资总额组成的规定》（国家统计局令 1990 年第 1 号）第十一条规定，下列各项不列入工资总额的范围：劳动合同制职工解除劳动合同同时由企业支付的医疗补助费、生活补助费等。

根据上述规定，作为工会经费、职工福利费、职工教育经费的计提基数的“合理工资、薪金”，是指《企业所得税法实施条例》中规定的“企业每一纳税年度支付给在本企业任职或者受雇的员工的所有现金形式或者非现金形式的劳动报酬，包括基本工资、奖金、津贴、补贴、年终加薪、加班工资”。离职补偿金作为“与员工任职或者受雇有关的其他支出”，不能作为工会经费、职工福利费、职工教育经费的计提基数。

温馨提示

税务机关在对企业工资、薪金进行合理性确认时，可按五个原则掌握：一是企业制订了较为规范的员工工资、薪金制度；二是企业所制订的工资、薪金制度符合行业及地区水平；三是企业在一定时期所发放的工资、薪金是相对固定的，工资、薪金的调整是有序进行的；四是企业对实际发放的工资、薪金，已依法履行了代扣代缴个人所得税义务；五是有关工资、薪金的安排，不以减少或逃避税款为目的。

5 劳务派遣人员工资究竟如何扣除？

问题概述

劳务派遣人员平时的工资由劳务公司发放，年终奖由用工单位直接支付给劳务派遣人员，用工单位的该笔年终奖支出是否可以作为工资、薪金支出在企业所得税税前扣除?

精要解答

根据《国家税务总局关于企业工资薪金和职工福利费等支出税前扣除问题的公告》(国家税务总局公告 2015 年第 34 号)规定,企业接受外部劳务派遣用工所实际发生的费用,应分两种情况按规定在税前扣除:按照协议(合同)约定直接支付给劳务派遣公司的费用,应作为劳务费支出;直接支付给员工个人的费用,应作为工资薪金支出和职工福利费支出。其中属于工资薪金支出的费用,准予计入企业工资薪金总额的基数,作为计算其他各项相关费用扣除的依据。

温馨提示

(1) 按照协议(合同)约定直接支付给劳务派遣公司的费用,应作为劳务费支出:也就是支付给外部劳务派遣用工所实际发生的费用给劳务派遣公司,这部分费用作为劳务费支出,但需要获取劳务派遣公司开具的发票才能税前扣除。

另外劳务派遣用工零星的日常发生的费用还是按照企业正常处理,如夏天的防暑降温费,按照职工福利费支出在税前扣除。

(2) 直接支付给员工个人的费用,应作为工资薪金支出和职工福利费支出。

另外支付劳务派遣公司的介绍费用,按照管理费支出在税前扣除,另外需要取得发票方能税前扣除。

6 母子公司框架下,母子公司均向派遣员工支付工资、奖金及补贴如何进行税前扣除?

问题概述

母子公司框架下,员工与母公司签订劳动合同,没有与子公司签订劳动合同。由于工作需要,母公司向其子公司派遣职工,母子公司均向派遣员工支付工资、奖金及补贴等,如何进行税前扣除计算?

精要解答

《中华人民共和国企业所得税法实施条例》规定,企业发生的合理的工资薪金支出,准予扣除。这里所称工资薪金,是指企业每一纳税年度支付给在本企业任职或者受雇的员工的所有现金形式或者非现金形式的劳动报酬,包括基本工资、奖金、津贴、补贴、年终加薪、加班工资,以及与员工任职或者受雇有关的其他支出。

《国家税务总局关于企业工资薪金及职工福利费扣除问题的通知》(国税函〔2009〕3 号)规定,"合理工资薪金",是指企业按照股东大会、董事会、薪酬委员会或相关管理机构制订的工资薪金制度规定实际发放给员工的工资薪金。税务机关在对工资薪金进行合理性确认时,可按以下原则掌握:

(1) 企业制订了较为规范的员工工资薪金制度。

(2) 企业所制订的工资薪金制度符合行业及地区水平。

(3) 企业在一定时期所发放的工资薪金是相对固定的,工资薪金的调整是有序进行的。

(4) 企业对实际发放的工资薪金,已依法履行了代扣代缴个人所得税义务。

(5) 有关工资薪金的安排,不以减少或逃避税款为目的。

由此可见,母子公司框架下,员工与母公司签订劳动合同,没有与子公司签订劳动合同。由于工作需要,母公司向其子公司派遣职工的工资可以税前扣除。

温馨提示

建议子公司应与员工补充签订劳动合同。同时按国税发〔2009〕3 号文件规定，由股东大会、董事会、薪酬委员会或相关管理机构制订“合理工资薪金”。

7 和工资一起发放的交通补助的是否进行纳税调整？

问题概述

2017 年，税务稽查部门对 M 公司进行了税务稽查。M 公司是一家有 5 万工人的大型国企，2017 年该公司根据《财政部关于企业加强职工福利费财务管理的通知》(财企〔2009〕242 号)，按照企业工资薪金制度，将交通补贴计入工资与工资一同发放，2017 年在工资条列示“交通补贴”项目 1 亿元。稽查部门认为按照《国家税务总局关于企业工资薪金及职工福利费扣除问题的通知》(国税函〔2009〕3 号)，交通补贴属于税法规定的福利费项目，由于该公司福利费已经超过了工资薪金的 14%，因此，应全额调增应纳税所得额，补缴税款 2500 万元，请问税务稽查部门处理是否正确？

精要解答

《国家税务总局关于企业工资薪金和职工福利费等支出税前扣除问题的公告》(国家税务总局公告 2015 年第 34 号)规定，列入企业员工工资薪金制度、固定与工资薪金一起发放的福利性补贴，符合《国家税务总局关于企业工资薪金及职工福利费扣除问题的通知》(国税函〔2009〕3 号)第一条规定的，可作为企业发生的工资薪金支出，按规定在税前扣除。不能同时符合上述条件的福利性补贴，应作为国税函〔2009〕3 号文件第三条规定的职工福利费，按规定计算限额税前扣除。

M 公司 2017 年该公司根据《财政部关于企业加强职工福利费财务管理的通知》(财企〔2009〕242 号)，按照企业工资薪金制度，将交通补贴计入工资与工资一同发放，在工资条列示“交通补贴”项目 1 亿元符合国家税务总局公告 2015 年第 34 号的规定，可以作为工资薪金支出。

温馨提示

《国家税务总局关于企业工资薪金和职工福利费等支出税前扣除问题的公告》(国家税务总局公告 2015 年第 34 号)规定，列入企业员工工资薪金制度、固定与工资薪金一起发放的福利性补贴，符合《国家税务总局关于企业工资薪金及职工福利费扣除问题的通知》(国税函〔2009〕3 号)第一条规定的，可作为企业发生的工资薪金支出，按规定在税前扣除，这里强调必须是列入企业员工工资薪金制度、固定与工资薪金一起发放的福利性补贴，符合《国家税务总局关于企业工资薪金及职工福利费扣除问题的通知》(国税函〔2009〕3 号)第一条规定的才能列为工资支出，否则应作为福利费支出。

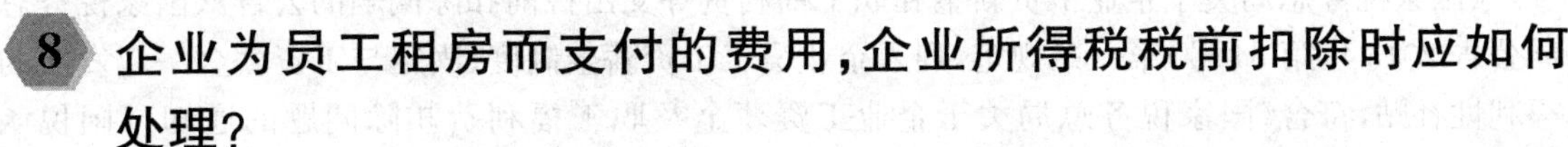

8 企业为员工租房而支付的费用，企业所得税税前扣除时应如何处理？

问题概述

宏达实业有限公司 2017 年因扩大再生产，招收一部分新员工，因本企业目前没有闲置用房向当地居民租用一些民房作为员工宿舍，由公司统一支付租房费用，请问企业为员工支付租房费用能否税前扣除？

精要解答

《国家税务总局关于企业工资薪金及职工福利费扣除问题的通知》(国税函〔2009〕3 号)第三条规定:"《实施条例》第四十条规定的企业职工福利费,包括以下内容:为职工卫生保健、生活、住房、交通等所发放的各项补贴和非货币性福利,包括企业向职工发放的因公外地就医费用、未实行医疗统筹企业职工医疗费用、职工供养直系亲属医疗补贴、供暖费补贴、职工防暑降温费、职工困难补贴、救济费、职工食堂经费补贴、职工交通补贴等。"

因此,根据上述规定,企业以货币形式向职工提供的住房补助或以非货币形式提供住房的支出均应列入职工福利费的内容,若企业为员工租房,与公寓直接签订租赁协议并取得抬头为公司发票,可以作为职工福利费计算税前扣除。若员工以个人名义签订租房协议,取得抬头为个人的租房发票,公司凭该发票为其报销租房费用,不能列入职工福利费,属于与企业无关的支出不能在税前扣除。

温馨提示

《中华人民共和国企业所得税法实施条例》第四十条规定,企业发生的职工福利费支出,不超过工资薪金总额 14%的部分,准予扣除。

如果公司向员工发放的住房补贴列入员工工资薪金制度、固定与工资薪金一起发放,并符合以下原则的:①企业制订了较为规范的员工工资薪金制度;②企业所制订的工资薪金制度符合行业及地区水平;③企业在一定时期所发放的工资薪金是相对固定的,工资薪金的调整是有序进行的;④企业对实际发放的工资薪金,已依法履行了代扣代缴个人所得税义务;⑤有关工资薪金的安排,不以减少或逃避税款为目的;可将发放的住房补贴作为企业发生的工资薪金支出,按规定在税前扣除。对于国有性质的企业,其工资薪金,不得超过政府有关部门给予的限定数额;超过部分,不得计入企业工资薪金总额,也不得在计算企业应纳税所得额时扣除。因此,国有性质的企业应注意,将住房补贴作为工资薪金支出是否会造成工资总额超标,如超标的话建议仍作为职工福利费处理。

9 企业给予职工的食堂补贴能否税前扣除?

问题概述

2017 年 1 月,宏泰软件公司根据企业生产经营的要求,为了进一步提高职工的积极性,董事会决议给将其列入工资薪金制度,给每一在职职工按工资总额 1%发放食堂补贴,请问该项补贴能否税前扣除?

精要解答

《国家税务总局关于企业工资薪金和职工福利费等支出税前扣除问题的公告》(国家税务总局公告 2015 年第 34 号)第一条规定,列入企业员工工资薪金制度、固定与工资薪金一起发放的福利性补贴,符合《国家税务总局关于企业工资薪金及职工福利费扣除问题的通知》(国税函〔2009〕3 号)第一条规定的,可作为企业发生的工资薪金支出,按规定在税前扣除。

宏泰软件公司为了进一步提高职工的积极性,董事会决议给将其列入工资薪金制度,给每一在职职工按工资总额 1%发放食堂补贴,可作为企业发生的工资薪金支出,按规定在税前扣除。

温馨提示

企业职工食堂核算支出存在以下常见的涉税风险。

一、职工食堂支出实行内部核算

1. 票据问题

由于原材料很多是从农贸市场购买的，销售者大都不给开具发票，导致企业无法取得合法有效凭据而面临税前扣除风险。税务机关可能以没有取得合法票据为理由禁止企业在企业所得税前扣除。

实务中，企业应尽量从销售方取得合法票据，实在无法解决的，对于初级农产品，可与税务局沟通，通过申请领用收购业务发票解决。

2. 额度问题

有些企业把对外送礼的支出，也计入了职工食堂，导致其支出特别大，明显不合理。建议企业相关部门（比如董事会、股东大会）应当就职工食堂的支出给予限额控制。

3. 对外请客问题

企业需要招待客户，有时候为节约或方便考虑，也可能在职工食堂用餐，这种情况下企业应当单独核算该部分支出，该支出应当计入业务招待费。

4. 个人所得税

某些职工食堂实行的是免费用餐制度，涉及个人所得税问题。有个别地区税务机关对此征收个人所得税。

5. 会计处理

职工食堂支出包括直接原材料、人工、资产折旧等转入职工福利费、业务招待费。

二、职工食堂对外承包

(1) 企业与个人签订协议，采用内部承包的方式承包给个人。根据营改增文件的规定，这种情形属于以企业的名义对内经营，不缴纳增值税。处理方法可以同上面第1种的内部核算方式处理，需要取得合法的采购票据。

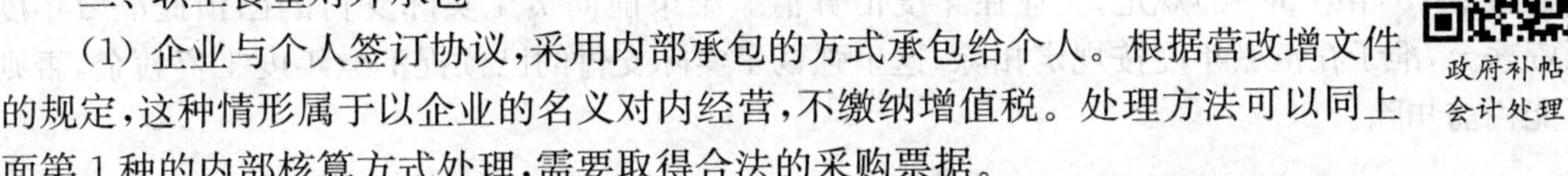

政府补帖
会计处理

(2) 企业与个体工商户或其他企业签订协议，直接承包给个体工商户或其他企业。食堂除为本单位员工提供餐饮服务，还同时为本单位以外的其他单位或个人提供餐饮服务，这种情形下，个体工商户或其他企业应当向企业支付租赁费（租赁了食堂的设施），且取得的收入应当按提供餐饮服务开具发票。企业凭发票作为福利费税前扣除。

10 和工资薪金一起发放的福利性补贴能否税前扣除？

问题概述

宏泰实业有限公司2017年度实际发生工资薪金支出1 000万元，包括住房补贴20万元，交通补贴10万元，职工福利费120万元，能否税前扣除？

精要解答

《财政部关于企业加强职工福利费财务管理的通知》（财企〔2009〕242号）第二条规定："企业为职工提供的交通、住房、通讯待遇，已经实行货币化改革的，按月按标准发放或支付的住房补贴、交通补贴或者车改补贴、通讯补贴，应当纳入职工工资总额，不再纳入职工福利费管理；尚未实行货币化改革的，企业发生的相关支出作为职工福利费管理，但根据国家有关企业住房制度改革政策的统一规定，不得再为职工购建住房。"

《国家税务总局关于企业工资薪金及职工福利费扣除问题的通知》（国税函〔2009〕3号）第三条规定："《实施条例》第四十条规定的企业职工福利费，包括以下内容：（一）尚未实行分离办社会职能的企业,其内设福利部门所发生的设备、设施和人员费用,包括职工食堂、职工浴室、理发室、医务所、托儿所、疗养院等集体福利部门的设备、设施及维修保养费用和福利部门工作人员的工资薪金、社会保险费、住房公积金、劳务费等。(二)为职工卫生保健、生活、住房、交通等所发放的各项补贴和非货币性福利,包括企业向职工发放的因公外地就医费用、未实行医疗统筹企业职工医疗费用、职工供养直系亲属医疗补贴、供暖费补贴、职工防暑降温费、职工困难补贴、救济费、职工食堂经费补贴、职工交通补贴等。(三)按照其他规定发生的其他职工福利费,包括丧葬补助费、抚恤费、安家费、探亲假路费等。"

《国家税务总局关于企业工资薪金和职工福利费等支出税前扣除问题的公告》(国家税务总局公告2015年第34号)规定,列入企业员工工资薪金制度、固定与工资薪金一起发放的福利性补贴,符合《国家税务总局关于企业工资薪金及职工福利费扣除问题的通知》(国税函〔2009〕3号)第一条规定的,可作为企业发生的工资薪金支出,按规定在税前扣除。不能同时符合上述条件的福利性补贴,应作为国税函〔2009〕3号文件第三条规定的职工福利费,按规定计算限额税前扣除。

由此可见,宏泰实业有限公司2017年度实际发生的住房补贴20万元,交通补贴10万元,职工福利费120万元,应分不同情况进行处理。如符合国家税务总局公告2015年第34号规定列入企业员工工资薪金制度、固定与工资薪金一起发放的福利性补贴可以作为企业发生的工资薪金支出,按规定在税前扣除;否则应作为国税函〔2009〕3号文件第三条规定的职工福利费,按规定计算限额税前扣除。

温馨提示

《国家税务总局关于企业工资薪金和职工福利费等支出税前扣除问题的公告》(国家税务总局公告2015年第34号)规定,企业在年度汇算清缴结束前向员工实际支付的已预提汇缴年度工资薪金,准予在汇缴年度按规定扣除,这里强调了实际支付的已预提汇缴年度工资薪金,否则不能税前扣除。

11 企业为部分员工子女报销的学杂费、入园费能否计入职工福利费在企业所得税税前扣除?

问题概述

宏达软件实业有限公司2017年招聘一批博士,为了留住这部分人员公司董事会决定这部分人员子女的学杂费、入园费等均由公司支付,请问这些费用能否作为职工福利费在税前扣除?

精要解答

《国家税务总局关于企业工资薪金及职工福利费扣除问题的通知》(国税函〔2009〕3号)规定,为职工卫生保健、生活、住房、交通等所发放的各项补贴和非货币性福利,包括企业向职工发放的因公外地就医费用、未实行医疗统筹企业职工医疗费用、职工供养直系亲属医疗补贴、供暖费补贴、职工防暑降温费、职工困难补贴、救济费、职工食堂经费补贴、职工交通补贴等。

由此可见,企业为这一批博士员工报销子女的学杂费、入园费不属于上述文件规定的职工福利费范围,不可以作为职工福利费在企业所得税税前扣除。

温馨提示

《中华人民共和国企业所得税法实施条例》规定,企业发生的职工福利费支出,不超过工资薪金总额14%的部分,准予扣除。

《国家税务总局关于企业工资薪金和职工福利费等支出税前扣除问题的公告》(国家税务总局

公告2015年第34号)规定,列入企业员工工资薪金制度、固定与工资薪金一起发放的福利性补贴,符合《国家税务总局关于企业工资薪金及职工福利费扣除问题的通知》(国税函〔2009〕3号)第一条规定的,可作为企业发生的工资薪金支出,按规定在税前扣除。不能同时符合上述条件的福利性补贴,应作为国税函〔2009〕3号文件第三条规定的职工福利费,按规定计算限额税前扣除。

12 工会经费必须实际支付上级工会组织才能税前扣除?

问题概述

中国华强公司系一集团公司,其在山东设立一子公司华盛公司,2017年华盛公司根据集团公司要求按照公司年度工资总额的2%提取工会经费300万元,并取得华强公司开具《工会经费收入专用收据》,但并没有将300万元支付给华强公司工会,而是将该款项挂在应付账款科目,请问华盛公司提取工会经费300万元能否税前扣除?

精要解答

所得税亏损计算

(1)《中华人民共和国企业所得税法实施条例》第四十一条规定:企业拨缴的工会经费,不超过工资薪金总额2%的部分,准予扣除。

(2)《工会法》《中国工会章程》和财政部颁布的《工会会计制度》,以及财政票据管理的有关规定,全国总工会决定从2010年7月1日起,启用财政部统一印制并套印财政部票据监制章的《工会经费收入专用收据》,同时废止《工会经费拨缴款专用收据》。

(3)《国家税务总局关于工会经费企业所得税税前扣除凭据问题的公告》(国家税务总局公告2010年第24号)规定:自2010年7月1日起,企业拨缴的职工工会经费,不超过工资薪金总额2%的部分,凭工会组织开具的《工会经费收入专用收据》在企业所得税税前扣除。

(4)《国家税务总局关于税务机关代收工会经费企业所得税税前扣除凭据问题的公告》(国家税务总局公告2011年第30号)规定:自2010年1月1日起,在委托税务机关代收工会经费的地区,企业拨缴的工会经费,也可凭合法、有效的工会经费代收凭据依法在税前扣除。

《中华人民共和国企业所得税法》第八条规定,企业实际发生的与取得收入有关的、合理的支出,包括成本、费用、税金、损失和其他支出,准予在计算应纳税所得额时扣除。强调税前扣除前提条件应该是实际发生。2017年华盛公司根据集团公司要求按照公司年度工资总额的2%提取工会经费300万元,并取得华强公司开具《工会经费收入专用收据》,但并没有将300万元支付给华强公司工会,而是将该款项挂在应付账款科目,没有实际支付或者支付给其他非母公司工会组织的部门,采取这种方式进行处理的应视为没有实际支付给上级工会组织,不得税前扣除。

温馨提示

准予税前扣除的工会经费必须是企业已经实际"拨缴"的部分,对于账面已经计提但未实际"拨缴"的工会经费,不得在纳税年度内税前扣除。

按照全国总工会有关文件规定,各单位缴纳的工会经费40%上解上级工会,60%由基层工会使用。市总工会收到的工会经费(筹备金)后,按照规定比例自留及上解全国总工会、省总工会。

全额征收的工会经费,40%部分上缴市总工会,市总工会再按照规定比例自留及上解全国总工会、省总工会,60%部分市总工会通过区总工会或主管局工会逐级下拨至缴费单位工会;个别征收比例为40%的缴费单位或按规定执行特殊比例的企业,不存在返还。

工会经费拨缴有以下两种方式:

(1) 先缴后返。建立工会组织的单位,先按每月全部职工工资薪金总额的2%计算出工会经费全额向工会组织拨缴，取得《工会经费收入专用收据》；或者向受委托代收工会经费的税务机关缴纳，取得工会经费代收凭据。上级工会组再按规定比例(一般为 60%)转拨给缴费企业基层工会。

未建立工会组织的单位，按每月全部职工工资薪金总额的 2%计算出工会建会筹备金全额向上级工会组织拨缴，取得《工会经费收入专用收据》；或者向受委托代收工会经费的税务机关缴纳，取得工会经费代收凭据。

在规定时间内成立工会组织的上级工会再按规定比例(一般为 60%)转拨给缴费企业基层工会，在规定时间内未成立工会组织的，以前缴纳的工会建会筹备金不再返还。

(2) 分级拨缴。按每月全部职工工资薪金总额的 2%计算出工会经费后，按当地规定比例(一般为 40%)向受委托代收工会经费的税务机关缴纳，取得工会经费代收凭据；留成部分(一般为 60%)由企业同时拨付给其所在的基层工会，取得本单位基层工会开具的《工会经费收入专用收据》。

13 企业股东、高管的娱乐、健身、旅游费用，能否税前扣除？

问题概述

海河税务机关 2017 年 7 月对该市辖区的宏达房地产有限公司进行税务检查，发现宏达房地产有限公司在福利费中列支高管的娱乐、健身、旅游费用等费总计 850 万元，请问此项费用是否能税前扣除？

精要解答

《中华人民共和国企业所得税法》第十条规定，在计算应纳税所得额时，下列支出不得扣除：

(1) 向投资者支付的股息、红利等权益性投资收益款项。

(2) 企业所得税税款。

(3) 税收滞纳金。

(4) 罚金、罚款和被没收财物的损失。

(5) 本法第九条规定以外的捐赠支出。

(6) 赞助支出。

(7) 未经核定的准备金支出。

(8) 与取得收入无关的其他支出。

《企业财务通则》第四十六条规定，企业不得承担属于个人的下列支出：①娱乐、健身、旅游、招待、购物、馈赠等支出。②购买商业保险、证券、股权、收藏品等支出。③个人行为导致的罚款、赔偿等支出。④购买住房、支付物业管理费等支出。⑤应由个人承担的其他支出。

由此可见，上述费用支出既不得在财务列支，也不得在企业所得税税前扣除。

温馨提示

《国家税务总局关于企业工资薪金及职工福利费扣除问题的通知》(国税函〔2009〕3 号)规定，《实施条例》第四十条规定的企业职工福利费，包括以下内容：

(1) 尚未实行分离办社会职能的企业，其内设福利部门所发生的设备、设施和人员费用，包括职工食堂、职工浴室、理发室、医务所、托儿所、疗养院等集体福利部门的设备、设施及维修保养费用和福利部门工作人员的工资薪金、社会保险费、住房公积金、劳务费等。

(2) 为职工卫生保健、生活、住房、交通等所发放的各项补贴和非货币性福利，包括企业向职工发放的因公外地就医费用、未实行医疗统筹企业职工医疗费用、职工供养直系亲属医疗补贴、供暖费补贴、职工防暑降温费、职工困难补贴、救济费、职工食堂经费补贴、职工交通补贴等。

(3) 按照其他规定发生的其他职工福利费，包括丧葬补助费、抚恤费、安家费、探亲假路费等。

14 职工旅游费能否在税前扣除？

问题概述

2018年，某地税务稽查局对某企业进行稽查，发现企业2017年组织员工到外地旅游列支旅游费用800万元，该企业将此项费用在职工福利费科目进行列支，请问该企业在企业所得税汇算清缴是否应进行调整？

精要解答

《国家税务总局关于企业工资薪金及职工福利费扣除问题的通知》(国税函〔2009〕3号)第三条关于职工福利费扣除问题规定，《企业所得税实施条例》第四十条规定的企业职工福利费，包括以下内容：

(1) 尚未实行分离办社会职能的企业，其内设福利部门所发生的设备、设施和人员费用，包括职工食堂、职工浴室、理发室、医务所、托儿所、疗养院等集体福利部门的设备、设施及维修保养费用和福利部门工作人员的工资薪金、社会保险费、住房公积金、劳务费等。

(2) 为职工卫生保健、生活、住房、交通等所发放的各项补贴和非货币性福利，包括企业向职工发放的因公外地就医费用、未实行医疗统筹企业职工医疗费用、职工供养直系亲属医疗补贴、供暖费补贴、职工防暑降温费、职工困难补贴、救济费、职工食堂经费补贴、职工交通补贴等。

(3) 按照其他规定发生的其他职工福利费，包括丧葬补助费、抚恤费、安家费、探亲假路费等。

该文包括项下没有将旅游费用纳入其中，因此，该公司发生的旅游费支出，不能作为职工福利费列支，应进行纳税调整。

温馨提示

对于优秀职工奖励性质安排旅游的费用可作为工资薪金支出在税前列支。

按照我国现行个人所得税税法有关规定，对于优秀职工奖励性质安排旅游的费用，应根据所发生费用全额计入相关人员应税所得，依法征收个人所得税，并由提供上述费用的企业和单位代扣代缴。企业员工享受的此类奖励，应与当期的工资薪金合并，按照“工资、薪金所得”项目征收个人所得税。

《企业所得税法实施条例》第三十四条规定：企业发生的合理的工资、薪金支出，准予扣除。前款所称工资、薪金，是指企业每一纳税年度支付给在本企业任职或者受雇的员工的所有现金形式或者非现金形式的劳动报酬，包括基本工资、奖金、津贴、补贴、年终加薪、加班工资，以及与员工任职或者受雇有关的其他支出。

因此，对于优秀职工奖励性质安排旅游的支出，可以作为工资薪金支出，在企业所得税前据实扣除。

15 职工到外地培训时发生的住宿费是否作为职工教育经费在税前扣除？

问题概述

2017年5月，宏泰软件公司组织员工到××科学技术学院进行为期3个月的培训，共发生住宿费 100 万元,该公司财务部门将其作为职工教育经费进行税务处理,请问该公司财务处理是否正确?

精要解答

根据《财政部 全国总工会 国家发改委 教育部 科技部 国防科工委 人事部 劳动保障部 国务院国资委 国家税务总局 全国工商联关于印发〈关于企业职工教育经费提取与使用管理的意见〉的通知》(财建〔2006〕317 号)第三条规定:"企业职工教育培训经费列支范围包括:

(1) 上岗和转岗培训。

(2) 各类岗位适应性培训。

(3) 岗位培训、职业技术等级培训、高技能人才培训。

(4) 专业技术人员继续教育。

(5) 特种作业人员培训。

(6) 企业组织的职工外送培训的经费支出。

(7) 职工参加的职业技能鉴定、职业资格认证等经费支出。

(8) 购置教学设备与设施。

(9) 职工岗位自学成才奖励费用。

(10) 职工教育培训管理费用。

(11) 有关职工教育的其他开支。"

企业到外地培训时发生的住宿费,不属于职工教育经费的范畴。

因此,宏泰软件公司财务部门可直接按"差旅费"入账,并按部门分配到管理费用、销售费用、制造费用等科目。

温馨提示

吸收合并计算

《中华人民共和国企业所得税法实施条例》第四十二条规定,除国务院财政、税务主管部门另有规定外,企业发生的职工教育经费支出,不超过工资薪金总额 2.5%的部分,准予扣除;超过部分,准予在以后纳税年度结转扣除。

《财政部 国家税务总局关于高新技术企业职工教育经费税前扣除政策的通知》(财税〔2015〕63 号)规定,高新技术企业发生的职工教育经费支出,不超过工资薪金总额 8%的部分,准予在计算企业所得税应纳税所得额时扣除;超过部分,准予在以后纳税年度结转扣除。

《国家税务总局关于企业所得税执行中若干税务处理问题的通知》(国税函〔2009〕202 号)规定,软件生产企业发生的职工教育经费中的职工培训费用,根据《财政部 国家税务总局关于企业所得税若干优惠政策的通知》(财税〔2008〕1 号)规定,可以全额在企业所得税前扣除。软件生产企业应准确划分职工教育经费中的职工培训费支出,对于不能准确划分的,以及准确划分后职工教育经费中扣除职工培训费用的余额,一律按照《实施条例》第四十二条规定的比例扣除。

16 雇主为雇员负担的个人所得税款作为企业管理费列支能否税前扣除?

问题概述

A 公司系生物制药有限公司,为了能够留住高素质研发人员,经董事会决议由公司负担研发人员个人所得税,请问企业为雇员负担的个人所得税款作为企业管理费能否税前扣除?

精要解答

《国家税务总局关于雇主为雇员承担全年一次性奖金部分税款有关个人所得税计算方法问题的公告》(国家税务总局公告 2011 年第 28 号)第四条规定,雇主为雇员负担的个人所得税款,应属于个人工资薪金的一部分,凡单独作为企业管理费列支的,在计算企业所得税时不得税前扣除。

温馨提示

根据《国家税务总局关于企业工资薪金及职工福利费扣除问题的通知》(国税函〔2009〕3号)第一条"关于合理工资薪金问题"的原则掌握,全年一次性奖金属于工资薪金范围,是工资薪金中更加明细的收入项目。如若没有正确履行全年一次性奖金个税扣缴义务,则不属于合理支出,不能税前扣除。

17 企业为部分高管支付的补充保险费可否税前扣除?

问题概述

企业只为部分高管支付的保险费,能否按照工资、薪金总额的 5%在企业所得税前扣除?

精要解答

《财政部 国家税务总局关于补充养老保险费补充医疗保险费有关企业所得税政策问题的通知》(财税〔2009〕27 号)规定,企业根据国家有关政策规定,为在本企业任职或者受雇的全体员工支付的补充养老保险费、补充医疗保险费,分别在不超过职工工资总额 5%以内的部分,在计算应纳税所得额时准予扣除。超过的部分,不予扣除。因此,如果企业仅为部分人员支付上述保险费,则不得在企业所得税前扣除。

温馨提示

财税〔2009〕27 号,强调是为在本企业任职或者受雇的全体员工支付的补充养老保险费、补充医疗保险费,这里惠及面必须是全体员工。

18 给出差员工购买的人身意外险能在企业所得税前扣除吗?

问题概述

A 公司属生产啤酒企业,为了推销啤酒,派出员工到各地推销啤酒,同时该公司为各位员工购买了人身意外险,请问该项人身意外险能否税前扣除?

精要解答

《中华人民共和国企业所得税法实施条例》第三十六条规定,除企业依照国家有关规定为特殊工种职工支付的人身安全保险费和国务院财政、税务主管部门规定可以扣除的其他商业保险费外,企业为投资者或者职工支付的商业保险费,不得扣除。

《国家税务总局关于企业所得税有关问题的公告》(国家税务总局公告 2016 年第 80 号)规定:"一、关于企业差旅费中人身意外保险费支出税前扣除问题企业职工因公出差乘坐交通工具发生的人身意外保险费支出,准予企业在计算应纳税所得额时扣除……三、施行时间本公告适用于 2016 年度及以后年度企业所得税汇算清缴。"

由此可见,A 公司如果是单独为员工购买的人身意外险不得税前扣除,如果是因公出差乘坐交通工具发生的人身意外保险费支出,是可以税前扣除的。

温馨提示

一、允许税前扣除的保险费用支出

1. 为职工缴纳的"五险一金"

税法依据:《企业所得税法实施条例》。

企业依照国务院有关主管部门或者省级人民政府规定的范围和标准为职工缴纳的基本养老保险费、基本医疗保险费、失业保险费、工伤保险费、生育保险费等基本社会保险费和住房公积金,准予扣除。

2. 补充养老保险和补充医疗保险

税法依据:《企业所得税法实施条例》《财政部 国家税务总局关于补充养老保险费补充医疗保险费有关企业所得税政策问题的通知》(财税〔2009〕27号)。

自2008年1月1日起,企业根据国家有关政策规定,为在本企业任职或者受雇的全体员工支付的补充养老保险费、补充医疗保险费,分别在不超过职工工资总额5%标准内的部分,在计算应纳税所得额时准予扣除;超过的部分,不予扣除。

3. 企业财产保险

税法依据:《企业所得税法实施条例》。

企业参加财产保险,按照规定缴纳的保险费,准予扣除。

4. 为特殊工种职工支付的法定人身安全保险

税法依据:《企业所得税法实施条例》。

企业依照国家有关规定为特殊工种职工支付的人身安全保险费,可以扣除。

5. 商业保险

税法依据:《企业所得税法实施条例》。

国务院财政、税务主管部门可以根据实际情况的需要,决定企业为其投资者或者职工投保商业保险而发生的哪些商业保险费,可以税前扣除。

二、不允许税前扣除的保险费用支出

税法依据:《企业所得税法实施条例》。

除企业依照国家有关规定为特殊工种职工支付的人身安全保险费和国务院财政、税务主管部门规定可以扣除的其他商业保险费外,企业为投资者或者职工支付的商业保险费,不得扣除。

19 企业为全体职工支付的补充养老保险费、补充医疗保险费,付款统一向商业保险公司购买的补充养老保险、补充医疗保险产品,请问能否税前扣除?

问题概述

宏达实业有限公司2017年为全体职工支付的补充养老保险费、补充医疗保险费,同时将款统一向商业保险公司购买的补充养老保险、补充医疗保险产品,请问该笔费用能否税前扣除?

精要解答

《财政部 国家税务总局关于补充养老保险费补充医疗保险费有关企业所得税政策问题的通知》(财税〔2009〕27号)规定,自2008年1月1日起,企业根据国家有关政策规定,为在本企业任职或者受雇的全体员工支付的补充养老保险费、补充医疗保险费,分别在不超过职工工资总额5%标准内的部分，在计算应纳税所得额时准予扣除；超过的部分，不予扣除。

宏达实业有限公司2017年为全体职工支付的补充养老保险费、补充医疗保险费，同时付款统一向商业保险公司购买的补充养老保险、补充医疗保险产品，可以税前扣除。如果是没有缴付给第三方部门，自行保管未实际支付的则不得税前扣除。

温馨提示

税前扣除真实性

（1）目前补充养老保险均为商业保险公司开设的商业险种，对于补充养老保险的险种并未划定具体范围。对于依法参加基本养老保险的企业，其通过商业保险公司为员工缴纳的具有补充养老性质的保险，可按照财税〔2009〕27号的有关规定从税前扣除。按照《人身保险公司保险条款和保险费率管理办法》（保监会令2011年第3号）的规定，补充养老保险的性质可以从保险产品的名称予以分析判定，例如年金养老保险的产品名称中有"养老年金保险"字样。

（2）根据《财政部劳动保障部关于企业补充医疗保险有关问题的通知》（财社〔2002〕18号）规定：

第一，按规定参加各项社会保险并按时足额缴纳社会保险费的企业，可自主决定是否建立补充医疗保险。企业可在按规定参加当地基本医疗保险基础上，建立补充医疗保险，用于对城镇职工基本医疗保险制度支付以外由职工个人负担的医药费用进行的适当补助，减轻参保职工的医药费负担。

第二，企业补充医疗保险办法应与当地基本医疗保险制度相衔接。企业补充医疗保险资金由企业或行业集中使用和管理，单独建账，单独管理，用于本企业个人负担较重职工和退休人员的医药费补助，不得划入基本医疗保险个人账户，也不得另行建立个人账户或变相用于职工其他方面的开支。

因此，对符合补充医疗保险规定的，企业为在本企业任职或者受雇的全体员工支付的补充医疗保险费，在不超过职工工资总额5%标准内的部分，在计算应纳税所得额时准予扣除；超过的部分，不予扣除。计提而未实际支付的也不得税前扣除。如果不符合补充医疗保险规定，按照《中华人民共和国企业所得税法实施条例》（国务院令2007年第512号）第三十六条规定，企业为投资者或者职工支付的商业保险费，不得扣除。

20 退休人员的补充养老保险、补充医疗保险可以税前扣除吗？

问题概述

企业为退休人员缴纳的补充养老保险、补充医疗保险在企业所得税税前可以扣除吗？

精要解答

根据《财政部 国家税务总局关于补充养老保险费补充医疗保险费有关企业所得税政策问题的通知》（财税〔2009〕27号）规定："自2008年1月1日起，企业根据国家有关政策规定，为在本企业任职或者受雇的全体员工支付的补充养老保险费、补充医疗保险费，分别在不超过职工工资总额5%标准内的部分，在计算应纳税所得额时准予扣除；超过的部分，不予扣除。"

因退休人员不属于文件规定的在本企业任职或者受雇的员工，所以企业支付的这部分费用不能在企业所得税前扣除。

温馨提示

退休返聘是指用人单位中的受雇佣者已经到达或超过法定退休年龄，从用人单位退休，再通过与原用人单位或者其他用人单位订立合同契约继续作为人力资源存续的行为或状态。

包括:受雇佣者到达法定离退休年龄,在原工作岗位延长一定的工作时间;受雇者离退休后被原用人单位应聘回原单位从事同种或不同种工作;受雇者离退休后在劳务市场重新进行择业,到原用人单位之外的单位工作的情况。

退休返聘人员属于在本企业任职或者受雇的员工,如果企业为这些人员支付的补充养老保险、补充医疗保险可以在企业所得税前扣除。

21 企业给离退休人员每月发放固定金额的补贴能否在企业所得税税前扣除?

问题概述

我公司自 2016 年 1 月起,每月给公司离退休人员发放 500 元的生活补贴,请问,此项补贴能否税前扣除?

精要解答

根据《国家税务总局办公厅关于强化部分总局定点联系企业共性税收风险问题整改工作的通知》(税总办函〔2014〕652 号)规定:“一、离退休人员的工资、福利等与取得收入不直接相关的支出的税前扣除问题按照《中华人民共和国企业所得税法》(以下简称《企业所得税法》)第八条及《中华人民共和国企业所得税法实施条例》第二十七条的规定,与企业取得收入不直接相关的离退休人员工资、福利费等支出,不得在企业所得税前扣除。”

因此,退休人员已不在企业任职或者受雇,与企业取得收入无直接相关性,其工资不得在企业所得税前扣除;若所述固定补贴属于职工福利费,亦属于与企业取得收入不直接相关的离退休人员工资、福利费等支出,不得在企业所得税前扣除。

温馨提示

依据《国家税务总局关于企业工资薪金和职工福利费等支出税前扣除问题的公告》(国家税务总局公告 2015 年第 34 号)第一条规定,列入企业员工工资薪金制度、固定与工资薪金一起发放的福利性补贴,符合《国家税务总局关于企业工资薪金及职工福利费扣除问题的通知》(国税函〔2009〕3 号)第一条规定的,可作为企业发生的工资薪金支出,按规定在税前扣除。不能同时符合上述条件的福利性补贴,应作为国税函〔2009〕3 号文件第三条规定的职工福利费,按规定计算限额税前扣除。

22 大病医疗保险能否在企业所得税税前扣除?

问题概述

我公司 2016 年为全体员工缴纳了大病医疗保险,会计上已经核算在“应付职工薪酬”科目,请问可以税前扣除吗?

精要解答

《企业所得税法实施条例》第三十五条规定,企业依照国务院有关主管部门或者省级人民政府规定的范围和标准为职工缴纳的基本养老保险费、基本医疗保险费、失业保险费、工伤保险费、生育保险费等基本社会保险费和住房公积金,准予扣除。第三十六条规定,除企业依照国家有关规定为特殊工种职工支付的人身安全保险费和国务院财政、税务主管部门规定可以扣除的其他商业保险费外，企业为投资者或者职工支付的商业保险费，不得扣除。

大病医疗保险如果按其性质属于补充医疗保险范围的（例如 2015 年度深圳市实行的重特大疾病补充医疗保险），且属于为本企业任职或受雇的全体员工支付的，可以根据企业所得税法实施条例第三十五条及《关于补充养老保险费补充医疗保险费有关企业所得税问题的通知》（财税〔2009〕27 号）的规定，不超过职工工资总额 5%标准内的部分可以税前扣除。

因此，大病医疗保险能否在企业所得税税前扣除主要看是不是补充医疗保险，各地政府规定有差异。

温馨提示

依据《企业会计准则第 9 号——职工薪酬》第二条规定，职工薪酬是指企业为获得职工提供的服务或解除劳动关系而给予的各种形式的报酬或补偿。职工薪酬包括短期薪酬、离职后福利、辞退福利和其他长期职工福利。企业提供给职工配偶、子女、受赡养人、已故员工遗属及其他受益人等的福利，也属于职工薪酬。

短期薪酬是指企业在职工提供相关服务的年度报告期间结束后 12 个月内需要全部予以支付的职工薪酬，因解除与职工的劳动关系给予的补偿除外。短期薪酬具体包括：职工工资、奖金、津贴和补贴，职工福利费，医疗保险费、工伤保险费和生育保险费等社会保险费，住房公积金，工会经费和职工教育经费，短期带薪缺勤，短期利润分享计划，非货币性福利以及其他短期薪酬。

企业所得税年度纳税申报时无论是否存在税会差异需填写 A105050《职工薪酬支出及纳税调整明细表》。

23 报销以前年度员工医疗费能否税前扣除？

问题概述

我公司目前还未实行医疗统筹，2016 年 7 月报销 2015 年职工医疗费能否税前扣除？能否全额扣除？

精要解答

《国家税务总局关于企业所得税应纳税所得额若干税务处理问题的公告》（国家税务总局公告 2012 年第 15 号）第六条规定："根据《中华人民共和国税收征收管理法》的有关规定，对企业发现以前年度实际发生的、按照税收规定应在企业所得税前扣除而未扣除或者少扣除的支出，企业做出专项申报及说明后，准予追补至该项目发生年度计算扣除，但追补确认期限不得超过 5 年。"

因此，企业报销以前年度员工医疗费应在追补至医疗费发生年度计算扣除，但追补确认期限不得超过 5 年。

根据《国家税务总局关于企业工资薪金及职工福利费扣除问题的通知》（国税函〔2009〕3 号）的规定，为职工卫生保健、生活、住房、交通等所发放的各项补贴和非货币性福利，包括企业向职工发放的因公外地就医费用、未实行医疗统筹企业职工医疗费用、职工供养直系亲属医疗补贴、供暖费补贴、防暑降温费、困难补贴、救济费、食堂经费补贴、交通补贴等。所以，2015 年职工医疗费需并入 2015 年职工福利费，在不超过工资薪金总额 14%以内税前扣除。

温馨提示

依据《财政部 国家税务总局关于全面推开营业税改征增值税试点的通知》(财税〔2016〕36号)附件 1 第二十七条规定,下列项目的进项税额不得从销项税额中抵扣:用于简易计税方法计税项目、免征增值税项目、集体福利或者个人消费的购进货物、加工修理修配劳务、服务、无形资产和不动产。

因此,企业员工报销医疗费属于职工福利费支出,取得的增值税专用发票不能抵扣进项税。

24 保险企业给自己的车辆投保,能否在企业所得税税前扣除?

问题概述

保险企业给自己的车辆投保,无法自己给自己开票,企业所得税税前扣除时需要提供什么资料?

精要解答

(1) 根据《中华人民共和国企业所得税法》(中华人民共和国主席令 63 号)第八条规定:"企业实际发生的与取得收入有关的、合理的支出,包括成本、费用、税金、损失和其他支出,准予在计算应纳税所得额时扣除。"

(2) 根据《中华人民共和国企业所得税法实施条例》(中华人民共和国国务院令第 512 号)第二十七条规定:"企业所得税法第八条所称有关的支出,是指与取得收入直接相关的支出。企业所得税法第八条所称合理的支出,是指符合生产经营活动常规,应当计入当期损益或者有关资产成本的必要和正常的支出。"

因此,纳税人只需提供能够确认该项业务真实有效发生的凭证即可税前扣除。

温馨提示

车上人员责任险,即车上座位险,是车上人员责任险中的乘客部分,指的是被保险人允许的合格驾驶员在使用保险车辆过程中发生保险事故,致使车内乘客人身伤亡,依法应由被保险人承担的赔偿责任,保险公司会按照保险合同进行赔偿。车上人员责任险算是车辆商业险的主要保险,它主要功能是赔偿车辆因交通事故造成的车内人员的伤亡的保险。

车辆机动险属于财产险的范围,而车上人员责任险属于车辆机动险的附加险,性质上也属于财产险。

25 存款保险保费是否允许税前扣除?

问题概述

2017 年,某市税务机关稽查部门对其辖区内农商行进行检查发现该单位税前列支准备金和存款保险保费,要求该行对存款保险保费进行调整,请问存款保险保费可否税前列支?

精要解答

根据《财政部 国家税务总局关于银行业金融机构存款保险保费企业所得税税前扣除有关政策问题的通知》(财税〔2016〕106 号)规定,银行业金融机构依据《存款保险条例》的有关规定、按照不超过 1.6‰的存款保险费率,计算交纳的存款保险保费(不包括存款保险滞纳金),准予在企业所得税税前扣除。

《财政部 国家税务总局关于金融企业贷款损失准备金企业所得税税前扣除有关政策的通知》(财税〔2015〕9号)规定，政策性银行、商业银行、财务公司、城乡信用社和金融租赁公司等金融企业提取的贷款损失准备金的企业所得税税前扣除政策问题，通知如下所述。

税前扣除合法性

一、准予税前提取贷款损失准备金的贷款资产范围

(1) 贷款(含抵押、质押、担保等贷款)。

(2) 银行卡透支、贴现、信用垫款(含银行承兑汇票垫款、信用证垫款、担保垫款等)、进出口押汇、同业拆出、应收融资租赁款等各项具有贷款特征的风险资产。

(3) 由金融企业转贷并承担对外还款责任的国外贷款，包括国际金融组织贷款、外国买方信贷、外国政府贷款、日本国际协力银行不附条件贷款和外国政府混合贷款等资产。

二、金融企业准予当年税前扣除的贷款损失准备金计算公式

$$\frac{\text{准予当年税前扣除}}{\text{的贷款损失准备金}}=\frac{\text{本年年末准予提取贷款损失准}}{\text{备金的贷款资产余额}}\times 1\%-\frac{\text{截至上年年末已在税前扣除的}}{\text{贷款损失准备金的余额}}$$

金融企业按上述公式计算的数额如为负数，应当相应调增当年应纳税所得额。

由此可见，2017年该农商行按规定提取的准备金和缴纳的存款保险保费，可税前列支。

温馨提示

《财政部 国家税务总局关于银行业金融机构存款保险保费企业所得税税前扣除有关政策问题的通知》和《财政部 国家税务总局关于金融企业贷款损失准备金企业所得税税前扣除有关政策的通知》是两项不同的政策，企业可以同时执行。

26 业务招待费、会议费、业务宣传费等费用间的区别有哪些?

类别	区　别
业务招待费与会议费	会议费，顾名思义就是为召开会议而发生的合理费用。 对于会议费开支范围的界定，会计和税法仍然是没有明确规定，但是实务中一般参照《中央和国家机关会议费管理办法》(财行〔2013〕286号)作为会议费开支的范围. 根据该办法规定，会议费开支范围包括会议住宿费、伙食费、会议室租金、交通费、文件印刷费、医药费等。 纳税人发生的与其经营活动有关的合理的差旅费、会议费、董事会费，主管税务机关要求提供证明资料的，应能够提供证明其真实性的合法凭证，否则，不得在税前扣除. 会议费证明材料应包括：会议时间、地点、出席人员、内容、目的、费用标准、支付凭证等企业应将业务招待费与会议费严格区分，不得将业务招待费挤入会议费内
业务招待费与误餐费、聚餐费	误餐费是企业职工个人因公在城区、郊区工作或出差，不能在工作单位或返回就餐，确实需要在外就餐的补偿；聚餐费是企业在逢年过节等时候而组织员工聚餐而发生的费用。误餐费和聚餐费的消费主体是本企业员工，而业务招待费是对外拓展业务时发生的吃、喝、用、玩费用，它的消费人主体是企业以外的个人，而不是本企业的员工。 误餐费根据情况可分别计入"差旅费"和"职工福利费"，聚餐费一般都是计入"职工福利费"
礼品赠送如何区分业务招待费和业务宣传费	一般认为，业务宣传品是指在礼品上印制企业介绍、产品介绍等，对企业形象或企业产品有宣传作用，同时金额不是太大。问题是，怎么去界定金额算大还是算小？实务中，企业自制、外购或委托加工的广告衫、广告扇、广告纸袋、小包装产品等用于各种展会或产品推广时的免费赠送，具有价值小而赠送对象多且赠送对象是随机的特点，无论是税务还是会计处理，计入业务宣传费是没有问题的。 如果赠送的对象不是随机的，且赠送礼品较大，一般都要计入业务招待费。比如，中秋节，企业向经销商等赠送月饼

27 被合并企业可结转以后扣除的业务宣传费、广告费和职工教育经费能否结转到合并企业扣除?

问题概述

宏达实业有限公司2017年合并了金财实业有限公司,2017年被合并日金财实业有限公司账面上有185万元业务宣传费广告费和50万元职工教育经费可结转以合年度扣除金额,请问金财实业有限公司账面上的185万元业务宣传费广告费和50万元职工教育经费可否结转到宏达实业有限公司进行扣除?

精要解答

合并,是指一家或多家企业(以下称为被合并企业)将其全部资产和负债转让给另一家现存或新设企业(以下称为合并企业),被合并企业股东换取合并企业的股权或非股权支付,实现两个或两个以上企业的依法合并。

合并可分为吸收合并和新设合并两种方式。吸收合并是指两个以上的企业合并时,其中一个企业吸收了其他企业而存续(对此类企业以下简称"存续企业"),被吸收的企业解散。新设合并是指两个以上企业并为一个新企业,合并各方解散。

《财政部 国家税务总局关于企业重组业务企业所得税处理若干问题的通知》(财税〔2009〕59号)规定,企业采取一般性重组,企业合并,当事各方应按下列规定处理:

(1) 合并企业应按公允价值确定接受被合并企业各项资产和负债的计税基础。

(2) 被合并企业及其股东都应按清算进行所得税处理。

(3) 被合并企业的亏损不得在合并企业结转弥补。

采取特殊性重组:企业合并,企业股东在该企业合并发生时取得的股权支付金额不低于其交易支付总额的85%,以及同一控制下且不需要支付对价的企业合并,可以选择按以下规定处理:

(1) 合并企业接受被合并企业资产和负债的计税基础,以被合并企业的原有计税基础确定。

(2) 被合并企业合并前的相关所得税事项由合并企业承继。

(3) 可由合并企业弥补的被合并企业亏损的限额=被合并企业净资产公允价值×截至合并业务发生当年年末国家发行的最长期限的国债利率。

(4) 被合并企业股东取得合并企业股权的计税基础,以其原持有的被合并企业股权的计税基础确定。

由此可见,被合并企业已消亡,合并前的税前扣除项目不得在合并企业税前扣除。

温馨提示

《财政部 国家税务总局关于企业重组业务企业所得税处理若干问题的通知》(财税〔2009〕59号)规定,在企业吸收合并中,合并后的存续企业性质及适用税收优惠的条件未发生改变的,可以继续享受合并前该企业剩余期限的税收优惠,其优惠金额按存续企业合并前一年的应纳税所得额(亏损计为零)计算。

在企业存续分立中,分立后的存续企业性质及适用税收优惠的条件未发生改变的,可以继续享受分立前该企业剩余期限的税收优惠,其优惠金额按该企业分立前一年的应纳税所得额(亏损计为零)乘以分立后存续企业资产占分立前该企业全部资产的比例计算。

28 公司成立后一直处于开办期没有收入，招待费能否税前扣除？

问题概述

A公司是一家饮料制造企业，2017年2月办理完了营业执照等手续后，一直处于筹办期，去年一点营业收入也没有，请问发生的业务招待费10万元能否在企业所得税前扣除？

精要解答

《中华人民共和国企业所得税法实施条例》第四十三条规定，企业发生的与生产经营活动有关的业务招待费支出，按照发生额的60%扣除，但最高不得超过当年销售(营业)收入的5‰。

《国家税务总局关于企业所得税应纳税所得额若干税务处理问题的公告》(2012年第15号)规定，企业在筹建期间，发生的与筹办活动有关的业务招待费支出，可按实际发生额的60%计入企业筹办费，并按有关规定在税前扣除；发生的广告费和业务宣传费，可按实际发生额计入企业筹办费，并按有关规定在税前扣除。

因此，A公司一直处于筹办期，去年一点营业收入也没有，其发生的业务招待费10万元可按实际发生额的60%计入企业筹办费，并按有关规定在税前扣除。

温馨提示

《国家税务总局关于企业所得税若干税务事项衔接问题的通知》(国税函〔2009〕98号)规定，关于开(筹)办费的处理，新税法中开(筹)办费未明确列作长期待摊费用，企业可以在开始经营之日的当年一次性扣除，也可以按照新税法有关长期待摊费用的处理规定处理，但一经选定，不得改变。

A公司筹办费，可以在开始经营之日的当年一次性扣除，也可以按照新税法有关长期待摊费用的处理规定处理，但一经选定，不得改变。

《国家税务总局关于贯彻落实企业所得税法若干税收问题的通知》(国税函〔2010〕79号)第七条规定，企业自开始生产经营的年度，为开始计算企业损益的年度，企业从事生产经营之前进行筹办活动期间发生筹办费用支出，不得计算为当期的亏损。

29 查补收入能否作为业务招待费扣除基数？

问题概述

2017年汇算清缴后税务机关对宏达实业有限公司进行检查，发现其隐匿收入，对其进行补税罚款，请问查补收入能否作为业务招待费扣除基数？

精要解答

《国家税务总局关于企业所得税执行中若干税务处理问题的通知》(国税函〔2009〕202号)规定，企业在计算业务招待费、广告费和业务宣传费等费用扣除限额时，其销售(营业)收入额应包括《实施条例》第二十五条规定的视同销售(营业)收入额。但营业外收入不包括在内。

《国家税务总局关于查增应纳税所得额弥补以前年度亏损处理问题的公告》(国家税务总局公告2010年第20号)规定，查补收入可以弥补以前年度亏损。

《国家税务总局关于企业所得税年度纳税申报口径问题的公告》(国家税务总局2011年第29号)进一步对查增应纳税所得额的填报予以明确。公告规定，查补的收入属于“主营业务收入、其他业务收入，视同销售收入”中的一种，在补充申报时，必然在“销售(营业)收入合计”中反映，可作为业务招待费扣除基数进行税收处理。

温馨提示

业务招待费与会议费、业务宣传费和误餐费的区别：

(1) 与会议费相区别。对纳税人发生的与其经营活动有关的会议费，能提供证明资料，并能证明提供资料为真实性的合法凭证，否则不得在税前扣除。

(2) 业务宣传费区别。对纳税人的礼品和赠品是自行生产或经过委托加工，对企业的形象、产品有标记及宣传作用的，可作为业务宣传费。对分给客户的回扣、贿赂等非法支出，以及与企业生产经营活动无关的职工福利、职工奖励、企业销售产品而产生的佣金和支付的个人劳务等，均不能作为业务招待费支出。

(3) 与误餐费区别。误餐费是企业职工因工作无法回企业食堂或者家中进餐而得到的补偿；而招待费是对外拓展业务时发生的吃、喝、用、玩费用，它的消费人主体是企业以外的个人，而不是本企业的员工。

30 工贸企业从被投资企业所分配的股息、红利以及股权转让收入，是否可以按规定的比例计算业务招待费扣除限额?

问题概述

我公司是工贸企业，主要从事钢材的购销业务，2015 年 3 月用闲置资金从证券交易所购入甲公司发行的股票 10 万股准备短期持有，以银行存款支付投资款 916 000 元，其中含有 6 000 元相关交易费用。2016 年 4 月甲公司作出利润分配决定，我公司分得股息 10 万元，这笔股息会计核算为“交易性金融资产”是否可以享受免税收入优惠？是否可以作为计算业务招待费的基数?

精要解答

《国家税务总局关于企业所得税执行中若干税务处理问题的通知》(国税函〔2009〕202 号)规定，企业在计算业务招待费、广告费和业务宣传费等费用扣除限额时，其销售(营业)收入额应包括《实施条例》第二十五条规定的视同销售(营业)收入额。

根据《企业所得税法及其实施条例》规定，符合条件的居民企业之间的股息、红利等权益性投资收益以及在中国境内设立机构、场所的非居民企业从居民企业取得与该机构、场所有实际联系的股息、红利等权益性投资收益为免税收入。

符合条件的居民企业之间的股息、红利等权益性投资收益，是指居民企业直接投资于其他居民企业取得的投资收益。不包括连续持有居民企业公开发行并上市流通的股票不足 12 个月取得的投资收益。

根据《国家税务总局关于贯彻落实企业所得税法若干税收问的通知》(国税函〔2010〕79 号)第八条规定：“对从事股权投资业务的企业(包括集团公司总部、创业投资企业等)，其从被投资企业所分配的股息、红利以及股权转让收入，可以按规定的比例计算业务招待费扣除限额。”

因此，这笔股息会计核算为“交易性金融资产”可以享受免税收入优惠，但工贸企业不属于从事股权投资业务的企业，不适用国税函〔2010〕79 号的规定，股息、红利以及股权转让收入股息不可以按规定的比例计算业务招待费扣除限额。

温馨提示

(1) 对从事股权投资业务的企业,其从被投资企业所分配的股息、红利以及股权转让收入,可以按规定的比例计算业务招待费扣除限额。值得注意的是,计算基数仅包括从被投资企业所分配的股息、红利以及股权转让收入等三项收入,不包括按权益法核算的账面投资收益,以及按公允价值计量金额资产的公允价值变动。

(2) 企业会计处理如下:

2015 年 3 月取得时会计分录如下:

借:交易性金融资产——成本	910 000
投资收益	6 000
贷:银行存款	916 000

2015 年度企业所得税汇算清缴时需要纳税调增 6 000 元。

2016 年 4 月,甲公司宣告发放股利 10 万元。会计分录如下:

借:应收股利	100 000
贷:投资收益	100 000
借:银行存款	100 000
贷:应收股利	100 000

2016 年度企业所得税汇算清缴时如果企业享受免税收入优惠,则需要纳税调减 10 万元。

31 房地产开发企业土地增值税清算涉及企业所得税退税如何进行处理?

问题概述

A 房地产开发企业 2014 年 1 月开始开发某房地产项目,2016 年 10 月项目全部竣工并销售完毕,12 月进行土地增值税清算,整个项目共缴纳土地增值税 1 100 万元,其中 2014—2016 年预缴土地增值税分别为 240 万元、300 万元、60 万元;2016 年清算后补缴土地增值税 500 万元。2014—2016 年实现的项目销售收入分别为 12 000 万元、15 000 万元、3 000 万元,缴纳的企业所得税分别为 45 万元、310 万元、0 元。该企业 2016 年度汇算清缴出现亏损,应纳税所得额为－400 万元。请问如何计算?

精要解答

税前扣除相关性

根据《国家税务总局关于房地产开发企业土地增值税清算涉及企业所得税退税有关问题的公告国家税务总局公告》(2016 年第 81 号)规定:

(1) 企业按规定对开发项目进行土地增值税清算后,当年企业所得税汇算清缴出现亏损且有其他后续开发项目的,该亏损应按照税法规定向以后年度结转,用以后年度所得弥补。后续开发项目,是指正在开发以及中标的项目。

(2) 企业按规定对开发项目进行土地增值税清算后,当年企业所得税汇算清缴出现亏损,且没有后续开发项目的,可就该项目由于土地增值税原因导致的项目开发各年度多缴企业所得税税款申请退税。

退税的条件:①土地增值税清算;②当年企业所得税汇算清缴出现亏损;③没有后续开发项目——跟以前的变化在于,以前申请退税在注销的时候,现在是土地增值税清算时点,这个公司没有项目了,仍然留着不注销,也可以进行退税。

(3) 计算方法。

第一,该项目缴纳的土地增值税总额,应按照该项目开发各年度实现的项目销售收入占整个项目销售收入总额的比例,在项目开发各年度进行分摊,具体按以下公式计算:

各年度应分摊的土地增值税=土地增值税总额×(项目年度销售收入÷整个项目销售收入总额)

本公告所称销售收入包括视同销售房地产的收入,但不包括企业销售的增值额未超过扣除项目金额20%的普通标准住宅的销售收入。

第二,该项目开发各年度应分摊的土地增值税减去该年度已经在企业所得税税前扣除的土地增值税后,余额属于当年应补充扣除的土地增值税;企业应调整当年度的应纳税所得额,并按规定计算当年度应退的企业所得税税款;当年度已缴纳的企业所得税税款不足退税的,应作为亏损向以后年度结转,并调整以后年度的应纳税所得额。

第三,按照上述方法进行土地增值税分摊调整后,导致相应年度应纳税所得额出现正数的,应按规定计算缴纳企业所得税。

第四,企业按上述方法计算的累计退税额,不得超过其在该项目开发各年度累计实际缴纳的企业所得税;超过部分作为项目清算年度产生的亏损,向以后年度结转。

企业没有后续开发项目,拟申请退税,具体计算详见下表:

项目	2014	2015	2016
预缴土地增值税	240	300	60
补缴土地增值税	*	*	500
分摊土地增值税	440(1 100×12 000÷30 000)	550(1 100×15 000÷30 000)	110(1 100×3 000÷30 000)
应纳税所得额调整	−200(240−440)	−270(300−550−20)	450(60+500−110)
调整后的所得额	*	*	50(−400+450)
应退企业所得税	50(200×25%)	67.5(270×25%)	*
已缴纳企业所得税	45	310	0
实退企业所得税	45	67.5	*
亏损结转(调整后)	−20[(45−50)÷25%]	*	*
应补企业所得税	*	*	12.5(50×25%)

(4) 报送资料。

企业在申请退税时,应向主管税务机关提供书面材料说明应退企业所得税款的计算过程,包括:①该项目缴纳的土地增值税总额;②项目销售收入总额;③项目年度销售收入额;④各年度应分摊的土地增值税和已经税前扣除的土地增值税各年度的适用税率;⑤是否存在后续开发项目等情况。

温馨提示

上述规定自81号公告发布之日(2016年12月9日)起施行。公告发布前,企业凡已经对土地增值税进行清算且没有后续开发项目的,在81号公告发布后仍存在尚未弥补的因土地增值税清算导致的亏损,按照81号公告第二条规定的方法计算多缴企业所得税税款,并申请退税。《国家税务总局关于房地产开发企业注销前有关企业所得税处理问题的公告》(国家税务总局公告2010年第29号）同时废止。

32 房地产开发企业的土地闲置费在计算企业所得税时是否可以税前扣除？

问题概述

A公司系房地产开发公司，2015年取得一地块用于开发房地产，因搬迁原因，该地块至2017年都无法开工建造，每年向政府土地部门支付土地闲置费，2017年支付300万元，请问支付的土地闲置费在计算企业所得税时是否可以税前扣除？

精要解答

土地闲置费虽然是在原来已经付出土地出让金，取得土地使用权基础上由国家土地管理职能部门惩罚性加收的一种费用，但不能理解为是行政罚款性支出。《闲置土地处置办法》（国土资源部令第5号）规定，土地闲置费是指土地使用者依法取得土地使用权后，未经原批准用地的人民政府同意，超过规定的期限未动工开发建设造成土地荒芜、闲置时，由土地使用者向土地行政主管部门缴纳的闲置费。由于土地商品的特殊性，土地闲置费是一种费用性质的支出，不能视为罚款性支出，是与收入相关的合理的支出，可以在税前扣除。

关于土地闲置费的财务会计处理，《财政部关于企业房地产开发与交易若干财务处理问题的通知》（财基字〔1995〕938号）规定，以出让方式取得土地使用权的企业，因超过出让合同约定的动工开发日期，按规定缴纳的土地闲置费，或因满2年未动工开发，被政府有关部门无偿收回土地使用权而造成的损失，企业可计入当期管理费用。

土地闲置费企业财务会计处理时确实可计入当期管理费用，但是税法规定与财务会计处理存在明显的差异，在税前扣除时土地闲置费不应计入期间费用，而应当归集计入开发产品计税成本，税会差异应在企业所得税年度申报时进行调整。《国家税务总局关于印发〈房地产开发经营业务企业所得税处理办法〉的通知》（国税发〔2009〕31号）第十二条规定，企业发生的期间费用、已销开发产品计税成本、营业税金及附加、土地增值税准予当期按规定扣除。期间费用是指企业发生的管理费用、财务费用和销售费用。国税发〔2009〕31号文件还规定，开发产品计税成本支出的内容包括的土地征用费及拆迁补偿费，指为取得土地开发使用权（或开发权）而发生的各项费用，主要包括土地买价或出让金、大市政配套费、契税、耕地占用税、土地使用费、土地闲置费、土地变更用途和超面积补交的地价及相关税费、拆迁补偿支出、安置及动迁支出、回迁房建造支出、农作物补偿费、危房补偿费等。计税成本是指企业在开发、建造开发产品过程中所发生的按照税收规定进行核算与计量的应归入某项成本对象的各项费用。开发产品完工以后，企业可在完工年度企业所得税汇算清缴前选择确定计税成本核算的终止日，不得滞后。已销开发产品的计税成本，按当期已实现销售的可售面积和可售面积单位工程成本确认。

因此，房地产开发企业的土地闲置费在计算企业所得税时可以通过开发产品计税成本税前据实扣除。

温馨提示

房地产开发企业涉及多个税种，不同税种针对土地闲置费还有不同的规定。《国家税务总局关于土地增值税清算有关问题的通知》（国税函〔2010〕220号）第四条规定，房地产开发企业逾期开发缴纳的土地闲置费不得扣除。

33 房地产开发企业预售收入实际缴纳的城市维护建设税、教育费附加、土地增值税会计如何核算?是否可以当期在税前扣除?销售未完工产品的收入能否作为计算业务招待费扣除限额的基数?

问题概述

我公司是一家从事房地产开发的企业(一般纳税人),2017年5月开始预售A号商品房(2016年10月开工),当年取得预售收入1 000万元(含税),当地预计计税毛利率为10%,土地增值税按照预售收入的2%缴纳,城市维护建设税、教育费附加税率为7%、3%。请问我公司预售收入实际缴纳的城市维护建设税、教育费附加、土地增值税会计如何核算?是否可以当期在税前扣除?销售未完工产品的收入能否作为计算业务招待费扣除限额的基数?如何申报?

精要解答

会计核算上由于开发产品未完工,销售收入、销售成本没有结转,预售收入相对应的税金及附加、土地增值税虽然在当期缴纳,也不能进行当期的会计期末损益结转。

企业所得税税务处理上,根据《国家税务总局关于印发〈房地产开发经营业务企业所得税处理办法〉的通知》(国税发〔2009〕31号)文件第六条规定,企业通过正式签订《房地产销售合同》或《房地产预售合同》所取得的收入,应确认为销售收入的实现。因此,房地产开发企业取得的预售收入应计入销售收入,作为计算业务招待费扣除限额的基数。因为已经具备销售收入的确认条件,所以与此相对应的期间费用、已销开发产品计税成本、税金及附加、土地增值税准予当期按规定扣除。

具体计算如下:增值税预缴金额=1 000÷(1+11%)×3%=27.027(万元)

土地增值税收入=1 000-27.027=972.973(万元)

企业所得税收入=1 000-27.027=972.973(万元)

销售未完工产品收到预收款时,会计处理:

借:银行存款　　10 000 000

　贷:预收账款　　10 000 000

预缴增值税,会计处理:

借:应交税费——预缴增值税　　270 270

　贷:银行存款　　270 270

按月预交城市维护建设税、教育费附加及土地增值税等相关税费时,会计处理:

借:应交税费——应交城市维护建设税、教育费附加及土地增值税等　　221 621.6

　贷:银行存款　　221 621.6

表A105010 视同销售和房地产开发企业特定业务纳税调整明细表　　单位:元

行次	项目	税收金额	纳税调整金额
		1	2
21	三、房地产开发企业特定业务计算的纳税调整额(22-26)	751 351.4	751 351.4
22	(一)房地产企业销售未完工开发产品特定业务计算的纳税调整额(24-25)	751 351.4	751 351.4
23	1. 销售未完工产品的收入	9 729 730	*
24	2. 销售未完工产品预计毛利额	972 973	
25	3. 实际发生的税金及附加、土地增值税	221 621.6	

温馨提示

开发产品完工会计核算确认销售收入时，已作为计提基数的未完工开发产品的销售收入不得重复计提业务招待费、广告费和业务宣传费。

另外，税法上在确定预售阶段土地增值税收入、企业所得税收入是以预收账款扣除实际预缴的增值税，还是直接以预收账款除以 1.11(1+11%)，目前尚有争议。

34 房地产开发经营企业在竣工结算以后年度取得成本发票应如何处理？

税前扣除合理性

问题概述

我公司是房地产开发企业，某开发项目 2016 年完工，由于完工年度未取得发票 4 000 万元部分已经全部计入销售成本。2017 年 10 月，该市国税稽查局对其缴纳企业所得税情况进行检查，但是，在稽查期间，我公司克服困难，将 4 000 万元的发票全部取得。我公司房地产开发经营项目在竣工结算以后年度取得成本发票应如何处理?

精要解答

根据《国家税务总局关于印发房地产开发经营业务企业所得税处理办法的通知》(国税发〔2009〕31 号)第三十四条规定："企业在结算计税成本时其实际发生的支出应当取得但未取得合法凭据的，不得计入计税成本，待实际取得合法凭据时，再按规定计入计税成本。"及《关于企业所得税应纳税所得额若干税务处理问题的公告》(国家税务总局公告 2012 年第 15 号)第六条第一款规定："对企业发现以前年度实际发生的、按照税收规定应在企业所得税前扣除而未扣除或者少扣除的支出，企业做出专项申报及说明后，准予追补至该项目发生年度计算扣除，但追补确认期限不得超过 5 年。"因此，对于房地产开发企业在竣工结算以后年度取得成本发票的，在规定的年限内进行追溯调整的，应当予以认可。

温馨提示

营改增以后，房地产开发经营企业如果是增值税一般纳税人且项目采用一般计税方法计税，那么取得建筑企业开具的增值税专用发票可以抵扣进项税额，以不含税价计入房地产项目的开发成本。

35 房地产开发企业的样板间装修费用能否直接在企业所得税前扣除吗？

问题概述

A 房地产公司 2017 年开发玉锦花园一楼盘为满足商品房营销需要，在该楼盘售楼处准备了样板间供购房者参观。请问，该公司发生的样板间装修费用能否直接在企业所得税前扣除吗?

精要解答

《国家税务总局关于印发〈房地产开发经营业务企业所得税处理办法〉的通知》(国税发〔2009〕31 号)规定：

第十一条　企业在进行成本、费用的核算与扣除时，必须按规定区分期间费用和开发产品计税成本、已销开发产品计税成本与未销开发产品计税成本。

第十二条　企业发生的期间费用、已销开发产品计税成本、营业税金及附加、土地增值税准予当期按规定扣除。

第十三条　开发产品计税成本的核算应按第四章的规定进行处理。

第十四条　已销开发产品的计税成本，按当期已实现销售的可售面积和可售面积单位工程成本确认。可售面积单位工程成本和已销开发产品的计税成本按下列公式计算确定：

可售面积单位工程成本＝成本对象总成本÷成本对象总可售面积

已销开发产品的计税成本＝已实现销售的可售面积×可售面积单位工程成本

第十五条　企业对尚未出售的已完工开发产品和按照有关法律、法规或合同规定对已售开发产品(包括共用部位、共用设施设备)进行日常维护、保养、修理等实际发生的维修费用，准予在当期据实扣除。

第十六条　企业将已计入销售收入的共用部位、共用设施设备维修基金按规定移交给有关部门、单位的，应于移交时扣除。

对房企当期实际发生的各项支出，按其性质、经济用途及发生的地点、时间区进行整理、归类，并将其区分为应计入成本对象的成本和应在当期税前扣除的期间费用。房地产开发企业样板间装修费用属于“项目营销设施建造费”，应当计入开发间接费用。因此，公司发生的样板间装修费用不得直接在税前扣除，应按成本对象归集计入开发间接费用，从而计入开发产品计税成本，待产品完工销售实际结转销售成本时在企业所得税税前扣除。

温馨提示

开发产品计税成本之一“开发间接费用”，指企业为直接组织和管理开发项目所发生的，且不能将其归属于特定成本对象的成本费用性支出。主要包括管理人员工资、职工福利费用、折旧费、修理费、办公费、水电费、劳动保护费、工程管理费、周转房摊销以及项目营销设施建造费等。

36 房地产企业哪些项目的成本费用可以预提?

问题概述

A房地产公司2017年开发玉锦花园一楼盘，2017年12月31日其发生的前期土地开发成本、前期工程费、基础设施费、建安工程费未办理结算。请问该企业在所得税汇算清算时，哪些项目的成本费用可以预提?

精要解答

《国家税务总局关于印发〈房地产开发经营业务企业所得税处理办法〉的通知》(国税发〔2009〕31号)规定：除以下几项预提(应付)费用外，计税成本均应为实际发生的成本。

(1) 出包工程未最终办理结算而未取得全额发票的，在证明资料充分的前提下，其发票不足金额可以预提，但最高不得超过合同总金额的10%。

(2) 公共配套设施尚未建造或尚未完工的，可按预算造价合理预提建造费用。此类公共配套设施必须符合已在售房合同、协议或广告、模型中明确承诺建造且不可撤销，或按照法律法规规定必须配套建造的条件。

(3) 应向政府上交但尚未上交的报批报建费用、物业完善费用可以按规定预提。物业完善费用是指按规定应由企业承担的物业管理基金、公建维修基金或其他专项基金。

温馨提示

《中华人民共和国企业所得税法》第八条中明确规定："企业实际发生的与取得收入有关的、合理的支出，包括成本、费用、税金、损失和其他支出，准予在计算应纳税所得额时扣除。"该条款确立的一般扣除规则包含三个关键词："实际发生""相关性"和"合理性"，后两者在税法实施条例里均有进一步明确解释，实践中的争议不大。但对于"实际发生"，目前税收政策文件尚没有给出正面解释，一般可以从以下三个层次理解。

第一，"实际发生"首先强调产生费用或支出的交易、事项是真实的。

由于现行税收政策对"实际发生"没有更多解释，基于税法与财务会计制度的紧密联系，查找财务会计制度有关内容，发现不论在《企业会计制度》还是《企业会计准则——基本准则》，都有关于"实际发生"的描述。如《企业会计制度》第十一条："企业在会计核算时，应当遵循以下基本原则：(一)会计核算应当以实际发生的交易或事项为依据，如实反映企业的财务状况、经营成果和现金流量。"《企业会计准则——基本准则》第十条："会计核算应当以实际发生的经济业务为依据，如实反映财务状况和经营成果。"上述表述均用"实际发生"的词汇来强调会计核算必须以真实的业务为依据，不难得出判断：税法"实际发生"的内涵之一是指产生费用或支出的经济业务必须真实，反言之，根据虚构的、没有发生的或者尚未发生的经济业务来确认、计量的支出，不得在税前扣除。

第二，"实际发生"是指支付义务的发生，而且这一支付义务是法定的。

税法以权责发生制为基本原则，以权利或责任的发生来确认当期的收入或费用，而不论款项是否收付。税前扣除作为税法规范的重要一面，也是如此。因此，"实际发生"应是指支付的义务或责任已经发生，认为"实际发生"是指费用款项已实际支付的观点，不符合权责发生制原理，有悖税法基本原则。对于支付义务，会计上一般划分为两个类型：一类是合同或法律法规规定的支付义务，又称为法定的义务；另一类是企业通过承诺或公开声明，自行向外界表明承担特定的责任，称为推定的义务。推定义务凭借企业信用，为企业自我约束，强制性不如法定义务。为维护国家税收的稳定，保持税法的刚性，税收对于企业自我承诺形成的推定义务不应予以承认，"实际发生"所指的支付义务发生应仅限于依照合同、法律、法规的规定必须履行的法定支付义务。

第三，"实际发生"是指税前扣除的金额为实际发生数，即支出金额必须确定。

以实际发生数确定税前扣除金额，在实践中经常被认为是以实际支付金额确定税前扣除额。这一观点会使权责发生制异化为收付实现制。试想费用金额在实际支付时才予确认，则无异于按照款项是否支付为标准确认当期费用，即收付实现制。税前扣除的金额是实际发生数，含义是指支出的金额必须确定，不能以估算金额税前扣除。也就是说，即便企业的支付义务已经发生，但若金额尚不能确定，或者只能估算，也不符合"实际发生"的要求。

综上所述，"实际发生"的含义是指以真实的经济业务为依据，企业法定的支付义务已经发生且支付金额确定。

会计核算与税前扣除都以真实业务为前提，《国家税务总局关于印发〈房地产开发经营业务企业所得税处理办法〉的通知》(国税发〔2009〕31号)第三十二条规定，"除以下几项预提(应付)费用外，计税成本均应为实际发生的成本。"属于预提费用特例，如未结算出包工程款，企业承诺的公共配套设施费，正是因为其不符合"实际发生"关于支出金额确定，或支付义务法定的要求，所以作出特别允许扣除的例外规定。

37 房地产开发项目中的停车位,发生的成本费用在企业所得税前如何扣除?

问题概述

A 房地产公司 2017 年开发玉锦花园一楼盘,其配套建设的停车位能否税前扣除?

精要解答

《国家税务总局关于印发〈房地产开发经营业务企业所得税处理办法〉的通知》(国税发〔2009〕31 号)规定:企业在开发区内建造的会所、物业管理场所、电站、热力站、水厂、文体场馆、幼儿园等配套设施,按以下规定进行处理:

(1) 属于非营利性且产权属于全体业主的,或无偿赠与地方政府、公用事业单位的,可将其视为公共配套设施,其建造费用按公共配套设施费的有关规定进行处理。

(2) 属于营利性的,或产权归企业所有的,或未明确产权归属的,或无偿赠与地方政府、公用事业单位以外其他单位的,应当单独核算其成本。除企业自用应按建造固定资产进行处理外,其他一律按建造开发产品进行处理。

由此可见,企业单独建造的停车场所,应作为成本对象单独核算。利用地下基础设施形成的停车场所,作为公共配套设施进行处理;作为可售面积的地下车库,应按照开发项目开发成本核算进行处理。

温馨提示

企业所得税公共配套设施费是指开发项目内发生的、独立的、非营利性的,且产权属于全体业主的,或无偿赠与地方政府、政府公用事业单位的公共配套设施支出。企业所得税对此有限制条件,必须是“独立的、非营利性的,且产权属于全体业主的,或无偿赠与”的公共配套设施费,而对于“营利性的,或产权归企业所有的,或未明确产权归属的,或无偿赠与地方政府、公用事业单位以外其他单位的”,则应单独核算其成本。

38 房地产开发公司,由于资金链断裂,所开发楼盘变成了烂尾楼,楼盘无法继续开发所发生的资产损失,在计算企业所得税时能否税前扣除?

问题概述

A 房地产公司 2017 年开发玉锦花园一楼盘,由于资金链断裂,所开发楼盘变成了烂尾楼,楼盘无法继续开发所发生的资产损失,在计算企业所得税时能否税前扣除?

精要解答

《国家税务总局关于发布〈企业资产损失所得税税前扣除管理办法〉的公告》(2011 年第 25 号)规定,企业拥有或者控制的、用于经营管理活动相关的资产,包括现金、银行存款、应收及预付款项(包括应收票据、各类垫款、企业之间往来款项)等货币性资产,存货、固定资产、无形资产、在建工程、生产性生物资产等非货币性资产,以及债权性投资和股权(权益)性投资;准予在企业所得税税前扣除的资产损失,是指企业在实际处置、转让上述资产过程中发生的合理损失(以下简称实际资产损失),以及企业虽未实际处置、转让上述资产,但符合《通知》和本办法规定条件计算确认的损失(以下简称法定资产损失)。

企业开发产品(以成本对象为计量单位)整体报废或毁损,其净损失按有关规定审核确认后准予在税前扣除。

温馨提示

《国家税务总局关于发布〈企业资产损失所得税税前扣除管理办法〉的公告》(2011 年第 25 号)规定,企业实际资产损失,应当在其实际发生且会计上已作损失处理的年度申报扣除;法定资产损失,应当在企业向主管税务机关提供证据资料证明该项资产已符合法定资产损失确认条件,且会计上已作损失处理的年度申报扣除;企业发生的资产损失,应按规定的程序和要求向主管税务机关申报后方能在税前扣除。未经申报的损失,不得在税前扣除。

税前扣除权责发生制

39 企业缴纳的政府性基金和行政事业性收费是否可以在企业所得税前扣除?

问题概述

2017 年宏达实业有限公司向当地乡政府缴纳治安维护基金,请问缴纳的该项基金能否税前扣除?

精要解答

《财政部 国家税务总局关于财政性资金行政事业性收费政府性基金有关企业所得税政策问题的通知》(财税〔2008〕151 号)规定:

(1) 企业按照规定缴纳的、由国务院或财政部批准设立的政府性基金以及由国务院和省、自治区、直辖市人民政府及其财政、价格主管部门批准设立的行政事业性收费,准予在计算应纳税所得额时扣除。

企业缴纳的不符合上述审批管理权限设立的基金、收费,不得在计算应纳税所得额时扣除。

(2) 企业收取的各种基金、收费,应计入企业当年收入总额。

(3) 对企业依照法律、法规及国务院有关规定收取并上缴财政的政府性基金和行政事业性收费,准予作为不征税收入,于上缴财政的当年在计算应纳税所得额时从收入总额中减除;未上缴财政的部分,不得从收入总额中减除。

温馨提示

《财政部 国家税务总局关于财政性资金行政事业性收费政府性基金有关企业所得税政策问题的通知》(财税〔2008〕151 号)规定,对企业取得的由国务院财政、税务主管部门规定专项用途并经国务院批准的财政性资金,准予作为不征税收入,在计算应纳税所得额时从收入总额中减除。

40 公司缴纳的车辆购置税在计算企业所得税时如何扣除?

问题概述

宏达实业有限公司 2017 年因扩大再生产,购入一台新车并缴纳购置费 5.1 万元,请问该企业交缴购置税是计入当期损益还是以折旧形式扣除?

精要解答

《中华人民共和国企业所得税法实施条例》(中华人民共和国国务院令第 512 号)第五十八

条规定:“固定资产按照以下方法确定计税基础:

(一)外购的固定资产,以购买价款和支付的相关税费以及直接归属于使该资产达到预定用途发生的其他支出为计税基础……”

《中华人民共和国企业所得税法》(中华人民共和国主席令第 63 号)第八条规定:“企业实际发生的与取得收入有关的、合理的支出,包括成本、费用、税金、损失和其他支出,准予在计算应纳税所得额时扣除。”

因此,公司购进该车辆时应根据上述文件规定将车辆购置税并入计税基础,通过固定资产计提折旧进行税前扣除。

温馨提示

《中华人民共和国企业所得税法实施条例》第二十八条规定,企业发生的支出应当区分收益性支出和资本性支出。收益性支出在发生当期直接扣除;资本性支出应当分期扣除或者计入有关资产成本,不得在发生当期直接扣除。

41 被地税稽查部门补缴的城建税和教育附加费能否税前扣除?

问题概述

宏达实业有限公司 2017 年 8 月被地税稽查补缴的城市维护建设税和教育附加费计 150 万元,滞纳金 2.5 万元,并补缴城市维护建设税和教育附加费及滞纳金,请问该企业补缴的城建税和教育附加费以及滞纳金能否在企业所得税申报时税前扣除?

精要解答

《中华人民共和国企业所得税法》第八条的规定:“企业实际发生的与取得收入有关的、合理的支出,包括成本、费用、税金、损失和其他支出,准予在计算应纳税所得额时扣除。”

《中华人民共和国企业所得税法实施条例》规定:“企业所得税法第八条所称税金,是指企业发生的除企业所得税和允许抵扣的增值税以外的各项税金及其附加。”

《国家税务总局关于企业所得税应纳税所得额若干税务处理问题的公告》(国家税务总局公告 2012 年第 15 号)规定:“关于以前年度发生应扣未扣支出的税务处理问题,根据《中华人民共和国税收征收管理法》的有关规定,对企业发现以前年度实际发生的、按照税收规定应在企业所得税前扣除而未扣除或者少扣除的支出,企业做出专项申报及说明后,准予追补至该项目发生年度计算扣除,但追补确认期限不得超过 5 年。”

《中华人民共和国企业所得税法》第十条第三款规定:“在计算应纳税所得额时,下列支出不得扣除;……(三)税收滞纳金。”

企业补缴的城建税和教育附加费,在企业作出专项申报及说明后,准予追补至该项目发生年度计算扣除,但追补确认期限不得超过 5 年。需要注意的是,补缴的滞纳金不得税前扣除。

温馨提示

《国家税务总局关于企业所得税应纳税所得额若干税务处理问题的公告》(国家税务总局公告 2012 年第 15 号)同时规定,企业由于上述原因多缴的企业所得税税款,可以在追补确认年度企业所得税应纳税款中抵扣,不足抵扣的,可以向以后年度递延抵扣或申请退税。亏损企业追补确认以前年度未在企业所得税前扣除的支出,或盈利企业经过追补确认后出现亏损的,应首先调整该项支出所属年度的亏损额,然后再按照弥补亏损的原则计算以后年度多缴的企业所得税款,并按前款规定处理。

《企业资产损失所得税税前扣除管理办法》(国家税务总局公告 2011 年第 25 号)第六条规定:企业以前年度发生的资产损失未能在当年税前扣除的,可以按照本办法的规定,向税务机关说明并进行专项申报扣除。其中,属于实际资产损失,准予追补至该项损失发生年度扣除,其追补确认期限一般不得超过 5 年,但因计划经济体制转轨过程中遗留的资产损失、企业重组上市过程中因权属不清出现争议而未能及时扣除的资产损失、因承担国家政策性任务而形成的资产损失以及政策定性不明确而形成资产损失等特殊原因形成的资产损失,其追补确认期限经国家税务总局批准后可适当延长。属于法定资产损失,应在申报年度扣除。

企业因以前年度实际资产损失未在税前扣除而多缴的企业所得税税款,可在追补确认年度企业所得税应纳税款中予以抵扣,不足抵扣的,向以后年度递延抵扣。

企业实际资产损失发生年度扣除追补确认的损失后出现亏损的,应先调整资产损失发生年度的亏损额,再按弥补亏损的原则计算以后年度多缴的企业所得税税款,并按前款办法进行税务处理。

两者在处理上有所区别,对于以前年度发生应扣未扣支出可以办理退税;而对于以前年度实际资产损失未在税前扣除而多缴的企业所得税税款,只能抵税,而不允许退税。

42 筹建期间发生的开办费如何进行税务处理?

问题概述

A 公司于 2016 年 10 月开始筹建,同年 12 月取得营业执照并办理税务登记证,截至 2016 年 12 月 31 日已发生差旅费 1.5 万元,业务招待费 3 万元、广告费 0.5 万元、人员工资 5 万元、办公费 5 万元及其他费用 2 万元。预计 2017 年 6 月份可投入运营。请问,在筹建期间发生的开办费如何进行税务处理?

精要解答

一、会计核算规定

企业在筹建期间发生的开办费,包括人员工资、办公费、培训费、差旅费、印刷费、注册登记费以及不计入固定资产价值的借款费用等,会计上进行如下处理:

借:管理费用

  贷:银行存款

二、税收政策规定

《国家税务总局关于企业所得税若干税务事项衔接问题的通知》(国税函〔2009〕98 号)规定,新税法中开(筹)办费未明确列作长期待摊费用,企业可以在开始经营之日的当年一次性扣除,也可以按照新税法有关长期待摊费用的处理规定处理,但一经选定,不得改变。《中华人民共和国企业所得税法实施条例》(国务院令第 512 号)第七十条规定:企业所得税法第十三条第(四)项所称其他应当作为长期待摊费用的支出,自支出发生月份的次月起,分期摊销,摊销年限不得低于 3 年。

《国家税务总局关于企业所得税应纳税所得额若干税务处理问题的公告》(国家税务总局公告 2012 年第 15 号)第五条规定:企业在筹建期间,发生的与筹办活动有关的业务招待费支出,可按实际发生额的 60%计入企业筹办费,并按有关规定在税前扣除;发生的广告费和业务宣传费,可按实际发生额计入企业筹办费,并按有关规定在税前扣除。

A 公司筹建期间发生的上述开办费可在开始经营之日的当年一次性扣除,也可以按照新税法有关长期待摊费用的规定处理,从发生支出月份的次月起分期摊销。但要特别注意:其业务招待费支出只能按实际发生额的60%计入开办费,而非全额。

温馨提示

《企业会计准则》则将开办费列入"管理费用"科目中。在《企业会计准则——应用指南》附录"会计科目与主要账务处理"(财会〔2006〕18号)中,从有关"管理费用"科目的核算内容及主要账务处理可以看出,开办费在会计处理上可以不再作为"长期待摊费用"或"递延资产",而是直接将其费用化,统一在"管理费用"科目核算,在企业开业的当月一次性计入管理费用(与税法不一致)。同时还统一了开办费的核算范围。即:企业在筹建期发生的费用,包括人员工资、办公费、培训费、差旅费、印刷费、注册登记费,以及不计入固定资产和无形资产成本的汇兑损益和利息等支出。

A公司财务与税务处理如采用的是当年一次性扣除办法,除业务招待费外,不会存在税会差异问题;如果按《国家税务总局关于企业所得税若干税务事项衔接问题的通知》(国税函〔2009〕98号)规定处理,则存在税会差异,应进行纳税调整。

43 小额贷款公司提取的准备金能否税前扣除?

问题概述

小额贷款公司提取的准备金能否税前扣除?

精要解答

《财政部 税务总局关于小额贷款公司有关税收政策的通知》(财税〔2017〕48号)规定,自2017年1月1日至2019年12月31日,对经省级金融管理部门(金融办、局等)批准成立的小额贷款公司按年末贷款余额的1%计提的贷款损失准备金准予在企业所得税税前扣除。具体政策口径按照《财政部 国家税务总局关于金融企业贷款损失准备金企业所得税税前扣除有关政策的通知》(财税〔2015〕9号)执行。金融企业发生的符合条件的贷款损失,应先冲减已在税前扣除的贷款损失准备金,不足冲减部分可据实在计算当年应纳税所得额时扣除。

温馨提示

《财政部 税务总局关于小额贷款公司有关税收政策的通知》(财税〔2017〕48号)规定,自2017年1月1日至2019年12月31日,对经省级金融管理部门(金融办、局等)批准成立的小额贷款公司取得的农户小额贷款利息收入,在计算应纳税所得额时,按90%计入收入总额。

农户,是指长期(1年以上)居住在乡镇(不包括城关镇)行政管理区域内的住户,还包括长期居住在城关镇所辖行政村范围内的住户和户口不在本地而在本地居住1年以上的住户,国有农场的职工和农村个体工商户。位于乡镇(不包括城关镇)行政管理区域内和在城关镇所辖行政村范围内的国有经济的机关、团体、学校、企事业单位的集体户;有本地户口,但举家外出谋生1年以上的住户,无论是否保留承包耕地均不属于农户。农户以户为统计单位,既可以从事农业生产经营,也可以从事非农业生产经营。农户贷款的判定应以贷款发放时的承贷主体是否属于农户为准。

小额贷款,是指单笔且该农户贷款余额总额在10万元(含本数)以下的贷款。

44 房地产企业提取的准备金能否税前扣除?

问题概述

房地产公司开发的项目里有商铺(有部分市场),是否可以按收入(预售账款、销售收入)计提市场培育准备金？是否可以在税前扣除？依据是什么？

精要解答

《中华人民共和国企业所得税法》第十条规定，在计算应纳税所得额时，下列支出不得扣除：“(一)……(七)未经核定的准备金支出……”

《中华人民共和国企业所得税法实施条例》(国务院令第 512 号)第五十五条规定，《企业所得税法》第十条第(七)项所称未经核定的准备金支出，是指不符合国务院财政、税务主管部门规定的各项资产减值准备、风险准备等准备金支出。

根据上述文件规定，计提市场培育准备金是企业的自主经营行为，公司可以根据董事会或是经营决策来决定是否提取及提取比例，但是在税前扣除方面，国务院财政、税务主管部门目前仅允许保险公司、证券行业、期货行业、金融行业、中小企业信用担保机构等准备金可以按规定进行扣除。企业自行提取的市场培育准备金不在国家允许扣除的准备金范围内，不得在税前扣除。

借款利息资本化

温馨提示

经国务院财政、税务主管部门批准的，允许在企业所得税税前扣除的准备金如下：

(1) 企业依照法律、行政法规有关规定提取的用于环境保护、生态恢复等方面的专项资金。

(2) 金融企业贷款损失准备金。

(3) 金融企业涉农和中小企业贷款损失准备金。

(4) 证券行业风险准备和投资者保护基金，包括证券类准备金和期货类准备金。

(5) 保险企业准备金支出，包括保险保障基金及未到期责任准备金、寿险责任准备金、长期健康险责任准备金、已发生已报案未决赔款准备金和已发生未报案未决赔款准备金。

(6) 房地产开发企业特定的预提(应付)费用。

(7) 农业巨灾风险准备金。

(8) 小企业信用担保机构准备。

(9) 农业保险大灾风险准备金。

45 企业当年无法取得有效凭证，如何进行纳税调整？

问题概述

宏泰实业有限公司 2017 年发生一笔费用 100 万元，由于未取得有效凭证，汇算清缴时进行了调增处理。调整后企业所得税应纳税所得额为 50 万元。适用 25% 的企业所得税税率，缴纳企业所得税 12.5 万元。企业于 2018 年 10 月取得了此笔费用的有效凭证。该企业 2018 年应纳税所得额为 400 万元，应交企业所得税 100 万元，2018 年取得凭证后应如何进行调整？

精要解答

《国家税务总局关于企业所得税若干问题的公告》(国家税务总局公告 2011 年第 34 号)第六条规定：“企业当年度实际发生的相关成本、费用，由于各种原因未能及时取得该成本、费用的有效凭证，企业在预缴季度所得税时，可暂按账面发生金额进行核算；但在汇算清缴时，应补充提供该成本、费用的有效凭证。”

《国家税务总局关于企业所得税应纳税所得额若干税务处理问题的公告》(国家税务总局公告 2012 年第 15 号)规定：“根据《中华人民共和国税收征收管理法》的有关规定，对企业发现以前年度实际发生的、按照税收规定应在企业所得税前扣除而未扣除或者少扣除的支出,企业做出专项申报及说明后,准予追补至该项目发生年度计算扣除,但追补确认期限不得超过 5 年。

由于上述原因多缴的企业所得税税款,可以在追补确认年度企业所得税应纳税款中抵扣,不足抵扣的,可以向以后年度递延抵扣或申请退税。

亏损企业追补确认以前年度未在企业所得税前扣除的支出,或盈利企业经过追补确认后出现亏损的,应首先调整该项支出所属年度的亏损额,然后再按照弥补亏损的原则计算以后年度多缴的企业所得税款,并按前款规定处理。”

因此,如果企业当年度没有及时取得实际发生的成本、费用的有效凭证,可暂按账面发生金额进行核算。只要在汇算清缴期结束前即次年 5 月 31 日前取得有效凭证,可以在税前扣除,汇算清缴不需要进行纳税调整。

在汇算清缴期结束后取得有效凭证的,企业做出专项申报及说明后,准予追补至该项目发生年度即 2017 年计算扣除。追补扣除计算后:

(1) 2017 年由盈利变为亏损,亏损额为－50 万元,可以在 5 年内用税前利润弥补。

(2) 2018 年多交企业所得税 12.5 万元,可以在追补确认年度即 2018 年企业所得税应纳税款中抵扣。

温馨提示

按照国家税务总局公告 2011 年第 34 号文件汇缴期内取得的跨期有效凭证可在成本费用发生年度扣除的规定精神,遵循企业所得税权责发生制和凭合法有效凭证进行税前扣除的原则。对于汇缴期过后,取得了以前年度没有税前扣除的合法有效凭证,可以追溯到费用发生年度进行税前扣除。

但要注意两点:一是以权责发生制原则确定费用发生年度;二是追溯扣除期限不得超过 3 年。

《企业所得税法实施条例》第九条规定:企业应纳税所得额的计算,以权责发生制为原则,属于当期的收入和费用,不论款项是否收付,均作为当期的收入和费用;不属于当期的收入和费用,即使款项已经在当期收付,均不作为当期的收入和费用。据此,企业发生了纳税年度和汇缴期内未取得合法有效凭证的费用后,应先行调增成本、费用发生所属年度的应纳税所得额,在实际收到发票等合法凭据的年度,再调减原扣除项目所属年度的应纳税所得额。

《税收征收管理法》第五十一条规定,纳税人超过应纳税额缴纳的税款,税务机关发现后应当立即退还;纳税人自结算缴纳税款之日起 3 年内发现的,可以向税务机关要求退还多缴的税款并加算银行同期存款利息,税务机关及时查实后应当立即退还;涉及从国库中退库的,依照法律、行政法规有关国库管理的规定退还。企业因未取得合法有效凭证而造成在费用支出等扣除项目发生的所属年度多缴的税款,可在收到发票的年度向税务机关申请退还以前年度多缴纳的税款,但是时限不得超过 3 年。

企业扣除追补确认的成本、费用出现亏损的,按企业所得税法弥补亏损的规定处理。

46 餐饮企业买菜没有取得发票可以入账吗?企业所得税税前可以扣除吗?

问题概述

我们公司是一家餐饮企业,外购蔬菜,每次都无法取得发票,就是一个清单拿过来报销,这样的清单会计可以入账吗？企业所得税税前可以扣除吗？会计核算和企业所得税有什么风险？

精要解答

会计核算和税务处理是两条线，不能混为一谈。不要以税法的思维去做账务处理，会计核算我们就看会计准则等相关会计制度。

对于一项业务，能否报销，依据肯定就是会计准则以及企业根据会计准则制定的符合企业自身内部管理需求的财务制度来做。《会计准则——基本准则》第十六条规定，企业应当按照交易或者事项的经济实质进行会计确认、计量和报告，不应仅以交易或者事项的法律形式为依据。所以，如果你公司买菜确实没有发票，不可能就不核算，那么按照实质重于形式原则，还是要收集相关证据入账。

但是从税务管理上来看，依据《国家税务总局关于企业所得税若干问题的公告》(国家税务总局公告 2011 年第 34 号)规定，企业当年度实际发生的相关成本、费用，由于各种原因未能及时取得该成本、费用的有效凭证，企业在预缴季度所得税时，可暂按账面发生金额进行核算；但在汇算清缴时，应补充提供该成本、费用的有效凭证。应当取得发票而未取得发票的就不得进行税前扣除，因为作为形式要件的重要组成部分的发票缺一不可，在汇算清缴时候进行纳税调增。

温馨提示

一般来说，取得不同种类的发票都可以用于企业所得税税前列支，但在不同环节取得的不同种类的发票，在计算增值税时存在重大差异。

(1) 从农业生产者手中直接购买其自产农产品，因为自产农产品可享受增值税免税优惠政策，农业生产者所开具的正常情况下均为免税增值税普通发票。农业生产者如为单位或个体工商户，可以自行开具；如为自然人，可以去税务机关代开。

具备条件的收购方(如例中的餐饮企业)也可以申请自行开具农产品收购发票[农产品收购发票是指收购单位向农业生产者个人(不包括从事农产品收购的个体经营者)收购自产农业免税产品时，由付款方向收款方开具的发票]。

需要注意：从农产品生产环节取得的普通发票可以用于增值税抵扣。

(2) 从非农业生产者手中购买，如果农产品属于流通环节免税范围内的蔬菜(或肉禽蛋)，可以取得免税的增值税普通发票，但不得用于抵扣增值税。如果要取得可用于抵扣的专用发票，原享受免税待遇的非农业生产者必须放弃免税资格。

如果农产品不属于流通环节免税范围：销售方是一般纳税人，可以开具增值税专用发票；销售方是小规模纳税人，可以开具 3% 的增值税普通发票或者去税务机关代开 3% 增值税专用发票；如果销售方是自然人，只能去税务机关代开 3% 增值税普通发票。

需要注意：从农产品流通环节取得的普通发票不得用于增值税抵扣。

47 善意取得虚开的增值税专用发票或未能够取得发票的支出是否允许纳税人在计算企业所得税时能否进行扣除？

问题概述

宏泰实业有限公司 2017 年购入一批生产用的原材料，委托 M 物流公司进行运输，原材料运输完毕后按合同约定将运输费 300 万元一次性付给 M 公司，后因 M 公司涉案无法向宏泰实业有限公司开具发票。请问是否允许宏泰实业有限公司在计算企业所得税时对未能够取得发票的支出进行扣除？

精要解答

根据《国家税务总局关于纳税人善意取得虚开的增值税专用发票处理问题的通知》(国税发〔2000〕187 号)的规定:“购货方能够重新从销售方取得防伪税控系统开出的合法、有效专用发票的,或者取得手工开出的合法、有效专用发票且取得了销售方所在地税务机关已经或者正在依法对销售方虚开专用发票行为进行查处证明的,购货方所在地税务机关应依法准予抵扣进项税款或者出口退税。”因此,虚开的发票不可以作为税前扣除的凭证。

但从淮安市友邦商贸有限公司与淮安市国家税务局稽查局行政处罚二审行政判决书〔2015〕淮中行终字第 00034 号的判案结果看,法院认为:“根据《中华人民共和国企业所得税法》第八条规定,‘企业实际发生的与取得收入有关的、合理支出,包括成本、费用、税金、损失和其他支出,准予在计算应纳税所得额时扣除。’《国家税务总局关于加强企业所得税管理的意见》(国税发〔2008〕88 号)规定‘不符合规定的发票不得作为税前扣除凭证。’《国家税务总局关于印发〈进一步加强税收征管若干具体措施〉的通知》(国税发〔2009〕第 114 号)第 6 条规定,‘未按规定取得的合法有效凭据不得在税前扣除。’上述规定对违规取得发票或凭据不得在税前扣除做了规定,被上诉人善意取得徐州市超典物资有限公司虚开的 23 份增值税专用发票,该发票对应的企业所产生的成本,是否应当作为企业所得税税前列支,税法没有禁止性规定,在此情况下上诉人处理决定要求被上诉人补缴企业所得税并加收滞纳金的法律依据不足,其认定事实不清,原审依法予以撤销并无不当。”因此,善意取得虚开的增值税专用发票,对应成本可以在企业所得税税前列支,说明发票并非税前扣除唯一的凭据。

国家税务总局稽查局 2017 年下发《关于 2015 年度重点税源企业随机抽查工作的指导意见》涉及所得税部门第十条:企业的支出项目应取得而未取得发票的,原则上不予在计算应纳税所得额时进行扣除,但业务真实的前提下,可根据未取得发票的具体原因和证明交易发生的其他凭据综合判定,是否允许其在计算应纳税所得额时扣除。

温馨提示

购货方与销售方存在真实的交易,销售方使用的是其所在省(自治区、直辖市和计划单列市)的专用发票,专用发票注明的销售方名称、印章、货物数量、金额及税额等全部内容与实际相符,且没有证据表明购货方知道销售方提供的专用发票是以非法手段获得的,对购货方不以偷税或者骗取出口退税论处。但应按有关规定不予抵扣进项税款或者不予出口退税;购货方已经抵扣的进项税款或者取得的出口退税,应依法追缴。纳税人善意取得虚开的增值税专用发票被依法追缴已抵扣税款的,不属于税收征收管理法第三十二条“纳税人未按照规定期限缴纳税款”的情形,不适用该条“税务机关除责令限期缴纳外,从滞纳税款之日起,按日加收滞纳税款万分之五的滞纳金”的规定。

48 取得以前年度应扣未扣费用的发票如何税前扣除?

问题概述

宏达实业有限公司 2015 年发生装修费用 80 万元记入了“长期待摊费用”科目,按租赁期限 10 年摊销,每年摊销 10 万元,2015 年有 80 万元装修发票没有取得,于 2017 年 6 月取得。请问,这笔装修费用现在可否税前扣除?

精要解答

《国家税务总局关于企业所得税应纳税所得额若干税务处理问题的公告》(国家税务总局

公告2012年第15号)规定,对企业发现以前年度实际发生的、按照税收规定应在企业所得税前扣除而未扣除或者少扣除的支出,企业做出专项申报及说明后,准予追补至该项目发生年度计算扣除,但追补确认期限不得超过5年。企业由于上述原因多缴的企业所得税税款,可以在追补确认年度企业所得税应纳税款中抵扣,不足抵扣的,可以向以后年度递延抵扣或申请退税。

因此,宏达实业有限公司2015年度应摊未摊的费用,不是对2017年度应税所得额进行调减,而是做出专项申报及说明后,准予追补至2015年度计算扣除。

温馨提示

《中华人民共和国税收征收管理法》第五十一条规定:“纳税人超过应纳税额缴纳的税款,税务机关发现后应当立即退还;纳税人自结算缴纳税款之日起三年内发现的,可以向税务机关要求退还多缴的税款并加算银行同期存款利息,税务机关及时查实后应当立即退还。”企业由于出现应在当期扣除而未扣除的税费,从而多缴了税款,以后年度发现后应当准予追补确认退还,但根据权责发生制原则,不得改变税费扣除的所属年度,应追补至该项目发生年度计算扣除。

《中华人民共和国税收征收管理法》第五十二条第二款、第三款规定:“因纳税人、扣缴义务人计算错误等失误,未缴或者少缴税款的,税务机关在三年内可以追征税款、滞纳金;有特殊情况的,追征期可以延长到五年。对偷税、抗税、骗税的,税务机关追征其未缴或者少缴的税款、滞纳金或者所骗取的税款,不受前款规定期限的限制。”《国家税务总局关于发布〈企业资产损失税前扣除管理办法〉的公告》(税务总局公告〔2011〕25号)第六条规定,企业以前年度未扣除的资产损失也可以追补确认,其追补确认期限也不得超过5年。未扣除的税费与未扣除的资产损失性质相同,两项政策应当保持一致,追补确认期限均不得超过5年。

融资费用资本化

49 这张发票是否可以入账?企业所得税前可以列支吗?

问题概述

我单位前期与供应商所签煤炭买卖合同,因资金紧张货款一直未付清,近期经法院判决,我公司应支付供应商延期付款利息100万元,对方给开了一张利息的增值税专用发票,金额943 396.23元,税率6%,税额56 603.77元。请问这张发票是否可以入账?企业所得税前可以列支吗?

精要解答

你公司由于延期支付货款所承担的100万元利息,属于供应商销售货物的价外费用,应由对方向你公司开具销售货物的发票,适用税率17%。对方给开的这张利息的增值税专用发票,金额943 396.23元,税率6%,税额56 603.77元,不能入账,也不能作为税前扣除凭证。应要求对方重新开具。

温馨提示

供应商按照(贷款服务)税目开具的发票,属于开票有误,你公司应当向供应商退还,由对方作废或者开具红字发票,并重新按照正确税目向你公司开具蓝字发票,你公司可以凭票抵扣相应的进项税额。

50 销售方的记账联复印件和存根联，是否可以作为购买方企业所得税前扣除凭证？

问题概述

我公司不慎将增值税普通发票的发票联遗失，取得加盖销售方公章的记账联复印件和存根联，是否可以作为企业所得税前扣除凭证？

精要解答

根据《中华人民共和国企业所得税法》(中华人民共和国主席令第63号)第八条规定："企业实际发生的与取得收入有关的、合理的支出，包括成本、费用、税金、损失和其他支出，准予在计算应纳税所得额时扣除。"

因此，普通发票复印件可以作为税前扣除凭证，但是复印件上要开票方加注与原件一致的字样，并需提供其他可证明支出合理性的材料，如合同，转账凭证等。

温馨提示

建议受票方需要用存根联入账作为税前扣除凭证的，应要求对方在取得开票方注明"此件是我单位提供，与原件相符"并加盖公章的存根联复印件，与发票丢失登报声明一并作为原始凭证。

51 员工拿着发票来报销采暖费是否可以税前扣除？

问题概述

企业发放给员工的采暖费补贴是否可以税前扣除？扣除的比例是多少？如果是员工拿着发票来报销，是否可以税前扣除？

精要解答

《国家税务总局关于企业工资薪金及职工福利费扣除问题的通知》(国税函〔2009〕3号)第三条第(二)款规定，为职工卫生保健、生活、住房、交通等所发放的各项补贴和非货币性福利，包括企业向职工发放的因公外地就医费用、未实行医疗统筹企业职工医疗费用、职工供养直系亲属医疗补贴、供暖费补贴、职工防暑降温费、职工困难补贴、救济费、职工食堂经费补贴、职工交通补贴等。

《中华人民共和国企业所得税法实施条例》(中华人民共和国国务院令第512号)第四十条规定，企业发生的职工福利费支出，不超过工资薪金总额14%的部分，准予扣除。

因此，企业发放给员工的采暖费补贴可以按照职工福利费的标准，在不超过工资薪金总额14%的部分，准予扣除；而对于员工拿着发票来报销的情况，如果企业前期已将采暖费补贴以货币形式发放的，则不予以扣除；反之，则可以按照福利费的标准扣除。

温馨提示

企业发放给员工的采暖费补贴可以采取自制凭证与工资一同发放。

52 税率栏为"不征税"的增值税发票是否可以作为税前扣除凭证？

问题概述

我公司在超市购买预付卡取得不征税发票，消费时不再开具发票，该不征税发票是否可以作为税前扣除凭证?

精要解答

对于企业购买、充值预付卡,应在业务实际发生时按照规定取得业务实际发生凭据进行扣除,在购买或充值环节,只能取得税率栏为"不征税"的增值税普通发票,预付卡应作为企业的资产进行管理,充值时发生的相关支出不得税前扣除。

温馨提示

预付卡购买或充值时,使用601"预付卡销售和充值"编码,发票税率栏应填写"不征税",不得开具增值税专用发票。

持卡人使用单用途(多用途)卡购买货物或服务时,货物或者服务的销售方应按照现行规定缴纳增值税,且不得向持卡人开具增值税发票。在实际消费时,要有购买物品相应的入库记录,领用时要用出库记录。购物清单和小票上要有预付卡的卡号。

53 企业未支付的当期费用,能否在所得税前扣除?

问题概述

宏达实业有限公司因生产经营需要向宏泰实业有限公司租赁一房屋作为生产车间,合同约定每年年度一次性支付全年的租金,2017 年由于资金困难,经与宏泰实业有限公司协商 2016 年、2017 年两年的房租一并在 2017 年年末支付,若该租金于 2016 年度已经提取但没有支付,并取得发票能否在所得税前扣除?

精要解答

《中华人民共和国企业所得税法》规定:"第八条企业实际发生的与取得收入有关的、合理的支出,包括成本、费用、税金、损失和其他支出,准予在计算应纳税所得额时扣除。"

《中华人民共和国企业所得税法实施条例》规定:"第九条企业应纳税所得额的计算,以权责发生制为原则,属于当期的收入和费用,不论款项是否收付,均作为当期的收入和费用;不属于当期的收入和费用,即使款项已经在当期收付,均不作为当期的收入和费用。"

由此可见,租金费用是在 2016 年度提取但没有支付,并取得发票的,按照权责发生制原则,属于 2016 年实际发生的费用并取得了合法凭证,应在 2016 年所得税前扣除。

温馨提示

权责发生制与收付实现制区别:

权责发生制是相对于收付实现制而言的。权责发生制是按照收益、费用是否归属本期为标准来确定本期收益、费用的一种方法;收付实现制是按照收益、费用是否在本期实际收到或付出为标准确定本期收益、费用的一种方法。

54 当年计提但在次年汇算清缴前还没有上缴,允许在汇算清缴前扣除吗?如果以后年度上缴,还允许扣除吗?在哪个年度扣除?

问题概述

A 实业有限公司 2017 年预提了水利基金 50 万元,在 2018 年 5 月 31 日企业所得税汇算清缴后仍没有上缴,请问应如何进行处理?

精要解答

《中华人民共和国企业所得税法实施条例》第九条规定,企业应纳税所得额的计算,以权责发生制为原则,属于当期的收入和费用,不论款项是否收付,均作为当期的收入和费用;不属于当期的收入和费用,即使款项已经在当期收付,均不作为当期的收入和费用。本条例和国务院财政、税务主管部门另有规定的除外。

当年计提但在次年汇算清缴前还没有缴纳,当年不得扣除,须调增。以后年度缴纳了,在缴纳年度可以调整减少应纳税所得额。

温馨提示

《国家税务总局关于企业所得税应纳税所得额若干税务处理问题的公告》(国家税务总局公告 2012 年第 15 号)规定,对企业发现以前年度实际发生的、按照税收规定应在企业所得税前扣除而未扣除或者少扣除的支出,企业做出专项申报及说明后,准予追补至该项目发生年度计算扣除,但追补确认期限不得超过 5 年。

企业应以权责发生制为原则,对于发现以前实际发生但未扣除的可以进行追溯调整。

55 购物卡支出能否在税前扣除?

问题概述

宏达实业有限公司向超市和油站购买预付款的购物卡和加油卡用于赠送给员工和客户,购卡时取得增值税普通发票,请问该笔支出凭增值税普通发票可以直接计入费用在企业所得税前扣除吗?

精要解答

《中华人民共和国企业所得税法》(中华人民共和国主席令第 63 号)的规定,企业实际发生的与取得收入有关的、合理的支出,包括成本、费用、税金、损失和其他支出,准予在计算应纳税所得额时扣除。

宏达实业有限公司向超市和油站购买预付款的购物卡和加油卡用于赠送给员工和客户,购卡时取得增值税普通发票,应区别是否福利费或业务招待费或与生产经营有关,对待不同情况分别进行处理。

国家税务总局公告 2016 年第 53 号第三条规定:“(一)单用途卡发卡企业或者售卡企业(以下统称‘售卡方’)销售单用途卡,或者接受单用途卡持卡人充值取得的预收资金,不缴纳增值税。售卡方可按照本公告第九条的规定,向购卡人、充值人开具增值税普通发票,不得开具增值税专用发票……(三)持卡人使用单用途卡购买货物或服务时,货物或者服务的销售方应按照现行规定缴纳增值税,且不得向持卡人开具增值税发票。”

企业购卡后未使用的,不得进行税前扣除;购卡后使用的,在使用时相应结转成本、费用进行税前扣除。比如,用卡购买货物或服务的,凭购卡发票复印件和购物清单入账,按有关规定税前扣除;用于职工福利的,凭购卡发票复印件、职工领卡签名记录、代扣代缴个人所得税凭据等入账,按有关规定税前扣除;用于业务招待的,凭购卡发票复印件、其他证明业务真实性的相关资料入账,按有关规定税前扣除。

温馨提示

《中华人民共和国企业所得税法实施条例》规定,企业发生的职工福利费支出,不超过工资薪金总额 14%的部分，准予扣除；企业发生的与生产经营活动有关的业务招待费支出，按照发生额的 60%扣除，但最高不得超过当年销售（营业）收入的 5‰。

《国家税务总局关于企业所得税执行中若干税务处理问题的通知》（国税函〔2009〕202 号）规定，企业在计算业务招待费、广告费和业务宣传费等费用扣除限额时，其销售（营业）收入额应包括《实施条例》第二十五条规定的视同销售（营业）收入额。

《国家税务总局关于贯彻落实企业所得税法若干税收问题的通知》（国税函〔2010〕79 号）规定，对从事股权投资业务的企业（包括集团公司总部、创业投资企业等），其从被投资企业所分配的股息、红利以及股权转让收入，可以按规定的比例计算业务招待费扣除限额。

56 电商返还的现金能否税前扣除？

实际资产与法定资产损失

问题概述

随着电子商务的推广普及，不少企业运用电商平台销售产品，顾客使用产品后在网上进行评论，对给予好评的顾客一定金额的现金返还。该返现支出无法取得发票，企业也无法在销售发票上注明返现金额，但是可提供电子商务系统订单明细清册、返现明细清单等资料，是否可以据此税前列支？

精要解答

《中华人民共和国企业所得税法》规定，企业实际发生的与取得收入有关的、合理的支出，包括成本、费用、税金、损失和其他支出，准予在计算应纳税所得额时扣除。

《中华人民共和国企业所得税法实施条例》企业发生的符合条件的广告费和业务宣传费支出，除国务院财政、税务主管部门另有规定外，不超过当年销售（营业）收入 15%的部分，准予扣除；超过部分，准予在以后纳税年度结转扣除。

企业给予好评顾客的现金返还，可以凭借活动规则（通告）、电子商务系统内定单明细清册、实际已返现明细清单、支付凭证等资料按业务宣传费相关规定税前扣除。

温馨提示

《国家税务总局关于企业所得税执行中若干税务处理问题的通知》（国税函〔2009〕202 号）规定，企业在计算业务招待费、广告费和业务宣传费等费用扣除限额时，其销售（营业）收入额应包括《实施条例》第二十五条规定的视同销售（营业）收入额。即企业发生非货币性资产交换，以及将货物、财产、劳务用于捐赠、偿债、赞助、集资、广告、样品、职工福利或者利润分配等用途的，应当视同销售货物、转让财产或者提供劳务也应作为计算业务招待费、广告费和业务宣传费等费用的基数。

57 收到银行手续费凭据能否税前扣除？

问题概述

宏达实业有限公司 2017 年向银行借款 1 000 万元，银行向该公司收取了利息、手续费、理财费未取得发票，仅有银行结算单，请问是否可以税前列支？

精要解答

《中华人民共和国企业所得税法》规定，企业实际发生的与取得收入有关的、合理的支出，包括成本、费用、税金、损失和其他支出,准予在计算应纳税所得额时扣除。

《中华人民共和国发票管理办法》第二十条规定,所有单位和从事生产、经营活动的个人在购买商品、接受服务以及从事其他经营活动支付款项,应当向收款方取得发票。

《财政部 国家税务总局关于全面推开营业税改征增值税试点的通知》(财税 2016 年 36 号)附件 1 注释:金融服务,是指经营金融保险的业务活动,包括贷款服务、直接收费金融服务、保险服务和金融商品转让。直接收费金融服务,是指为货币资金融通及其他金融业务提供相关服务并且收取费用的业务活动,包括提供货币兑换、账户管理、电子银行、信用卡、信用证、财务担保、资产管理、信托管理、基金管理、金融交易场所(平台)管理、资金结算、资金清算、金融支付等服务。

直接收费金融服务属增值税的征税范围,提供了直接收费金融服务的金融机构有开具增值税发票的义务。

因此,企业向银行支付利息以外的手续费,应该向银行索取发票作为税前列支凭证。

温馨提示

根据《发票管理办法》第四十四条规定,国务院税务主管部门可以根据有关行业(包括金融机构存贷业务)特殊的经营方式和业务需求,会同国务院有关主管部门制定该行业的发票管理办法。除上述规定外,银行手续费、年费、开户费等中间收费业务均应按规定使用税务部门监制的发票。

58 借款用于建造厂房,财务顾问费如何税前扣除?

问题概述

某企业 2016 年向银行借款用于建造一幢建设期为 2 年的厂房,从银行专门借入款项 5 000 万元,年利率 6.31%。同时银行的投资部与该企业签订协议,针对此笔贷款收取财务顾问费 500 万元。企业支付的财务顾问费如何进行税务处理?

精要解答

按照《国家税务总局关于企业所得税应纳税所得额若干税务处理问题的公告》(国家税务总局公告 2012 年第 15 号)第二条的规定:"企业通过发行债券、取得贷款、吸收保户储金等方式融资而发生的合理的费用支出,符合资本化条件的,应计入相关资产成本;不符合资本化条件的,应作为财务费用,准予在企业所得税前据实扣除。符合资本化条件的融资性费用属于资本性支出,应当分期扣除或者计入有关资产成本,不得在发生当期直接扣除;不符合资本化条件的融资性费用属于收益性支出,在发生当期直接扣除。"考虑到厂房建造支出属于资本性支出,因此对归属于厂房建造的财务顾问费支出应予以资本化,应计入厂房的计税基础,通过计算折旧予以税前扣除。

温馨提示

根据《财政部 国家税务总局关于全面推开营业税改征增值税试点的通知》(财税〔2016〕36 号)的规定,纳税人接受贷款服务是不得抵扣进项税额的,同时,纳税人接受贷款服务向贷款方支付的与该笔贷款直接相关的投融资顾问费、手续费、咨询费等费用,其进项税额不得从销项税额中抵扣。

59 认缴制后投资未到位利息如何扣除?

问题概述

宏达实业有限公司 2016 年 1 月份注册,认缴资本为 200 万元,2016 年实际到位 100 万元,其余100万注册资金承诺2017年12月底投资到位，但直到2017年12月底，该投资款依然没有到位，请问在实行认缴制后投资未到位利息如何扣除？

精要解答

《关于企业投资者投资未到位而发生的利息支出企业所得税前扣除问题的批复》(国税函〔2009〕312号)规定，关于企业由于投资者投资未到位而发生的利息支出扣除问题，根据《中华人民共和国企业所得税法实施条例》第二十七条规定，凡企业投资者在规定期限内未缴足其应缴资本额的，该企业对外借款所发生的利息，相当于投资者实缴资本额与在规定期限内应缴资本额的差额应计付的利息，其不属于企业合理的支出，应由企业投资者负担，不得在计算企业应纳税所得额时扣除。

宏达实业有限公司2017年度按照承诺应该足额的注册资金到位，但该企业未能投资到位，因此实收资本和认缴资本之间的差额100万元对应的借款数的利息，在2017年所得税汇算清缴时不得税前扣除，应该做应税所得调增处理。

温馨提示

投资未到位具体计算不得扣除的利息：应以企业一个年度内每一账面实收资本与借款余额保持不变的期间作为一个计算期，每一计算期内不得扣除的借款利息按该期间借款利息发生额乘以该期间企业未缴足的注册资本占借款总额的比例计算，公式为：

$$\text{企业每一计算期不得扣除的借款利息}=\text{该期间借款利息额}\times\text{该期间未缴足注册资本额}\div\text{该期间借款额}$$

企业一个年度内不得扣除的借款利息总额为该年度内每一计算期不得扣除的借款利息额之和。

60 企业用借款进行长期股权投资，借款利息是否予以资本化？

问题概述

我公司拟以2 500万元购买A公司25%的股权，但是2 500万元中1 000万元为银行贷款，贷款期限3年，年利率10%。请问此笔借款利息是否予以资本化？

精要解答

不应资本化，记入当期损益。《企业所得税法》第十四条："企业对外投资期间，投资资产的成本在计算应纳税所得额时不得扣除。"《企业所得税法实施条例》第七十一条："投资资产按照以下方法确定成本：(一)通过支付现金方式取得的投资资产，以购买价款为成本；"即除购买价款以外的支出，直接计入当期损益，税前扣除。《企业所得税法实施条例》第三十七条规定，企业在生产经营活动中发生的合理的不需要资本化的借款费用，准予扣除。企业为购置、建造固定资产、无形资产和经过12个月以上的建造才能达到预定可销售状态的存货发生借款的，在有关资产购置、建造期间发生的合理的借款费用，应当作为资本性支出计入有关资产的成本，并依照本条例的规定扣除。

根据《企业会计准则——17号借款费用》第二条规定，借款费用是指企业因借款而发生的利息及其他相关成本。第四条规定，企业发生的借款费用，可直接归属于符合资本化条件的资产的购建或者生产的，应当予以资本化，计入相关资产成本；其他借款费用，应当在发生时根据其发生额确认为费用，计入当期损益。符合资本化条件的资产，是指需要经过相当长时间的购建或者生产活动才能达到预定可使用或者可销售状态的固定资产、投资性房地产和存货等资产。为使资产达到预定可使用或者可销售状态所必要的购建或者生产活动已经开始。

所以,会计上,因不符合资本化条件,不应资本化。企业所得税也作为费用化支出税前扣除。

温馨提示

借款费用应同时满足以下条件,才能开始资本化:

(1) 资产支出已经发生,资产支出包括为购建或者生产符合资本化条件的资产而以支付现金、转移非现金资产或者承担带息债务形式发生的支出。

(2) 借款费用已经发生。

(3) 为使资产达到预定可使用或者可销售状态所必要的购建或者生产活动已经开始。

购建或者生产符合资本化条件的资产达到预定可使用或者可销售状态时,借款费用应当停止资本化。

61 A 公司给 B 公司担保贷款,B 公司无力偿还时由 A 公司偿还,A 公司支付的利息是否可以税前扣除?

问题概述

A 公司给 B 公司担保贷款,B 公司无力偿还时由 A 公司偿还,A 公司支付的利息是否可以税前扣除?

精要解答

《国家税务总局关于发布〈企业资产损失所得税税前扣除管理办法〉的公告》(国家税务总局公告 2011 年第 25 号)第四十四条规定:

企业对外提供与本企业生产经营活动有关的担保,因被担保人不能按期偿还债务而承担连带责任,经追索,被担保人无偿还能力,对无法追回的金额,比照本办法规定的应收款项损失进行处理。

与本企业生产经营活动有关的担保是指企业对外提供的与本企业应税收入、投资、融资、材料采购、产品销售等生产经营活动相关的担保。

因此,A 公司支付的利息要看此项担保是否与企业生产经营活动有关,如有关,可比照应收款项损失进行处理;如无关,则不可以税前扣除。

温馨提示

《国家税务总局关于发布〈企业资产损失所得税税前扣除管理办法〉的公告》(国家税务总局公告 2011 年第 25 号)规定:

"第二十二条　企业应收及预付款项坏账损失应依据以下相关证据材料确认:

(一) 相关事项合同、协议或说明;

(二) 属于债务人破产清算的,应有人民法院的破产、清算公告;

(三) 属于诉讼案件的,应出具人民法院的判决书或裁决书或仲裁机构的仲裁书,或者被法院裁定终(中)止执行的法律文书;

(四) 属于债务人停止营业的,应有工商部门注销、吊销营业执照证明;

(五) 属于债务人死亡、失踪的,应有公安机关等有关部门对债务人个人的死亡、失踪证明;

(六) 属于债务重组的,应有债务重组协议及其债务人重组收益纳税情况说明;

(七) 属于自然灾害、战争等不可抗力而无法收回的,应有债务人受灾情况说明以及放弃债权申明。

第二十三条 企业逾期三年以上的应收款项在会计上已作为损失处理的，可以作为坏账损失，但应说明情况，并出具专项报告。

第二十四条 企业逾期一年以上，单笔数额不超过五万元或者不超过企业年度收入总额万分之一的应收款项，会计上已经作为损失处理的，可以作为坏账损失，但应说明情况，并出具专项报告。”

62 企业以股东财产作为抵押向银行贷款，这部分利息能否在企业税前扣除？

坏账准备税前扣除

问题概述

为了扩大生产经营，宏达公司需要向银行贷款，公司股东董某将自己的一幢别墅作为抵押向银行贷款，请问这部分利息能否税前扣除？

精要解答

《中华人民共和国企业所得税法》第八条规定：企业实际发生的与取得收入有关的、合理的支出，包括成本、费用、税金、损失和其他支出，准予在计算应纳税所得额时扣除。

《企业所得税法实施条例》第二十七条规定，企业所得税法第八条所称有关的支出，是指与取得收入直接相关的支出。《企业所得税法》第八条所称合理的支出，是指符合生产经营活动常规，应当计入当期损益或者有关资产成本的必要和正常的支出。

上述利息支出虽然以股东财产作为抵押，但仍属于为企业取得收入有关的、合理的支出，因此，可以按照规定在税前扣除。

温馨提示

这部分利息的税前扣除必须取得合法有效的凭据，同时应提供相关证据说明该笔贷款利息与生产经营有关，否则不得税前扣除。

63 “金融企业同期同类贷款利率计算的数额的部分”具体指的是什么？

问题概述

向非金融机构借款，按规定可以扣除不超过按照金融企业同期同类贷款利率计算的数额的部分。其中“金融企业同期同类贷款利率计算的数额的部分”，是指金融企业对外公布的贷款利率，还是指实际金融机构贷款合同中的优惠贷款利率？

精要解答

《国家税务总局关于企业所得税若干问题的公告》（国家税务总局公告 2011 年第 34 号）规定的“金融企业的同期同类贷款利率情况说明”中，应包括在签订该借款合同当时，本省任何一家金融企业提供同期同类贷款利率情况。该金融企业应为经政府有关部门批准成立的可以从事贷款业务的企业，包括银行、财务公司、信托公司等金融机构。“同期同类贷款利率”是指在贷款期限、贷款金额、贷款担保以及企业信誉等条件基本相同下，金融企业提供贷款的利率。既可以是金融企业公布的同期同类平均利率，也可以是金融企业对某些企业提供的实际贷款利率。

温馨提示

根据《企业所得税法》第八条规定,企业实际发生的与取得收入有关的、合理的支出,包括成本、费用、税金、损失和其他支出,准予在计算应纳税所得额时扣除。对于利息支出应注意以下相关政策:

《企业所得税法实施条例》第三十八条规定,企业在生产经营活动中发生的非金融企业向金融企业借款的利息支出、金融企业的各项存款利息支出和同业拆借利息支出、企业经批准发行债券的利息支出、非金融企业向非金融企业借款的利息支出(不超过按照金融企业同期同类贷款利率计算的数额的部分)准予扣除。

《国家税务总局关于企业向自然人借款的利息支出企业所得税税前扣除问题的通知》(国税函〔2009〕777 号)规定,企业向股东或其他与企业有关联关系的自然人借款的利息支出,应根据《中华人民共和国企业所得税法》(以下简称税法)第四十六条及《财政部 国家税务总局关于企业关联方利息支出税前扣除标准有关税收政策问题的通知》(财税〔2008〕121 号)规定的条件,计算企业所得税扣除额;企业向除第一条规定以外的内部职工或其他人员借款的利息支出,其借款情况同时符合以下条件的,其利息支出在不超过按照金融企业同期同类贷款利率计算的数额的部分,根据《税法》第八条和《税法实施条例》第二十七条规定,准予扣除。其条件是:

(1) 企业与个人之间的借贷是真实、合法、有效的,并且不具有非法集资目的或其他违反法律、法规的行为。

(2) 企业与个人之间签订了借款合同。

国税函〔2009〕777 号文件明确了两类贷款人的处理办法,既有关联关系的自然人和其他自然人,其中对关联自然人借款利息扣除按《财政部 国家税务总局关于企业关联方利息支出税前扣除标准有关税收政策问题的通知》(财税〔2008〕121 号)规定执行。在双方不存在关联关系的情况下,需要符合两个条件,其利息支出方能按不超过按照金融企业同期同类贷款利率计算的数额进行扣除:①企业与个人之间的借贷是真实、合法、有效的,并且不具有非法集资目的或其他违反法律、法规的行为;②企业与个人之间签订了借款合同。

64 企业取得企业商业承兑汇票,到开户银行票据贴现,银行贴现利息高于同期银行承兑汇票的贴现利息,能不能所得税前扣除?

问题概述

企业取得企业商业承兑汇票,到开户银行票据贴现,银行贴现利息高于同期银行承兑汇票的贴现利息,能不能所得税前扣除?

精要解答

《中华人民共和国企业所得税法实施条例》规定,企业在生产经营活动中发生的下列利息支出,准予扣除:①非金融企业向金融企业借款的利息支出、金融企业的各项存款利息支出和同业拆借利息支出、企业经批准发行债券的利息支出;②非金融企业向非金融企业借款的利息支出,不超过按照金融企业同期同类贷款利率计算的数额的部分。

因此,非金融企业向金融企业借款的利息支出、金融企业的各项存款利息支出和同业拆借利息支出、企业经批准发行债券的利息支出,准予扣除。

温馨提示

非金融企业向非金融企业借款的利息支出,不超过按照金融企业同期同类贷款利率计算的数额的部分，准予税前扣除，超过部分不得税前扣除。

65 企业预提的利息能否税前扣除？

问题概述

宏达实业有限公司为了调节会计利润，在 2017 年年底计提一笔计提关联方利息，请问该笔利息能否税前扣除？

精要解答

《中华人民共和国企业所得税法》规定，企业实际发生的与取得收入有关的、合理的支出，包括成本、费用、税金、损失和其他支出，准予在计算应纳税所得额时扣除。利息收入，按照合同约定的债务人应付利息的日期确认收入的实现。

宏达实业有限公司在 2017 年年底计提一笔关联方利息收入并没有实际发生，不得税前扣除。

66 房地产企业统借统还借款利息能否税前扣除？

问题概述

A 房地产公司为集团公司成员，集团公司为了加强资金管理，对各子公司资金实行统一调拨、统一融资、统一借款。请问房地产企业统借统还借款利息能否税前扣除？

精要解答

《国家税务总局关于印发〈房地产开发经营业务企业所得税处理办法〉的通知》（国税发〔2009〕31 号）规定，企业的利息支出按以下规定进行处理：

（1）企业为建造开发产品借入资金而发生的符合税收规定的借款费用，可按企业会计准则的规定进行归集和分配，其中属于财务费用性质的借款费用，可直接在税前扣除。

（2）企业集团或其成员企业统一向金融机构借款分摊集团内部其他成员企业使用的，借入方凡能出具从金融机构取得借款的证明文件，可以在使用借款的企业间合理地分摊利息费用，使用借款的企业分摊的合理利息准予在税前扣除。

温馨提示

房地产企业集团或其成员企业统一向金融机构借款分摊集团内部其他成员企业使用的，借入方凡能出具从金融机构取得借款的证明文件，可以在使用借款的企业间合理地分摊利息费用，使用借款的企业分摊的合理利息准予在税前扣除。

67 集团公司向银行贷款后由子公司使用其利息如何扣除？

问题概述

某集团母公司采用统借统贷政策，大量融资使用于下属子公司，集团公司未单独向下属公司开具正式发票，未确认利息收入，仅提供利息分割单，收到下属子公司利息时，冲减“财务费用——利息支出”科目。那么，这种统借统贷的利息支出能否税前扣除？

精要解答

《房地产开发经营业务企业所得税处理办法》(国税发〔2009〕31 号)第二十一条规定,企业集团或其成员企业统一向金融机构借款分摊集团内部其他成员企业使用的,借入方凡能出具从金融机构取得借款的证明文件,可以在使用借款的企业间合理地分摊利息费用,使用借款的企业分摊的合理利息准予在税前扣除。

关于统借统贷业务,《国家税务总局关于印发房地产开发经营业务企业所得税处理办法的通知》(国税发〔2009〕31 号)明确规定,允许企业所得税税前扣除,但该文件仅针对房地产开发企业制订,对于其他企业则没有明确规定。

部分地方将该政策扩大了适用范围,从房地产开发企业扩大到所有企业,如:

《天津市地税国税关于企业所得税税前扣除有关问题的通知》(津地税企所〔2010〕5 号)第六条资金拆借利息的税前扣除问题规定,实行统贷统还办法的企业,集团公司与所属子公司应签订资金使用协议,子公司按照协议实际占用资金支付给集团公司的利息与集团公司向金融机构贷款利率一致的部分,准予扣除。

《辽宁省地方税务局关于印发企业所得税若干业务问题的通知》(辽地税发〔2010〕3 号)文件第二条关于企业统一借款转借集团内部其他企业单位使用税前扣除问题规定:"企业集团或其成员企业统一向金融机构借款,分摊集团内部其他成员企业使用的,凡能出具从金融机构取得借款的证明文件,并在使用借款的企业间合理分摊利息费用的,使用借款的企业分摊的合理利息准予在税前扣除。但企业集团或其成员企业不得重复扣除。"

《河北省地方税务局关于企业所得税若干业务问题的通知》(冀地税发〔2009〕48 号)第八条规定:对集团公司和所属企业采取"由集团公司统一向金融机构借款,所属企业按一定程序申请使用,并按同期银行贷款利率将利息支付给集团公司,由集团公司统一与金融机构结算"的信贷资金管理方式的,不属于关联企业之间借款。凡集团公司能够出具从金融机构取得贷款的证明文件,其所属企业使用集团公司转贷的金融机构借款支付的利息,不高于贷款银行同类同期贷款利率计算数额的部分,允许在企业所得税前扣除。

《吉林省地方税务局关于明确继续执行的企业所得税有关业务问题的通知》(吉地税发〔2009〕52 号)第六条关于总机构统一向银行借款后划拨给下属企业使用收取的利息扣除问题规定,企业集团或行业主管部门(以下简称总机构)对下属企业实施紧密型管理,采取由总机构统一向银行借款,然后划拨给下属企业分别使用的,总机构按使用银行借款金额分配给下属企业的利息可承认扣除。向下属企业分配的利息金额是否正确合理由总机构所在地主管地税机关审查确认并出具适当的证明资料。

企业集团或行业主管部门(以下简称总机构)对下属企业实施紧密型管理,采取由总机构统一向银行借款,然后划拨给下属企业分别使用的,总机构按使用银行借款金额分配给下属企业的利息可承认扣除。向下属企业分配的利息金额是否正确合理,由总机构所在地主管税务机关审查确认并出具适当的证明资料。

温馨提示

统借统贷业务是否作为关联方借款认定,税前扣除需要提供哪些支持文件,目前尚未明确。目前通行处理方法是要求企业尽量提供统借统贷的合理性依据,主要包括以下几点:集团公司确实存在融资需求,如下属子公司抵押资产不足,存在贷款困难等;集团公司与银行签订借款合同时,最好明确实际使用该项借款的下属子公司名称;保持对子公司借款利率与银行借款利率无利率差;集团公司借入款项与分配到下属子公司借出款项存在明确对应关系,做好备查工作。

依据《财政部 国家税务总局关于全面推开营业税改征增值税试点的通知》(财税〔2016〕36号)对统借统还业务的规定:企业集团或企业集团中的核心企业以及集团所属财务公司按不高于支付给金融机构的借款利率水平或者支付的债券票面利率水平,向企业集团或者集团内下属单位收取的利息免征增值税;统借方向资金使用单位收取的利息,高于支付给金融机构的借款利率水平或者支付的债券票面利率水平的,应全额缴纳增值税。

企业所得税的税前扣除凭据:“统借统还”不缴纳增值税的利息支出,税务机关一般不要求代开利息收入的发票,使用收据即可税前扣除。其他非金融机构借款利息支出均应取得利息发票才可以税前列支。“统借统还”如不缴纳增值税的利息支出要想在企业所得税的税前扣除,还应当有充足的证明材料(总部:银行贷款合同、集团内借款利息费用分摊协议、统借统还本金及利息支出分摊计算表等相关证明材料,子公司:实际取得借款额及支付利息费用的收据等相关证明材料)来证明自己的借款利息支出属于“统借统还”性质。

68 集团公司统一支付费用能否在子公司扣除?

问题概述

集团公司的某些支出由集团总部统一采购支付,再按各地实际发生金额分摊到各子公司,子公司将发生费用支付给集团公司。提供服务单位向集团总部开具汇总发票,各个子公司凭汇总发票复印件以及集团或者负责联系单位制作的费用分摊表入账,子公司是否可以根据以上发票复印件等凭证税前列支?

精要解答

存货资产损失

自2008年以来,企业所得税法实施法人所得税制,集团内各独立法人企业应按照企业所得税法的有关规定计算并缴纳企业所得税。由于集团公司与其子公司是两个不同的法人主体,对上述应由子公司承担的费用,集团公司应要求服务单位换开子公司抬头的合法凭据并税前扣除,对未按规定取得合法凭据的不得税前扣除。

温馨提示

《国家税务总局关于母子公司间提供服务支付费用有关企业所得税处理问题的通知》(国税发〔2008〕86号)规定:

(1) 母公司为其子公司(以下简称子公司)提供各种服务而发生的费用,应按照独立企业之间公平交易原则确定服务的价格,作为企业正常的劳务费用进行税务处理。

母子公司未按照独立企业之间的业务往来收取价款的,税务机关有权予以调整。

(2) 母公司向其子公司提供各项服务,双方应签订服务合同或协议,明确规定提供服务的内容、收费标准及金额等,凡按上述合同或协议规定所发生的服务费,母公司应作为营业收入申报纳税;子公司作为成本费用在税前扣除。

(3) 母公司向其多个子公司提供同类项服务,其收取的服务费可以采取分项签订合同或协议收取;也可以采取服务分摊协议的方式,即由母公司与各子公司签订服务费用分摊合同或协议,以母公司为其子公司提供服务所发生的实际费用并附加一定比例利润作为向子公司收取的总服务费,在各服务受益子公司(包括盈利企业、亏损企业和享受减免税企业)之间按《中华人民共和国企业所得税法》第四十一条第二款规定合理分摊。

69 子公司支付给母公司借款利息是否可以税前扣除?

问题概述

2015年10月成立的子公司,注册资本1 000万元,章程上写明2015年年底前资金到账,且已按规定时间全部到账。现子公司从2016年1月开始向母公司借款1 000万元,支付的利息是否能够税前扣除?

精要解答

(1) 根据《财政部 国家税务总局关于企业关联方利息支出税前扣除标准有关税收政策问题的通知》(财税〔2008〕121号)规定:"一、在计算应纳税所得额时,企业实际支付给关联方的利息支出,不超过以下规定比例和税法及其实施条例有关规定计算的部分,准予扣除,超过的部分不得在发生当期和以后年度扣除。

企业实际支付给关联方的利息支出,除符合本通知第二条规定外,其接受关联方债权性投资与其权益性投资比例为:①金融企业为5∶1;②其他企业为2∶1。

(2) 企业如果能够按照税法及其实施条例的有关规定提供相关资料,并证明相关交易活动符合独立交易原则的;或者该企业的实际税负不高于境内关联方的,其实际支付给境内关联方的利息支出,在计算应纳税所得额时准予扣除……"

(3) 根据《国家税务总局关于企业投资者投资未到位而发生的利息支出企业所得税前扣除问题的批复》(国税函〔2009〕312号)的规定:"凡企业投资者在规定期限内未缴足其应缴资本额的,该企业对外借款所发生的利息,相当于投资者实缴资本额与在规定期限内应缴资本额的差额应计付的利息,其不属于企业合理的支出,应由企业投资者负担,不得在计算企业应纳税所得额时扣除。"

因此,该公司由于不存在股东欠资的情况,所以发生的借款利息税前扣除主要应按财税〔2008〕121号文件规定执行。

温馨提示

企业所得税年度汇算清缴时,子公司支付利息需取得增值税发票才可税前扣除。

70 关于纳税人发生的共同担负的费用支出可否分摊扣除?

问题概述

关于纳税人发生的共同担负的费用支出可否分摊扣除?

精要解答

《中华人民共和国企业所得税法》规定,企业实际发生的与取得收入有关的、合理的支出,包括成本、费用、税金、损失和其他支出,准予在计算应纳税所得额时扣除。

由此可见,两个以上企业共同负担的没有独立计量系统所发生的与生成经营有关的费用,如煤、水、电费及代收的污水处理费等,能够取得发票的,凭发票进行税前扣除;无法单独取得发票或与其他用户共同取得一张发票的,其实际发生的费用,可凭相关合同协议、发票复印件、分摊金额证明及银行划款凭证,据实在税前扣除。

温馨提示

目前对非自身发票可税前扣除的有以下规定:

(1) 根据国家税务总局《关于印发〈房地产开发经营业务企业所得税处理办法〉的通知》(国税发〔2009〕31 号)第二十一条规定:“……企业集团或其成员企业统一向金融机构借款分摊集团内部其他成员企业使用的,借入方凡能出具从金融机构取得借款的证明文件,可以在使用借款的企业间合理地分摊利息费用,使用借款的企业分摊的合理利息准予在税前扣除。”

(2) 根据《财政部 国家税务总局关于广告费和业务宣传费支出税前扣除政策的通知》(财税〔2012〕48 号)第二条规定:“对签订广告费和业务宣传费分摊协议(以下简称分摊协议)的关联企业,其中一方发生的不超过当年销售(营业)收入税前扣除限额比例内的广告费和业务宣传费支出可以在本企业扣除,也可以将其中的部分或全部按照分摊协议归集至另一方扣除。另一方在计算本企业广告费和业务宣传费支出企业所得税税前扣除限额时,可将按照上述办法归集至本企业的广告费和业务宣传费不计算在内。”

71 关联企业间广告费和业务宣传费如何进行分摊?

问题概述

A 企业和 B 企业是关联企业,根据分摊协议,B 企业在 2017 年发生的广告费和业务宣传费的 40%,归集至 A 企业扣除。假设 2017 年 B 企业销售收入为 3 000 万元,当年实际发生广告费和业务宣传费为 600 万元,其广告费和业务宣传费的扣除比例为销售收入的 15%,请问 A 企业的广告费和业务宣传费如何分摊?

精要解答

《财政部 国家税务总局关于广告费和业务宣传费支出税前扣除政策的通知》(财税〔2017〕41 号)规定,对签订广告费和业务宣传费分摊协议(以下简称分摊协议)的关联企业,其中一方发生的不超过当年销售(营业)收入税前扣除限额比例内的广告费和业务宣传费支出可以在本企业扣除,也可以将其中的部分或全部按照分摊协议归集至另一方扣除。另一方在计算本企业广告费和业务宣传费支出企业所得税税前扣除限额时,可将按照上述办法归集至本企业的广告费和业务宣传费不计算在内,即,接受归集扣除广告费和业务宣传费的关联企业,其接受扣除的费用不占用本企业的扣除限额,本企业可扣除的广告费和业务宣传费,除按规定比例计算的限额外,还可以将关联企业未扣除而归集来的广告费和业务宣传费在本企业扣除。

由此可见,2017 年 B 企业广告费和业务宣传费的税前扣除限额=3 000×15%=450(万元),则 B 企业转移到 A 企业扣除的广告费和业务宣传费应=450×40%=180(万元),而非 600×40%=240(万元);在本企业扣除的广告费和业务宣传费=450-180=270(万元),结转以后年度扣除的广告费和业务宣传费=600-450=150(万元),而非 600-270=330(万元)。

温馨提示

执行该条规定应注意以下几点:

(1) 根据税法规定,关联企业是指有下列关系之一的公司、企业和其他经济组织:在资金、经营、购销等方面,存在直接或者间接的拥有或者控制关系;直接或者间接地同为第三者所拥有或者控制;在利益上具有相关联的其他关系。

(2) 关联企业之间应签订有广告宣传费分摊协议,可根据分摊协议自由选择是在本企业扣除或归集至另一方扣除。

(3) 总体扣除限额不得超出规定标准。归集到另一方扣除的广告宣传费只能是费用发生企业依法可扣除限额内的部分或者全部,而不是实际发生额。例如,一般企业应先按不超过销售(营业)收入的 15%,化妆品制造或销售等前述三类企业按不超过销售(营业)收入的 30%,计算出本年可扣除限额。

(4) 接受归集扣除的关联企业不占用本企业原扣除限额。即本企业可扣除的广告宣传费按规定照常计算扣除限额,另外还可以将关联企业未扣除而归集来的广告宣传费在本企业扣除。

凡发生了广告费和业务宣传费纳税调整项目的纳税人,在进行企业所得税年度纳税申报(汇算清缴)时,根据税法、"48 号通知"(以前年度结转至 2016 年)、"41 号文件"等相关规定,以及国家统一企业会计制度,就本年的广告费和业务宣传费会计处理、税收处理,以及"以前年度累计结转扣除额""本年扣除的以前年度结转额"和"本年结转以后年度扣除额"等跨年度纳税调整情况,填报《广告费和业务宣传费跨年度纳税调整明细表(A105060)》。

72 母公司可以替子公司支付广告费吗?

问题概述

我公司 2014—2016 年 3 年间将拥有的 6 个广告品牌无偿交由我公司控股子公司使用,并为其代理相关广告业务。同时,由我公司为上述品牌支付广告费和业务宣传费。请问,我公司税前可以扣除为子公司承担的广告宣传费吗?

精要解答

根据《企业所得税法》第八条规定,企业实际发生的与取得收入有关的、合理的支出,包括成本、费用、税金、损失和其他支出,准予在计算应纳税所得额时扣除。《企业所得税法实施条例》第二十七条规定,《企业所得税法》第八条所称有关的支出,是指与取得收入直接相关的支出。由于该集团企业母子公司属于两个独立的法人主体,母公司为子公司无偿代付广告宣传费,不属于"与收入直接相关的支出",其发生的广告费用应由其子公司列支。

《财政部 国家税务总局关于广告费和业务宣传费支出税前扣除政策的通知》(财税〔2012〕48 号)、《财政部 国家税务总局关于广告费和业务宣传费支出税前扣除政策的通知》(财税〔2017〕41 号)作出了例外规定:对签订广告费和业务宣传费分摊协议(以下简称分摊协议)的关联企业,其中一方发生的不超过当年销售(营业)收入税前扣除限额比例内的广告费和业务宣传费支出可以在本企业扣除,也可以将其中的部分或全部按照分摊协议归集至另一方扣除。另一方在计算本企业广告费和业务宣传费支出企业所得税税前扣除限额时,可将按照上述办法归集至本企业的广告费和业务宣传费不计算在内。

温馨提示

将广告宣传费支出归集至其他关联方扣除的纳税人,应在《广告费和业务宣传费跨年度纳税调整明细表(A105060)》第 10 行"六、按照分摊协议归集至其他关联方的广告费和业务宣传费"填报:按照分摊协议,将其发生的不超过当年销售(营业)收入税前扣除限额比例内的广告费和业务宣传费支出归集至其他关联方扣除的广告费和业务宣传费,本行应≤第 3 行或第 6 行的孰小值。

接受其他关联方将广告宣传费归集至本企业扣除的纳税人,应在《广告费和业务宣传费跨年度纳税调整明细表(A105060)》第 11 行"按照分摊协议从其他关联方归集至本企业的广告费和业务宣传费"填报:按照分摊协议从其他关联方归集至本企业的广告费和业务宣传费。

73 以母公司名义签订技术许可协议，如何税务处理？

问题概述

某集团公司，以母公司名义与外方签订了技术许可协议，协议约定母公司一次性支付了特许权使用费共计 500 万元。由于母公司没有经营收入，主要是从子公司分红，并负责子公司管理，该项技术许可实际是给下属子公司使用。请问，此项特许权使用费应当如何进行税务处理？

精要解答

如果母公司将该项技术许可给下属子公司使用，那么母公司支付的 500 万元特许权使用费就不符合税前扣除的相关性原则，不得税前扣除。母公司可以将该项技术许可给下属子公司使用，并收取相应费用，同时给子公司开具增值税发票，那么母公司确认收入，相应支付给外方的 500 万元特许权使用费可以税前扣除。

温馨提示

子公司向母公司支付特许权使用费属于税法中的关联交易，可以税前扣除但必须符合独立交易原则，所以可以按照销售收入的比例或其他合理方法在子公司间分配。

固定资产计税

74 向非金融机构借款同期同类贷款利率能否是贷款合同中的优惠贷款利率？

问题概述

向非金融机构借款，按规定可以扣除不超过按照金融企业同期同类贷款利率计算的数额的部分。其中“金融企业同期同类贷款利率计算的数额的部分”是指金融企业对外公布的贷款利率，还是实际金融机构贷款合同中的优惠贷款利率？

精要解答

《国家税务总局关于企业所得税若干问题的公告》(国家税务总局公告 2011 年第 34 号)规定：

一、关于金融企业同期同类贷款利率确定问题。根据《实施条例》第三十八条规定，非金融企业向非金融企业借款的利息支出，不超过按照金融企业同期同类贷款利率计算的数额的部分，准予税前扣除。鉴于目前我国对金融企业利率要求的具体情况，企业在按照合同要求首次支付利息并进行税前扣除时，应提供“金融企业的同期同类贷款利率情况说明”，以证明其利息支出的合理性。

“金融企业的同期同类贷款利率情况说明”中，应包括在签订该借款合同当时，本省任何一家金融企业提供同期同类贷款利率情况。该金融企业应为经政府有关部门批准成立的可以从事贷款业务的企业，包括银行、财务公司、信托公司等金融机构。“同期同类贷款利率”是指在贷款期限、贷款金额、贷款担保以及企业信誉等条件基本相同下，金融企业提供贷款的利率。既可以是金融企业公布的同期同类平均利率，也可以是金融企业对某些企业提供的实际贷款利率。

……

七、本公告自 2011 年 7 月 1 日起施行。本公告施行以前，企业发生的相关事项已经按照本公告规定处理的,不再调整;已经处理,但与本公告规定处理不一致的,凡涉及需要按照本公告规定调减应纳税所得额的,应当在本公告施行后相应调减 2011 年度企业应纳税所得额。

由此可见,“金融企业同期同类贷款利率”是指在贷款期限、贷款金额、贷款担保以及企业信誉等条件基本相同下,金融企业提供贷款的利率。既可以是金融企业公布的同期同类平均利率,也可以是金融企业对某些企业提供的实际贷款利率。

温馨提示

《中华人民共和国企业所得税法实施条例》第三十八条规定,企业在生产经营活动中发生的下列利息支出,准予扣除:

(1) 非金融企业向金融企业借款的利息支出、金融企业的各项存款利息支出和同业拆借利息支出、企业经批准发行债券的利息支出。

(2) 非金融企业向非金融企业借款的利息支出,不超过按照金融企业同期同类贷款利率计算的数额的部分。

75 罚款部门不同税前扣除也不同?

问题概述

宏达实业有限公司 2017 年 1 月销售一批货物给三利化工有限公司,合同约定三利化工有限公司应于收到货物 10 天内支付货款否则应向宏达公司按天按货款的 10%进行罚款。2017 年三利化工有限公司因环保原因被县环保部门处罚 5 万元,请问三利化工有限公司支付违约金和罚款如何税前扣除?

精要解答

《中华人民共和国企业所得税法》第十条规定,在计算应纳税所得额时,下列支出不得扣除:

(1) 向投资者支付的股息、红利等权益性投资收益款项。

(2) 企业所得税税款。

(3) 税收滞纳金。

(4) 罚金、罚款和被没收财物的损失。

(5) 本法第九条规定以外的捐赠支出。

(6) 赞助支出。

(7) 未经核定的准备金支出。

(8) 与取得收入无关的其他支出。

在日常经营中罚款通常可分为两类:一类是行政性罚款,由国家行政管理部门依法向行政管理相对人采取的一种惩罚性措施,发生在不平等的行政关系主体之间;另一类是经营性罚款,主要是平等民事主体之间根据合同或行业惯例,对企业在经营活动中的违约行为给予的惩罚。对于这两类性质不同的罚款,在计算企业所得税时其基本原则是:经营性罚款可以税前扣除,行政性罚款不得税前扣除。

由此可见,三利化工有限公司支付经营罚款可以税前扣除,但对于环保部门罚款不得税前扣除。

温馨提示

行政性罚款是指行为人的行为没有违反刑法的规定,而是违反了治安管理、工商和税务等行政法规的规定,行政执法部门依据行政法规的规定和程序决定对行为人采取的一种行政处罚。

经营性罚款，主要是根据经济合同或行业惯例，对企业在经营活动中的违约行为给予的惩罚。

76 企业支付行政罚款该如何进行财税处理？

问题概述

某上市公司因违反了《中华人民共和国反垄断法》被国家发展改革委进行了反垄断调查，最终该公司被处罚款791万元。请问该上市公司支付行政罚款该如何进行财税处理？

精要解答

（一）会计处理

企业受到行政机关处罚，支付的罚款应通过"营业外支出"科目核算。

《企业会计准则——会计科目和主要账务处理》规定，营业外支出"核算企业发生的各项营业外支出，包括非流动资产处置损失、非货币性资产交换损失、债务重组损失、公益性捐赠支出、非常损失、盘亏损失等。"

企业接到处罚决定书后，应根据《行政处罚决定书》决定的罚款金额和实际缴纳的罚款金额进行会计核算，支付罚款时：

借：营业外支出——罚款　　7 910 000

　贷：银行存款、库存现金等　　7 910 000

（二）税收处理

企业缴纳的行政处罚罚款不得在企业所得税税前列支。其依据是《企业所得税法》第十条第（四）项规定，在计算应纳税所得额时，罚款支出不得扣除。

1. 纳税申报

（1）在季度预缴企业所得税时，企业应依据会计利润计算应纳税所得额进行申报，对罚款支出不进行纳税调整。

（2）在年度企业所得税汇算清缴时，企业应将缴纳的罚款按税法规定进行纳税调增处理。

2. 年度纳税申报表的填报

对计入"营业外支出"的罚款，应填入《A105000纳税调整项目明细表》第19行"（七）罚金、罚款和被没收财物的损失"第1列、第3列中。

被处行政罚款的当事企业，应在年度财务报告的附注中对罚款事项及金额进行披露。

温馨提示

企业支付行政罚款支出本身不涉及流转税。该企业不能因为被处罚而要求减少增值税的计税销售额，从而减少应纳税额。因此，企业的行政罚款支出事项不涉及增值税调整。

77 "没收违法所得"能否税前扣除？

问题概述

某公司2017年度收入100万元、成本90万元、利润10万元。后来，工商行政管理局认定该公司违反《不正当竞争法》，将其10万元利润认定为违法所得并予以没收。该公司在向主管税务机关办理2017年度企业所得税纳税申报时，被没收的10万元利润能否在企业所得税税前扣除?

精要解答

《财政部 国家税务总局关于企业资产损失税前扣除政策的通知》(财税〔2009〕57 号)和《企业资产损失所得税税前扣除管理办法》(国家税务总局公告 2011 年第 25 号)的相关规定,“经营中的损失”一般指企业在生产经营活动中实际发生的、与取得应税收入有关的资产损失。而“资产”指企业拥有或者控制的、用于经营管理活动相关的资产。

没收违法所得,是指行政机关或司法机关依法将违法行为人取得的违法所得财物,运用国家法律法规赋予的强制措施,对其违法所得财物的所有权予以强制性剥夺的处罚方式,包括行政执法机关依照有关行政法规,对行政相对人作出没收违法所得的行政处罚;司法机关对刑事案件中的违法所得依法作出追缴或退赔的裁决。可见,被主管机关依法认定为“违法所得”的资金,自然强制无偿收归国有,不属于企业拥有或者控制的“资产”,更谈不上“资产损失”。因此,A 公司被没收的这 10 万元不属于“经营中的损失”,不得按照“经营中的损失”在所得税前扣除。

温馨提示

实务中,“没收违法所得”能否在企业所得税税前扣除的争议,焦点主要集中在,“没收违法所得”如何认定及其是否包括在“被没收财物的损失”范围内。我国司法、行政机关认定违法所得的基本原则一直都是“获利说”原则,即实际获得的和可以预期的、能够预见的应当获得的收益,与违法成本及被认定前依法支出的税费无关。按照现行企业所得税原理,“没收违法所得”根本不存在“计算应纳税所得额”的问题。

78 企业发生股权公益性捐赠如何进行税务处理?

问题概述

甲企业将持有的 A 公司股权通过中国境内公益性社会团体(已取得税前扣除捐赠资格)进行捐赠。该股权计税成本 50 万元,公允价值 100 万元。当年甲企业按会计口径计算的利润总额为 500 万元,请问如何进行税务处理?

精要解答

根据《财政部 国家税务总局关于公益股权捐赠企业所得税政策问题的通知》(财税〔2016〕45 号)文规定:企业向公益性社会团体实施的股权捐赠,应按规定视同转让股权,股权转让收入额以企业所捐赠股权取得时的历史成本确定;企业实施股权捐赠后,以其股权历史成本为依据确定捐赠额,并依此按照企业所得税法有关规定在所得税前予以扣除。公益性社会团体接受股权捐赠后,应按照捐赠企业提供的股权历史成本开具捐赠票据。

企业会计处理如下:

借:营业外支出　　500 000

　贷:长期股权投资　　500 000

税务处理:

甲企业按计税成本 50 万元确认股权转让收入,其股权转让所得为“0”。

捐赠支出按 50 万元确认。

捐赠扣除限额:500×12%=60(万元)。

税前扣除捐赠额:50 万元。

捐赠产生的纳税所得调整:0。

温馨提示

企业向公益性社会团体实施的股权捐赠,应按规定视同转让股权,股权转让收入额以企业所捐赠股权取得时的历史成本确定,这里所称股权捐赠行为,是指企业向中华人民共和国境内公益性社会团体实施的股权捐赠行为。企业向中华人民共和国境外的社会组织或团体实施的股权捐赠行为不适用本通知规定。

79 2017年后企业发生的公益性捐赠支出在年度利润总额12%以内的部分按规定可以在税前扣除,请问超过部分是否还可以扣除?

问题概述

宏泰制衣有限公司2017实现利润20万元,2017年8月因台风原因通过当地县政府教育部门向灾区小学捐赠人民币20万元,请问超过年度利润总额12%的部分能否税前扣除?

精要解答

2017年2月24日第十二届全国人民代表大会常务委员会第二十六次会议决定对《中华人民共和国企业所得税法》第九条作出修改,自《全国人民代表大会常务委员会关于修改〈中华人民共和国企业所得税法〉的决定》公布日起,企业发生的公益性捐赠支出,在年度利润总额12%以内的部分,准予在计算应纳税所得额时扣除;超过年度利润总额12%的部分,准予结转以后3年内在计算应纳税所得额时扣除。

宏泰制衣有限公司2017年发生的公益性捐赠支出超过年度利润总额12%的部分,准予结转以后3年内在计算应纳税所得额时扣除。

温馨提示

《中华人民共和国慈善法》(2016年3月16日第十二届全国人民代表大会第四次会议通过,主席令第四十三号公布,自2016年9月1日起施行)第八十条规定:自然人、法人和其他组织捐赠财产用于慈善活动的,依法享受税收优惠。企业慈善捐赠支出超过法律规定的准予在计算企业所得税应纳税所得额时当年扣除的部分,允许结转以后3年内在计算应纳税所得额时扣除。

固定资产减值问题

为了与《慈善法》无缝对接,进一步支持和鼓励公益事业,《全国人民代表大会常务委员会关于修改〈中华人民共和国企业所得税法〉的决定》(2017年2月24日第十二届全国人民代表大会常务委员会第二十六次会议通过,主席令第六十四号公布,自公布之日起施行)将第九条修改为:“企业发生的公益性捐赠支出,在年度利润总额12%以内的部分,准予在计算应纳税所得额时扣除;超过年度利润总额12%的部分,准予结转以后3年内在计算应纳税所得额时扣除。”

2016年9月1日后的捐赠支出可享3年结转优惠;2016年9月1日之前的捐赠支出仍然只能在本年度按“年度利润总额12%以内”标准扣除。

80 有返还的捐赠如何确认捐赠金额?

问题概述

我公司2016年10月捐赠15万元给某公益性社会团体,因捐赠金额较多,对方返还了3万元,捐赠支出按多少计算?

精要解答

根据《财政部 国家税务总局民政部关于公益性捐赠税前扣除有关问题的通知》(财税〔2008〕160号)第九条的规定:公益性社会团体和县级以上人民政府及其组成部门和直属机构在接受捐赠时,捐赠资产的价值,按以下原则确认:

接受捐赠的货币性资产,应当按照实际收到的金额计算。

根据《财政部 国家税务总局 民政部关于公益性捐赠税前扣除有关问题的补充通知》(财税〔2010〕45号)规定:"五、对于通过公益性社会团体发生的公益性捐赠支出,企业或个人应提供省级以上(含省级)财政部门印制并加盖接受捐赠单位印章的公益性捐赠票据,或加盖接受捐赠单位印章的《非税收入一般缴款书》收据联,方可按规定进行税前扣除。"

因此,捐赠支出应按照实际的捐赠金额12万元计算,并且需要取得加盖接受捐赠单位印章的公益性捐赠票据或《非税收入一般缴款书》收据联。

温馨提示

根据《财政部 国家税务总局 民政部关于公益性捐赠税前扣除有关问题的通知》(财税〔2008〕160号)第九条的规定:"接受捐赠的非货币性资产,应当以其公允价值计算。捐赠方在向公益性社会团体和县级以上人民政府及其组成部门和直属机构捐赠时,应该提供注明捐赠非货币性资产公允价值的证明,如果不能提供上述证明,公益性社会团体和县级以上人民政府及其组成部门和直属机构不得向其开具公益性捐赠票据。"

如果是非货币性资产捐赠,应当以公允价值确认捐赠支出金额,如果有返还应当进行冲减捐赠支出。

81 某公立大学独立学院学费上缴给公立大学的部分能否在企业所得税前扣除?

问题概述

某公立大学独立学院是公立大学与公立大学开发经营有限公司(公立大学全资)共同设立的,登记为事业单位法人。近期,基层局对其企业所得税申报情况实施检查,发现一些政策问题有待明确:该独立学院场地是公立大学无偿提供的,没有缴纳租金,但每年收取的学费要上交公立大学45%。根据事业单位收支明细表以及企业所得税年度纳税申报表A103000《事业单位、民间非营利组织收入、支出明细表》"三、事业支出"部分第(二)点为"上缴上级支出",填报说明为:"上缴上级支出,填报纳税人按照财政部门和主管部门的规定上缴上级单位的支出"。该单位是将其列入收支明细表的"上缴上级支出",请问:

(1) 该独立学院上缴公立大学的支出是否可认定为上缴上级支出予以在税前扣除?

(2) 如果上缴支出可以扣除,若被检查独立学院提出,将之前年度的结余全部补缴给公立大学,是否可追补到以前年度扣除?

精要解答

问题1:根据《事业单位财务规则》(财政部令第68号)第七条"……非财政补助收入大于支出较多的事业单位,可以实行收入上缴办法。具体办法由财政部门会同主管部门制定",该单位如果提供不出由财政部门会同主管部门制定的具体办法,上缴公立大学的支出不可以税前扣除。其中主管部门应指教育部门,而非公立大学。

问题 2：企业以前年度并未做支出处理，这种情况不属于以前年度应扣未扣支出，不可以追补扣除。

温馨提示

独立学院是由普通本科高校（申请者）与社会力量（合作者，包括企业、事业单位，社会团体或个人和其他有合作能力的机构）合作举办的进行本科层次教育的高等教育机构。国家规定，申请者要对独立学院的教学和管理负责，并保证办学质量；合作者要负责提供独立学院办学所需的各项条件和设施，参与学院的管理、监督和领导。独立学院应具有独立法人资格，独立的校园校舍，独立进行教学和财产管理、招生和颁发毕业证书。由于独立学院属于本科层次，所以由教育部负责审批。凡未经教育部审批的，国家均不承认其学历。独立学院有三大特征：一是一律采用民办机制，所需经费投入及其他相关支出，均由合作方承担或以民办机制共同筹措，学生收费标准也按国家有关民办高校招生收费政策制定。二是实行新的办学模式。重点是突出一个"独"字。独立学院应具有独立的校园和基本办学设施，实施相对独立的教学组织和管理，独立进行招生，独立颁发学历证书，独立进行财务核算，应具有独立法人资格，能独立承担民事责任。三是实行新的管理体制。独立学院的管理制度和办法由申请者和合作者共同商定。

82 租入的房屋产生的装修费如何进行所得税处理？

问题概述

某公司 2017 年因扩大再生产，向 M 公司租入一房产，租期为 5 年，2017 年对该房产进行装修，请问对发生的装修费如何进行所得税处理？

精要解答

答：根据《中华人民共和国企业所得税法》第十三条规定："在计算应纳税所得额时，企业发生的下列支出作为长期待摊费用，按照规定摊销的，准予扣除：

……

（二）租入固定资产的改建支出。"

根据《中华人民共和国企业所得税法实施条例》第六十八条规定："企业所得税法第十三条第(一)项和第(二)项所称固定资产的改建支出，是指改变房屋或者建筑物结构、延长使用年限等发生的支出。

企业所得税法第十三条第(一)项规定的支出，按照固定资产预计尚可使用年限分期摊销；第(二)项规定的支出，按照合同约定的剩余租赁期限分期摊销。

改建的固定资产延长使用年限的，除企业所得税法第十三条第(一)项和第(二)项规定外，应当适当延长折旧年限。"

因此，若纳税人的装修费属于租入固定资产的改建支出，应作为长期待摊费用，按照合同约定的剩余租赁期限分期摊销；若不属于改建支出，只是简单的粉刷墙面等，可以直接计入当期费用扣除。

温馨提示

租赁办公室装修的费用，在税法上属于租入固定资产的改建支出，若因其他原因 M 公司收回房产，租赁期短于 5 年时，根据《企业所得税法实施条例》68 条第二款的规定，租入固定资产的改建支出，按合同约定的剩余租赁期限分期摊销。由于租赁合约提前终止导致装修支出未达到预计使用年限提前报废，应作为一项资产损失，根据国家税务总局公告 2011 年第 25 号文第 5

条和第 50 条的规定,向税务机关报损后进行税前扣除。未经申报的损失,不得在税前扣除。由于该资产损失属于提前报废,企业应以专项申报方式向主管税务机关申报损失。

83 内外勤员工差别发放的高温津贴或者防暑降温费能否税前扣除?

问题概述

我企业在每年 6～8 月给予内外勤员工不同标准的高温津贴或者防暑降温费是否属于福利费的范围?高温津贴或者防暑降温费超过当地社会保障厅规定限额的部分是否允许在企业所得税前扣除?

精要解答

根据《国家税务总局关于企业工资薪金及职工福利费扣除问题的通知》(国税函〔2009〕3 号)的规定:"三、关于职工福利费扣除问题《实施条例》第四十条规定的企业职工福利费,包括以下内容:

……

(二)为职工卫生保健、生活、住房、交通等所发放的各项补贴和非货币性福利,包括企业向职工发放的因公外地就医费用、未实行医疗统筹企业职工医疗费用、职工供养直系亲属医疗补贴、供暖费补贴、职工防暑降温费、职工困难补贴、救济费、职工食堂经费补贴、职工交通补贴等。

(三)按照其他规定发生的其他职工福利费,包括丧葬补助费、抚恤费、安家费、探亲假路费等。"

因此,企业发放的高温津贴以及防暑降温费可按照职工福利费标准在所得税税前扣除,但扣除限额以及发放标准应符合当地社会保障部门相关法规的规定。

温馨提示

《企业所得税法实施条例》第四十条规定的企业职工福利费包括职工防暑降温费。但这里的"职工防暑降温费"指的是企业为职工卫生保健、生活、住房、交通等所发放的各项补贴和非货币性福利中的"职工防暑降温费",而非企业用于保护高温作业职工安全的防暑降温费用。发放给职工的补贴与直接在企业使用的必需的费用是不同的,两者一定要分别对待。

"职工防暑降温支出"要一分为二。企业实际发生的合理的用于保护高温作业职工安全的防暑降温用品(包括饮料)及药品是属于"劳动保护支出"的范畴,允许在企业所得税前据实扣除。企业以"防暑降温"名义而发放的各种补贴和非货币性福利应属于"职工福利支出"在规定的限额内税前扣除。

因此,如果是给特殊工种职工发放的防暑降温用品应当作为劳动保护支出在企业所得税税前扣除。

84 开董事会议时的餐费记入什么科目?能否税前扣除?

问题概述

开董事会议时的餐费记入什么科目?能否税前扣除?

精要解答

《企业会计准则——会计科目和主要账务处理》"6602 管理费用"第一条规定,本科目核算企业为组织和管理企业生产经营所发生的管理费用，包括企业在筹建期间内发生的开办费、董事会和行政管理部门在企业的经营管理中发生的或者应由企业统一负担的公司经费（包括行政管理部门职工工资及福利费、物料消耗、低值易耗品摊销、办公费和差旅费等）、工会经费、董事会费（包括董事会成员津贴、会议费和差旅费等）、聘请中介机构费、咨询费（含顾问费）、诉讼费、业务招待费、房产税、车船税、土地使用税、印花税、技术转让费、矿产资源补偿费、研究费用、排污费等。

根据上述规定，董事会会议时合理的餐费作为应由企业统一负担的公司经费，在“管理费用——董事会费”科目中列支，允许税前据实扣除。

温馨提示

董事费是指董事会决定支付给董事会成员的劳务报酬，是一项个人所得。而董事会费是指董事会及其成员为执行董事会的职能而开支的费用，其开支范围为董事会的日常开支，包括办公费，外地董事会成员在企业开会和工作期间的住宿费、交通费、伙食费、邮电费和有关保险费的开支，同时还有董事会会务费的开支，包括董事会开会和工作期间董事会成员和有关工作人员的差旅费、住宿费、伙食费以及有关的必要开支。

董事费与董事会费的会计处理也是不同的。

《企业会计准则应用指南》附录——会计科目和主要账务处理（财政部财会〔2006〕18 号）中“6602 管理费用”的核算要求明确了董事会费应在管理费用中核算：

而董事费属于支付给董事会成员的劳务报酬，也属于管理费用的核算范畴，但前提是取得属于劳务报酬董事费的董事应为个人担任公司董事或监事，且不在公司任职、受雇的情形，否则则属于工资薪金的范畴。

董事会费中的董事会成员津贴应区分两种情况：一种是在本企业任职的董事取得董事会成员津贴，不需要开具增值税发票；另一种独立董事与企业没有任职、雇佣关系，所以取得的董事会成员津贴属于劳务报酬，需取得增值税发票，才可在企业所得税税前扣除。

85 企业股权激励成本在企业所得税税前如何扣除?

问题概述

宏达实业有限公司属上市公司，2017 年制定了股权激励计划，并与被激励职工签订了股票期权授予协议。该公司在股权激励计划授予激励对象时，按照该股票的公允价格及数量，计算确定相关年度的成本或费用，请问该企业股权激励成本在企业所得税税前如何扣除？

精要解答

《国家税务总局关于我国居民企业实行股权激励计划有关企业所得税处理问题的公告》（国家税务总局公告 2012 年第 18 号）规定，对企业建立的职工股权激励计划，其企业所得税的处理，按以下规定执行：

（1）对股权激励计划实行后立即可以行权的，上市公司可以根据实际行权时该股票的公允价格与激励对象实际行权支付价格的差额和数量，计算确定作为当年上市公司工资薪金支出，依照税法规定进行税前扣除。

（2）对股权激励计划实行后，需待一定服务年限或者达到规定业绩条件（以下简称“等待期”）方可行权的。上市公司等待期内会计上计算确认的相关成本费用，不得在对应年度计算缴纳企业所得税时扣除。在股权激励计划可行权后，上市公司方可根据该股票实际行权时的公允价格与当年激励对象实际行权支付价格的差额及数量,计算确定作为当年上市公司工资薪金支出,依照税法规定进行税前扣除。

温馨提示

股权激励是上市公司以本公司股票为标的,对其董事、监事、高级管理人员及其他员工进行的长期性激励,依国家税务总局公告 2012 年第 18 号规定在股权激励计划可行权后,上市公司方可根据该股票实际行权时的公允价格与当年激励对象实际行权支付价格的差额及数量,计算确定作为当年上市公司工资薪金支出,依照税法规定进行税前扣除,企业计提的股权激励允许所得税税前扣除金额=(职工实际行权时该股票的公允价格-职工实际支付价格)×行权数量。

第五部分　资产类疑难问题

1　全民所有制企业改制为国有独资公司或者国有全资子公司，资产评估增值应如何处理？

问题概述

全民所有制企业改制为国有独资公司或者国有全资子公司，资产评估增值应如何处理？

精要解答

《国家税务总局关于全民所有制企业公司制改制企业所得税处理问题的公告》（国家税务总局公告2017年第34号）规定，全民所有制企业改制为国有独资公司或者国有全资子公司，属于财税〔2009〕59号文件第四条规定的“企业发生其他法律形式简单改变”的，可依照以下规定进行企业所得税处理：

（1）改制中资产评估增值不计入应纳税所得额；资产的计税基础按其原有计税基础确定；资产增值部分的折旧或者摊销不得在税前扣除。

（2）全民所有制企业资产评估增值相关材料应由改制后的企业留存备查。

温馨提示

国家税务总局公告2017年第34号（以下简称《公告》）对全民所有制企业公司制改制，明确了以下企业所得税处理事项：

（1）明确了改制中资产评估增值不计入应纳税所得额。由于改制前后，资产权属未发生变化，也没有发生实际交易，资产评估增值不计入当期所得，可以有效减轻改制企业的负担。同时规定，改制后评估增值的资产，其计税基础应与原有计税基础保持一致。资产增值部分享受了递延纳税待遇，其资产增值部分对应的折旧或者摊销也不得在税前扣除。

（2）明确了《公告》适用的改制情形。该公告仅指由一个全民所有制企业整体改制为一个公司的形式。全民所有制企业改制为国有独资公司或者国有全资子公司，改制前后股东没有变化，财产权属没有变化，都是100%国家所有，满足法律形式的简单改变，适用该《公告》。改制为国有控股公司等其他情形的，则不适用该《公告》。

（3）明确了后续管理事项。依据该《公告》进行企业所得税处理，会产生一定的税会差异，为了保证税务机关有效实施后续管理，按照“放管服”要求，《公告》规定改制后的公司应将评估增值相关资料留存备查，以减少企业涉税资料报送，减轻企业负担。

（4）明确了《公告》时间效力。《公告》适用于2017年度及以后年度企业所得税汇算清缴。此前发生的全民所有制企业公司制改制，尚未进行企业所得税处理的，可依照本公告处理。

2　企业持有的固定资产评估增值是否缴纳企业所得税？

问题概述

宏达实业有限公司2017年为了扩大再生产需要向当地银行贷款，将本公司的资产进行评估作为抵押向银行贷款,该公司资产评估价为1.5亿元,账面价值为1.0亿元,请问宏达实业有限公司评估增值资产是否要缴纳企业所得税?

精要解答

根据《中华人民共和国企业所得税法实施条例》(中华人民共和国国务院令第512号)第五十六条规定,企业的各项资产,包括固定资产、生物资产、无形资产、长期待摊费用、投资资产、存货等,以历史成本为计税基础。

前款所称历史成本,是指企业取得该项资产时实际发生的支出。

企业持有各项资产期间资产增值或者减值,除国务院财政、税务主管部门规定可以确认损益外,不得调整该资产的计税基础。

因此,企业在固定资产持有期间发生评估增值,除国务院财政、税务主管部门规定可以确认损益外,不得调整该资产的计税基础。同时评估增值不涉及该固定资产的所有权转移,则不需要计入收入缴纳企业所得税。

温馨提示

按照《企业会计准则》的规定,各项财产物资应当按取得时的实际成本计价。按照历史成本记账的会计原则,企业在持续经营的情况下,一般不能对企业资产进行评估调账,否则,由于计量基础的不一致,不同会计期间产生的利润将没有可比性,容易误导投资者、债权人及其他报表使用者,从而影响他们的决策。但国家规定评估增值可以调整账面价值的事项仅限于下列两种情况:一是按照《公司法》规定改制为股份有限公司,应对企业的资产进行评估,并按资产评估确认的价值调整企业相应资产的原账面价值;二是企业兼并,也就是购买其他企业的全部股权时,如果被购买企业保留法人资格,则被购买企业应当按照评估确认的价值调整有关资产的账面价值,如果被购买企业丧失法人资格,购买企业应当按照被购买企业各项资产评估后的价值入账。

3 企业以持有的固定资产对外投资,其评估增值是否缴纳企业所得税?

问题概述

宏盛公司2017年5月将固定资产进行评估,评估后以其评估价值对外投资,请问固定资产评估增值部分是否缴纳企业所得税?

精要解答

(1)根据《中华人民共和国企业所得税法实施条例》(中华人民共和国国务院令第512号)第二十五条规定:“企业发生非货币性资产交换,以及将货物、财产、劳务用于捐赠、偿债、赞助、集资、广告、样品、职工福利或者利润分配等用途的,应当视同销售货物、转让财产或者提供劳务,但国务院财政、税务主管部门另有规定的除外。”

(2)根据《财政部 国家税务总局关于非货币性资产投资企业所得税政策问题的通知》(财税〔2014〕116号)规定:“一、居民企业(以下简称企业)以非货币性资产对外投资确认的非货币性资产转让所得,可在不超过5年期限内,分期均匀计入相应年度的应纳税所得额,按规定计算缴纳企业所得税。

……

本通知自2014年1月1日起执行。本通知发布前尚未处理的非货币性资产投资,符合本通知规定的可按本通知执行。”

(3) 根据《国家税务总局关于非货币性资产投资企业所得税有关征管问题的公告》(国家税务总局公告 2015 年第 33 号)规定:“一、实行查账征收的居民企业(以下简称企业)以非货币性资产对外投资确认的非货币性资产转让所得,可自确认非货币性资产转让收入年度起不超过连续 5 个纳税年度的期间内,分期均匀计入相应年度的应纳税所得额,按规定计算缴纳企业所得税。

……

本公告适用于 2014 年度及以后年度企业所得税汇算清缴。此前尚未处理的非货币性资产投资,符合财税〔2014〕116 号文件和本公告规定的可按本公告执行。”

(4)《国家税务总局关于企业处置资产所得税处理问题的通知》(国税函〔2008〕828 号)规定,国资产所有权属已发生改变即不属于内部处置资产,应按视同销售确定收入。

宏盛公司将固定资产对外投资,并以评估价作为投资价值,其资产所有权属已发生改变,应当以评估价按规定缴纳企业所得税。

温馨提示

非货币性资产交换,是指交易双方主要以存货、固定资产、无形资产和长期股权投资等非货币性资产进行的交换。该交换不涉及或只涉及少量的货币性资产(即补价)。其中,货币性资产,是指企业持有的货币资金和将以固定或可确定的金额收取的资产,包括现金、银行存款、应收账款、应收票据以及准备持有至到期的债券投资等。非货币性资产,是指货币性资产以外的资产。

若补价÷整个资产交换金额<25%,属于非货币性资产交换;若补价÷整个资产交换金额≥25%,视为货币性资产交换。整个资产交换金额即在整个非货币性资产交换中最大的公允价值。

企业以非货币性资产对外投资,在增值税处理上:

(1) 视同销售货物……依据:《增值税暂行条例实施细则》第四条第六项。

(2) 销售服务、无形资产或者不动产……依据:《营业税改征增值税试点实施办法》第十条、第十一条。

4 企业实际发生资产损失大于消防部门认定的损失如何扣除?

问题概述

纳税人发生火灾,其实际损失大于公安消防部门认定的损失,是以公安消防部门认定的损失做资产损失申报税前扣除还是以纳税人实际发生的损失申报税前扣除?

精要解答

《国家税务总局关于发布〈企业资产损失所得税税前扣除管理办法〉的公告》(国家税务总局公告 2011 年第 25 号)规定,准予在企业所得税税前扣除的资产损失,是指企业在实际处置、转让上述资产过程中发生的合理损失(以下简称实际资产损失),以及企业虽未实际处置、转让上述资产,但符合《通知》和本办法规定条件计算确认的损失(以下简称法定资产损失);企业实际资产损失,应当在其实际发生且会计上已作损失处理的年度申报扣除;法定资产损失,应当在企业向主管税务机关提供证据资料证明该项资产已符合法定资产损失确认条件,且会计上已作损失处理的年度申报扣除。

纳税人发生火灾,其实际损失大于公安消防部门认定的损失,应以纳税人实际发生的损失申报税前扣除。

温馨提示

原《消防法》(指 1998 年《消防法》)第 39 条规定"公安消防机构负责调查、认定火灾原因,核定火灾损失,查明火灾事故责任",据此公安消防机构负责核定火灾损失,公安消防机构是火灾损失核定的法定机构,公安消防机构核定的火灾损失,不仅是统计基础,也是火灾性质确认、行政责任查处和刑事责任认定的法律依据。特别是基于各法律体系适用法律一致的原则,在火灾当事人有关火灾损害赔偿的民事纠纷、民事诉讼中,公安消防机构核定的火灾损失也成为当然的证据,火灾损失核定工作既是公安消防机构内部的行政统计行为,也是行政、刑事执法和民事诉讼中的司法行为。

由于公安消防机构的火灾损失核定只限于直接经济损失范围,且统计工作中采用一些归纳、归类、分析等人为计算方法,在实践中与火灾实际损失存在区别,在个别火灾案件中甚至差距很大。新《消防法》(指 2009 年《消防法》)第 51 条规定"公安消防机构有权根据需要封闭火灾现场,负责调查火灾原因,统计火灾损失",将原《消防法》规定的"核定火灾损失"修改为"统计火灾损失"。一词之差,使火灾损失统计工作内容仅含单纯统计一项,完全成为了公安消防机构的内部行政统计行为,改变了其外部司法行为性质和证据作用。

消防部门的火灾直接财产损失并不等同于火灾实际的损失,其性质是一种统计数据,用于宏观的火灾统计,作为国家消防宏观指导、决策的依据。所以,消防部门的火灾直接财产损失不是火灾财产的实际损失,不能作为民事赔偿的依据。被保险人进行保险索赔,可以委托财产评估或价格认证机构进行价格鉴定,以评估或鉴定结论作为火灾实际财产损失的依据。

5 按合同约定超出对方实际损失的赔付支出不能税前扣除吗?

问题概述

A 公司属于货运单位,2017 年为某啤酒厂运送一批啤酒价值 500 万元,合同约定如果发生了意外,A 公司应向啤酒厂支付赔偿金 1 000 万元。2017 年因出现意外导致啤酒厂该批价值 500 万元啤酒发生损失,A 公司按合同约定支付赔偿金 1 000 万元,请问按合同约定超出对方实际损失的赔付支出可否税前扣除吗?

精要解答

《企业所得税法实施条例》第二十七条规定:《企业所得税法》第八条所称合理的支出,是指符合生产经营活动常规,应当计入当期损益或者有关资产成本的必要和正常的支出。

《企业资产损失所得税税前扣除管理办法》(国家税务总局公告 2011 年第 25 号)第五十条规定,本办法没有涉及的资产损失事项,只要符合企业所得税法及其实施条例等法律、法规规定的,也可以向税务机关申报扣除。

由此可见,A 公司按照合同约定对啤酒的赔偿可以作为生产经营损失在税前扣除。

温馨提示

《企业资产损失所得税税前扣除管理办法》(国家税务总局公告 2011 年第 25 号)规定:

"第二条　本办法所称资产是指企业拥有或者控制的、用于经营管理活动相关的资产,包括现金、银行存款、应收及预付款项(包括应收票据、各类垫款、企业之间往来款项)等货币性资产,存货、固定资产、无形资产、在建工程、生产性生物资产等非货币性资产,以及债权性投资和股权(权益)性投资。

第三条 准予在企业所得税税前扣除的资产损失，是指企业在实际处置、转让上述资产过程中发生的合理损失（以下简称实际资产损失），以及企业虽未实际处置、转让上述资产，但符合《通知》和本办法规定条件计算确认的损失（以下简称法定资产损失）。

第四条 企业实际资产损失，应当在其实际发生且会计上已作损失处理的年度申报扣除；法定资产损失，应当在企业向主管税务机关提供证据资料证明该项资产已符合法定资产损失确认条件，且会计上已作损失处理的年度申报扣除。

公益性捐赠问题

第五条 企业发生的资产损失，应按规定的程序和要求向主管税务机关申报后方能在税前扣除。未经申报的损失，不得在税前扣除。

第六条 企业以前年度发生的资产损失未能在当年税前扣除的，可以按照本办法的规定，向税务机关说明并进行专项申报扣除。其中，属于实际资产损失，准予追补至该项损失发生年度扣除，其追补确认期限一般不得超过五年，但因计划经济体制转轨过程中遗留的资产损失、企业重组上市过程中因权属不清出现争议而未能及时扣除的资产损失、因承担国家政策性任务而形成的资产损失以及政策定性不明确而形成资产损失等特殊原因形成的资产损失，其追补确认期限经国家税务总局批准后可适当延长。属于法定资产损失，应在申报年度扣除。

企业因以前年度实际资产损失未在税前扣除而多缴的企业所得税税款，可在追补确认年度企业所得税应纳税款中予以抵扣，不足抵扣的，向以后年度递延抵扣。”

6 资产损失应当在发生年度还是处理完毕年度扣除？

问题概述

2015 年 11 月，我公司因火灾形成存货的损失，由于保险公司 2016 年才进行了赔付，所以，2015 年会计上未作损失处理，而在 2016 年才作了损失处理。请问该资产损失应该在 2015 年还是在 2016 年企业所得税汇算清缴时扣除？

精要解答

根据国家税务总局关于发布《企业资产损失所得税税前扣除管理办法》的公告（国家税务总局公告 2011 年第 25 号）第三条规定：“准予在企业所得税税前扣除的资产损失，是指企业在实际处置、转让上述资产过程中发生的合理损失（以下简称实际资产损失），以及企业虽未实际处置、转让上述资产，但符合《通知》和本办法规定条件计算确认的损失（以下简称法定资产损失）。”

第四条规定：“企业实际资产损失，应当在其实际发生且会计上已作损失处理的年度申报扣除；法定资产损失，应当在企业向主管税务机关提供证据资料证明该项资产已符合法定资产损失确认条件，且会计上已作损失处理的年度申报扣除。”

因此，你公司发生火灾属于实际资产损失的，应当在其实际发生且会计上已作损失处理的 2016 年度汇算清缴时申报扣除。

7 企业以前年度发生的资产损失，未能在当年申报扣除的，可否在以后年度申报扣除？

问题概述

宏达有限公司 2016 年因火灾造成损失 800 万元，经保险公司勘查后确认给予赔偿 500 万元，因保险公司 2016 年理赔程序等造成 2016 年未能在当年申报扣除,请问该损失应如何进行处理?

精要解答

《国家税务总局关于发布〈企业资产损失所得税税前扣除管理办法〉的公告》(国家税务总局公告 2011 年第 25 号)第五条、第六条规定,企业发生的资产损失,应按规定的程序和要求向主管税务机关申报后,方能在税前扣除。未经申报的损失,不得在税前扣除。

企业以前年度发生的资产损失未能在当年税前扣除的,可以按照 2012 年第 15 号公告的规定,向税务机关说明并进行专项申报扣除。其中,属于实际资产损失,准予追补至该项损失发生年度扣除,其追补确认期限一般不得超过 5 年,但因计划经济体制转轨过程中遗留的资产损失、企业重组上市过程中因权属不清出现争议而未能及时扣除的资产损失、因承担国家政策性任务而形成的资产损失以及政策定性不明确而形成资产损失等特殊原因形成的资产损失,其追补确认期限经国家税务总局批准后可适当延长。属于法定资产损失,应在申报年度扣除。

企业因以前年度实际资产损失未在税前扣除而多缴的企业所得税税款,可在追补确认年度企业所得税应纳税款中予以抵扣,不足抵扣的,向以后年度递延抵扣。

企业实际资产损失发生年度扣除追补确认的损失后出现亏损的,应先调整资产损失发生年度的亏损额,再按弥补亏损的原则计算以后年度多缴的企业所得税税款,并按前款办法进行税务处理。

温馨提示

准予在企业所得税税前扣除的资产损失,是指企业在实际处置、转让资产过程中发生的合理损失(简称实际资产损失),以及企业虽未实际处置、转让资产,但符合财税〔2009〕57 号文件和《企业资产损失所得税税前扣除管理办法》规定条件计算确认的损失(简称法定资产损失)。

企业资产损失按其申报内容和要求的不同,分为清单申报和专项申报两种申报形式。其中,属于清单申报的资产损失,企业可按会计核算科目进行归类、汇总,然后再将汇总清单报送税务机关,有关会计核算资料和纳税资料留存备查;属于专项申报的资产损失,企业应逐项、逐笔报送申请报告,同时附送会计核算资料及其他相关的纳税资料。

8 企业间的互保损失能否税前扣除?

问题概述

因生产经营需要,A 公司与 B 公司签订了贷款互保协议,根据双方资金需求计划,A 公司为 B 公司 500 万元的贷款提供了担保,B 公司为 A 公司 200 万元的贷款提供了担保。B 公司因经营不善,于 2016 年破产关闭。其债权人××农商银行于 2017 年将 B 公司及 A 公司诉至法院。因 B 公司无偿还能力,2017 年经法院调解,由 A 公司代偿 800 万元本金及利息。请问 A 公司形成的担保损失可否税前扣除?

精要解答

《国家税务总局关于发布〈企业资产损失所得税税前扣除管理办法〉的公告》(国家税务总局公告 2011 年第 25 号)第四十四条规定,企业对外提供与本企业生产经营活动有关的担保,因被担保人不能按期偿还债务而承担连带责任,经追索,被担保人无偿还能力,对无法追回的金额,比照本办法规定的应收款项损失进行处理。该条同时规定,与本企业生产经营活动有关的担保是指企业对外提供的与本企业应税收入、投资、融资、材料采购、产品销售等生产经营活动相关的担保。

企业按独立交易原则向关联企业转让资产而发生的损失，或向关联企业提供借款、担保而形成的债权损失，准予扣除，但企业应作专项说明，同时出具中介机构出具的专项报告及其相关的证明材料。

互保属于企业为融资而采用的一种通过参加担保联合体扩大融资额度的担保，应认定为与生产经营活动相关的担保。A公司与B公司签订了贷款互保协议，根据双方资金需求计划，A公司为B公司500万元的贷款提供了担保，B公司为A公司200万元的贷款提供了担保，与企业应税收入、投资、融资、材料采购、产品销售等有相关的，由此造成的连带责任损失，属于与生产经营有关的担保支出，能税前扣除。

温馨提示

企业对外提供的与本企业应税收入、投资、融资、材料采购、产品销售等生产经营活动相关的担保，因被担保人不能按期偿还债务而承担连带责任，经追索，被担保人无偿还能力，对无法追回的金额，可以按资产损失，并向税务机关进行专项申报扣除，同时按国家税务总局公告2011年第25号第二十二条规定相关出具证据材料进行扣除。

9 代偿的损失能否税前扣除？

问题概述

宏达实业担保有限公司2017年为长运公司提供信用担保，2017年有一部分担保业务因长运公司无法偿还资金需由宏达实业担保有限公司代为偿还，请问代偿的损失是否可以在企业所得税税前扣除？

精要解答

《财政部 国家税务总局关于中小企业融资（信用）担保机构有关准备金企业所得税税前扣除政策的通知》（财税〔2017〕22号）规定，中小企业融资（信用）担保机构实际发生的代偿损失，符合税收法律法规关于资产损失税前扣除政策规定的，应冲减已在税前扣除的担保赔偿准备，不足冲减部分据实在企业所得税税前扣除。

宏达实业担保有限公司属于中小企业融资（信用）担保机构，这些代偿损失，需要先冲减已扣除的担保赔偿准备，不足冲减部分据实在企业所得税税前扣除。

温馨提示

《财政部 国家税务总局关于中小企业融资（信用）担保机构有关准备金企业所得税税前扣除政策的通知》（财税〔2017〕22号）规定：

（1）符合条件的中小企业融资（信用）担保机构按照不超过当年年末担保责任余额1%的比例计提的担保赔偿准备，允许在企业所得税税前扣除，同时将上年度计提的担保赔偿准备余额转为当期收入。

（2）符合条件的中小企业融资（信用）担保机构按照不超过当年担保费收入50%的比例计提的未到期责任准备，允许在企业所得税税前扣除，同时将上年度计提的未到期责任准备余额转为当期收入。

（3）中小企业融资（信用）担保机构实际发生的代偿损失，符合税收法律法规关于资产损失税前扣除政策规定的，应冲减已在税前扣除的担保赔偿准备，不足冲减部分据实在企业所得税税前扣除。

10 投资损失能否直接在税前扣除?

问题概述

宏达实业有限公司 2017 年以自有资产 1 000 万元投资建一水电站,当年该水电站亏损 500 万元,请问该水电站亏损能否作为损失进行税前扣除?

精要解答

《财政部 国家税务总局关于企业资产损失税前扣除政策的通知》(财税〔2009〕57 号)第六条规定,企业的股权投资符合下列条件之一的,减除可收回金额后确认的无法收回的股权投资,可以作为股权投资损失在计算应纳税所得额时扣除:

(1) 被投资方依法宣告破产、关闭、解散、被撤销,或者被依法注销、吊销营业执照的。

(2) 被投资方财务状况严重恶化,累计发生巨额亏损,已连续停止经营 3 年以上,且无重新恢复经营改组计划的。

(3) 对被投资方不具有控制权,投资期限届满或者投资期限已超过 10 年,且被投资单位因连续 3 年经营亏损导致资不抵债的。

(4) 被投资方财务状况严重恶化,累计发生巨额亏损,已完成清算或清算期超过 3 年以上的。

(5) 国务院财政、税务主管部门规定的其他条件。

《国家税务总局关于企业股权投资损失所得税处理问题的公告》(国家税务总局公告 2010 年第 6 号)规定:企业对外进行权益性(以下简称股权)投资所发生的损失,在经确认的损失发生年度,作为企业损失在计算企业应纳税所得额时一次性扣除。

《国家税务总局关于企业所得税若干问题的公告》(国家税务总局公告 2011 年第 34 号)规定,被投资企业发生的经营亏损,由被投资企业按规定结转弥补;投资企业不得调整减低其投资成本,也不得将其确认为投资损失。

由此可见,2017 年水电站亏损 500 万元应由该水电站结转弥补,不应由宏达实业有限公司作为投资损失申报扣除。

温馨提示

《企业资产损失所得税税前扣除管理办法》(国家税务总局公告 2011 年第 25 号)规定,企业股权投资损失应依据以下相关证据材料确认:

(1) 股权投资计税基础证明材料。

(2) 被投资企业破产公告、破产清偿文件。

(3) 工商行政管理部门注销、吊销被投资单位的行政处理决定文件。

(4) 政府有关部门对被投资单位的行政处理决定文件。

(5) 被投资企业终止经营、停止交易的法律或其他证明文件。

(6) 被投资企业资产处置方案、成交及入账材料。

(7) 企业法定代表人、主要负责人和财务负责人签章证实有关投资(权益)性损失的书面申明。

(8) 会计核算资料等其他相关证据材料。

11 股票投资损失能否在税前扣除？

问题概述

我公司今年在证券交易市场进行股票投资，年末按照公允价转让发生损失 20 万元。股票投资发生损失是否可以直接计算并自行在企业所得税税前扣除？

精要解答

《国家税务总局关于发布〈企业资产损失所得税税前扣除管理办法〉的公告》(国家税务总局公告 2011 年第 25 号)第八条规定，企业发生的资产损失，应按规定的程序和要求向主管税务机关申报后方能在税前扣除。未经申报的损失，不得在税前扣除。企业资产损失按其申报内容和要求的不同，分为清单申报和专项申报两种申报形式。

境外所得税收抵免纳税调整

其中，属于清单申报的资产损失，企业可按会计核算科目进行归类、汇总，然后再将汇总清单报送税务机关，有关会计核算资料和纳税资料留存企业备查；属于专项申报的资产损失，企业应逐项(或逐笔)报送申请报告，同时附送会计核算资料及其他相关的纳税资料。

第九条规定，下列资产损失，应以清单申报的方式向税务机关申报扣除：

(五) 企业按照市场公平交易原则，通过各种交易场所、市场等买卖债券、股票、期货、基金以及金融衍生产品等发生的损失。

根据上述规定，在证券交易市场买卖股票发生损失，属于应进行清单申报的资产损失，应按规定将汇总清单报送税务机关，方可在企业所得税税前扣除。

温馨提示

股票持有期间会计上如果将公允价值变动损益计入当期损益，需进行纳税调整。如计入其他综合收益不影响当期损益，则不作纳税调整。

12 核销应收款可以税前扣除吗？需要审批吗？

问题概述

因为对方单位生产经营困难，无力全额清偿对我单位的欠款，故我单位产生了 40 500 元的坏账，请问我单位需提供什么资料才能在企业所得税前列支该笔坏账？

精要解答

根据《财政部 国家税务总局关于企业资产损失税前扣除政策的通知》(财税〔2009〕57 号)规定："四、企业除贷款类债权外的应收、预付账款符合下列条件之一的，减除可收回金额后确认的无法收回的应收、预付款项，可以作为坏账损失在计算应纳税所得额时扣除：

(一) 债务人依法宣告破产、关闭、解散、被撤销，或者被依法注销、吊销营业执照，其清算财产不足清偿的；

(二) 债务人死亡，或者依法被宣告失踪、死亡，其财产或者遗产不足清偿的；

(三) 债务人逾期 3 年以上未清偿，且有确凿证据证明已无力清偿债务的；

(四) 与债务人达成债务重组协议或法院批准破产重整计划后，无法追偿的；

(五) 因自然灾害、战争等不可抗力导致无法收回的；

（六）国务院财政、税务主管部门规定的其他条件。”

根据《国家税务总局关于发布〈企业资产损失所得税税前扣除管理办法〉的公告》（国家税务总局公告2011年第25号）规定：

“第二十二条　企业应收及预付款项坏账损失应依据以下相关证据材料确认：

（一）相关事项合同、协议或说明；

（二）属于债务人破产清算的……

（三）属于诉讼案件的……

（四）属于债务人停止营业的……

（五）属于债务人死亡、失踪的……

（六）属于债务重组的……

（七）属于自然灾害、战争等不可抗力而无法收回的……

第二十三条　企业逾期3年以上的应收款项在会计上已作为损失处理的，可以作为坏账损失，但应说明情况，并出具专项报告。

第二十四条　企业逾期1年以上，单笔数额不超过五万元或者不超过企业年度收入总额万分之一的应收款项，会计上已经作为损失处理的，可以作为坏账损失，但应说明情况，并出具专项报告。”

所以，核销的应收账款如果符合以上条件，可在汇算清缴前进行专项申报扣除，不需要审批。

温馨提示

企业在计算应纳税所得额时已经扣除的资产损失，在以后纳税年度全部或者部分收回时，其收回部分应当作为收入计入收回当期的应纳税所得额。

13 应收账款打包出售，出售收入与账面应收款的差额是否可以作为资产损失在税前扣除？

问题概述

应收账款打包出售，出售收入与账面应收款的差额是否可以作为资产损失在税前扣除？

精要解答

《国家税务总局关于发布〈企业资产损失所得税税前扣除管理办法〉的公告》（国家税务总局公告2011年第25号）第四十七条规定，企业将不同类别的资产捆绑（打包），以拍卖、询价、竞争性谈判、招标等市场方式出售，其出售价格低于计税成本的差额，可以作为资产损失并准予在税前申报扣除，但应出具资产处置方案、各类资产作价依据、出售过程的情况说明、出售合同或协议、成交及入账证明、资产计税基础等确定依据。

因此，上述应收账款打包出售收入与账面应收款的差额满足上述规定的，可以作为资产损失在税前扣除。

温馨提示

《国家税务总局关于发布〈企业资产损失所得税税前扣除管理办法〉的公告》（国家税务总局公告2011年第25号）第五十条规定，本办法没有涉及的资产损失事项，只要符合企业所得税法及其实施条例等法律、法规规定的，也可以向税务机关申报扣除。

14 银行处置不良资产发生的资产损失可以在企业所得税税前扣除吗？

问题概述

银行处置不良资产发生的资产损失可以在企业所得税税前扣除吗？

精要解答

根据《国家税务总局关于发布〈企业资产损失所得税税前扣除管理办法〉的公告》（国家税务总局公告2011年第25号）规定：

“第三条 准予在企业所得税税前扣除的资产损失，是指企业在实际处置、转让上述资产过程中发生的合理损失（以下简称实际资产损失），以及企业虽未实际处置、转让上述资产，但符合《通知》和本办法规定条件计算确认的损失（以下简称法定资产损失）。

……

第九条 下列资产损失，应以清单申报的方式向税务机关申报扣除：

（一）企业在正常经营管理活动中，按照公允价格销售、转让、变卖非货币资产的损失；

（二）企业各项存货发生的正常损耗；

（三）企业固定资产达到或超过使用年限而正常报废清理的损失；

（四）企业生产性生物资产达到或超过使用年限而正常死亡发生的资产损失；

（五）企业按照市场公平交易原则，通过各种交易场所、市场等买卖债券、股票、期货、基金以及金融衍生产品等发生的损失。

第十条 前条以外的资产损失，应以专项申报的方式向税务机关申报扣除。企业无法准确判别是否属于清单申报扣除的资产损失，可以采取专项申报的形式申报扣除。

……

第二十三条 企业逾期三年以上的应收款项在会计上已作为损失处理的，可以作为坏账损失，但应说明情况，并出具专项报告。

第二十四条 企业逾期一年以上，单笔数额不超过五万元或者不超过企业年度收入总额万分之一的应收款项，会计上已经作为损失处理的，可以作为坏账损失，但应说明情况，并出具专项报告。”

因此，银行处置不良资产发生的资产损失，可以在企业所得税税前扣除，需要进行专项申报。

温馨提示

企业所得税年度汇算清缴申报时无论是否存在税会差异均需填报表A105090。主要涉及表A105090中第9行“二、专项申报资产损失”第10行“（一）货币资产损失”。

15 固定资产提前报废，应采取什么方式进行申报扣除？

问题概述

宏达实业有限公司2017年将2015年购置的一台机床提前报废，请问该公司应以清单申报还是专项申报向税务机关申报扣除？

精要解答

《企业资产损失所得税税前扣除管理办法》（国家税务总局公告2011年第25号）第九条规定："下列资产损失，应以清单申报的方式向税务机关申报扣除：

（一）企业在正常经营管理活动中，按照公允价格销售、转让、变卖非货币资产的损失；

（二）企业各项存货发生的正常损耗；

（三）企业固定资产达到或超过使用年限而正常报废清理的损失；

（四）企业生产性生物资产达到或超过使用年限而正常死亡发生的资产损失；

（五）企业按照市场公平交易原则，通过各种交易场所、市场等买卖债券、股票、期货、基金以及金融衍生产品等发生的损失。"

第十条规定："前条以外的资产损失，应以专项申报的方式向税务机关申报扣除。企业无法准确判别是否属于清单申报扣除的资产损失，可以采取专项申报的形式申报扣除。"

因此，企业固定资产达到或超过使用年限而正常报废清理的损失属于清单申报，其他报废损失应以专项申报的方式向税务机关申报扣除，企业无法准确判别是否属于清单申报扣除的资产损失，可以采取专项申报的形式申报扣除。

16 企业所得税规定5 000元以下的固定资产可以一次性作为费用税前扣除，那么企业会计核算凡是5 000元以上的才能入固定资产吗？

问题概述

我公司2017年10月购进10台电脑，单价为4 000元（不含税），当月投入使用，根据企业所得税相关规定可以一次性作为费用进行税前扣除，那么会计核算是不是也必须5 000元以上的才能入固定资产呢？会计核算必须与企业所得税处理一致吗？

精要解答

根据《财政部 国家税务总局关于完善固定资产加速折旧企业所得税政策的通知》（财税〔2014〕75号）"三、对所有行业企业持有的单位价值不超过5 000元的固定资产，允许一次性计入当期成本费用在计算应纳税所得额时扣除，不再分年度计算折旧。"企业所得税规定5 000元以下的固定资产可以一次性进行费用税前扣除，那么企业核算凡是5 000元以上的才能入固定资产，这就是典型的以税务思维来做账，其实不符合企业实际经营管理的要求，会计核算极有可能不真实。固定资产的核算标准应参照企业会计准则的标准来确认，所以会计核算并不一定与企业所得税处理一致。如果税会处理不一致，汇算清缴时进行纳税调整。那么，你公司将购买的电脑作为固定资产入账并会计上按照3年均匀计提折旧，企业所得税选择一次性扣除，2016年度汇算清缴时应进行纳税调减。

温馨提示

企业所得税年度汇算清缴申报时，即使税会处理一致也必须填写表A105080《资产折旧、摊销及纳税调整明细表》。

如果贵公司2016年10月购进这批电脑，会计和税法均一次性计入当期成本费用扣除，残值为0。那么会计和税收计提折旧金额均为4万元，不调整应纳税所得额，但仍需要在A105080《资产折旧、摊销及纳税调整明细表》第13行填报，同时，享受该项优惠无需再进行单独备案，以表代备。

17 融资租赁固定资产未能全额取得发票如何确认固定资产原值?

问题概述

融资租赁固定资产的租赁费支出,企业按合同规定分期支付租赁费并取得发票,因未能一次性按应付总额取得发票,则该固定资产原值如何确定?

精要解答

《中华人民共和国企业所得税法实施条例》第五十八条规定:"固定资产按照以下方法确定计税基础:

(一)外购的固定资产,以购买价款和支付的相关税费以及直接归属于使该资产达到预定用途发生的其他支出为计税基础;

(二)自行建造的固定资产,以竣工结算前发生的支出为计税基础;

(三)融资租入的固定资产,以租赁合同约定的付款总额和承租人在签订租赁合同过程中发生的相关费用为计税基础,租赁合同未约定付款总额的,以该资产的公允价值和承租人在签订租赁合同过程中发生的相关费用为计税基础;

(四)盘盈的固定资产,以同类固定资产的重置完全价值为计税基础;

(五)通过捐赠、投资、非货币性资产交换、债务重组等方式取得的固定资产,以该资产的公允价值和支付的相关税费为计税基础;

(六)改建的固定资产,除企业所得税法第十三条第(一)项和第(二)项规定的支出外,以改建过程中发生的改建支出增加计税基础。"

因此,融资租赁固定资产应当按融资租赁合同的应付总额作为固定资产原值,并按规定计提折旧进行扣除。

温馨提示

企业采用融资租赁方式租入固定资产,由于在租赁期里承租企业实质上获得了该资产所提供的主要经济利益,同时承担了与资产有关的风险。因此承租企业应企业实质上获得了该资产所提供的主要经济利益,同时承担了与资产有关的风险,同时确认相应的负债,并且要计提固定资产折旧。

为了区别融资租入固定资产和企业其他自有固定资产,企业应对融资租入固定资产单独设立"融资租入固定资产"明细科目核算,《企业会计准则第 21 号——租赁》中规定:在租赁开始日,承租人应当将租赁开始日租赁资产公允价值与最低租赁付款额现值两者较低者作为租入资产的入账价值,将最低租赁付款额作为长期应付款的入账价值,其差额作为未确认融资费用。承租人在租赁谈判和签订租赁合同过程中发生的,可归属于租赁项目的手续费、律师费、印花税等初始直接费用,应当计入租入资产价值,而不是确认为当期费用。《企业会计准则第 4 号——固定资产》中规定:购买固定资产的价格超过正常信用条件延期支付,实质上具有融资性质的,固定资产的成本以购买价格的现值为基础确定。实际支付的价格与购买价格之间的差额,除应予资本化的以外,应当在信用期间内计入当期损益。

融资租入固定资产,应当在租赁开始日,按租赁开始日租赁资产的原账面价值与最低租赁付款额的现值两者中较低者作为入账价值,借记"在建工程"或"固定资产"科目,按最低租赁付款额,贷记"长期应付款——应付融资租赁款"科目,按其差额,借记"未确认融资费用"科目。在租赁开始日,按最低租赁付款额入账的企业,应按最低租赁付款额,借记"固定资产"等科目,贷记“长期应付款”科目。

按期支付融资租赁费时,借记“长期应付款——应付融资租赁款”科目,贷记“银行存款”科目。

租赁期满,如合同规定将设备所有权转归承租企业,应当进行转账,将固定资产从“融资租入固定资产”明细科目转入有关明细科目。

18 固定资产改建支出如何税前扣除?

问题概述

某企业办公楼2003年5月竣工投入使用,计税基础5 000万元,预计使用年限40年。在2013年5月的一场地震中,该办公楼受到损坏,但经检测不属危楼。为了使办公楼更安全地使用,2014年5月,企业开始对办公楼实施加固。加固工程直到2015年4月完工,5月交付使用。整个加固工程总耗费1 000万元,经过加固办公楼的使用寿命预计延长10年。该固定资产的预计残值率5%。那么,经过加固后的固定资产年折旧额如何计算呢?

精要解答

《企业所得税法实施条例》第六十八条规定,固定资产的改建支出是指改变房屋或者建筑物结构、延长使用年限等发生的支出。

境外所得税收抵免亏损弥补

改建支出基本都要求进行资本化处理,只是处理的方式对于不同情况的固定资产有差别,结合《企业所得税法》第十三条及实施条例六十八条的相关规定作为长期待摊费用的情况包括以下两项:一是对于已足额提取折旧的固定资产的改建支出,按照固定资产预计尚可使用年限分期摊销;二是租入固定资产的改建支出,按照合同约定的剩余租赁期限分期摊销。条例第五十八条规定除上述两项之外,以改建过程中发生的改建支出增加计税基础。

该办公楼的加固行为属于企业所得税法实施条例中规定的改建支出。

改建后的办公楼的计税基础 = 5 000 − [5 000 × (1 − 5%)/40] × 11 + 1 000 = 4 693.75(万元)

改建后的办公楼的折旧年限 = 40 − 11 + 10 = 39(年)

改建后的固定资产年折旧额 = 4 693.75 × (1 − 5%)/39 = 114.334 9(万元)

温馨提示

《企业会计准则第4号——固定资产》应用指南规定:固定资产的后续支出是指固定资产在使用过程中发生的更新改造支出、修理费用等。可见在会计上,对固定资产发生的改建、修理、改良等支出都以后续支出概括,并不区分。

《企业会计准则第4号——固定资产》应用指南规定:固定资产的更新改造等后续支出,满足:①与该固定资产与关的经济利益很可能流入企业;②该固定资产的成本能够可靠地计量,应当计入固定资产成本,如有被替换的部分,应扣除其账面价值,不满足以上条件的固定资产修理费用等,应当在发生时计入当期损益。由此可见,会计上对于后续支出的资本化或费用化处理的依据并不是具体的项目分类,而是严格按照固定资产的确认条件确定是否需要对后续支出进行资本化处理,此处的资本化处理仅指增加固定资产的原值。还有一种资本化处理就是分期摊销,指南规定:企业以经营租赁方式租入的固定资产发生的改良支出,应予资本化,作为长期待摊费用,合理进行摊销。

19 单位加装了电梯，对于新装电梯的最低折旧年限，是按照房屋建筑物还是其他生产设备进行确认？

问题概述

宏达公司为了提高生产效率对原一生产车间进行改造，增设一台输送材料用的电梯，请问该新设电梯最低折旧年限如何进行确认？

精要解答

《中华人民共和国企业所得税法实施条例》(中华人民共和国国务院令第512号)规定："第六十条除国务院财政、税务主管部门另有规定外，固定资产计算折旧的最低年限如下：

(一) 房屋、建筑物，为20年；

(二) 飞机、火车、轮船、机器、机械和其他生产设备，为10年；

(三) 与生产经营活动有关的器具、工具、家具等，为5年；

(四) 飞机、火车、轮船以外的运输工具，为4年；

(五) 电子设备，为3年。"

一般的给办公楼加装的电梯，不属于机械或者其他生产设备，按照《国家税务总局关于企业所得税若干问题的公告》(国家税务总局公告2011年第34号)规定："第四条关于房屋、建筑物固定资产改扩建的税务处理问题：企业对房屋、建筑物固定资产在未足额提取折旧前进行改扩建的……如属于提升功能、增加面积的，该固定资产的改扩建支出，并入该固定资产计税基础，并从改扩建完工投入使用后的次月起，重新按税法规定的该固定资产折旧年限计提折旧，如该改扩建后的固定资产尚可使用的年限低于税法规定的最低年限的，可以按尚可使用的年限计提折旧。"

如果是专用于货物升降、传输等，构成生产环节的一部分，可以按照"(二)飞机、火车、轮船、机器、机械和其他生产设备"处理。

温馨提示

按照《国家税务总局关于企业所得税若干问题的公告》(国家税务总局公告2011年第34号)有关规定：企业对房屋、建筑物固定资产在未足额提取折旧前进行改扩建的……如属于提升功能、增加面积的，该固定资产的改扩建支出，并入该固定资产计税基础，并从改扩建完工投入使用后的次月起，重新按税法规定的该固定资产折旧年限计提折旧，如该改扩建后的固定资产尚可使用的年限低于税法规定的最低年限的，可以按尚可使用的年限计提折旧。企业发生类似情况应即时与税务机关进行沟通，如果发生损失应在汇算清缴期间向税务机关进行申报。

20 安装在租赁厂房的电梯折旧能否税前扣除？

问题概述

企业租赁厂房用于生产，另自行购买电梯安装在租赁的厂房上使用，请问电梯应当如何计提折旧？

精要解答

根据《中华人民共和国企业所得税法实施条例》第六十条除国务院财政、税务主管部门另有

规定外,固定资产计算折旧的最低年限如下:

(1) 房屋、建筑物,为 20 年。

(2) 飞机、火车、轮船、机器、机械和其他生产设备,为 10 年。

(3) 与生产经营活动有关的器具、工具、家具等,为 5 年。

(4) 飞机、火车、轮船以外的运输工具,为 4 年。

(5) 电子设备,为 3 年。

由于电梯属于以建筑物或者构筑物为载体的附属设备和配套设施,应作为建筑物或者构筑物的组成部分,按房屋、建筑物的折旧年限来计提折旧。因此,电梯的最低折旧年限为 20 年。

温馨提示

根据《财政部 国家税务总局关于全面推开营业税改征增值税试点的通知》(财税〔2016〕36 号)的规定,增值税一般纳税人 2016 年 5 月 1 日后取得并在会计制度上按固定资产核算的不动产,以及 2016 年 5 月 1 日后发生的不动产在建工程,其进项税额应按照本办法有关规定分两年从销项税额中抵扣,第一年抵扣比例为 60%,第二年抵扣比例为 40%。取得的不动产,包括以直接购买、接受捐赠、接受投资入股以及抵债等各种形式取得的不动产。纳税人新建、改建、扩建、修缮、装饰不动产,属于不动产在建工程。纳税人 2016 年 5 月 1 日后购进货物和设计服务、建筑服务,用于新建不动产,或者用于改建、扩建、修缮、装饰不动产并增加不动产原值超过 50%的,其进项税额分两年从销项税额中抵扣。

《国家税务总局关于发布〈不动产进项税额分期抵扣暂行办法〉的公告》(国家税务总局公告 2016 年第 15 号)第三条规定:"纳税人 2016 年 5 月 1 日后购进货物和设计服务、建筑服务,用于新建不动产,或者用于改建、扩建、修缮、装饰不动产并增加不动产原值超过 50%的,其进项税额依照本办法有关规定分两年从销项税额中抵扣。

不动产原值,是指取得不动产时的购置原价或作价。

上述分两年从销项税额中抵扣的购进货物,是指构成不动产实体的材料和设备,包括建筑装饰材料和给排水、采暖、卫生、通风、照明、通讯、煤气、消防、中央空调、电梯、电气、智能化楼宇设备及配套设施。"

因此,对于新建的不动产在投入使用前购买的电梯,需要分两年分期抵扣进项税额。但对于投入使用后后续发生的改建、扩建、修缮过程中购买的电梯,需区分是否超过不动产原值 50%:如果超过不动产原值 50%,需要分两年分期抵扣;如果未超过不动产原值 50%,可以一次抵扣。

21 固定资产投入使用后未全额取得发票折旧能够税前扣除吗?

问题概述

宏达实业有限公司建造一项固定资产,合同预算总造价为 200 万元,2017 年 9 月投入使用,但由于工程款项尚未结清未取得全额发票,只取得部分发票合计 150 万元。企业预计该项固定资产使用年限 5 年,保留残值为零,请问 2017 年汇算清缴对该固定资产如何处理?

精要解答

《国家税务总局关于贯彻落实企业所得税法若干税收问题的通知》(国税函〔2010〕79 号)规定,企业固定资产投入使用后,由于工程款项尚未结清未取得全额发票的,可暂按合同规定的金额计入固定资产计税基础计提折旧,待发票取得后进行调整。但该项调整应在固定资产投入使用后12个月内进行。在12个月内取得发票的，按发票金额调整原来的计税基础，补提的折旧应相应调整所属年度的应纳税所得额。12个月以后取得发票的，发票金额高于合同金额的差额部分，计算的折旧额不得在税前扣除，发票金额高于合同金额的差额待资产实际处置时允许在税前扣除。

该案例，固定资产由于已投入使用，并且合同预算总造价可以确定，可暂按合同规定的金额200万计入固定资产计税基础计提折旧。2017年，可税前计提折旧10万元(200÷5÷12×3)，但该项调整应在固定资产投入使用后12个月内进行，如果2018年度仍未取得剩余发票，该项固定资产的计税基础只能确认为取得发票部分150万元。在2017年汇算清缴的时候，首先需要对2017年计提的折旧进行调整，调增2.5万元(10－150÷5÷12×3)。如果至2018年9月份的12个月内又取得30万元发票，未取得剩余20万元发票，则计税基础调整为180万元，调增2017年折旧1万元(10－180÷5÷12×3)，之后按计税基础180万元继续计提折旧。

温馨提示

《〈企业会计准则第4号——固定资产〉应用指南》第一条规定，对已达到预定可使用状态但尚未办理竣工决算的固定资产，应按照暂估价值确定其成本，并计提折旧；待办理竣工决算后，再按实际成本调整原来的暂估价值，但此时不需要再调整原已计提的折旧额。可见，会计准则明确规定了暂估入账的新建固定资产在办理了竣工结算手续后只需调整成本，而不需再调整原已计提折旧。

税法规定了新建固定资产在办理竣工结算后，不仅需要调整计税基础而且还需要调整折旧。此外，如果投入使用后的新建固定资产在12个月内不能取得发票则不允许税前扣除，待取得发票后才可再进行相应调减。

会计准则和税法规定最终都以竣工结算的成本对新建固定资产进行计量，但由于计提折旧的方式不同可能形成暂时性差异。在实务中，应按年计征差异，不能将以前年度的差异累加调整至发生差异的当年进行纳税调整。

22 企业将房屋拆除，相关折旧如何计提？

问题概述

企业由于需要扩大生产规模，将原生产车间拆除，在原有的位置上重新规划建造生产用厂房。原设施的折旧尚未足额提取，其剩余净值应如何处理？

精要解答

《国家税务总局关于企业所得税若干问题的公告》(2011年第34号)规定，企业对房屋、建筑物固定资产在未足额提取折旧前进行改扩建的，如属于推倒重置的，该资产原值减除提取折旧后的净值，应并入重置后的固定资产计税成本，并在该固定资产投入使用后的次月起，按照税法规定的折旧年限，一并计提折旧；如属于提升功能、增加面积的，该固定资产的改扩建支出，并入该固定资产计税基础，并从改扩建完工投入使用后的次月起，重新按税法规定的该固定资产折旧年限计提折旧，如该改扩建后的固定资产尚可使用的年限低于税法规定的最低年限的，可以按尚可使用的年限计提折旧。

因此，该公司拆除的生产车间等设施应按照上述文件规定进行税务处理。

温馨提示

“推倒重置”，从字面理解，就是将目前已存在的房屋、建筑物拆除，再在原地建造一个房屋、建筑物。“推倒重置”支出是固定资产后续支出，符合《企业会计准则第4号——固定资产》第四条规定确认条件，应予资本化。

“提升功能、增加面积”，即扩建发生的支出，应并入原有房屋的计税基础，按照税法规定的不低于20年折旧年限重新提取折旧，其原则同推倒重置相似。但是，如果有证据证明，该改扩建后的固定资产尚可使用的年限低于税法规定的最低年限20年的，可以按尚可使用的年限计提折旧。

23 未提足折旧的房产，推倒重置税会有何差异？

问题概述

宏达实业有限公司2007年12月开始建一办公楼，办公楼2010年12月竣工投入使用，计税基础4 000万元，预计使用年限40年，预计净残值率为5%。因扩大再生产的需要，2016年12月，企业开始对办公楼将该办公楼推倒重建，拆除大楼时发生支出100万元，取得残料收入50万元。该办公楼推倒重建，直到2017年6月办理竣工并办理决算，12月交付使用。整个工程总耗费10 000万元，该固定资产的预计残值率5%，预计使用年限50年。请问在税收与会计上有何区别（假设不考虑流转税费）？

精要解答

境外所得税收抵免税额抵免

一、税收处理

《国家税务总局关于企业所得税若干问题的公告》（国家税务总局公告2011年第34号）规定，企业对房屋、建筑物固定资产在未足额提取折旧前进行改扩建的，如属于推倒重置的，该资产原值减除提取折旧后的净值，应并入重置后的固定资产计税成本，并在该固定资产投入使用后的次月起，按照税法规定的折旧年限，一并计提折旧；如属于提升功能、增加面积的，该固定资产的改扩建支出，并入该固定资产计税基础，并从改扩建完工投入使用后的次月起，重新按税法规定的该固定资产折旧年限计提折旧，如该改扩建后的固定资产尚可使用的年限低于税法规定的最低年限的，可以按尚可使用的年限计提折旧。

二、会计处理

根据《企业会计准则第4号——固定资产》第四条规定，固定资产同时满足下列条件的，才能予以确认：①与该固定资产有关的经济利益很可能流入企业；②该固定资产的成本能够可靠地计量。第六条与固定资产有关的后续支出，符合本准则第四条规定的确认条件的，应当计入固定资产成本；不符合本准则第四条规定的确认条件的，应当在发生时计入当期损益。

很明显，“推倒的固定资产”已经不存在，不可能再为企业带来经济利益，所以不能计入固定资产成本，应将固定资产的净值转入当期损益，也就是计入营业外支出，但是“34号公告”要求其净值计入固定资产计税成本，由此产生税会差异。

通过对例子的分析，该办公楼的推倒重建会计上应将其转入固定资产清理，确认固定资产清理损益。推倒重建则按在建工程进行归集，完工后转为固定资产进行处理。

改建前的办公楼的2011年1月至2016年12月计提折旧额＝[4 000×(1－5%)÷40]×6＝570(万元)

改建前办公楼的计税基础＝4 000－570＝3 430(万元)

改建完成后办公楼的计税基础＝10 000＋3 430＋100－50＝13 480(万元)

新办公楼2017年会计计提折旧＝[10 000×(1－5%)÷50]÷2＝95(万元)

新办公楼2017年税收计提折旧＝[13 480×(1－5%)÷50]÷2＝128.06(万元)

（一）固定资产清理

（1）将固定资产转让清理：

借：固定资产清理　34 300 000
　　累计折旧　5 700 000
　贷：固定资产　40 000 000

（2）发生拆除支出时：

借：固定资产清理　1 000 000
　贷：银行存款　1 000 000

（3）取得残料收入时：

借：银行存款　500 000
　贷：固定资产清理　500 000

（4）结转固定资产清理净损益时（税会存在差异，当年度应纳税调增 3 480 元）：

借：营业外支出——处置非流动资产损失　34 800 000
　贷：固定资产清理　34 800 000

（二）新办公楼推倒重建时支出

（1）发生建设支出时：

借：在建工程　100 000 000
　贷：银行存款　100 000 000

（2）新办公楼完工时：

借：固定资产　100 000 000
　贷：在建工程　100 000 000

（三）新办公楼 2017 年计提折旧

税会存在差异，2017 年度纳税调减：126.06－95＝33.06（万元）。以后年度调减根据税会折旧差异数进行。

借：管理费用　950 000
　贷：累计折旧　950 000

温馨提示

企业房产推倒重置产生的损失，根据《国家税务总局关于发布〈企业资产损失所得税税前扣除管理办法〉的公告》（国家税务总局公告 2011 年第 25 号），按照固定资产报废进行了专项申报是错误的。企业推倒重置产生的损失不属于税法上的资产损失，应按照国家税务总局公告 2011 年第 34 号第四条规定，将该固定资产净值并入重置后的固定资产计税成本，并依此计算折旧，每年进行纳税调整。

24 停止使用的固定资产计提的折旧应当如何税务处理？如果报废呢？

问题概述

A 公司是工业企业，2010 年 12 月购进机器设备一台，原值 1 000 万元（不含税，假如不考虑残值)。企业会计上按10年年限平均法计提折旧。2015年因市场原因,生产的产品滞销,A公司决定从2015年12月至2016年12月停止使用1年,截至2016年年底,已累计计提折旧600万元,其中2016年1月至12月计提折旧100万元。税务机关对A公司2016年企业所得税进行评估时,对停止使用的固定资产计提的折旧100万元进行了纳税调增,要求补缴了企业所得税。请问,税务机关的处理正确吗?假如未来4年企业正常生产经营,正常计提折旧,没有再停产,当该设备正常报废时,原来调增应纳税所得额100万元是否可以调减?

精要解答

《企业所得税法》第十一条规定,房屋、建筑物以外未投入使用的固定资产,不得计算折旧扣除。

《企业所得税法实施条例》第五十九条第二款规定,企业应当自固定资产投入使用月份的次月起计算折旧;停止使用的固定资产,应当自停止使用月份的次月起停止计算折旧。因此,停用的固定资产应当停止计算折旧,会计上已计提的折旧不得在税前扣除。

《企业所得税法实施条例》第七十四条规定,资产的净值和财产净值指有关资产、财产的计税基础减除已经按照规定扣除的折旧、折耗、摊销、准备金等后的余额。固定资产达到使用年限而正常报废清理的损失要填报《A105090资产损失税前扣除及纳税调整明细表》,该企业2016年计提的100万元折旧,税法不允许税前扣除,其他年度计提的折旧允许税前扣除。截至2020年12月底设备报废时,会计上资产损失金额为零,资产的净值是资产的计税基础减除已经按税法规定扣除折旧后的余额,资产的计税基础为1 000万元,按规定允许税前扣除的折旧为900万元,计税净值为100万元。

填报《A105090资产损失税前扣除及纳税调整明细表》:第4行"(三)固定资产达到或超过使用年限而正常报废清理的损失"第1列"账载金额"为零;第2列"税收金额"为100万元;第3列"纳税调整金额"为-100万元。将绝对值100万元填入表A105000第33行第4列,作纳税调减处理。

因此,停止使用过的固定资产计提的折旧不允许在税前扣除,应作调增应纳税所得额处理,但当固定资产达到使用年限正常报废时,应作相应的纳税调减处理。

注意,如果企业属检修等原因暂时停产。其机器设备不属于未投入使用的情况,按规定提取的固定资产折旧可在税前扣除,同时不影响享受加速折旧优惠。

温馨提示

《企业会计准则第4号——固定资产》第十四条规定,企业应当对所有固定资产计提折旧。但是,已提足折旧仍继续使用的固定资产和单独计价入账的土地除外。在财务处理上,企业除已提足折旧仍继续使用的固定资产和按规定单独估价作为固定资产入账的土地外,应对所有固定资产计提折旧。

企业对停产期间的固定资产(包括因修理停用的固定资产、季节性停用的固定资产等)计提的折旧费用归属口径,会计准则没有给出更细致的规定,建议企业视停产原因确定核算方法。若停产检修为工序性的、季节性的正常停工,可以继续记入"管理费用""制造费用"科目,施工企业也可记入"工程施工"科目;否则全部记入"管理费用"科目。

固定资产报废时,损失只需要在《A105090资产损失税前扣除及纳税调整明细表》进行纳税调整,不能在《A105080资产折旧、摊销及纳税调整明细表》进行重复调整。

25 季节性停用的固定资产折旧可以税前扣除吗？

问题概述

宏达实业有限公司系蔗糖加工企业，2017 年 7 月至 10 月该公司因季节性停厂，请问在停厂期间该公司的生产设备提的折旧能否税前扣除？

精要解答

根据《中华人民共和国企业所得税法》第十一条规定，在计算应纳税所得额时，企业按照规定计算的固定资产折旧，准予扣除。下列固定资产不得计算折旧扣除：

（1）房屋、建筑物以外未投入使用的固定资产。

（2）以经营租赁方式租入的固定资产。

（3）以融资租赁方式租出的固定资产。

（4）已足额提取折旧仍继续使用的固定资产。

（5）与经营活动无关的固定资产。

（6）单独估价作为固定资产入账的土地。

（7）其他不得计算折旧扣除的固定资产。

根据《国家税务总局关于企业所得税应纳税所得额若干税务处理问题的公告》（2012 年第 15 号）第八条规定，对企业依据财务会计制度规定，并实际在财务会计处理上已确认的支出，凡没有超过《企业所得税法》和有关税收法规规定的税前扣除范围和标准的，可按企业实际会计处理确认的支出，在企业所得税税前扣除，计算其应纳税所得额。

根据上述规定，季节性停产的固定资产折旧不属于不得扣除的范围，因此可以税前扣除。

温馨提示

《企业会计准则第 4 号——固定资产》第十四条规定，企业应当对所有固定资产计提折旧. 但是，已提足折旧仍继续使用的固定资产和单独计价入账的土地除外《〈企业会计准则第 4 号——固定资产〉应用指南》第一条第一款规定，固定资产应当按月计提折旧，当月增加的固定资产，当月不计提折旧，从下月起计提折旧；当月减少的固定资产，当月仍计提折旧，从下月起不计提折旧。

26 购入固定资产购入时没有足额支付款项，折旧如何计算？

问题概述

2012 年外购了价值 1 亿元的固定资产，当时只付了 5 000 万元，会计上的折旧是 2012 年开始的按照 5 000 万元计算的。2016 年支付了剩余的 5 000 万元，现在是否可以追补后续 5 000 万元在 2012 年扣除？

精要解答

（1）根据《中华人民共和国企业所得税法实施条例》（中华人民共和国国务院令第 512 号）第五十六条规定："企业的各项资产，包括固定资产、生物资产、无形资产、长期待摊费用、投资资产、存货等，以历史成本为计税基础。

前款所称历史成本，是指企业取得该项资产时实际发生的支出。

企业持有各项资产期间资产增值或者减值，除国务院财政、税务主管部门规定可以确认损益外，不得调整该资产的计税基础。”

(2) 根据《国家税务总局关于企业所得税应纳税所得额若干税务处理问题的公告》(国家税务总局公告 2012 年第 15 号)规定：

“六、关于以前年度发生应扣未扣支出的税务处理问题

根据《中华人民共和国税收征收管理法》的有关规定，对企业发现以前年度实际发生的、按照税收规定应在企业所得税前扣除而未扣除或者少扣除的支出，企业做出专项申报及说明后，准予追补至该项目发生年度计算扣除，但追补确认期限不得超过 5 年。”

因此，纳税人可以根据上述文件的规定，若属于以前年度实际发生且按税法规定应扣未扣的，可以在进行企业所得税年度汇算清缴申报时进行专项申报及说明后，追补至该项目发生年度计算扣除，但追补确认期限不得超过 5 年。

温馨提示

购入固定资产，支付一部分款，未付款部分应计入应付账款，会计分录为：

借：固定资产
　　应交税费——应交增值税(进项税额)
　贷：银行存款
　　　应付账款

或

借：固定资产
　　应交税费——应交增值税(进项税额)
　　　　　　——待抵扣进项税额
　贷：银行存款
　　　应付账款

固定资产是指企业为生产商品、提供劳务、出租或经营管理而持有的、使用寿命超过一个会计年度的有形资产。

从会计的角度划分，固定资产一般被分为生产用固定资产、非生产用固定资产、租出固定资产、未使用固定资产、不需用固定资产、融资租赁固定资产、接受捐赠固定资产等。

应付账款是企业(金融)应支付但尚未支付的手续费和佣金。是会计科目的一种，用以核算企业因购买材料、商品和接受劳务供应等经营活动应支付的款项。

27 无偿出租设备其折旧能否税前扣除？

免税股息的限定条件

问题概述

宏达实业有限公司 2017 年 7 月将一台机器设备无偿借给 M 公司使用，请问该机器的折旧能否税前扣除？

精要解答

《中华人民共和国企业所得税法》规定：“第八条企业实际发生的与取得收入有关的、合理的支出，包括成本、费用、税金、损失和其他支出，准予在计算应纳税所得额时扣除。”

根据《中华人民共和国企业所得税法实施条例》规定：“第二十七条企业所得税法第八条所称有关的支出，是指与取得收入直接相关的支出。

企业所得税法第八条所称合理的支出，是指符合生产经营活动常规，应当计入当期损益或者有关资产成本的必要和正常的支出。”

企业无偿借出的固定资产，相关的经济利益没有流入企业，该项固定资产所计提的折旧，不属于与取得应税收入相关的支出，不得在企业所得税税前扣除。如果有约定的租金收入，才属于与取得收入有关的、合理的支出。

温馨提示

《中华人民共和国企业所得税法实施条例》第五十九条规定，固定资产按照直线法计算的折旧，准予扣除。

企业应当自固定资产投入使用月份的次月起计算折旧；停止使用的固定资产，应当自停止使用月份的次月起停止计算折旧。

企业应当根据固定资产的性质和使用情况，合理确定固定资产的预计净残值。固定资产的预计净残值一经确定，不得变更。

28 企业为个人购买的资产折旧能否税前扣除？

问题概述

宏达房地产有限公司 2017 年 7 月购入一辆价值为 120 万元的汽车，该车落户名为公司股东江某，请问企业购入车辆落户为个人但车辆在公司使用其折旧能否税前扣除？

精要解答

《中华人民共和国企业所得税法实施条例》第五十七条规定，企业所得税法第十一条所称固定资产，是指企业为生产产品、提供劳务、出租或者经营管理而持有的、使用时间超过 12 个月的非货币性资产，包括房屋、建筑物、机器、机械、运输工具以及其他与生产经营活动有关的设备、器具、工具等。

第五十九条规定，固定资产按照直线法计算的折旧，准予扣除。

企业应当自固定资产投入使用月份的次月起计算折旧；停止使用的固定资产，应当自停止使用月份的次月起停止计算折旧。

企业应当根据固定资产的性质和使用情况，合理确定固定资产的预计净残值。固定资产的预计净残值一经确定，不得变更。

由此可见，企业所得税法第十一条规定，在计算应纳税所得额时，企业按照规定计算的固定资产折旧，准予扣除。允许在计算企业所得税应纳税所得额时扣除的折旧，必须是该纳税人自身“持有”的固定资产。鉴于企业为个人股东购买车辆（包括房屋等资产）时已将该类资产的所有权办到股东个人名下，不属于该企业自身持有的固定资产，其折旧不得税前扣除。

温馨提示

（1）依据《中华人民共和国个人所得税法》以及有关规定，企业购买车辆并将车辆所有权办到股东个人名下，其实质为企业对股东进行了红利性质的实物分配，应按照“利息、股息、红利所得”项目征收个人所得税。

（2）对于使用股东车辆，如希望对相关费用进行税前扣除，建议该企业通过租赁方式进行处理。企业租赁合同中约定的在租赁期间发生的，由承租方负担的且与承租方使用车辆取得收入有关的、合理的费用，包括油费、修理费、过路过桥费等凭合法有效凭证可以税前扣除；与车辆所有权有关的固定费用包括车船税、年检费等不论是否由承租方负担均不予以税前扣除。

29 用政策性搬迁收入新购置的机器设备是否可以正常折旧？

问题概述

A 公司 2016 年发生政策性搬迁，取得政府给予的搬迁收入 600 万元，A 公司想用这笔搬迁款项重新购置机器设备,请问新购置的机器设备是否可以正常折旧?

精要解答

根据《国家税务总局关于发布〈企业政策性搬迁所得税管理办法〉的公告》(国家税务总局公告 2012 年第 40 号)规定:企业搬迁期间新购置的各类资产,应按《企业所得税法》及其实施条例等有关规定,计算确定资产的计税成本及折旧或摊销年限。企业发生的购置资产支出,不得从搬迁收入中扣除。

因此,A 公司搬迁期间新购置的资产可以正常计提折旧。

温馨提示

国家税务总局公告 2012 年第 40 号规定,企业搬迁中被征用的土地,采取土地置换的,换入土地的计税成本按被征用土地的净值,以及该换入土地投入使用前所发生的各项费用支出,为该换入土地的计税成本,在该换入土地投入使用后,按企业所得税法及其实施条例规定年限摊销。

如果政策性搬迁项目在第 40 号公告生效(2012 年 10 月 1 日)前已经签订搬迁协议,按照国家税务总局公告 2013 年第 11 号的规定,企业购置资产支出可以从搬迁收入中扣除,但购置的各类资产,应剔除该搬迁补偿收入后,作为该资产的计税基础,并按规定计算折旧或费用摊销。

30 设备折旧年限从何时确定?

问题概述

我公司 2013 年购入设备一批,其中几台设备因当时特别原因没投入使用,因此也没计提折旧。现因生产发展需要,决定投入使用。请问,10 年的折旧年限怎么定?是从 2013 年购入时开始计算,还是从今年投入使用月份开始计算?

精要解答

根据《中华人民共和国企业所得税法实施条例》(中华人民共和国国务院令第 512 号)第五十九条规定:“固定资产按照直线法计算的折旧,准予扣除。企业应当自固定资产投入使用月份的次月起计算折旧;停止使用的固定资产,应当自停止使用月份的次月起停止计算折旧。企业应当根据固定资产的性质和使用情况,合理确定固定资产的预计净残值。固定资产的预计净残值一经确定,不得变更。”

温馨提示

《企业会计准则第 4 号——固定资产》应用指南(财会〔2006〕18 号)规定:

(1) 固定资产应当按月计提折旧,当月增加的固定资产,当月不计提折旧,从下月起计提折旧;当月减少的固定资产,当月仍计提折旧,从下月起不计提折旧。

固定资产提足折旧后,不论能否继续使用,均不再计提折旧;提前报废的固定资产,也不再补提折旧。提足折旧,是指已经提足该项固定资产的应计折旧额。应计折旧额,是指应当计提折旧的固定资产的原价扣除其预计净残值后的金额。已计提减值准备的固定资产,还应当扣除已计提的固定资产减值准备累计金额。

(2) 已达到预定可使用状态但尚未办理竣工决算的固定资产,应当按照估计价值确定其成本,并计提折旧;待办理竣工决算后,再按实际成本调整原来的暂估价值,但不需要调整原已计提的折旧额。

31 固定资产折旧年限是否可以调整？

问题概述

企业办公楼调整折旧年限，由30年改为20年，可否税前扣除？

精要解答

从会计角度看，为真实反映固定资产为企业提供经济利益的期间及每期实际的资产消耗，企业至少应当于每年年度终了，对固定资产使用寿命和预计净残值进行复核，如有确凿证据表明，固定资产使用寿命预计与原先估计数有差异，应当调整固定资产使用寿命。固定资产使用寿命的改变应作为会计估计变更，按照《企业会计准则第28号——会计政策、会计估计变更和会计差错更正》处理。

从税法角度看，税法对不同类型的固定资产规定了不同的最低使用年限，调整固定资产使用寿命后，只要符合税法的规定，不需要进行调整；如低于税法规定的最低折旧年限，在申报企业所得税时需要按税法规定作纳税调整。

《国家税务总局关于企业所得税应纳税所得额若干问题的公告》(国家税务总局公告2014年第29号)规定，企业固定资产会计折旧年限如果短于税法规定的最低折旧年限，其按会计折旧年限计提的折旧高于按税法规定的最低折旧年限计提的折旧部分，应调增当期应纳税所得额；企业固定资产会计折旧年限已期满且会计折旧已提足，但税法规定的最低折旧年限尚未到期且税收折旧尚未足额扣除，其未足额扣除的部分准予在剩余的税收折旧年限继续按规定扣除；企业固定资产会计折旧年限如果长于税法规定的最低折旧年限，其折旧应按会计折旧年限计算扣除，税法另有规定除外。

房屋、建筑物税法规定最低折旧年限为20年，办公楼折旧年限由30年调整为20年应按国家税务总局公告2014年第29号规定进行处理。

温馨提示

《企业会计准则28号——会计政策、会计估计变更和差错更正》第九条规定：企业对会计估计变更应当采用未来适用法处理。

未来适用法，是指将变更后的会计政策应用于变更日及以后发生的交易或者事项，或者在会计估计变更当期和未来期间确认会计估计变更影响数的方法。

在未来适用法下，不需要计算会计政策变更产生的累积影响数，也无须重编以前年度的财务报表。企业会计账簿记录及财务报表上反映的金额，变更之日仍保留原有的金额，不因会计政策变更而改变以前年度的既定结果，并在现有金额的基础上再按新的会计政策进行核算。

《中华人民共和国企业所得税法实施条例》第五十九条规定，企业应当根据固定资产的性质和使用情况，合理确定固定资产的预计净残值。固定资产的预计净残值一经确定，不得变更。

32 房屋装修费应计入当期损益还是资本化？

问题概述

对已经使用10年的房屋进行内部装修，原值100万元，装修费40万元，没有增加功能，也没有延长使用寿命。按企业所得税法实施条例规定,装修款没有超过原值的 50%,可否直接费用化而不用资本化?会计上是否可直接计入当期损益处理?

精要解答

房屋装修是属于改建还是修理,如果是改建则需资本化,如果是修理则未达到大修理标准就可一次性扣除。税法目前没有明确规定房屋装修费到底属于改建还是修理,实务中税务机关大都从严掌握,按改建支出处理。

根据企业会计准则规定,固定资产装修费用属固定资产发生的后续支出,一般遵循以下处理原则:

(1) 装修费用较小,应费用化,计入当期损益。

(2) 装修费用较大,装修使固定资产带来更多的经济利益,装修费用应当资本化,在"固定资产"科目下单设"固定资产装修"明细科目进行核算(因为装修部分的折旧期限与固定资产原折旧期限不同),在两次装修间隔期间与固定资产尚可使用年限两者中较短的期间内,采用合理的方法单独计提折旧。比如固定资产尚可使用 10 年,两次装修间隔期间是 5 年,那么固定资产装修部分要按 5 年计提折旧。但若是比如说 3 年以后就装修了,则没有计提完折旧的装修费用全部转入营业外支出。

根据以上规定,固定资产装修费用如果比较大,符合资本化条件则应资本化按上述规定进行账务处理,如果装修费用很小的话则可直接计入当期损益。

对于上述房屋花费高达原值 40%的装修支出,按照经营常规思维,这笔支出应该是满足准则第四条规定的应予以资本化的支出条件的(即与该固定资产有关的经济利益很可能流入企业;该固定资产的成本能够可靠地计量)。企业应将该笔装修支出进行资本化。企业所得税也应当资本化而不能税前直接扣除。

温馨提示

《企业会计准则——固定资产》规定,与固定资产有关的后续支出,如果使可能流入企业的经济利益超过了原先的估计,如延长了固定资产的使用寿命,或者使产品质量实质性提高,或者使产品成本实质性降低,则应当计入固定资产账面价值,其增计后的金额不应超过该固定资产的可收回金额。除此以外的后续支出,应当确认为当期费用,不再通过预提或待摊的方式核算。企业在日常核算中应依据上述原则判断固定资产后续支出是应当资本化,还是费用化。

小型微利税收优惠

在具体实务中,对于固定资产发生的下列各项后续支出,通常的处理方法如下:

(1) 固定资产修理费用,应当直接计入当期费用。

(2) 固定资产改良支出,应当计入固定资产账面价值,其增计后的金额不应超过该固定资产的可收回金额。

(3) 如果不能区分是固定资产修理还是固定资产改良,或固定资产修理和固定资产改良结合在一起,则企业应按上述原则进行判断,其发生的后续支出,分别计入固定资产价值或计入当期费用。

(4) 固定资产装修费用,符合上述原则可予资本化的,应当在"固定资产"科目下单设"固定资产装修"明细科目核算,并在两次装修期间与固定资产尚可使用年限两者中较短的期间内,采用合理的方法单独计提折旧。如果在下次装修时,该项固定资产相关的"固定资产装修"明细科目仍有余额,应将该余额一次全部计入当期营业外支出。

(5) 融资租赁方式租入的固定资产发生的固定资产后续支出,比照上述原则处理。发生的固定资产装修费用，符合上述原则可予资本化的，应在两次装修期间、剩余租赁期与固定资产尚可使用年限三者中较短的期间内，采用合理的方法单独计提折旧。

(6) 经营租赁方式租入的固定资产发生的改良支出，应单设“1503 经营租入固定资产改良”科目核算，并在剩余租赁期与租赁资产尚可使用年限两者中较短的期间内，采用合理的方法单独计提折旧。

33 固定资产折旧是否可以追补扣除？

问题概述

A 公司 2012 年外购了价值 5 000 万元的固定资产，当时只付了 2 500 万元，仅取得了 2 500 万元的增值税专用发票。2012 年开始，会计上的折旧是按照 5 000 万元计算，企业所得税前扣除折旧是按照 2 500 万元计算。2016 年支付了剩余的 2 500 万元，又取得了 2 500 万元增值税专用发票。后续支付的 2 500 万元对应的在 2012 年至 2015 年的折旧原并未税前扣除，如今是否可以追补扣除?

精要解答

根据《国家税务总局关于企业所得税应纳税所得额若干税务处理问题的公告》(国家税务总局公告 2012 年第 15 号)的规定，根据《中华人民共和国税收征收管理法》的有关规定，对企业发现以前年度实际发生的、按照税收规定应在企业所得税前扣除而未扣除或者少扣除的支出，企业作出专项申报及说明后，准予追补至该项目发生年度计算扣除，但追补确认期限不得超过 5 年。

企业由于上述原因多缴的企业所得税税款，可以在追补确认年度企业所得税应纳税款中抵扣，不足抵扣的，可以向以后年度递延抵扣或申请退税。

亏损企业追补确认以前年度未在企业所得税前扣除的支出，或盈利企业经过追补确认后出现亏损的，应首先调整该项支出所属年度的亏损额，然后再按照弥补亏损的原则计算以后年度多缴的企业所得税款，并按前款规定处理。

因此，纳税人可以根据上述文件的规定，若属于以前年度实际发生且按税法规定应扣未扣的，可以在进行企业所得税年度汇算清缴申报时进行专项申报及说明后，追补至该项目发生年度计算扣除，但追补确认期限不得超过 5 年。

温馨提示

企业追补扣除支出有 4 个前提条件：

(1) 必须是企业自行发现，即由企业自行向税务机关提出追补扣除的申请。

(2) 必须是实际发生，即需符合权责发生制原则，但需注意的是，根据《企业资产损失所得税税前扣除管理办法》(国家税务总局公告 2011 年第 25 号)规定，法定资产损失应从申报年度起扣除，不得追补确认。

(3) 必须是与企业取得收入有关的、合理的支出，即必须符合税前扣除的范围、标准和条件等要求。

(4) 必须由企业向税务机关就追补扣除事项作出专项申报及说明。

对企业因未能及时办理工程竣工决算，未能获取固定资产发票而未能及时计提折旧的情况，企业可依据《国家税务总局关于贯彻落实企业所得税法若干税收问题的通知》(国税函〔2010〕79 号)的相关规定，可暂按合同规定的金额计入固定资产计税基础计提折旧，待发票取得后进行调整。但该项调整应在固定资产投入使用后 12 个月内进行。

34 固定资产无偿借给其他企业使用,该设备的折旧能否税前扣除?

问题概述

某公司的一台机器设备无偿借给另一家公司(非关联)使用,该设备的折旧能否税前扣除?

精要解答

根据《中华人民共和国企业所得税法》第八条规定,企业实际发生的与取得收入有关的、合理的支出,包括成本、费用、税金、损失和其他支出,准予在计算应纳税所得额时扣除。

根据《中华人民共和国企业所得税法实施条例》第二十七条规定,企业所得税法第八条所称有关的支出,是指与取得收入直接相关的支出。《企业所得税法》第八条所称合理的支出,是指符合生产经营活动常规,应当计入当期损益或者有关资产成本的必要和正常的支出。

所以,无偿借给其他企业使用设备的折旧不属于与取得收入有关的、合理的支出,不能税前扣除。

温馨提示

如果无偿借给关联企业使用,则应视为关联交易,按照《特别纳税调整实施办法(试行)》(国税发〔2009〕2 号)等相关规定调整。

35 以公允价值模式计量的投资性房地产能不能税前扣除折旧?

问题概述

宏达实业有限公司 2017 年将一处闲置的房产对外进行出租,并将其重新分类为投资性房地产进行单独核算,采取公允价值模式计量,该企业同时对该房产提取折旧并在税前扣除,请问以公允价值模式计量的投资性房地产能不能税前扣除折旧?

精要解答

《国家税务总局关于企业所得税应纳税所得额若干税务处理问题的公告》(国家税务总局公告 2012 年第 15 号)第八条关于税前扣除规定与企业实际会计处理之间的协调问题规定,根据《企业所得税法》第二十一条规定,对企业依据财务会计制度规定,并实际在财务会计处理上已确认的支出,凡没有超过《企业所得税法》和有关税收法规规定的税前扣除范围和标准的,可按企业实际会计处理确认的支出,在企业所得税前扣除,计算其应纳税所得额。

以公允价值模式计量的投资性房地产按照《会计准则》的规定,是以公允价值的变动计算相应的损益,不计提折旧。《企业所得税法》未对以公允价值模式计量的投资性房地产作特殊规定,因此其税务处理应按税法对资产的一般性规定进行处理。在实际征管中,凡符合税法规定的固定资产、无形资产,应按税法规定计算折旧、摊销,并准予扣除。会计与税法不一致的,应按照税法规定调整。

因此,企业如已对投资性房地产已计提的折旧可以在税前扣除。以公允价值模式计量的投资性房地产会计上未计提的折旧在所得税汇算清缴时不得作纳税调减处理,资产转让或处置时按转让(处置)收入减去计税基础后并入应纳税所得额。

温馨提示

《企业所得税法实施条例》第五十六条规定,企业的各项资产,包括固定资产、生物资产、无形资产、长期待摊费用、投资资产、存货等,以历史成本为计税基础。

前款所称历史成本，是指企业取得该项资产时实际发生的支出。

企业持有各项资产期间资产增值或者减值，除国务院财政、税务主管部门规定可以确认损益外，不得调整该资产的计税基础。

《企业所得税法实施条例释义》对第五十六条明确，本条关于资产的分类与现行会计准则的分类没有根本性的差异，只不过有些资产在准则中细分为几类，但条例中将其归为一类处理，如条例中的无形资产实际上包括准则中的无形资产、商誉和部分投资性房地产，条例中的投资资产包括准则中的交易性金融资产、持有至到期投资和长期股权投资，条例中的固定资产还包括准则中的固定资产和部分投资性房地产。

《企业会计准则第 3 号——投资性房地产》第三条规定，本准则规范下列投资性房地产：

(1) 已出租的土地使用权。

(2) 持有并准备增值后转让的土地使用权。

(3) 已出租的建筑物。

根据上述规定，企业所得税法对资产的分类与会计准则中的分类不完全一致。投资性房地产，如该投资性房地产为已出租的土地使用权和持有并准备增值后转让的土地使用权，在企业所得税法上属于无形资产，如该投资性房地产为已出租的建筑物，在企业所得税法上属于固定资产。

由于无形资产不涉及折旧事项，可计提折旧的投资性房地产为建筑物，即为企业所得税法中的固定资产。

36 固定资产折旧的企业所得税如何处理？

问题概述

宏达实业有限公司 2016 年 12 月购买一台大型机床，入账价值 2 000 万元(不考虑其他税费)，该公司 2017 年 1 月开始按照折旧年限 8 年，残值率为 5%计提折旧，请问 2017 年企业所得税汇算清缴是否要进行纳税调整？如果该公司采用折旧年限为 20 年是否应进行纳税调整？

精要解答

《中华人民共和国企业所得税法》第八条规定，企业实际发生的与取得应税收入相关的、合理的成本、费用准予在税前扣除。

《国家税务总局发布关于企业所得税应纳税所得额若干问题的公告》(2014 年第 29 号)规定：

(1) 企业固定资产会计折旧年限如果短于税法规定的最低折旧年限，其按会计折旧年限计提的折旧高于按税法规定的最低折旧年限计提的折旧部分，应调增当期应纳税所得额；企业固定资产会计折旧年限已期满且会计折旧已提足，但税法规定的最低折旧年限尚未到期且税收折旧尚未足额扣除，其未足额扣除的部分准予在剩余的税收折旧年限继续按规定扣除。

(2) 企业固定资产会计折旧年限如果长于税法规定的最低折旧年限，其折旧应按会计折旧年限计算扣除，税法另有规定除外。

(3) 企业按会计规定提取的固定资产减值准备，不得税前扣除，其折旧仍按税法确定的固定资产计税基础计算扣除。

(4) 企业按税法规定实行加速折旧的，其按加速折旧办法计算的折旧额可全额在税前扣除。

由此可见，宏达实业有限公司 2016 年 12 月购买一台大型机床，入账价值 2 000 万元，2017 年 1 月开始按照折旧年限 8 年，短于税法规定年限 10 年，应当进行纳税调整；如果该公司采用折旧年限为 20 年则无需进行纳税调整。

温馨提示

《中华人民共和国企业所得税法实施条例》六十条规定，除国务院财政、税务主管部门另有规定外，固定资产计算折旧的最低年限如下：

(1) 房屋、建筑物，为 20 年；

(2) 飞机、火车、轮船、机器、机械和其他生产设备，为 10 年；

(3) 与生产经营活动有关的器具、工具、家具等，为 5 年；

(4) 飞机、火车、轮船以外的运输工具，为 4 年；

(5) 电子设备，为 3 年。

37 企业厂区外修建公路能否税前扣除？

问题概述

宏达实业有限公司系煤炭生产企业，2017 年因生产需要在一国有土地使用权出让合同中设定的规划红线之外，企业改造了一条道路，请问该企业发生的成本如何税前扣除？

精要解答

《中华人民共和国企业所得税法》规定，企业实际发生的与取得收入有关的、合理的支出，包括成本、费用、税金、损失和其他支出，准予在计算应纳税所得额时扣除。

《中华人民共和国企业所得税法实施条例》规定，企业发生的支出应当区分收益性支出和资本性支出。收益性支出在发生当期直接扣除；资本性支出应当分期扣除或者计入有关资产成本，不得在发生当期直接扣除。

如企业能提供相关材料，证明该项改造支出确为企业生产经营所必须发生的合理的支出项目，则该项支出可以按规定税前扣除。

温馨提示

《中华人民共和国企业所得税法实施条例》规定，固定资产按照直线法计算的折旧，准予扣除。企业应当自固定资产投入使用月份的次月起计算折旧；停止使用的固定资产，应当自停止使用月份的次月起停止计算折旧。企业应当根据固定资产的性质和使用情况，合理确定固定资产的预计净残值。固定资产的预计净残值一经确定，不得变更。

技术转让增值税和所得税分析

38 企业受让的无形资产，约定使用年限为 8 年，是否也应按 10 年来进行摊销？

问题概述

宏达制药有限公司 2017 年 8 月因研发新药购入一项无形资产，合同约定该项无形资产使用年限为 8 年，请问该公司是否需要按《中华人民共和国企业所得税法实施条例》规定在 10 年内进行摊销？

精要解答

根据《中华人民共和国企业所得税法实施条例》第六十七条规定，无形资产按照直线法计算的摊销费用，准予扣除。无形资产的摊销年限不得低于 10 年。作为投资或者受让的无形资产，有关法律规定或者合同约定了使用年限的,可以按照规定或者约定的使用年限分期摊销。

由此可见,受让的无形资产,有关法律规定或者合同约定了使用年限的,可以按照规定或者约定的使用年限分期摊销。

温馨提示

作为投资或者受让的无形资产,有关法律规定或者合同约定了使用年限的,可以按照规定或者约定的使用年限分期摊销。法律规定或者合同约定没有约定的,无形资产的摊销年限不得低于 10 年。

第六部分　优惠类疑难问题

 信托计划分红收入免税吗?

问题概述

甲公司参与投资信托公司设立的某信托计划,用于向甲公司全国各地的子公司提供融资。该信托计划向甲公司若干子公司进行股权投资,并收取固定分红收益。甲企业从该信托计划分红收入及转让该信托计划份额收入如何计税?

精要解答

根据《企业所得税法》及其实施条例的规定,居民企业直接投资于其他居民企业取得的投资收益属于免税收入。因此,甲企业通过信托公司购买信托产品的投资收益不属于免税收入范围,需要计入应纳税所得额缴纳企业所得税。甲企业参与设立信托计划,向子公司提供融资的行为属于债权性投资,其取得的信托计划分红收入应按利息收入进行相应的税务处理,其转让信托计划份额按转让财产进行相应的税务处理。

企业购买保本型理财产品取得的产品分红不属于免税收入范围,需要计入应纳税所得额缴纳企业所得税。

温馨提示

根据《关于明确金融 房地产开发 教育辅助服务等增值税政策的通知》(财税〔2016〕140 号)规定:"一、《销售服务、无形资产、不动产注释》(财税〔2016〕36 号)所称'保本收益、报酬、资金占用费、补偿金',是指合同中明确承诺到期本金可全部收回的投资收益。金融商品持有期间(含到期)取得的非保本的上述收益,不属于利息或利息性质的收入,不征收增值税。"设立信托计划,向子公司提供融资的行为属于债权性投资,不属于非保本的收益,应当征收增值税。

《财政部 国家税务总局关于全面推开营业税改征增值税试点的通知》(财税〔2016〕36 号)附件 1《营业税改征增值税试点实施办法》后附的《销售服务、无形资产、不动产注释》规定,金融商品转让,是指转让外汇、有价证券、非货物期货和其他金融商品所有权的业务活动。

其他金融商品转让包括基金、信托、理财产品等各类资产管理产品和各种金融衍生品的转让。

附件 2《营业税改征增值税试点有关事项的规定》规定,金融商品转让,按照卖出价扣除买入价后的余额为销售额。

转让金融商品出现的正负差,按盈亏相抵后的余额为销售额。若相抵后出现负差,可结转下一纳税期与下期转让金融商品销售额相抵,但年末时仍出现负差的,不得转入下一个会计年度。

金融商品的买入价,可以选择按照加权平均法或者移动加权平均法进行核算,选择后 36 个月内不得变更。

金融商品转让,不得开具增值税专用发票。

根据上述规定,转让基金、信托产品,应当按照金融商品转让缴纳增值税,税率为 6%,销售额为卖出价扣除买入价后的余额,并可以在当年度内抵减负差。

2 企业通过第三方转持的股份分红是否可作为免税收入?

问题概述

A公司借款给甲公司,由甲公司投资于乙公司,最后乙公司税后利润分红给甲公司,再由甲公司划给A公司。请问A公司取得的分红可否作为免税收入?

精要解答

根据《企业所得税法》第二十六条第二项的规定,符合条件的居民企业之间的股息、红利等权益性投资收益为免税收入。《企业所得税法实施条例》第八十三条规定:"企业所得税法第二十六条第二项所称符合条件的居民企业之间的股息红利等权益性投资收益,是指居民企业直接投资于其他居民企业取得的投资收益。不包括连续持有居民企业公开发行并上市流通的股票不足12个月取得的投资收益。"

第三方转持属于间接投资,间接投资不符合免税的投资收益范围,不得作为免税收入。

温馨提示

根据《关于合伙企业合伙人所得税问题的通知》(财税〔2008〕159号)规定,"合伙企业以每一个合伙人为纳税义务人。合伙人是自然人的,缴纳个人所得税;合伙人是法人和其他组织的,缴纳企业所得税""合伙企业的合伙人是法人和其他组织的,合伙人在计算其缴纳企业所得税时,不得用合伙企业的亏损抵减其盈利。"

合伙企业的合伙人从合伙企业取得的分红虽为直接投资,但由于合伙企业不是企业所得税纳税人,所以分红不属于免税收入。

3 居民企业之间超过持股比例的分红是否免征企业所得税?

问题概述

2016年某公司的股权结构为:法人股股东A公司持有股份60%,自然人股东持有股份40%,企业章程约定不按持股比例分红,分红比例为A公司为80%,自然人股东分红20%。请问,法人股东A分红比例超过持股比例部分的分红是否属于符合条件的免税投资收益?该法人股股东已经持有该公司股权15年,并且长期持有。

精要解答

(1)《国家税务总局关于发布〈中华人民共和国企业所得税年度纳税申报表(A类年版)〉的公告》(国家税务总局公告2017年第54号)附件《中华人民共和国企业所得税年度纳税申报表》填报说明中规定,A107011《符合条件的居民企业之间的股息、红利等权益性股资收益优惠明细表》第7列"依决定归属于本公司的股息、红利等权益性股资收益金额":填报纳税人按照投资比例或者其他方法计算的,实际归属于本公司的股息、红利等权益性投资收益金额。

(2)国家税务总局2015年第76号公告附件1《企业所得税优惠事项备案管理目录(2015年版)》规定:"若企业取得的是被投资企业未按股东持股比例分配的股息、红利等权益性投资收益,还需提供被投资企业的最新公司章程。"

所以,符合公司法规定、按照公司章程未按股东持股比例分配居民企业之间的股息、红利等权益性投资收益,属于“符合条件的居民企业之间的股息、红利等权益性投资收益免征企业所得税”。

温馨提示

《公司法》第三十五条规定:“股东按照实缴的出资比例分取红利;公司新增资本时,股东有权优先按照实缴的出资比例认缴出资。但是,全体股东约定不按照出资比例分取红利或者不按照出资比例优先认缴出资的除外。”

4 民政福利企业增值税退税收入是否是免税收入?

问题概述

一家民政福利企业,于 2016 年成立,享受安置残疾人增值税即征即退优惠,本年度取得增值税即征即退收入 70 万元。请问,取得的即征即退的增值税收入是否免税或不征税?

精要解答

根据《财政部 国家税务总局关于财政性资金、行政事业性收费、政府性基金有关企业所得税政策问题的通知》(财税〔2008〕151 号)第一条第三款的规定,企业取得的来源于政府及其有关部门的财政补助、补贴、贷款贴息,以及其他各类财政专项资金,包括直接减免的增值税和即征即退、先征后退、先征后返的各种税收,但不包括企业按规定取得的出口退税款作为财政性资金处理,计入企业当年收入总额。该条款确认了福利企业获得的增值税退税应计入收入总额中,在财务处理上应作为政府补助处理。

从企业所得税的规定来看,企业所得税法及实施条例将收入总额定义为应税收入、不征税收入和免税收入,并对不征税收入和免税收入作出了解释。《中华人民共和国企业所得税法》第七条规定:收入总额中的下列收入为不征税收入:①财政拨款;②依法收取并纳入财政管理的行政事业性收费、政府性基金;③国务院规定的其他不征税收入。

从民政福利企业增值税退税的来源来看,《财政部 国家税务总局关于专项用途财政性资金企业所得税处理问题的通知》(财税〔2011〕70 号)第一条规定:“企业从县级以上各级人民政府财政部门及其他部门取得的应计入收入总额的财政性资金,凡同时符合以下条件的,可以作为不征税收入,在计算应纳税所得额时从收入总额中减除:(一)企业能够提供规定资金专项用途的资金拨付文件;(二)财政部门或其他拨付资金的政府部门对该资金有专门的资金管理办法或具体管理要求;(三)企业对该资金以及以该资金发生的支出单独进行核算。”《社会福利企业管理暂行办法》(民福发〔1990〕21 号)中规定了福利企业获得的退税应建立专账核算并专项用于残疾人事业支出,但是该文已被《民政部关于印发〈福利企业资格认定办法〉的通知》(民发〔2007〕103 号)明文规定予以废止,目前已无对福利企业退税所得资金的管理办法或具体管理要求。

从上述条款规定分析,民政福利企业获得的增值税退税不符合“不征收收入”的相关要求。

《中华人民共和国企业所得税法》第二十六条规定:“企业的下列收入为免税收入:(一)国债利息收入;(二)符合条件的居民企业之间的股息、红利等权益性投资收益;(三)在中国境内设立机构、场所的非居民企业从居民企业取得与该机构、场所有实际联系的股息、红利等权益性投资收益;(四)符合条件的非营利组织的收入。”

从上述条款规定分析,民政福利企业增值税退税不在新企业所得税法所列举的四种免税收入的类型中。

由此可见,增值税即征即退税款不属于免税收入或不征税收入,应并入企业收入总额计算征收企业所得税。

温馨提示

《财政部 国家税务总局关于促进残疾人就业增值税优惠政策的通知》(财税〔2016〕52 号)规定,对安置残疾人的单位和个体工商户(以下称纳税人),实行由税务机关按纳税人安置残疾人的人数,限额即征即退增值税的办法。安置的每位残疾人每月可退还的增值税具体限额,由县级以上税务机关根据纳税人所在区县(含县级市、旗,下同)适用的经省(含自治区、直辖市、计划单列市,下同)人民政府批准的月最低工资标准的 4 倍确定。

高新企业认定和复审

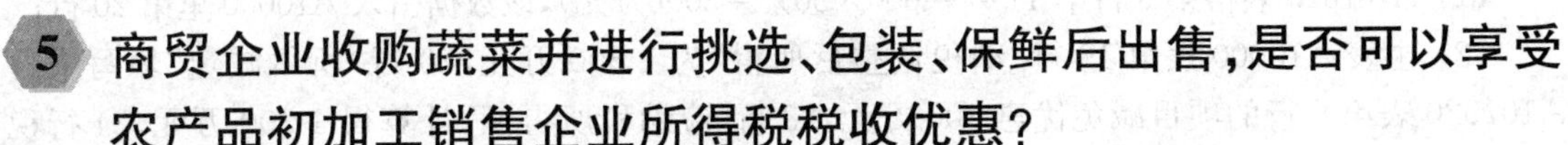

5 商贸企业收购蔬菜并进行挑选、包装、保鲜后出售,是否可以享受农产品初加工销售企业所得税税收优惠?

问题概述

A 公司是商贸企业,收购蔬菜、食用菌、水果并进行挑选、包装、保鲜后出售,属于农产品初加工销售企业,是否可以享受所得税税收优惠?

精要解答

《中华人民共和国企业所得税法实施条例》(中华人民共和国国务院令第 512 号)第八十六条规定:“(一)企业从事下列项目的所得,免征企业所得税:……7. 灌溉、农产品初加工、兽医、农技推广、农机作业和维修等农、林、牧、渔服务业项目……”根据《财政部 国家税务总局关于发布〈享受企业所得税优惠政策的农产品初加工范围(试行)〉的通知》(财税〔2008〕149 号)规定:“1. 蔬菜初加工:(1)将新鲜蔬菜通过清洗、挑选、切割、预冷、分级、包装等简单加工处理,制成净菜、切割蔬菜。(2)利用冷藏设施,将新鲜蔬菜通过低温贮藏,以备淡季供应的速冻蔬菜,如速冻茄果类、叶类、豆类、瓜类、葱蒜类、柿子椒、蒜苔。……2. 水果初加工。通过对新鲜水果(含各类山野果)清洗、脱壳、切块(片)、分类、储藏保鲜、速冻、干燥、分级、包装等简单加工处理,制成的各类水果、果干、原浆果汁、果仁、坚果。”

所以,收购蔬菜、食用菌、水果,并进行挑选、包装、保鲜后出售,属于农产品初加工,可享受企业所得税项目所得免税优惠。

温馨提示

根据《财政部 国家税务总局关于免征蔬菜流通环节增值税有关问题的通知》(财税〔2011〕137 号)规定,自 2012 年 1 月 1 日起,免征蔬菜流通环节增值税,对从事蔬菜批发、零售的纳税人销售的蔬菜免征增值税。蔬菜的主要品种参照《蔬菜主要品种目录》执行,经挑选、清洗、切分、晾晒、包装、脱水、冷藏、冷冻等工序加工的蔬菜也属于免税范围。

6 西部大开发低税率优惠与项目减半优惠可以同时享受吗?

问题概述

A 公司是西部的一家企业,主要从事公共基础设施投资经营,2016 年公司取得非公共基础设施所得额 1 000 万元,公共基础设施项目所得额 600 万元,本年出于减半征收期,问 A 公司是否可以同时享受了西部大开发 15%企业所得税税率优惠?企业所得税年度纳税申报表应如何填报?

精要解答

A公司可以享受叠加优惠政策。根据《国家税务总局关于深入实施西部大开发战略有关企业所得税问题的公告》(国家税务总局公告2012年第12号)第五条规定,根据《财政部 国家税务总局关于执行企业所得税优惠政策若干问题的通知》(财税〔2009〕69号)第一条及第二条的规定,企业既符合西部大开发15%优惠税率条件,又符合《企业所得税法》及其实施条例和国务院规定的各项税收优惠条件的,可以同时享受。在涉及定期减免税的减半期内,可以按照企业适用税率计算的应纳税额减半征税。

企业所得税年度纳税申报表应当填报如下:

(1) A107020表格第6行第11列=600×50%=300(万元),该数据引入A10000里第20行;

(2) 主表A10000表第19行"纳税调整后所得"为1 600万元,20行"所得减免"填写来自A107020表第6行的项目减免优惠300万元,23行"应纳税所得额"计算得1 300万元,24行税率25%,25行"应纳所得税额"=1 300×25%=325(万元),26行"减免所得税额"填写来自A107040表的21行"(二十一)设在西部地区的鼓励类产业企业"的西部大开发税收优惠=A100000的23行×10%=1 300×10%=130(万元)。

(3) 主表A100000第28行"应纳税额"=325-130=195(万元)。

温馨提示

企业从事农林牧渔业项目、国家重点扶持的公共基础设施项目、符合条件的环境保护、节能节水项目、符合条件的技术转让、其他专项优惠等所得额应按法定税率25%减半征收,同时享受小型微利企业、高新技术企业、技术先进型服务企业、集成电路线宽小于0.25微米或投资额超过80亿元人民币集成电路生产企业、国家规划布局内重点软件企业和集成电路设计企业等优惠税率政策,由于申报表填报顺序,按优惠税率减半叠加享受减免税优惠部分,应在A107040表第32行"四、减:项目所得额按法定税率减半征收企业所得税叠加享受减免税优惠"对该部分金额进行调整。

7 如何区分"林木的培育和种植"和"观赏性作物的种植"?

问题概述

A公司是一家从事花卉种植企业,2017年该公司向农户租用闲置农田种植一批桂花、红豆杉、水杉等名贵树木,向房地产高档小区提供园林美化,2017年企业所得税汇算清缴税务部门后续管理发现该公司已按"林木的培育和种植"享受所得税优惠,税务部门认为应按"观赏性作物的种植"进行征税,两方产生了分歧,请问如何进行税务处理?

精要解答

《国家税务总局关于实施农林牧渔业项目企业所得税优惠问题的公告》(国家税务总局公告2011年第48号)规定,企业从事林木的培育和种植的免税所得,是指企业对树木、竹子的育种和育苗、抚育和管理以及规模造林活动取得的所得,包括企业通过拍卖或收购方式取得林木所有权并经过一定的生长周期,对林木进行再培育取得的所得。观赏性作物的种植,按"花卉、茶及其他饮料作物和香料作物的种植"项目处理。

判定"林木的培育和种植"与"观赏性作物的种植"区别:归口林业部门管理(颁发相关证件)的为造林,属于"林木的培育和种植";归口农业部门管理(颁发相关证件)的为观赏农业、休闲农业,属于"观赏性作物的种植",存在疑义可请县以上农业部门和林业部门进行确认。

温馨提示

《中华人民共和国企业所得税法实施条例》第八十六条规定，《企业所得税法》第二十七条第(一)项规定的企业从事农、林、牧、渔业项目的所得，可以免征、减征企业所得税，是指：

"(一) 企业从事下列项目的所得，免征企业所得税：

1. 蔬菜、谷物、薯类、油料、豆类、棉花、麻类、糖料、水果、坚果的种植；
2. 农作物新品种的选育；
3. 中药材的种植；
4. 林木的培育和种植；
5. 牲畜、家禽的饲养；
6. 林产品的采集；
7. 灌溉、农产品初加工、兽医、农技推广、农机作业和维修等农、林、牧、渔服务业项目；
8. 远洋捕捞。

(二) 企业从事下列项目的所得，减半征收企业所得税：

1. 花卉、茶以及其他饮料作物和香料作物的种植；
2. 海水养殖、内陆养殖。

企业从事国家限制和禁止发展的项目，不得享受本条规定的企业所得税优惠。"

8 符合条件的企业享受所得税优惠能否追溯享受？

问题概述

企业在 2013 年度购入环境保护设备，但在当年年度申报时未享受购入环境保护安全生产节能节水设备企业所得税抵免，也未进行优惠备案。在 2016 年，企业以当时不知道该政策为由，想追溯享受该优惠政策，能否享受？

精要解答

《关于执行环境保护专用设备企业所得税优惠目录节能节水专用设备企业所得税优惠目录和安全生产专用设备企业所得税优惠目录有关问题的通知》(财税〔2008〕48 号)规定，企业自 2008 年 1 月 1 日起购置并实际使用列入《目录》范围内的环境保护、节能节水和安全生产专用设备，可以按专用设备投资额的 10%抵免当年企业所得税应纳税额；企业当年应纳税额不足抵免的，可以向以后年度结转，但结转期不得超过 5 个纳税年度。专用设备投资额，是指购买专用设备发票价税合计价格，但不包括按有关规定退还的增值税税款以及设备运输、安装和调试等费用。当年应纳税额，是指企业当年的应纳税所得额乘以适用税率，扣除依照企业所得税法和国务院有关税收优惠规定以及税收过渡优惠规定减征、免征税额后的余额。

《国家税务总局关于发布〈税收减免管理办法〉的公告》(国家税务总局公告 2015 年第 43 号)第六条纳税人依法可以享受减免税待遇，但是未享受而多缴税款的，纳税人可以在税收征管法规定的期限内申请减免税，要求退还多缴的税款(注：该文已于 2017 年 12 月 29 日被国家税务总局令第 42 号废止)。

《中华人民共和国税收征收管理法》第五十一条规定：纳税人超过应纳税额缴纳的税款，税务机关发现后应当立即退还；纳税人自结算缴纳税款之日起 3 年内发现的，可以向税务机关要求退还多缴的税款并加算银行同期存款利息，税务机关及时查实后应当立即退还；涉及从国库中退库的，依照法律、行政法规有关国库管理的规定退还。

因此,该企业未享受的减免税优惠,可自结算缴纳税款之日起 3 年内申请减免税,要求税务机关退还多缴的税款。

温馨提示

《关于执行环境保护专用设备企业所得税优惠目录节能节水专用设备企业所得税优惠目录和安全生产专用设备企业所得税优惠目录有关问题的通知》(财税〔2008〕48 号)规定,企业购置并实际投入适用、已开始享受税收优惠的专用设备,如从购置之日起 5 个纳税年度内转让、出租的,应在该专用设备停止使用当月停止享受企业所得税优惠,并补缴已经抵免的企业所得税税款。转让的受让方可以按照该专用设备投资额的 10%抵免当年企业所得税应纳税额;当年应纳税额不足抵免的,可以在以后 5 个纳税年度结转抵免。

9 研发费用能否追溯享受?

问题概述

宏达生物实业有限公司 2014 年对某一新药进行研究,当年发生的研发费用为 850 万元,该公司没有享受研发费用加计扣除所得税优惠政策,请问 2017 年能否按财税〔2015〕119 号文规定进行追溯享受?

精要解答

根据《财政部 国家税务总局 科技部关于完善研究开发费用税前加计扣除政策的通知》(财税〔2015〕119 号)规定,企业符合本通知规定的研发费用加计扣除条件而在 2016 年 1 月 1 日以后未及时享受该项税收优惠的,可以追溯享受并履行备案手续,追溯期限最长为 3 年。

由此可见,宏达生物实业有限公司 2014 年发生研发费用没有加计扣除并不符合财税〔2015〕119 号追溯享受的条例。

温馨提示

《财政部 国家税务总局 科技部关于完善研究开发费用税前加计扣除政策的通知》(财税〔2015〕119 号)规定,企业符合本通知规定的研发费用加计扣除条件而在 2016 年 1 月 1 日以后未及时享受该项税收优惠的,可以追溯享受并履行备案手续,追溯期限最长为 3 年,这是从 2016 年 1 月 1 日起新增的一项优惠政策。

《国家税务总局〈关于企业研究开发费用税前加计扣除政策有关问题〉的公告》(国家税务总局公告 2015 年第 97 号)规定,企业在研发项目立项时应设置研发支出辅助账,由企业留存备查;年末汇总分析填报研发支出辅助账汇总表,并在报送《年度财务会计报告》的同时随附注一并报送主管税务机关。企业在年度纳税申报时,根据研发支出辅助账汇总表,填报研发项目可加计扣除研发费用情况归集表,在年度纳税申报时随申报表一并报送。

企业当年未能及时享受研发费用加计扣除的追溯期,应从实际发生研发费用支出的年度企业所得税汇算清缴截止日期次日起计算 3 年的追溯期。

10 高新技术企业认定政策存在差异如何协调?

问题概述

某高新技术企业 2015 年通过高新技术企业认定,并于 2015 年度享受高新技术企业税收优惠。经查发现其部分技术人员及研发人员的学历虚假，扣除上述人员后，企业大学专科以上学历的科技人员和研发人员比例未达到《科技部 财政部 国家税务总局关于印发〈高新技术企业认定管理办法〉的通知》(国科发火〔2008〕172 号)的规定标准。但是,《科技部 财政部 国家税务总局关于修订印发〈高新技术企业认定管理办法〉的通知》(国科发火〔2016〕32 号)已降低高新技术企业人员比例要求，按新修订的管理办法，企业 2016 年度人员比例达标。这种情况该如何进行税务处理?

精要解答

研究开发费的加计扣除

《科技部 财政部 国家税务总局关于修订印发〈高新技术企业认定管理工作指引〉的通知》(国科发火〔2016〕195 号)规定，2016 年 1 月 1 日前已按《高新技术企业认定管理办法》(国科发火〔2008〕172 号，以下称 2008 版《认定办法》)认定的仍在有效期内的高新技术企业，其资格依然有效，可依照《企业所得税法》及其实施条例等有关规定享受企业所得税优惠政策；按 2008 版《认定办法》认定的高新技术企业，在 2015 年 12 月 31 日前发生 2008 版《认定办法》第十五条规定情况，且有关部门在 2015 年 12 月 31 日前已经作出处罚决定的，仍按 2008 版《认定办法》相关规定进行处理，认定机构 5 年内不再受理企业认定申请的处罚执行至 2015 年 12 月 31 日止。

该企业是按照《科技部 财政部 国家税务总局关于印发〈高新技术企业认定管理办法〉的通知》(国科发火〔2008〕172 号)通过认定的高新技术企业，根据《国家税务总局关于实施高新技术企业所得税优惠政策有关问题的公告》(国家税务总局公告 2017 年第 24 号)第四条规定:“2016 年 1 月 1 日前按《科技部 财政部 国家税务总局关于印发〈高新技术企业认定管理办法〉的通知》(国科发火〔2008〕172 号)认定的高新技术企业，仍按《国家税务总局关于实施高新技术企业所得税优惠有关问题的通知》(国税函〔2009〕203 号)和国家税务总局公告 2015 年第 76 号的规定执行。”因此，该企业 2015 年度不能享受高新技术企业税收优惠，已享受优惠的，应追缴其已减免的企业所得税税款。

温馨提示

《科技部 财政部 国家税务总局关于印发〈高新技术企业认定管理办法〉的通知》(国科发火〔2008〕172 号)规定，高新技术企业认定须同时满足以下条件：

(1) 在中国境内(不含港、澳、台地区)注册的企业，近 3 年内通过自主研发、受让、受赠、并购等方式，或通过 5 年以上的独占许可方式，对其主要产品(服务)的核心技术拥有自主知识产权。

(2) 产品(服务)属于《国家重点支持的高新技术领域》规定的范围。

(3) 具有大学专科以上学历的科技人员占企业当年职工总数的 30%以上，其中研发人员占企业当年职工总数的 10%以上。

(4) 企业为获得科学技术(不包括人文、社会科学)新知识，创造性运用科学技术新知识，或实质性改进技术、产品(服务)而持续进行了研究开发活动，且近 3 个会计年度的研究开发费用总额占销售收入总额的比例符合如下要求：①最近一年销售收入小于 5 000 万元的企业，比例不低于 6%；②最近一年销售收入在 5 000 万元至 20 000 万元的企业，比例不低于 4%；③最近一年销售收入在 20 000 万元以上的企业，比例不低于 3%。其中，企业在中国境内发生的研究开发费用总额占全部研究开发费用总额的比例不低于 60%。企业注册成立时间不足 3 年的，按实际经营年限计算。

《财政部 国家税务总局科学技术部关于修订印发〈高新技术企业认定管理办法〉的通知》

(国科发火〔2016〕32 号)认定为高新技术企业须同时满足以下条件:

(1) 企业申请认定时须注册成立 1 年以上。

(2) 企业通过自主研发、受让、受赠、并购等方式,获得对其主要产品(服务)在技术上发挥核心支持作用的知识产权的所有权。

(3) 对企业主要产品(服务)发挥核心支持作用的技术属于《国家重点支持的高新技术领域》规定的范围。

(4) 企业从事研发和相关技术创新活动的科技人员占企业当年职工总数的比例不低于 10%。

(5) 企业近 3 个会计年度(实际经营期不满 3 年的按实际经营时间计算,下同)的研究开发费用总额占同期销售收入总额的比例符合如下要求:①最近一年销售收入小于 5 000 万元(含)的企业,比例不低于 5%;②最近一年销售收入在 5 000 万元至 2 亿元(含)的企业,比例不低于 4%;③最近一年销售收入在 2 亿元以上的企业,比例不低于 3%。

其中,企业在中国境内发生的研究开发费用总额占全部研究开发费用总额的比例不低于 60%。

(6) 近一年高新技术产品(服务)收入占企业同期总收入的比例不低于 60%。

(7) 企业创新能力评价应达到相应要求。

(8) 企业申请认定前一年内未发生重大安全、重大质量事故或严重环境违法行为。

11 高新技术企业认定中提供三个会计年度企业所得税申报表是否包括申报年度?

问题概述

高新技术企业认定需要提供 3 个会计年度企业所得税年度纳税申报表,近 3 个年度是否包括申报当年?

精要解答

《财政部 国家税务总局科学技术部关于修订印发〈高新技术企业认定管理办法〉的通知》(国科发火〔2016〕32 号)规定,企业对照本办法进行自我评价。认为符合认定条件的在"高新技术企业认定管理工作网"注册登记,向认定机构提出认定申请。申请时提交下列材料:

(1) 高新技术企业认定申请书。

(2) 证明企业依法成立的相关注册登记证件。

(3) 知识产权相关材料、科研项目立项证明、科技成果转化、研究开发的组织管理等相关材料。

(4) 企业高新技术产品(服务)的关键技术和技术指标、生产批文、认证认可和相关资质证书、产品质量检验报告等相关材料。

(5) 企业职工和科技人员情况说明材料。

(6) 经具有资质的中介机构出具的企业近 3 个会计年度研究开发费用和近一个会计年度高新技术产品(服务)收入专项审计或鉴证报告,并附研究开发活动说明材料。

(7) 经具有资质的中介机构鉴证的企业近 3 个会计年度的财务会计报告(包括会计报表、会计报表附注和财务情况说明书)。

(8) 近 3 个会计年度企业所得税年度纳税申报表。

《科技部 财政部 国家税务总局关于修订印发〈高新技术企业认定管理工作指引〉的通知》

(国科发火〔2016〕195号)第三条第一项规定:“《认定办法》第十一条‘须注册成立一年以上’是指企业须注册成立365个日历天数以上;‘当年’‘最近一年’和‘近一年’都是指企业申报前1个会计年度;‘近三个会计年度’是指企业申报前的连续3个会计年度(不含申报年);‘申请认定前一年内’是指申请前的365天之内(含申报年)。”

因此,纳税人所述情形为不包含申报当年的3个年度。

温馨提示

《国家税务总局关于实施高新技术企业所得税优惠政策有关问题的公告》(国家税务总局公告2017年第24号)规定,企业获得高新技术企业资格后,自高新技术企业证书注明的发证时间所在年度起申报享受税收优惠,并按规定向主管税务机关办理备案手续。

企业的高新技术企业资格期满当年,在通过重新认定前,其企业所得税暂按15%的税率预缴,在年底前仍未取得高新技术企业资格的,应按规定补缴相应期间的税款。

对取得高新技术企业资格且享受税收优惠的高新技术企业,税务部门如在日常管理过程中发现其在高新技术企业认定过程中或享受优惠期间不符合《认定办法》第十一条规定的认定条件的,应提请认定机构复核。复核后确认不符合认定条件的,由认定机构取消其高新技术企业资格,并通知税务机关追缴其证书有效期内自不符合认定条件年度起已享受的税收优惠。

12 高新技术企业注销是否可适用15%的优惠税率?

问题概述

宏达实业有限公司系享受15%的高新技术企业所得税优惠税率,现准备注销,清算所得适用什么税率?

精要解答

《财政部 国家税务总局关于企业清算业务企业所得税处理若干问题的通知》(财税〔2009〕60号)规定:“四、企业的全部资产可变现价值或交易价格,减除资产的计税基础、清算费用、相关税费,加上债务清偿损益等后的余额,为清算所得。企业应将整个清算期作为一个独立的纳税年度计算清算所得。”

根据《国家税务总局关于印发〈中华人民共和国企业清算所得税申报表〉的通知》(国税函〔2009〕388号)附件2《中华人民共和国企业清算所得税申报表填报说明》,第12行“税率”明确“填报企业所得税法规定的税率25%”。

企业在清算期间作为一个独立的纳税年度,清算所得应依照25%的法定税率缴纳企业所得税。

温馨提示

企业清算的所得税处理,是指企业在不再持续经营,发生结束自身业务、处置资产、偿还债务以及向所有者分配剩余财产等经济行为时,对清算所得、清算所得税、股息分配等事项的处理。企业的全部资产可变现价值或交易价格,减除资产的计税基础、清算费用、相关税费,加上债务清偿损益等后的余额,为清算所得。

企业应将整个清算期作为一个独立的纳税年度计算清算所得。

企业全部资产的可变现价值或交易价格减除清算费用,职工的工资、社会保险费用和法定补偿金,结清清算所得税、以前年度欠税等税款,清偿企业债务,按规定计算可以向所有者分配的剩余资产。

被清算企业的股东分得的剩余资产的金额,其中相当于被清算企业累计未分配利润和累计盈余公积中按该股东所占股份比例计算的部分,应确认为股息所得;剩余资产减除股息所得后的余额,超过或低于股东投资成本的部分,应确认为股东的投资转让所得或损失。

被清算企业的股东从被清算企业分得的资产应按可变现价值或实际交易价格确定计税基础。

另外,小型微利企业在清算时也应按照25%法定税率缴纳清算所得税,不适用20%的优惠税率。

13 高新技术企业发生重组,其高新技术企业资格是否会被取消?

问题概述

我公司是经认定的高新技术企业,且认定证书在有效期内,本年度通过吸收合并方式合并了甲公司(非高新技术企业)。请问,我公司是否可以继续享受高新技术企业所得税优惠?

精要解答

根据《科技部 财政部 国家税务总局关于修订印发〈高新技术企业认定管理办法〉的通知》(国科发火〔2016〕32号)第十七条规定,高新技术企业发生更名或与认定条件有关的重大变化(如分立、合并、重组以及经营业务发生变化等)应在3个月内向认定机构报告。经认定机构审核符合认定条件的,其高新技术企业资格不变,对于企业更名的,重新核发认定证书,编号与有效期不变;不符合认定条件的,自更名或条件变化年度起取消其高新技术企业资格。

温馨提示

企业重组,是指企业在日常经营活动以外发生的法律结构或经济结构重大改变的交易,包括企业法律形式改变、债务重组、股权收购、资产收购、合并、分立等。

(1) 企业法律形式改变,是指企业注册名称、住所以及企业组织形式等的简单改变,但符合本通知规定其他重组的类型除外。

(2) 债务重组,是指在债务人发生财务困难的情况下,债权人按照其与债务人达成的书面协议或者法院裁定书,就其债务人的债务作出让步的事项。

(3) 股权收购,是指一家企业(以下称为收购企业)购买另一家企业(以下称为被收购企业)的股权,以实现对被收购企业控制的交易。收购企业支付对价的形式包括股权支付、非股权支付或两者的组合。

(4) 资产收购,是指一家企业(以下称为受让企业)购买另一家企业(以下称为转让企业)实质经营性资产的交易。受让企业支付对价的形式包括股权支付、非股权支付或两者的组合。

(5) 合并,是指一家或多家企业(以下称为被合并企业)将其全部资产和负债转让给另一家现存或新设企业(以下称为合并企业),被合并企业股东换取合并企业的股权或非股权支付,实现两个或两个以上企业的依法合并。

(6) 分立,是指一家企业(以下称为被分立企业)将部分或全部资产分离转让给现存或新设的企业(以下称为分立企业),被分立企业股东换取分立企业的股权或非股权支付,实现企业的依法分立。

14 高新技术企业认定申报时,未开发票收入能否计入高新技术产品(服务)收入?

问题概述

企业有未开发票但已纳税申报的销售高新产品的收入,这个在申请认定高新技术企业时,能否计入高新技术产品(服务)收入中?

精要解答

根据《科技部 财政部 国家税务总局关于修订印发〈高新技术企业认定管理工作指引〉的通知》(国科发火〔2016〕195 号)附件一《高新技术企业认定管理工作指引》的规定，高新技术产品(服务)收入是指企业通过研发和相关技术创新活动，取得的产品(服务)收入与技术性收入的总和。对企业取得上述收入发挥核心支持作用的技术应属于《技术领域》规定的范围。其中，技术性收入包括：

(1) 技术转让收入，指企业技术创新成果通过技术贸易、技术转让所获得的收入。

(2) 技术服务收入，指企业利用自己的人力、物力和数据系统等为社会和本企业外的用户提供技术资料、技术咨询与市场评估、工程技术项目设计、数据处理、测试分析及其他类型的服务所获得的收入。

(3) 接受委托研究开发收入，指企业承担社会各方面委托研究开发、中间试验及新产品开发所获得的收入。企业应正确计算高新技术产品(服务)收入，由具有资质并符合本《工作指引》相关条件的中介机构进行专项审计或鉴证。

因此，未开发票收入若能符合以上定义要求，则可计入高新技术产品(服务)收入中。

温馨提示

(1)《中华人民共和国发票管理办法实施细则》(国家税务总局令第 25 号)第二十六条规定："填开发票的单位和个人必须在发生经营业务确认营业收入时开具发票。未发生经营业务一律不准开具发票。"

(2)《中华人民共和国增值税暂行条例》(中华人民共和国国务院第 538 号令)第十九条规定："增值税纳税义务发生时间：

(一) 销售货物或者应税劳务，为收讫销售款项或者取得索取销售款项凭据的当天；先开具发票的，为开具发票的当天。

(二) 进口货物，为报关进口的当天。"

纳税人应在纳税义务成立并确认营业收入时，向购买方开具增值税发票，不得补开发票。对未按规定时限开具发票的，税务机关将依照发票管理办法相关规定进行处罚。

严格意义上，增值税申报表附列资料(表一)(本期销售情况明细)中"未开具发票收入"仅限于企业存在视同销售情况产生的增值税义务。但在实务操作中，因为结算时间差等问题，不少企业均将未及时开具发票的收入填写在此栏次，造成"未开具发票收入"跨月可能出现负数的情况，目前全国各地税务机关对此把握尺度不一。因此，为回避税收风险，企业账上已确认收入的，应及时开具发票并进行纳税申报。

15 高新技术企业境外所得可按照 15%的优惠税率计算抵免限额吗?

问题概述

某市甲公司成立于 2000 年 6 月 14 日，主要从事果(蔬)汁及果(蔬)汁饮料等各种饮料、罐头食品及以上产品的塑料包装、容器、餐饮具的制造、加工。该公司根据企业的发展策略，在香港有全资子公司。甲公司 2016 年取得境外子公司分配的股息红利所得为 18 150 712.6 元。甲企业为高新技术企业，由于该股息所得已在香港按照 16.5%的税率缴纳了企业所得税，高于按 15%计算的抵免限额，所以甲公司认为无需缴纳税款，未填报表 A108000《境外所得税收抵免明细表》和 A108010《境外所得纳税调整后所得明细表》。请问,甲公司的处理正确吗?

精要解答

安置残疾人税收优惠

《财政部 国家税务总局关于高新技术企业境外所得适用税率及税收抵免问题的通知》(财税〔2011〕47 号)在规定高新技术企业境外所得适用税率及税收抵免有关问题时明确:在计算境外抵免限额时,可按照 15%的优惠税率计算境内外应纳税总额的高新技术企业必须符合"以境内、境外全部生产经营活动有关的研究开发费用总额、总收入、销售收入总额、高新技术产品(服务)收入等指标申请并经认定的高新技术企业"。也就是说,不是所有高新技术企业在境外设立的企业分回利润都可享受按 15%计算抵免限额,而符合这一条件的情形必须是居民企业从境外设立不具有独立法人资格的分支机构取得的各项境外所得。因为只有境外分支机构才有可能符合"以境内、境外全部生产经营活动有关的研究开发费用总额、总收入、销售收入总额、高新技术产品(服务)收入等指标申请并经认定的高新技术企业"。

因此,该企业的境外所得来源于全资子公司,不适用优惠税率,应按法定的税率计算抵免限额,并依照法定税率和实际缴纳税率的差(25%～16.5%)补缴 2016 年度的境外所得税款。

温馨提示

高新技术企业虽然符合高新技术的条件,但在申请高新技术企业时只对境内相关数据进行计算相关指标,未将境外分公司生产经营活动有关的研究开发费用、收入、销售收入额、高新技术产品(服务)收入等一并纳入计算,其境外分公司所得不能享受 15%优惠税率。

16 企业同时符合高新技术企业和小型微利企业两种优惠政策的条件,是否可以同时享受?

问题概述

宏达金财软件公司 2016 年被认定为高新技术企业,2017 年该公司应纳税所得额为 48 万元,符合小型微利企业标准,请问该公司能否同时享受高新技术企业和小型微利企业所得税优惠政策?

精要解答

《关于进一步明确企业所得税过渡期优惠政策执行口径问题的通知》(国税函〔2010〕157 号)规定,居民企业被认定为高新技术企业,同时又处于《国务院关于实施企业所得税过渡优惠政策的通知》(国发〔2007〕39 号)第一条第三款规定享受企业所得税"两免三减半""五免五减半"等定期减免税优惠过渡期的,该居民企业的所得税适用税率可以选择依照过渡期适用税率并适用减半征税至期满,或者选择适用高新技术企业的 15%税率,但不能享受 15%税率的减半征税;居民企业取得《中华人民共和国企业所得税法实施条例》第八十六条、第八十七条、第八十八条和第九十条规定可减半征收企业所得税的所得,是指居民企业应就该部分所得单独核算并依照 25%的法定税率减半缴纳企业所得税。

因此,如果企业同时高新技术企业与小型微利企业优惠的条件,两种优惠不可以同时享受。

温馨提示

根据《财政部 国家税务总局关于执行企业所得税优惠政策若干问题的通知》(财税〔2009〕69 号)规定:"二、《国务院关于实施企业所得税过渡优惠政策的通知》(国发〔2007〕39 号)第三条所称不得叠加享受，且一经选择，不得改变的税收优惠情形，限于企业所得税过渡优惠政策与企业所得税法及其实施条例中规定的定期减免税和减低税率类的税收优惠。企业所得税法及其实施条例中规定的各项税收优惠，凡企业符合规定条件的，可以同时享受。”指的是享受低税率仅能选择其中一种，不能同时叠加享受。

17 企业是否可以同时享受研发费用加计扣除和小型微利企业优惠政策？

问题概述

宏盛制药有限公司 2017 年对某一新药进行研制，投入研发费用 200 万元，2017 年应纳税所得额 45 万元，从业人数 80 人，资产总额 2 500 万元，符合小型微利企业，请问该公司能否享受研发费用加计扣除和小型微利企业所得税优惠政策？

精要解答

根据《财政部 国家税务总局关于执行企业所得税优惠政策若干问题的通知》(财税〔2009〕69 号)第二条规定，《国务院关于实施企业所得税过渡优惠政策的通知》(国发〔2007〕39 号)第三条所称不得叠加享受，且一经选择，不得改变的税收优惠情形，限于企业所得税过渡优惠政策与企业所得税法及其实施条例中规定的定期减免税和减低税率类的税收优惠。企业所得税法及其实施条例中规定的各项税收优惠，凡企业符合规定条件的，可以同时享受。

由此可见，企业同时符合研发费用加计扣除和小型微利企业优惠政策的，可以同时享受。

温馨提示

《财政部 国家税务总局关于扩大小型微利企业所得税优惠政策范围的通知》(财税〔2017〕43 号)规定，自 2017 年 1 月 1 日至 2019 年 12 月 31 日，将小型微利企业的年应纳税所得额上限由 30 万元提高至 50 万元。

《关于完善研究开发费用税前加计扣除政策的通知》(财税〔2015〕119 号)规定，企业开展研发活动中实际发生的研发费用，未形成无形资产计入当期损益的，在按规定据实扣除的基础上，按照本年度实际发生额的 50%，从本年度应纳税所得额中扣除；形成无形资产的，按照无形资产成本的 150%在税前摊销；不适用税前加计扣除政策的行业：烟草制造业、住宿和餐饮业、批发和零售业、房地产业、租赁和商务服务业、娱乐业、财政部和国家税务总局规定的其他行业。

18 哪些情况不适用研发费用加计扣除政策？

问题概述

A 公司系生物制药行业，2014 年被认定为高新技术企业，享受研发费用加计扣除政策，2017 年被取消高新技术企业资格，2017 年该公司从事某一新药研究，最近该公司财务到税务机关咨询相关研发费用加计扣除政策，请问哪些情况不能进行研发费用加计扣除？

精要解答

一、不适用加计扣除政策

(1) 企业从事研发活动的人员和用于研发活动的仪器、设备、无形资产，同时从事或用于非研发活动的，应对其人员活动及仪器设备、无形资产使用情况作必要记录，并将其实际发生的相关费用按实际工时占比等合理方法在研发费用和生产经营费用间分配，未分配的不得加计扣除。

(2) 企业应对研发费用和生产经营费用分别核算，准确、合理归集各项费用支出，对划分不清的，不得实行加计扣除。

(3) 企业在计算加计扣除的研发费用时，应扣减已按《财政部 国家税务总局 科技部关于完善研究开发费用税前加计扣除政策的通知》(财税〔2015〕119号，以下简称《通知》)规定归集计入研发费用，但在当期取得的研发过程中形成的下脚料、残次品、中间试制品等特殊收入；不足扣减的，允许加计扣除的研发费用按零计算。

(4) 企业研发活动直接形成产品或作为组成部分形成的产品对外销售的，研发费用中对应的材料费用不得加计扣除。

(5) 企业取得作为不征税收入处理的财政性资金用于研发活动所形成的费用或无形资产，不得计算加计扣除或摊销。

(6) 法律、行政法规和国务院财税主管部门规定不允许企业所得税前扣除的费用和支出项目不得计算加计扣除。

(7) 已计入无形资产但不属于允许加计扣除研发费用范围的，企业摊销时不得计算加计扣除。

(8) 企业委托外部机构或个人进行研发活动所发生的费用，按照费用实际发生额的80%计入委托方研发费用并计算加计扣除，受托方不得再进行加计扣除。

(9) 企业委托境外机构或个人进行研发活动所发生的费用，不得加计扣除。其中受托研发的境外机构是指依照外国和地区(含港澳台)法律成立的企业和其他取得收入的组织。受托研发的境外个人是指外籍(含港澳台)个人。

(10) 与研发活动直接相关的其他费用，如技术图书资料费、资料翻译费、专家咨询费、高新科技研发保险费，研发成果的检索、分析、评议、论证、鉴定、评审、评估、验收费用，知识产权的申请费、注册费、代理费，差旅费、会议费等。此项费用总额不得超过可加计扣除研发费用总额的10%，超过的部分不得加计扣除。

二、不适用加计扣除政策的行业

(1) 烟草制造业。

(2) 住宿和餐饮业。

(3) 批发和零售业。

(4) 房地产业。

(5) 租赁和商务服务业。

(6) 娱乐业。

(7) 财政部和国家税务总局规定的其他行业。

温馨提示

《国家税务总局关于〈印发企业研究开发费用税前扣除管理办法(试行)〉的通知》(国税发〔2008〕116号)规定，企业从事《国家重点支持的高新技术领域》和国家发展改革委员会等部门公布的《当前优先发展的高技术产业化重点领域指南(2007年度)》规定项目的研究开发活动，其在一个纳税年度中实际发生的下列费用支出，允许在计算应纳税所得额时按照规定实行加计扣除。目前该文已废止，《财政部 国家税务总局 科技部关于完善研究开发费用税前加计扣除政策的通知》(财税〔2015〕119号)采取负面清单方式对不能享受研发费用加计扣除行业进行列举。企业为获得科学与技术新知识，创造性运用科学技术新知识，或实质性改进技术、产品(服务)、工艺而持续进行的具有明确目标的系统性活动在不属于清单范围内,其研发过程中所形成研发费用可以加计扣除。

19 企业在2015年发生的符合规定的研发费用加计扣除条件能否适用于财税〔2015〕119号相关规定?

问题概述

2016年8月,某地税务机关对其辖区内纳税人进行税务稽查,发现该企业2015年度享受研发费用加计扣除项目金额1 500万元,符合财税〔2015〕119号的要求,但不在国税发〔2008〕116号规定的范围内,请问该研发费用能否按财税〔2015〕119号进行处理?

精要解答

(1) 根据《国家税务总局关于印发〈企业研究开发费用税前扣除管理办法(试行)〉的通知》(国税发〔2008〕116号)规定,企业从事《国家重点支持的高新技术领域》和国家发展改革委员会等部门公布的《当前优先发展的高技术产业化重点领域指南(2007年度)》规定项目的研究开发活动,其在一个纳税年度中实际发生的下列费用支出,允许在计算应纳税所得额时按照规定实行加计扣除:①新产品设计费、新工艺规程制定费以及与研发活动直接相关的技术图书资料费、资料翻译费。②从事研发活动直接消耗的材料、燃料和动力费用。③在职直接从事研发活动人员的工资、薪金、奖金、津贴、补贴。④专门用于研发活动的仪器、设备的折旧费或租赁费。⑤专门用于研发活动的软件、专利权、非专利技术等无形资产的摊销费用。⑥专门用于中间试验和产品试制的模具、工艺装备开发及制造费。⑦勘探开发技术的现场试验费。⑧研发成果的论证、评审、验收费用。

(2) 根据《财政部 国家税务总局 科技部关于完善研究开发费用税前加计扣除政策的通知》(财税〔2015〕119号)规定:"五、管理事项及征管要求

……

4. 企业符合本通知规定的研发费用加计扣除条件而在2016年1月1日以后未及时享受该项税收优惠的,可以追溯享受并履行备案手续,追溯期限最长为3年。

六、执行时间

本通知自2016年1月1日起执行。"

因此,该企业2015年度享受研发费用加计扣除项目金额1 500万元,适用的政策为国税发〔2008〕116号,而不能按财税〔2015〕119号进行处理。因该项研发费用不在国税发〔2008〕116号规定的范围内,不得加计扣除。

温馨提示

国税发〔2008〕116号强调研发费用加计扣除必须在企业从事《国家重点支持的高新技术领域》和国家发展改革委员会等部门公布的《当前优先发展的高技术产业化重点领域指南(2007年度)》规定项目的研究开发活动,发生的研发费用才允许加计扣除,而财税〔2015〕119号发生研发费用加计扣除范围是指企业为获得科学与技术新知识,创造性运用科学技术新知识,或实质性改进技术、产品(服务)、工艺而持续进行的具有明确目标的系统性活动实际发生的研发费用,未形成无形资产计入当期损益的,在按规定据实扣除的基础上,按照本年度实际发生额的50%,从本年度应纳税所得额中扣除;形成无形资产的,按照无形资产成本的150%在税前摊销。财税〔2015〕119号研究开发费用的适用范围明显大于国税发〔2008〕116号。

20 将无形资产嵌入另一无形资产中一起销售能否加计扣除?

问题概述

企业前期已形成的无形资产 A,后面继续研发并形成无形资产 B。将无形资产 B 嵌入无形资产 A 中一起销售,但是发票上项目名称仅体现无形资产 A。用于无形资产 B 的研发费用是否可以按照研究开发费加计扣除?

精要解答

《财政部 国家税务总局 科技部关于完善研究开发费用税前加计扣除政策的通知》(财税〔2015〕119 号)规定:"一、研发活动及研发费用归集范围。

本通知所称研发活动,是指企业为获得科学与技术新知识,创造性运用科学技术新知识,或实质性改进技术、产品(服务)、工艺而持续进行的具有明确目标的系统性活动。

退役士兵税收优惠

(一) 允许加计扣除的研发费用。

企业开展研发活动中实际发生的研发费用,未形成无形资产计入当期损益的,在按规定据实扣除的基础上,按照本年度实际发生额的 50%,从本年度应纳税所得额中扣除;形成无形资产的,按照无形资产成本的 150%在税前摊销。

……

六、执行时间

本通知自 2016 年 1 月 1 日起执行。"

因此,研究开发费用加计扣除按照项目确认,若研发 B 项目发生的研发费用属于文件规定的范围可以按照无形资产成本的 150%在税前摊销。

温馨提示

《国家税务总局关于发布〈企业所得税优惠政策事项办理办法〉的公告》(国家税务总局公告 2015 年第 76 号)规定,企业应当自行判断其是否符合税收优惠政策规定的条件。凡享受企业所得税优惠的,应当按照本办法规定向税务机关履行备案手续,妥善保管留存备查资料。

21 企业研发失败后研发费用能否加计扣除?

问题概述

宏泰实业有限公司 2017 年从事一项科研项目的研发,截至 2017 年 12 月 31 日为该项目共投资 800 万元,但该项目并无取得进展,研究失败,请问该公司投入的 800 万元能否加计扣除?

精要解答

《国家税务总局关于研发费用税前加计扣除归集范围有关问题的公告》(国家税务总局公告 2017 年第 40 号)第七条"其他事项"第(四)款明确规定,失败的研发活动所发生的研发费用可享受税前加计扣除政策。

因此,失败的研发活动所发生的研发费用也可享受加计扣除。

温馨提示

企业的研发活动具有一定的风险和不可预测性,既可能成功也可能失败,研发费用加计扣除政策是对研发活动予以鼓励，并非单纯强调结果；失败的研发活动也并不是毫无价值的，在一般情况下的“失败”是指没有取得预期的结果，但可以取得其他有价值的成果；许多研发项目的执行是跨年度的，在研发项目执行当年，其发生的研发费用就可以享受加计扣除，不是在项目执行完成并取得最终结果以后才申请加计扣除，在享受加计扣除时实际无法预知研发成果，如强调研发成功才能加计扣除，将极大地增加企业享受优惠的成本和税务机关的管理成本。所以，失败的研发活动所发生的研发费用也可享受加计扣除。

22 企业用于研发活动的无形资产，符合税法规定且选择缩短摊销年限的，是否可以同时享受研发费用税前加计扣除政策？

问题概述

我公司是从事集成电路生产的企业，2017 年 7 月外购一软件用于本企业新技术研发，会计上此软件符合无形资产的确认条件作为无形资产核算。企业所得税法及其实施条例规定无形资产折旧年限不少于 10 年，但由于该无形资产属软件，企业选择将摊销年限缩短为 2 年。请问，此软件加计扣除时能否按照税前扣除的摊销金额计算？

精要解答

《企业所得税法实施条例》第六十七条规定，无形资产按照直线法计算的摊销费用，准予扣除。无形资产的摊销年限不得低于 10 年。作为投资或者受让的无形资产，有关法律规定或者合同约定了使用年限的，可以按照规定或者约定的使用年限分期摊销。

《财政部 国家税务总局关于进一步鼓励软件产业和集成电路产业发展企业所得税政策的通知》(财税〔2012〕27 号)第七条规定：企业外购的软件，凡符合固定资产或无形资产确认条件的，可以按照固定资产或无形资产进行核算，其折旧或摊销年限可以适当缩短，最短可为 2 年(含)。

《国家税务总局关于研发费用税前加计扣除归集范围有关问题的公告》(国家税务总局公告 2017 年第 40 号)“四、无形资产摊销费用

……

(二) 用于研发活动的无形资产，符合税法规定且选择缩短摊销年限的，在享受研发费用税前加计扣除政策时，就税前扣除的摊销部分计算加计扣除。”

所以，企业可以按照上述规定就缩短摊销年限后税前扣除的摊销部分计算加计扣除。

温馨提示

用于研发活动的无形资产，同时用于非研发活动的，企业应对其无形资产使用情况作必要记录，并将其实际发生的摊销费按实际工时占比等合理方法在研发费用和生产经营费用间分配，未分配的不得加计扣除。

23 企业研发过程中取得样品销售，应如何进行税会处理？

问题概述

企业在研发过程中，通过试制新产品，最终会形成一些合格产品(又称为样品)，这些产品企业用来对外销售，那么销售过程中，是否确认相应的收入？相应的成本应如何结转？

精要解答

一、会计处理

首先，企业对外销售样品，与资产相关的风险与报酬已转移，且符合收入的确认条件，属于销售产品所取得的收入，具体财务处理如下：

借：银行存款/应收账款等

　贷：主营业务收入

　　应交税费——应交增值税（销项税额）

那么，依据权责发生制，收入所对应的成本，应如何结转？研发支出并未包含样品收入，但已包含相应的研发支出。因此，这笔产品销售收入，无需结转相应的成本。依据《企业会计第 6 号——无形资产》（2006）规定：企业的研发支出应区分为研究阶段支出与开发阶段支出。研究阶段支出直接计入当期损益；开发阶段支出满足条件的应资本化，否则费用化处理。具体会计分录：

（1）领用材料，投入人工等：

借：研发支出

　贷：原材料、应付职工薪酬等

（2）按具体情况，将研发支出资本化或费用化（产品试制成功，一般需要资本化）：

借：无形资产（管理费用）

　贷：研发支出

二、企业所得税处理

根据《国家税务总局关于研发费用税前加计扣除归集范围有关问题的公告》（国家税务总局公告 2017 年第 40 号）规定，企业研发活动直接形成产品或作为组成部分形成的产品对外销售的，研发费用中对应的材料费用不得加计扣除。

产品销售与对应的材料费用发生在不同纳税年度且材料费用已计入研发费用的，可在销售当年以对应的材料费用发生额直接冲减当年的研发费用，不足冲减的，结转以后年度继续冲减。

温馨提示

样品是能够代表商品品质的少量实物。它或者是从整批商品中抽取出来作为对外展示模型和产品质量检测所需；或者在大批量生产前根据商品设计而先行由生产者制作、加工而成，并将生产出的样品标准作为买卖交易中商品的交付标准。

产品是指能够提供给市场，被人们使用和消费，并能满足人们某种需求的任何东西，包括有形的物品、无形的服务、组织、观念或它们的组合。

企业将自产产品作为样品无偿赠送给客户，增值税和企业所得税都需要视同销售处理，计提销项税额。公司内部 QA 部门领用检测，增值税和企业所得税不需要视同销售处理，不需要计提销项税额。

24 亏损企业能否享受研发费用加计扣除政策？

问题概述

亏损企业能否享受研发费用加计扣除政策，将加计扣税数增加当年未弥补亏损？

精要解答

根据《企业所得税法实施条例》第九十五条的规定：企业所得税法第三十条第（一）项所称研究开发费用的加计扣除，是指企业为开发新技术、新产品、新工艺发生的研究开发费用，未形成无形资产计入当期损益的，在按照规定据实扣除的基础上，按照研究开发费用的50%加计扣除；形成无形资产的，按照无形资产成本的150%摊销。

根据《国家税务总局关于企业所得税若干税务事项衔接问题的通知》（国税函〔2009〕98号）第八条规定，关于技术开发费的加计扣除形成的亏损处理。企业技术开发费加计扣除部分已形成企业年度亏损，可以用以后年度所得弥补，但结转年限最长不得超过5年。

因此，企业发生的研发费用，不论企业当年是盈利还是亏损，都可以加计扣除。

温馨提示

根据《财政部 国家税务总局关于完善研究开发费用税前加计扣除政策的通知》（财税〔2015〕119号），本通知所称研发活动，是指企业为获得科学与技术新知识，创造性运用科学技术新知识，或实质性改进技术、产品（服务）、工艺而持续进行的具有明确目标的系统性活动。企业开展研发活动中实际发生的研发费用，未形成无形资产计入当期损益的，在按规定据实扣除的基础上，按照本年度实际发生额的50%，从本年度应纳税所得额中扣除；形成无形资产的，按照无形资产成本的150%在税前摊销。

企业从事研发活动不管是否形成研究成果，研发费用均可以享受加计扣除优惠政策。

2017年至2019年科技型中小企业研发费用加计扣除的比例提高为75%，同样不受企业盈利或亏损的影响。

25 企业委托外部机构或个人进行研发活动所发生的费用，是否允许在企业所得税税前加计扣除？

问题概述

我公司2016年5月委托某科研机构（一般纳税人）研发一项新技术，12月完成研发，我公司支付研发费用106万元，该科研机构给我公司开具了增值税专用发票。我公司这笔研发费用是否允许加计扣除？是否需要受托方的研发项目费用支出明细？

精要解答

企业在2016年1月1日之后发生的委托外部机构或个人进行研发活动所发生的费用，根据《财政部 国家税务总局 科技部关于完善研究开发费用税前加计扣除政策的通知》（财税〔2015〕119号）第二条规定，企业委托外部机构或个人进行研发活动所发生的费用，按照费用实际发生额的80%计入委托方研发费用并计算加计扣除，受托方不得再进行加计扣除。其中，委托外部研究开发费用实际发生额应按照独立交易原则确定；委托方与受托方存在关联关系的，受托方应向委托方提供研发项目费用支出明细情况。同时，企业委托境外机构或个人进行研发活动所发生的费用，不得加计扣除。

企业在2016年1月1日之前发生的委托外部机构或个人进行研发活动所发生的费用，根据《国家税务总局关于印发〈企业研究开发费用税前扣除管理办法（试行）〉的通知》（国税发〔2008〕116号）第六条的规定，对企业委托给外单位进行开发的研发费用，凡符合上述条件的，由委托方按照规定计算加计扣除，受托方不得再进行加计扣除。对委托开发的项目，受托方应向委托方提供该研发项目的费用支出明细情况，否则，该委托开发项目的费用支出不得实行加计扣除。

温馨提示

财税〔2016〕36号附件规定,纳税人提供技术转让、技术开发和与之相关的技术咨询、技术服务免征增值税。

(1)技术转让、技术开发,是指《销售服务、无形资产、不动产注释》中"转让技术""研发服务"范围内的业务活动。技术咨询,是指就特定技术项目提供可行性论证、技术预测、专题技术调查、分析评价报告等业务活动。

与技术转让、技术开发相关的技术咨询、技术服务,是指转让方(或者受托方)根据技术转让或者开发合同的规定,为帮助受让方(或者委托方)掌握所转让(或者委托开发)的技术,而提供的技术咨询、技术服务业务,且这部分技术咨询、技术服务的价款与技术转让或者技术开发的价款应当在同一张发票上开具。

(2)备案程序。试点纳税人申请免征增值税时,须持技术转让、开发的书面合同,到纳税人所在地省级科技主管部门进行认定,并持有关的书面合同和科技主管部门审核意见证明文件报主管税务机关备查。

免税项目不得开具增值税专用发票,如上述科研机构要开具增值税专用发票,可以放弃免税,依照增值税暂行条例的规定缴纳增值税。放弃免税后,36个月内不得再申请免税。

企业取得该科研机构开具的增值税专用发票可以抵扣进项税额。

26 广告业纳税人发生的研究开发费用能否加计扣除?

所得减免与亏损

问题概述

甲企业是一家广告公司,主要从事广告制作,2016年发生了广告设计软件技术研发费用20万元,请问,该项研究开发费用可否加计扣除?

精要解答

(1)根据《财政部 国家税务总局 科技部关于完善研究开发费用税前加计扣除政策的通知》(财税〔2015〕119号)规定:"四、不适用税前加计扣除政策的行业

……

5. 租赁和商务服务业。"

(2)在《国民经济行业分类代码(GB/4754—2011)》中,广告业隶属于租赁和商务服务业。《财政部 国家税务总局 科技部关于完善研究开发费用税前加计扣除政策的通知》(财税〔2015〕119号)所列行业业务为主营业务,其研发费用发生当年的主营业务收入占企业按《税法》第六条规定计算的收入总额减除不征税收入和投资收益的余额50%(不含)以上的企业。

因此,企业如果主营业务确定为广告业,那么发生的研究开发费用不适用税前加计扣除的政策。

温馨提示

判断企业是否为不得享受研发费用加计扣除行业时,不能简单地按照营业执照上经营范围中的主营业务或证监会登记的上市公司行业门类代码去确定。例如,某上市公司在证监会登记的行业名称及代码为"水利、环境和公共设施管理业"但实际该企业房地产业务收入已经超过其总营业收入的50%,则属于不得享受研发费用加计扣除优惠的行业。

27 分支机构享受安置残疾人员所支付的工资加计扣除的优惠，需要总机构备案还是分支机构备案？

问题概述

A公司总机构在北京，在西安设置的二级分支机构享受安置残疾人员所支付的工资加计扣除的优惠，需要总机构备案还是分支机构备案？

精要解答

根据《国家税务总局关于发布〈企业所得税优惠政策事项办理办法〉的公告》(国家税务总局公告2015年第76号)第十四条的规定：跨地区(省、自治区、直辖市和计划单列市)经营汇总纳税企业(以下简称汇总纳税企业)的优惠事项，按以下情况办理：

(1) 分支机构享受所得减免、研发费用加计扣除、安置残疾人员、促进就业、部分区域性税收优惠(西部大开发、经济特区、上海浦东新区、深圳前海、广东横琴、福建平潭)，以及购置环境保护、节能节水、安全生产等专用设备投资抵免税额优惠，由二级分支机构向其主管税务机关备案。其他优惠事项由总机构统一备案。

(2) 总机构应当汇总所属二级分支机构已备案优惠事项，填写《汇总纳税企业分支机构已备案优惠事项清单》，随同企业所得税年度纳税申报表一并报送其主管税务机关。

同一省、自治区、直辖市和计划单列市内跨地区经营的汇总纳税企业优惠事项的备案管理，由省税务机关确定。

因此，总分机构需要享受安置残疾人员所支付的工资加计扣除的优惠，按《企业所得税优惠政策事项办理办法》(国家税务总局公告2015年第76号)，由总、分机构分别向所在地主管税务机关备案申报。

温馨提示

省内跨市县经营的汇总纳税企业优惠事项的备案由省税务机关确定。可按国家税务总局公告2015年第76号规定，比照跨省市经营汇总纳税企业规定执行。

28 支付给外聘人员的劳务费用是否可以进行研发费用加计扣除？

问题概述

企业有专设研发部门，然而部分研究开发项目有外聘人员参与，该部分支付的劳务费用是否可以进行加计扣除？

精要解答

《财政部 国家税务总局关于完善研究开发费用税前加计扣除政策的通知》(财税〔2015〕119号)第一条第(一)款规定，自2016年1月1日起，企业直接从事研发活动人员的工资薪金、基本养老保险费、基本医疗保险费、失业保险费、工伤保险费、生育保险费和住房公积金，以及外聘研发人员的劳务费用未形成无形资产计入当期损益的，在按规定据实扣除的基础上，按照本年度实际发生额的50%，从本年度应纳税所得额中扣除；形成无形资产的，按照无形资产成本的150%在税前摊销。

由此可见,部分研究开发项目有外聘人员参与支付的劳务费用可以进行加计扣除。

另外,根据《国家税务总局关于研发费用税前加计扣除归集范围有关问题的公告》(国家税务总局公告 2017 年第 40 号)规定,接受劳务派遣的企业按照协议(合同)约定支付给劳务派遣企业,且由劳务派遣企业实际支付给外聘研发人员的工资薪金等费用,属于外聘研发人员的劳务费用。

温馨提示

《财政部 国家税务总局关于完善研究开发费用税前加计扣除政策的通知》(财税〔2015〕119 号)规定允许加计扣除的研发费用具体范围包括以下几方面:

(1) 人员人工费用。直接从事研发活动人员的工资薪金、基本养老保险费、基本医疗保险费、失业保险费、工伤保险费、生育保险费和住房公积金,以及外聘研发人员的劳务费用。

(2) 直接投入费用。

第一,研发活动直接消耗的材料、燃料和动力费用。

第二,用于中间试验和产品试制的模具、工艺装备开发及制造费,不构成固定资产的样品、样机及一般测试手段购置费,试制产品的检验费。

第三,用于研发活动的仪器、设备的运行维护、调整、检验、维修等费用,以及通过经营租赁方式租入的用于研发活动的仪器、设备租赁费。

(3) 折旧费用。用于研发活动的仪器、设备的折旧费。

(4) 无形资产摊销。用于研发活动的软件、专利权、非专利技术(包括许可证、专有技术、设计和计算方法等)的摊销费用。

(5) 新产品设计费、新工艺规程制定费、新药研制的临床试验费、勘探开发技术的现场试验费。

(6) 其他相关费用。与研发活动直接相关的其他费用,如技术图书资料费、资料翻译费、专家咨询费、高新科技研发保险费,研发成果的检索、分析、评议、论证、鉴定、评审、评估、验收费用,知识产权的申请费、注册费、代理费,差旅费、会议费等。此项费用总额不得超过可加计扣除研发费用总额的 10%。

(7) 财政部和国家税务总局规定的其他费用。

29 研发加计扣除和残疾人工资加计扣除可否同时享受?

问题概述

企业雇佣残疾人,若该残疾人同时进行新产品研究开发,是否可以同时享受研究开发费用税前加计扣除和残疾人工资加计扣除?

精要解答

《财政部 国家税务总局关于执行企业所得税优惠政策若干问题的通知》(财税〔2009〕69 号)规定,《国务院关于实施企业所得税过渡优惠政策的通知》(国发〔2007〕39 号)第三条所称不得叠加享受,且一经选择,不得改变的税收优惠情形,限于企业所得税过渡优惠政策与企业所得税法及其实施条例中规定的定期减免税和减低税率类的税收优惠。企业所得税法及其实施条例中规定的各项税收优惠,凡企业符合规定条件的,可以同时享受。

研究开发费用税前加计扣除和残疾人工资加计扣除不属于定期减免税和减低税率类的税

收优惠，因此，企业可以同时享受研发加计扣除和残疾人工资加计扣除。

温馨提示

《财政部 国家税务总局关于安置残疾人员就业有关企业所得税优惠政策问题的通知》(财税〔2009〕70号)规定，企业安置残疾人员的，在按照支付给残疾职工工资据实扣除的基础上，可以在计算应纳税所得额时按照支付给残疾职工工资的100%加计扣除。企业就支付给残疾职工的工资，在进行企业所得税预缴申报时，允许据实计算扣除；在年度终了进行企业所得税年度申报和汇算清缴时，再依照本条第一款的规定计算加计扣除。

《财政部 国家税务总局 科技部关于完善研究开发费用税前加计扣除政策的通知》(财税〔2015〕119号)规定，企业开展研发活动中实际发生的研发费用，未形成无形资产计入当期损益的，在按规定据实扣除的基础上，按照本年度实际发生额的50%，从本年度应纳税所得额中扣除；形成无形资产的，按照无形资产成本的150%在税前摊销。研发费用的具体范围包括以下几方面：

(1) 人员人工费用。直接从事研发活动人员的工资薪金、基本养老保险费、基本医疗保险费、失业保险费、工伤保险费、生育保险费和住房公积金，以及外聘研发人员的劳务费用。

(2) 直接投入费用。

第一，研发活动直接消耗的材料、燃料和动力费用。

第二，用于中间试验和产品试制的模具、工艺装备开发及制造费，不构成固定资产的样品、样机及一般测试手段购置费，试制产品的检验费。

第三，用于研发活动的仪器、设备的运行维护、调整、检验、维修等费用，以及通过经营租赁方式租入的用于研发活动的仪器、设备租赁费。

(3) 折旧费用。用于研发活动的仪器、设备的折旧费。

(4) 无形资产摊销。用于研发活动的软件、专利权、非专利技术(包括许可证、专有技术、设计和计算方法等)的摊销费用。

(5) 新产品设计费、新工艺规程制定费、新药研制的临床试验费、勘探开发技术的现场试验费。

(6) 其他相关费用。

30 如何计算研发费用加计扣除与固定资产加速折旧？

问题概述

宏达实业有限公司系专用设备制造公司，2017年11月以100万元购进研发专用设备一台，用于开发新技术。该企业购入的设备符合财税〔2014〕75号文可享受的相关政策，企业选择税收上一次性计入当期成本费用，但在会计上按规定计入固定资产并提取折旧。12月计提折旧2万元(假定折旧符合企业所得税法要求；研发项目支出尚不满足资本化条件)。请问该企业研发费用加计扣除与固定资产加速折旧如何叠加享受？

精要解答

《中华人民共和国企业所得税法实施条例》第九十五条规定，企业所得税法第三十条第(一)项所称研究开发费用的加计扣除，是指企业为开发新技术、新产品、新工艺发生的研究开发费用，未形成无形资产计入当期损益的，在按照规定据实扣除的基础上，按照研究开发费用的

50%加计扣除;形成无形资产的,按照无形资产成本的 150%摊销。

《财政部 国家税务总局关于完善固定资产加速折旧企业所得税政策的通知》(财税〔2014〕75 号)规定,对生物药品制造业,专用设备制造业,铁路、船舶、航空航天和其他运输设备制造业,计算机、通信和其他电子设备制造业,仪器仪表制造业,信息传输、软件和信息技术服务业等 6 个行业的企业 2014 年 1 月 1 日后新购进的固定资产,可缩短折旧年限或采取加速折旧的方法。对上述 6 个行业的小型微利企业 2014 年 1 月 1 日后新购进的研发和生产经营共用的仪器、设备,单位价值不超过 100 万元的,允许一次性计入当期成本费用在计算应纳税所得额时扣除,不再分年度计算折旧;单位价值超过 100 万元的,可缩短折旧年限或采取加速折旧的方法;对所有行业企业 2014 年 1 月 1 日后新购进的专门用于研发的仪器、设备,单位价值不超过 100 万元的,允许一次性计入当期成本费用在计算应纳税所得额时扣除,不再分年度计算折旧;单位价值超过 100 万元的,可缩短折旧年限或采取加速折旧的方法。

《国家税务总局关于研发费用税前加计扣除归集范围有关问题的公告》(国家税务总局公告 2017 年第 40 号)第三条折旧费用第(二)款规定:企业用于研发活动的仪器、设备,符合税法规定且选择加速折旧优惠政策的,在享受研发费用税前加计扣除政策时,就税前扣除的折旧部分计算加计扣除。

企业会计分录如下:

借:研发支出——费用化支出　　20 000
　贷:累计折旧　　20 000

借:管理费用　　20 000
　贷:研发支出——费用化支出　　20 000

计算企业所得税应纳税所得额的研发费用调减额如下:

研发费用调减额 = 100 + 100 × 50% − 2 = 148(万元)

温馨提示

《国家税务总局关于企业研究开发费用税前加计扣除政策有关问题的公告》(国家税务总局公告 2015 年第 97 号)规定,企业用于研发活动的仪器、设备,符合税法规定且选择加速折旧优惠政策的,在享受研发费用税前加计扣除时,就已经进行会计处理计算的折旧、费用的部分加计扣除,但不得超过按税法规定计算的金额。

《国家税务总局关于研发费用税前加计扣除归集范围有关问题的公告》(国家税务总局公告 2017 年第 40 号)保留 97 号公告有关仪器、设备的折旧费口径和多用途仪器、设备折旧费用归集要求,进一步调整加速折旧费用的归集方法。

97 号公告明确加速折旧费用享受加计扣除政策的原则为会计、税收折旧孰小。该计算方法较为复杂,不易准确掌握。为提高政策的可操作性,40 号公告将加速折旧费用的归集方法调整为就税前扣除的折旧部分计算加计扣除。

97 号公告解读中曾举例说明计算方法:甲汽车制造企业 2015 年 12 月购入并投入使用一专门用于研发活动的设备,单位价值 1 200 万元,会计处理按 8 年折旧,税法上规定的最低折旧年限为 10 年,不考虑残值。甲企业对该项设备选择缩短折旧年限的加速折旧方式,折旧年限缩短为 6 年(10×60%)。2016 年企业会计处理计提折旧额 150 万元(1 200/8),税收上因享受加速折旧优惠可以扣除的折旧额是 200 万元(1 200/6),申报研发费用加计扣除时,就其会计处理的“仪器、设备的折旧费”150 万元可以进行加计扣除 75 万元(150×50%)。若该设备 8 年内用途未发生变化，每年均符合加计扣除政策规定，则企业 8 年内每年均可对其会计处理的“仪器、设备的折旧费”150 万元进行加计扣除 75 万元。如企业会计处理按 4 年进行折旧，其他情形不变，则 2016 年企业会计处理计提折旧额 300 万元(1 200/4)，税收上因享受加速折旧优惠可以扣除的折旧额是 200 万元(1200/6)，申报享受研发费用加计扣除时，对其在实际会计处理上已确认的“仪器、设备的折旧费”，但未超过税法规定的税前扣除金额 200 万元可以进行加计扣除 100 万元(200×50%)。若该设备 6 年内用途未发生变化，每年均符合加计扣除政策规定，则企业 6 年内每年均可对其会计处理的“仪器、设备的折旧费”200 万元进行加计扣除 100 万元。

结合上述例子，按 40 号公告口径申报研发费用加计扣除时，若该设备 6 年内用途未发生变化，每年均符合加计扣除政策规定，则企业在 6 年内每年直接就其税前扣除“仪器、设备折旧费”200 万元进行加计扣除 100 万元(200×50%)，不需比较会计、税收折旧孰小，也不需要根据会计折旧年限的变化而调整享受加计扣除的金额，计算方法大为简化。

《国家税务总局关于研发费用税前加计扣除归集范围有关问题的公告》(国家税务总局公告 2017 年第 40 号)与《国家税务总局关于企业研究开发费用税前加计扣除政策有关问题的公告》(国家税务总局公告 2015 年第 97 号)在此项业务的处理上差异较大，在处理业务时必须注意政策的时效性。如果是 2016 年的业务适用国家税务总局公告 2015 年第 97 号，如果是 2017 年及以后年度的业务适用国家税务总局公告 2017 年第 40 号。

购买专用设备所得税抵免

31 中药饮片加工企业是否适用固定资产加速折旧新政策？

问题概述

中药饮片加工企业 2015 年 1 月 1 日后新购进的研发和生产经营共用的设备是否可以采取加速折旧的方法计提折旧？

精要解答

根据《财政部 国家税务总局关于进一步完善固定资产加速折旧企业所得税政策的通知》(财税〔2015〕106 号)、《国家税务总局关于进一步完善固定资产加速折旧企业所得税政策有关问题的公告》(国家税务总局公告 2015 年第 68 号)规定，对轻工、纺织、机械、汽车等四个领域重点行业的企业 2015 年 1 月 1 日后新购进的固定资产，可由企业选择缩短折旧年限或采取加速折旧的方法。若上述企业符合小型微利企业判定标准，同时该设备单位价值不超过 100 万元的，允许一次性计入当期成本费用在计算应纳税所得额时扣除，不再分年度扣除折旧。

由于中药饮片加工属于轻工行业范围，企业可享受以上优惠政策。

温馨提示

新购进时间判断：若是外购的设备以发票开具日期为准，若是分期收款或赊销方式，以到货时间为准。

32 2016 年 1 月 1 日后融资租入的固定资产可以享受加速折旧吗?

问题概述

A 公司是一家汽车制造企业(一般纳税人),2016 年 1 月 10 日通过融资租赁方式取得一台设备,租赁合同约定年支付租赁费 20 万元(不含税),租赁期 5 年,租赁期满设备归我公司所有。那么该固定资产是否可以享受《财政部 国家税务总局关于进一步完善固定资产加速折旧企业所得税政策的通知》(财税〔2015〕106 号)文件规定的加速折旧优惠?

精要解答

《财政部 国家税务总局关于进一步完善固定资产加速折旧企业所得税政策的通知》(财税〔2015〕106 号)规定,对轻工、纺织、机械、汽车等四个领域重点行业的企业 2015 年 1 月 1 日后新购进的固定资产,可由企业选择缩短折旧年限或采取加速折旧的方法。对上述行业的小型微利企业 2015 年 1 月 1 日后新购进的研发和生产经营共用的仪器、设备,单位价值不超过 100 万元的,允许一次性计入当期成本费用在计算应纳税所得额时扣除,不再分年度计算折旧;单位价值超过 100 万元的,可由企业选择缩短折旧年限或采取加速折旧的方法。

《国家税务总局关于进一步完善固定资产加速折旧企业所得税政策有关问题的公告》(国家税务总局公告 2015 年第 68 号)规定,对轻工、纺织、机械、汽车等四个领域重点行业(以下简称四个领域重点行业)企业 2015 年 1 月 1 日后新购进的固定资产(包括自行建造,下同),允许缩短折旧年限或采取加速折旧方法。

购进是指以货币购进的固定资产和自行建造的固定资产。融资租赁的固定资产不属于购进的范畴,不能适用上述加速折旧政策。因此,融资租赁租入固定资产不能享受固定资产加速折旧税收优惠。

温馨提示

1. 融资租入固定资产的折旧

《国家税务总局关于印发〈企业研究开发费用税前扣除管理办法(试行)〉的通知》(国税发〔2008〕116 号)第四条规定:"专门用于研发活动的仪器、设备的折旧费或租赁费。"《财政部 国家税务总局 科技部关于完善研究开发费用税前加计扣除政策的通知》(财税〔2015〕119 号)第一条规定:"用于研发活动的仪器、设备的折旧费。"新旧法规都没有区分购入固定资产还是融资租入固定资产,由于融资租入固定资产在承租方计提折旧,因此符合条件的融资租入固定资产的折旧可以加计扣除。

2. 融资租入固定资产的租赁费

国税发〔2008〕116 号文件第四条没有区分经营租入固定资产还是融资租入固定资产,但财税〔2015〕119 号文件第一条规定:"……通过经营租赁方式租入的用于研发活动的仪器、设备租赁费。"特别强调了"经营租赁方式租入"的固定资产,排除了融资租入的固定资产。由于融资租入固定资产的折旧已经可以加计扣除,租赁费就不能再加计扣除了。

综上所述,企业融资租入的固定资产不能加速折旧,但符合条件的折旧额可以加计扣除。

33 购置二手设备能否享受固定资产加速折旧?

问题概述

A公司主要从事生物药品制造,近日向甲公司购置了二手仪器设备专门用于技术研发,单价66万元,该项仪器、设备支出能否在企业所得税税前一次性扣除?

精要解答

根据《财政部 国家税务总局关于完善固定资产加速折旧企业所得税政策的通知》(财税〔2014〕75号)及《关于固定资产加速折旧税收政策有关问题的通知》(国家税务总局公告2014年第64号)的规定,对所有行业企业2014年1月1日后新购进的专门用于研发的仪器、设备,单位价值不超过100万元的,允许一次性计入当期成本费用在计算应纳税所得额时扣除,不再分年度计算折旧;单位价值超过100万元的,允许按不低于企业所得税法规定折旧年限的60%缩短折旧年限,或选择采取双倍余额递减法或年数总和法进行加速折旧。

因此,企业2016年新购进的二手仪器、设备专门用于技术研发,单位价值不超过100万元的,允许一次性计入当期成本费用在计算应纳税所得额时扣除。

温馨提示

购置二手仪器、设备应根据增值税专用发票或海关进口增值税专用缴款书上注明的税额抵扣进项税额。如未取得进项税额抵扣凭证则价税合计计入固定资产计税基础。

34 符合条件的企业可否选择不实行加速折旧政策?

问题概述

A机械制造有限公司,2015年筹建,2016年开始生产。2017年该公司亏损500万元,2017年购入一台设备价值800万元专门用于研发,请问A公司能否选择不实行加速折旧政策?

精要解答

《财政部 国家税务总局关于进一步完善固定资产加速折旧企业所得税政策的通知》(财税〔2015〕106号)规定,对轻工、纺织、机械、汽车等四个领域重点行业(具体范围见附件)的企业2015年1月1日后新购进的固定资产,可由企业选择缩短折旧年限或采取加速折旧的方法。

按照《企业所得税法》及其实施条例有关规定,企业根据自身生产经营需要,也可选择不实行加速折旧政策。

温馨提示

实行加速折旧政策后,纳税人可能会出现税前扣除的固定资产折旧费用与财务核算的固定资产折旧费用不同,纳税人应建立台账加强核算,提高税法遵从度,降低风险。享受税收优惠是纳税人的一项权利,纳税人可以自主选择是否享受优惠。如果纳税人购入的固定资产既符合享受加速折旧优惠政策条件,又符合软件产业和集成电路产业等其他加速折旧优惠政策条件,可由企业选择其中一项加速折旧优惠政策执行,且一经选择,不得改变。

35 福利企业存在残疾人“挂名未上岗”的情况，如何进行所得税处理？

问题概述

福利企业存在残疾人“挂名未上岗”的情况，如何进行所得税处理？

精要解答

《国家税务总局关于民政福利企业税收优惠政策适用问题的批复》(税总函〔2016〕609号)的精神，福利企业享受税收优惠政策，应对报送资料的真实性和合法性负责。无论适用财税〔2007〕92号文件还是财税〔2016〕52号文件，如税务机关发现该企业存在“挂名未上岗”或其他情形导致不符合促进残疾人就业税收优惠政策适用条件的，应将其发生相应违法违规行为年度内实际享受到的减(退)税款全额追缴入库。

温馨提示

《财政部 国家税务总局关于安置残疾人员就业有关企业所得税优惠政策问题的通知》(财税〔2009〕70号)规定，企业安置残疾人员的，在按照支付给残疾职工工资据实扣除的基础上，可以在计算应纳税所得额时按照支付给残疾职工工资的100%加计扣除。

企业就支付给残疾职工的工资，在进行企业所得税预缴申报时，允许据实计算扣除；在年度终了进行企业所得税年度申报和汇算清缴时，再依照本条第一款的规定计算加计扣除。

企业享受安置残疾职工工资100%加计扣除应同时具备如下条件：

(1) 依法与安置的每位残疾人签订了1年以上(含1年)的劳动合同或服务协议，并且安置的每位残疾人在企业实际上岗工作。

(2) 为安置的每位残疾人按月足额缴纳了企业所在区县人民政府根据国家政策规定的基本养老保险、基本医疗保险、失业保险和工伤保险等社会保险。

(3) 定期通过银行等金融机构向安置的每位残疾人实际支付了不低于企业所在区县适用的经省级人民政府批准的最低工资标准的工资。

(4) 具备安置残疾人上岗工作的基本设施。

企业应在年度终了进行企业所得税年度申报和汇算清缴时，向主管税务机关报送本通知第四条规定的相关资料、已安置残疾职工名单及其《中华人民共和国残疾人证》或《中华人民共和国残疾军人证(1至8级)》复印件和主管税务机关要求提供的其他资料，办理享受企业所得税加计扣除优惠的备案手续。

36 财税〔2015〕119号文对人员人工费用进行正列举，如果不在正列举范围内的人工费能否加计扣除？

问题概述

财税〔2015〕119号文对人员人工费用进行正列举，如果不在正列举范围内的人工费能否加计扣除？

精要解答

《财政部 国家税务总局 科学技术部关于完善研究开发费用税前加计扣除政策的通知》(财

税〔2015〕119 号)规定:

"(一)允许加计扣除的研发费用。

企业开展研发活动中实际发生的研发费用,未形成无形资产计入当期损益的,在按规定据实扣除的基础上,按照本年度实际发生额的 50%,从本年度应纳税所得额中扣除;形成无形资产的,按照无形资产成本的 150%在税前摊销。研发费用的具体范围包括:

1. 人员人工费用。

直接从事研发活动人员的工资薪金、基本养老保险费、基本医疗保险费、失业保险费、工伤保险费、生育保险费和住房公积金,以及外聘研发人员的劳务费用。"

文件采用的是正列举方式,也就是说,除列明的费用外,其他人员人工费用,如研发人员培训费、研发人员体检费、劳保费、补充养老保险费、职工福利费不得在人员人工费用中加计扣除。

根据《国家税务总局关于研发费用税前加计扣除归集范围有关问题的公告》(国家税务总局公告 2017 年第 40 号)规定,其他相关费用增加了职工福利费、补充养老保险费、补充医疗保险费的内容,因此,职工福利费、补充养老保险费、补充医疗保险费应当作为其他费用,按规定计算加计扣除。

温馨提示

源泉扣缴所得额计算

《关于企业研究开发费用税前加计扣除政策有关问题的公告》(国家税务总局公告 2015 年第 97 号)规定,研究开发人员的构成,分为研究人员、技术人员和辅助人员三类。研究人员是指主要从事研究开发项目的专业人员;技术人员是指具有工程技术、自然科学和生命科学中一个或一个以上领域的技术知识和经验,在研究人员指导下参与研发工作的人员;辅助人员是指参与研究开发活动的技工。研究开发人员的聘用形式,既可以是本企业的员工,也可以是外聘,包括劳务派遣等形式。外聘研发人员包括与本企业签订劳务用工协议(合同)和临时聘用的研究开发人员、技术人员、辅助人员。辅助人员不包括为研发活动从事后勤服务的人员。

《国家税务总局关于研发费用税前加计扣除归集范围有关问题的公告》(国家税务总局公告 2017 年第 40 号)保留 97 号公告有关直接从事研发活动人员范围的界定和从事多种活动的人员人工费用准确进行归集要求,增加了劳务派遣和股权激励相关内容。

1. 适当拓宽外聘研发人员范围

《国家税务总局关于企业工资薪金和职工福利费等支出税前扣除问题的公告》(国家税务总局公告 2015 年第 34 号)将劳务派遣分为两种形式,并分别适用不同的税前扣除规定:一种是按照协议(合同)约定直接支付给劳务派遣公司的费用作为劳务费支出在税前扣除;另一种是直接支付给员工个人的费用作为工资薪金和职工福利费支出在税前扣除。在 97 号公告规定的框架下,直接支付给员工个人的工资薪金属于人员人工费用范围,可以加计扣除。而直接支付给劳务派遣公司的费用,各地理解和执行不一。考虑到直接支付给员工个人和支付给劳务派遣公司,仅是支付方式不同,并未改变企业劳务派遣用工的实质,为体现税收公平,公告明确外聘研发人员包括与劳务派遣公司签订劳务用工协议(合同)的形式,将按照协议(合同)约定直接支付给劳务派遣公司,且由劳务派遣公司实际支付给研发人员的工资薪金等,纳入加计扣除范围。

2. 明确对研发人员的股权激励支出可以加计扣除

由于股权激励支付方式的特殊性,对其能否作为加计扣除的基数有不同理解。鉴于《国家税务总局关于我国居民企业实行股权激励计划有关企业所得税处理问题的公告》(国家税务总局公告 2012 年第 18 号)已明确符合条件的股权激励支出可以作为工资薪金在税前扣除,为调动和激发研发人员的积极性,公告明确工资薪金包括按规定可以在税前扣除的对研发人员股权激励的支出,即符合条件的对研发人员股权激励支出属于可加计扣除范围。需要强调的是享受加计扣除的股权激励支出需要符合国家税务总局公告 2012 年第 18 号规定的条件。

37 对于不在财税〔2015〕119 号文列举范围内的其他费用能否加计扣除?

问题概述

财税〔2015〕119 号文对其他费用进行列举,如果不在列举范围内的其他费用能否加计扣除?

精要解答

(1)《财政部 国家税务总局科学技术部关于完善研究开发费用税前加计扣除政策的通知》(财税〔2015〕119 号)规定:

"(一)允许加计扣除的研发费用。

企业开展研发活动中实际发生的研发费用,未形成无形资产计入当期损益的,在按规定据实扣除的基础上,按照本年度实际发生额的 50%,从本年度应纳税所得额中扣除;形成无形资产的,按照无形资产成本的 150%在税前摊销。研发费用的具体范围包括:

……

6. 其他相关费用。

与研发活动直接相关的其他费用,如技术图书资料费、资料翻译费、专家咨询费、高新科技研发保险费,研发成果的检索、分析、评议、论证、鉴定、评审、评估、验收费用,知识产权的申请费、注册费、代理费,差旅费、会议费等。此项费用总额不得超过可加计扣除研发费用总额的 10%。"

(2) 国家税务总局《关于〈国家税务总局关于企业研究开发费用税前加计扣除政策有关问题的公告〉的解读》第二条第(四)项规定,"研发费用的归集范围除其他相关费用外仅限于《通知》列举的项目,考虑到其他相关费用名目不一,不能穷尽列举,因此《通知》参照高新技术企业研发费用的相关规定,明确与研发活动直接相关的其他相关费用,不得超过可加计扣除研发费用总额的 10%。公告进一步明确了该限额的计算:应按项目分别计算,每个项目可加计扣除的其他相关费用都不得超过该项目可加计扣除研发费用总额的 10%。按照《通知》规定,假设某一研发项目的其他相关费用的限额为 X,《通知》第一条允许加计扣除的研发费用中的第 1 项至第 5 项费用之和为 Y,那么 $X=(X+Y)\times 10\%$,即 $X=Y\times 10\%/(1-10\%)$。"

《关于企业研究开发费用税前加计扣除政策有关问题的公告》(国家税务总局公告 2015 年第 97 号)适用于 2016 年度汇算清缴,因此,在 2016 年度汇算清缴其他相关费用范围如有适当扩大并已进行税务处理的,不再调整。

(3)《国家税务总局关于研发费用税前加计扣除归集范围有关问题的公告》(国家税务总局公告 2017 年第 40 号)规定,其他相关费用是指与研发活动直接相关的其他费用,如技术图书资料费、资料翻译费、专家咨询费、高新科技研发保险费,研发成果的检索、分析、评议、论证、鉴定、评审、评估、验收费用,知识产权的申请费、注册费、代理费,差旅费、会议费,职工福利费、补充养老保险费、补充医疗保险费。

此类费用总额不得超过可加计扣除研发费用总额的 10%。

国家税务总局公告 2017 年第 40 号与财税〔2015〕119 号相比,增加了职工福利费、补充养老保险费、补充医疗保险费的内容，采取正列举方式规定了其他费用具体范围，对于其余未列明的费用类型，不得作为其他费用在税前加计扣除。

国家税务总局公告 2017 年第 40 号适用于 2017 年度及以后年度汇算清缴。以前年度已经进行税务处理的不再调整。涉及追溯享受优惠政策情形的，按照国家税务总局公告 2017 年第 40 号的规定执行。

温馨提示

《国家税务总局关于企业研究开发费用税前加计扣除政策有关问题的公告》（国家税务总局公告 2015 年第 97 号）规定，其他相关费用的归集与限额计算：企业在一个纳税年度内进行多项研发活动的，应按照不同研发项目分别归集可加计扣除的研发费用。在计算每个项目其他相关费用的限额时应当按照以下公式计算：

$$\text{其他相关费用限额}=\text{《通知》第一条第一项允许加计扣除的研发费用中的第 1 项至第 5 项的费用之和}\times 10\%/(1-10\%)$$

当其他相关费用实际发生数小于限额时，按实际发生数计算税前加计扣除数额；当其他相关费用实际发生数大于限额时，按限额计算税前加计扣除数额。

38 研发费用可加计扣除的其他费用如何进行计算？

问题概述

宏达实业有限公司 2017 年共有 A、B、C 3 个研发项目，A 项目当年归集的研发费用总额 65 万元，其中其他直接相关费用 8 万元；B 项目当年归集的研发费用总额 120 万元，其中其他直接相关费用 20 万元；C 项目当年归集的研发费用总额 80 万元，其中其他直接相关费用 6 万元，如何计算宏达实业有限公司 2017 研发费用可加计扣除的其他费用？

精要解答

《财政部 国家税务总局 科学技术部关于完善研究开发费用税前加计扣除政策的通知》（财税〔2015〕119 号）规定，与研发活动直接相关的其他费用，如技术图书资料费、资料翻译费、专家咨询费、高新科技研发保险费，研发成果的检索、分析、评议、论证、鉴定、评审、评估、验收费用，知识产权的申请费、注册费、代理费，差旅费、会议费等。此项费用总额不得超过可加计扣除研发费用总额的 10%。

《国家税务总局关于企业研究开发费用税前加计扣除政策有关问题的公告》（国家税务总局公告 2015 年第 97 号）规定，企业在一个纳税年度内进行多项研发活动的，应按照不同研发项目分别归集可加计扣除的研发费用。在计算每个项目其他相关费用的限额时应当按照以下公式计算：

$$\text{其他相关费用限额}=\text{《通知》第一条第一项允许加计扣除的研发费用中的第 1 项至第 5 项的费用之和}\times 10\%/(1-10\%)$$

当其他相关费用实际发生数小于限额时，按实际发生数计算税前加计扣除数额；当其他相关费用实际发生数大于限额时，按限额计算税前加计扣除数额。

宏达实业有限公司 2017 年共有 A、B、C 3 个研发项目，A 项目当年归集的研发费用总额 65 万元，其中其他直接相关费用 8 万元；B 项目当年归集的研发费用总额 120 万元，其中其他直接相关费用 20 万元；C 项目当年归集的研发费用总额 80 万元，其中其他直接相关费用 6 万元，计算过程如下：

(1) A 项目。

第 1 项～第 5 项费用＝65－8＝57(万元)；

其他费用扣除限额＝57×10%÷(1－10%)＝6.33(万元)；小于实际发生 8 万元，则允许加计扣除金额为 6.33 万元。

(2) B 项目。

第 1 项～第 5 项费用＝120－20＝100(万元)；

其他费用扣除限额＝100×10%÷(1－10%)＝11.11(万元)；小于实际发生 20 万元，则允许加计扣除 11.11 万元。

(3) C 项目。

第 1 项～第 5 项费用＝80－6＝74(万元)；

其他费用扣除限额＝74×10%÷(1－10%)＝8.22(万元)；大于实际发生 6 万元，则允许加计扣除 6 万元。

(4) 企业合计可加计扣除的其他费用＝6.33＋11.11＋6＝23.44(万元)。

温馨提示

《财政部 国家税务总局 科学技术部关于完善研究开发费用税前加计扣除政策的通知》(财税〔2015〕119 号)对研发费用可加计会计核算与管理有如下规定，

(1) 企业应按照国家财务会计制度要求，对研发支出进行会计处理；同时，对享受加计扣除的研发费用按研发项目设置辅助账，准确归集核算当年可加计扣除的各项研发费用实际发生额。企业在一个纳税年度内进行多项研发活动的，应按照不同研发项目分别归集可加计扣除的研发费用。

(2) 企业应对研发费用和生产经营费用分别核算，准确、合理归集各项费用支出，对划分不清的，不得实行加计扣除。

39 新会计准则与加计扣除的政策如何衔接？

问题概述

新会计准则与加计扣除的政策如何衔接？

精要解答

《国家税务总局关于研发费用税前加计扣除归集范围有关问题的公告》(国家税务总局公告 2017 年第 40 号)第七条其他事项第(一)款规定：“企业取得的政府补助，会计处理时采用直接冲减研发费用方法且税务处理时未将其确认为应税收入的，应按冲减后的余额计算加计扣除金额。”

《企业会计准则第 16 号——政府补助(修订)》将政府补助分为：

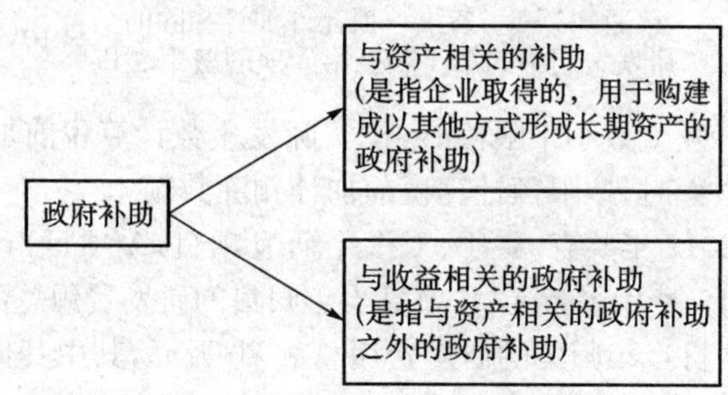

其中“与资产相关”，是指与购建固定资产、无形资产等长期资产相关。

（一）与收益相关的政府补助

（1）与收益相关的政府补助应当在其补偿的相关费用或损失发生的期间计入当期损益，即：

① 用于补偿企业以后期间费用或损失的，在取得时先确认为递延收益，然后在确认相关费用的期间计入当期营业外收入；

② 用于补偿企业已发生费用或损失的取得时直接计入当期营业外收入。

（2）企业在日常活动中按照固定的定额标准取得的政府补助，应当按照应收金额计量，借记“其他应收款”科目，贷记“营业外收入”（或“递延收益”）科目。

（3）不确定的或者在非日常活动中取得的政府补助，应当按照实际收到的金额计量，借记“银行存款”等科目，贷记“营业外收入”（或“递延收益”）科目。涉及按期分摊递延收益的，借记“递延收益”科目，贷记“营业外收入”科目。

企业取得针对综合性项目的政府补助，需要将其分解为与资产相关的部分和与收益相关的部分，分别进行会计处理；难以区分的，将政府补助整体归类为与收益相关的政府补助，视情况不同计入当期损益，或者在项目期内分期确认为当期收益。

（二）与资产相关的政府补助

源泉扣缴时间

企业取得与资产相关的政府补助，不能全额确认为当期收益，应当随着相关资产的使用逐渐计入以后各期的收益。也就是说，这类补助应当先确认为递延收益，然后自相关资产可供使用时起，在该项资产使用寿命内平均分配，计入当期营业外收入。

与资产相关的政府补助通常为货币性资产形式，企业应当在实际收到款项时，按照到账的实际金额，借记“银行存款”等科目，贷记“递延收益”科目。将政府补助用于购建长期资产时，相关长期资产的购建与企业正常的资产购建或研发处理一致，通过“在建工程”“研发支出”等科目归集，完成后转为固定资产或无形资产。自相关长期资产可供使用时起，在相关资产计提折旧或摊销时，按照长期资产的预计使用期限，将递延收益平均分摊转入当期损益，借记“递延收益”科目，贷记“营业外收入”科目。相关资产在使用寿命结束时或结束前被处置（出售、转让、报废等），尚未分摊的递延收益余额应当一次性转入资产处置当期的收益，不再予以递延。

企业取得的政府补助为非货币性资产的，应当首先同时确认一项资产（固定资产或无形资产等）和递延收益，然后在相关资产使用寿命内平均分摊递延收益，计入当期收益。但是，以名义金额计量的政府补助，在取得时计入当期损益。

由此可见，财政部发布了修订后的政府补助准则，明确与资产相关的政府补助，应当冲减相关资产的账面价值或确认为递延收益；与收益相关的政府补助，可计入当期损益或者冲减相关成本。

如企业取得的政府补助在会计上选择按照冲减研发费用进行处理的，已经冲减的部分不能享受加计扣除政策。同样，如企业取得的政府补助用于开展研发活动形成无形资产的，无形资产中政府补助所对应的部分不得在税前摊销，更不得加计扣除。

温馨提示

原《企业会计准则第 16 号——政府补助》对政府补助进行以下确认：

本准则第三条规定，政府补助分为与资产相关的政府补助和与收益相关的政府补助。

（一）与资产相关的政府补助

与资产相关的政府补助，是指企业取得的、用于购建或以其他方式形成长期资产的政府补助。

企业取得与资产相关的政府补助,不能直接确认为当期损益,应当确认为递延收益,自相关资产达到预定可使用状态时起,在该资产使用寿命内平均分配,分次计入以后各期的损益(营业外收入)。

相关资产在使用寿命结束前被出售、转让、报废或发生毁损的,应将尚未分配的递延收益余额一次性转入资产处置当期的损益(营业外收入)。

(二)与收益相关的政府补助

与收益相关的政府补助,是指除与资产相关的政府补助之外的政府补助。

与收益相关的政府补助,用于补偿企业以后期间的相关费用或损失的,取得时确认为递延收益,在确认相关费用的期间计入当期损益(营业外收入);用于补偿企业已发生的相关费用或损失的,取得时直接计入当期损益(营业外收入)。

40 发生在2017年之前的科技型中小企业研究开发费用能否加计扣除?

问题概述

某科技型中小企业在2016年进行A、B两项研发活动,A研发项目实际发生的研发费用已在2016年11月份形成无形资产,B研发项目实际发生的研发费用在2017年2月份形成无形资产。A、B两项研发活动是否均可以在2017年1月1日至2019年12月31日期间按照无形资产成本的175%在税前摊销?还是只有B研发项目可以享受此项提高加计扣除比例的优惠?

精要解答

《财政部 税务总局 科技部关于提高科技型中小企业研究开发费用税前加计扣除比例的通知》(财税〔2017〕34号)规定,科技型中小企业开展研发活动中实际发生的研发费用形成无形资产的,在2017年1月1日至2019年12月31日期间按照无形资产成本的175%在税前摊销。

《国家税务总局关于提高科技型中小企业研究开发费用税前加计扣除比例有关问题的公告》(国家税务总局公告2017年第18号)规定,科技型中小企业开展研发活动实际发生的研发费用,在2019年12月31日以前形成的无形资产,在2017年1月1日至2019年12月31日期间发生的摊销费用,可适用《通知》规定的优惠政策。

2019年12月31日以前形成的无形资产,既包括2017年1月1日至2019年12月31日期间形成的无形资产,也包括在2017年以前年度形成的无形资产。只要是2019年12月31日以前形成的无形资产,在2017年1月1日至2019年12月31日期间发生的摊销费用,均可以适用提高加计扣除比例的优惠政策。因此,A、B两项目均可以在2017年1月1日至2019年12月31日期间按照无形资产成本的175%在税前摊销。

温馨提示

《国家税务总局关于提高科技型中小企业研究开发费用税前加计扣除比例有关问题的公告》(国家税务总局公告2017年第18号)主要考虑到提高科技型中小企业研发费用税前加计扣除比例政策执行期限为3年,而无形资产摊销涉及多个年度,由此进一步明确了科技型中小企业开展研发活动实际发生的研发费用,在2019年12月31日以前形成的无形资产,在2017年1月1日至2019年12月31日期间发生的摊销费用,可适用《通知》规定的优惠政策,享受税收优惠政策。

41 科技型中小企业取得入库登记编号与享受优惠年度如何衔接?

问题概述

科技型中小企业取得入库登记编号与享受优惠年度如何衔接?

精要解答

享受提高研发费加计扣除比例政策的企业必须是科技型中小企业,是否符合科技型中小企业条件主要看其是否取得入库编号。主要有以下几种情形:

(1) 企业上一年度没有取得入库登记编号,本年新取得入库登记编号的。《国家税务总局关于提高科技型中小企业研究开发费用税前加计扣除比例有关问题的公告》(国家税务总局公告 2017 年第 18 号)明确,企业在汇算清缴期内(5 月 31 日前)按照《科技型中小企业评价办法》第十条、十一条、十二条规定取得科技型中小企业入库登记编号的,其汇算清缴年度可享受《通知》规定的优惠政策。比如,某科技型中小企业在 2018 年 5 月取得入库登记编号,2018 年 5 月正值 2017 年度汇算清缴期间,因此,该企业可以在 2017 年度享受财税 34 号文规定的优惠政策。

(2) 企业上一年度已取得入库登记编号,本年更新信息后仍符合条件从而取得入库登记编号的。如该企业 2019 年 3 月底前更新信息后仍符合条件,可以在 2018 年度享受《通知》规定的优惠政策。

(3) 企业按《科技型中小企业评价办法》第十二条规定更新信息后不再符合条件的,从而没有继续取得入库登记编号的。如该企业 2019 年 3 月底前更新信息后不符合条件,则该企业在 2018 年度不得享受《财政部 国家税务总局 科技部关于提高科技型中小企业研究开发费用税前加计扣除比例的通知》(财税〔2017〕34 号)规定的优惠政策。

(4) 企业因不符合科技型中小企业条件而被科技部门撤销登记编号的。相应年度不得享受财税〔2017〕34 号文规定的优惠政策,已享受的应补缴相应年度的税款。

温馨提示

科技型中小企业的管理。

1. 入库编码的取得

企业可对照国科发政〔2017〕115 号文件规定自主评价是否符合科技型中小企业条件,认为符合的,可在服务平台上注册登记企业基本信息,在线填报《科技型中小企业信息表》。

各省级科技管理部门组织有关单位对企业填报的《科技型中小企业信息表》内容是否完整进行确认。内容不完整的,在服务平台上通知企业补正。信息完整且符合条件的,由省级科技管理部门在服务平台公示 10 个工作日。

公示无异议的企业,纳入信息库并在服务平台公告;有异议的,由省级科技管理部门组织有关单位进行核实处理。

省级科技管理部门为入库企业赋予科技型中小企业入库登记编号(以下简称“登记编号”)。

有关单位可通过服务平台查验企业的登记编号。

2. 信息更新

已入库企业应在每年 3 月底前通过服务平台对《科技型中小企业信息表》中的信息进行更新,并对本企业是否仍符合科技型中小企业条件进行自主评价,仍符合条件的,由省级科技管理部门按国科发政〔2017〕115 号第十条和第十一条规定程序办理。

3. 编码撤销

已入库企业有下列行为之一的,由省级科技管理部门撤销其行为发生年度登记编号并在服务平台上公告:

(1) 企业发生重大变化,不再符合第二章规定条件的。

(2) 存在严重弄虚作假行为的。

(3) 发生科研严重失信行为的。

(4) 发生重大安全、重大质量事故或有严重环境违法行为的。

(5) 被列入经营异常名录和严重违法失信企业名单的。

(6) 未按期更新《科技型中小企业信息表》信息的。

42 如何理解财税(2015)119 号文"研发活动"?

问题概述

《关于完善研究开发费用税前加计扣除政策的通知》(财税〔2015〕119 号)"本通知所称研发活动,是指企业为获得科学与技术新知识,创新性运用科学技术新知识,或实质性改进技术、产品(服务)、工艺而持续进行的具有明确目标的系统性活动"如何理解?

精要解答

《关于完善研究开发费用税前加计扣除政策的通知》(财税〔2015〕119 号)所称研发活动可以从以下方面来理解:

(1) 从科技方面企业研发活动界定为具有明确创新目标、系统组织形式和较强创造性的企业活动,其要素及内涵:

研发活动要素	内涵
1. 有明确创新目标	企业研发活动的目标包括知识创新、技术改进、产品开发和服务改进等,即通过研发活动形成前所未有且具有价值的客体
2. 有系统组织形式	企业研发活动以项目、课题等方式组织进行,活动围绕着具体的目标,有一定的期限,有较为确定的人、财、物等支持,因此是有边界的和可度量的
3. 有较强创造性	研发活动的结果是不能完全事先预期的,具有较大的不确定性,有一定的风险并存在失败的可能

从研发性质维度,将研发活动分为三类具体形式:

类型	研发活动		非研发活动
	主要目的	具体形式	
应用性研究	主要是为解决实际应用中的问题,或寻找已有知识的实际应用途径,而开展的理论研究和实验探索。其目的是获取新知识,包括改良材料、产品、装置、工艺过程或服务	包括辨别基础性研究成果的可应用性,或者研究出一套使企业能够完成预先设定的发展目标的新方案等	纯粹以获取更多知识为目的,无明确应用目标的基础性、探索性研究和预研等

（续表）

类型	研发活动		非研发活动
	主要目的	具体形式	
试验性开发	主要针对某一特定的实际应用目的，通常是为了生产新材料、新产品、新设备、开发新程序、新系统和新服务，而进行的试制、小试、中试等试验性探索	原型样机设计、制造、测试，设计新工艺所需要的专用设备和架构，对新产品和新工艺的构思、开发和制造等	常规测试、为生产工艺而进行的设计、试生产等
实质性改进	利用从研究或实际经验中获得的知识，对已产生或建立的新产品、新设备、新程序和新系统进行进一步研发、设计和工程化等改良活动，使其质量、水平或效率获得显著提升而进行的系统性的研发工作	生产机械和工具的改良、生产工艺和质量控制工艺的改变、新方法和标准的开发、新产品或新工艺转到生产部门后，仍存在需要解决的技术问题，其中有一些可能需要进行进一步的研发工作等	产品化后的相关技术支撑环节

(2) 会计方面对研发活动界定。《企业会计准则第 6 号——无形资产》及其应用指南(2006 年版)规定：企业内部研究开发项目的支出，应当区分研究阶段支出与开发阶段支出，并应当于发生时计入当期损益。企业应当根据研究与开发的实际情况加以判断，将研究开发项目区分为研究阶段与开发阶段其特征：

研发阶段	定义	特征	相关活动例举
研究阶段	为获取新的科学或技术知识并理解它们而进行的独创性的有计划调查	研究阶段是探索性的，为进一步开发活动进行资料及相关方面的准备，已进行的研究活动将来是否会转入开发、开发后是否会形成无形资产等均具有较大的不确定性	意在获取知识而进行的活动，研究成果或其他知识的应用研究、评价和最终选择，材料、设备、产品、工序系统或服务替代品的研究，新的或经改进的材料、设备、产品、工序系统或服务的可能替代品的配置、设计、评价和最终选择等
开发阶段	在进行商业性生产或使用前，将研究成果或其他知识应用于某项计划或设计，以生产出新的或具有实质性改进的材料、装置、产品等	已完成研究阶段的工作，在很大程度上具备了形成一项新产品或新技术的基本条件	生产前或使用前的原型和模型的设计、建造和测试，不具有商业性生产经济规模的试生产设施的设计、建造和运营等

《小企业会计准则》未对研发活动进行专门定义。按照《小企业会计准则》第三条第一款："执行《小企业会计准则》的小企业，发生的交易或者事项本准则未作规范的，可以参照《企业会计准则》中的相关规定进行处理"，故可参照《企业会计准则》的定义执行。

《企业会计制度》规定，研究与开发活动是指企业开发新产品、新技术所进行的活动。研究和开发活动的目的是为了实质性改进技术、产品和服务，将科研成果转化为质量可靠、成本可行、具有创新性的产品、材料、装置、工艺和服务。

(3) 税收方面对研发活动的界定。财税〔2015〕119 号文件对企业研发活动进行了界定。研发活动是指企业为获得科学与技术新知识，创造性运用科学技术新知识，或实质性改进技术、产品(服务)、工艺而持续进行的具有明确目标的系统性活动。

温馨提示

加计扣除是企业所得税的一种税基式优惠方式，一般是指按照税法规定在实际发生支出数额的基础上，再加成一定比例，作为计算应纳税所得额时的扣除数额。如对企业的研发支出实施加计扣除，则称之为研发费用加计扣除。按照现行政策规定，企业为了开发新技术、新产品、新工艺的研发费用，未形成无形资产计入当期损益的，在按照规定据实扣除的基础上，按照研发费用的50%加计扣除；形成无形资产的，按照无形资产成本的150%摊销。对于科技型中小企业而言，自2017年1月1日至2019年12月31日，研发费用加计扣除比例由50%提高到75%。

43 从2017年起技术先进型服务企业能享受什么所得税优惠政策？

问题概述

从2017年起技术先进型服务企业能享受什么所得税优惠政策？

精要解答

《财政部 国家税务总局 商务部 科技部 国家发展改革委关于将技术先进型服务企业所得税政策推广至全国实施的通知》(财税〔2017〕79号)规定，自2017年1月1日起，在全国范围内的技术先进型服务企业可享受以下所得税优惠政策：

(1) 对经认定的技术先进型服务企业，减按15%的税率征收企业所得税。

(2) 经认定的技术先进型服务企业发生的职工教育经费支出，不超过工资薪金总额8%的部分，准予在计算应纳税所得额时扣除；超过部分，准予在以后纳税年度结转扣除。

扣缴应务人
法律责任分析

温馨提示

技术先进型服务企业必须同时符合以下条件：

(1) 在中国境内(不包括港、澳、台地区)注册的法人企业。

(2) 从事《技术先进型服务业务认定范围(试行)》(包括信息技术外包服务ITO、技术性业务流程外包服务BPO和技术性知识流程外包服务KPO)中的一种或多种技术先进型服务业务，采用先进技术或具备较强的研发能力。

(3) 具有大专以上学历的员工占企业职工总数的50%以上。

(4) 从事《技术先进型服务业务认定范围(试行)》中的技术先进型服务业务取得的收入占企业当年总收入的50%以上。

(5) 从事离岸服务外包业务取得的收入不低于企业当年总收入的35%。

44 科技型中小企业是否可以同时享受加计扣除和技术先进型服务企业税收优惠？

问题概述

A公司是注册在山西省某市的一家从事信息技术外包服务的企业，如果该公司取得科技型中小企业入库编码同时也被认定为技术先进型服务企业。请问，A公司2017年是否可以同时享受科技型中小企业研发费用加计扣除优惠和技术先进型服务企业税收优惠？

精要解答

根据《关于将技术先进型服务企业所得税政策推广至全国实施的通知》(财税〔2017〕79 号)的规定,自 2017 年 1 月 1 日起,在全国范围内实行以下企业所得税优惠政策:

(1) 对经认定的技术先进型服务企业,减按 15%的税率征收企业所得税。

(2) 经认定的技术先进型服务企业发生的职工教育经费支出,不超过工资薪金总额 8%的部分,准予在计算应纳税所得额时扣除;超过部分,准予在以后纳税年度结转扣除。

根据《财政部 国家税务总局 科技部关于提高科技型中小企业研究开发费用税前加计扣除比例的通知》(财税〔2017〕34 号)的规定,科技型中小企业开展研发活动中实际发生的研发费用,未形成无形资产计入当期损益的,在按规定据实扣除的基础上,在 2017 年 1 月 1 日至 2019 年 12 月 31 日期间,再按照实际发生额的 75%在税前加计扣除;形成无形资产的,在上述期间按照无形资产成本的 175%在税前摊销。

所以,2017 年如果取得科技型中小企业入库编码同时也被认定为技术先进型服务企业,可以同时享受上述文件规定的优惠。

温馨提示

科技型中小企业是指依托一定数量的科技人员从事科学技术研究开发活动,取得自主知识产权并将其转化为高新技术产品或服务,从而实现可持续发展的中小企业。

高新技术企业是指在《国家重点支持的高新技术领域》内,持续进行研究开发与技术成果转化,形成企业核心自主知识产权,并以此为基础开展经营活动,在中国境内(不包括港、澳、台地区)注册的居民企业。

科技型中小企业,对职工总数、年销售收入、资产总额,有评价要求,而高新技术企业没有此项要求,高新技术企业不一定是科技型中小企业。

高新技术企业,高新技术产品(服务)收入占企业同期总收入的比例不低于 60%,而科技型中小企业没有此项评价要求,科技型中小企业只要产品含有科技元素就可以了,科技型中小企业不一定就是高新技术企业。

如果高新技术企业不是科技型中小企业,研发费就只能是按实际发生额的 50%在税前加计扣除。

45 初创科技型企业研发费用占比多少可以享受所得税优惠?

问题概述

A 公司制创投企业于 2017 年 5 月投资初创科技型企业,假设其他条件均符合文件规定。初创科技型企业 2017 年发生研发费用 100 万元,成本费用 1 000 万元,2017 年研发费用占比 10%,低于 20%;2018 年发生研发费用 500 万元,成本费用 1 000 万元,2018 年研发费用占比 50%,高于 20%。该企业是否可以享受投资抵扣税收优惠?

精要解答

《财政部 国家税务总局关于创业投资企业和天使投资个人有关税收试点政策的通知》(财税〔2017〕38 号)规定,初创科技型企业,应同时符合以下条件:

(1) 在中国境内(不包括港、澳、台地区)注册成立、实行查账征收的居民企业。

(2) 接受投资时,从业人数不超过 200 人,其中具有大学本科以上学历的从业人数不低于 30%;资产总额和年销售收入均不超过 3 000 万元。

(3) 接受投资时设立时间不超过5年(60个月,下同)。

(4) 接受投资时以及接受投资后2年内未在境内外证券交易所上市。

(5) 接受投资当年及下一纳税年度,研发费用总额占成本费用支出的比例不低于20%。

《国家税务总局关于创业投资企业和天使投资个人税收试点政策有关问题的公告》(国家税务总局公告2017年第20号)规定,《通知》第二条第(一)项所称研发费用总额占成本费用支出的比例,是指企业接受投资当年及下一纳税年度的研发费用总额合计占同期成本费用总额合计的比例。

按照总局20号公告明确的口径,投资当年及下一纳税年度初创科技型企业研发费用平均占比为30%[(100+500)/(1 000+1 000)],该公司制创投企业可以享受税收试点政策,依法享受按照投资额的70%抵扣应纳税所得额的税收优惠。

温馨提示

"科技型中小企业""种子期、初创期科技型企业"(以下简称"初创科技型企业"),虽然都挂着"科技型"的名头,但是它们却是完全不一样的税收概念,不能混为一谈。

一、科技型中小企业

科技型中小企业需要经过认定,企业可对照本办法自主评价是否符合科技型中小企业条件,认为符合条件的,可自愿在服务平台上注册登记企业基本信息,在线填报《科技型中小企业信息表》。经各省级科技管理部门组织有关单位确认信息完整且符合条件的,由省级科技管理部门在服务平台公示10个工作日,公示无异议的企业,纳入信息库并在服务平台公告,省级科技管理部门为入库企业赋予科技型中小企业入库登记编号。企业取得科技型中小企业登记编号的,其汇算清缴年度可享受《通知》规定的优惠政策。

《科技型中小企业评价办法》规定,科技型中小企业须同时满足以下条件:

(1) 在中国境内(不包括港、澳、台地区)注册的居民企业。

(2) 职工总数不超过500人、年销售收入不超过2亿元、资产总额不超过2亿元。

(3) 企业提供的产品和服务不属于国家规定的禁止、限制和淘汰类。

(4) 企业在填报上一年及当年内未发生重大安全、重大质量事故和严重环境违法、科研严重失信行为,且企业未列入经营异常名录和严重违法失信企业名单。

(5) 企业根据科技型中小企业评价指标进行综合评价所得分值不低于60分,且科技人员指标得分不得为0分。

若符合上述第(1)～(4)项条件的企业,又同时符合下列条件中的一项,则可直接确认符合科技型中小企业条件:

(1) 企业拥有有效期内高新技术企业资格证书。

(2) 企业近5年内获得过国家级科技奖励,并在获奖单位中排在前3名。

(3) 企业拥有经认定的省部级以上研发机构。

(4) 企业近5年内主导制定过国际标准、国家标准或行业标准。

二、初创科技型企业

初创科技型企业不需要经过有关部门认定,财税〔2017〕38号规定,初创科技型企业,应同时符合以下条件:

(1) 在中国境内(不包括港、澳、台地区)注册成立、实行查账征收的居民企业。

(2) 接受投资时,从业人数不超过200人,其中具有大学本科以上学历的从业人数不低于30%;资产总额和年销售收入均不超过3 000万元。

(3) 接受投资时设立时间不超过5年(60个月,下同)。

(4) 接受投资时以及接受投资后2年内未在境内外证券交易所上市。

(5) 接受投资当年及下一纳税年度，研发费用总额占成本费用支出的比例不低于20%。

三、两者关系

初创科技型企业一定是可以依法享受企业研究开发费用加计扣除优惠政策的企业，但不一定是科技型中小企业。如果初创科技型企业满足条件被认定为科技型中小企业的，可以依法享受更加优惠的加计扣除优惠政策。

46 采取股权投资方式投资满两年的期限如何计算？

问题概述

采取股权投资方式投资满两年的期限如何计算？

精要解答

《国家税务总局关于创业投资企业和天使投资个人税收试点政策有关问题的公告》(国家税务总局公告2017年第20号)规定，《通知》第一条所称满2年是指公司制创业投资企业(以下简称"公司制创投企业")、有限合伙制创业投资企业(以下简称"合伙创投企业")和天使投资个人投资于种子期、初创期科技型企业(以下简称"初创科技型企业")的实缴投资满2年，投资时间从初创科技型企业接受投资并完成工商变更登记的日期算起。即：

(一) 对中小高新技术企业的投资

创业投资企业投资于未上市的中小高新技术企业2年(24个月)以上的。存在两种情况：

(1) 创业投资企业投资时，投资对象已是经认定的中小高新技术企业，则从投资年度起计算创业投资企业的投资期限(是否满24个月)。

(2) 中小企业接受创业投资之后，经认定符合高新技术企业标准的，应自其被认定为高新技术企业的年度起，计算创业投资企业的投资期限(是否满24个月)。

其中：合伙创投企业投资满2年是指有合伙创投企业投资于未上市中小高新技术企业的实缴投资满两年，同时，法人合伙人对该合伙创投企业的实缴出资也应满2年。

(二) 对初创科技型企业的投资

公司制创投企业、合伙创投企业和天使投资个人投资满2年是指投资于初创科技型企业的实缴投资满2年。

上述投资时间从合伙创投企业、中小高新技术企业、初创科技型企业接受投资并完成工商变更登记的日期算起。

温馨提示

创业投资企业，应同时符合以下条件：

(1) 在中国境内(不含港、澳、台地区)注册成立、实行查账征收的居民企业或合伙创投企业，且不属于被投资初创科技型企业的发起人。

(2) 符合《创业投资企业管理暂行办法》(发展改革委等10部门令第39号)规定或者《私募投资基金监督管理暂行办法》(证监会令第105号)关于创业投资基金的特别规定，按照上述规定完成备案且规范运作。

(3) 投资后2年内，创业投资企业及其关联方持有被投资初创科技型企业的股权比例合计应低于50%。

(4) 创业投资企业注册地须位于本通知规定的试点地区。

享受本通知规定的税收试点政策的投资，仅限于通过向被投资初创科技型企业直接支付现金方式取得的股权投资，不包括受让其他股东的存量股权。

47 有限合伙制创业投资企业以股权投资方式投资于未上市的中小高新技术企业满2年，能否享受所得税优惠政策？

问题概述

有限合伙制创业投资企业采取股权投资方式投资于未上市的中小高新技术企业满2年，但其法人合伙人对该有限合伙制创业投资企业的实缴出资未满2年，能否享受投资额抵扣应纳税所得额的优惠政策？

精要解答

根据《国家税务总局关于有限合伙制创业投资企业法人合伙人企业所得税有关问题的公告》(国家税务总局公告2015年第81号)第三条规定："有限合伙制创业投资企业采取股权投资方式投资于未上市的中小高新技术企业满2年(24个月，下同)的，其法人合伙人可按照对未上市中小高新技术企业投资额的70%抵扣该法人合伙人从该有限合伙制创业投资企业分得的应纳税所得额，当年不足抵扣的，可以在以后纳税年度结转抵扣。

所称满2年，是指2015年10月1日起，有限合伙制创业投资企业投资于未上市中小高新技术企业的实缴投资满2年，同时，法人合伙人对该有限合伙制创业投资企业的实缴出资也应满2年。

如果法人合伙人投资于多个符合条件的有限合伙制创业投资企业，可合并计算其可抵扣的投资额和应分得的应纳税所得额。当年不足抵扣的，可结转以后纳税年度继续抵扣；当年抵扣后有结余的，应按照企业所得税法的规定计算缴纳企业所得税。"

非居民股权转让

因此，如法人合伙人对该有限合伙制创业投资企业的实缴出资未满2年，则不能享受优惠。

温馨提示

《国家税务总局关于实施创业投资企业所得税优惠问题的通知》(国税发〔2009〕87号)规定，创业投资企业是指依照《创业投资企业管理暂行办法》(国家发展和改革委员会等10部委令2005年第39号)和《外商投资创业投资企业管理规定》(商务部等5部委令2003年第2号)在中华人民共和国境内设立的专门从事创业投资活动的企业或其他经济组织。创业投资企业采取股权投资方式投资于未上市的中小高新技术企业2年(24个月)以上，凡符合以下条件的，可以按照其对中小高新技术企业投资额的70%，在股权持有满2年的当年抵扣该创业投资企业的应纳税所得额；当年不足抵扣的，可以在以后纳税年度结转抵扣。

48 2017年小型微利企业在预缴时能否享受企业所得税优惠？

问题概述

宏达实业有限公司2016年度系小型微利企业，享受小型微利企业所得税优惠政策，请问该公司2017年季度预缴所得税能否享受小型微利企业所得税优惠政策？

精要解答

根据《国家税务总局关于贯彻落实扩大小型微利企业所得税优惠政策范围有关征管问题的公告》(国家税务总局公告 2017 年第 23 号)规定:本年度企业预缴企业所得税时,按照以下规定享受减半征税政策:

(1) 查账征收企业。上一纳税年度为符合条件的小型微利企业,分别按照以下规定处理:①按照实际利润额预缴的,预缴时累计实际利润不超过 50 万元的,可以享受减半征税政策;②按照上一纳税年度应纳税所得额平均额预缴的,预缴时可以享受减半征税政策。

(2) 定率征收企业。上一纳税年度为符合条件的小型微利企业,预缴时累计应纳税所得额不超过 50 万元的,可以享受减半征税政策。

(3) 定额征收企业。根据减半征税政策规定需要调减定额的,由主管税务机关按照程序调整,依照原办法征收。

(4) 上一纳税年度为不符合小型微利企业条件的企业,预计本年度符合条件的,预缴时累计实际利润或应纳税所得额不超过 50 万元的,可以享受减半征税政策。

(5) 本年度新成立的企业,预计本年度符合小型微利企业条件的,预缴时累计实际利润或应纳税所得额不超过 50 万元的,可以享受减半征税政策。

企业预缴时享受了减半征税政策,年度汇算清缴时不符合小型微利企业条件的,应当按照规定补缴税款。

温馨提示

《国家税务总局关于发布企业所得税优惠政策事项办理办法的公告》(国家税务总局公告 2015 年第 76 号)规定,企业应当真实、完整填报《备案表》,对需要附送相关纸质资料的,应当一并报送。税务机关对纸质资料进行形式审核后原件退还企业,复印件税务机关留存。

企业享受小型微利企业所得税优惠政策、固定资产加速折旧(含一次性扣除)政策,通过填写纳税申报表相关栏次履行备案手续。

49 非居民企业可否享受小型微利企业的税收优惠?

问题概述

非居民企业可否享受小型微利企业的税收优惠?

精要解答

根据《国家税务总局关于非居民企业不享受小型微利企业所得税优惠政策问题的通知》(国税函〔2008〕650 号)规定,《企业所得税法》第二十八条规定的小型微利企业是指企业的全部生产经营活动产生的所得均负有我国企业所得税纳税义务的企业。因此,仅就来源于我国所得负有我国纳税义务的非居民企业,不适用该条规定的对符合条件的小型微利企业减按 20%税率征收企业所得税的政策。

温馨提示

居民企业是指依照一国法律、法规在该国境内成立,或者实际管理机构、总机构在该国境内的企业。《中华人民共和国企业所得税法》所称的居民企业是指依照中国法律、法规在中国境内成立,或者实际管理机构在中国境内的企业。例如,在我国注册成立的沃尔玛(中国)公司,通用汽车(中国)公司,就是我国的居民企业;在英国、百慕大群岛等国家和地区注册的公司,但实际管理机构在我国境内,也是我国的居民企业。

非居民企业是指依照外国(地区)法律、法规成立且实际管理机构不在中国境内,但在中国境内设立机构、场所的,或者在中国境内未设立机构、场所,但有来源于中国境内所得的企业。例如,在我国设立的代表处及其他分支机构等外国企业。

50 稽查查增的应纳税所得额能否享受小微企业所得税优惠?

问题概述

A公司是符合条件的小微企业,2016年企业所得税应纳税所得额为21万元,享受小微优惠政策。2017年3月稽查局对A公司进行检查,发现2016年A公司少计收入5万元。请问A公司稽查查补能否享受企业所得税?

精要解答

A公司若经过税务稽查部门查补后其应纳税所得额仍小于30万元,按《关于进一步扩大小型微利企业所得税优惠政策范围的通知》(财税〔2015〕99号)规定仍可以享受小微企业所得税优惠,若应纳税所得额超过30万元,则不符合享受小微企业所得税优惠政策。

对于小微企业优惠这一税收政策,其本质是授予了企业符合条件时,按小微优惠计算所得税的权利。没有文件规定稽查查增应纳税所得额不得享受。比照《国家税务总局关于查增应纳税所得额弥补以前年度亏损处理问题的公告》(国家税务总局公告2010年第20号)相关处理原则,查补的所得税可以享受税收优惠,稽查罚款基数应为享受优惠后的不缴、少缴税款的数额。

温馨提示

(1)《关于进一步扩大小型微利企业所得税优惠政策范围的通知》(财税〔2015〕99号)规定,自2015年10月1日起至2017年12月31日,对年应纳税所得额在20万元到30万元(含30万元)之间的小型微利企业,其所得减按50%计入应纳税所得额,按20%的税率缴纳企业所得税。

(2)《财政部 税务总局关于扩大小型微利企业所得税优惠政策范围的通知》(财税〔2017〕43号)规定:

自2017年1月1日至2019年12月31日,将小型微利企业的年应纳税所得额上限由30万元提高至50万元,对年应纳税所得额低于50万元(含50万元)的小型微利企业,其所得减按50%计入应纳税所得额,按20%的税率缴纳企业所得税。

前款所称小型微利企业,是指从事国家非限制和禁止行业,并符合下列条件的企业:①工业企业,年度应纳税所得额不超过50万元,从业人数不超过100人,资产总额不超过3 000万元;②其他企业,年度应纳税所得额不超过50万元,从业人数不超过80人,资产总额不超过1 000万元。

本通知第一条所称从业人数,包括与企业建立劳动关系的职工人数和企业接受的劳务派遣用工人数。

所称从业人数和资产总额指标,应按企业全年的季度平均值确定。具体计算公式如下:

季度平均值 =(季初值 + 季末值)÷ 2

全年季度平均值 = 全年各季度平均值之和 ÷ 4

年度中间开业或者终止经营活动的,以其实际经营期作为一个纳税年度确定上述相关指标。

《财政部 国家税务总局关于小型微利企业所得税优惠政策的通知》(财税〔2015〕34号)和

《财政部 国家税务总局关于进一步扩大小型微利企业所得税优惠政策范围的通知》(财税〔2015〕99号)自2017年1月1日起废止。

(3) 小微企业的分类:①企业所得税口径的小微企业:小型微利企业,三个指标(应纳税所得额、从业人数、资产总额)同时符合。②增值税口径的"小微企业":月销售额不超过3万元(季度销售额不超过9万元)免征增值税,符合条件是同时满足:小规模纳税人和月/季度销售额。③其他口径的小微企业:小型、微型企业的认定依据《工业和信息化部 国家统计局 国家发展和改革委员会 财政部关于印发中小企业划型标准规定的通知》(工信部联企业〔2011〕300号),如《财政部 国家税务总局关于金融机构与小型微型企业签订借款合同免征印花税的通知》(财税〔2014〕78号)规定:自2014年11月1日至2017年12月31日,对金融机构与小型、微型企业签订的借款合同免征印花税。

51 免税企业纳税调增金额能否享受所得税优惠?

问题概述

宏达实业有限公司从事生猪养殖,2017年企业所得税汇算清缴因业务招待费和没有取得合法有效凭证作纳税调增50万元,请问被调增金额是否可享受企业所得税优惠政策?

精要解答

《中华人民共和国企业所得税法实施条例》规定,第八十六条企业所得税法第二十七条第(一)项规定的企业从事农、林、牧、渔业项目的所得,可以免征、减征企业所得税,是指企业从事下列项目的所得,免征企业所得税:

(1) 蔬菜、谷物、薯类、油料、豆类、棉花、麻类、糖料、水果、坚果的种植。

(2) 农作物新品种的选育。

(3) 中药材的种植。

(4) 林木的培育和种植。

(5) 牲畜、家禽的饲养。

(6) 林产品的采集。

(7) 灌溉、农产品初加工、兽医、农技推广、农机作业和维修等农、林、牧、渔服务业项目。

(8) 远洋捕捞。

《国家税务总局关于查增应纳税所得额弥补以前年度亏损处理问题的公告》(国家税务总局公告2010年第20号)规定:根据《中华人民共和国企业所得税法》(以下简称企业所得税法)第五条的规定,税务机关对企业以前年度纳税情况进行检查时调增的应纳税所得额,凡企业以前年度发生亏损、且该亏损属于企业所得税法规定允许弥补的,应允许调增的应纳税所得额弥补该亏损。弥补该亏损后仍有余额的,按照企业所得税法规定计算缴纳企业所得税。对检查调增的应纳税所得额应根据其情节,依照《中华人民共和国税收征收管理法》有关规定进行处理或处罚。

宏达实业有限公司从事生猪养殖属税法规定可享受所得税优惠,因业务招待费和没有取得合法有效凭证作纳税调增,仍应按纳税调整后的应纳税所得额享受免税优惠。对检查调增的应纳税所得额,税务机关应根据其情节,依照《中华人民共和国税收征收管理法》有关规定进行处理或处罚,但仍应该允许其继续享受免税优惠。

温馨提示

如果该公司存在应税所得与免税所得,则应将调增金额按免税和应税进行划分,分别计算免税所得和应税所得调增额,并按规定缴纳企业所得税。

52 技术入股如何享受企业所得税优惠?

问题概述

2017 年 1 月 8 日,宏泰实业有限公司以其持有的一项专利技术,向三泰有限公司投资,该项专利的账面价值为 2 000 万元,评估后的公允价值为 8 000 万元,宏泰实业有限公司于 2025 年将上述股权以 1 亿元转让,支付相关税费 200 万元。假设不考虑其他损益,宏泰实业有限公司如何享受所得税优惠?

精要解答

《财政部 国家税务总局关于完善股权激励和技术入股有关所得税政策的通知》(财税〔2016〕101 号)规定,企业或个人以技术成果投资入股到境内居民企业,被投资企业支付的对价全部为股票(权)的,企业或个人可选择继续按现行有关税收政策执行,也可选择适用递延纳税优惠政策。选择技术成果投资入股递延纳税政策的,经向主管税务机关备案,投资入股当期可暂不纳税,允许递延至转让股权时,按股权转让收入减去技术成果原值和合理税费后的差额计算缴纳所得税。

按照递延纳税优惠政策规定,宏泰实业有限公司在投资入股当期可暂不纳税。假设宏泰实业有限公司在 2025 年转让股权,按股权转让收入 1 亿元减去技术成果原值 2 000 万元和合理税费 200 万元后,应计入当年的应纳税所得额为 7 800 万元。

温馨提示

企业以技术投资入股选择递延纳税优惠政策需要注意以下事项:

(1) 技术成果是指专利技术(含国防专利)、计算机软件著作权、集成电路布图设计专有权、植物新品种权、生物医药新品种,以及科技部、财政部、国家税务总局确定的其他技术成果。

(2) 企业选择适用递延纳税政策的,应当为实行查账征收的居民企业以技术成果所有权投资。企业接受技术成果投资入股,技术成果评估值明显不合理的,主管税务机关有权调整。

(3) 企业适用递延纳税政策的,应在投资完成后首次预缴申报时,将相关内容填入《技术成果投资入股企业所得税递延纳税备案表》,报主管税务机关备案。企业未按规定期限内到主管税务机关办理备案手续的,不得享受递延纳税优惠。

53 技术投资入股能否叠加享受优惠?

问题概述

甲公司 2016 年以一项原值为 500 万元、评估价值为 1 500 万元(不含税)的专利技术投资入股乙公司。请问,甲公司此项业务是否可以同时享受非货币资产投资递延纳税和技术转让所得减征、免征优惠?

精要解答

以技术成果投资入股,可分解为技术成果转让和投资两个环节。

对于技术成果转让环节,《企业所得税法》第二十七条规定,符合条件的技术转让所得,可以减征、免征企业所得税。《企业所得税法实施条例》第九十条规定,一个纳税年度内,居民企业技术转让所得不超过500万元的部分,免征企业所得税;超过500万元的部分,减半征收企业所得税。对于投资环节,技术成果属于非货币性资产,《财政部 国家税务总局关于非货币性资产投资企业所得税政策问题的通知》(财税〔2014〕116号,以下简称116号文件)规定,居民企业以非货币性资产对外投资确认的非货币性资产转让所得,可在不超过5年期限内,分期均匀计入相应年度的应纳税所得额,按规定计算缴纳企业所得税。

目前,没有明确规定技术转让所得减免与116号文件中的分期纳税政策不可以叠加享受。所以,技术成果属于非货币性资产范畴,企业以技术成果投资入股,企业确认的技术转让所得,在享受企业所得税减免后,仍可就剩余应税所得,在不超过连续5个纳税年度的期间内,分期均匀计入相应年度的应纳税所得额计算缴纳企业所得税。

举例来说,甲公司2016年以一项原值为500万元、评估价值为1 500万元的专利技术投资入股,2016年确认技术转让所得1 000万元,其中500万元免税,剩余500万元减半征税,同时,应纳税所得额250万元可在不超过5年期限内,分期均匀计入相应年度的应纳税所得额计算缴纳企业所得税。假设企业选择按照5年分期纳税,那么2016—2020年5个纳税年度,该项专利技术投资入股计入该5个纳税年度的应纳税所得额每年为50万元。

《财政部 国家税务总局关于完善股权激励和技术入股有关所得税政策的通知》(财税〔2016〕101号,以下简称101号文件)进一步规定了递延纳税政策:企业或个人以技术成果投资入股到境内居民企业,被投资企业支付的对价全部为股票(权)的,企业或个人可选择继续按现行有关税收政策执行,也可选择适用递延纳税优惠政策。选择技术成果投资入股递延纳税政策的,经向主管税务机关备案,投资入股当期可暂不纳税,允许递延至转让股权时,按股权转让收入减去技术成果原值和合理税费后的差额计算缴纳所得税。

国内税法与税收协定的关系

如果甲公司是在2016年以一项原值为500万元,评估价值为1 500万元的专利技术投资入股,直接选择适用101号文件第三条规定的递延纳税优惠政策,假设之后转让股权时取得的收入为1 700万元,则转让股权时确认的股权转让所得为1 200万元(1 700－500),其中,1 000万元(1 500－500)的部分仍然适用转让技术所得减免税的规定,其中的500万元免税,剩余500万元减半征税,则股权转让时确认的应纳税所得额为450万元[250＋(1 700－1 500)]。

温馨提示

根据《关于全面推开营业税改征增值税试点的通知》(财税〔2016〕36号)的规定,一般纳税人有偿转让技术所有权或使用权要缴纳增值税,税率为6%,小规模纳税人采取简易计税方法,征收率为3%;技术入股属于技术转让,可以申请免征增值税。

根据财税〔2016〕36号附件3的规定:纳税人提供技术转让、技术开发和与之相关的技术咨询、技术服务可以免征增值税,但相关技术咨询、技术服务若申请免征政策的话,其价款必须与技术转让或者技术开发的价款开在同一张发票上。

纳税人申请免征增值税要履行备案程序,须持技术转让、开发的书面合同,到纳税人所在地省级科技主管部门进行认定,对于技术入股方面,根据科技部发布的《技术合同认定规则》的规定,以技术入股方式订立的合同,可按技术转让合同认定登记。认定后纳税人持有关的书面合同和科技主管部门审核意见证明文件报主管税务机关备查。

54 享受企业所得税优惠政策的软件企业、集成电路企业,应符合哪些条件?

问题概述

享受企业所得税优惠政策的软件企业、集成电路企业,应符合哪些条件?

精要解答

根据《财政部 国家税务总局 发展改革委工业和信息化部关于软件和集成电路产业企业所得税优惠政策有关问题的通知》(财税〔2016〕49 号)规定,软件企业、集成电路企业及重点软件企业和重点集成电路企业应符合下列条件,才可享受财税〔2012〕27 号文件规定的税收优惠政策:

(1) 财税〔2012〕27 号文件所称集成电路生产企业,是指以单片集成电路、多芯片集成电路、混合集成电路制造为主营业务并同时符合下列条件的企业:①在中国境内(不包括港、澳、台地区)依法注册并在发展改革、工业和信息化部门备案的居民企业。②汇算清缴年度具有劳动合同关系且具有大学专科以上学历职工人数占企业月平均职工总人数的比例不低于 40%,其中研究开发人员占企业月平均职工总数的比例不低于 20%。③拥有核心关键技术,并以此为基础开展经营活动,且汇算清缴年度研究开发费用总额占企业销售(营业)收入(主营业务收入与其他业务收入之和,下同)总额的比例不低于 5%;其中,企业在中国境内发生的研究开发费用金额占研究开发费用总额的比例不低于 60%。④汇算清缴年度集成电路制造销售(营业)收入占企业收入总额的比例不低于 60%。⑤具有保证产品生产的手段和能力,并获得有关资质认证(包括 ISO 质量体系认证)。⑥汇算清缴年度未发生重大安全、重大质量事故或严重环境违法行为。

(2) 财税〔2012〕27 号文件所称集成电路设计企业是指以集成电路设计为主营业务并同时符合下列条件的企业:①在中国境内(不包括港、澳、台地区)依法注册的居民企业。②汇算清缴年度具有劳动合同关系且具有大学专科以上学历的职工人数占企业月平均职工总人数的比例不低 40%,其中研究开发人员占企业月平均职工总数的比例不低于 20%。③拥有核心关键技术,并以此为基础开展经营活动,且汇算清缴年度研究开发费用总额占企业销售(营业)收入总额的比例不低于 6%;其中,企业在中国境内发生的研究开发费用金额占研究开发费用总额的比例不低于 60%。④汇算清缴年度集成电路设计销售(营业)收入占企业收入总额的比例不低于 60%,其中集成电路自主设计销售(营业)收入占企业收入总额的比例不低于 50%。⑤主营业务拥有自主知识产权。⑥具有与集成电路设计相适应的软硬件设施等开发环境(如 EDA 工具、服务器或工作站等)。⑦汇算清缴年度未发生重大安全、重大质量事故或严重环境违法行为。

(3) 财税〔2012〕27 号文件所称软件企业是指以软件产品开发销售(营业)为主营业务并同时符合下列条件的企业:①在中国境内(不包括港、澳、台地区)依法注册的居民企业。②汇算清缴年度具有劳动合同关系且具有大学专科以上学历的职工人数占企业月平均职工总人数的比例不低于 40%,其中研究开发人员占企业月平均职工总数的比例不低于 20%。③拥有核心关键技术,并以此为基础开展经营活动,且汇算清缴年度研究开发费用总额占企业销售(营业)收入总额的比例不低于 6%;其中,企业在中国境内发生的研究开发费用金额占研究开发费用总额的比例不低于 60%。④汇算清缴年度软件产品开发销售(营业)收入占企业收入总额的比例不低于50%[嵌入式软件产品和信息系统集成产品开发销售(营业)收入占企业收入总额的比例不低于40%],其中:软件产品自主开发销售(营业)收入占企业收入总额的比例不低于40%[嵌入式软件产品和信息系统集成产品开发销售(营业)收入占企业收入总额的比例不低于30%]。⑤主营业务拥有自主知识产权。⑥具有与软件开发相适应软硬件设施等开发环境(如合法的开发工具等)。⑦汇算清缴年度未发生重大安全、重大质量事故或严重环境违法行为。

(4) 财税〔2012〕27号文件所称国家规划布局内重点集成电路设计企业除符合上述第(2)条有关集成电路设计企业有关规定外,还应至少符合下列条件中的一项:①汇算清缴年度集成电路设计销售(营业)收入不低于2亿元,年应纳税所得额不低于1 000万元,研究开发人员占月平均职工总数的比例不低于25%;②在国家规定的重点集成电路设计领域内,汇算清缴年度集成电路设计销售(营业)收入不低于2 000万元,应纳税所得额不低于250万元,研究开发人员占月平均职工总数的比例不低于35%,企业在中国境内发生的研发开发费用金额占研究开发费用总额的比例不低于70%。

(5) 财税〔2012〕27号文件所称国家规划布局内重点软件企业是除符合上述第(3)条有关软件企业有关规定外,还应至少符合下列条件中的一项:①汇算清缴年度软件产品开发销售(营业)收入不低于2亿元,应纳税所得额不低于1 000万元,研究开发人员占企业月平均职工总数的比例不低于25%。②在国家规定的重点软件领域内,汇算清缴年度软件产品开发销售(营业)收入不低于5 000万元,应纳税所得额不低于250万元,研究开发人员占企业月平均职工总数的比例不低于25%,企业在中国境内发生的研究开发费用金额占研究开发费用总额的比例不低于70%。③汇算清缴年度软件出口收入总额不低于800万美元,软件出口收入总额占本企业年度收入总额比例不低于50%,研究开发人员占企业月平均职工总数的比例不低于25%。

温馨提示

按照《国务院关于取消和调整一批行政审批项目等事项的决定》(国发〔2015〕11号)和《国务院关于取消非行政许可审批事项的决定》(国发〔2015〕27号)规定,集成电路生产企业、集成电路设计企业、软件企业、国家规划布局内的重点软件企业和集成电路设计企业(以下统称软件、集成电路企业)的税收优惠资格认定等非行政许可审批已经取消。享受财税〔2012〕27号文件规定的税收优惠政策的软件、集成电路企业,每年汇算清缴时应按照《国家税务总局关于发布〈企业所得税优惠政策事项办理办法〉的公告》(国家税务总局公告2015年第76号)规定向税务机关备案,同时提交《享受企业所得税优惠政策的软件和集成电路企业备案资料明细表》规定的备案资料。

为切实加强优惠资格认定取消后的管理工作,在软件、集成电路企业享受优惠政策后,税务部门转请发展改革、工业和信息化部门进行核查。对经核查不符合软件、集成电路企业条件的,由税务部门追缴其已经享受的企业所得税优惠,并按照税收征管法的规定进行处理。

省级(自治区、直辖市、计划单列市,下同)财政、税务、发展改革和工业和信息化部门应密切配合,通过建立核查机制并有效运用核查结果,切实加强对软件、集成电路企业的后续管理工作。

55 符合条件的生产和装配伤残人员专门用品企业有哪些企业所得税优惠?

问题概述

符合条件的生产和装配伤残人员专门用品企业有哪些企业所得税优惠?

精要解答

《财政部 国家税务总局 民政部关于生产和装配伤残人员专门用品企业免征企业所得税的

通知》(财税〔2016〕111号)规定,自2016年1月1日至2020年12月31日期间,对符合下列条件的居民企业,免征企业所得税:

(1)生产和装配伤残人员专门用品,且在民政部发布的《中国伤残人员专门用品目录》范围之内。

(2)以销售本企业生产或者装配的伤残人员专门用品为主,其所取得的年度伤残人员专门用品销售收入(不含出口取得的收入)占企业收入总额60%以上。

收入总额,是指《中华人民共和国企业所得税法》第六条规定的收入总额。

(3)企业账证健全,能够准确、完整地向主管税务机关提供纳税资料,且本企业生产或者装配的伤残人员专门用品所取得的收入能够单独、准确核算。

(4)企业拥有假肢制作师、矫形器制作师资格证书的专业技术人员不得少于1人;其企业生产人员如超过20人,则其拥有假肢制作师、矫形器制作师资格证书的专业技术人员不得少于全部生产人员的1/6。

(5)具有与业务相适应的测量取型、模型加工、接受腔成型、打磨、对线组装、功能训练等生产装配专用设备和工具。

(6)具有独立的接待室、假肢或者矫形器(辅助器具)制作室和假肢功能训练室,使用面积不少于115平方米。

温馨提示

《财政部 国家税务总局 民政部关于生产和装配伤残人员专门用品企业免征企业所得税的通知》(财税〔2016〕111号)规定,享受本通知税收优惠的企业,应当按照《国家税务总局关于发布〈企业所得税优惠政策事项办理办法〉的公告》(国家税务总局公告2015年第76号)规定向税务机关履行备案手续,妥善保管留存备查资料。

56 企业2017年6月购入节能节水和环境保护专用设备不在《节能节水和环境保护专用设备企业所得税优惠目录(2017年版)》内可否享受所得税优惠政策?

问题概述

A公司2017年6月按《节能节水专用设备企业所得税优惠目录(2008年版)》和《环境保护专用设备企业所得税优惠目录(2008年版)》购入两个目录内环保和节能节水设备,价值18 900万元。2017年9月财政部、国家税务总局出台《节能节水和环境保护专用设备企业所得税优惠目录(2017年版)》,请问A公司所购入设备能否享受企业所得税优惠政策?

精要解答

《关于印发〈节能节水和环境保护专用设备企业所得税优惠目录(2017年版)〉的通知》(财税〔2017〕71号)第五条规定,"本通知自2017年1月1日起施行。《节能节水专用设备企业所得税优惠目录(2008年版)》和《环境保护专用设备企业所得税优惠目录(2008年版)》自2017年10月1日起废止,企业在2017年1月1日至2017年9月30日购置的专用设备符合2008年版优惠目录规定的,也可享受税收优惠。"

A公司2017年6月购入的环保和节能节水设备符合《节能节水专用设备企业所得税优惠目录(2008年版)》和《环境保护专用设备企业所得税优惠目录(2008年版)》的要求,可以享受企业所得税优惠政策。

温馨提示

《关于执行环境保护专用设备企业所得税优惠目录节能节水专用设备企业所得税优惠目录和安全生产专用设备企业所得税优惠目录有关问题的通知》(财税〔2008〕48号)规定,企业自2008年1月1日起购置并实际使用列入《目录》范围内的环境保护、节能节水和安全生产专用设备,可以按专用设备投资额的10%抵免当年企业所得税应纳税额;企业当年应纳税额不足抵免的,可以向以后年度结转,但结转期不得超过5个纳税年度;专用设备投资额,是指购买专用设备发票价税合计价格,但不包括按有关规定退还的增值税税款以及设备运输、安装和调试等费用;当年应纳税额,是指企业当年的应纳税所得额乘以适用税率,扣除依照企业所得税法和国务院有关税收优惠规定以及税收过渡优惠规定减征、免征税额后的余额;企业利用自筹资金和银行贷款购置专用设备的投资额,可以按企业所得税法的规定抵免企业应纳所得税额;企业利用财政拨款购置专用设备的投资额,不得抵免企业应纳所得税额;企业购置并实际投入适用、已开始享受税收优惠的专用设备,如从购置之日起5个纳税年度内转让、出租的,应在该专用设备停止使用当月停止享受企业所得税优惠,并补缴已经抵免的企业所得税税款。转让的受让方可以按照该专用设备投资额的10%抵免当年企业所得税应纳税额;当年应纳税额不足抵免的,可以在以后5个纳税年度结转抵免。

57 企业购入的节能设备使用两年未备案,后续可否享受设备抵免税收优惠?

问题概述

宏达实业有限公司2015年进行技改,购进部分节能节水及环保设备,投入使用2年未作备案,请问2017年后续可否享受设备抵免税收优惠?

精要解答

《财政部 国家税务总局关于执行环境保护专用设备企业所得税优惠目录、节能节水专用设备企业所得税优惠目录和安全生产专用设备企业所得税优惠目录有关问题的通知》(财税〔2008〕48号)规定:企业自2008年1月1日起购置并实际使用列入目录范围内的环境保护、节能节水和安全生产专用设备,可以按专用设备投资额的10%抵免当年企业所得税应纳税额;企业当年应纳税额不足抵免的,可以向以后年度结转,但结转期不得超过5个纳税年度。

《国家税务总局关于税务行政审批制度改革若干问题的意见》(税总发〔2014〕107号)各级税务机关应当严格区分行政审批和备案管理方式,不得以事前核准性备案方式变相实施审批。实施备案管理的事项,纳税人等行政相对人应当按照规定向税务机关报送备案材料,税务机关应当将其作为加强后续管理的资料,但不得以纳税人等行政相对人没有按照规定备案为由,剥夺或者限制其依法享有的权利、获得的利益、取得的资格或者可以从事的活动。纳税人等行政相对人未按照规定履行备案手续的,税务机关应当依法进行处理。

宏达实业有限公司购置并实际投入使用的符合条件的专用设备,实际使用年度未备案享受设备抵免税收优惠的,自实际使用年度开始计算5个纳税年度内,均可补充备案并享受设备投资额的10%抵免企业所得税的税收优惠。

温馨提示

《国家税务总局关于发布〈企业所得税优惠政策事项办理办法的〉公告》(国家税务总局公告

2015 年第 76 号)规定,企业已经享受税收优惠但未按照规定备案的,企业发现后,应当及时补办备案手续,同时提交《目录》列示优惠事项对应的留存备查资料。税务机关发现后,应当责令企业限期备案,并提交《目录》列示优惠事项对应的留存备查资料。实际使用年度未备案享受设备抵免税收优惠的,自实际使用年度开始计算 5 个纳税年度内,补充备案并享受设备投资额的 10%抵免企业所得税的税收优惠。

58 享受“两免三减半”所得税优惠计算时间如何确认?

问题概述

金财软件有限公司 2017 获得双软证书,当年有盈利,但是弥补以前年度亏损后,应纳税所得额为零,软件企业两免三减半的优惠政策是否要从 2017 年起开始计算?

精要解答

《国家税务总局关于执行软件企业所得税优惠政策有关问题的公告》(国家税务总局公告 2013 年第 43 号)规定,软件企业的获利年度,是指软件企业开始生产经营后,第一个应纳税所得额大于零的纳税年度,包括对企业所得税实行核定征收方式的纳税年度。软件企业享受定期减免税优惠的期限应当连续计算,不得因中间发生亏损或其他原因而间断。

由此可见,2017 年不计算为该公司开始享受两免三减半优惠政策的获利年度。

温馨提示

关联往来企业信息分析

《国家税务总局关于执行软件企业所得税优惠政策有关问题的公告》(国家税务总局公告 2013 年第 43 号)规定,软件企业所得税优惠政策适用于经认定并实行查账征收方式的软件企业。所称经认定,是指经国家规定的软件企业认定机构按照软件企业认定管理的有关规定进行认定并取得软件企业认定证书。

核定征收企业不能享受相关税收优惠,企业所得税实行核定征收方式的年度,由于存在事实上的应纳税额,因此,视为企业获利年度的开始,此时由于企业不是查账征收企业,不能享受软件企业优惠。对于这种情况,5 年减免税的优惠期起始应从核定征收的年度计算。

59 核定征收的企业能否享受“三免三减半”优惠政策?

问题概述

企业所得税采取核定征收方式的企业,其合同能源管理项目能否享受“三免三减半”优惠政策?

精要解答

国家税务总局《企业所得税核定征收办法(试行)》(国税发〔2008〕30 号)第三条规定:特殊行业、特殊类型的纳税人和一定规模以上的纳税人不适用本办法。上述特定纳税人由国家税务总局另行明确。

《国家税务总局关于企业所得税核定征收若干问题的通知》(国税函〔2009〕377 号)规定,“特定纳税人”包括以下类型的企业:“(一)享受《中华人民共和国企业所得税法》及其实施条例和国务院规定的一项或几项企业所得税优惠政策的企业(不包括仅享受《中华人民共和国企业所得税法》第二十六条规定免税收入优惠政策的企业)。”

《国家税务总局关于修订企业所得税 2 个规范性文件的公告》(国家税务总局公告 2016 年第 88 号)修订为:“享受《中华人民共和国企业所得税法》及其实施条例和国务院规定的一项或几项企业所得税优惠政策的企业(不包括仅享受《中华人民共和国企业所得税法》第二十六条规定免税收入优惠政策的企业、第二十八条规定的符合条件的小型微利企业)。”

根据企业所得税法实施条例第一百零二条规定:“企业同时从事适用不同企业所得税待遇的项目的,其优惠项目应当单独计算所得,并合理分摊期间费用;没单独计算的,不得享受企业所得税优惠。”实行核定征收企业所得税的纳税人难以符合上述条件,因此也不能享受相应的税收优惠政策。

根据上述规定,实行“核定应纳所得税额”征收方式的核定征收企业不得享受任何税收优惠。

实行“核定应税所得率”征收方式的核定征收企业,其取得的免税收入和不征税收入可以从收入总额中减除,但企业必须履行相关的税收优惠备案手续,否则不得享受税收优惠。根据《国家税务总局关于扩大小型微利企业减半征收企业所得税范围有关问题的公告》(国家税务总局公告 2014 年第 23 号)规定,2014 年起,符合规定条件的小型微利企业(包括采取查账征收和核定征收方式的企业),均可按照规定享受小型微利企业所得税优惠政策。除此之外的国家未列举的其他税收优惠不可以享受。

因此,企业所得税为核定征收的企业的合同能源管理项目不能享受“三免三减半”优惠政策。

温馨提示

《国家税务总局 国家发展改革委关于落实节能服务企业合同能源管理项目企业所得税优惠政策有关征收管理问题的公告》(国家税务总局国家发展改革委公告 2013 年第 77 号)规定:“一、对实施节能效益分享型合同能源管理项目(以下简称项目)的节能服务企业,凡实行查账征收所得税的居民企业并符合企业所得税法和本公告有关规定的,该项目可享受财税〔2010〕110 号规定的企业所得税‘三免三减半’优惠政策。如节能服务企业的分享型合同约定的效益分享期短于 6 年的,按实际分享期享受优惠。”

60 小规模纳税人免征增值税的部分是否需要申报企业所得税?如需申报应如何填写年度申报表?

问题概述

某小规模纳税人 2017 年免征增值税的部分是否需要申报企业所得税,并如何填报申报表?

精要解答

根据《关于印发〈增值税会计处理规定〉的通知》(财会〔2016〕22 号)第二条第(十)款规定,小微企业在取得销售收入时,应当按照税法的规定计算应交增值税,并确认为应交税费,在达到增值税制度规定的免征增值税条件时,将有关应交增值税转入当期损益。

因此,小规模纳税人免征增值税的部分计入营业外收入,申报时填写在 A101010《一般企业收入明细表》第 26 行“其他”。

温馨提示

《财政部 国家税务总局关于财政性资金行政事业性收费政府性基金有关企业所得税政策

问题的通知》(财税〔2008〕151 号)规定,企业取得的各类财政性资金,除属于国家投资和资金使用后要求归还本金的以外,均应计入企业当年收入总额。财政性资金,是指企业取得的来源于政府及其有关部门的财政补助、补贴、贷款贴息,以及其他各类财政专项资金,包括直接减免的增值税和即征即退、先征后退、先征后返的各种税收,但不包括企业按规定取得的出口退税款;所称国家投资,是指国家以投资者身份投入企业,并按有关规定相应增加企业实收资本(股本)的直接投资。企业取得来源于政府及其有关部门的财政补助、补贴、贷款贴息,以及其他各类财政专项资金,包括直接减免的增值税和即征即退、先征后退、先征后返的各种税收,应计入当期损益。

以小微企业免征的增值税为例,其既没有"规定资金专项用途的资金拨付文件",也没有"政府部门对该资金有专门的资金管理办法或具体管理要求"。因此,小微企业免征的增值税不属于不征税收入,应当缴纳企业所得税。

61 企业搬迁所得是否可享受免税优惠?

问题概述

某工业企业从事稻米的初加工,2017 年因政府组织实施的能源、交通、水利等基础设施的需要进行搬迁,取得政府搬迁补偿收入 5 亿元,请问该项收入是否能享受所得税优惠?

精要解答

《关于发布享受企业所得税优惠政策的农产品初加工范围(试行)的通知》(财税〔2008〕149 号)规定,企业从事稻米初加工,免征企业所得税,包括通过对稻谷进行清理、脱壳、碾米(或不碾米)、烘干、分级、包装等简单加工处理,制成的成品粮及其初制品,具体包括大米、蒸谷米。

《财政部 国家税务总局关于财政性资金行政事业性收费政府性基金有关企业所得税政策问题的通知》(财税〔2008〕151 号)规定,企业取得的各类财政性资金,除属于国家投资和资金使用后要求归还本金的以外,均应计入企业当年收入总额。财政性资金,是指企业取得的来源于政府及其有关部门的财政补助、补贴、贷款贴息,以及其他各类财政专项资金,包括直接减免的增值税和即征即退、先征后退、先征后返的各种税收,但不包括企业按规定取得的出口退税款;所称国家投资,是指国家以投资者身份投入企业,并按有关规定相应增加企业实收资本(股本)的直接投资。

《企业政策性搬迁所得税管理办法》(国家税务总局公告 2012 年第 40 号)规定:"企业政策性搬迁,是指由于社会公共利益的需要,在政府主导下企业进行整体搬迁或部分搬迁。企业由于下列需要之一,提供相关文件证明资料的,属于政策性搬迁……(二)由政府组织实施的能源、交通、水利等基础设施的需要……"

企业在搬迁期间发生的搬迁收入和搬迁支出,可以暂不计入当期应纳税所得额,而在完成搬迁的年度,对搬迁收入和支出进行汇总清算。

由此可见,该企业,2017 年取得的政策性搬迁收入,不属于从事稻米的初加工业务,不能享受减免所得税优惠,应在完成搬迁的年度,对搬迁收入和支出进行汇总清算缴纳企业所得税。

温馨提示

《中华人民共和国企业所得税法实施条例》第一百零二条规定,企业同时从事适用不同企业所得税待遇的项目的,其优惠项目应当单独计算所得,并合理分摊企业的期间费用;没有单独计算的,不得享受企业所得税优惠。

该企业从事稻米的初加工经营收入可以享受减免企业所得税税收优惠政策，但其取得搬迁收入应依法缴纳企业所得税，该企业对其应税与免税收入应分开核算，否则不得享受企业所得税优惠政策。

62 跨地区经营汇总纳税企业如何办理企业所得税优惠备案？

问题概述

跨地区经营汇总纳税企业如何办理企业所得税优惠备案？例如跨地区经营汇总纳税企业享受国家需要重点扶持的高新技术企业减按15%的税率征收企业所得税优惠，分支机构需要备案吗？

精要解答

根据《国家税务总局关于发布〈企业所得税优惠政策事项办理办法〉的公告》（国家税务总局公告2015年第76号）第十四条规定："跨地区（省、自治区、直辖市和计划单列市）经营汇总纳税企业的优惠事项，按以下情况办理：（一）分支机构享受所得减免、研发费用加计扣除、安置残疾人员、促进就业、部分区域性税收优惠（西部大开发、经济特区、上海浦东新区、深圳前海、广东横琴、福建平潭），以及购置环境保护、节能节水、安全生产等专用设备投资抵免税额优惠，由二级分支机构向其主管税务机关备案。其他优惠事项由总机构统一备案。（二）总机构应当汇总所属二级分支机构已备案优惠事项，填写《汇总纳税企业分支机构已备案优惠事项清单》（见附件3），随同企业所得税年度纳税申报表一并报送其主管税务机关。

同一省、自治区、直辖市和计划单列市内跨地区经营的汇总纳税企业优惠事项的备案管理，由省税务机关确定。"

第二十一条规定："本办法施行前已经履行审批、审核或者备案程序的定期减免税，不再重新备案。"

根据上述规定，国家需要重点扶持的高新技术企业减按15%的税率征收企业所得税优惠优惠应该由总机构统一进行备案，分支机构不需要备案。

温馨提示

《国家税务总局关于印发〈跨地区经营汇总纳税企业所得税征收管理办法〉的公告》（国家税务总局公告2012年第57号）规定：汇总纳税企业汇算清缴时，总机构除报送企业所得税年度纳税申报表和年度财务报表外，还应报送汇总纳税企业分支机构所得税分配表、各分支机构的年度财务报表和各分支机构参与企业年度纳税调整情况的说明；分支机构除报送企业所得税年度纳税申报表（只填列部分项目）外，还应报送经总机构所在地主管税务机关受理的汇总纳税企业分支机构所得税分配表、分支机构的年度财务报表（或年度财务状况和营业收支情况）和分支机构参与企业年度纳税调整情况的说明。

分支机构参与企业年度纳税调整情况的说明，可参照企业所得税年度纳税申报表附表"纳税调整项目明细表"中列明的项目进行说明，涉及需由总机构统一计算调整的项目不进行说明。

63 企业享受优惠政策后，汇算清缴期内未备案的怎么办？

问题概述

A公司2015年开业，系一般纳税人，2017年安置残疾人员10人，2018年企业所得税汇算清缴期间享受残疾职工工资的100%加计扣除所得税优惠，2018年汇算清缴结束后税务机关对其进行检查发现该公司享受残疾职工工资加计扣除但没有向税务机关进行备案，请问该企业能否享受残疾职工工资加计扣除所得税优惠政策？

精要解答

根据《企业所得税优惠政策事项办理办法》(国家税务总局〔2015〕76号)规定，企业已经享受税收优惠，但在汇缴期间未按照规定备案的，应在发现后及时补办备案手续，同时提交《目录》列示优惠事项对应的留存备查资料。税务机关发现后，应当责令企业限期备案，同时提交《目录》列示优惠事项对应的留存备查资料。

对于上述情形，税务机关审核企业相关资料后符合税收优惠政策条件的，应当按照税收征管法有关规定，按未按规定报送相关资料进行处罚。对于经审核不符合税收优惠政策条件的，应当取消所享受优惠，追缴税款，并按税收征管法有关规定进行处理。

温馨提示

《财政部 国家税务总局关于安置残疾人员就业有关企业所得税优惠政策问题的通知》(财税〔2009〕70号)规定，企业安置残疾人员的，在按照支付给残疾职工工资据实扣除的基础上，可以在计算应纳税所得额时按照支付给残疾职工工资的100%加计扣除。企业就支付给残疾职工的工资，在进行企业所得税预缴申报时，允许据实计算扣除；在年度终了进行企业所得税年度申报和汇算清缴时，再依照本条第一款的规定计算加计扣除。企业享受安置残疾职工工资100%加计扣除应同时具备如下条件：

(1) 依法与安置的每位残疾人签订了1年以上(含1年)的劳动合同或服务协议，并且安置的每位残疾人在企业实际上岗工作。

(2) 为安置的每位残疾人按月足额缴纳了企业所在区县人民政府根据国家政策规定的基本养老保险、基本医疗保险、失业保险和工伤保险等社会保险。

(3) 定期通过银行等金融机构向安置的每位残疾人实际支付了不低于企业所在区县适用的经省级人民政府批准的最低工资标准的工资。

(4) 具备安置残疾人上岗工作的基本设施。

64 非营利组织免税优惠资格应多少年备案一次？

问题概述

非营利组织免税优惠资格应多少年备案一次？

精要解答

《财政部 国家税务总局关于非营利组织免税资格认定管理有关问题的通知》(财税〔2014〕13号)规定，非营利组织免税优惠资格的有效期为5年。非营利组织应在期满前3个月内提出复审申请，不提出复审申请或复审不合格的，其享受免税优惠的资格到期自动失效。

根据《国家税务总局关于发布〈企业所得税优惠政策事项办理办法〉的公告》(国家税务总局公告2015年第76号)第八条规定：企业享受定期减免税，在享受优惠起始年度备案。在减免税起止时间内，企业享受优惠政策条件无变化的，不再履行备案手续。企业享受其他优惠事项，应当每年履行备案手续。

企业同时享受多项税收优惠，或者某项税收优惠需要分不同项目核算的，应当分别备案。主要包括：研发费用加计扣除、所得减免项目，以及购置用于环境保护、节能节水、安全生产等专用设备投资抵免税额等优惠事项。

定期减免税事项，按照《目录》优惠事项“政策概述”中列示的“定期减免税”执行。

《国家税务总局关于发布〈企业所得税优惠政策事项办理办法〉的公告》(国家税务总局公告2015年第76号)附件1《企业所得税优惠事项备案管理目录》序号5“符合条件的非营利组织的收入免征企业所得税”的“政策概述”中并未列示为“定期减免税”。

因此，非营利组织需要在资格有效期内，每年进行备案。

温馨提示

《财政部 国家税务总局关于非营利组织企业所得税免税收入问题的通知》(财税〔2009〕122号)规定，非营利组织的下列收入为免税收入：

(1) 接受其他单位或者个人捐赠的收入。

(2) 除《中华人民共和国企业所得税法》第七条规定的财政拨款以外的其他政府补助收入，但不包括因政府购买服务取得的收入。

(3) 按照省级以上民政、财政部门规定收取的会费。

(4) 不征税收入和免税收入孳生的银行存款利息收入。

(5) 财政部、国家税务总局规定的其他收入。

65 办理企业所得税优惠备案事项，须向税务机关报送哪些资料？

问题概述

办理企业所得税优惠备案事项，须向税务机关报送哪些资料？

精要解答

《国家税务总局关于发布〈企业所得税优惠政策事项办理办法〉的公告》(2015年第76号)规定，企业所得税优惠备案资料主要包括两项内容，即《企业所得税优惠事项备案表》(以下简称《备案表》)和部分相关资料。《备案表》由企业按照规定填写，反映企业享受优惠政策的基本情况；相关资料则根据《企业所得税优惠事项备案管理目录》(以下简称《目录》)要求提供。大部分优惠事项企业仅填写《备案表》即可完成备案。据初步统计，《目录》列示的55项优惠事项中，有24项需要附报享受优惠政策的相关资质、证书、文件等，28项只需填写1张《备案表》，3项优惠以“申报代替备案”。

温馨提示

《企业所得税优惠政策事项办理办法》规定，对于企业享受小型微利企业所得税优惠、固定资产加速折旧、单位价值低于5 000元固定资产一次性扣除和低于100万元的研发仪器设备一次性扣除等优惠政策，企业通过填写纳税申报表相关栏次履行备案手续，不再另行填写《备案表》。

关联交易信息

66 取消审批实行备案管理后，与享受税收优惠事项相关的各类资料应如何保管？

问题概述

取消审批实行备案管理后，与享受税收优惠事项相关的各类资料应如何保管？

精要解答

《国家税务总局关于发布〈企业所得税优惠政策事项办理办法〉的公告》(2015 年第 76 号)规定,取消审批实行备案管理后,与享受税收优惠事项相关的各类资料,如各种合同、协议、文件、证书、相关核算资料等,是企业证明符合税法规定优惠条件、标准的重要依据,企业应当妥善保管。在税务机关对优惠事项后续管理中,企业有义务提供留存备查资料,并且应当对资料的真实性与合法性负责。《企业所得税优惠政策事项办理办法》规定,企业留存备查资料的保存期限为享受优惠事项后 10 年;税法规定与会计处理存在差异的优惠事项,保存期限为差异结束后 10 年。

温馨提示

企业享受定期减免税,在享受优惠起始年度备案。在减免税起止时间内,企业享受优惠政策条件无变化的,不再履行备案手续。

企业享受其他优惠事项,应当每年履行备案程序。

67 企业为获得创新性、创意性、突破性的产品进行创意设计活动是否受研发费加计扣除相关政策的限制?

问题概述

A107010《免税、减计收入及加计扣除优惠明细表》第 26 行"开发新技术、新产品、新工艺发生的研究开发费用加计扣除"是否包含 28 行"企业为获得创新性、创意性、突破性的产品进行创意设计活动而发生的相关费用加计扣除"的内容,创意设计活动而发生的相关费用加计扣除是否受研发费加计扣除相关政策的限制?

精要解答

《关于完善研究开发费用税前加计扣除政策的通知》(财税〔2015〕119 号)文件特别规定了企业为获得创新性、创意性、突破性的产品进行创意设计活动而发生的相关费用,可按照规定进行加计扣除。创意设计活动是指多媒体软件、动漫游戏软件开发,数字动漫、游戏设计制作;房屋建筑工程设计(绿色建筑评价标准为三星)、风景园林工程专项设计;工业设计、多媒体设计、动漫及衍生产品设计、模型设计等。

A107010《免税、减计收入及加计扣除优惠明细表》中,在研发费加计扣除以外,单列了"企业为获得创新性、创意性、突破性的产品进行创意设计活动发生的相关费用加计扣除"行次,表明创意设计活动可独立于研发项目外,单独加计扣除。符合条件的创意设计活动加计扣除,既不需要填写研发费加计扣除表,也不受研发费加计扣除相关政策的限制。

温馨提示

财税〔2015〕119 号文件将"创意设计活动"纳入享受加计扣除优惠政策的范畴,但不意味着此类"创意设计活动"就是研发活动。

68 境外投资者享受暂不征收预提所得税需要同时满足什么条件?

问题概述

境外投资者享受暂不征收预提所得税需要同时满足什么条件?

精要解答

根据《财政部 税务总局 国家发展改革委 商务部关于境外投资者以分配利润直接投资暂不征收预提所得税政策问题的通知》(财税〔2017〕88 号)对境外投资者暂不征收预提所得税必须同时满足四个方面的条件:一是直接投资的形式,包括境外投资者以分得利润进行的增资、新建、股权收购等权益性投资行为。二是境外投资者分得利润的性质应为股息、红利等权益性投资收益,来源于居民企业已经实现的留存收益,包括以前年度留存尚未分配的收益。三是用于投资的资金(资产)必须直接划转到被投资企业或股权转让方账户,不得中间周转。四是鼓励类项目的范围属于《外商投资产业指导目录》中所列的鼓励外商投资产业目录,或《中西部地区外商投资优势产业目录》。

温馨提示

《境外投资者符合财税〔2017〕88 号通知》第二条规定条件的,应按照税收管理要求进行申报并如实向利润分配企业提供其符合政策条件的资料。利润分配企业经适当审核后认为境外投资者符合本通知规定的,可暂不按照《企业所得税法》第三十七条规定扣缴预提所得税,并向其主管税务机关履行备案手续。

第七部分　其他类疑难问题

企业预缴时多缴所得税如何进行抵缴？

问题概述

宏泰实业有限公司 2017 年预缴纳所得税 2 000 万元，企业所得税汇算清缴时，税务机关经与纳税人协商后，企业多交的 100 万元不予退税而抵减以后年度税款。2018 年一季度应交所得税 150 万元，抵减上年多交的 100 万元后应交税款 50 万元，请问该公司如何进行处理？

精要解答

《国家税务总局关于印发〈企业所得税汇算清缴管理办法〉的通知》(国税发〔2009〕79 号)规定，纳税人在纳税年度内预缴企业所得税税款少于应缴企业所得税税款的，应在汇算清缴期内结清应补缴的企业所得税税款；预缴税款超过应纳税款的，主管税务机关应及时按有关规定办理退税，或者经纳税人同意后抵缴其下一年度应缴企业所得税税款。

企业在会计上可以进行如下处理：

(1) 根据税务机关的审批报告等：

借：应交税费——应交所得税(多交所得税)	1 000 000	
贷：以前年度损益调整		1 000 000
借：以前年度损益调整	1 000 000	
贷：利润分配——未分配利润		1 000 000

(2) 预提所得税：

借：所得税费用	1 500 000	
贷：应交税费——应交所得税		1 500 000

(3) 实际交税：

借：应交税费——应交所得税	1 500 000	
贷：应交税费——应交所得税(多交所得税)		1 000 000
银行存款		500 000

若多交了增值税，抵减下期应纳税款时，将其填入《增值税纳税申报表》第 25 项“期初未缴税额(多缴为负数)”。

增值税多交税款会计处理：

借：应交税费——未交增值税

　贷：应交税费——应交增值税(转出多交增值税)

抵减以后期间应交增值税，无须编制会计分录，只在申报表填列即可。

温馨提示

纳税人多缴税款可以采取以下措施进行处理：

（1）申请退税。纳税人多缴纳的税款，税务机关应依法予以退还。按照《税收征管法》规定：纳税人超过应纳税额缴纳的税款，税务机关发现后应当立即退还；纳税人自结算缴纳税款之日起3年内发现的，可以向税务机关要求退还多缴的税款并加算银行同期存款利息，税务机关及时查实后应当立即退还；涉及从国库中退库的，依照法律、行政法规有关国库管理的规定退还。

（2）抵缴应纳税款。根据国税发〔2009〕79号规定，纳税人在纳税年度内预缴企业所得税税款超过应纳税款的，主管税务机关应及时按有关规定办理退税，或者经纳税人同意后抵缴其下一年度应缴企业所得税税款。

2 企业所得税预缴时本年度亏损能否弥补？

问题概述

某企业2016年亏损50万元，2017年第一季度亏损20万元，2017年第二季度盈利100万元，请问题该企业第二季度预缴企业所得税时第一季度亏损能否弥补？

精要解答

《中华人民共和国企业所得税法》第五条规定，企业每一纳税年度的收入总额，减除不征税收入、免税收入、各项扣除以及允许弥补的以前年度亏损后的余额，为应纳税所得额。因此，企业月度或季度预缴所得税可以减除允许弥补的以前年度亏损。

该公司第一季度亏损50万元，第二季度盈利100万元，企业所得税实行分月或分季度预缴、年终汇算清缴的办法，因此，企业月度或季度预缴所得税时，其实际利润额可以减除上一月度或季度企业形成的亏损额。若该公司第一季度至第二季度累计利润总额减除允许弥补的以前年度亏损为正数时，乘以税率计算缴纳企业所得税；为零或负数时，不用计算企业所得税。

温馨提示

企业所得税预缴时，当季度实际利润额既可以弥补以前年度亏损，又可以弥补本年度以前季度亏损。企业在季度预缴所得税时申报的利润总额是一个累计金额，会自动扣除当年以前季度的亏损数，无须单独计算弥补。

3 实行核定应纳所得税额的企业在季度预缴时超过核定部分如何缴纳？

问题概述

实行核定应纳所得税额方式征收所得税的企业，超过定额的季度应如何预缴申报？

精要解答

《国家税务总局关于印发〈企业所得税核定征收办法（试行）〉的通知》（国税发〔2008〕30号）第十四条规定："纳税人实行核定应纳所得税额方式的，按下列规定申报纳税：

（一）纳税人在应纳所得税额尚未确定之前，可暂按上年度应纳所得税额的1/12或1/4预缴，或者按经主管税务机关认可的其他方法，按月或按季分期预缴。

（二）在应纳所得税额确定以后，减除当年已预缴的所得税额，余额按剩余月份或季度均分，以此确定以后各月或各季的应纳税额，由纳税人按月或按季填写《中华人民共和国企业所得税月（季）度预缴纳税申报表（B类）》，在规定的纳税申报期限内进行纳税申报。

（三）纳税人年度终了后，在规定的时限内按照实际经营额或实际应纳税额向税务机关申报纳税。申报额超过核定经营额或应纳税额的，按申报额缴纳税款；申报额低于核定经营额或应纳税额的，按核定经营额或应纳税额缴纳税款。”

实行核定应纳所得税额方式的企业，超过定额的季度也按确定的应纳税额进行预缴申报，年度终了后再按照实际经营额或实际应纳税额向税务机关申报纳税。

温馨提示

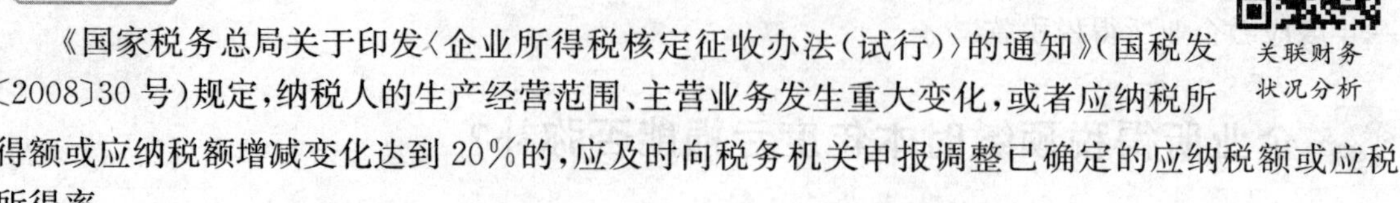

关联财务状况分析

《国家税务总局关于印发〈企业所得税核定征收办法(试行)〉的通知》(国税发〔2008〕30 号)规定，纳税人的生产经营范围、主营业务发生重大变化，或者应纳税所得额或应纳税额增减变化达到 20%的，应及时向税务机关申报调整已确定的应纳税额或应税所得率。

4 企业所得税预缴时容易混淆的几点概念

问题概述

《国家税务总局关于〈中华人民共和国企业所得税月(季)度预缴纳税申报表(2015 年版)等报表〉的公告》(国家税务总局公告 2015 年第 31 号)中“利润总额”“营业成本”等具体指的是什么？

精要解答

《国家税务总局关于〈中华人民共和国企业所得税月(季)度预缴纳税申报表(2015 年版)等报表〉的公告》(国家税务总局公告 2015 年第 31 号)中“利润总额”＝营业收入－营业成本，“营业成本”＝主营业务成本＋其他业务成本，“营业成本”不包括营业外支出和期间费用。

企业所得税月(季)度预缴纳税申报表第 4 行“利润总额”，填报按照企业会计制度、企业会计准则等国家会计规定核算的利润总额，本行数据与利润表列示的利润总额一致。第 2 行“营业收入”，填报按照企业会计制度、企业会计准则等国家会计规定核算的营业收入，本行主要列示纳税人营业收入数额，指标设计的意义在于数据采集，不参与计算。第 3 行“营业成本”，填报按照企业会计制度、企业会计准则等国家会计规定核算的营业成本，本行主要列示纳税人营业成本数额，不参与计算。

温馨提示

(1) 实际利润额＝利润总额＋特定业务计算的应纳税所得额－不征税收入和税基减免应纳税所得额－固定资产加速折旧(扣除)调减额－弥补以前年度亏损。

(2) 根据国家税务总局公告 2015 年第 31 号的填报说明规定，企业季度预缴所得税时，第 8 行“弥补以前年度亏损”，填报按照税收规定可在企业所得税前弥补的以前年度尚未弥补的亏损额。

(3) 符合规定条件的小型微利企业，在季度、月份预缴企业所得税时，可以自行享受小型微利企业所得税优惠政策，无须税务机关审核批准。

(4)《国家税务总局关于修改企业所得税月(季)度预缴纳税申报表的公告》(国家税务总局公告 2015 年第 79 号)2015 年第四季度预缴申报期和定率征税企业 2015 年度汇算清缴期结束后，本公告附件 2 停止执行。之后，企业预缴和定率征税企业汇算清缴享受小型微利企业所得税优惠政策，仍按照国家税务总局公告 2015 年第 31 号相关规定填报。

5 境外单位为境内企业提供技术咨询服务缴企业所得税吗？

问题概述

境外单位为境内企业提供技术咨询服务是否需要缴纳企业所得税？

精要解答

《非居民承包工程作业和提供劳务税收管理暂行办法》(国家税务总局令第 19 号)第三条规定："本办法所称承包工程作业，是指在中国境内承包建筑、安装、装配、修缮、装饰、勘探及其他工程作业。本办法所称提供劳务是指在中国境内从事加工、修理修配、交通运输、仓储租赁、咨询经纪、设计、文化体育、技术服务、教育培训、旅游、娱乐及其他劳务活动。"第十二条规定："非居民企业在中国境内承包工程作业或提供劳务项目的，企业所得税按纳税年度计算、分季预缴，年终汇算清缴，并在工程项目完工或劳务合同履行完毕后结清税款。"

《国家税务总局关于印发〈非居民企业所得税核定征收管理办法〉的通知》(国税发〔2010〕19号)第七条规定："非居民企业为中国境内客户提供劳务取得的收入，凡其提供的服务全部发生在中国境内的，应全额在中国境内申报缴纳企业所得税。凡其提供的服务同时发生在中国境内外的，应以劳务发生地为原则划分其境内外收入，并就其在中国境内取得的劳务收入申报缴纳企业所得税。税务机关对其境内外收入划分的合理性和真实性有疑义的，可以要求非居民企业提供真实有效的证明，并根据工作量、工作时间、成本费用等因素合理划分其境内外收入；如非居民企业不能提供真实有效的证明，税务机关可视同其提供的服务全部发生在中国境内，确定其劳务收入并据以征收企业所得税。"因此，非居民企业为境内企业提供咨询服务，属于上述文件规定情形的，需要缴纳企业所得税。

温馨提示

一个国家的税收管辖权可以按照属地、属人两种不同的原则来确立。我国按既属地又属人的原则行使税收管辖权，居民企业承担全面纳税义务，就其境内外全部所得纳税。《企业所得税法》采取了"登记注册地标准"和"实际管理机构地标准"相结合的办法实行税收管辖。非居民企业应就其在中国境内设立机构、场所，或者在中国境内未设立机构、场所，但有来源于中国境内所得缴纳企业所得税。

6 股东投资未到位发生股权转让，其股权投资初始投资成本如何确定？

问题概述

A 公司与 B 公司于 2016 年 1 月共同投资 1 000 万元设立了子公司 M 公司。合同约定 A 公司权益性投资 600 万元，占 60%股份；B 公司权益性投资 400 万元，占 40%股份。截至 2016 年 12 月 31 日 B 公司因生产经营原因投资资金无法按期到位，并经董事会决议将该股权进行转让，请问股东投资未到位发生股权转让，其股权投资初始投资成本如何确定？

精要解答

《中华人民共和国企业所得税法实施条例》第七十一条规定，企业所得税法第十四条所称投资资产，是指企业对外进行权益性投资和债权性投资形成的资产。

企业在转让或者处置投资资产时,投资资产的成本,准予扣除。

投资资产按照以下方法确定成本:

(1) 通过支付现金方式取得的投资资产,以购买价款为成本。

(2) 通过支付现金以外的方式取得的投资资产,以该资产的公允价值和支付的相关税费为成本。

企业进行长期股权投资,在投资未到位前发生股权转让,其投资成本按照实际出资额确定。

温馨提示

《国家税务总局关于贯彻落实企业所得税法若干税收问题的通知》(国税函〔2010〕79 号)规定,企业转让股权收入,应于转让协议生效、且完成股权变更手续时,确认收入的实现。转让股权收入扣除为取得该股权所发生的成本后,为股权转让所得。企业在计算股权转让所得时,不得扣除被投资企业未分配利润等股东留存收益中按该项股权所可能分配的金额。

7 企业取得股东转让未实际出资到位的股权如何确认计税基础?

问题概述

宏达实业有限公司原股东 2016 年认缴出资 100 万元,实际出资到位 50 万元,2017 年该股东将股份转让给 M 公司,转让价格 60 万元,同时约定,M 公司在股权转让合同约定由新股东继续履行出资义务,请问 M 公司取得股权计税基础是多少?

精要解答

《国务院关于印发注册资本登记制度改革方案的通知》(国发〔2014〕7 号)规定,从 2014 年开始,我国新设立公司实行注册资本认缴登记制,即:公司股东认缴的出资总额或者发起人认购的股本总额(即公司注册资本)应当在工商行政管理机关登记。公司股东(发起人)应当对其认缴出资额、出资方式、出资期限等自主约定,并记载于公司章程。有限责任公司的股东以其认缴的出资额为限对公司承担责任,股份有限公司的股东以其认购的股份为限对公司承担责任。

在最高人民法院关于适用《中华人民共和国公司法》若干问题的规定(三)(法释〔2011〕3 号,法释〔2014〕2 号修订)中,第十八条规定:"有限责任公司的股东未履行或者未全面履行出资义务即转让股权,受让人对此知道或者应当知道,公司请求该股东履行出资义务、受让人对此承担连带责任的,人民法院应予支持;受让人根据前款规定承担责任后,向该未履行或者未全面履行出资义务的股东追偿的,人民法院应予支持。但是,当事人另有约定的除外。"由此规定来看,股东在未履行或者未全面履行出资义务情况下转让股权,是被认可的,但是要解决好后续的出资义务由谁继续履行的问题。

宏达实业有限公司原股东转让股权应确认收入 60 万元,转让成本 50 万元,股权转让所得 10 万元;M 公司此项投资的成本为 110 万元,其中 60 万元支付给原股东,50 万元履行出资义务支付给被投资企业。

由此可见,新股东的初始投资成本,既包括支付给原股东的转让价款,也包括按照合同约定承担的后续出资义务。

温馨提示

《中华人民共和国企业所得税法实施条例》第七十一条规定,企业所得税法第十四条所称投资资产,是指企业对外进行权益性投资和债权性投资形成的资产。

企业在转让或者处置投资资产时，投资资产的成本，准予扣除。

投资资产按照以下方法确定成本：

(1) 通过支付现金方式取得的投资资产，以购买价款为成本。

(2) 通过支付现金以外的方式取得的投资资产，以该资产的公允价值和支付的相关税费为成本。

8 如何判定股权转让是否改变原经营活动？

问题概述

A公司为集团母公司，100%控制B公司，持有上市公司C 60%的股权。2015年4月，A公司由于资金需求，将B公司持有的全资实体公司D公司100%的股权划转至母公司，同时对B公司作减资处理。A、B公司均按账面价值进行账务处理，B公司未确认转让所得，B公司对D公司长期股权投资账面价值8 000万元。2015年11月，A公司将取得的D公司股权出售给C上市公司，取得转让价款25 000万元，确认当期应纳税所得17 000万元，但由于A公司以前年度亏损30 000万元，当期调整后应纳税所得额为零。

A公司划转股权行为，是否符合《财政部 国家税务总局关于促进企业重组有关企业所得税处理问题的通知》(财税〔2014〕109号)中关于股权、资产划转的相关规定。如何理解109号文件中“股权或资产划转后连续12个月内不改变被划转股权或资产原来实质性经营活动”的相关规定。不满12个月将D公司股权转让给上市公司(同一控制)是否可以判定为未改变经营实质?

精要解答

《财政部 国家税务总局关于企业重组业务企业所得税处理若干问题的通知》(财税〔2009〕59号)规定，企业重组后应连续12个月内不改变重组资产原来的实质性经营活动。企业重组中取得股权支付的原主要股东，在重组后连续12个月内，不得转让所取得的股权。

《财政部 国家税务总局关于促进企业重组有关企业所得税处理问题的通知》(财税〔2014〕109号)规定，对100%直接控制的居民企业之间，以及受同一或相同多家居民企业100%直接控制的居民企业之间按账面净值划转股权或资产，凡具有合理商业目的，不以减少、免除或者推迟缴纳税款为主要目的，股权或资产划转后连续12个月内不改变被划转股权或资产原来实质性经营活动，且划出方企业和划入方企业均未在会计上确认损益的，可以选择按以下规定进行特殊性税务处理：(1)划出方企业和划入方企业均不确认所得。(2)划入方企业取得被划转股权或资产的计税基础，以被划转股权或资产的原账面净值确定。(3)划入方企业取得的被划转资产，应按其原账面净值计算折旧扣除。

A公司划转股权并在12个月内转让的行为，明显不符合上述文件的规定，不得选择特殊性税务处理。

温馨提示

《国家税务总局关于转让企业全部产权不征收增值税问题的批复》(国税函〔2002〕420号)、《国家税务总局关于纳税人资产重组有关增值税问题的公告》(国家税务总局公告2011年第13号)等文件规定，企业转让产权以及企业重组业务都不需要缴纳增值税。股权转让属于典型的企业重组业务。

《财政部 国家税务总局关于全面推开营业税改征增值税试点的通知》(财税〔2016〕36号)

规定,金融商品转让,是指转让外汇、有价证券、非货物期货和其他金融商品所有权的业务活动。

《金融保险业营业税申报管理办法》(国税发〔2002〕9号)第七条规定,金融商品转让外汇、有价证券或非货物期货的所有权行为,包括:股权转让、债券转让、外汇转让、其他金融商品转让。

依据上述规定,金融商品转让不包括股权转让,因此,转让非上市公司的股权,不征收增值税;转让上市公司股票按金融商品转让征收增值税。

9 股权转让时的资本公积部分,是否可以在计算应纳税所得额时扣除?

问题概述

2013年A公司以200万元投资于甲公司,取得其10%股权,截至2016年12月未进行利润分配,2017年1月A公司将股权全部转让给乙公司,转让价格500万元,此时甲公司资本公积、盈余公积、未分配利润分别为200万元、300万元、2 000万元。请问,股权转让时的资本公积部分,是否可以在计算应纳税所得额时扣除?

精要解答

《国家税务总局关于贯彻落实企业所得税法若干税收问题的通知》(国税函〔2010〕79号)规定:

"三、关于股权转让所得确认和计算问题

企业转让股权收入,应于转让协议生效、且完成股权变更手续时,确认收入的实现。转让股权收入扣除为取得该股权所发生的成本后,为股权转让所得。企业在计算股权转让所得时,不得扣除被投资企业未分配利润等股东留存收益中按该项股权所可能分配的金额。

关联往来国别分布

四、关于股息、红利等权益性投资收益收入确认问题

企业权益性投资取得股息、红利等收入,应以被投资企业股东会或股东大会作出利润分配或转股决定的日期,确定收入的实现。"

因此,股权转让时的资本公积部分不能税前扣除。

温馨提示

如果被投资方甲公司先将股权溢价形成的资本公积转增股本,由于被投资企业将股权(票)溢价所形成的资本公积转为股本的,不作为投资方企业的股息、红利收入,投资方企业也不得增加该项长期投资的计税基础,所以A公司转让该股权时仍应扣除投资的计税基础200万元。

10 股东减资如何缴纳企业所得税?

问题概述

甲公司于2002年以300万元为交易价格购买乙公司100%股权,乙公司成立于1993年,注册资金1 000万元,由于连续亏损,净资产仅有300万元,甲公司"长期股权投资"账载金额为300万元。经过几年发展,截至2012年,乙公司净资产达到1 100万元,企业累计未分配利润和累计盈余公积为100万元,现在乙公司拟减资500万元,即注册资金由1 000万元减少到500万元，甲公司将收到500万元的减资款。问甲公司收到的500万元的减资款是否缴纳企业所得税？如何缴纳？

精要解答

根据《国家税务总局关于企业所得税若干问题的公告》（国家税务总局公告2011年第34号）第五条规定："投资企业从被投资企业撤回或减少投资，其取得的资产中，相当于初始出资的部分，应确认为投资收回；相当于被投资企业累计未分配利润和累计盈余公积按减少实收资本比例计算的部分，应确认为股息所得；其余部分确认为投资资产转让所得。"

投资转让所得 ＝ 撤回或减少投资额 － 初始投资额 ×（撤回或减少投资额 ÷ 注册资金）－（累计未分配利润 ＋ 累计盈余公积）×（撤回或减少投资额 ÷ 注册资金）

投资转让所得 ＝ 500 － 300 × 500 ÷ 1 000 － 100 × 500 ÷ 1 000 ＝ 500 － 150 － 50 ＝ 300（万元）

500万元减资款中150万元为投资收回，50万元为股息所得，300万元为投资资产转让所得。50万元为股息所得符合免税收入条件可以享受优惠，300万元为投资资产转让所得需缴纳企业所得税75万元（300×25%）。

温馨提示

如果企业累计未分配利润和累计盈余公积为800万元，其他条件不变，那么500万元减资款中150万元应为投资收回，350万元为股息所得（符合免税收入条件可以享受优惠）。

11 企业增资扩股是否缴纳企业所得税？

问题概述

宏泰实业有限公司是宏达实业有限公司的全资子公司，注册资本为1 000万元，经评估，净资产公允价值为2 000万元。三鑫实业有限公司拟成为宏泰实业有限公司的股东，拥有50%的股权，宏泰实业有限公司以定向增发的方式，注册资本增加为2 000万元，三鑫实业有限公司出资2 000万元，获得宏泰实业有限公司50%的股权，上述交易均采用货币性资金交易进行，请问企业上述交易是否应缴纳企业所得税？

精要解答

宏泰实业有限公司向三鑫实业有限公司定向增发，由三鑫实业有限公司出资2 000万元，获得宏泰实业有限公司50%的股权，其行为是增资扩股。

增资扩股是企业采取向社会募集股份、发行股票、新股东投资入股或原股东增加投资的方式增加企业的注册资本，增资扩股企业注册资本增加，增资扩股资金接受方是企业，增资扩股原股东股权计税成本不变，增资扩股中原股东的股权有可能被稀释，但不调整原股权的计税基础，对企业增加的实收资本和资本公积属于股东新投入的资本金，对股东的投资款不征收企业所得税。

温馨提示

增资扩股与股权转让有较大的区别，股权转让中资金的接受方是原股东，股权转让是企业股东依法将自己的股东权益让渡给他人，股权转让中原股东让渡其股东权益给股权受让方，取得股权转让收入扣除股权的计税成本及相关税费确认财产转让所得应征收所得税。增资扩股是企业增加资本金扩大股权，原股东股东权益不变；股权转让是企业资本金不变股权不变，原股东让渡股东权益。

12 被投资企业资本公积、留存收益转增股本涉税处理如何进行?

问题概述

宏达实业有限公司于2015年向宏昌生物有限公司增资投入人民币1 000万元,其中:500万元计入宏昌生物有限公司股本,500万元形成股本溢价计入资本公积。增资后,宏达实业有限公司持有宏昌生物有限公司40%的股权。

2016年宏昌生物有限公司将宏达实业有限公司增资形成的资本公积500万元转增股本。

2017年宏达实业有限公司转让其持有的宏昌生物有限公司40%的股权,取得转让对价2 000万元。请问如何缴纳企业所得税?

精要解答

《国家税务总局关于贯彻落实企业所得税法若干税收问题的通知》(国税函〔2010〕79号)规定,企业权益性投资取得股息、红利等收入,应以被投资企业股东会或股东大会作出利润分配或转股决定的日期,确定收入的实现。

被投资企业将股权(票)溢价所形成的资本公积转为股本的,不作为投资方企业的股息、红利收入,投资方企业也不得增加该项长期投资的计税基础。

宏达实业有限公司计算出股权转让应纳税所得额为:2 000－1 000＝1 000(万元)。

温馨提示

《企业会计准则——应用指南》规定,"资本公积"科目核算内容为企业收到投资者出资超出其在注册资本或股本中所占的份额以及直接计入所有者权益的利得和损失等。被投资企业收到投资者出资超出其在注册资本或股本中所占的份额的部分,在会计处理时会确认股权(票)溢价形成的资本公积。而对于企业股东在投资后的会计处理,无论企业股东是将该投资作为长期股权投资还是金融资产核算,按照企业所得税法的规定,该股权资产的计税基础都应该按照其历史成本确定。

13 企业将未分配利润直接转增股本是否需要缴纳企业所得税?

问题概述

我公司是一家内资企业,将2015年度的未分配利润直接转增股本是否需要缴纳企业所得税?

精要解答

《中华人民共和国企业所得税法》(中华人民共和国主席令第63号)第二十六条规定:"企业的下列收入为免税收入:……(二)符合条件的居民企业之间的股息、红利等权益性投资收益;(三)在中国境内设立机构、场所的非居民企业从居民企业取得与该机构、场所有实际联系的股息、红利等权益性投资收益……"

《中华人民共和国企业所得税法实施条例》(中华人民共和国国务院令第512号)第八十三条规定:"企业所得税法第二十六条第(二)项所称符合条件的居民企业之间的股息、红利等权益性投资收益,是指居民企业直接投资于其他居民企业取得的投资收益。企业所得税法第二十六条第(二)项和第(三)项所称股息、红利等权益性投资收益,不包括连续持有居民企业公开发行并上市流通的股票不足12个月取得的投资收益。”

《中华人民共和国企业所得税法实施条例》(中华人民共和国国务院令第512号)第十七条第二款规定:“股息、红利等权益性投资收益,除国务院财政、税务主管部门另有规定外,按照被投资方作出利润分配决定的日期确认收入的实现。”

根据上述规定,将2015年度未分配利润转增股本,实际上是向股东分配利润后,股东再以分得的利润增加股本的行为,其中,居民企业股东直接投资于其他居民企业取得的股息、红利等权益性投资收益,符合上述条件的,免征企业所得税。

温馨提示

个人股东获得未分配利润转赠股本,视具体情况免税或缴纳个人所得税。

《财政部 国家税务总局关于将国家自主创新示范区有关税收试点政策推广到全国范围实施的通知》(财税〔2015〕116号)规定,个人股东获得转增的股本,应按照“利息、股息、红利所得”项目,适用20%税率征收个人所得税。同时规定,自2016年1月1日起,全国范围内的中小高新技术企业以未分配利润、盈余公积、资本公积向个人股东转增股本时,个人股东一次缴纳个人所得税确有困难的,可根据实际情况自行制订分期缴税计划,在不超过5个公历年度内(含)分期缴纳,并将有关资料报主管税务机关备案。

《国家税务总局关于股权奖励和转增股本个人所得税征管问题的公告》(国家税务总局公告2015年第80号)进一步规定,非上市及未在全国中小企业股份转让系统挂牌的中小高新技术企业以未分配利润、盈余公积、资本公积向个人股东转增股本,并符合财税〔2015〕116号文件有关规定的,纳税人可分期缴纳个人所得税;非上市及未在全国中小企业股份转让系统挂牌的其他企业转增股本,应及时代扣代缴个人所得税。

《关于上市公司股息红利差别化个人所得税政策有关问题的通知》(财税〔2015〕101号)规定,个人从公开发行和转让市场取得的上市公司股票,持股期限超过1年的,股息红利所得暂免征收个人所得税。个人从公开发行和转让市场取得的上市公司股票,持股期限在1个月以内(含1个月)的,其股息红利所得全额计入应纳税所得额;持股期限在1个月以上至1年(含1年)的,暂减按50%计入应纳税所得额;上述所得统一适用20%的税率计征个人所得税。

14 现金股利与资本公积转增股本企业所得税处理有何不同?

问题概述

某公司以2016年12月31日公司总股本200万股为基数,向全体股东按每10股派发现金红利1元进行分配,共计分配利润20万元。以2016年12月31日公司总股本200万股为基数,以资本公积向全体股东每10股转增8股[其中应为股权(票)溢价形成的资本公积转为股本为2股],共计资本公积金转增股本160万股。公司居民企业股东享有总股本的60%,非居民企业股东享有总股本的40%。

精要解答

根据《国家税务总局关于贯彻落实企业所得税法若干税收问题的通知》(国税函〔2010〕79号)的规定,被投资企业将股权(票)溢价所形成的资本公积转为股本的,不作为投资方企业的股息、红利收入,投资方企业也不得增加该项长期投资的计税基础。

本例中的股权(票)溢价所形成的资本公积为:200÷10×2=40万元,不作为投资方企业的股息、红利收入。则居民企业股东应确认股息红利为:20×60%+(160−40)×60%=84(万元),非居民企业股东股息红利为:20×40%+(160－40)×40%＝56(万元)。

温馨提示

资本公积是指归所有者所共有的、非收益转化而形成的资本。资本公积具体包括资本溢价(或股本溢价)、接受捐赠实物资产、资产评估增值、外币资本折算差额等。

(1) 资本溢价是指投资者缴付企业的出资额大于该所有者在企业注册资本中所拥有份额的数额。

(2) 接受捐赠实物资产是指外部单位或个人赠与企业的实物财产。

(3) 资产评估增值是指企业因对外投资或根据国家有关规定需要对资产进行评估时,评估确认的价值高于该资产原账面价值的部分。

(4) 外币资本折算差额是指企业接受外币资本投资时,在收到外币资本日的市场汇率与投资合同或协议约定的外币折算汇率不一致的情况下,按收到外币资本日的市场汇率折算为资产入账的价值与按照约定汇率折算为实收资本入账的价值的差额。

盈余公积是具有特定用途的留存利润,也就是用于生产经营和职工集体福利的留利。盈余公积包括三个内容:

(1) 法定公积金。法定公积金是根据《公司法》或财务制度的规定提取的一部分利润,提取的比例是10%,用途是弥补亏损、转增资本和在亏损年度发放红利。企业在亏损年度用盈余公积发放红利要在弥补亏损之后并经董事会批准。

(2) 任意公积金。任意公积金是根据董事会决议提取的一部分利润,提取的比例可以根据企业未来发展的需要来确定。

(3) 向投资者分配利润或股利。企业将从税后利润中提取的盈余公积金用于转增资本,股东需要视同利润分配,判断是否需要缴纳企业所得税。

15 小微企业所得税季度申报表如何进行填报?

问题概述

请举例解析小型微利企业季度申报表如何进行填报?

精要解答

一、政策依据

《中华人民共和国企业所得税法实施条例》第九十二条规定,小型微利企业的条件是:从事国家非限制和禁止行业,并符合下列条件的企业:

(1) 工业企业,年度应纳税所得额不超过50万元,从业人数不超过100人,资产总额不超过3 000万元。

(2) 其他企业,年度应纳税所得额不超过50万元,从业人数不超过80人,资产总额不超过1 000万元。

《关于扩大小型微利企业所得税优惠政策范围的通知》(财税〔2017〕43号)规定:

自2017年1月1日至2019年12月31日,将小型微利企业的年应纳税所得额上限由30万元提高至50万元,对年应纳税所得额低于50万元(含50万元)的小型微利企业,其所得减按50%计入应纳税所得额,按20%的税率缴纳企业所得税。

《国家税务总局关于贯彻落实扩大小型微利企业所得税优惠政策范围有关征管问题的公告》(国家税务总局公告2017第23号)明确,企业本年度第一季度预缴企业所得税时,如未完成上一纳税年度汇算清缴，无法判断上一纳税年度是否符合小型微利企业条件的，可暂按企业上一纳税年度第四季度的预缴申报情况判别。符合条件的小型微利企业，在预缴和年度汇算清缴企业所得税时，通过填写纳税申报表的相关内容，即可享受减半征税政策，无须进行专项备案。本年度企业预缴企业所得税时，按照以下规定享受减半征税政策：

(1) 查账征收企业。上一纳税年度为符合条件的小型微利企业，分别按照以下规定处理：

① 按照实际利润额预缴的，预缴时累计实际利润不超过 50 万元的，可以享受减半征税政策。

② 按照上一纳税年度应纳税所得额平均额预缴的，预缴时可以享受减半征税政策。

(2) 定率征收企业。上一纳税年度为符合条件的小型微利企业，预缴时累计应纳税所得额不超过 50 万元的，可以享受减半征税政策。

(3) 定额征收企业。根据减半征税政策规定需要调减定额的，由主管税务机关按照程序调整，依照原办法征收。

(4) 上一纳税年度为不符合小型微利企业条件的企业，预计本年度符合条件的，预缴时累计实际利润或应纳税所得额不超过 50 万元的，可以享受减半征税政策。

(5) 本年度新成立的企业，预计本年度符合小型微利企业条件的，预缴时累计实际利润或应纳税所得额不超过 50 万元的，可以享受减半征税政策。

按照《国家税务总局关于贯彻落实扩大小型微利企业所得税优惠政策范围有关征管问题的公告》(国家税务总局公告 2017 年第 23 号)规定的小型微利企业 2017 年度第一季度预缴时应享受未享受减半征税政策而多预缴的企业所得税，在以后季度应预缴的企业所得税税款中抵减。

二、小型微利企业预缴申报表填写

(一) 必填申报表

企业清算所得计算

(1)《中华人民共和国企业所得税月(季)度预缴纳税申报表(A 类，2015 年版)》。

(2) 附表三《减免所得税额明细表》。

(二) 填写方法

(1)《中华人民共和国企业所得税月(季)度预缴纳税申报表(A 类，2015 年版)》"是否符合小型微利企业"栏次选择"是"。

(2) 将《中华人民共和国企业所得税月(季)度预缴纳税申报表(A 类，2015 年版)》第 9 行"实际利润额"的金额与 15%的乘积填入附表三第 2 行"符合条件的小型微利企业"和第 3 行"其中:减半征税"。

为什么是实际利润额乘以 15%，因为不享受减免政策实际应纳税额＝实际利润×25%，如果享受政策，实际纳税额＝实际利润×50%×20%，这两者差＝实际利润×15%为减免部分。

(3) 附表三《减免所得税额明细表》的相关数据带入《中华人民共和国企业所得税月(季)度预缴纳税申报表(A 类，2015 年版)》第 12 行"减免所得税额"。

(4) 依《中华人民共和国企业所得税月(季)度预缴纳税申报表(A 类，2015 年版)》第 17 行"本月(季)实际应补(退)所得税额"累计金额的数据缴纳税款。

(三) 案例分析

案例 1

某企业 2017 年符合小型微利企业的条件，第一季度累计实际利润额为 0 元，第二季度累计实际利润额为 500 000 元，则第二季度申报表填写如下：

中华人民共和国企业所得税月(季)度预缴纳税申报表(A类,2015年版)

行次	项目	本期金额	累计金额
1	一、按照实际利润额预缴		
2	营业收入		
3	营业成本		
4	利润总额		
5	加:特定业务计算的应纳税所得额		
6	减:不征税收入和税基减免应纳税所得额(请填附表1)		
7	固定资产加速折旧(扣除)调减额(请填附表2)		
8	弥补以前年度亏损		
9	实际利润额(4行+5行-6行-7行-8行)	500 000	500 000
10	税率(25%)	25%	25%
11	应纳所得税额(9行×10行)	125 000	125 000
12	减:减免所得税额(请填附表3)	75 000	75 000
13	实际已预缴所得税额	—	
14	特定业务预缴(征)所得税额		
15	应补(退)所得税额(11行-12行-13行-14行)	—	50 000
16	减:以前年度多缴在本期抵缴所得税额		
17	本月(季)实际应补(退)所得税额	—	50 000
是否属于小型微利企业:		是□√	否□

附表3 减免所得税额明细表

行次	项目	本期金额	累计金额
1	合计(2行+4行+5行+6行)	75 000	75 000
2	一、符合条件的小型微利企业	75 000	75 000
3	其中:减半征税	75 000	75 000

案例2

某企业2017年第一季度符合小型微利企业的条件,累计实际利润额为100 000元,享受小型微利企业税收优惠15 000元,第二季度累计实际利润额为600 000元,超过小型微利企业的标准,不符合小型微利企业的条件,则第二季度申报表填写如下:

中华人民共和国企业所得税月(季)度预缴纳税申报表(A类,2015年版)

行次	项目	本期金额	累计金额
1	一、按照实际利润额预缴		
2	营业收入		
3	营业成本		
4	利润总额		
5	加:特定业务计算的应纳税所得额		

（续表）

行次	项　目	本期金额	累计金额
6	减：不征税收入和税基减免应纳税所得额（请填附表 1）		
7	固定资产加速折旧（扣除）调减额（请填附表 2）		
8	弥补以前年度亏损		
9	实际利润额（4 行＋5 行－6 行－7 行－8 行）	500 000	600 000
10	税率（25%）	25%	25%
11	应纳所得税额（9 行×10 行）	125 000	150 000
12	减：减免所得税额（请填附表 3）	－15 000	0
13	实际已预缴所得税额	—	10 000
14	特定业务预缴（征）所得税额		
15	应补（退）所得税额（11 行－12 行－13 行－14 行）	—	140 000
16	减：以前年度多缴在本期抵缴所得税额		
17	本月（季）实际应补（退）所得税额	—	140 000
是否属于小型微利企业：	是□	否□✓	

附表 3　减免所得税额明细表

行次	项　目	本期金额	累计金额
1	合计（2 行＋4 行＋5 行＋6 行）	－15 000	0
2	一、符合条件的小型微利企业	－15 000	0
3	其中：减半征税	－15 000	0

案例 3

某企业 2017 年第一季度累计实际利润额为 400 000 元，因新政策尚未出台，预计不符合小型微利企业的条件，未享受小型微利企业税收优惠，第二季度累计实际利润额为 500 000 元，符合小型微利企业的条件，则第二季度申报表填写如下：

中华人民共和国企业所得税月（季）度预缴纳税申报表（A 类，2015 年版）

行次	项　目	本期金额	累计金额
1	一、按照实际利润额预缴		
2	营业收入		
3	营业成本		
4	利润总额		
5	加：特定业务计算的应纳税所得额		
6	减：不征税收入和税基减免应纳税所得额（请填附表 1）		
7	固定资产加速折旧（扣除）调减额（请填附表 2）		
8	弥补以前年度亏损		
9	实际利润额（4 行＋5 行－6 行－7 行－8 行）	100 000	500 000
10	税率（25%）	25%	25%

(续表)

行次	项　　目	本期金额	累计金额
11	应纳所得税额(9 行×10 行)	25 000	125 000
12	减:减免所得税额(请填附表 3)	75 000	75 000
13	实际已预缴所得税额	—	100 000
14	特定业务预缴(征)所得税额		
15	应补(退)所得税额(11 行－12 行－13 行－14 行)	——	0
16	减:以前年度多缴在本期抵缴所得税额		
17	本月(季)实际应补(退)所得税额	——	0
是否属于小型微利企业:		是 □✓	否 □

附表 3　减免所得税额明细表

行次	项　　目	本期金额	累计金额
1	合计(2 行＋4 行＋5 行＋6 行)	75 000	75 000
2	一、符合条件的小型微利企业	75 000	75 000
3	其中:减半征税	75 000	75 000

温馨提示

《中华人民共和国企业所得税月(季)度预缴纳税申报表(A 类,2015 年版)》适用于实行核定征收企业所得税的居民企业预缴月份、季度税款和年度汇算清缴时填报。

16 分支机构多缴税款在汇算清缴时应如何进行处理?

问题概述

海天公司系鸿海公司的分公司,鸿海公司 2017 年第一季度盈利 80 万元,其分公司海天公司预缴企业所得税 10 万元;鸿海公司第二季度盈利 100 万元,其分公司海天公司预缴所得税 12.5 万元;鸿海公司第三季度亏损 20 万元,第四季度亏损 200 万元,全年亏损 40 万元。请问海天公司多缴的税款在汇算清缴时,应由鸿海公司还是海天公司办理退税?

精要解答

《国家税务总局关于印发〈跨地区经营汇总纳税企业所得税征收管理办法〉的公告》(国家税务总局公告 2012 年第 57 号)第六条规定,汇总纳税企业按照《企业所得税法》规定汇总计算的企业所得税,包括预缴税款和汇算清缴应缴应退税款,50%在各分支机构间分摊,各分支机构根据分摊税款就地办理缴库或退库;50%由总机构分摊缴纳,其中 25%就地办理缴库或退库,25%就地全额缴入中央国库或退库。具体的税款缴库或退库程序按照财预〔2012〕40 号文件第五条等相关规定执行。

第八条规定,总机构应将本期企业应纳所得税额的 50%部分,在每月或季度终了后 15 日内就地申报预缴。总机构应将本期企业应纳所得税额的另外 50%部分,按照各分支机构应分摊的比例,在各分支机构之间进行分摊,并及时通知到各分支机构;各分支机构应在每月或季度终了之日起 15 日内，就其分摊的所得税额就地申报预缴。

分支机构未按税款分配数额预缴所得税造成少缴税款的，主管税务机关应按照《征收管理法》的有关规定对其处罚，并将处罚结果通知总机构所在地主管税务机关。

第十条规定，汇总纳税企业应当自年度终了之日起 5 个月内，由总机构汇总计算企业年度应纳所得税额，扣除总机构和各分支机构已预缴的税款，计算出应缴应退税款，按照本办法规定的税款分摊方法计算总机构和分支机构的企业所得税应缴应退税款，分别由总机构和分支机构就地办理税款缴库或退库。

汇总纳税企业在纳税年度内预缴企业所得税税款少于全年应缴企业所得税税款的，应在汇算清缴期内由总、分机构分别结清应缴的企业所得税税款；预缴税款超过应缴税款的，主管税务机关应及时按有关规定分别办理退税，或者经总、分机构同意后分别抵缴其下一年度应缴企业所得税税款。

新申报表变化情况

第二十条规定，汇总纳税企业未按照规定准确计算分摊税款，造成总机构与分支机构之间同时存在一方（或几方）多缴另一方（或几方）少缴税款的，其总机构或分支机构分摊缴纳的企业所得税低于按本办法规定计算分摊的数额的，应在下一税款缴纳期内，由总机构将按本办法规定计算分摊的税款差额分摊到总机构或分支机构补缴；其总机构或分支机构就地缴纳的企业所得税高于按本办法规定计算分摊的数额的，应在下一税款缴纳期内，由总机构将按本办法规定计算分摊的税款差额从总机构或分支机构的分摊税款中扣减。

由此可见，应由海天公司向税务机关办理退税。

温馨提示

总分支机构与母子公司的区别：

母公司是相对于子公司而言的，母公司是子公司的投资主体。子公司是由母公司投资注册成立的，是具有独立法人地位的、可以独立经营的实体。母公司也可以叫做控股公司，在法律上，母公司享有股东权利。

总公司是相对于分公司而言的。一个公司发展了或者为了进一步发展，或者为了市场经营布局的需要所成立的没有法人地位的公司叫做分公司。分公司虽然没有法人地位，但却具有子公司的一般特性，也就是说，可以作为总公司的一个独立经营单位来进行经营运作。由于分公司没有独立的法人地位，它本身没有股东会和董事会，就必须在总公司的直接领导下开展经营管理活动。它所具有的经营管理权，都是总公司授予的。

17　专门从事研发的分支机构需要分摊企业所得税就地缴纳吗？

问题概述

我公司成立分支机构专门为总公司进行研发活动，该分支机构需要缴纳企业所得税吗？

精要解答

根据《国家税务总局关于印发〈跨地区经营汇总纳税企业所得税征收管理办法〉的公告》（国家税务总局公告 2012 年第 57 号）第五条规定：“以下二级分支机构不就地分摊缴纳企业所得税：

（一）不具有主体生产经营职能，且在当地不缴纳增值税、营业税的产品售后服务、内部研发、仓储等汇总纳税企业内部辅助性的二级分支机构，不就地分摊缴纳企业所得税。”

因此，企业若符合以上规定，可以不就地分摊缴纳企业所得税。

温馨提示

除不具有主体生产经营职能的二级分支机构以外，以下类型也不需要就地分摊缴纳企业所得税：

(1) 上年度认定为小型微利企业的，其二级分支机构不就地分摊缴纳企业所得税。

(2) 新设立的二级分支机构，设立当年不就地分摊缴纳企业所得税。

(3) 当年撤销的二级分支机构，自办理注销税务登记之日所属企业所得税预缴期间起，不就地分摊缴纳企业所得税。

(4) 汇总纳税企业在中国境外设立的不具有法人资格的二级分支机构，不就地分摊缴纳企业所得税。

18 跨地区经营汇总纳税企业分支机构设在甘肃，享受西部大开发企业所得税优惠政策，总机构在福建，两个机构企业所得税税率不一样，如何进行汇算清缴？

问题概述

A公司总机构设在福州，分支机构B设在甘肃，按现行企业所得税政策，其设在甘肃2017年的分支机构B可享受西部大开发企业所得税优惠政策，因两地企业所得税税率不同，请问如何进行汇算清缴？

精要解答

根据《国家税务总局关于印发〈跨地区经营汇总纳税企业所得税征收管理办法〉的公告》(国家税务总局公告2012年第57号)第十八条规定："对于按照税收法律、法规和其他规定，总机构和分支机构处于不同税率地区的，先由总机构统一计算全部应纳税所得额，然后按本办法第六条规定的比例和按第十五条计算的分摊比例，计算划分不同税率地区机构的应纳税所得额，再分别按各自的适用税率计算应纳税额后加总计算出汇总纳税企业的应纳所得税总额，最后按本办法第六条规定的比例和按第十五条计算的分摊比例，向总机构和分支机构分摊就地缴纳的企业所得税款。"

温馨提示

对于总分支机构适用不同所得税率的情况，在进行汇总纳税时必须进行两次分摊。第一次分摊的对象是企业的全部应纳税所得额，目的是求出应纳税总额；第二次分摊的对象是应纳税总额，目的是确定各总分支机构应分摊的应纳税额。如果总分支机构适用的企业所得税税率相同，则不需要进行两次分摊。

19 分支机构年度所得税汇算清缴与通常所称的汇算清缴是否相同？

问题概述

2017年某税务机关要求移动公司二级分支机构进行汇算清缴，请问该汇算清缴与通常所称的汇算清缴是否一致？

精要解答

《国家税务总局关于印发〈跨地区经营汇总纳税企业所得税征收管理办法〉的公告》(国家税

务总局公告 2012 年第 57 号）第十条规定：汇总纳税企业应当自年度终了之日起 5 个月内，由总机构汇总计算企业年度应纳所得税额，扣除总机构和各分支机构已预缴的税款，计算出应缴应退税款，按照本办法规定的税款分摊方法计算总机构和分支机构的企业所得税应缴应退税款，分别由总机构和分支机构就地办理税款缴库或退库。

汇总纳税企业在纳税年度内预缴企业所得税税款少于全年应缴企业所得税税款的，应在汇算清缴期内由总、分机构分别结清应缴的企业所得税税款；预缴税款超过应缴税款的，主管税务机关应及时按有关规定分别办理退税，或者经总、分机构同意后分别抵缴其下一年度应缴企业所得税税款。

第十一条规定："汇总纳税企业汇算清缴时，总机构除报送企业所得税年度纳税申报表和年度财务报表外，还应报送汇总纳税企业分支机构所得税分配表、各分支机构的年度财务报表和各分支机构参与企业年度纳税调整情况的说明；分支机构除报送企业所得税年度纳税申报表（只填列部分项目）外，还应报送经总机构所在地主管税务机关受理的汇总纳税企业分支机构所得税分配表、分支机构的年度财务报表（或年度财务状况和营业收支情况）和分支机构参与企业年度纳税调整情况的说明。

分支机构参与企业年度纳税调整情况的说明，可参照企业所得税年度纳税申报表附表'纳税调整项目明细表'中列明的项目进行说明，涉及需由总机构统一计算调整的项目不进行说明。"

分支机构汇算清缴与通常所称的汇算清缴不同，不是以自己核算的会计利润为基础进行纳税调整来计算所得税，主要工作仍由总机构进行。

温馨提示

跨地区经营汇总纳税企业汇算清缴的主体仍然是总机构，分支机构并不需要进行年度纳税调整，自行计算应纳税所得额和应纳税额，只是根据总机构填报的分配表中应缴应退的税款，就地申报补退税。为了保证汇缴工作的顺利进行，也需要分支机构填列年度纳税申报表，但只需要填列有限的几项，与总机构的年度纳税申报完全是两个概念。同时，为便利就地实施税务检查，也需要分支机构报送参与企业年度纳税调整情况的说明，该说明由总机构确认后提交，涉及需由总机构统一计算调整的项目不进行说明。

20 汇总纳税的企业，其中一个分支机构在年度中间结束经营，进行了注销税务登记，那么年终汇算清缴时按什么分摊比例进行补税或退税？

问题概述

宏盛化工有限公司于 2013 年在广东设立二级分支机构，2017 年 6 月因生产经营需要，宏盛化工有限公司决定将设在广东的二级分支机构进行注销，请问年终汇算清缴时对分支机构按什么分摊比例进行补税或退税？

精要解答

《国家税务总局关于印发〈跨地区经营汇总纳税企业所得税征收管理办法〉的公告》（国家税务总局公告 2012 年第 57 号）第五条规定："以下二级分支机构不就地分摊缴纳企业所得税：……

（四）当年撤销的二级分支机构，自办理注销税务登记之日所属企业所得税预缴期间起，不就地分摊缴纳企业所得税。"

第十条规定:"汇总纳税企业应当自年度终了之日起 5 个月内,由总机构汇总计算企业年度应纳所得税额,扣除总机构和各分支机构已预缴的税款,计算出应缴应退税款,按照本办法规定的税款分摊方法计算总机构和分支机构的企业所得税应缴应退税款,分别由总机构和分支机构就地办理税款缴库或退库。

汇总纳税企业在纳税年度内预缴企业所得税税款少于全年应缴企业所得税税款的,应在汇算清缴期内由总、分机构分别结清应缴的企业所得税税款;预缴税款超过应缴税款的,主管税务机关应及时按有关规定分别办理退税,或者经总、分机构同意后分别抵缴其下一年度应缴企业所得税税款。"

第十五条规定:"分支机构分摊比例按上述方法一经确定后,除出现本办法第五条第(四)项和第十六条第二、三款情形外,当年不作调整。"

根据《财政部 国家税务总局中国人民银行关于印发〈跨省市总分机构企业所得税分配及预算管理办法〉的通知》(财预〔2012〕40 号)的规定,汇总清算企业总机构汇总计算企业年度应纳所得税额,扣除总机构和各境内分支机构已预缴的税款,计算出应补应退税款,分别由总机构和各分支机构(不包括当年已办理注销税务登记的分支机构)就地办理税款缴库或退库。

因此,当年有注销分支机构的情况,注销的分支机构应自办理注销税务登记之日起不再就地分摊缴纳企业所得税,并且调整分配比例。年度终了汇算清缴时,按调整后的分配比例计算现有分支机构应补和应退税款。

温馨提示

汇总纳税企业应当自年度终了之日起 5 个月内,由总机构汇总计算企业年度应纳所得税额,扣除总机构和各分支机构已预缴的税款,计算出应缴应退税款,按照《跨地区经营汇总纳税企业所得税征收管理办法》规定的税款分摊方法计算总机构和分支机构的企业所得税应缴应退税款,分别由总机构和分支机构就地办理税款缴库或退库。企业在汇算清缴时,多退少补的税款须在总分机构之间分摊,各分支机构也要参与汇算清缴,此举解决了总机构所在地税务机关补、退税压力过大的问题。

21 对二级分支机构查补税款如何在总分机构之间进行分摊?

问题概述

对二级分支机构查补税款如何在总分机构之间进行分摊?

精要解答

《国家税务总局关于印发〈跨地区经营汇总纳税企业所得税征收管理办法〉的公告》(国家税务总局公告 2012 年第 57 号)第二十八条规定,二级分支机构所在地主管税务机关应配合总机构所在地主管税务机关对其主管二级分支机构实施税务检查,也可以自行对该二级分支机构实施税务检查。

二级分支机构所在地主管税务机关自行对其主管二级分支机构实施税务检查,可对查实项目按照《企业所得税法》的规定自行计算查增的应纳税所得额和应纳税额。

计算查增的应纳税所得额时,应减除允许弥补的汇总纳税企业以前年度亏损;对于需由总机构统一计算的税前扣除项目,不得由分支机构自行计算调整。

二级分支机构应将查补所得税款的 50%分摊给总机构缴纳,其中 25%就地办理缴库,25%

就地全额缴入中央国库；50%分摊给该二级分支机构就地办理缴库。具体的税款缴库程序按照财预〔2012〕40 号文件第五条等相关规定执行。

汇总纳税企业缴纳查补所得税款时，总机构应向其所在地主管税务机关报送经二级分支机构所在地主管税务机关受理的汇总纳税企业分支机构所得税分配表和二级分支机构所在地主管税务机关出具的税务检查结论，二级分支机构也应向其所在地主管税务机关报送汇总纳税企业分支机构所得税分配表和税务检查结论。

温馨提示

对二级分支机构查补税款计算与分摊入库问题的处理要遵循三个原则：一是要坚持法人所得税制；二是要遵循《财政部 国家税务总局中国人民银行关于印发〈跨省市总分机构企业所得税分配及预算管理办法〉的通知》（财预〔2012〕40 号）（以下简称 40 号文件）的基本分配框架；三是要尽量提高二级分支机构所在地税务机关就地监管的积极性。二级分支机构所在地主管税务机关可自行对其主管二级分支机构实施税务检查，但对查补税款的计算应按照法人所得税制的要求进行，不得侵犯纳税人的合法权益。对二级分支机构的查补税款，50%应分配给总机构缴纳（总机构所在地和中央国库待分配账户各占 25%），50%分配给参与检查的二级分支机构缴纳，没参与检查的其他二级分支机构不参与查补税款的分配。

22 分支机构数据有变，如何分摊税款？

问题概述

A 公司为跨省经营汇总纳税的总机构，按月申报企业所得税，今年 7 月申报企业所得税时发现分支机构营业收入、职工薪酬和资产总额数据发生了变化，请问计算分支机构分摊所得税款的比例时需要采用最新数据吗？

精要解答

不需要。

根据《国家税务总局关于印发〈跨地区经营汇总纳税企业所得税征收管理办法〉的公告》（国家税务总局公告 2012 年第 57 号）的规定，总机构应按照上年度分支机构的营业收入、职工薪酬和资产总额三个因素计算各分支机构分摊所得税款的比例；三级及以下分支机构，其营业收入、职工薪酬和资产总额统一计入二级分支机构；三因素的权重依次为 0.35、0.35 和 0.30。

上年度分支机构的营业收入、职工薪酬和资产总额，指分支机构上年度全年的营业收入、职工薪酬数据和上年度 12 月 31 日的资产总额数据，是依照国家统一会计制度的规定核算的数据。

一个纳税年度内，总机构首次计算分摊税款时采用的分支机构营业收入、职工薪酬和资产总额数据，与此后经过中国注册会计师审计确认的数据不一致的，不作调整。

温馨提示

对于企业分摊比例计算错误的情况，《跨地区经营汇总纳税企业所得税征收管理办法》（国家税务总局公告 2012 年第 57 号发布）第二十条规定："汇总纳税企业未按照规定准确计算分摊税款，造成总机构与分支机构之间同时存在一方（或几方）多缴另一方（或几方）少缴税款的，其总机构或分支机构分摊缴纳的企业所得税低于按本办法规定计算分摊的数额的，应在下一税款缴纳期内，由总机构将按本办法规定计算分摊的税款差额分摊到总机构或分支机构补缴；其总机构或分支机构就地缴纳的企业所得税高于按本办法规定计算分摊的数额的，应在下一税款缴纳期内，由总机构将按本办法规定计算分摊的税款差额从总机构或分支机构的分摊税款中扣减。"

23 已注销分支机构应分摊的查补税款如何缴纳?

问题概述

2017年10月市国税稽查局对我公司(总机构)进行税务检查时发现,我公司存在如下问题:一是列支手续费,扣除凭证不合规;二是列支了不得税前扣除的员工商业保险费。因此,该稽查局对我公司作出调增2014年及2015年应纳税所得额,补缴税款并加收滞纳金的处理决定。

由于我公司是跨地区经营汇总纳税企业,按相关文件规定,我公司针对2014年度及2015年度补缴的税款,应在本机构所属地缴纳50%税款,剩余部分在各分支机构所属地分摊缴纳。然而我公司在全国其他地区有20多个分支机构,有1个分支机构在2016年已经注销。那么,已注销的分支机构该如何补缴分摊的税款?

精要解答

《跨地区经营汇总纳税企业所得税征收管理办法》(国家税务总局公告2012年第57号发布)第二十七条规定:"总机构应将查补所得税款(包括滞纳金、罚款,下同)的50%按照本办法第十五条规定计算的分摊比例,分摊给各分支机构(不包括本办法第五条规定的分支机构)缴纳,各分支机构根据分摊查补税款就地办理缴库;50%分摊给总机构缴纳,其中25%就地办理缴库,25%就地全额缴入中央国库。……汇总纳税企业缴纳查补所得税款时,总机构应向其所在地主管税务机关报送汇总纳税企业分支机构所得税分配表和总机构所在地主管税务机关出具的税务检查结论,各分支机构也应向其所在地主管税务机关报送经总机构所在地主管税务机关受理的汇总纳税企业分支机构所得税分配表和税务检查结论。"

根据上述文件,2014年度及2015年度补缴的税款,应在本机构所属地缴纳50%税款,剩余部分在全国各分支机构所属地分摊缴纳。但是对以前存在但现在已经注销的分支机构分摊到的补缴税款应如何入库,规定不明确。建议可与税务机关协商解决,将本应由已注销分支机构承担的税款,统一在总机构所属地缴纳入库。

温馨提示

建筑企业所属二级或二级以下分支机构直接管理的项目部(包括与项目部性质相同的工程指挥部、合同段等,下同)不就地预缴企业所得税,其经营收入、职工工资和资产总额应汇总到二级分支机构统一核算,由二级分支机构按照规定的办法预缴企业所得税。

建筑企业总机构直接管理的跨地区设立的项目部,应按项目实际经营收入的0.2%按月或按季由总机构向项目所在地预分企业所得税,并由项目部向所在地主管税务机关预缴。

跨地区经营的项目部(包括二级以下分支机构管理的项目部)应向项目所在地主管税务机关出具总机构所在地主管税务机关开具的《外出经营活动税收管理证明》,未提供上述证明的,项目部所在地主管税务机关应督促其限期补办;不能提供上述证明的,应作为独立纳税人就地缴纳企业所得税。同时,项目部应向所在地主管税务机关提供总机构出具的证明该项目部属于总机构或二级分支机构管理的证明文件。

24 汇算清缴中补缴税额如何进行会计处理?

问题概述

宏达实业有限公司2017年企业所得税汇算清缴结束后,自查中发现有一笔存货需视同销售收入而没有作计入需补缴企业所得税，请问补缴企业所得税会计上应如何处理？

精要解答

企业清算
剩余财产分配

《企业会计准则第 28 号——会计政策、会计估计变更和差错更正》第十一条规定，前期差错，是指由于没有运用或错误运用下列两种信息，而对前期财务报表造成省略漏或错报。

(1) 编报前期财务报表时预期能够取得并加以考虑的可靠信息。

(2) 前期财务报告批准报出时能够取得的可靠信息。

前期差错通常包括计算错误、应用会计政策错误、疏忽或曲解事实以及舞弊产生的影响以及存货、固定资产盘盈等。

第十二条规定，企业应当采用追溯重述法更正重要的前期差错，但确定前期差错累积影响数不切实可行的除外。

追溯重述法，是指在发现前期差错时，视同该项前期差错从未发生过，从而对财务报表相关项目进行更正的方法。

根据上述规定，对所属年度的所得税费用的调整属于对所属年度财务报表信息的更正，应先通过"以前年度损益调整——所得税费用"科目，进而结转记入"利润分配——未分配利润"科目。

计算应补缴税款：

借：以前年度损益调整——所得税费用

　贷：应交税费——应交所得税

结转：

借：利润分配——未分配利润

　贷：以前年度损益调整——所得税费用

温馨提示

《国家税务总局〈关于印发企业所得税汇算清缴管理办法〉的通知》(国税发〔2009〕79 号)规定，纳税人在汇算清缴期内发现当年企业所得税申报有误的，可在汇算清缴期内重新办理企业所得税年度纳税申报；纳税人在纳税年度内预缴企业所得税税款少于应缴企业所得税税款的，应在汇算清缴期内结清应补缴的企业所得税税款；预缴税款超过应纳税款的，主管税务机关应及时按有关规定办理退税，或者经纳税人同意后抵缴其下一年度应缴企业所得税税款。

25 企业所得税汇算清缴时税收政策风险提示的内容，企业是否一定要根据提示内容更正数据？

问题概述

企业所得税汇算清缴时税收政策风险提示的内容，企业是否一定要根据提示内容更正数据？

精要解答

《国家税务总局关于为纳税人提供企业所得税税收政策风险提示服务有关问题的公告》(国家税务总局公告 2017 年第 10 号)规定："三、税收政策风险提示服务流程：

……

(二) 针对系统推送的风险提示信息，由纳税人自愿选择是否修正，可以自行确定是否调整、修改、补充数据或信息，也可以直接进入纳税申报程序；

……

四、有关说明

税法中的亏损=会计上的亏损?

(一) 税收政策风险提示服务不改变纳税人依法自行计算申报缴纳税额、享受法定权益、承担法律责任的权利和义务。

(二) 税收政策风险提示服务是税务机关为纳税人提供的一项纳税服务，纳税人可以根据自身经营情况，自愿选择风险提示服务，自行决定风险修正。”

因此，纳税人可以自愿选择是否修正，可以自行确定是否调整、修改、补充数据或信息，也可以直接进入纳税申报程序。不强制要求一定要更改数据。但不改变纳税人自行汇算清缴，承担相关法律责任的权利和义务。

温馨提示

《国家税务总局关于为纳税人提供企业所得税税收政策风险提示服务有关问题的公告》(国家税务总局公告 2017 年第 10 号)的规定，税收政策风险提示服务是税务机关为纳税人提供的一项纳税服务，纳税人可以根据自身经营情况，自愿选择风险提示服务，自行决定风险修正，所以，纳税人可以自愿选择税收政策风险提示服务。

26 资产负债表日后事项税会差异分析

问题概述

宏泰实业有限公司于 2017 年 11 月 2 日销售一批商品给宏达实业有限公司，取得收入 100 万元(不含税，增值税税率 17%)，宏泰实业有限公司按规定确认收入 100 万元并结转成本 80 万元。2017 年 12 月 31 日宏泰实业有限公司没有收到该笔货款，由于产品质量问题，该批货物于 2018 年 1 月 15 日被退回。宏泰实业有限公司于 2018 年 2 月 28 日完成 2017 年所得税汇算清缴，请问税收与会计上处理该项交易事项有何差异?

精要解答

《国家税务总局关于确认企业所得税收入若干问题的通知》(国税函〔2008〕875 号)规定，企业为促进商品销售而在商品价格上给予的价格扣除属于商业折扣，商品销售涉及商业折扣的，应当按照扣除商业折扣后的金额确定销售商品收入金额。

债权人为鼓励债务人在规定的期限内付款而向债务人提供的债务扣除属于现金折扣，销售商品涉及现金折扣的，应当按扣除现金折扣前的金额确定销售商品收入金额，现金折扣在实际发生时作为财务费用扣除。

企业因售出商品的质量不合格等原因而在售价上给的减让属于销售折让；企业因售出商品质量、品种不符合要求等原因而发生的退货属于销售退回。企业已经确认销售收入的售出商品发生销售折让和销售退回，应当在发生当期冲减当期销售商品收入。

《企业会计准则第 29 号——资产负债表日后事项》对于资产负债表日后的调整事项，准则要求调整报告年度的相关报表，因此企业在进行报告年度的汇算清缴时，应按照调整以后的利润表填报企业所得税年度申报表.企业所得税相关政策在此可能会产生差异。

宏泰实业有限公司会计上进行下列处理：

(1) 2018 年 1 月 15 日，调整销售收入：

借：以前年度损益调整　　1 000 000
　　应交税费——应交增值税（销项税额）　　170 000
　贷：应收账款　　1 170 000

（2）调整销售成本：

借：库存商品　　800 000
　贷：以前年度损益调整　　800 000

（3）调整应缴纳的所得税：

借：应交税费——应交所得税　　50 000
　贷：以前年度损益调整　　50 000

（4）将“以前年度损益调整”科目余额转入未分配利润：

借：利润分配——未分配利润　　150 000
　贷：以前年度损益调整　　150 000

（5）调整报告年度相关财务报表：

会计上调减营业收入100万元，调减营业成本80万元。

按《国家税务总局关于确认企业所得税收入若干问题的通知》（国税函〔2008〕875号）规定，企业已经确认销售收入的售出商品发生销售折让和销售退回，应当在发生当期冲减当期销售收入。

由此可见，宏泰实业有限公司已经确认销售收入的售出商品发生销售折让和销售退回，应当在发生当期冲减当期销售收入。

税会差异主要是，准则上要求调整报告年度（2017年度）的损益，而国税函〔2008〕875号文件则要求调整发生当期（2018年度）的损益。

温馨提示

《国家税务总局关于印发〈企业所得税汇算清缴管理办法〉的通知》（国税发〔2009〕79号）规定，纳税人应当自纳税年度终了之日起5个月内，进行汇算清缴，结清应缴应退企业所得税税款；纳税人在汇算清缴期内发现当年企业所得税申报有误的，可在汇算清缴期内重新办理企业所得税年度纳税申报。

会计准则规定，年度财务报告报出时间是次年的1月1日至4月30日。如果销售退回属于资产负债表日后事项，会计核算应该调整报告年度的损益。由于报告年度的企业所得税汇算期还没有结束，纳税人可以重新申报纳税，以调整后的损益为基数进行其他事项的纳税调整，计算应纳税额，会计与税法没有差额。

27 企业在年度中间办理注销，企业所得税是否要进行纳税申报和汇算清缴？

问题概述

某公司系一般纳税人，2017年因生产经营不善倒闭，2017年8月进行清算，请问如何进行税务处理？

精要解答

《中华人民共和国企业所得税法》第五十三条规定：“企业在一个纳税年度中间开业，或者终止经营活动,使该纳税年度的实际经营期不足十二个月的,应当以其实际经营期为一个纳税年度。企业依法清算时,应当以清算期间作为一个纳税年度。"

第五十五条规定:"企业在年度中间终止经营活动的,应当自实际经营终止之日起六十日内,向税务机关办理当期企业所得税汇算清缴。企业应当在办理注销登记前,就其清算所得向税务机关申报并依法缴纳企业所得税。"

因此,企业在年度中间办理注销前,应当以其实际经营期为一个纳税年度,进行纳税申报和汇算清缴;依法清算时,应当以清算期间作为一个纳税年度,依法计算清算所得及其应纳所得税。

温馨提示

企业进行清算时应按进行两项税务处理,首先是应当以其实际经营期为一个纳税年度进行汇算清缴;然后根据《财政部 国家税务总局关于企业清算业务企业所得税处理若干问题的通知》(财税〔2009〕60号)规定,进行清算,企业应将整个清算期作为一个独立的纳税年度计算清算所得。企业的全部资产可变现价值或交易价格,减除资产的计税基础、清算费用、相关税费,加上债务清偿损益等后的余额,为清算所得。

28 企业清算时,是否可以弥补以前年度亏损?

问题概述

宏达公司于2010年成立,因生产经营不善截至2016年年底亏损500万元,2017年8月经董事会决定进行清算,请问该企业清算时以前年度的亏损是否能弥补?

精要解答

《中华人民共和国企业所得税法》第十八条规定:"企业纳税年度发生的亏损,准予向以后年度结转,用以后年度的所得弥补,但结转年限最长不得超过五年。"

《财政部 国家税务总局关于企业清算业务企业所得税处理若干问题的通知》(财税〔2009〕60号)规定:"三、企业清算的所得税处理包括以下内容:……(四)依法弥补亏损,确定清算所得……"

因此,企业清算可以弥补结转年限未超过5年的以前年度亏损。

温馨提示

《中华人民共和国企业所得税法》第五十三条规定,企业依法清算时,应当以清算期间作为一个纳税年度。

《财政部 国家税务总局关于企业清算业务企业所得税处理若干问题的通知》(财税〔2009〕60号)规定,企业应当整个清算期作为一个独立的纳税年度计算清算所得。

企业进行清算应分为两个阶段进行,首先应对本年度生产经营所得进行所得税汇算清缴;其次是将清算单独作为一个纳税年度计算清算所得。

29 企业跨区迁移是否需要进行企业所得税清算处理?

问题概述

宏达实业有限公司于2017年经董事会决议需要迁移到另一城市,请问该公司是否需要企业所得税清算处理?

精要解答

《财政部 国家税务总局关于企业清算业务企业所得税处理若干问题的通知》(财税〔2009〕60号)第一条规定,企业清算的所得税处理,是指企业在不再持续经营,发生结束自身业务、处置资产、偿还债务以及向所有者分配剩余财产等经济行为时,对清算所得、清算所得税、股息分配等事项的处理。企业跨区迁移,仍持续经营,不结束自身业务,不应进行企业清算的所得税处理。

《财政部 国家税务总局关于企业重组业务企业所得税处理若干问题的通知》(财税〔2009〕59号)第一条规定,企业法律形式改变,是指企业注册名称、住所以及企业组织形式等的简单改变;按照财税〔2009〕59号第四条第(一)项的规定,企业由法人转变为个人独资企业、合伙企业等非法人组织,或将登记注册地转移至中华人民共和国境外(包括港澳台地区),应视同企业进行清算、分配,股东重新投资成立新企业。企业的全部资产以及股东投资的计税基础均应以公允价值为基础确定。企业发生其他法律形式简单改变的,可直接变更税务登记,除另有规定外,有关企业所得税纳税事项(包括亏损结转、税收优惠等权益和义务)由变更后企业承继,但因住所发生变化而不符合税收优惠条件的除外。企业将经营地址变更属于企业法律形式改变,可直接变更税务登记,除另有规定外,有关企业所得税纳税事项(包括亏损结转、税收优惠等权益和义务)由变更后企业承继,不需清算。

温馨提示

《财政部 国家税务总局关于企业清算业务企业所得税处理若干问题的通知》(财税〔2009〕60号)第二条规定,下列企业应进行清算的所得税处理:

(1) 按《公司法》《企业破产法》等规定需要进行清算的企业。

(2) 企业重组中需要按清算处理的企业。

第三条规定,企业清算的所得税处理包括以下内容:

(1) 全部资产均应按可变现价值或交易价格,确认资产转让所得或损失。

(2) 确认债权清理、债务清偿的所得或损失。

(3) 改变持续经营核算原则,对预提或待摊性质的费用进行处理。

(4) 依法弥补亏损,确定清算所得。

(5) 计算并缴纳清算所得税。

(6) 确定可向股东分配的剩余财产、应付股息等。

30 企业以减资方式弥补亏损是否要缴纳企业所得税?

问题概述

企业通过减资方式弥补亏损,企业账务处理为:

借:实收资本

　贷:未分配利润

该事项是否需要调增当年度应纳税所得额?

精要解答

《国家税务总局关于贯彻落实企业所得税法若干税收问题的通知》(国税函〔2010〕79号)规

定,企业权益性投资取得股息、红利等收入,应以被投资企业股东会或股东大会作出利润分配或转股决定的日期,确定收入的实现。

被投资企业将股权(票)溢价所形成的资本公积转为股本的,不作为投资方企业的股息、红利收入,投资方企业也不得增加该项长期投资的计税基础。

被投资企业减资弥补亏损,投资企业应按从被投资企业减少投资,再以减资额投入被投资企业用于弥补亏损两项业务进行所得税处理;被投资企业应作为取得其他收入进行所得税处理,即并入收入总额计算应纳税所得额。

温馨提示

《中华人民共和国企业所得税法》规定,企业纳税年度发生的亏损,准予向以后年度结转,用以后年度的所得弥补,但结转年限最长不得超过 5 年。

31 如何理解关于从法定亏损弥补年度中减除停止生产经营年度的规定?

问题概述

如何理解关于从法定亏损弥补年度中减除停止生产经营年度的规定?

精要解答

《企业政策性搬迁所得税管理办法》(国家税务总局公告 2012 年第 40 号发布)第二十一条规定,企业以前年度发生尚未弥补的亏损的,凡企业由于搬迁停止生产经营无所得的,从搬迁年度次年起,至搬迁完成年度前一年度止,可作为停止生产经营活动年度,从法定亏损结转弥补年限中减除;企业边搬迁、边生产的,其亏损结转年度应连续计算。

企业所得税法定亏损弥补年度为 5 年,政策性搬迁企业在搬迁过程中可能处于停产状态,不可能产生用于弥补亏损的应纳税所得额,若仍按 5 年期限弥补亏损明显不合理,国家税务总局公告 2012 年第 40 号允许由于搬迁停止生产经营无所得的企业,从搬迁年度次年起,至搬迁完成年度前一年度止,可作为停止生产经营活动年度,从法定亏损结转弥补年限中减除。例如,某企业 2015 年发生亏损,按规定应在 2020 年之前弥补,但 2014—2018 年因发生政策性搬迁而停产,则可以从 5 年期限中减除搬迁年度次年(2015 年)至搬迁完成年度前一年(2018 年),该企业此项亏损实际可以在 2023 年之前弥补。

需要注意,如果边搬迁,边生产,因为企业在搬迁中仍然产生可弥补亏损的应纳税所得额,因此仍然应严格按照 5 年法定期限弥补亏损,而不能从中减除搬迁期间所跨年度。

温馨提示

《企业政策性搬迁所得税管理办法》(国家税务总局公告 2012 年第 40 号发布)规定,搬迁完成年度具体如下:

(1) 从搬迁开始,5 年内(包括搬迁当年度)任何一年完成搬迁的。

(2) 从搬迁开始,搬迁时间满 5 年(包括搬迁当年度)的年度,例如某企业从搬迁开始已满 5 年仍未完成,则第 5 年视为搬迁完成年度。

(3) 为防止企业故意迁延搬迁完成年度以递延纳税义务,如果搬迁规划已基本完成,或者当年生产经营收入占规划搬迁前年度生产经营收入 50%以上的,视该年度为搬迁完成年度。

(4) 企业边搬迁、边生产的,搬迁年度应从实际开始搬迁的年度计算。

32 A公司境外所得弥补完境内当年亏损后，是否可以再用以后年度境内盈利弥补？

问题概述

A公司2016年境内亏损30万元，境外所得70万元，用境外所得弥补了境内当年亏损，2017年境内所得80万元是否可以再弥补上一年度的境内亏损？

精要解答

《国家税务总局关于发布〈企业境外所得税收抵免操作指南〉的公告》(国家税务总局公告2010年第1号)规定：若企业境内所得为亏损，境外所得为盈利，且企业已使用同期境外盈利全部或部分弥补了境内亏损，则境内已用境外盈利弥补的亏损不得再用以后年度境内盈利重复弥补。由此，在计算境外所得抵免限额时，形成当期境内、外应纳税所得总额小于零的，应以零计算当期境内、外应纳税所得总额，其当期境外所得税的抵免限额也为零。上述境外盈利在境外已纳的可予抵免但未能抵免的税额可以在以后5个纳税年度内进行结转抵免。

因此，根据文件规定，若企业境内所得为亏损，境外所得为盈利，且企业已使用同期境外盈利全部或部分弥补了境内亏损，则境内已用境外盈利弥补的亏损不得再用以后年度境内盈利重复弥补。

温馨提示

《企业所得税法》第十七条规定，企业在汇总计算缴纳企业所得税时，其境外营业机构的亏损不得抵减境内营业机构的盈利，但境外营业机构的应税所得可弥补境内亏损。

33 企业所得税核定征收改为查账征收，汇算清缴时可弥补核定征收年度利润表的亏损吗？

问题概述

宏达实业有限公司2015年为企业所得税核定征收，按核定征收率缴纳了企业所得税，当年财务报表中的利润表为亏损；2016年改为查账征收。那么2017年申报2016年的年度所得税汇算清缴时，能否将2015年的亏损额填到弥补以前年度亏损的表格中？

精要解答

《中华人民共和国企业所得税法》第十八条规定，企业纳税年度发生的亏损，准予向以后年度结转，用以后年度的所得弥补，但结转年限最长不得超过5年。

《国家税务总局关于印发〈企业所得税核定征收办法(试行)〉的通知》(国税发〔2008〕30号)规定，纳税人具有下列情形之一的，核定征收企业所得税：

(1) 依照法律、行政法规的规定可以不设置账簿的。

(2) 依照法律、行政法规的规定应当设置但未设置账簿的。

(3) 擅自销毁账簿或者拒不提供纳税资料的。

(4) 虽设置账簿，但账目混乱或者成本资料、收入凭证、费用凭证残缺不全，难以查账的。

(5) 发生纳税义务，未按照规定的期限办理纳税申报，经税务机关责令限期申报，逾期仍不申报的。

(6) 申报的计税依据明显偏低，又无正当理由的。

由此可见,可税前弥补的亏损,是纳税申报后确认的亏损额。企业核定征收企业所得税的,纳税申报时,不会形成亏损,所以改查账征收后,并没有可以弥补的亏损。

温馨提示

《国家税务总局关于印发〈企业所得税核定征收办法(试行)〉的通知》(国税发〔2008〕30 号)规定,税务机关应根据纳税人具体情况,对核定征收企业所得税的纳税人,核定应税所得率或者核定应纳所得税额。具有下列情形之一的,核定其应税所得率:

(1) 能正确核算(查实)收入总额,但不能正确核算(查实)成本费用总额的。

(2) 能正确核算(查实)成本费用总额,但不能正确核算(查实)收入总额的。

(3) 通过合理方法,能计算和推定纳税人收入总额或成本费用总额的。

纳税人不属于以上情形的,核定其应纳所得税额。

34 一个纳税人是否可以同时采用查账征收和核定征收两种方式征收企业所得税?

问题概述

A 公司是房地产开发企业,2016 年被税务机关事后核定征收,但是除了住宅销售收入外,还有租金收入,是否可以对租金收入单独采用查账征收方式征税,而不采取核定征收的方式?

精要解答

《关于印发〈企业所得税核定征收办法〉(试行)的通知》(国税发〔2008〕30 号)第三条规定:“纳税人具有下列情形之一的,核定征收企业所得税:

(一) 依照法律、行政法规的规定可以不设置账簿的;

(二) 依照法律、行政法规的规定应当设置但未设置账簿的;

(三) 擅自销毁账簿或者拒不提供纳税资料的;

(四) 虽设置账簿,但账目混乱或者成本资料、收入凭证、费用凭证残缺不全,难以查账的;

(五) 发生纳税义务,未按照规定的期限办理纳税申报,经税务机关责令限期申报,逾期仍不申报的;

(六) 申报的计税依据明显偏低,又无正当理由的。

特殊行业、特殊类型的纳税人和一定规模以上的纳税人不适用本办法。上述特定纳税人由国家税务总局另行明确。”

纳税人不可能存在企业所得税既符合查账征收条件又符合核定征收条件,无论是事前核定,还是事后核定,只要是核定征收,只能按照一种征收方式,租金收入也应当并入总收入中按照核定利润率计算税款。

温馨提示

核定征收期间不能弥补查账征收期间的亏损,但是需作为弥补亏损年限计算,转为查账征收以后,如果仍在亏损弥补年限内可继续弥补亏损。

35 核定征收企业注销时的所得税应如何计算?

问题概述

我公司是一家核定征收企业所得税的零售批发企业(一般纳税人),我公司收入能准确核算，实际发生的支出未能全部取得合法票据，现打算注销。

请问：中介机构帮我们做注销审计时，是按我们和主管税务机关约定的核定征收来计算企业所得税，还是按查账征收方式来计算企业所得税？

征收方式改变后如何弥补以前年度亏损

精要解答

根据《财政部 国家税务总局关于企业清算业务企业所得税处理若干问题的通知》（财税〔2009〕60）第一条规定，企业清算所得税处理，是指企业在不再持续经营，发生结束自身业务、处置资产、偿还债务以及向所有者分配剩余财产等经济行为时，对清算所得、清算所得税、股息分配等事项的处理。因此，企业不再持续经营，按《公司法》《企业破产法》，企业重组中需要按清算处理的企业按要求都应进行清算所得税处理，与是否为核定征收没有关系。企业应将整个清算期作为一个独立的纳税年度计算清算所得，进行纳税申报。

温馨提示

根据《国家税务总局关于印发〈中华人民共和国企业清算所得税申报表〉的通知》（国税函〔2009〕388 号）的规定，清算应纳税所得额＝清算所得－免税收入－不征税收入－其他免税所得－弥补以前年度亏损。

36 外国企业常驻代表机构，采取按经费支出换算收入方式核定非居民企业应纳税所得额，营改增后应该如何计算？

问题概述

外国企业常驻代表机构，采取按经费支出换算收入方式核定非居民企业应纳税所得额，营改增后应该如何计算？

精要解答

《外国企业常驻代表机构税收管理暂行办法》（国税发〔2010〕18 号）原公式为："收入额＝本期经费支出额 /（1－核定利润率－营业税税率）；应纳企业所得税额 ＝ 收入额×核定利润率×企业所得税税率。"

自 2016 年 5 月 1 日营改增后，对于原来缴纳营业税的收入改为缴纳增值税，由于营业税是价内税，增值税是价外税，上述计算公式已不能准确换算非居民企业的应纳税所得额。因此《国家税务总局关于修改按经费支出换算收入方式核定非居民企业应纳税所得额计算公式的公告》（国家税务总局公告 2016 年第 28 号）规定："自 2016 年 5 月 1 日起，《外国企业常驻代表机构税收管理暂行办法》（国税发〔2010〕18 号）第七条第一项第 1 目规定的计算公式修改为：应纳税所得额＝本期经费支出额/（1－核定利润率）×核定利润率。"

温馨提示

《国家税务总局关于修改按经费支出换算收入方式核定非居民企业应纳税所得额计算公式的公告》（国家税务总局公告 2016 年第 28 号）除将《外国企业常驻代表机构税收管理暂行办法》（国税发〔2010〕18 号文件印发）第七条第一项第 1 目规定的计算公式修改为：应纳税所得额＝本期经费支出额/（1－核定利润率）×核定利润率；同时将《非居民企业所得税核定征收管理办法》（国税发〔2010〕19 号）第四条第三项规定的计算公式修改为：应纳税所得额＝本期经费支出额/（1－核定利润率）×核定利润率；以及《国家税务总局关于发布〈中华人民共和国非居民企业所得税年度纳税申报表〉等报表的公告》（国家税务总局公告 2015 年第 30 号）附件 6 第七条第

13项的计算公式修改为:换算的收入额=经费支出总额÷(1−核定利润率)。

37 分支机构能否核定征收?

问题概述

企业存在非跨区分支机构,是否为汇总纳税企业,不能实行核定征收?实际工作中,部分类似企业如面包加工企业,设立很多门点,都有办理分支机构登记证,企业增值税和所得税由总机构缴纳。总机构符合核定征收条件的,能否执行核定征收?

精要解答

《国家税务总局关于企业所得税核定征收若干问题的通知》(国税函〔2009〕377号)规定:

"一、国税发〔2008〕30号文件第三条第二款所称'特定纳税人'包括以下类型的企业:

(一)享受《中华人民共和国企业所得税法》及其实施条例和国务院规定的一项或几项企业所得税优惠政策的企业(不包括仅享受《中华人民共和国企业所得税法》第二十六条规定免税收入优惠政策的企业);

(二)汇总纳税企业;

(三)上市公司;

(四)银行、信用社、小额贷款公司、保险公司、证券公司、期货公司、信托投资公司、金融资产管理公司、融资租赁公司、担保公司、财务公司、典当公司等金融企业;

(五)会计、审计、资产评估、税务、房地产估价、土地估价、工程造价、律师、价格鉴证、公证机构、基层法律服务机构、专利代理、商标代理以及其他经济鉴证类社会中介机构;

(六)国家税务总局规定的其他企业。"

《国家税务总局关于印发〈跨地区经营汇总纳税企业所得税征收管理办法〉的公告》(国家税务总局公告2012年第57号)第三十一条规定,汇总纳税企业不得核定征收企业所得税。

因此,分支机构不适用核定征收方式。

温馨提示

《国家税务总局关于印发〈跨地区经营汇总纳税企业所得税征收管理办法〉的公告》(国家税务总局公告2012年第57号)第五条规定,以下二级分支机构不就地分摊缴纳企业所得税:

(1)不具有主体生产经营职能,且在当地不缴纳增值税、营业税的产品售后服务、内部研发、仓储等汇总纳税企业内部辅助性的二级分支机构,不就地分摊缴纳企业所得税。

(2)上年度认定为小型微利企业的,其二级分支机构不就地分摊缴纳企业所得税。

(3)新设立的二级分支机构,设立当年不就地分摊缴纳企业所得税。

(4)当年撤销的二级分支机构,自办理注销税务登记之日所属企业所得税预缴期间起,不就地分摊缴纳企业所得税。

(5)汇总纳税企业在中国境外设立的不具有法人资格的二级分支机构,不就地分摊缴纳企业所得税。

38 共同建房如何纳税?

问题概述

A公司与B公司共有一块土地,并在该土地上开发了房产。B公司将房产自行卖掉,A公司向法院起诉，法院判决双方各获得房款的一半，A公司收到B公司支付的一半的款项，是否需要申报缴纳企业所得税？

精要解答

《中华人民共和国企业所得税法》(中华人民共和国主席令第63号)第六条规定："企业以货币形式和非货币形式从各种来源取得的收入，为收入总额。包括：

……

(三) 转让财产收入；

……"

《中华人民共和国企业所得税法实施条例》(中华人民共和国国务院令第512号)第十六条规定："企业所得税法第六条第(三)项所称转让财产收入，是指企业转让固定资产、生物资产、无形资产、股权、债权等财产取得的收入。"

因此，A公司与B公司共有一块土地并开发了房产，享有房产的所有权，B公司出售房产相当于A公司转让固定资产，则A公司需要按照企业所得税法确认转让财产的收入申报缴纳企业所得税。

温馨提示

《房地产开发经营业务企业所得税处理办法》(国税发〔2009〕31号)第三十六条规定：企业以本企业为主体联合其他企业、单位、个人合作或合资开发房地产项目，且该项目未成立独立法人公司的，按下列规定进行处理：

(1) 凡开发合同或协议中约定向投资各方(即合作、合资方，下同)分配开发产品的，企业在头次分配开发产品时，如该项目已经结算计税成本，其应分配给投资方开发产品的计税成本与其投资额之间的差额计入当期应纳税所得额；如未结算计税成本，则将投资方的投资额视同销售收入进行相关的税务处理。

(2) 凡开发合同或协议中约定分配项目利润的，应按以下规定进行处理：

第一，企业应将该项目形成的营业利润额并入当期应纳税所得额统一申报缴纳企业所得税，不得在税前分配该项目的利润。同时不能因接受投资方投资额而在成本中摊销或在税前扣除相关的利息支出。

第二，投资方取得该项目的营业利润应视同股息、红利进行相关的税务处理。

39 房地产企业汇算清缴如何填报申报表A105010明细表？

问题概述

盛达房地产开发企业，2016年取得山水花园项目预售收入10 000万元，税金及附加500万元(会计未计入损益)，管理费用200万元，销售费用200万元，财务费用100万元；2017年山水花园项目完工备案，成本6 000万元，管理费用100万元，销售费用100万元，财务费用50万元；同年又开发了书香花园项目，取得预售收入8 000万元，税金及附加400万元(会计未计入损益)，管理费用180万元，销售费用180万元，财务费用120万元。预计毛利率15%。

精要解答

(一) 2016年

将山水花园预售收入10 000万元填入A105010《视同销售和房地产开发企业特定业务纳税调整明细表》第23行"销售未完工产品的收入"，将预计毛利额10 000×15%＝1 500(万元)，填入第24行"销售未完工产品预计毛利额"，将税金及附加500万元填入第25行"实际发生的营业税金及附加、土地增值税"。

（二）2017 年

山水花园项目:将已转为完工收入的 10 000 万元填入 A105010《视同销售和房地产开发企业特定业务纳税调整明细表》第 27 行"销售未完工产品转完工产品确认的销售收入",将预计毛利额 1 500 万元填入第 28 行"转回的销售未完工产品预计毛利额",将税金及附加 500 万元填入第 29 行"转回实际发生的税金及附加、土地增值税"。

书香花园项目:2017 年的书香花园项目预售收入填报同 2016 年山水花园预售收入。

2016 年 A105010 明细表填报情况如下:

视同销售和房地产开发企业特定业务纳税调整明细表(A105010) 单位:万元

行次	项目	税收金额	纳税调整金额
		1	2
1	一、视同销售(营业)收入(2+3+4+5+6+7+8+9+10)		
21	三、房地产开发企业特定业务计算的纳税调整额(22-26)	1 000	1 000
22	(一)房地产企业销售未完工开发产品特定业务计算的纳税调整额(24-25)	1 000	1 000
23	1. 销售未完工产品的收入	100 000	*
24	2. 销售未完工产品预计毛利额	1 500	1 500
25	3. 实际发生的营业税金及附加、土地增值税	500	500
26	(二)房地产企业销售的未完工产品转完工产品特定业务计算的纳税调整额(28-29)		
27	1. 销售未完工产品转完工产品确认的销售收入		*
28	2. 转回的销售未完工产品预计毛利额		
29	3. 转回实际发生的营业税金及附加、土地增值税		

2017 年 A105010 明细表填报情况如下:

视同销售和房地产开发企业特定业务纳税调整明细表(A105010) 单位:万元

行次	项目	税收金额	纳税调整金额
		1	2
1	一、视同销售(营业)收入(2+3+4+5+6+7+8+9+10)		
21	三、房地产开发企业特定业务计算的纳税调整额(22-26)	-200	-200
22	(一)房地产企业销售未完工开发产品特定业务计算的纳税调整额(24-25)	800	800
23	1. 销售未完工产品的收入	8 000	*
24	2. 销售未完工产品预计毛利额	1 200	1 200
25	3. 实际发生的营业税金及附加、土地增值税	400	400
26	(二)房地产企业销售的未完工产品转完工产品特定业务计算的纳税调整额(28-29)	1 000	1 000
27	1. 销售未完工产品转完工产品确认的销售收入	10 000	*
28	2. 转回的销售未完工产品预计毛利额	1 500	1 500
29	3. 转回实际发生的营业税金及附加、土地增值税	500	500

温馨提示

根据财会〔2016〕22 号文规定，全面试行营业税改征增值税后，“营业税金及附加”科目名称调整为“税金及附加”，这是一个损益类科目。该科目核算企业经营活动发生的消费税、城市维护建设税、资源税、教育费附加及房产税、土地使用税、车船税、印花税等相关税费。原来房产税、土地使用税、车船税、印花税这四个税金放在“管理费用”科目中核算，现集中至该科目核算。

40 如何确认房地产完工时间？

问题概述

房地产企业与购房人签订的购房协议中约定以精装房交付。精装房的毛坯房通过建设局工程竣工验收备案，因房屋未完全装修结束，无法按时向购房人交付。直到当地建设工程质量安全监督管理部门出具了有关证明，证明装修质量合格后才能履行房屋交付手续。企业是否可以在取得证明的年度确认为完工年度？

精要解答

《国家税务总局关于印发〈房地产开发经营业务企业所得税处理办法〉的通知》(国税发〔2009〕31 号)规定，企业房地产开发经营业务包括土地的开发，建造、销售住宅、商业用房以及其他建筑物、附着物、配套设施等开发产品。除土地开发之外，其他开发产品符合下列条件之一的，应视为已经完工：

(1) 开发产品竣工证明材料已报房地产管理部门备案。

(2) 开发产品已开始投入使用。

(3) 开发产品已取得了初始产权证明。

房产企业在销售合同中约定建造的开发产品装修一次到位(精装修)的，鉴于精装修房在装修项目未完成前无法准确核算计税成本，因此，以开发产品取得相关职能部门出具的装饰装修工程施工质量竣工验收合格证明时，视为已经完工。

温馨提示

《国家税务总局关于房地产开发企业开发产品完工条件确认问题的通知》(国税函〔2010〕201 号)规定，根据《国家税务总局关于房地产开发经营业务征收企业所得税问题的通知》(国税发〔2006〕31 号)规定精神和《国家税务总局关于印发〈房地产开发经营业务企业所得税处理办法〉的通知》(国税发〔2009〕31 号)第三条规定，房地产开发企业建造、开发的开发产品，无论工程质量是否通过验收合格，或是否办理完工(竣工)备案手续以及会计决算手续，当企业开始办理开发产品交付手续(包括入住手续)、或已开始实际投入使用时，为开发产品开始投入使用，应视为开发产品已经完工。房地产开发企业应按规定及时结算开发产品计税成本，并计算企业当年度应纳税所得额。

41 法院判决偿还银行的债务，涉及税款应由谁缴纳？

问题概述

M 银行于 2016 年贷款 1.5 亿元给宏达实业有限公司，2017 年宏达实业有限公司破产倒闭，无法偿还 M 银行的债务，被法院判决以厂房抵偿债务 1.5 亿元。现因需要办理产权过户，涉及缴纳税款,请问这笔税款应由谁缴纳?

精要解答

(1)《国家税务总局关于人民法院强制执行被执行人财产有关税收问题的复函》(国税函〔2005〕869号)规定:"二、无论拍卖、变卖财产的行为是纳税人的自主行为,还是人民法院实施的强制执行活动,对拍卖、变卖财产的全部收入,纳税人均应依法申报缴纳税款。

……

四、鉴于人民法院实际控制纳税人因强制执行活动而被拍卖、变卖财产的收入,根据《中华人民共和国税收征收管理法》第五条的规定,人民法院应当协助税务机关依法优先从该收入中征收税款。"

(2)《中华人民共和国税收征收管理法》(第九届全国人民代表大会常务委员会第二十一次会议修订)第四十五条规定:"税务机关征收税款,税收优先于无担保债权,法律另有规定的除外;纳税人欠缴的税款发生在纳税人以其财产设定抵押、质押或者纳税人的财产被留置之前的,税收应当先于抵押权、质权、留置权执行。

纳税人欠缴税款,同时又被行政机关决定处以罚款、没收违法所得的,税收优先于罚款、没收违法所得。

税务机关应当对纳税人欠缴税款的情况定期予以公告。"

(3)《中华人民共和国企业所得税法实施条例》(中华人民共和国国务院令第512号)第二十五条规定:"企业发生非货币性资产交换,以及将货物、财产、劳务用于捐赠、偿债、赞助、集资、广告、样品、职工福利或者利润分配等用途的,应当视同销售货物、转让财产或者提供劳务,但国务院财政、税务主管部门另有规定的除外。"

根据上述规定,人民法院实施的强制执行活动,将纳税人的房产用于偿债,属于企业所得税上视同销售收入,纳税人应依法申报缴纳税款。同时人民法院应当协助税务机关依法优先从该收入中征收税款。

温馨提示

《国家税务总局关于人民法院强制执行被执行人财产有关税收问题的复函》(国税函〔2005〕869号)规定:

(1)人民法院的强制执行活动属司法活动,不具有经营性质,不属于应税行为,税务部门不能向人民法院的强制执行活动征税。

(2)无论拍卖、变卖财产的行为是纳税人的自主行为,还是人民法院实施的强制执行活动,对拍卖、变卖财产的全部收入,纳税人均应依法申报缴纳税款。

(3)税收具有优先权。《中华人民共和国税收征收管理法》第四十五条规定,税务机关征收税款,税收优先于无担保债权,法律另有规定的除外;纳税人欠缴的税款发生在纳税人以其财产设定抵押、质押或者纳税人的财产被留置之前的,税收应当先于抵押权、质权、留置权执行。

(4)鉴于人民法院实际控制纳税人因强制执行活动而被拍卖、变卖财产的收入,根据《中华人民共和国税收征收管理法》第五条的规定,人民法院应当协助税务机关依法优先从该收入中征收税款。

42 国资委控股企业间的股权无偿划拨能否适用特殊性重组政策?

问题概述

国资委控股企业间的股权无偿划拨能否适用特殊性重组政策?

精要解答

《国家税务总局稽查局关于2017年股权转让检查工作的指导意见》(税总稽便函〔2017〕165号)明确,《财政部 国家税务总局关于促进企业重组有关企业所得税处理问题的通知》(财税〔2014〕109号)第三条规定:对100%直接控制的居民企业之间,以及受同一或相同多家居民企业100%直接控制的居民企业之间按账面净值划转股权或资产,凡具有合理商业目的、不以减少、免除或者推迟缴纳税款为主要目的,股权或资产划转后连续12个月内不改变被划转股权或资产原来实质性经营活动,且划出方企业和划入方企业均未在会计上确认损益的,可以适用特殊性税务处理。

因国资委并不是企业,国资委100%控股企业间的股权无偿划拨的情况,不适用这一政策。

温馨提示

《财政部 国家税务总局关于企业重组业务企业所得税处理若干问题的通知》(财税〔2009〕79号)规定,如果企业重组同时符合下列条件的,适用特殊性税务处理规定:

(1) 具有合理的商业目的,且不以减少、免除或者推迟缴纳税款为主要目的。

(2) 被收购、合并或分立部分的资产或股权比例符合本通知规定的比例。

(3) 企业重组后的连续12个月内不改变重组资产原来的实质性经营活动。

(4) 重组交易对价中涉及股权支付金额符合本通知规定比例。

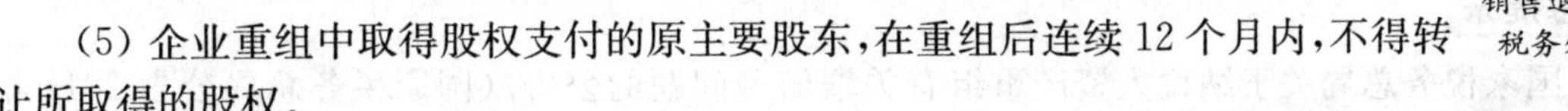

(5) 企业重组中取得股权支付的原主要股东,在重组后连续12个月内,不得转让所取得的股权。

销售退回的税务处理

企业重组符合上述规定条件的,交易各方对其交易中的股权支付部分,可以按以下规定进行特殊性税务处理。

重组交易各方按特殊性税务处理规定对交易中股权支付暂不确认有关资产的转让所得或损失的,其非股权支付仍应在交易当期确认相应的资产转让所得或损失,并调整相应资产的计税基础。

非股权支付对应的资产转让所得或损失 =(被转让资产的公允价值 − 被转让资产的计税基础)×(非股权支付金额 ÷ 被转让资产的公允价值)

43 投资设立新公司是否适用资产划转的特殊性税务处理?

问题概述

宏达实业有限公司于2017年将其所属分公司的资产、负债、劳动力一并打包,投资设立了宏盛有限公司。宏达实业有限公司将分公司资产、负债、劳动力一并打包投资设立宏盛有限公司,是否符合国家税务总局公告2015年第40号文件规定,是否适用资产划转的特殊性税务处理?

精要解答

《财政部 国家税务总局关于促进企业重组有关企业所得税处理问题的通知》(财税〔2014〕109号)规定,关于股权、资产划转:对100%直接控制的居民企业之间,以及受同一或相同多家居民企业100%直接控制的居民企业之间按账面净值划转股权或资产,凡具有合理商业目的、不以减少、免除或者推迟缴纳税款为主要目的,股权或资产划转后连续12个月内不改变被划转股权或资产原来实质性经营活动,且划出方企业和划入方企业均未在会计上确认损益的,可以选择按以下规定进行特殊性税务处理：

(1) 划出方企业和划入方企业均不确认所得。

(2) 划入方企业取得被划转股权或资产的计税基础，以被划转股权或资产的原账面净值确定。

(3) 划入方企业取得的被划转资产，应按其原账面净值计算折旧扣除。

《国家税务总局关于资产(股权)划转企业所得税征管问题的公告》(国家税务总局公告2015 年第 40 号)规定："一、《通知》第三条所称'100%直接控制的居民企业之间，以及受同一或相同多家居民企业 100%直接控制的居民企业之间按账面净值划转股权或资产'，限于以下情形：

(一) 100%直接控制的母子公司之间，母公司向子公司按账面净值划转其持有的股权或资产，母公司获得子公司 100%的股权支付。母公司按增加长期股权投资处理，子公司按接受投资(包括资本公积，下同)处理。母公司获得子公司股权的计税基础以划转股权或资产的原计税基础确定。

……"

宏达实业有限公司将分公司资产、负债、劳动力一并打包投资设立宏盛有限公司，符合上述文件的规定，可以按特殊性税务进行处理。

温馨提示

《国家税务总局关于纳税人资产重组有关增值税问题的公告》(国家税务总局公告 2011 年第 13 号)规定，纳税人在资产重组过程中，通过合并、分立、出售、置换等方式，将全部或者部分实物资产以及与其相关联的债权、负债和劳动力一并转让给其他单位和个人，不属于增值税的征税范围，其中涉及的货物转让，不征收增值税。

44 对于初始取得的资产为国有资产无偿划拨，企业改组改制后该资产评估增值应如何入账，如何进行税务处理？

问题概述

A 公司是一家存续期较长的国有企业，初始取得的固定资产，如房屋土地等为国有资产无偿划拨取得，在企业改组改制时，该资产重新按照公允价值评估，(主要就是房屋和土地)，评估后的价值增幅很大，如果按照新的价值入账，但由于增值部分均为房屋和土地，企业并没有相应的现金入账，其产生的增值部分是否应缴纳企业所得税？

精要解答

《中华人民共和国企业所得税法实施条例》第五十六条规定："企业的各项资产，包括固定资产、生物资产、无形资产、长期待摊费用、投资资产、存货等，以历史成本为计税基础。前款所称历史成本，是指企业取得该项资产时实际发生的支出。企业持有各项资产期间资产增值或者减值，除国务院财政、税务主管部门规定可以确认损益外，不得调整该资产的计税基础。"

根据《国家税务总局关于全民所有制企业公司制改制企业所得税处理问题的公告》(国家税务总局公告 2017 年第 34 号)的规定，全民所有制企业改制为国有独资公司或者国有全资子公司，属于财税〔2009〕59 号文件第四条规定的"企业发生其他法律形式简单改变"的，可依照以下规定进行企业所得税处理：改制中资产评估增值不计入应纳税所得额；资产的计税基础按其原有计税基础确定；资产增值部分的折旧或者摊销不得在税前扣除。全民所有制企业资产评估增值相关材料应由改制后的企业留存备查。

温馨提示

《财政部 国家税务总局关于企业改制上市资产评估增值企业所得税处理政策的通知》(财税〔2015〕65号)规定，符合条件的国有企业，其改制上市过程中发生资产评估增值可按以下规定处理：

(1) 国有企业改制上市过程中发生的资产评估增值，应缴纳的企业所得税可以不征收入库，作为国家投资直接转增该企业国有资本金(含资本公积，下同)，但获得现金及其他非股权对价部分，应按规定缴纳企业所得税。

资产评估增值是指按同一口径计算的评估减值冲抵评估增值后的余额。

(2) 国有企业100%控股(控制)的非公司制企业、单位，在改制为公司制企业环节发生的资产评估增值，应缴纳的企业所得税可以不征税入库，作为国家投资直接转增改制后公司制企业的国有资本金。

(3) 经确认的评估增值资产，可按评估价值入账并按有关规定计提折旧或摊销，在计算应纳税所得额时允许扣除。

45 《纳税调整明细表》(A105000)第6行“交易性金融资产初始投资调整”如何填报？

问题概述

A公司2017年1月20日从二级市场购买B公司流通股10万股，每股市价5.5元，其中包含已宣告尚未发放的现金股利0.5元，在交易时发生相关交易费用3 000元。上述款项A公司均用银行存款付讫。会计进行以下处理：

借:交易性金融资产——投资成本	500 000
投资收益	3 000
应收股利	50 000
贷:银行存款	553 000

请问：在《纳税调整明细表》(A105000)第6行“交易性金融资产初始投资调整”如何填报？

精要解答

《中华人民共和国企业所得税年度纳税申报表(A类，2017年版)》(A105000)《纳税调整项目明细表》填报说明，第6行“(五)交易性金融资产初始投资调整”：第3列“调增金额”填报纳税人根据税收规定确认交易性金融资产初始投资金额与会计核算的交易性金融资产初始投资账面价值的差额。

(1) “交易性金融资产初始投资调整”只有“调增金额”项目。“账载金额”“税收金额”和“调减金额”项目不需要填写。

(2) 第3列“调增金额”填报纳税人根据税法规定确认交易性金融资产初始投资金额与会计核算的交易性金融资产初始投资账面价值的差额。

(3) 该项目只填写“交易性金融资产初始投资调整”，交易性金融资产持有调整和处置调整填写A105030《投资收益纳税调整明细表》和A107010《免税、减计收入及加计扣除优惠明细表》。

(4) 交易性金融资产初始投资计量产生的差异，属于暂时性差异，交易性金融资产持有和处置税收调整需要关注,特别是处置时需要关注会计账面价值和计税基础的差异。

(5)企业初始确认金融资产或金融负债,应当按照公允价值计量。对于以公允价值计量且其变动计入当期损益的金融资产或金融负债,相关交易费用应当直接计入当期损益;对于其他类别的金融资产或金融负债,相关交易费用应当计入初始确认金额。

A公司账务处理购入股票发生的交易费用3 000元记入“投资收益”科目借方,进当期会计损益,属于会计与税法差异,即2017年度纳税申报表时,填报本行第4列“调增金额”3 000元。此项投资的会计账面价值为500 000元,计税基础为503 000元,将来处置时需要关注该项差异。

温馨提示

以公允价值计量且其变动计入当期损益的金融资产,其初始投资发生的相关交易费用直接计入当期损益,税法规定以历史成本为计税基础,交易费应计入相关金融资产或金融负债成本。

特别说明,根据财会〔2017〕7号文件规定,至2018年1月1日起在境内外同时上市的企业,以公允价值计量且其变动计入当期损益的金融资产,发生的交易费用,计入初始投资成本,与计税基础相同,税会无差异。

46 母公司吸收合并子公司如何进行税务处理?

问题概述

国有独资公司A(以下称A公司)下属有三家全资子公司甲、乙、丙,成立时间均为2008年,从成立至今均未做过股权变更。为了优化资源配置,降低管理成本,A公司拟精简机构,经上级控股集团公司批准,吸收合并其下属的三家全资子公司。A公司吸收合并全资子公司后,成立了B分公司,上级控股集团批复吸收合并基准日为2016年8月31日。甲、乙、丙三家公司于2016年11月17日办理了营业执照注销手续,变更了A公司的经营范围,同时领取了B分公司的营业执照。2016年11月30日,A公司、B分公司完成了相关的账务处理。在合并基准日,甲、乙、丙公司2012—2016年(截至8月31日)可供弥补的亏损分别为120万元、1 400万元、700万元。

请问:

(1)如何理解重组日和重组完成年度?

(2)A公司是否适用特殊性税务处理?

(3)甲、乙、丙三家公司以前年度亏损如何弥补?

精要解答

(1)国家税务总局公告2015年48号规定:合并,以合并合同(协议)生效、当事各方已进行会计处理且完成工商新设登记或变更登记日为重组日。重组业务完成当年,是指重组日所属的企业所得税纳税年度。据此,2016年11月17日为合并重组日,2016年为重组完成年度。

(2)A公司持有甲、乙、丙三家全资子公司各100%股权,A公司吸收合并甲、乙、丙公司后,应作投资收回处理,A公司无需向第三方支付对价,符合不需要支付对价的企业合并的条件。国家税务总局公告2010年第4号规定,财税〔2009〕59号文件第六条第(四)项规定的同一控制,是指参与合并的企业在合并前后均受同一方或相同的多方最终控制,且该控制并非暂时性的。能够参与合并的企业在合并前后均实施最终控制权的相同多方,是指根据合同或协议的约定,对参与合并企业的财务和经营政策拥有决定控制权的投资者群体。在企业合并前,参与合并各方受最终控制方的控制在12个月以上，企业合并后所形成的主体在最终控制方的控制时间也应达到连续12个月。

本案例中，甲、乙、丙公司均为A公司的全资子公司，A公司为国有独资公司，其实际控制方为控股集团，控股集团通过持有A公司100%的股权间接控股甲、乙、丙公司，且甲、乙、丙公司存续期均超12个月，合并年度可暂按“同一控制”处理。

A公司吸收合并全资子公司的目的是为了优化资源配置、提高经营效率，合并后，B分公司与A公司属于同一法人，承接甲、乙、丙公司的资产、负债、员工等，不改变重组资产原来的实质性经营活动。因此，A公司吸收合并全资子公司属于具有合理的商业目的。

综上，母公司吸收合并全资子公司属于同一控制下不需要支付对价的企业合并，且具有合理的商业目的，可以适用特殊性税务处理办法。

(3) 适用特殊性税务处理的，A公司2011至2015年度以及甲、乙、丙公司2012至2016年度尚未弥补的亏损，可由A公司在2016年及以后剩余年限内弥补，每年可由A公司弥补的亏损限额＝被合并企业净资产公允价值×截至合并业务发生当年年末国家发行的最长期限的国债利率。其中，被合并企业的净资产公允价值是指甲、乙、丙公司合并基准日，即2016年8月31日净资产的公允价值。

A公司各年度的应纳税所得额用于弥补以前年度亏损时，最多可弥补金额为A公司以前年度亏损与甲、乙、丙公司弥补限额之和，且弥补后的应纳税所得额以0为限。

温馨提示

根据国家税务总局公告2015年第48号的规定，合并重组当事各方企业适用特殊性税务处理的，以被合并方为主导方，涉及同一控制下多家被合并企业的，以净资产最大的一方为主导方。企业重组业务适用特殊性税务处理的，重组各方应在该重组业务完成当年，办理企业所得税年度申报时，分别向各自主管税务机关报送《企业重组所得税特殊性税务处理报告表及附表》和申报资料。合并中重组一方涉及注销的，应在尚未办理注销税务登记手续前进项申报。重组主导方申报后，其他当事方向其主管税务机关办理纳税申报。申报时还应附送重组主导方经主管税务机关受理的《企业重组所得税特殊性税务处理报告表及附表》复印件。

《企业所得税法》第五十三条规定：“企业在一个纳税年度中间终止经营活动，使该纳税年度的实际经营期不足十二个月的，应当以其实际经营期为一个纳税年度。”《中华人民共和国企业所得税年度纳税申报表》填报说明中明确，纳税人年度中间发生合并、分立、破产、停业等情况的，“税款所属期间”应填报公历当年1月1日至实际停止或法院裁定并宣告破产之日。因此，甲、乙、丙公司应当将2016年1月1日至2016年8月31日作为一个独立的纳税年度，办理企业所得税汇算清缴。

47 母公司以子公司股权投资于另一子公司，如何缴纳企业所得税？

问题概述

上海甲公司和杭州乙公司是北京A集团公司的全资子公司，甲公司、乙公司、A集团公司均为非上市公司。上海甲公司2016年12月经会计中介机构审定后净资产公允价值为8 000万元(北京A集团公司对上海甲公司的初始投资成本为1 000万元)，杭州乙公司实收资本1 000万元，2017年2月8日北京A集团公司以其持有上海甲公司的25%的股权对杭州乙公司增资2 000万元(合同约定2月8日生效)。请问：北京A集团公司该笔业务如何缴纳企业所得税？

精要解答

此项投资不符合《财政部 国家税务总局关于企业重组业务企业所得税处理若干问题的通知》(财税〔2009〕59号)及《财政部 国家税务总局关于促进企业重组有关企业所得税处理问题的通知》(财税〔2014〕109号)规定的特殊性税务处理的条件,但是符合《财政部 国家税务总局关于非货币性资产投资企业所得税政策问题的通知》(财税〔2014〕116号)的规定,自2014年1月1日起,企业(指居民企业)以非货币性资产对外投资确认的非货币性资产转让所得,可在不超过5年期限内,分期均匀计入相应年度的应纳税所得额,按规定计算缴纳企业所得税。企业以非货币性资产对外投资,应对非货币性资产进行评估并按评估后的公允价值扣除计税基础后的余额,计算确认非货币性资产转让所得。

所以,北京A集团公司可以选择非货币性资产转让所得分5年均匀确认所得,2017年确认350万元,即(2 000－250)÷5＝350(万元)。

企业以非货币性资产对外投资,应于投资协议生效并办理股权登记手续时,确认非货币性资产转让收入的实现。根据《国家税务总局关于非货币性资产投资企业所得税有关征管问题的公告》(国家税务总局公告2015年第33号)规定,关联企业之间发生的非货币性资产投资行为,投资协议生效后12个月内尚未完成股权变更登记手续的,于投资协议生效时,确认非货币性资产转让收入的实现。

所以,如果杭州乙公司在2018年2月7日以前完成股权变更登记手续,以完成股权变更登记手续时间确认非货币性资产转让收入的实现,申报缴纳企业所得税。若杭州乙公司在2018年2月7日以前未完成股权变更登记手续,则以合同生效之日,即2017年1月8日确认非货币性资产转让收入的实现,申报缴纳企业所得税。

温馨提示

若以上市公司股票进行股权投资,那么还需要视同销售按照金融商品转让缴纳增值税,以卖出价减去买入价后的余额确认销售额。如个人从事金融商品转让业务免征增值税;值得注意的是,税法中的个人包含个体工商户和其他个人(即自然人)。

48 总公司将下属全资子公司变更为分公司,是否需要清算?

问题概述

总公司将下属全资子公司变更为分公司,是否可以按照《财政部 国家税务总局关于企业重组业务企业所得税处理若干问题的通知》(财税〔2009〕59号)规定,企业发生其他法律形式简单改变的,可直接变更税务登记?

精要解答

《财政部 国家税务总局关于企业重组业务企业所得税处理若干问题的通知》(财税〔2009〕59号)规定:“一、本通知所称企业重组,是指企业在日常经营活动以外发生的法律结构或经济结构重大改变的交易,包括企业法律形式改变、债务重组、股权收购、资产收购、合并、分立等。

(一)企业法律形式改变,是指企业注册名称、住所以及企业组织形式等的简单改变,但符合本通知规定其他重组的类型除外。

……

四、企业重组,除符合本通知规定适用特殊性税务处理规定的外,按以下规定进行税务处理:

（一）企业由法人转变为个人独资企业、合伙企业等非法人组织，或将登记注册地转移至中华人民共和国境外（包括港澳台地区），应视同企业进行清算、分配，股东重新投资成立新企业。企业的全部资产以及股东投资的计税基础均应以公允价值为基础确定。

企业发生其他法律形式简单改变的，可直接变更税务登记，除另有规定外，有关企业所得税纳税事项（包括亏损结转、税收优惠等权益和义务）由变更后企业承继，但因住所发生变化而不符合税收优惠条件的除外。

……"

《财政部　国家税务总局关于促进企业重组有关企业所得税处理问题的通知》（财税〔2014〕109号）规定，关于股权、资产划转：对100%直接控制的居民企业之间，以及受同一或相同多家居民企业100%直接控制的居民企业之间按账面净值划转股权或资产，凡具有合理商业目的、不以减少、免除或者推迟缴纳税款为主要目的，股权或资产划转后连续12个月内不改变被划转股权或资产原来实质性经营活动，且划出方企业和划入方企业均未在会计上确认损益的，可以选择按以下规定进行特殊性税务处理：

（1）划出方企业和划入方企业均不确认所得。

（2）划入方企业取得被划转股权或资产的计税基础，以被划转股权或资产的原账面净值确定。

（3）划入方企业取得的被划转资产，应按其原账面净值计算折旧扣除。

《国家税务总局关于资产（股权）划转企业所得税征管问题的公告》（国家税务总局公告2015年第40号）规定："一、《通知》第三条所称'100%直接控制的居民企业之间，以及受同一或相同多家居民企业100%直接控制的居民企业之间按账面净值划转股权或资产'，限于以下情形：

……

（三）100%直接控制的母子公司之间，子公司向母公司按账面净值划转其持有的股权或资产，子公司没有获得任何股权或非股权支付。母公司按收回投资处理，或按接受投资处理，子公司按冲减实收资本处理。母公司应按被划转股权或资产的原计税基础，相应调减持有子公司股权的计税基础。

……"

因此，总公司将下属全资子公司变更为分公司，不属于其他法律形式简单改变，属于将法人变更为非法人组织，应按收回投资处理。母公司可以选择特殊性税务处理，按被划转股权或资产的原计税基础，相应调减持有子公司股权的计税基础。

温馨提示

（1）母公司吸收合并子公司：母公司原先就控制子公司，吸收合并子公司仅仅改变了母子公司之间关系的法律形式，但没有改变控制的经济实质，不存在"从不控制到控制"的变化过程，所以会计上作为收回投资而不是企业合并处理。

（2）同受一集团控制下的两个企业之间的吸收合并，该两个企业之间原先不存在控制关系，因此合并方通过吸收合并取得了对被合并方业务的控制权，导致报告主体变化，作为企业合并处理。

根据《企业会计准则第20号——企业合并》的规定，同一控制下的企业吸收合并，合并方对于合并日取得的被合并方资产、负债应按其在被合并方的原账面价值确认；合并方对于合并中取得的被合并方净资产账面价值与支付的合并对价账面价值之间的差额，应当调整资本公积（资本溢价），资本公积（资本溢价）不足冲减的，调整留存收益；合并方为进行企业合并发生的各项直接相关费用,包括为进行企业合并支付的审计费用、评估费用、法律服务费用等,应当于发生时计入当期损益(管理费用);为企业合并发行的债券或承担其他债务支付的手续费、佣金等,应当计入所发行债券及其他债务的初始计量金额。企业合并中发行权益性证券发生的手续费、佣金等费用,应当抵减权益性证券溢价收入(资本公积),溢价收入不足冲减的,冲减留存收益。

售后回租的税务处理

49 非居民企业以外币转让股权如何计算转让所得?

问题概述

美国甲公司于2011年6月投资2 000万美元,在中国境内成立乙外商独资企业。投资资本到账当天的美元兑人民币汇率为1∶6.83。2016年1月,甲公司将拥有的乙公司股权全部转让给中国丙公司,转让价款为13 660万元人民币,于2016年2月10日支付,当天美元兑人民币汇率为1∶6.24。请问:甲公司应如何计算此项股权转让所得?

精要解答

《国家税务总局关于加强非居民企业股权转让所得企业所得税管理的通知》(国税函〔2009〕698号)文件第一条规定,本通知所称股权转让所得是非居民企业转让中国居民企业的股权(不包括在公开的证券市场上买入并卖出中国居民企业的股票)所取得的所得。第四条规定,在计算股权转让所得时,以非居民企业向被转让股权的中国居民企业投资时或向原投资方购买该股权时的币种计算股权转让价和股权成本价。如果同一非居民企业存在多次投资的,以首次投入资本时的币种计算股权转让价和股权成本价,以加权平均法计算股权成本价;多次投资时币种不一致的,则应按照每次投入资本当日的汇率换算成首次投资时的币种。

因此,甲公司转让中国居民企业乙公司的股权,应该以取得股权时的币种计算股权转让价和股权成本价,二者外币的差额与转让时的汇率的乘积确定股权转让所得。计算过程如下:

股权转让价:13 660÷6.24=2 189.1(万美元);

股权转让所得:(2 189.1-2 000)×6.24=1 179.98(万美元);

应缴企业所得税:1 179.98×10%=117.998(万美元)。

温馨提示

为进一步简化外汇换算,《国家税务总局关于加强非居民企业股权转让所得企业所得税管理的通知》(国税函〔2009〕698号)自2017年12月1日起全文废止,该项规定被《国家税务总局关于非居民企业所得税源泉扣缴有关问题的公告》(国家税务总局公告2017年第37号)第五条所替代。根据替代后的规定,财产转让收入或财产净值以人民币以外的货币计价的,分扣缴义务人扣缴税款、纳税人自行申报缴纳税款和主管税务机关责令限期缴纳税款三种情形,先将以非人民币计价项目金额按照2017年第37号公告第四条规定的时点汇率折合成人民币金额;再按企业所得税法第十九条第二项及相关规定计算非居民企业财产转让所得应纳税所得额。

2017年第37号公告第四条规定,扣缴义务人支付或者到期应支付的款项以人民币以外的货币支付或计价的,分别按以下情形进行外币折算:“(一)扣缴义务人扣缴企业所得税的,应当按照扣缴义务发生之日人民币汇率中间价折合成人民币,计算非居民企业应纳税所得额。扣缴义务发生之日为相关款项实际支付或者到期应支付之日。(二)取得收入的非居民企业在主管税务机关责令限期缴纳税款前自行申报缴纳应源泉扣缴税款的,应当按照填开税收缴款书之日前一日人民币汇率中间价折合成人民币,计算非居民企业应纳税所得额。(三)主管税务机关责令取得收入的非居民企业限期缴纳应源泉扣缴税款的，应当按照主管税务机关作出限期缴税决定之日前一日人民币汇率中间价折合成人民币，计算非居民企业应纳税所得额。”

举例说明如下：

境外A企业为非居民企业，境内B企业和C企业为居民企业，A企业经过前后两次投资C企业，合计持有C企业40%的股权，2008年8月1日第一次出资100万美元(假设当时人民币汇率中间价为:1美元=8.6元人民币)，2010年9月1日第二次投资50万欧元(假设当时人民币汇率中间价为:1欧元=8.9元人民币)，2016年1月10日A企业以人民币2 000万元将该项股权转让给B企业，合同于当天生效，B企业于2016年1月15日向A企业支付了股权转让款2 000万元，假设2016年1月15日，人民币兑美元和欧元的中间价分别为:1美元=6.6元人民币，1欧元=7.2元人民币。则本次交易财产转让收入为2 000万元人民币；本次交易财产净值为1 020万元人民币(100×6.6+50×7.2)；本次交易应纳税所得额为980万元人民币(2 000－1 020)。

50 外籍股东转换身份，是否属于股权转让？涉及企业所得税吗？

问题概述

我公司是外资企业，外方为加拿大自然人黄某(黄某，持有加拿大枫叶卡，也有中国国籍)，持有公司外方股份80%，2016年5月要把外资转为内资，就是黄某要以中国国籍身份持有公司股份中方80%，在没有涉及其他税种情况下，我公司这样外资转为内资，属于股权转让吗？涉及企业所得税吗？

精要解答

(1)《国家税务总局关于加强非居民企业股权转让所得企业所得税管理的通知》(国税函〔2009〕698号)规定：“三、股权转让所得是指股权转让价减除股权成本价后的差额。

股权转让价是指股权转让人就转让的股权所收取的包括现金、非货币资产或者权益等形式的金额。”

(2)《国家税务总局关于外商投资企业和外国企业原有若干税收优惠政策取消后有关事项处理的通知》(国税发〔2008〕23号)第三条规定：“外商投资企业按照《中华人民共和国外商投资企业和外国企业所得税法》规定享受定期减免税优惠，2008年后，企业生产经营业务性质或经营期发生变化，导致其不符合《中华人民共和国外商投资企业和外国企业所得税法》规定条件的，仍应依据《中华人民共和国外商投资企业和外国企业所得税法》规定补缴其此前(包括在优惠过渡期内)已经享受的定期减免税税款。”

因此，股东身份变更不属于股权转让行为，外商投资企业按照规定享受定期减免税优惠，2008年后，企业生产经营业务性质或经营期发生变化，导致其不符合《中华人民共和国外商投资企业和外国企业所得税法》规定条件的，仍应依据《中华人民共和国外商投资企业和外国企业所得税法》规定补缴其此前(包括在优惠过渡期内)已经享受的定期减免税税款。

温馨提示

《关于外国投资者并购境内企业的规定》(中华人民共和国商务部令2009年第6号)第五十五条规定：“境内公司的自然人股东变更国籍的，不改变该公司的企业性质。”《国家外汇管理局综合司关于取得境外永久居留权的中国自然人作为外商投资企业外方出资者有关问题的批复》(国家外汇管理局综合司综复〔2005〕64号)规定，中国公民取得境外永久居留权后回国投资举办企业，参照执行现行外商直接投资外汇管理法规。中国公民在取得境外永久居留权前在境内投资举办的企业,不享受外商投资企业待遇。

证券市场上,博深工具(002282)公开披露:2004年10月,博深工具前身召开临时股东会会议,同意吸收李建福为公司新股东,李建福以人民币13万元受让原发行人股东持有的5.11万元的出资额。2005年4月,李建福取得新加坡国籍。2006年12月4日,博深工具前身召开临时股东会会议,同意增加公司注册资本,李建福以人民币2.55万元认购2.55万元的增资额,增资完成后,李建福持有公司7.66万元的出资额;2007年6月14日,博深工具召开创立大会,李建福按照净资产折股持有发行人22.1万股股份,并办理工商变更登记。整体变更过程中,发行人向河北省商务厅申请对李建福所持股权性质进行认定。根据商务部外国投资管理司于1月28日以商资综便字〔2008〕第3号文件复函河北省商务厅,认定李建福所持博深工具股份公司的股份为内资股。

综合上述法律法规及案例,可以得出在以上两种情况下,境内自然人股东变更国籍的,不改变该公司的企业性质。

51 企业搬迁没有向税务机关备案能否按政策性搬迁所得税政策进行处理?

问题概述

宏达实业有限公司于2015年因政府需要在其生产经营场所建造高铁车站,在2015年年初按政府要求对工厂进行了搬迁,2015年取得政府政策性搬迁3.5亿元。2017年税务机关在后续管理中发现该公司发生政策性搬迁没有进行备案,要求企业就取得搬迁按非政策性搬迁进行处理,请问税务机关处理是否有政策依据?

精要解答

《关于发布〈企业政策性搬迁所得税管理办法〉的公告》(国家税务总局公告2012年第40号)第二十二条规定,企业应当自搬迁开始年度,至次年5月31日前,向主管税务机关(包括迁出地和迁入地)报送政策性搬迁依据、搬迁规划等相关材料。逾期未报的,除特殊原因并经主管税务机关认可外,按非政策性搬迁处理,不得执行本办法的规定。

由此可见,宏达实业有限公司2015年进行搬迁,应在2016年5月31日前向税务机关进行备案报送有关材料,没有报送的应按非政策性搬迁进行税务处理。企业在搬迁完成年度,向主管税务机关报送企业所得税年度纳税申报表时,还应同时报送《企业政策性搬迁清算损益表》及相关材料。

温馨提示

政策性搬迁收入包括:企业的搬迁收入,《企业政策性搬迁所得税管理办法》(简称《办法》)中规定为搬迁补偿收入和搬迁资产处置收入等。搬迁补偿收入,是指企业在搬迁过程中取得的货币性和非货币性补偿收入,具体包括:对被征用资产价值的补偿;因搬迁、安置而给予的补偿;对停产停业形成的损失而给予的补偿;资产搬迁过程中遭到毁损而取得的保险赔款和其他补偿收入。搬迁资产处置收入,是指企业由于搬迁而处置企业的各类资产所取得的收入。但由于对存货的处置不会因政策性搬迁而受较大影响,因此企业由于搬迁处置存货而取得的收入,应按正常经营活动取得的收入进行所得税处理,不作为企业搬迁收入。

政策性搬迁支出包括:企业的搬迁支出,《办法》规定包括搬迁费用支出和资产处置支出。搬迁费用支出包括,职工安置费用和停工期间工资及福利费、搬迁资产存放费、搬迁资产安装费用以及其他与搬迁相关的费用。资产处置支出包括，变卖各类资产的账面净值，以及处置过程中所发生的税费等支出。对于企业搬迁中报废或废弃的资产，其账面净值也可以作为企业的资产处置支出处理。

52 《纳税调整明细表》(A105000)第5行"按权益法核算长期股权投资对初始投资成本调整确认收益"如何填报？

问题概述

A企业于2017年5月20日以银行存款8 000万元投资B企业，持股比例40%(采用权益法核算)，资产负债表日B企业净资产公允价值为6 000万元，企业所得税申报表如何进行填报？

精要解答

《中华人民共和国企业所得税年度纳税申报表(A类，2017年版)》(A105000)《纳税调整项目明细表》填报说明，第5行"(四)按权益法核算长期股权投资对初始投资成本调整确认收益"：第4列"调减金额"填报纳税人采取权益法核算，初始投资成本小于取得投资时应享有被投资单位可辨认净资产公允价值份额的差额计入取得投资当期的营业外收入的金额。

(1) 第5行"(四)按权益法核算长期股权投资对初始投资成本调整确认收益"只有"调减金额"项目。"账载金额""税收金额"和"调增金额"项目不需要填写。

(2) 该项目只填写"按权益法核算长期股权投资对初始投资成本调整"，长期投资持有调整和处置调整填写A105030《投资收益纳税调整明细表》、A107010《免税、减计收入及加计扣除优惠明细表》、A107011《符合条件的居民企业之间的股息、红利等权益性投资收益优惠明细表》。

(3) 按权益法核算长期股权投资初始计量产生的差异，属于暂时性差异，长期投资持有和处置税收调整则需要关注，特别是处置时需要关注会计账面价值和计税基础的差异。

(4) 第4列"调减金额"填报纳税人采取权益法核算，初始投资成本小于取得投资时应享有被投资单位可辨认净资产公允价值份额的差额计入取得投资当期的营业外收入的金额。

(5) 具体差异：

长期股权投资的初始投资成本小于投资时应享有被投资单位可辨认净资产公允价值份额的，其差额应当计入当期损益，同时调整长期股权投资的成本。

借：长期股权投资——成本

　　贷：营业外收入(调减金额)

初始投资成本大于投资时应享有被投资单位可辨认净资产公允价值份额的，不调整已确认的初始投资成本即无差异。

取得时所支付价款中包含的已宣告未发放的现金股利或债券利息，应作为应收款项。

企业用8 000万元的银行存款购买了B企业公允价值2 400万元股权(支付金额小于被投资企业可辨认净资产公允价值份额，差额计营业外收入)，因此应做纳税调减处理。

温馨提示

采取权益法核算时，会计规定初始投资成本小于投资时应享有被投资单位可辨认净资产公允价值份额的差额计入营业外收入，税收规定不调整长期股权投资成本，税会存在差异。

附录　最新企业所得税政策及解读

国家税务总局关于发布《特别纳税调查调整及相互协商程序管理办法》的公告

国家税务总局公告2017年第6号

为深入贯彻落实《深化国税、地税征管体制改革方案》，进一步完善特别纳税调查调整及相互协商程序管理工作，积极应用税基侵蚀和利润转移(BEPS)行动计划成果，有效执行我国对外签署的避免双重征税协定、协议或者安排，根据《中华人民共和国企业所得税法》及其实施条例、《中华人民共和国税收征收管理法》及其实施细则的有关规定，国家税务总局制定了《特别纳税调查调整及相互协商程序管理办法》，现予以发布，自2017年5月1日起施行。

特此公告。

附件：1. 特别纳税调整自行缴纳税款表(略)

2. 关联关系认定表(略)

3. 关联交易认定表(略)

4. 特别纳税调查结论通知书(略)

5. 协商内容记录(略)

6. 特别纳税调查初步调整通知书(略)

7. 特别纳税调查调整通知书(略)

8. 启动特别纳税调整相互协商程序申请表(略)

9. 特别纳税调整相互协商协议补(退)税款通知书(略)

国家税务总局

2017年3月17日

特别纳税调查调整及相互协商程序管理办法

第一条　根据《中华人民共和国企业所得税法》(以下简称企业所得税法)及其实施条例、《中华人民共和国税收征收管理法》(以下简称税收征管法)及其实施细则以及我国对外签署的避免双重征税协定、协议或者安排(以下简称税收协定)的有关规定，制定本办法。

第二条　税务机关以风险管理为导向，构建和完善关联交易利润水平监控管理指标体系，加强对企业利润水平的监控，通过特别纳税调整监控管理和特别纳税调查调整，促进企业税法遵从。

第三条　税务机关通过关联申报审核、同期资料管理和利润水平监控等手段，对企业实施特别纳税调整监控管理，发现企业存在特别纳税调整风险的，可以向企业送达《税务事项通知书》，提示其存在的税收风险。

企业收到特别纳税调整风险提示或者发现自身存在特别纳税调整风险的，可以自行调整补税。企业自行调整补税的，应当填报《特别纳税调整自行缴纳税款表》。

企业自行调整补税的，税务机关仍可按照有关规定实施特别纳税调查调整。

企业要求税务机关确认关联交易定价原则和方法等特别纳税调整事项的，税务机关应当启动特别纳税调查程序。

第四条　税务机关实施特别纳税调查，应当重点关注具有以下风险特征的企业：

（一）关联交易金额较大或者类型较多；

（二）存在长期亏损、微利或者跳跃性盈利；

（三）低于同行业利润水平；

（四）利润水平与其所承担的功能风险不相匹配，或者分享的收益与分摊的成本不相配比；

（五）与低税国家（地区）关联方发生关联交易；

（六）未按照规定进行关联申报或者准备同期资料；

（七）从其关联方接受的债权性投资与权益性投资的比例超过规定标准；

（八）由居民企业，或者由居民企业和中国居民控制的设立在实际税负低于12.5%的国家（地区）的企业，并非由于合理的经营需要而对利润不作分配或者减少分配；

（九）实施其他不具有合理商业目的的税收筹划或者安排。

第五条　税务机关应当向已确定立案调查的企业送达《税务检查通知书（一）》。被立案调查企业为非居民企业的，税务机关可以委托境内关联方或者与调查有关的境内企业送达《税务检查通知书（一）》。

经预备会谈与税务机关达成一致意见，已向税务机关提交《预约定价安排谈签意向书》，并申请预约定价安排追溯适用以前年度的企业，或者已向税务机关提交《预约定价安排续签申请书》的企业，可以暂不作为特别纳税调整的调查对象。预约定价安排未涉及的年度和关联交易除外。

第六条　税务机关实施特别纳税调查时，可以要求被调查企业及其关联方，或者与调查有关的其他企业提供相关资料：

（一）要求被调查企业及其关联方，或者与调查有关的其他企业提供相关资料的，应当向该企业送达《税务事项通知书》，该企业在境外的，税务机关可以委托境内关联方或者与调查有关的境内企业向该企业送达《税务事项通知书》；

（二）需要到被调查企业的关联方或者与调查有关的其他企业调查取证的，应当向该企业送达《税务检查通知书（二）》。

第七条　被调查企业及其关联方以及与调查有关的其他企业应当按照税务机关要求提供真实、完整的相关资料：

（一）提供由自身保管的书证原件。原本、正本和副本均属于书证的原件。提供原件确有困难的，可以提供与原件核对无误的复印件、照片、节录本等复制件。提供方应当在复制件上注明“与原件核对无误，原件存于我处”，并由提供方签章。

（二）提供由有关方保管的书证原件复制件、影印件或者抄录件的，提供方应当在复制件、影印件或者抄录件上注明“与原件核对无误”，并注明出处，由该有关方及提供方签章。

（三）提供外文书证或者外文视听资料的，应当附送中文译本。提供方应当对中文译本的准确性和完整性负责。

（四）提供境外相关资料的，应当说明来源。税务机关对境外资料真实性和完整性有疑义的，可以要求企业提供公证机构的证明。

第八条　税务机关实施特别纳税调查时，应当按照法定权限和程序进行，可以采用实地调查、检查纸质或者电子数据资料、调取账簿、询问、查询存款账户或者储蓄存款、发函协查、国际税收信息交换、异地协查等方式，收集能够证明案件事实的证据材料。收集证据材料过程中，可以记录、录音、录像、照相和复制，录音、录像、照相前应当告知被取证方。记录内容应当由两名以上调查人员签字，并经被取证方核实签章确认。被取证方拒绝签章的，税务机关调查人员（两名以上）应当注明。

第九条　以电子数据证明案件事实的，税务机关可以采取以下方式进行取证：

(一) 要求提供方将电子数据打印成纸质资料,在纸质资料上注明数据出处、打印场所,并注明“与电子数据核对无误”,由提供方签章。

(二) 采用有形载体形式固定电子数据,由调查人员与提供方指定人员一起将电子数据复制到只读存储介质上并封存。在封存包装物上注明电子数据名称、数据来源、制作方法、制作时间、制作人、文件格式及大小等,并注明“与原始载体记载的电子数据核对无误”,由提供方签章。

第十条 税务机关需要将以前年度的账簿、会计凭证、财务会计报告和其他有关资料调回检查的,应当按照税收征管法及其实施细则有关规定,向被调查企业送达《调取账簿资料通知书》,填写《调取账簿资料清单》交其核对后签章确认。调回资料应当妥善保管,并在法定时限内完整退还。

第十一条 税务机关需要采用询问方式收集证据材料的,应当由两名以上调查人员实施询问,并制作《询问(调查)笔录》。

售后回购的
税务处理

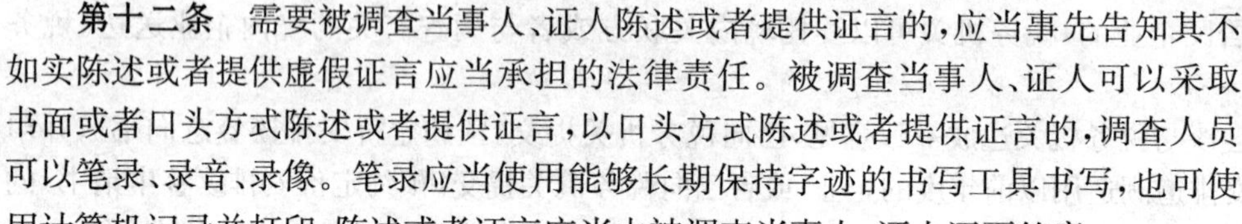
第十二条 需要被调查当事人、证人陈述或者提供证言的,应当事先告知其不如实陈述或者提供虚假证言应当承担的法律责任。被调查当事人、证人可以采取书面或者口头方式陈述或者提供证言,以口头方式陈述或者提供证言的,调查人员可以笔录、录音、录像。笔录应当使用能够长期保持字迹的书写工具书写,也可使用计算机记录并打印,陈述或者证言应当由被调查当事人、证人逐页签章。

陈述或者证言中应当写明被调查当事人、证人的姓名、工作单位、联系方式等基本信息,注明出具日期,并附居民身份证复印件等身份证明材料。

被调查当事人、证人口头提出变更陈述或者证言的,调查人员应当就变更部分重新制作笔录,注明原因,由被调查当事人、证人逐页签章。被调查当事人、证人变更书面陈述或者证言的,不退回原件。

第十三条 税务机关应当结合被调查企业年度关联业务往来报告表和相关资料,对其与关联方的关联关系以及关联交易金额进行确认,填制《关联关系认定表》和《关联交易认定表》,并由被调查企业确认签章。被调查企业拒绝确认的,税务机关调查人员(两名以上)应当注明。

第十四条 被调查企业不提供特别纳税调查相关资料,或者提供虚假、不完整资料的,由税务机关责令限期改正,逾期仍未改正的,税务机关按照税收征管法及其实施细则有关规定进行处理,并依法核定其应纳税所得额。

第十五条 税务机关实施转让定价调查时,应当进行可比性分析,可比性分析一般包括以下五个方面。税务机关可以根据案件情况选择具体分析内容:

(一) 交易资产或者劳务特性,包括有形资产的物理特性、质量、数量等;无形资产的类型、交易形式、保护程度、期限、预期收益等;劳务的性质和内容;金融资产的特性、内容、风险管理等。

(二) 交易各方执行的功能、承担的风险和使用的资产。功能包括研发、设计、采购、加工、装配、制造、维修、分销、营销、广告、存货管理、物流、仓储、融资、管理、财务、会计、法律及人力资源管理等;风险包括投资风险、研发风险、采购风险、生产风险、市场风险、管理风险及财务风险等;资产包括有形资产、无形资产、金融资产等。

(三) 合同条款,包括交易标的、交易数量、交易价格、收付款方式和条件、交货条件、售后服务范围和条件、提供附加劳务的约定、变更或者修改合同内容的权利、合同有效期、终止或者续签合同的权利等。合同条款分析应当关注企业执行合同的能力与行为,以及关联方之间签署合同条款的可信度等。

(四) 经济环境,包括行业概况、地理区域、市场规模、市场层级、市场占有率、市场竞争程度、消费者购买力、商品或者劳务可替代性、生产要素价格、运输成本、政府管制,以及成本节约、市场溢价等地域特殊因素。

(五) 经营策略,包括创新和开发、多元化经营、协同效应、风险规避及市场占有策略等。

第十六条 税务机关应当在可比性分析的基础上,选择合理的转让定价方法,对企业关联交易进行分析评估。转让定价方法包括可比非受控价格法、再销售价格法、成本加成法、交易净利润法、利润分割法及其他符合独立交易原则的方法。

第十七条 可比非受控价格法以非关联方之间进行的与关联交易相同或者类似业务活动所收取的价格作为关联交易的公平成交价格。可比非受控价格法可以适用于所有类型的关联交易。

可比非受控价格法的可比性分析,应当按照不同交易类型,特别考察关联交易与非关联交易中交易资产或者劳务的特性、合同条款、经济环境和经营策略上的差异:

(一) 有形资产使用权或者所有权的转让,包括:

1. 转让过程,包括交易时间与地点、交货条件、交货手续、支付条件、交易数量、售后服务等;

2. 转让环节,包括出厂环节、批发环节、零售环节、出口环节等;

3. 转让环境,包括民族风俗、消费者偏好、政局稳定程度以及财政、税收、外汇政策等;

4. 有形资产的性能、规格、型号、结构、类型、折旧方法等;

5. 提供使用权的时间、期限、地点、费用收取标准等;

6. 资产所有者对资产的投资支出、维修费用等。

(二) 金融资产的转让,包括金融资产的实际持有期限、流动性、安全性、收益性。其中,股权转让交易的分析内容包括公司性质、业务结构、资产构成、所属行业、行业周期、经营模式、企业规模、资产配置和使用情况、企业所处经营阶段、成长性、经营风险、财务风险、交易时间、地理区域、股权关系、历史与未来经营情况、商誉、税收利益、流动性、经济趋势、宏观政策、企业收入和成本结构及其他因素。

(三) 无形资产使用权或者所有权的转让,包括:

1. 无形资产的类别、用途、适用行业、预期收益;

2. 无形资产的开发投资、转让条件、独占程度、可替代性、受有关国家法律保护的程度及期限、地理位置、使用年限、研发阶段、维护改良及更新的权利、受让成本和费用、功能风险情况、摊销方法以及其他影响其价值发生实质变动的特殊因素等。

(四) 资金融通,包括融资的金额、币种、期限、担保、融资人的资信、还款方式、计息方法等。

(五) 劳务交易,包括劳务性质、技术要求、专业水准、承担责任、付款条件和方式、直接和间接成本等。

关联交易与非关联交易在以上方面存在重大差异的,应当就该差异对价格的影响进行合理调整,无法合理调整的,应当选择其他合理的转让定价方法。

第十八条 再销售价格法以关联方购进商品再销售给非关联方的价格减去可比非关联交易毛利后的金额作为关联方购进商品的公平成交价格。其计算公式如下:

$$\text{公平成交价格} = \text{再销售给非关联方的价格} \times (1 - \text{可比非关联交易毛利率})$$

$$\text{可比非关联交易毛利率} = \frac{\text{可比非关联交易毛利}}{\text{可比非关联交易收入净额}} \times 100\%$$

再销售价格法一般适用于再销售者未对商品进行改变外形、性能、结构或者更换商标等实质性增值加工的简单加工或者单纯购销业务。

再销售价格法的可比性分析,应当特别考察关联交易与非关联交易中企业执行的功能、承担的风险、使用的资产和合同条款上的差异,以及影响毛利率的其他因素,具体包括营销、分销、产品保障及服务功能,存货风险,机器、设备的价值及使用年限,无形资产的使用及价值,有价值的营销型无形资产,批发或者零售环节,商业经验,会计处理及管理效率等。

关联交易与非关联交易在以上方面存在重大差异的,应当就该差异对毛利率的影响进行合理调整,无法合理调整的,应当选择其他合理的转让定价方法。

第十九条 成本加成法以关联交易发生的合理成本加上可比非关联交易毛利后的金额作为关联交易的公平成交价格。其计算公式如下:

$$\text{公平成交价格} = \text{关联交易发生的合理成本} \times (1 + \text{可比非关联交易成本加成率})$$

$$\text{可比非关联交易成本加成率} = \frac{\text{可比非关联交易毛利}}{\text{可比非关联交易成本}} \times 100\%$$

成本加成法一般适用于有形资产使用权或者所有权的转让、资金融通、劳务交易等关联交易。

成本加成法的可比性分析,应当特别考察关联交易与非关联交易中企业执行的功能、承担的风险、使用的资产和合同条款上的差异,以及影响成本加成率的其他因素,具体包括制造、加工、安装及测试功能,市场及汇兑风险,机器、设备的价值及使用年限,无形资产的使用及价值,商业经验,会计处理,生产及管理效率等。

关联交易与非关联交易在以上方面存在重大差异的,应当就该差异对成本加成率的影响进行合理调整,无法合理调整的,应当选择其他合理的转让定价方法。

第二十条 交易净利润法以可比非关联交易的利润指标确定关联交易的利润。利润指标包括息税前利润率、完全成本加成率、资产收益率、贝里比率等。具体计算公式如下:

(一) 息税前利润率=息税前利润/营业收入×100%

(二) 完全成本加成率=息税前利润/完全成本×100%

(三) 资产收益率=息税前利润/〔(年初资产总额+年末资产总额)/2〕×100%

(四) 贝里比率=毛利/(营业费用+管理费用)×100%

利润指标的选取应当反映交易各方执行的功能、承担的风险和使用的资产。利润指标的计算以企业会计处理为基础,必要时可以对指标口径进行合理调整。

交易净利润法一般适用于不拥有重大价值无形资产企业的有形资产使用权或者所有权的转让和受让、无形资产使用权受让以及劳务交易等关联交易。

交易净利润法的可比性分析,应当特别考察关联交易与非关联交易中企业执行的功能、承担的风险和使用的资产,经济环境上的差异,以及影响利润的其他因素,具体包括行业和市场情况,经营规模,经济周期和产品生命周期,收入、成本、费用和资产在各交易间的分配,会计处理及经营管理效率等。

关联交易与非关联交易在以上方面存在重大差异的,应当就该差异对利润的影响进行合理调整,无法合理调整的,应当选择其他合理的转让定价方法。

第二十一条 利润分割法根据企业与其关联方对关联交易合并利润(实际或者预计)的贡献计算各自应当分配的利润额。利润分割法主要包括一般利润分割法和剩余利润分割法。

一般利润分割法通常根据关联交易各方所执行的功能、承担的风险和使用的资产,采用符合独立交易原则的利润分割方式,确定各方应当取得的合理利润;当难以获取可比交易信息但能合理确定合并利润时,可以结合实际情况考虑与价值贡献相关的收入、成本、费用、资产、雇员人数等因素,分析关联交易各方对价值做出的贡献,将利润在各方之间进行分配。

剩余利润分割法将关联交易各方的合并利润减去分配给各方的常规利润后的余额作为剩余利润，再根据各方对剩余利润的贡献程度进行分配。

利润分割法一般适用于企业及其关联方均对利润创造具有独特贡献，业务高度整合且难以单独评估各方交易结果的关联交易。利润分割法的适用应当体现利润应在经济活动发生地和价值创造地征税的基本原则。

利润分割法的可比性分析，应当特别考察关联交易各方执行的功能、承担的风险和使用的资产，收入、成本、费用和资产在各方之间的分配，成本节约、市场溢价等地域特殊因素，以及其他价值贡献因素，确定各方对剩余利润贡献所使用的信息和假设条件的可靠性等。

第二十二条 其他符合独立交易原则的方法包括成本法、市场法和收益法等资产评估方法，以及其他能够反映利润与经济活动发生地和价值创造地相匹配原则的方法。

成本法是以替代或者重置原则为基础，通过在当前市场价格下创造一项相似资产所发生的支出确定评估标的价值的评估方法。成本法适用于能够被替代的资产价值评估。

市场法是利用市场上相同或者相似资产的近期交易价格，经过直接比较或者类比分析以确定评估标的价值的评估方法。市场法适用于在市场上能找到与评估标的相同或者相似的非关联可比交易信息时的资产价值评估。

收益法是通过评估标的未来预期收益现值来确定其价值的评估方法。收益法适用于企业整体资产和可预期未来收益的单项资产评估。

第二十三条 税务机关分析评估被调查企业关联交易时，应当在分析评估交易各方功能风险的基础上，选择功能相对简单的一方作为被测试对象。

第二十四条 税务机关在进行可比性分析时，优先使用公开信息，也可以使用非公开信息。

第二十五条 税务机关分析评估被调查企业关联交易是否符合独立交易原则时，可以根据实际情况选择算术平均法、加权平均法或者四分位法等统计方法，逐年分别或者多年度平均计算可比企业利润或者价格的平均值或者四分位区间。

税务机关应当按照可比利润水平或者可比价格对被调查企业各年度关联交易进行逐年测试调整。

税务机关采用四分位法分析评估企业利润水平时，企业实际利润水平低于可比企业利润率区间中位值的，原则上应当按照不低于中位值进行调整。

第二十六条 税务机关分析评估被调查企业为其关联方提供的来料加工业务，在可比企业不是相同业务模式，且业务模式的差异会对利润水平产生影响的情况下，应当对业务模式的差异进行调整，还原其不作价的来料和设备价值。企业提供真实完整的来料加工产品整体价值链相关资料，能够反映各关联方总体利润水平的，税务机关可以就被调查企业与可比企业因料件还原产生的资金占用差异进行可比性调整，利润水平调整幅度超过10%的，应当重新选择可比企业。

除本条第一款外，对因营运资本占用不同产生的利润差异不作调整。

第二十七条 税务机关分析评估被调查企业关联交易是否符合独立交易原则时，选取的可比企业与被调查企业处于不同经济环境的，应当分析成本节约、市场溢价等地域特殊因素，并选择合理的转让定价方法确定地域特殊因素对利润的贡献。

第二十八条 企业为境外关联方从事来料加工或者进料加工等单一生产业务，或者从事分销、合约研发业务，原则上应当保持合理的利润水平。

上述企业如出现亏损，无论是否达到《国家税务总局关于完善关联申报和同期资料管理有关事项的公告》(国家税务总局公告2016年第42号)中的同期资料准备标准，均应当就亏损年度准备同期资料本地文档。税务机关应当重点审核上述企业的本地文档,加强监控管理。

上述企业承担由于决策失误、开工不足、产品滞销、研发失败等原因造成的应当由关联方承担的风险和损失的,税务机关可以实施特别纳税调整。

第二十九条 税务机关对关联交易进行调查分析时,应当确定企业所获得的收益与其执行的功能或者承担的风险是否匹配。

企业与其关联方之间隐匿关联交易直接或者间接导致国家总体税收收入减少的,税务机关可以通过还原隐匿交易实施特别纳税调整。

企业与其关联方之间抵消关联交易直接或者间接导致国家总体税收收入减少的,税务机关可以通过还原抵消交易实施特别纳税调整。

第三十条 判定企业及其关联方对无形资产价值的贡献程度及相应的收益分配时,应当全面分析企业所属企业集团的全球营运流程,充分考虑各方在无形资产开发、价值提升、维护、保护、应用和推广中的价值贡献,无形资产价值的实现方式,无形资产与集团内其他业务的功能、风险和资产的相互作用。

企业仅拥有无形资产所有权而未对无形资产价值做出贡献的,不应当参与无形资产收益分配。无形资产形成和使用过程中,仅提供资金而未实际执行相关功能和承担相应风险的,应当仅获得合理的资金成本回报。

第三十一条 企业与其关联方转让或者受让无形资产使用权而收取或者支付的特许权使用费,应当根据下列情形适时调整,未适时调整的,税务机关可以实施特别纳税调整:

(一)无形资产价值发生根本性变化;

(二)按照营业常规,非关联方之间的可比交易应当存在特许权使用费调整机制;

(三)无形资产使用过程中,企业及其关联方执行的功能、承担的风险或者使用的资产发生变化;

(四)企业及其关联方对无形资产进行后续开发、价值提升、维护、保护、应用和推广做出贡献而未得到合理补偿。

第三十二条 企业与其关联方转让或者受让无形资产使用权而收取或者支付的特许权使用费,应当与无形资产为企业或者其关联方带来的经济利益相匹配。与经济利益不匹配而减少企业或者其关联方应纳税收入或者所得额的,税务机关可以实施特别纳税调整。未带来经济利益,且不符合独立交易原则的,税务机关可以按照已税前扣除的金额全额实施特别纳税调整。

企业向仅拥有无形资产所有权而未对其价值创造做出贡献的关联方支付特许权使用费,不符合独立交易原则的,税务机关可以按照已税前扣除的金额全额实施特别纳税调整。

第三十三条 企业以融资上市为主要目的在境外成立控股公司或者融资公司,仅因融资上市活动所产生的附带利益向境外关联方支付特许权使用费,不符合独立交易原则的,税务机关可以按照已税前扣除的金额全额实施特别纳税调整。

第三十四条 企业与其关联方发生劳务交易支付或者收取价款不符合独立交易原则而减少企业或者其关联方应纳税收入或者所得额的,税务机关可以实施特别纳税调整。

符合独立交易原则的关联劳务交易应当是受益性劳务交易,并且按照非关联方在相同或者类似情形下的营业常规和公平成交价格进行定价。受益性劳务是指能够为劳务接受方带来直接或者间接经济利益,且非关联方在相同或者类似情形下,愿意购买或者愿意自行实施的劳务活动。

第三十五条 企业向其关联方支付非受益性劳务的价款,税务机关可以按照已税前扣除的金额全额实施特别纳税调整。非受益性劳务主要包括以下情形:

(一) 劳务接受方从其关联方接受的,已经购买或者自行实施的劳务活动。

(二) 劳务接受方从其关联方接受的,为保障劳务接受方的直接或者间接投资方的投资利益而实施的控制、管理和监督等劳务活动。该劳务活动主要包括:

1. 董事会活动、股东会活动、监事会活动和发行股票等服务于股东的活动;

2. 与劳务接受方的直接或者间接投资方、集团总部和区域总部的经营报告或者财务报告编制及分析有关的活动;

3. 与劳务接受方的直接或者间接投资方、集团总部和区域总部的经营及资本运作有关的筹资活动;

4. 为集团决策、监管、控制、遵从需要所实施的财务、税务、人事、法务等活动;

5. 其他类似情形。

(三) 劳务接受方从其关联方接受的,并非针对其具体实施的,只是因附属于企业集团而获得额外收益的劳务活动。该劳务活动主要包括:

1. 为劳务接受方带来资源整合效应和规模效应的法律形式改变、债务重组、股权收购、资产收购、合并、分立等集团重组活动;

2. 由于企业集团信用评级提高,为劳务接受方带来融资成本下降等利益的相关活动;

3. 其他类似情形。

(四) 劳务接受方从其关联方接受的,已经在其他关联交易中给予补偿的劳务活动。该劳务活动主要包括:

1. 从特许权使用费支付中给予补偿的与专利权或者非专利技术相关的服务;

2. 从贷款利息支付中给予补偿的与贷款相关的服务;

3. 其他类似情形。

(五) 与劳务接受方执行的功能和承担的风险无关,或者不符合劳务接受方经营需要的关联劳务活动。

(六) 其他不能为劳务接受方带来直接或者间接经济利益,或者非关联方不愿意购买或者不愿意自行实施的关联劳务活动。

第三十六条　企业接受或者提供的受益性劳务应当充分考虑劳务的具体内容和特性,劳务提供方的功能、风险、成本和费用,劳务接受方的受益情况、市场环境,交易双方的财务状况,以及可比交易的定价情况等因素,按照本办法的有关规定选择合理的转让定价方法,并遵循以下原则:

(一) 关联劳务能够分别按照各劳务接受方、劳务项目为核算单位归集相关劳务成本费用的,应当以劳务接受方、劳务项目合理的成本费用为基础,确定交易价格。

(二) 关联劳务不能分别按照各劳务接受方、劳务项目为核算单位归集相关劳务成本费用的,应当采用合理标准和比例向各劳务接受方分配,并以分配的成本费用为基础,确定交易价格。分配标准应当根据劳务性质合理确定,可以根据实际情况采用营业收入、营运资产、人员数量、人员工资、设备使用量、数据流量、工作时间以及其他合理指标,分配结果应当与劳务接受方的受益程度相匹配。非受益性劳务的相关成本费用支出不得计入分配基数。

第三十七条　企业向未执行功能、承担风险,无实质性经营活动的境外关联方支付费用,不符合独立交易原则的,税务机关可以按照已税前扣除的金额全额实施特别纳税调整。

第三十八条　实际税负相同的境内关联方之间的交易,只要该交易没有直接或者间接导致国家总体税收收入的减少,原则上不作特别纳税调整。

第三十九条　经调查,税务机关未发现企业存在特别纳税调整问题的,应当作出特别纳税调查结论,并向企业送达《特别纳税调查结论通知书》。

第四十条 经调查,税务机关发现企业存在特别纳税调整问题的,应当按照以下程序实施调整:

(一)在测算、论证、可比性分析的基础上,拟定特别纳税调查调整方案。

(二)根据拟定调整方案与企业协商谈判,双方均应当指定主谈人,调查人员应当做好《协商内容记录》,并由双方主谈人签字确认。企业拒签的,税务机关调查人员(两名以上)应当注明。企业拒绝协商谈判的,税务机关向企业送达《特别纳税调查初步调整通知书》。

(三)协商谈判过程中,企业对拟定调整方案有异议的,应当在税务机关规定的期限内进一步提供相关资料。税务机关收到资料后,应当认真审议,并作出审议结论。根据审议结论,需要进行特别纳税调整的,税务机关应当形成初步调整方案,向企业送达《特别纳税调查初步调整通知书》。

(四)企业收到《特别纳税调查初步调整通知书》后有异议的,应当自收到通知书之日起 7 日内书面提出。税务机关收到企业意见后,应当再次协商、审议。根据审议结论,需要进行特别纳税调整,并形成最终调整方案的,税务机关应当向企业送达《特别纳税调查调整通知书》。

(五)企业收到《特别纳税调查初步调整通知书》后,在规定期限内未提出异议的,或者提出异议后又拒绝协商的,或者虽提出异议但经税务机关审议后不予采纳的,税务机关应当以初步调整方案作为最终调整方案,向企业送达《特别纳税调查调整通知书》。

第四十一条 企业收到《特别纳税调查调整通知书》后有异议的,可以在依照《特别纳税调查调整通知书》缴纳或者解缴税款、利息、滞纳金或者提供相应的担保后,依法申请行政复议。

企业收到国家税务局送达的《特别纳税调查调整通知书》后有异议的,向其上一级国家税务局申请行政复议;企业收到地方税务局送达的《特别纳税调查调整通知书》后有异议的,可以选择向其上一级地方税务局或者本级人民政府申请行政复议。

对行政复议决定不服的,可以依法向人民法院提起行政诉讼。

第四十二条 税务机关对企业实施特别纳税调整,涉及企业向境外关联方支付利息、租金、特许权使用费的,除另有规定外,不调整已扣缴的税款。

第四十三条 企业可以在《特别纳税调查调整通知书》送达前自行缴纳税款。企业自行缴纳税款的,应当填报《特别纳税调整自行缴纳税款表》。

第四十四条 税务机关对企业实施特别纳税调整的,应当根据企业所得税法及其实施条例的有关规定对 2008 年 1 月 1 日以后发生交易补征的企业所得税按日加收利息。

特别纳税调查调整补缴的税款,应当按照应补缴税款所属年度的先后顺序确定补缴税款的所属年度,以入库日为截止日,分别计算应加收的利息额:

(一)企业在《特别纳税调查调整通知书》送达前缴纳或者送达后补缴税款的,应当自税款所属纳税年度的次年 6 月 1 日起至缴纳或者补缴税款之日止计算加收利息。企业超过《特别纳税调查调整通知书》补缴税款期限仍未缴纳税款的,应当自补缴税款期限届满次日起按照税收征管法及其实施细则的有关规定加收滞纳金,在加收滞纳金期间不再加收利息。

(二)利息率按照税款所属纳税年度 12 月 31 日公布的与补税期间同期的中国人民银行人民币贷款基准利率(以下简称基准利率)加 5 个百分点计算,并按照一年 365 天折算日利息率。

(三)企业按照有关规定提供同期资料及有关资料的,或者按照有关规定不需要准备同期资料但根据税务机关要求提供其他相关资料的,可以只按照基准利率加收利息。

经税务机关调查,企业实际关联交易额达到准备同期资料标准,但未按照规定向税务机关提供同期资料的,税务机关补征税款加收利息,适用本条第二款第二项规定。

第四十五条 企业自行调整补税且主动提供同期资料等有关资料，或者按照有关规定不需要准备同期资料但根据税务机关要求提供其他相关资料的，其 2008 年 1 月 1 日以后发生交易的自行调整补税按照基准利率加收利息。

第四十六条 被调查企业在税务机关实施特别纳税调查调整期间申请变更经营地址或者注销税务登记的，税务机关在调查结案前原则上不予办理税务变更、注销手续。

第四十七条 根据我国对外签署的税收协定的有关规定，国家税务总局可以依据企业申请或者税收协定缔约对方税务主管当局请求启动相互协商程序，与税收协定缔约对方税务主管当局开展协商谈判，避免或者消除由特别纳税调整事项引起的国际重复征税。

相互协商内容包括：

(一) 双边或者多边预约定价安排的谈签；

(二) 税收协定缔约一方实施特别纳税调查调整引起另一方相应调整的协商谈判。

租金收入的税务处理

第四十八条 企业申请启动相互协商程序的，应当在税收协定规定期限内，向国家税务总局书面提交《启动特别纳税调整相互协商程序申请表》和特别纳税调整事项的有关说明。企业当面报送上述资料的，以报送日期为申请日期；邮寄报送的，以国家税务总局收到上述资料的日期为申请日期。

国家税务总局收到企业提交的上述资料后，认为符合税收协定有关规定的，可以启动相互协商程序；认为资料不全的，可以要求企业补充提供资料。

第四十九条 税收协定缔约对方税务主管当局请求启动相互协商程序的，国家税务总局收到正式来函后，认为符合税收协定有关规定的，可以启动相互协商程序。

国家税务总局认为税收协定缔约对方税务主管当局提供的资料不完整、事实不清晰的，可以要求对方补充提供资料，或者通过主管税务机关要求涉及的境内企业协助核实。

第五十条 国家税务总局决定启动相互协商程序的，应当书面通知省税务机关，并告知税收协定缔约对方税务主管当局。负责特别纳税调整事项的主管税务机关应当在收到书面通知后 15 个工作日内，向企业送达启动相互协商程序的《税务事项通知书》。

第五十一条 在相互协商过程中，税务机关可以要求企业进一步补充提供资料，企业应当在规定的时限内提交。

第五十二条 有下列情形之一的，国家税务总局可以拒绝企业申请或者税收协定缔约对方税务主管当局启动相互协商程序的请求：

(一) 企业或者其关联方不属于税收协定任一缔约方的税收居民；

(二) 申请或者请求不属于特别纳税调整事项；

(三) 申请或者请求明显缺乏事实或者法律依据；

(四) 申请不符合税收协定有关规定；

(五) 特别纳税调整案件尚未结案或者虽然已经结案但是企业尚未缴纳应纳税款。

第五十三条 有下列情形之一的，国家税务总局可以暂停相互协商程序：

(一) 企业申请暂停相互协商程序；

(二) 税收协定缔约对方税务主管当局请求暂停相互协商程序；

(三) 申请必须以另一被调查企业的调查调整结果为依据，而另一被调查企业尚未结束调查调整程序；

(四) 其他导致相互协商程序暂停的情形。

第五十四条 有下列情形之一的，国家税务总局可以终止相互协商程序：

(一)企业或者其关联方不提供与案件有关的必要资料,或者提供虚假、不完整资料,或者存在其他不配合的情形;

(二)企业申请撤回或者终止相互协商程序;

(三)税收协定缔约对方税务主管当局撤回或者终止相互协商程序;

(四)其他导致相互协商程序终止的情形。

第五十五条 国家税务总局决定暂停或者终止相互协商程序的,应当书面通知省税务机关。负责特别纳税调整事项的主管税务机关应当在收到书面通知后15个工作日内,向企业送达暂停或者终止相互协商程序的《税务事项通知书》。

第五十六条 国家税务总局与税收协定缔约对方税务主管当局签署相互协商协议后,应当书面通知省税务机关,附送相互协商协议。负责特别纳税调整事项的主管税务机关应当在收到书面通知后15个工作日内,向企业送达《税务事项通知书》,附送相互协商协议。需要补(退)税的,应当附送《特别纳税调整相互协商协议补(退)税款通知书》或者《预约定价安排补(退)税款通知书》,并监控执行补(退)税款情况。

应纳税收入或者所得额以外币计算的,应当按照相互协商协议送达企业之日上月最后一日人民币汇率中间价折合成人民币,计算应补缴或者应退还的税款。

补缴税款应当加收利息的,按照《中华人民共和国企业所得税法实施条例》第一百二十二条规定的人民币贷款基准利率执行。

第五十七条 各级税务机关应当对税收协定缔约对方税务主管当局、企业或者其扣缴义务人、代理人等在相互协商中提供的有关资料保密。

第五十八条 企业或者其扣缴义务人、代理人等在相互协商中弄虚作假,或者有其他违法行为的,税务机关应当按照税收征管法及其实施细则的有关规定处理。

第五十九条 企业按照本办法规定向国家税务总局提起相互协商申请的,提交的资料应当同时采用中文和英文文本,企业向税收协定缔约双方税务主管当局提交资料内容应当保持一致。

第六十条 涉及税收协定条款解释或者执行的相互协商程序,按照《国家税务总局关于发布〈税收协定相互协商程序实施办法〉的公告》(国家税务总局公告2013年第56号)的有关规定执行。

第六十一条 本办法施行前已受理但尚未达成一致的相互协商案件,适用本办法的规定。

第六十二条 本办法自2017年5月1日起施行。《特别纳税调整实施办法(试行)》(国税发〔2009〕2号文件印发)第四章、第五章、第十一章和第十二章、《国家税务总局关于加强转让定价跟踪管理有关问题的通知》(国税函〔2009〕188号)、《国家税务总局关于强化跨境关联交易监控和调查的通知》(国税函〔2009〕363号)、《国家税务总局关于特别纳税调整监控管理有关问题的公告》(国家税务总局公告2014年第54号)、《国家税务总局关于企业向境外关联方支付费用有关企业所得税问题的公告》(国家税务总局公告2015年第16号)同时废止。

关于《国家税务总局关于发布〈特别纳税调查调整及相互协商程序管理办法〉的公告》的解读

为进一步完善特别纳税调查调整及相互协商程序相关工作,国家税务总局借鉴税基侵蚀和利润转移(BEPS)行动计划成果,发布了《特别纳税调查调整及相互协商程序管理办法》(以下简称《办法》),现将《办法》解读如下:

一、《办法》发布的背景和主要意义是什么?

《办法》是落实二十国集团(G20)税改成果的一项重要内容,充分体现了G20杭州峰会共识，即实施增长友好型的税收政策，促进需求与经济增长。特别纳税调查调整是国际税收领域的重要工作，其重要原则是尊重国际税收规则，其目的是维护国家税收权益，营造公平国际税收秩序，促进跨国投资贸易活动的顺利开展。相互协商程序为解决税务争议、消除国际双重征税提供重要途径，是国际税收合作的重要体现。《办法》考虑了当前国际税收新形势，根据G20倡导的"利润在经济活动发生地和价值创造地征税"总原则，紧密结合我国实际情况，对《特别纳税调整实施办法(试行)》中调查调整、相互协商等内容进行了修订和完善。

二、《办法》关于特别纳税调查调整的规定与原文件相比主要变化是什么?

《办法》吸收G20国际税改的最新成果，结合我国税收实践，对特别纳税调查调整作出进一步完善，具体包括：

(一) 进一步规范明确了特别纳税调查调整程序。

(二) 增加了无形资产、劳务关联交易的相关规定。

对于无形资产交易，强调无形资产的收益分配应当与关联交易各方对无形资产价值的贡献程度相匹配。

对于关联劳务交易，明确符合独立交易原则的关联劳务交易应当是受益性劳务交易，并且按照非关联方在相同或者类似情形下的营业常规和公平成交价格进行定价。明确受益性劳务内容，对非受益性劳务的具体情形进行说明。

(三) 对特别纳税调查中的重要事项予以明确。如税务机关分析评估被调查企业关联交易时，应当选择功能相对简单的一方作为被测试对象；税务机关在进行可比性分析时，优先使用公开信息，也可以使用非公开信息；税务机关应当按照可比利润水平或者可比价格对被调查企业各年度关联交易进行逐年测试调整等。

总体来看，《办法》对特别纳税调查调整的规定更加清晰透明，内容更加全面，符合新的国际税收形势。

三、已经申请预约定价安排的企业是否会被特别纳税调查?

《办法》规定经预备会谈与税务机关达成一致意见，已向税务机关提交《预约定价安排谈签意向书》，并申请预约定价安排追溯适用以前年度的企业，或者已向税务机关提交《预约定价安排续签申请书》的企业，可以暂不作为特别纳税调整的调查对象。但同时明确预约定价安排未涉及的年度和关联交易除外，也就是说如果预约定价安排未涉及的关联交易存在特别纳税调整问题，依然会被特别纳税调查调整。

四、单一功能亏损企业是否需要准备同期资料?

《办法》延续《国家税务总局关于强化跨境关联交易监控和调查的通知》(国税函〔2009〕363号)的文件精神，规定企业为境外关联方从事来料加工或者进料加工等单一生产业务，或者从事分销、合约研发业务，原则上应当保持合理的利润水平。上述企业如出现亏损，无论是否达到《国家税务总局关于完善关联申报和同期资料管理有关事项的公告》(国家税务总局公告2016年第42号)中的同期资料准备标准，均应就亏损年度准备同期资料本地文档。税务机关应当重点审核上述企业的本地文档，加强监控管理。

五、什么情况下，税务机关可以按照已税前扣除的金额全额实施特别纳税调整?

《办法》明确以下情形，如果不符合独立交易原则，税务机关可以按照已税前扣除的金额全额实施特别纳税调整：

(一) 企业与其关联方转让或者受让不能带来经济利益的无形资产使用权而收取或者支付的特许权使用费。

(二) 企业向仅拥有无形资产所有权而未对其价值创造做出贡献的关联方支付的特许权使

用费。

(三)企业以融资上市为主要目的在境外成立控股公司或者融资公司,仅因融资上市活动所产生的附带利益向境外关联方支付的特许权使用费。

(四)企业向其关联方支付非受益性劳务的价款。

(五)企业向未执行功能、承担风险,无实质性经营活动的境外关联方支付的费用。

六、对于实际税负相同的境内关联方之间的交易,是否可以进行特别纳税调整?

《办法》规定实际税负相同的境内关联方之间的交易,只要该交易没有直接或者间接导致国家总体税收收入的减少,原则上不作特别纳税调整。但如果境内关联方之间的交易直接或者间接导致应税利润从我国境内转移到境外的,税务机关有权对其进行特别纳税调整。

七、《办法》规定的相互协商程序适用于哪些情形?

《办法》规定的相互协商程序既适用于税收协定缔约一方实施特别纳税调查调整引起另一方相应调整的协商谈判,也适用于双边或者多边预约定价安排的谈签。《办法》规定的相互协商程序不适用于涉及税收协定条款解释或者执行的相互协商程序。

涉及双边或者多边预约定价安排的谈签,还应符合《国家税务总局关于完善预约定价安排管理有关事项的公告》(国家税务总局公告2016年第64号)的相关规定。

八、《办法》落实G20国际税改成果,在相互协商方面体现哪些变化?

《办法》落实BEPS第14项行动计划争端解决机制的要求,进一步规范了我国特别纳税调整事项相关的相互协商工作流程,推动相互协商案件的及时处理,积极为纳税人避免或者消除国际重复征税。

《办法》对三个重要时间节点做了明确要求。一是启动时点。国家税务总局决定启动相互协商程序的,应当书面通知省税务机关,并告知税收协定缔约对方税务主管当局。负责特别纳税调整事项的主管税务机关应当在收到书面通知后15个工作日内,向企业送达启动相互协商程序的《税务事项通知书》。二是暂停或者终止时点。国家税务总局决定暂停或者终止相互协商程序的,应当书面通知省税务机关。负责特别纳税调整事项的主管税务机关应当在收到书面通知后15个工作日内,向企业送达暂停或者终止相互协商程序的《税务事项通知书》。三是执行时点。国家税务总局与税收协定缔约对方税务主管当局签署相互协商协议后,应当书面通知省税务机关,附送相互协商协议。负责特别纳税调整事项的主管税务机关应当在收到书面通知后15个工作日内,向企业送达《税务事项通知书》,附送相互协商协议,并做好执行工作。

关于发布《特别纳税调查调整及相互协商程序管理办法》有关问题的解答

近日,税务总局发布《特别纳税调查调整及相互协商程序管理办法》(国家税务总局公告2017年第6号,以下简称《办法》)。税务总局国际税务司就相关问题进行了解答。

一、问:《办法》发布的背景是什么?

答:税务总局于2009年初发布《特别纳税调整实施办法(试行)》(国税发〔2009〕2号,以下简称2号文),对特别纳税调查及调整程序进行规范,至今已有8年。《办法》结合国内国际的经济环境变化及多年来特别纳税调查调整工作的经验,对2号文中特别纳税调查调整的相关内容进行了补充修改和细化,进一步明晰税务机关的调查调整程序、调整方法等相关工作内容。《办法》还充分考虑纳税人的合法权益,进一步规范了特别纳税调整相互协商的工作流程及内容。

同时,《办法》考虑了当前国际税收新形势,根据G20倡导的“利润在经济活动发生地和价值创造地征税”总原则,充分借鉴了新的国际税收规则和G20税改成果。

二、问:企业自行调整补税后,税务机关是否可以实施特别纳税调查调整?

答:《办法》吸纳了《关于特别纳税调整监控管理有关问题的公告》(国家税务总局公告 2014 年第 54 号)的内容,强调税务机关以风险管理为导向,通过关联申报审核、同期资料管理和利润水平监控等手段,对企业实施特别纳税调整监控管理,发现企业存在特别纳税调整风险的,会对企业进行风险提示,鼓励企业自行调整。

企业自行调整补税的,在两种情形下税务机关仍可以实施特别纳税调查调整。一是企业自行调整补税不到位的;二是企业要求税务机关确认关联交易定价原则和方法等特别纳税调整事项的。

三、问:《办法》规定的特别纳税调查程序是否仅适用于转让定价的调查?

答:《办法》规定的特别纳税调查程序适用于对企业的转让定价、成本分摊协议、受控外国企业、资本弱化、一般反避税等事项的特别纳税调查。

四、问:非居民企业是否会被特别纳税调查?

答:根据《中华人民共和国企业所得税法》的规定,税务机关可以对非居民企业实施特别纳税调查。税务机关对非居民企业实施特别纳税调查并立案的,可以委托境内关联方或者与调查有关的境内企业送达《税务检查通知书(一)》。

五、问:已经申请预约定价安排的企业是否会被特别纳税调查?

答:《办法》明确经预备会谈与税务机关达成一致意见,已向税务机关提交《预约定价安排谈签意向书》,并申请预约定价安排追溯适用以前年度的企业,或者已向税务机关提交《预约定价安排续签申请书》的企业,可以暂不作为特别纳税调整的调查对象。但预约定价安排未涉及的年度和关联交易除外,也就是说如果预约定价安排未涉及的关联交易存在特别纳税调整问题,也可能被特别纳税调查调整。

六、问:被调查企业不提供特别纳税调查相关资料,或者提供虚假、不完整资料的,是否会被税务机关核定应纳税所得额?

答:《办法》第十四条规定,被调查企业不提供特别纳税调查相关资料,或者提供虚假、不完整资料的,税务机关会责令限期改正,被调查企业可以在责令限改期内补充提供资料。被调查企业逾期仍未改正的,税务机关将按照税收征管法及其实施细则有关规定进行处理,并依法核定其应纳税所得额。

七、问:《办法》对税务机关进行可比性分析提出了哪些要求?

答:《办法》进一步规范了税务机关进行可比性分析的步骤和方法,提出了具体要求。

(一) 应当在分析评估交易各方功能风险的基础上,选择功能相对简单的一方作为被测试对象;

(二) 优先使用公开信息,也可以使用非公开信息;

(三) 可以根据实际情况选择算术平均法、加权平均法或者四分位法等统计方法,逐年分别或者多年度平均计算可比企业利润或者价格的平均值或者四分位区间;

(四) 应当按照可比利润水平或者可比价格对被调查企业各年度关联交易进行逐年测试调整;

(五) 采用四分位法分析评估企业利润水平时,企业实际利润水平低于可比企业利润率区间中位值的,原则上应当按照不低于中位值进行调整;

(六) 被调查企业为其关联方提供的来料加工业务,在可比企业不是相同业务模式,且业务模式的差异会对利润水平产生影响的情况下,应当对业务模式的差异进行调整,还原其不作价的来料和设备价值。企业提供真实完整的来料加工产品整体价值链相关资料,能够反映各关联方总体利润水平的,税务机关可以就被调查企业与可比企业因料件还原产生的资金占用差异进行可比性调整,利润水平调整幅度超过10%的,应当重新选择可比企业。除料件还原外,对因营运资本占用不同产生的利润差异不作调整;

(七) 选取的可比企业与被调查企业处于不同经济环境的,应当分析成本节约、市场溢价等地域特殊因素,并选择合理的转让定价方法确定地域特殊因素对利润的贡献。

八、问:企业在关联交易中应当特别避免的几种行为?

答:《办法》强调了税务机关特别关注的几种避税行为,企业在实际的关联交易中应予以关注,以减少税收风险。

(一) 为境外关联方从事来料加工或者进料加工等单一生产业务,或者从事分销、合约研发业务的企业,承担由于决策失误、开工不足、产品滞销、研发失败等原因造成的应当由关联方承担的风险和损失;

(二) 企业与其关联方之间隐匿关联交易直接或者间接导致国家总体税收收入减少;

(三) 企业与其关联方之间抵消关联交易直接或者间接导致国家总体税收收入减少。

九、问:单一功能的亏损企业是否需要准备同期资料?

答:《办法》延续《国家税务总局关于强化跨境关联交易监控和调查的通知》(国税函〔2009〕363号)的文件精神,规定企业为境外关联方从事来料加工或者进料加工等单一生产业务,或者从事分销、合约研发业务,原则上应当保持合理的利润水平。上述企业如出现亏损,无论是否达到《国家税务总局关于完善关联申报和同期资料管理有关事项的公告》(国家税务总局公告2016年第42号)中的同期资料准备标准,均应当就亏损年度准备同期资料本地文档。税务机关会重点审核上述企业的本地文档,加强监控管理。

十、问:企业被实施转让定价调查调整后,是否会被实施5年的跟踪管理?

答:《特别纳税调整实施办法(试行)》(国税发〔2009〕2号)第四十五条规定,税务机关对企业实施转让定价纳税调整后,应自企业被调整的最后年度的下一年度起5年内实施跟踪管理。

《办法》取消了5年跟踪管理期的规定,强调税务机关将通过关联申报审核、同期资料管理和利润水平监控等手段,对企业实施特别纳税调整监控管理。这里包括被实施转让定价调查调整的企业。也就是说,对于被实施转让定价调查调整的企业,税务机关依然会实施特别纳税调整监控管理,而且监控管理期不限于5年。

十一、问:《办法》废止了《国家税务总局关于企业向境外关联方支付费用有关企业所得税问题的公告》(国家税务总局公告2015年第16号,以下简称16号公告),企业向境外关联方支付费用适用的政策是否存在原则性变化?

答:为方便纳税人的政策执行,《办法》吸收合并了多个相关文件,并进一步完善。其中,企业向境外关联方支付费用适用的政策没有发生原则性变化。《办法》第三十条至第三十七条将16号公告的相关内容进一步完善和细化,规定了企业与其关联方进行无形资产收益分配,以及企业与其关联方发生劳务交易支付或者收取价款等应遵循的基本原则。

应特别关注的是,《办法》明确以下情形,如果不符合独立交易原则,税务机关可以按照已税前扣除的金额全额实施特别纳税调整:

(一) 企业与其关联方转让或者受让未带来经济利益的无形资产使用权而收取或者支付特许权使用费的;

(二) 企业向仅拥有无形资产所有权而未对其价值做出贡献的关联方支付特许权使用费的;

(三) 企业以融资上市为主要目的在境外成立控股公司或者融资公司,仅因融资上市活动所产生的附带利益向境外关联方支付特许权使用费的;

(四) 企业向其关联方支付非受益性劳务价款的;

（五）企业向未执行功能、承担风险，无实质性经营活动的境外关联方支付费用的。

十二、问：对于企业自行进行调整的情况，补缴税款时是否可以按照基准利率加收利息？

答：企业自行调整补税且主动提供同期资料等有关资料，或者按照有关规定不需要准备同期资料但根据税务机关要求提供其他相关资料的，其 2008 年 1 月 1 日以后发生交易的自行调整补税按照基准利率加收利息。

十三、问：企业被实施特别纳税调查调整后，有哪些法律救济途径？

答：企业被实施特别纳税调查调整后，可以依法申请行政复议或者诉讼，也可以根据我国对外签署的税收协定的有关规定，申请启动特别纳税调整相互协商程序。

十四、问：企业在申请预约定价安排时，如何适用《办法》与《国家税务总局关于完善预约定价安排管理有关事项的公告》（国家税务总局公告 2016 年第 64 号，以下简称 64 号公告）？

答：《办法》是相互协商程序的一般性规定。双边或者多边预约定价安排所涉相互协商程序的启动、暂停和终止由《办法》进行规范，而预约定价安排的谈签根据 64 号公告的相关规定执行。

需要说明的是，申请双边或者多边预约定价安排的，根据 64 号公告第八条以及《办法》第四十八条和五十条的规定，企业在收到主管税务机关送达的同意提交正式申请的《税务事项通知书》后，可以向主管税务机关提交《预约定价安排正式申请书》，附送预约定价安排正式申请报告，同时向国家税务总局书面提交《预约定价安排正式申请书》、正式申请报告和《启动特别纳税调整相互协商程序申请表》。国家税务总局决定启动相互协商程序的，应当书面通知省税务机关，并告知税收协定缔约对方税务主管当局。主管税务机关应当在收到书面通知后 15 个工作日内，向企业送达启动相互协商程序的《税务事项通知书》。

十五、问：《办法》关于相互协商程序的规定和《税收协定相互协商程序实施办法》（国家税务总局公告 2013 年第 56 号，以下简称 56 号公告）如何衔接？

答：《办法》不适用于涉及税收协定条款解释或者执行的相互协商程序。涉及税收协定条款解释或者执行的相互协商程序，按照 56 号公告的有关规定执行。

财政部 国家税务总局关于中小企业融资（信用）担保机构有关准备金企业所得税税前扣除政策的通知

财税〔2017〕22 号

各省、自治区、直辖市、计划单列市财政厅（局）、国家税务局、地方税务局，新疆生产建设兵团财务局：

根据《中华人民共和国企业所得税法》和《中华人民共和国企业所得税法实施条例》的有关规定，现就中小企业融资（信用）担保机构有关准备金企业所得税税前扣除政策问题通知如下：

一、符合条件的中小企业融资（信用）担保机构按照不超过当年年末担保责任余额 1%的比例计提的担保赔偿准备，允许在企业所得税税前扣除，同时将上年度计提的担保赔偿准备余额转为当期收入。

二、符合条件的中小企业融资（信用）担保机构按照不超过当年担保费收入 50%的比例计提的未到期责任准备，允许在企业所得税税前扣除，同时将上年度计提的未到期责任准备余额转为当期收入。

三、中小企业融资（信用）担保机构实际发生的代偿损失，符合税收法律法规关于资产损失税前扣除政策规定的，应冲减已在税前扣除的担保赔偿准备，不足冲减部分据实在企业所得税税前扣除。

四、本通知所称符合条件的中小企业融资(信用)担保机构,必须同时满足以下条件:

(一)符合《融资性担保公司管理暂行办法》(银监会等七部委令 2010 年第 3 号)相关规定,并具有融资性担保机构监管部门颁发的经营许可证;

(二)以中小企业为主要服务对象,当年中小企业信用担保业务和再担保业务发生额占当年信用担保业务发生总额的 70%以上(上述收入不包括信用评级、咨询、培训等收入);

接受捐赠收入税会处理

(三)中小企业融资担保业务的平均年担保费率不超过银行同期贷款基准利率的 50%;

(四)财政、税务部门规定的其他条件。

五、申请享受本通知规定的准备金税前扣除政策的中小企业融资(信用)担保机构,在汇算清缴时,需报送法人执照副本复印件、融资性担保机构监管部门颁发的经营许可证复印件、年度会计报表和担保业务情况(包括担保业务明细和风险准备金提取等),以及财政、税务部门要求提供的其他材料。

六、本通知自 2016 年 1 月 1 日起至 2020 年 12 月 31 日止执行。《财政部 国家税务总局关于中小企业信用担保机构有关准备金企业所得税税前扣除政策的通知》(财税〔2012〕25 号)同时废止。

财政部 国家税务总局

2017 年 3 月 21 日

财政部 国家税务总局关于证券行业准备金支出企业所得税税前扣除有关政策问题的通知

财税〔2017〕23 号

各省、自治区、直辖市、计划单列市财政厅(局)、国家税务局、地方税务局,新疆生产建设兵团财务局:

根据《中华人民共和国企业所得税法》和《中华人民共和国企业所得税法实施条例》的有关规定,现就证券行业准备金支出企业所得税税前扣除有关政策问题明确如下:

一、证券类准备金

(一)证券交易所风险基金。

上海、深圳证券交易所依据《证券交易所风险基金管理暂行办法》(证监发〔2000〕22 号)的有关规定,按证券交易所交易收取经手费的 20%、会员年费的 10%提取的证券交易所风险基金,在各基金净资产不超过 10 亿元的额度内,准予在企业所得税税前扣除。

(二)证券结算风险基金。

1. 中国证券登记结算公司所属上海分公司、深圳分公司依据《证券结算风险基金管理办法》(证监发〔2006〕65 号)的有关规定,按证券登记结算公司业务收入的 20%提取的证券结算风险基金,在各基金净资产不超过 30 亿元的额度内,准予在企业所得税税前扣除。

2. 证券公司依据《证券结算风险基金管理办法》(证监发〔2006〕65 号)的有关规定,作为结算会员按人民币普通股和基金成交金额的十万分之三、国债现货成交金额的十万分之一、1 天期国债回购成交额的千万分之五、2 天期国债回购成交额的千万分之十、3 天期国债回购成交额的千万分之十五、4 天期国债回购成交额的千万分之二十、7 天期国债回购成交额的千万分之五十、14 天期国债回购成交额的十万分之一、28 天期国债回购成交额的十万分之二、91 天期国债回购成交额的十万分之六、182 天期国债回购成交额的十万分之十二逐日交纳的证券结算风险基金，准予在企业所得税税前扣除。

（三）证券投资者保护基金。

1. 上海、深圳证券交易所依据《证券投资者保护基金管理办法》（证监会令第27号、第124号）的有关规定，在风险基金分别达到规定的上限后，按交易经手费的20%缴纳的证券投资者保护基金，准予在企业所得税税前扣除。

2. 证券公司依据《证券投资者保护基金管理办法》（证监会令第27号、第124号）的有关规定，按其营业收入0.5%～5%缴纳的证券投资者保护基金，准予在企业所得税税前扣除。

二、期货类准备金

（一）期货交易所风险准备金。

大连商品交易所、郑州商品交易所和中国金融期货交易所依据《期货交易管理条例》（国务院令第489号）、《期货交易所管理办法》（证监会令第42号）和《商品期货交易财务管理暂行规定》（财商字〔1997〕44号）的有关规定，上海期货交易所依据《期货交易管理条例》（国务院令第489号）、《期货交易所管理办法》（证监会令第42号）和《关于调整上海期货交易所风险准备金规模的批复》（证监函〔2009〕407号）的有关规定，分别按向会员收取手续费收入的20%计提的风险准备金，在风险准备金余额达到有关规定的额度内，准予在企业所得税税前扣除。

（二）期货公司风险准备金。

期货公司依据《期货公司管理办法》（证监会令第43号）和《商品期货交易财务管理暂行规定》（财商字〔1997〕44号）的有关规定，从其收取的交易手续费收入减去应付期货交易所手续费后的净收入的5%提取的期货公司风险准备金，准予在企业所得税税前扣除。

（三）期货投资者保障基金。

1. 上海期货交易所、大连商品交易所、郑州商品交易所和中国金融期货交易所依据《期货投资者保障基金管理办法》（证监会令第38号、第129号）和《关于明确期货投资者保障基金缴纳比例有关事项的规定》（证监会财政部公告〔2016〕26号）的有关规定，按其向期货公司会员收取的交易手续费的2%（2016年12月8日前按3%）缴纳的期货投资者保障基金，在基金总额达到有关规定的额度内，准予在企业所得税税前扣除。

2. 期货公司依据《期货投资者保障基金管理办法》（证监会令第38号、第129号）和《关于明确期货投资者保障基金缴纳比例有关事项的规定》（证监会财政部公告〔2016〕26号）的有关规定，从其收取的交易手续费中按照代理交易额的亿分之五至亿分之十的比例（2016年12月8日前按千万分之五至千万分之十的比例）缴纳的期货投资者保障基金，在基金总额达到有关规定的额度内，准予在企业所得税税前扣除。

三、上述准备金如发生清算、退还，应按规定补征企业所得税。

四、本通知自2016年1月1日起至2020年12月31日止执行。《财政部 国家税务总局关于证券行业准备金支出企业所得税税前扣除有关政策问题的通知》（财税〔2012〕11号）同时废止。

财政部 国家税务总局

2017年3月21日

国家税务总局关于为纳税人提供企业所得税税收政策风险提示服务有关问题的公告

国家税务总局公告2017年第10号

为创新纳税服务方式，持续推进税务机关“放管服”改革，税务总局决定为纳税人提供企业所

得税汇算清缴税收政策风险提示服务(以下简称“税收政策风险提示服务”),现就有关事项公告如下:

一、税收政策风险提示服务是指纳税人进行企业所得税汇算清缴时,税务机关在纳税人正式申报纳税前,依据现行税收法律法规及相关管理规定,利用税务登记信息、纳税申报信息、财务会计信息、备案资料信息、第三方涉税信息等内在规律和联系,依托现代技术手段,就税款计算的逻辑性、申报数据的合理性、税收与财务指标关联性等,提供风险提示服务。目的是帮助纳税人提高税收遵从度,减少纳税风险。

二、税收政策风险提示服务对象为查账征收,且通过互联网进行纳税申报的居民企业纳税人。

三、税收政策风险提示服务流程:

(一)纳税人在互联网上填报完成《中华人民共和国企业所得税年度纳税申报表》(A类,2014年版)后,选择“风险提示服务”,系统即对纳税人提交的申报表数据和信息进行风险扫描,并在很短时间内将风险提示信息推送给纳税人;

(二)针对系统推送的风险提示信息,由纳税人自愿选择是否修正,可以自行确定是否调整、修改、补充数据或信息,也可以直接进入纳税申报程序;

(三)纳税人完成风险提示信息修正后,可以再次选择“风险提示服务”,查看是否已经处理风险提示问题,也可以直接进入纳税申报程序。

四、有关说明:

(一)税收政策风险提示服务不改变纳税人依法自行计算申报缴纳税额、享受法定权益、承担法律责任的权利和义务。

(二)税收政策风险提示服务是税务机关为纳税人提供的一项纳税服务,纳税人可以根据自身经营情况,自愿选择风险提示服务,自行决定风险修正。

(三)税收政策风险提示服务是在纳税人正式申报纳税前进行的,需要纳税人提前一天将本企业的财务报表、企业所得税优惠事项备案表等信息,通过互联网报送至税务机关。纳税人之前已经完成以上信息报送的,无需重复报送。

五、本公告自发布之日起施行。本公告发布实施前,纳税人已经完成2016年度企业所得税汇算清缴申报纳税的,系统将不再提供税收政策风险提示服务。

特此公告。

国家税务总局
2017年4月18日

关于《国家税务总局关于为纳税人提供企业所得税税收政策风险提示服务有关问题的公告》的解读

近日,国家税务总局发布了《关于为纳税人提供企业所得税税收政策风险提示服务有关问题的公告》(以下简称《公告》),决定为纳税人提供企业所得税汇算清缴税收政策风险提示服务(以下简称“税收政策风险提示服务”),现解读如下:

一、《公告》出台背景

为了贯彻落实《深化国税、地税征管体制改革方案》,转变税收征管方式,持续推进税务机关简政放权,落实“放管服”要求,优化纳税服务,税务总局利用金税三期全面推开的契机,以“互联网+税务”和大数据应用为依托,紧盯纳税人最期盼的领域开展制度创新,全面改革企业所得税汇算清缴管理模式。为协助纳税人正确理解税收政策,提高税收遵从度，减少纳税风险，减轻办税负担，税务总局在全国推出税收政策风险提示服务，并制定本《公告》。

二、《公告》主要内容

（一）税收政策风险提示服务对象

税收政策风险提示服务对象是全国所有采取查账征收，且通过互联网进行纳税申报的居民企业纳税人。

（二）税收政策风险提示服务内容

税收政策风险提示服务是指纳税人进行企业所得税汇算清缴时，税务机关在纳税人自主完成企业所得税年度纳税申报表填写后、正式申报纳税前，依据现行税收法律法规及相关管理规定，利用税务登记信息、纳税申报信息、财务会计信息、备案资料信息、第三方涉税信息等的内在规律和联系，依托现代技术手段，就税款计算的逻辑性、申报数据的合理性、税收与财务指标关联性等，提供风险提示服务。税收政策风险提示服务目的是帮助纳税人提高税收遵从度，减少纳税风险。

（三）税收政策风险提示服务流程

1. 纳税人在互联网上填报完成《中华人民共和国企业所得税年度纳税申报表》（A类，2014年版）后，选择“风险提示服务”功能，系统即刻对纳税人提交的申报表数据和信息进行风险扫描，在较短的时间内（一般不超过30秒），系统将风险提示信息反馈给纳税人。当然，纳税人也可以不选择这项服务，而直接进行纳税申报程序。

2. 针对系统反馈的风险提示信息，纳税人自行应对，自行确定是否调整，自行决定是否修改、补充数据或信息。即纳税人对系统反馈的风险提示信息，可以选择修改，也可以选择忽视，直接进入纳税申报程序。

3. 纳税人完成风险提示信息应对后，可以多次选择“风险提示服务”，也可以直接进入纳税申报程序。

（四）税收政策风险提示服务与更正申报

税收政策风险提示服务建立了“申报、扫描、提示、修改”网络服务闭环，纳税人在正式申报前可多次重复以上环节，且通过互联网即可完成所有操作。如果纳税人选择“申报”功能正式申报后发现申报数据错误，则只能前往办税服务厅办理更正申报。

（五）税收政策风险提示服务指标内容

目前，税收政策风险提示服务指标包括：基础信息指标、税收政策指标、税收与财务关联指标、年度与季度预征指标、与其他税种关联指标等二百多个指标，这些指标将根据实际服务情况，适时进行修改、补充。

（六）税收政策风险提示服务资料报送要求

由于税收政策风险提示服务是在纳税人申报纳税前提供的，选择“风险提示服务”的纳税人需要提前一天将本企业的财务报表、企业所得税优惠事项备案表等相关信息资料，通过互联网报送至税务机关。纳税人之前已经完成以上信息报送的，无需重复报送。

（七）纳税人和税务机关的权利义务关系

税收政策风险提示服务作为2017年“便民办税春风行动”的重要内容之一，是税务机关为转变征管职能、优化纳税服务的一种尝试，风险提示指标的设定还需要不断完善、修改。因此，所提示的风险信息仅供纳税人参考。纳税人可以根据自身经营情况，自愿选择风险提示服务，自行决定风险修正。税收政策风险提示服务不改变纳税人依法自行计算申报缴纳税额、享受法定权益、承担法律责任的权利和义务。

三、《公告》实施时间

《公告》自发布之日起施行。各地税收政策风险提示服务系统软件安装上线前,纳税人已经完成了2016年度企业所得税汇算清缴纳税申报、缴纳的,本年度无法选择税收政策风险提示服务。

国家税务总局关于提供企业所得税税收政策风险提示服务的通知

税总函〔2017〕135号

各省、自治区、直辖市和计划单列市国家税务局、地方税务局:

为进一步贯彻落实《深化国税、地税征管体制改革方案》,按照简政放权、放管结合、优化服务的要求,切实转变企业所得税征管方式,结合"便民办税春风行动"有关安排,税务总局决定,从2017年开始,为纳税人提供企业所得税汇算清缴税收政策风险提示服务(以下简称"风险提示服务")。现将有关要求通知如下:

一、充分认识为纳税人提供风险提示服务的重要意义

为纳税人提供风险提示服务,是落实"放管服"重要举措之一,是科学构建事中事后管理机制的需要。这将有利于税务机关将有限征管资源从大量基础性、事务性工作中解放出来,为开展税收风险管理和推行分类分级管理创造条件、赢得空间,并推动税务机关实现有效精准纳税服务,增强简政放权成效,也将有助于纳税人遵从税法,履行义务,降低办税成本,减少纳税风险。

二、风险提示服务的主要内容

风险提示服务是指税务机关依据现行税收法律法规及相关管理规定,深入挖掘已经掌握的税务登记信息、纳税申报信息、财务会计信息、备案资料信息、第三方涉税信息等内在规律和联系,建立企业所得税政策遵从风险指标体系,并将其内嵌于"金税三期"征管系统,在纳税人完成纳税申报表填报、正式申报纳税前,对其申报数据实施扫描,并将扫描结果和疑点信息及时推送纳税人,指导纳税人正确理解、遵从税法规定,正确计算应纳税款,减少纳税风险。近日,税务总局已经发布《关于为纳税人提供企业所得税税收政策风险提示服务有关问题的公告》(国家税务总局公告2017年第10号),明确了风险提示服务的内容和要求。

三、有关工作要求

目前,风险提示服务系统软件已统一开发完毕,税务总局网络安全和信息化领导小组办公室已下发《关于启用企业所得税"税收政策风险提示服务系统"的通知》(税总信息办便函〔2017〕49号),对系统软件的安装、调试以及配套需求等提出了要求。各地要按照国家税务总局公告2017年第10号、税总信息办便函〔2017〕49号和本通知的要求,抓紧落实,争取早日上线。为此,提出以下要求:

(一)加强组织领导。各省国税局、地税局应当在省税收风险管理工作领导小组办公室统一领导下,建立由所得税管理部门牵头,税收征管、电子税务、纳税服务等部门参加的风险提示服务工作推进协调机制。牵头部门要负主责,细化落实方案,明确时间表、路线图。各部门要按照职责分工和方案要求,迅速开展工作。

(二)加强统筹协调。各省国税局、地税局要依托国税、地税合作联席会议机制,切实加强合作,争取同城同期为纳税人开展政策风险提示服务。

(三)加快工作准备。各省国税局、地税局应加快开展软件的安装与测试等工作,完成后即可上线投入使用。原则上,各地应在4月30日前完成软件系统安装及调试。

（四）加强宣传辅导。各省国税局、地税局要认真做好服务内容的宣传与风险指标的解读。要突出宣传重点，向纳税人讲清楚，风险提示服务是税务机关推出的一项便民措施，也是纳税服务的升级之举，不改变纳税人依法自行计算和申报应纳税额、享受法定权益、承担法律责任的权利和义务。要通过多种渠道，扩大宣传范围，引导纳税人自愿选择接受服务，赢得社会各界的理解和支持。对纳税服务前台工作人员（办税服务厅、12366 热线）在系统使用前进行培训。税务总局将开展相关培训，各省国税局、地税局也要派专家到各地 12366 纳税服务中心授课辅导，并加强对基层税务人员的培训。

（五）严肃工作纪律。风险提示服务是税务机关提供的一项服务措施，是否选择接受服务，是纳税人的自愿行为。各省国税局、地税局严禁强制纳税人接受服务，也不得以提供此项服务为名，向纳税人收取或变相收取费用。

（六）报送工作情况。为加强工作指导，全面了解和掌握各省国税局、地税局工作情况。企业所得税汇算清缴结束后一个月内（6 月 30 日前），各省国税局、地税局应将工作开展情况、成效统计情况通过可控 FTP 报送税务总局（所得税司企业所得税三处）。

国家税务总局

2017 年 4 月 19 日

财政部 国家税务总局关于创业投资企业和天使投资个人有关税收试点政策的通知

财税〔2017〕38 号

各省、自治区、直辖市、计划单列市财政厅（局）、国家税务局、地方税务局，新疆生产建设兵团财务局：

为进一步落实创新驱动发展战略，促进创业投资持续健康发展，现就创业投资企业和天使投资个人有关税收试点政策通知如下：

一、税收试点政策

（一）公司制创业投资企业采取股权投资方式直接投资于种子期、初创期科技型企业（以下简称初创科技型企业）满 2 年（24 个月，下同）的，可以按照投资额的 70％在股权持有满 2 年的当年抵扣该公司制创业投资企业的应纳税所得额；当年不足抵扣的，可以在以后纳税年度结转抵扣。

（二）有限合伙制创业投资企业（以下简称合伙创投企业）采取股权投资方式直接投资于初创科技型企业满 2 年的，该合伙创投企业的合伙人分别按以下方式处理：

1. 法人合伙人可以按照对初创科技型企业投资额的 70％抵扣法人合伙人从合伙创投企业分得的所得；当年不足抵扣的，可以在以后纳税年度结转抵扣。

2. 个人合伙人可以按照对初创科技型企业投资额的 70％抵扣个人合伙人从合伙创投企业分得的经营所得；当年不足抵扣的，可以在以后纳税年度结转抵扣。

（三）天使投资个人采取股权投资方式直接投资于初创科技型企业满 2 年的，可以按照投资额的 70％抵扣转让该初创科技型企业股权取得的应纳税所得额；当期不足抵扣的，可以在以后取得转让该初创科技型企业股权的应纳税所得额时结转抵扣。

天使投资个人在试点地区投资多个初创科技型企业的，对其中办理注销清算的初创科技型企业，天使投资个人对其投资额的 70％尚未抵扣完的，可自注销清算之日起 36 个月内抵扣天使投资个人转让其他初创科技型企业股权取得的应纳税所得额。

二、相关政策条件

(一) 本通知所称初创科技型企业,应同时符合以下条件:

1. 在中国境内(不包括港、澳、台地区)注册成立、实行查账征收的居民企业;

2. 接受投资时,从业人数不超过 200 人,其中具有大学本科以上学历的从业人数不低于 30%;资产总额和年销售收入均不超过 3 000 万元;

3. 接受投资时设立时间不超过 5 年(60 个月,下同);

4. 接受投资时以及接受投资后 2 年内未在境内外证券交易所上市;

5. 接受投资当年及下一纳税年度,研发费用总额占成本费用支出的比例不低于 20%。

(二) 享受本通知规定税收试点政策的创业投资企业,应同时符合以下条件:

1. 在中国境内(不含港、澳、台地区)注册成立、实行查账征收的居民企业或合伙创投企业,且不属于被投资初创科技型企业的发起人;

2. 符合《创业投资企业管理暂行办法》(发展改革委等 10 部门令第 39 号)规定或者《私募投资基金监督管理暂行办法》(证监会令第 105 号)关于创业投资基金的特别规定,按照上述规定完成备案且规范运作;

3. 投资后 2 年内,创业投资企业及其关联方持有被投资初创科技型企业的股权比例合计应低于 50%;

4. 创业投资企业注册地须位于本通知规定的试点地区。

(三) 享受本通知规定的税收试点政策的天使投资个人,应同时符合以下条件:

1. 不属于被投资初创科技型企业的发起人、雇员或其亲属(包括配偶、父母、子女、祖父母、外祖父母、孙子女、外孙子女、兄弟姐妹,下同),且与被投资初创科技型企业不存在劳务派遣等关系;

2. 投资后 2 年内,本人及其亲属持有被投资初创科技型企业股权比例合计应低于 50%;

3. 享受税收试点政策的天使投资个人投资的初创科技型企业,其注册地须位于本通知规定的试点地区。

(四) 享受本通知规定的税收试点政策的投资,仅限于通过向被投资初创科技型企业直接支付现金方式取得的股权投资,不包括受让其他股东的存量股权。

三、管理事项及管理要求

(一) 本通知所称研发费用口径,按照《财政部 国家税务总局 科技部关于完善研究开发费用税前加计扣除政策的通知》(财税〔2015〕119 号)的规定执行。

(二) 本通知所称从业人数,包括与企业建立劳动关系的职工人员及企业接受的劳务派遣人员。从业人数和资产总额指标,按照企业接受投资前连续 12 个月的平均数计算,不足 12 个月的,按实际月数平均计算。

本通知所称销售收入,包括主营业务收入与其他业务收入;年销售收入指标,按照企业接受投资前连续 12 个月的累计数计算,不足 12 个月的,按实际月数累计计算。

本通知所称成本费用,包括主营业务成本、其他业务成本、销售费用、管理费用、财务费用。

(三) 本通知所称投资额,按照创业投资企业或天使投资个人对初创科技型企业的实缴投资额确定。

合伙创投企业的合伙人对初创科技型企业的投资额,按照合伙创投企业对初创科技型企业的实缴投资额和合伙协议约定的合伙人占合伙创投企业的出资比例计算确定。合伙人从合伙创投企业分得的所得,按照《财政部 国家税务总局关于合伙企业合伙人所得税问题的通知》(财税〔2008〕159 号)规定计算。

(四) 天使投资个人、创业投资企业、合伙创投企业法人合伙人、被投资初创科技型企业应按规定向税务机关履行备案手续。

（五）初创科技型企业接受天使投资个人投资满2年，在上海证券交易所、深圳证券交易所上市的，天使投资个人转让该企业股票时，按照现行限售股有关规定执行，其尚未抵扣的投资额，在税款清算时一并计算抵扣。

（六）享受本通知规定的税收试点政策的纳税人，其主管税务机关对被投资企业是否符合初创科技型企业条件有异议的，可以转请被投资企业主管税务机关提供相关材料。对纳税人提供虚假资料，违规享受税收试点政策的，应按税收征管法相关规定处理，并将其列入失信纳税人名单，按规定实施联合惩戒措施。

权益法长期股权投资填报

四、执行时间及试点地区

本通知规定的企业所得税政策自2017年1月1日起试点执行，个人所得税政策自2017年7月1日起试点执行。执行日期前2年内发生的投资，在执行日期后投资满2年，且符合本通知规定的其他条件的，可以适用本通知规定的税收试点政策。

本通知所称试点地区包括京津冀、上海、广东、安徽、四川、武汉、西安、沈阳8个全面创新改革试验区域和苏州工业园区。

财政部 税务总局

2017年4月28日

国家税务总局关于创业投资企业和天使投资个人税收试点政策有关问题的公告

国家税务总局公告2017年第20号

为贯彻落实《财政部 税务总局关于创业投资企业和天使投资个人有关税收试点政策的通知》(财税〔2017〕38号，以下简称《通知》)，现就创业投资企业和天使投资个人税收试点政策有关问题公告如下：

一、相关政策执行口径

（一）《通知》第一条所称满2年是指公司制创业投资企业（以下简称“公司制创投企业”）、有限合伙制创业投资企业（以下简称“合伙创投企业”）和天使投资个人投资于种子期、初创期科技型企业（以下简称“初创科技型企业”）的实缴投资满2年，投资时间从初创科技型企业接受投资并完成工商变更登记的日期算起。

（二）《通知》第二条第（一）项所称研发费用总额占成本费用支出的比例，是指企业接受投资当年及下一纳税年度的研发费用总额合计占同期成本费用总额合计的比例。

（三）《通知》第三条第（三）项所称出资比例，按投资满2年当年年末各合伙人对合伙创投企业的实缴出资额占所有合伙人全部实缴出资额的比例计算。

（四）《通知》所称从业人数及资产总额指标，按照初创科技型企业接受投资前连续12个月的平均数计算，不足12个月的，按实际月数平均计算。具体计算公式如下：

月平均数＝（月初数＋月末数）÷2

接受投资前连续12个月平均数＝接受投资前连续12个月平均数之和÷12

（五）法人合伙人投资于多个符合条件的合伙创投企业，可合并计算其可抵扣的投资额和分得的所得。当年不足抵扣的，可结转以后纳税年度继续抵扣；当年抵扣后有结余的，应按照企业所得税法的规定计算缴纳企业所得税。

所称符合条件的合伙创投企业既包括符合《通知》规定条件的合伙创投企业，也包括符合

《国家税务总局关于有限合伙制创业投资企业法人合伙人企业所得税有关问题的公告》(国家税务总局公告 2015 年第 81 号)规定条件的合伙创投企业。

二、备案程序和资料

(一) 公司制创投企业

公司制创投企业应在年度申报享受优惠时,向主管税务机关办理备案手续,备案时报送《企业所得税优惠事项备案表》及发展改革或证监部门出具的符合创业投资企业条件的年度证明材料复印件。同时将以下资料留存备查:

1. 发展改革或证监部门出具的符合创业投资企业条件的年度证明材料;

2. 初创科技型企业接受现金投资时的投资合同(协议)、章程、实际出资的相关证明材料;

3. 创业投资企业与其关联方持有初创科技型企业的股权比例的说明;

4. 被投资企业符合初创科技型企业条件的有关资料:

(1) 接受投资时从业人数、资产总额、年销售收入和大学本科以上学历的从业人数比例的情况说明;

(2) 接受投资时设立时间不超过 5 年的证明材料;

(3) 接受投资时以及接受投资后 2 年内未在境内外证券交易所上市情况说明;

(4) 研发费用总额占成本费用总额比例的情况说明。

(二) 合伙创投企业及其法人合伙人

1. 合伙创投企业法人合伙人符合享受优惠条件的,合伙创投企业应在投资初创科技型企业满 2 年的年度以及分配所得的年度终了后 3 个月内向合伙创投企业主管税务机关报送《合伙创投企业法人合伙人所得分配情况明细表》(附件 1)。

2. 法人合伙人应在年度申报享受优惠时,向主管税务机关办理备案手续,备案时报送《企业所得税优惠事项备案表》。同时将法人合伙人投资于合伙创投企业的出资时间、出资金额、出资比例及分配比例的相关证明材料、合伙创投企业主管税务机关受理后的《合伙创投企业法人合伙人所得分配情况明细表》及其他有关资料留存备查。留存备查的其他资料同公司制创投企业。

(三) 合伙创投企业及其个人合伙人

1. 合伙创投企业应在投资初创科技型企业满 2 年的年度终了 3 个月内,向合伙创投企业主管税务机关办理备案手续,备案时应报送《合伙创投企业个人所得税投资抵扣备案表》(附件 2),同时将有关资料留存备查(备查资料同公司制创投企业)。合伙企业多次投资同一初创科技型企业的,应按年度分别备案。

2. 合伙创投企业应在投资初创科技型企业满 2 年后的每个年度终了 3 个月内,向合伙创投企业主管税务机关报送《合伙创投企业个人所得税投资抵扣情况表》(附件 3)。

3. 个人合伙人的个人所得税年度申报,应将当年允许抵扣的投资额填至《个人所得税生产经营所得纳税申报表(B 表)》"允许扣除的其他费用"栏,并同时标明"投资抵扣"字样。

其中,2017 年度投资初创科技型企业满 2 年的合伙创投企业个人合伙人,在办理年度个人所得税纳税申报时,以其符合条件的投资额的 70%抵扣个人合伙人当年自合伙创投企业分得的经营所得。

(四) 天使投资个人

1. 投资抵扣备案。天使投资个人应在投资初创科技型企业满 24 个月的次月 15 日内,与初创科技型企业共同向初创科技型企业主管税务机关办理备案手续。备案时应报送《天使投资个人所得税投资抵扣备案表》(附件 4)、天使投资个人身份证件等相关资料。被投资企业符合初创科技型企业条件有关资料留存企业备查，备查资料同公司制创投企业留存备查资料的第 2 项和第 4 项。多次投资同一初创科技型企业的，应分次备案。

2. 投资抵扣申报

(1) 天使投资个人转让未上市的初创科技型企业股权，按照《通知》规定享受投资抵扣税收优惠时，应于股权转让次月 15 日内，向主管税务机关报送《天使投资个人所得税投资抵扣情况表》(附件 5)。同时，天使投资个人还应一并提供投资初创科技型企业后税务机关受理的《天使投资个人所得税投资抵扣备案表》。

其中，天使投资个人转让初创科技型企业股权需同时抵扣前 36 个月内投资其他注销清算初创科技型企业尚未抵扣完毕的投资额的，申报时应一并提供注销清算企业主管税务机关受理登记并注明注销清算等情况的《天使投资个人所得税投资抵扣备案表》，及前期享受投资抵扣政策后税务机关受理的《天使投资个人所得税投资抵扣情况表》。

接受投资的初创科技型企业，应在天使投资个人转让股权纳税申报时，向扣缴义务人提供相关信息。

(2) 天使投资个人投资初创科技型企业满足投资抵扣税收优惠条件后，初创科技型企业在上海证券交易所、深圳证券交易所上市的，天使投资个人在转让初创科技型企业股票时，有尚未抵扣完毕的投资额的，应向证券机构所在地主管税务机关办理限售股转让税款清算，抵扣尚未抵扣完毕的投资额。清算时，应提供投资初创科技型企业后税务机关受理的《天使投资个人所得税投资抵扣备案表》和《天使投资个人所得税投资抵扣情况表》。

3. 被投资企业发生个人股东变动或者个人股东所持股权变动的，应在次月 15 日内向主管税务机关报送含有股东变动信息的《个人所得税基础信息表(A 表)》。对天使投资个人，应在备注栏标明“天使投资个人”字样。

4. 天使投资个人转让股权时，扣缴义务人、天使投资个人应将当年允许抵扣的投资额填至《扣缴个人所得税报告表》或《个人所得税自行纳税申报表(A 表)》“税前扣除项目”的“其他”栏，并同时标明“投资抵扣”字样。

5. 天使投资个人投资的初创科技型企业注销清算的，应及时持《天使投资个人所得税投资抵扣备案表》到主管税务机关办理情况登记。

三、其他事项

(一) 税务机关在公司制创投企业、合伙创投企业合伙人享受优惠政策后续管理中，对初创科技型企业是否符合规定条件有异议的，可以转请初创科技型企业主管税务机关提供相关资料，主管税务机关应积极配合。

(二) 创业投资企业、合伙创投企业合伙人、天使投资个人、初创科技型企业提供虚假情况、故意隐瞒已投资抵扣情况或采取其他手段骗取投资抵扣，不缴或者少缴应纳税款的，按税收征管法有关规定处理。

(三) 公司制创投企业及合伙创投企业法人合伙人申报享受税收优惠政策，备案资料和留存备查资料按照本公告第二条有关规定执行，其他备案管理要求按照《国家税务总局关于发布〈企业所得税优惠政策事项办理办法〉的公告》(国家税务总局公告 2015 年第 76 号)的规定执行。

四、执行时间

本公告企业所得税有关规定适用于 2017 年及以后年度企业所得税汇算清缴，个人所得税有关规定自 2017 年 7 月 1 日起执行。

特此公告。

附件:1. 合伙创投企业法人合伙人所得分配情况明细表(略)
2. 合伙创投企业个人所得税投资抵扣备案表(略)
3. 合伙创投企业个人所得税投资抵扣情况表(略)
4. 天使投资个人所得税投资抵扣备案表(略)
5. 天使投资个人所得税投资抵扣情况表(略)

国家税务总局
2017 年 5 月 22 日

关于《国家税务总局关于创业投资企业和天使投资个人税收试点政策有关问题的公告》的解读

为贯彻落实《财政部 税务总局关于创业投资企业和天使投资个人有关税收试点政策的通知》(财税〔2017〕38 号,以下简称《通知》),税务总局发布了《国家税务总局关于创业投资企业和天使投资个人税收试点政策有关问题的公告》(以下简称《公告》)。为便于纳税人、税务机关理解和执行,现对《公告》解读如下:

一、《公告》出台背景

创业投资和天使投资是促进大众创业、万众创新的重要资本力量,是促进科技创新成果转化的助推器,是落实新发展理念、推进供给侧结构性改革的新动能。为进一步鼓励和支持创业投资沿着健康的轨道蓬勃发展,4 月 19 日,国务院常务会议作出决定,在京津冀、上海、广东、安徽、四川、武汉、西安、沈阳 8 个全面创新改革试验地区和苏州工业园区开展创业投资企业和天使投资个人税收政策试点。财政部和国家税务总局根据国务院决定,联合出台了有关创业投资企业与天使投资个人投资种子期、初创期科技型企业(以下简称“初创科技型企业”)投资抵扣的税收优惠政策。此次税务总局发布《公告》,一方面是为了进一步明确相关税收征管工作流程,规范纳税人办税手续,保证相关税收优惠政策快速落地;另一方面,也是为了使纳税人更好地理解和把握政策规定,规范各地税务机关政策执行口径,保证相关税收优惠政策精准落地。

二、《公告》主要内容

(一) 明确执行口径

为提高政策的可操作性和确定性,《公告》在《通知》的基础上进一步明确了部分执行口径:

一是明确满 2 年的口径及投资时间计算口径。《公告》明确,《通知》第一条称满 2 年是公司制创投企业、合伙创投企业、天使投资个人投资于初创科技型企业的实缴投资满 2 年,投资时间从初创科技型企业接受投资并完成工商变更登记的日期算起。需要注意的是,对于合伙创投企业投资初创科技型企业的,仅强调合伙创投企业投资于初创科技型企业的实缴投资满 2 年,取消了对合伙人对该合伙创投企业的实缴出资须满 2 年的要求,简化了政策条件,有利于企业准确执行政策。比如,某合伙创投企业于 2017 年 12 月投资初创科技型企业,假设其他条件均符合文件规定。合伙创投企业的某个法人合伙人于 2018 年 1 月对该合伙创投企业出资。2019 年 12 月,合伙创投企业投资初创科技型企业满 2 年时,该法人合伙人同样可享受税收试点政策。

二是明确研发费用总额占成本费用支出的比例,指企业接受投资当年及下一个纳税年度的研发费用总额合计占同期成本费用总额合计的比例。此口径参考了高新技术企业研发费用占比的计算方法,一定程度上降低了享受优惠的门槛,使更多的企业可以享受到政策红利。比如,某公司制创投企业于 2017 年 5 月投资初创科技型企业,假设其他条件均符合文件规定。初创科技型企业 2017 年发生研发费用 100 万元,成本费用 1 000 万元,2017 年研发费用占比 10%,低于 20%;2018 年发生研发费用 500 万元,成本费用 1 000 万元,2018 年研发费用占比 50%,高于20%。如要求投资当年及下一年分别满足研发费用占比高于20%的条件，则该公司制创投企业不能享受税收试点政策。但按照《公告》明确的口径，投资当年及下一年初创科技型企业研发费用平均占比为30%[(100+500)/(1 000+1 000)]，该公司制创投企业可以享受税收试点政策。

三是明确合伙创投企业合伙人出资比例的计算口径。由于合伙创投企业投资初创型科技企业的，在投资满2年的当年就可享受试点政策，因此将计算出资比例的时点确定为投资满2年当年年末，对同一年满2年的投资统一计算，简化计算方法，减轻企业办税负担。

四是明确了从业人数、资产总额的计算方法。其计算方法参照了小型微利企业的计算方法，确保纳税人能准确理解政策、适用政策。

五是明确法人合伙人可合并计算抵扣。法人合伙人投资于多家合伙创投企业，可以合并计算可抵扣的投资额和分得的所得。考虑到法人合伙人可能会投资多家符合条件的合伙创投企业，而合伙创投企业的分配可能会有所差别，有些因创业投资活动本身具有一定的风险，可能永远没有回报。因此允许合并计算抵扣，并将所有符合现行政策规定的合伙创投企业均纳入合并范围，将使法人合伙人能充分、及时抵扣，确保税收试点政策效应得到充分发挥。

合并计算抵扣的范围既包括符合《通知》规定条件的合伙创投企业，也包括符合《国家税务总局关于有限合伙制创业投资企业法人合伙人企业所得税有关问题的公告》(国家税务总局公告2015年第81号)规定条件的合伙创投企业。

(二) 明确税收优惠备案的办理

具体见下表：

项目	公司制创投企业	合伙创投企业法人合伙人		合伙创投企业个人合伙人	天使投资个人
办理时间	年度申报享受优惠时	投资初创科技型企业满2年的年度以及分配所得的年度终了后3个月内	年度申报享受优惠时	投资初创科技型企业满2年的年度终了3个月内	投资初创科技型企业满24个月的次月15日内
办理主体	公司制创投企业	合伙创投企业	合伙创投企业法人合伙人	合伙创投企业	天使投资个人和初创科技型企业
受理机关	公司制创投企业主管税务机关	合伙创投企业主管税务机关	合伙创投企业法人合伙人主管税务机关	合伙创投企业主管税务机关	初创科技型企业主管税务机关
报送资料	1. 企业所得税优惠事项备案表； 2. 发展改革或证监部门出具的符合创业投资企业条件的年度证明材料复印件。	合伙创投企业法人合伙人所得分配情况明细表	企业所得税优惠事项备案表	合伙创投企业个人所得税投资抵扣备案表	1. 天使投资个人所得税投资抵扣备案表； 2. 天使投资个人身份证件。
留存备查资料	1. 发展改革或证监部门出具的符合创业投资企业条件的年度证明材料(天使投资个人无需)。 2. 初创科技型企业接受现金投资时的投资合同(协议)、章程、实际出资的相关证明材料。 3. 创业投资企业与其关联方持有初创科技型企业的股权比例的说明(天使投资个人无需)。 4. 被投资企业符合初创科技型企业条件的有关资料： (1) 接受投资时从业人数、资产总额、年销售收入和大学本科以上学历的从业人数比例的情况说明； (2) 接受投资时设立时间不超过5年的证明材料； (3) 接受投资时以及接受投资后2年内未在境内外证券交易所上市情况声明； (4) 研发费用总额占成本费用总额比例的情况说明。 5. 法人合伙人投资于合伙创投企业的出资时间、出资金额、出资比例、分配比例的相关证明材料及合伙创投企业主管税务机关受理后的《合伙创投企业法人合伙人所得分配情况明细表》(法人合伙人留存)。				

(三) 合伙创投企业个人合伙人的申报抵扣

根据《公告》规定,合伙创投企业应在投资初创科技型企业满 2 年后的每个年度终了 3 个月内,向合伙创投企业主管税务机关报送《合伙创投企业个人所得税投资抵扣情况表》。享受投资抵扣税收优惠时,个人合伙人只需正常办理纳税申报,并随申报报送上表即可。

(四) 天使投资个人的申报抵扣

1. 转让未上市企业股权。天使投资个人应于股权转让次月 15 日内,向主管税务机关报送《天使投资个人所得税投资抵扣情况表》,办理抵扣手续。

2. 转让上市公司股票。天使投资个人在转让上市公司限售股税款清算时,进行投资抵扣。

(五) 天使投资个人投资的初创科技型企业注销清算的税务处理

根据《通知》规定,初创科技型企业注销清算的,天使投资个人有尚未抵扣完毕的投资额的,可以在 36 个月内转让其他符合投资抵扣条件的初创科技型企业股权时进行抵扣。具体税务处理如下:

1. 及时持前期投资抵扣备案的《天使投资个人所得税投资抵扣备案表》,到原初创科技型企业主管税务机关办理情况登记。

2. 转让投资的其他符合投资抵扣条件的初创科技型企业股权时,持税务机关登记后的已注销清算企业的《天使投资个人所得税投资抵扣备案表》和前期办理投资抵扣时税务机关受理的《天使投资个人所得税投资抵扣情况表》办理投资抵扣手续。

(六) 明确其他管理要求

一是明确转请机制。《公告》明确了税务机关在创业投资企业和合伙创投企业合伙人享受优惠政策后续管理中,对初创科技型企业是否符合规定条件有异议的,可以转请相应主管税务机关提供相关资料,主管税务机关应积极配合。

二是明确骗取抵扣的罚则。创业投资企业、合伙创投企业合伙人、天使投资个人、初创科技型企业提供虚假情况、故意隐瞒已投资抵扣情况或采取其他手段骗取投资抵扣,不缴或者少缴应纳税款的,按税收征管法有关规定处理。

三是明确企业所得税备案管理其他事项。《公告》对公司制创投企业、合伙创投企业法人合伙人的备案资料及备查资料进行了规定。其他的备案仍按照《国家税务总局关于发布〈企业所得税优惠政策事项办理办法〉的公告》(国家税务总局公告 2015 年第 76 号)规定执行。

(七) 明确执行时间

执行时间与《通知》保持一致,其中企业所得税有关规定适用于 2017 年及以后年度企业所得税汇算清缴,个人所得税有关规定自 2017 年 7 月 1 日起执行。

国家税务总局所得税司关于 2016 年度企业研究开发费用税前加计扣除企业所得税纳税申报有关问题的通知

总所便函〔2017〕5 号

各省、自治区、直辖市和计划单列市国家税务局、地方税务局所得税处:

为落实《国家税务总局关于企业研究开发费用税前加计扣除政策有关问题的公告》(国家税务总局公告 2015 年第 97 号,以下简称“97 号公告”)有关年末汇总分析填报《研发支出辅助账汇总表》(以下简称“汇总表”),并在报送《年度财务会计报告》的同时随附注一并报送主管税务机关;根据汇总表填报《研发项目可加计扣除研发费用情况归集表》(以下简称“归集表”),企业在年度纳税申报时随申报表一并报送等要求,现就 2016 年度企业研究开发费用税前加计扣除企业所得税纳税申报有关问题通知如下:

1. “归集表”的填报

按照97号公告要求，“归集表”作为《企业所得税年度纳税申报表》的附表，在《企业所得税年度纳税申报表填报表单》中增加“归集表”的表单名称和选择填报情况。相关企业在填报“归集表”的同时仍应填报《研发费用加计扣除优惠明细表》(A107014，以下简称“明细表”)，“明细表”的填报以及“归集表”的校验规则如下：

(1)“明细表”的“研发项目明细”可以不再填报；

交易性金融资产初始投资填报

(2)“明细表”的“合计”行的第14列“计入本年研发费用加计扣除额”等于“归集表”的序号9“九、当期费用化支出可加计扣除总额”；

(3)“明细表”的“合计”行的第18列“无形资产本年加计摊销额”等于“归集表”的序号10.1“其中：准予加计扣除的摊销额”；

(4)“明细表”的“合计”行的第19列“本年研发费用加计扣除额合计”等于“合计”行的第14列加上第18列。

2. 上述事项已向金税三期提出业务需求

3. 年度财务会计报告附注和汇总表的采集

按照《财政部关于印发修订〈企业会计准则第30号——财务报表列报〉的通知》(财会〔2014〕7号)等国家财务会计制度的要求和97号公告的规定，已向金税三期提出《年度财务会计报告》采集中增加附注及相关表单和“汇总表”的业务需求。

4. 相关工作要求

(1) 各地应当按照上述要求及时调整纳税人企业所得税年度申报和年度财务会计报告采集等相关软件，确保纳税人纳税申报和年度财务会计报告采集工作的顺利开展。

(2) 在对纳税人和税务机关内部进行汇算清缴辅导时，应当广泛辅导宣传“企业所得税年度纳税申报表”和“年度财务会计报告附注”的相关变化。

(3) 对于涉及研究开发项目较多的纳税人，主管税务机关可以采取提供批量导入等有效方式帮助纳税人报送“汇总表”等。

(4) 在事中补充指标、事后各类风险指标模型设计过程中，各单位应当充分运用“归集表”“汇总表”和“年度财务会计报告附注”的相关内容。

国家税务总局所得税司
2017年1月23日

相关表格——

1. 自主研发“研发支出”辅助账(适用于2016年及以后年度)(略)
2. 委托研发“研发支出”辅助账(适用于2016年及以后年度)(略)
3. 合作研发“研发支出”辅助账(适用于2016年及以后年度)(略)
4. 中研发“研发支出”辅助账(适用于2016年及以后年度)(略)
5. “研发支出”辅助账汇总表(适用于2016年及以后年度)(略)
6. 研发项目可加计扣除研究开发费用情况归集表(适用于2016年及以后年度)(略)

国家税务总局关于2016年度企业研究开发费用税前加计扣除政策企业所得税纳税申报问题的公告

国家税务总局公告2017年第12号

为有效落实《国家税务总局关于企业研究开发费用税前加计扣除政策有关问题的公告》(国

家税务总局公告2015年第97号,以下简称“97号公告”)规定,现就2016年度企业研究开发费用税前加计扣除企业所得税年度纳税申报问题公告如下:

一、企业享受研究开发费用税前加计扣除政策的,在年度纳税申报时,应当按照97号公告第六条第(一)项规定,附报《研发项目可加计扣除研究开发费用情况归集表》(以下简称《情况归集表》)。

二、企业享受研究开发费用税前加计扣除政策的,在填报《中华人民共和国企业所得税年度纳税申报表(A类,2014年版)》之《研发费用加计扣除优惠明细表》(A107014)时,仅填写第10行第19列“本年研发费用加计扣除额合计”,数据来源为《情况归集表》序号11“十一、当期实际加计扣除总额”行次填写的“发生额”。

三、本公告适用于2016年度企业所得税汇算清缴。

特此公告。

国家税务总局

2017年5月2日

关于《国家税务总局关于2016年度企业研究开发费用税前加计扣除政策企业所得税纳税申报问题的公告》的解读

一、背景

2015年11月2日,财政部、国家税务总局和科技部制定下发了《关于完善研究开发费用税前加计扣除政策的通知》(财税〔2015〕119号,以下简称《通知》),对研究开发费用税前加计扣除政策进行了完善。2015年12月29日,国家税务总局发布了《关于企业研究开发费用税前加计扣除政策有关问题的公告》(国家税务总局公告2015年第97号,以下简称“97号公告”)进一步明确了政策执行口径和管理要求。《通知》和97号公告适用于2016年度及以后年度企业所得税汇算清缴。为保证该项税收优惠政策贯彻实施,解决纳税人在年度纳税申报表填报中的问题,国家税务总局发布了《关于2016年度企业研究开发费用税前加计扣除政策企业所得税纳税申报问题的公告》(以下简称《公告》)。

二、主要内容

(一)明确97号公告附件《研发项目可加计扣除研究开发费用情况归集表》与企业所得税年度纳税申报表的关系,及其报送时间要求。

97号公告所附《研发项目可加计扣除研究开发费用情况归集表》,属于税收征管法规定的税务机关根据实际需要要求纳税人报送的其他纳税资料。其报送时间,应当按照97号公告规定,在年度纳税申报时随企业所得税年度纳税申报表一并报送。

(二)简化企业所得税年度纳税申报表之《研发费用加计扣除优惠明细表》(A107014,以下简称《优惠明细表》)填报内容,明确填报口径。

政策调整后,《优惠明细表》中的部分内容纳税人将无法填写。为解决该问题,《公告》规定企业享受研究开发费用税前加计扣除政策的,在填写《优惠明细表》时,仅填写第10行第19列,其他内容不再填写。

《优惠明细表》第10行第19列数据,应当来源于《研发项目可加计扣除研究开发费用情况归集表》的相关行次,并保持数据一致。

三、《公告》执行期限

《公告》仅适用于2016年度企业所得税年度纳税申报。

财政部 税务总局 科技部关于提高科技型中小企业研究开发费用税前加计扣除比例的通知

财税〔2017〕34号

各省、自治区、直辖市、计划单列市财政厅(局)、国家税务局、地方税务局、科技厅(局),新疆生产建设兵团财务局、科技局:

为进一步激励中小企业加大研发投入,支持科技创新,现就提高科技型中小企业研究开发费用(以下简称研发费用)税前加计扣除比例有关问题通知如下:

一、科技型中小企业开展研发活动中实际发生的研发费用,未形成无形资产计入当期损益的,在按规定据实扣除的基础上,在2017年1月1日至2019年12月31日期间,再按照实际发生额的75%在税前加计扣除;形成无形资产的,在上述期间按照无形资产成本的175%在税前摊销。

二、科技型中小企业享受研发费用税前加计扣除政策的其他政策口径按照《财政部 国家税务总局 科技部关于完善研究开发费用税前加计扣除政策的通知》(财税〔2015〕119号)规定执行。

三、科技型中小企业条件和管理办法由科技部、财政部和国家税务总局另行发布。科技、财政和税务部门应建立信息共享机制,及时共享科技型中小企业的相关信息,加强协调配合,保障优惠政策落实到位。

财政部 税务总局 科技部

2017年5月2日

国家税务总局关于提高科技型中小企业研究开发费用税前加计扣除比例有关问题的公告

国家税务总局公告2017年第18号

根据《中华人民共和国企业所得税法》及其实施条例、《财政部 税务总局 科技部关于提高科技型中小企业研究开发费用税前加计扣除比例的通知》(财税〔2017〕34号,以下简称《通知》)和《科技部 财政部 国家税务总局关于印发〈科技型中小企业评价办法〉的通知》(国科发政〔2017〕115号,以下简称《评价办法》)的规定,现就提高科技型中小企业研究开发费用(以下简称"研发费用")税前加计扣除比例有关问题公告如下:

一、科技型中小企业开展研发活动实际发生的研发费用,在2019年12月31日以前形成的无形资产,在2017年1月1日至2019年12月31日期间发生的摊销费用,可适用《通知》规定的优惠政策。

二、企业在汇算清缴期内按照《评价办法》第十条、第十一条、第十二条规定取得科技型中小企业登记编号的,其汇算清缴年度可享受《通知》规定的优惠政策。企业按《评价办法》第十二条规定更新信息后不再符合条件的,其汇算清缴年度不得享受《通知》规定的优惠政策。

三、科技型中小企业办理税收优惠备案时,应将按照《评价办法》取得的相应年度登记编号填入《企业所得税优惠事项备案表》"具有相关资格的批准文件(证书)及文号(编号)"栏次。

四、因不符合科技型中小企业条件而被科技部门撤销登记编号的企业,相应年度不得享受《通知》规定的优惠政策,已享受的应补缴相应年度的税款。

五、科技型中小企业享受研发费用税前加计扣除政策的其他政策口径和管理事项仍按照

《国家税务总局关于企业研究开发费用税前加计扣除政策有关问题的公告》(国家税务总局公告2015年第97号)和《国家税务总局关于发布〈企业所得税优惠政策事项办理办法〉的公告》(国家税务总局公告2015年第76号)的规定执行。

六、本公告适用于2017年—2019年度企业所得税汇算清缴。

特此公告。

国家税务总局

2017年5月22日

关于《国家税务总局关于提高科技型中小企业研究开发费用税前加计扣除比例有关问题的公告》的解读

一、公告出台背景

为进一步激励中小企业加大研发投入,支持科技创新,4月19日国务院常务会议决定,自2017年1月1日至2019年12月31日,将科技型中小企业研发费用税前加计扣除比例由50%提高至75%。根据国务院决定,5月2日,财政部、税务总局和科技部制定下发了《关于提高科技型中小企业研究开发费用税前加计扣除比例的通知》(财税〔2017〕34号,以下简称《通知》),对提高科技型中小企业研究开发费用税前加计扣除比例问题进行了明确。5月4日,科技部、财政部、税务总局联合发布了《关于印发〈科技型中小企业评价办法〉的通知》(国科发政〔2017〕115号,以下简称《评价办法》),明确了科技型中小企业的条件和管理办法。为进一步明确政策执行口径,保证优惠政策的贯彻实施,根据《通知》《评价办法》及其他相关规定,制订本公告。

二、公告主要内容

(一)明确形成无形资产的研发费用加计扣除口径

考虑到提高科技型中小企业研发费用税前加计扣除比例政策执行期限为3年,而无形资产摊销涉及多个年度,为提高政策的确定性和可操作性,《通知》明确科技型中小企业开展研发活动中实际发生的研发费用形成无形资产的,在2017年1月1日至2019年12月31日期间按照无形资产成本的175%在税前摊销。

为便于理解和把握,公告对形成无形资产并适用《通知》规定优惠政策的情形做了进一步明确,即:2019年12月31日以前形成的无形资产,包括在2017年以前年度及2017年1月1日至2019年12月31日期间形成的无形资产,在2017年1月1日至2019年12月31日期间发生的摊销费用,均可以适用《通知》规定的提高加计扣除比例的优惠政策。比如,某科技型中小企业在2016年1月通过研发形成无形资产,计税基础为100万元,摊销年限为10年。假设其计税基础所归集的研发费用均属于允许加计扣除的范围,则其在2016年度按照现行规定可税前摊销15万元(10×150%),2017、2018、2019年度每年可税前摊销17.5万元(10×175%)。再如,某科技型中小企业在2018年1月通过研发形成无形资产,计税基础为100万元,摊销年限为10年。假设其计税基础所归集的研发费用均属于允许加计扣除的范围,则其在2018、2019年度每年均可税前摊销17.5万元(10×175%)。

(二)明确《通知》与《评价办法》的衔接

按照《评价办法》,科技型中小企业是否符合条件,主要依据其上一年度数据进行判断,因此,科技型中小企业经公示并取得入库登记编号说明其上一年度符合科技型中小企业的条件。其中包括两种情况:一是企业上一年度没有取得入库登记编号,本年新取得入库登记编号的;二是上一年度已取得入库登记编号,本年更新信息后仍符合条件从而又取得入库登记编号的。由此,综合考虑《通知》和《评价办法》相关规定的有效衔接问题,公告明确企业在汇算清缴期内按照《评价办法》第十条、十一条、十二条规定取得科技型中小企业入库登记编号的，其汇算清缴年度可享受《通知》规定的优惠政策。企业按《评价办法》第十二条规定更新信息后不再符合条件的，其汇算清缴年度不得享受《通知》规定的优惠政策。

比如，某科技型中小企业在2018年5月取得入库登记编号，2018年5月正值2017年度汇算清缴期间，因此，该企业可以在2017年度享受《通知》规定的优惠政策；如该企业2019年3月底前更新信息后仍符合条件，可以在2018年度享受《通知》规定的优惠政策；如该企业2019年3月底前更新信息后不符合条件，则该企业在2018年度不得享受《通知》规定的优惠政策。

（三）简化备案要求

按照《评价办法》的规定，省级科技管理部门为入库企业赋予科技型中小企业登记编号。为简化备案报送资料，科技型中小企业按照《国家税务总局关于发布〈企业所得税优惠政策事项办理办法〉的公告》（国家税务总局公告2015年第76号）规定办理备案时，将科技型中小企业的相应年度登记编号填入《企业所得税优惠事项备案表》“具有相关资格的批准文件（证书）及文号（编号）”栏次即可，不需另外向税务机关报送证明材料。

比如，某科技型中小企业在办理2017年度优惠备案时，应将其在2018年汇算清缴期内取得的年度登记编号填入《企业所得税优惠事项备案表》规定栏次即可。

（四）撤销登记编号的科技型中小企业不得享受优惠

享受《通知》规定的优惠政策的主体是科技型中小企业，因此，能否符合科技型中小企业条件是享受优惠政策的前提。按照《评价办法》的规定，科技型中小企业经公示确认并取得登记编号表明其符合科技型中小企业条件，相应地，不符合科技型中小企业条件而被科技部门撤销登记编号的企业，相应年度不得享受《通知》规定的优惠政策，已享受的应补缴相应年度的税款。

（五）明确研发费用口径

《通知》规定的优惠政策主要是提高了科技型中小企业研发费用加计扣除的比例，其他政策口径、管理事项仍按照《财政部 国家税务总局 科技部关于完善研究开发费用税前加计扣除政策的通知》（财税〔2015〕119号）、《国家税务总局关于企业研究开发费用税前加计扣除政策有关问题的公告》（国家税务总局公告2015年第97号）和《国家税务总局关于发布〈企业所得税优惠政策事项办理办法〉的公告》（国家税务总局公告2015年第76号）等文件规定执行。

（六）明确施行时间

《通知》规定的优惠政策的执行时间为2017年1月1日至2019年12月31日，与此相一致，公告适用于2017—2019年度企业所得税汇算清缴。

科技部 财政部 国家税务总局关于印发《科技型中小企业评价办法》的通知

国科发政〔2017〕115号

各省、自治区、直辖市及计划单列市科技厅（委、局）、财政厅（局）、国家税务局、地方税务局，新疆生产建设兵团科技局、财务局：

为贯彻落实《国家创新驱动发展战略纲要》，推动大众创业万众创新，加大对科技型中小企业的精准支持力度，按照《深化科技体制改革实施方案》要求，科技部、财政部、国家税务总局研究制定了《科技型中小企业评价办法》，现印发给你们，请遵照执行。

科技部 财政部 国家税务总局

2017年5月3日

科技型中小企业评价办法

第一章 总 则

第一条 为贯彻落实《国家创新驱动发展战略纲要》,推动大众创业万众创新,加速科技成果产业化,加大对科技型中小企业的精准支持力度,壮大科技型中小企业群体,培育新的经济增长点,根据《深化科技体制改革实施方案》要求,制定本办法。

第二条 本办法所称的科技型中小企业是指依托一定数量的科技人员从事科学技术研究开发活动,取得自主知识产权并将其转化为高新技术产品或服务,从而实现可持续发展的中小企业。

第三条 科技型中小企业评价工作采取企业自主评价、省级科技管理部门组织实施、科技部服务监督的工作模式,坚持服务引领、放管结合、公开透明的原则。

第四条 科技部负责建设"全国科技型中小企业信息服务平台"(以下简称"服务平台")和"全国科技型中小企业信息库"(以下简称"信息库")。科技部火炬高技术产业开发中心负责服务平台和信息库建设与运行的日常工作。

企业可根据本办法进行自主评价,并按照自愿原则到服务平台填报企业信息,经公示无异议的,纳入信息库。

第五条 各有关部门和各级人民政府应当对纳入信息库的科技型中小企业提供精准支持和精准服务,制定的支持企业技术创新的政策措施应优先支持纳入信息库的企业。

第二章 评价指标

第六条 科技型中小企业须同时满足以下条件:

(一)在中国境内(不包括港、澳、台地区)注册的居民企业。

(二)职工总数不超过500人、年销售收入不超过2亿元、资产总额不超过2亿元。

(三)企业提供的产品和服务不属于国家规定的禁止、限制和淘汰类。

(四)企业在填报上一年及当年内未发生重大安全、重大质量事故和严重环境违法、科研严重失信行为,且企业未列入经营异常名录和严重违法失信企业名单。

(五)企业根据科技型中小企业评价指标进行综合评价所得分值不低于60分,且科技人员指标得分不得为0分。

第七条 科技型中小企业评价指标具体包括科技人员、研发投入、科技成果三类,满分100分。

1. 科技人员指标(满分20分)。按科技人员数占企业职工总数的比例分档评价。

A. 30%(含)以上(20分)
B. 25%(含)~30%(16分)
C. 20%(含)~25%(12分)
D. 15%(含)~20%(8分)
E. 10%(含)~15%(4分)
F. 10%以下(0分)

2. 研发投入指标(满分50分)。企业从(1)(2)两项指标中选择一个指标进行评分。

(1)按企业研发费用总额占销售收入总额的比例分档评价。

A. 6%(含)以上(50分)
B. 5%(含)~6%(40分)
C. 4%(含)~5%(30分)
D. 3%(含)~4%(20分)
E. 2%(含)~3%(10分)
F. 2%以下(0分)

(2)按企业研发费用总额占成本费用支出总额的比例分档评价。

A. 30%(含)以上(50分)
B. 25%(含)~30%(40分)
C. 20%(含)~25%(30分)
D. 15%(含)~20%(20分)
E. 10%(含)~15%(10分)
F. 10%以下(0分)

3. 科技成果指标(满分30分)。按企业拥有的在有效期内的与主要产品(或服务)相关的知识产权类别和数量(知识产权应没有争议或纠纷)分档评价。

A. 1项及以上Ⅰ类知识产权(30分)

B. 4项及以上Ⅱ类知识产权(24分)

C. 3项Ⅱ类知识产权(18分)

D. 2项Ⅱ类知识产权(12分)

E. 1项Ⅱ类知识产权(6分)

F. 没有知识产权(0分)

第八条符合第六条第(一)～(四)项条件的企业,若同时符合下列条件中的一项,则可直接确认符合科技型中小企业条件:

(一) 企业拥有有效期内高新技术企业资格证书;

(二) 企业近五年内获得过国家级科技奖励,并在获奖单位中排在前三名;

(三) 企业拥有经认定的省部级以上研发机构;

(四) 企业近五年内主导制定过国际标准、国家标准或行业标准。

第九条 科技型中小企业评价指标的说明:

(一) 企业科技人员是指企业直接从事研发和相关技术创新活动,以及专门从事上述活动管理和提供直接服务的人员,包括在职、兼职和临时聘用人员,兼职、临时聘用人员全年须在企业累计工作6个月以上。

(二) 企业职工总数包括企业在职、兼职和临时聘用人员。在职人员通过企业是否签订了劳动合同或缴纳社会保险费来鉴别,兼职、临时聘用人员全年须在企业累计工作6个月以上。

(三) 企业研发费用是指企业研发活动中发生的相关费用,具体按照财政部国家税务总局 科技部《关于完善研究开发费用税前加计扣除政策的通知》(财税〔2015〕119号)有关规定进行归集。

(四) 企业销售收入为主营业务与其他业务收入之和。

(五) 知识产权采用分类评价,其中:发明专利、植物新品种、国家级农作物品种、国家新药、国家一级中药保护品种、集成电路布图设计专有权按Ⅰ类评价;实用新型专利、外观设计专利、软件著作权按Ⅱ类评价。

(六) 企业主导制定国际标准、国家标准或行业标准是指企业在国家标准化委员会、工业和信息化部、国际标准化组织等主管部门的相关文件中排名起草单位前五名。

(七) 省部级以上研发机构包括国家(省、部)重点实验室、国家(省、部)工程技术研究中心、国家(省、部)工程实验室、国家(省、部)工程研究中心、国家(省、部)企业技术中心、国家(省、部)国际联合研究中心等。

第三章 信息填报与登记入库

第十条 企业可对照本办法自主评价是否符合科技型中小企业条件,认为符合条件的,可自愿在服务平台上注册登记企业基本信息,在线填报《科技型中小企业信息表》(附件)。

各省级科技管理部门组织有关单位对企业填报的《科技型中小企业信息表》内容是否完整进行确认。内容不完整的,在服务平台上通知企业补正。信息完整且符合条件的,由省级科技管理部门在服务平台公示10个工作日。

公示无异议的企业,纳入信息库并在服务平台公告;有异议的,由省级科技管理部门组织有关单位进行核实处理。

第十一条 省级科技管理部门为入库企业赋予科技型中小企业入库登记编号(以下简称"登记编号")。

有关单位可通过服务平台查验企业的登记编号。

第十二条 已入库企业应在每年 3 月底前通过服务平台对《科技型中小企业信息表》中的信息进行更新,并对本企业是否仍符合科技型中小企业条件进行自主评价,仍符合条件的,由省级科技管理部门按本办法第十条和第十一条规定程序办理。

第十三条 已入库企业发生更名或与第二章规定的条件有关的重大变化的,应在三个月内通过服务平台填报变化情况。

第十四条 已入库企业有下列行为之一的,由省级科技管理部门撤销其行为发生年度登记编号并在服务平台上公告:

(一) 企业发生重大变化,不再符合第二章规定条件的;

(二) 存在严重弄虚作假行为的;

(三) 发生科研严重失信行为的;

(四) 发生重大安全、重大质量事故或有严重环境违法行为的;

(五) 被列入经营异常名录和严重违法失信企业名单的;

(六) 未按期更新《科技型中小企业信息表》信息的。

第十五条 科技部根据工作需要对省级科技管理部门管理工作进行监督检查。省级科技管理部门对已入库企业进行抽查,对经抽查或审核企业确认不符合条件的,由省级科技管理部门按照第十四条规定处理。

第四章 附 则

第十六条 本办法由科技部、财政部、国家税务总局负责解释。

各省级科技管理部门、财政部门、税务部门可根据本地区情况制定实施细则。

第十七条 本办法自发布之日起实施。

附件

系统填报号:22 位

科技型中小企业信息表

企业名称:________________

统一社会信用代码:____________

企业注册地区:______省______市(区)

企业注册类型:______________

企业所属行业:______________

填写日期:________年____月____日

声明:本表中填写的有关内容和提交的资料均准确、真实、合法、有效、无涉密信息,本企业愿为此承担有关法律责任。

法定代表人(签名):(企业公章)

科学技术部

二〇一 年 月

填报说明

1. 企业应如实填报所附各表。要求文字简洁,数据准确、详实。
2. 各栏目不得空缺,无内容填写“0”;数据有小数时,保留小数点后 2 位。
3. 资产总额应以企业上一年度会计报表期末数为准。

4. 科技人员和研发投入指标，采用上一会计年度财务数据和统计数据进行评价。

5. 企业科技人员是指企业直接从事研发和相关技术创新活动，以及专门从事上述活动管理和提供直接服务的人员，包括在职、兼职和临时聘用人员，兼职、临时聘用人员全年须在企业累计工作6个月以上。

6. 企业职工总数包括企业在职、兼职和临时聘用人员。在职人员通过企业是否签订了劳动合同或缴纳社会保险费来鉴别，兼职、临时聘用人员全年须在企业累计工作6个月以上。

7. 企业职工总数、科技人员数均按照全年季平均数计算。

季平均数 =（季初数 + 季末数）÷ 2
全年季平均数 = 全年各季平均数之和 ÷ 4

8. 企业研发费用是指企业研发活动中发生的相关费用，具体按照财政部、国家税务总局、科技部《关于完善研究开发费用税前加计扣除政策的通知》（财税〔2015〕119号）有关规定进行归集。

9. 企业销售收入为主营业务与其他业务收入之和。

10. 当年注册的企业，以其实际经营期作为一个会计年度确定相关指标。

11. 知识产权采用分类评价，其中：发明专利、植物新品种、国家级农作物品种、国家新药、国家一级中药保护品种、集成电路布图设计专有权按Ⅰ类评价；实用新型专利、外观设计专利、软件著作权按Ⅱ类评价。

12. 近五年包括填报当年。

13. 企业主导制定国际标准、国家标准或行业标准是指企业在国家标准化委员会、工业和信息化部、国际标准化组织等主管部门的相关文件中排名起草单位前五名。

14. 省部级以上研发机构包括国家（省、部）重点实验室、国家（省、部）工程技术研究中心、国家（省、部）工程实验室、国家（省、部）工程研究中心、国家（省、部）企业技术中心、国家（省、部）国际联合研究中心等。

一、企业自评表（必填）

企业名称		
一、基本准入条件判定（需同时符合指标1-4）		企业自评
指标1：注册地	企业为在中国境内（不包括港、澳、台地区）注册的居民企业	□符合 □不符合
指标2：企业规模	企业职工总数不超过500人、年销售收入不超过2亿元、资产总额不超过2亿元	□符合 □不符合
指标3：产品及服务范围	企业提供的产品和服务不属于国家规定的禁止、限制和淘汰类	□符合 □不符合
指标4：企业信用	企业在填报上一年及当年内未发生重大安全、重大质量事故和严重环境违法、科研严重失信行为，且企业未列入经营异常名录和严重违法失信企业名单	□符合 □不符合
二、相关重要条件判定（指标5-8）		企业自评
指标5：高新技术企业	企业拥有有效期内高新技术企业资格证书	□是 □否
指标6：研发机构	企业拥有经认定的省部级以上研发机构	□是 □否
指标7：科技奖励	企业近五年内获得过国家级科技奖励，并在获奖单位中排在前三名	□是 □否

(续表)

企业名称			
指标 8:制定标准	企业近五年内主导制定过国际标准、国家标准、或行业标准		□是 □否
企业科技活动评分 (满分 100 分)(指标 9-11)		企业自评	
指标 9:科技人员(满分 20 分)	上一会计年度企业科技人员占企业职工总数的比例	□30%(含)以上(20 分)　□25%(含)~30%(16 分) □20%(含)~25%(12 分)　□15%(含)~20%(8 分) □10%(含)~15%(4 分)　□10%以下(0 分) 该项指标所对应的比例(%):	
指标 10:研发投入(满分 50 分) 企业从(1)、(2)两项指标中选择一个指标进行评分。	(1)上一会计年度企业研发费用总额占销售收入总额的比例	□6%(含)以上(50 分)　□5%(含)~6%(40 分) □4%(含)~5%(30 分)　□3%(含)~4%(20 分) □2%(含)~3%(10 分)　□2%以下(0 分) 该项指标所对应的比例(%):	
	(2)上一会计年度企业研发费用总额占成本费用支出总额的比例	□30%(含)以上(50 分)　□25%(含)~30%(40 分) □20%(含)~25%(30 分)　□15%(含)~20%(20 分) □10%(含)~15%(10 分)　□10%以下(0 分) 该项指标所对应的比例(%):	
指标 11:科技成果(满分 30 分)	企业拥有的在有效期内的与主要产品(或服务)相关的知识产权类别和数量(知识产权应没有争议或纠纷)	□1 项及以上Ⅰ类知识产权(30 分) □4 项及以上Ⅱ类知识产权(24 分) □3 项Ⅱ类知识产权(18 分) □2 项Ⅱ类知识产权(12 分) □1 项Ⅱ类知识产权(6 分) □没有知识产权(0 分) 该项指标所对应的类别和数量: Ⅰ类知识产权;Ⅱ类知识产权	
以上科技活动企业自评得分:分			
企业自评结果: □符合科技型中小企业条件 □不符合科技型中小企业条件			

二、企业主要数据表(必填)

企业名称				
所属行业			行业代码	
上一会计年度企业数据	资产总额(万元)		销售收入(万元)	
	职工总数(人)		科技人员数(人)	
	研发费用总额(万元)		成本费用总额(万元)	

三、企业知识产权情况表(必填)

企业拥有的在有效期内的知识产权数量(件)	发明专利			
	植物新品种		国家级农作物品种	
	国家新药		国家一级中药保护品种	
	集成电路布图设计专有权		实用新型	
	外观设计		软件著作权	

（续表）

序号	知识产权名称	种类	授权日期	授权号	获得方式

四、企业人力资源情况表（必填）

（一）总体情况

	企业职工	科技人员
总数（人）		
其中：在职人员		
兼职人员		
临时人员		

（二）人员结构

学历	博士	硕士	本科	大专及以下
人数				
职称	高级职称	中级职称	初级职称	高级技工
人数				
年龄	20～30	30～40	40～50	50 以上
人数				

五、企业近五年内主导制定国际标准、国家标准、或行业标准情况（没有可不填写）

序号	标准名称	标准级别	标准编号	起草单位中排名
		□国际□国家□行业		第名
		□国际□国家□行业		第名

注：请附证明文件

六、企业拥有省部级以上研发机构情况表（没有可不填写）

序号	研发机构名称	研发机构级别	证明文件名称
		□国家级□省部级	
		□国家级□省部级	

注：请附证明文件

七、企业近五年内获得国家级科技奖励情况表（没有可不填写）

序号	奖励成果名称	排名	证明文件名称
		第　名	
		第　名	

注：请附证明文件

八、其他

财政部 税务总局关于广告费和业务宣传费支出税前扣除政策的通知

财税〔2017〕41号

各省、自治区、直辖市、计划单列市财政厅(局)、国家税务局、地方税务局,新疆生产建设兵团财务局:

根据《中华人民共和国企业所得税法实施条例》(国务院令第512号)第四十四条规定,现就有关广告费和业务宣传费支出税前扣除政策通知如下:

一、对化妆品制造或销售、医药制造和饮料制造(不含酒类制造)企业发生的广告费和业务宣传费支出,不超过当年销售(营业)收入30%的部分,准予扣除;超过部分,准予在以后纳税年度结转扣除。

二、对签订广告费和业务宣传费分摊协议(以下简称分摊协议)的关联企业,其中一方发生的不超过当年销售(营业)收入税前扣除限额比例内的广告费和业务宣传费支出可以在本企业扣除,也可以将其中的部分或全部按照分摊协议归集至另一方扣除。另一方在计算本企业广告费和业务宣传费支出企业所得税税前扣除限额时,可将按照上述办法归集至本企业的广告费和业务宣传费不计算在内。

三、烟草企业的烟草广告费和业务宣传费支出,一律不得在计算应纳税所得额时扣除。

四、本通知自2016年1月1日起至2020年12月31日止执行。

财政部 税务总局

2017年5月27日

财政部 税务总局关于扩大小型微利企业所得税优惠政策范围的通知

财税〔2017〕43号

各省、自治区、直辖市、计划单列市财政厅(局)、国家税务局、地方税务局,新疆生产建设兵团财务局:

为进一步支持小型微利企业发展,现就小型微利企业所得税政策通知如下:

一、自2017年1月1日至2019年12月31日,将小型微利企业的年应纳税所得额上限由30万元提高至50万元,对年应纳税所得额低于50万元(含50万元)的小型微利企业,其所得减按50%计入应纳税所得额,按20%的税率缴纳企业所得税。

前款所称小型微利企业,是指从事国家非限制和禁止行业,并符合下列条件的企业:

(一)工业企业,年度应纳税所得额不超过50万元,从业人数不超过100人,资产总额不超过3 000万元;

(二)其他企业,年度应纳税所得额不超过50万元,从业人数不超过80人,资产总额不超过

1 000 万元。

二、本通知第一条所称从业人数,包括与企业建立劳动关系的职工人数和企业接受的劳务派遣用工人数。

所称从业人数和资产总额指标,应按企业全年的季度平均值确定。具体计算公式如下:

季度平均值 =(季初值 + 季末值)÷ 2

全年季度平均值 = 全年各季度平均值之和 ÷ 4

年度中间开业或者终止经营活动的,以其实际经营期作为一个纳税年度确定上述相关指标。

三、《财政部 国家税务总局关于小型微利企业所得税优惠政策的通知》(财税〔2015〕34 号)和《财政部 国家税务总局关于进一步扩大小型微利企业所得税优惠政策范围的通知》(财税〔2015〕99 号)自 2017 年 1 月 1 日起废止。

四、各级财政、税务部门要严格按照本通知的规定,积极做好小型微利企业所得税优惠政策的宣传辅导工作,确保优惠政策落实到位。

财政部 税务总局

2017 年 6 月 6 日

国家税务总局关于贯彻落实扩大小型微利企业所得税优惠政策范围有关征管问题的公告

国家税务总局公告 2017 年第 23 号

根据《中华人民共和国企业所得税法实施条例》(以下简称《企业所得税法实施条例》)、《财政部 税务总局关于扩大小型微利企业所得税优惠政策范围的通知》(财税〔2017〕43 号)等规定,现就小型微利企业所得税优惠政策有关征管问题公告如下:

一、自 2017 年 1 月 1 日至 2019 年 12 月 31 日,符合条件的小型微利企业,无论采取查账征收方式还是核定征收方式,其年应纳税所得额低于 50 万元(含 50 万元,下同)的,均可以享受财税〔2017〕43 号文件规定的其所得减按 50%计入应纳税所得额,按 20%的税率缴纳企业所得税的政策(以下简称“减半征税政策”)。

前款所述符合条件的小型微利企业是指符合《企业所得税法实施条例》第九十二条或者财税〔2017〕43 号文件规定条件的企业。

企业本年度第 1 季度预缴企业所得税时,如未完成上一纳税年度汇算清缴,无法判断上一纳税年度是否符合小型微利企业条件的,可暂按企业上一纳税年度第 4 季度的预缴申报情况判别。

二、符合条件的小型微利企业,在预缴和年度汇算清缴企业所得税时,通过填写纳税申报表的相关内容,即可享受减半征税政策,无需进行专项备案。

三、符合条件的小型微利企业,统一实行按季度预缴企业所得税。

四、本年度企业预缴企业所得税时,按照以下规定享受减半征税政策:

(一)查账征收企业。上一纳税年度为符合条件的小型微利企业,分别按照以下规定处理:

1. 按照实际利润额预缴的,预缴时累计实际利润不超过 50 万元的,可以享受减半征税政策;

2. 按照上一纳税年度应纳税所得额平均额预缴的,预缴时可以享受减半征税政策。

(二)定率征收企业。上一纳税年度为符合条件的小型微利企业,预缴时累计应纳税所得额不超过50万元的，可以享受减半征税政策。

（三）定额征收企业。根据减半征税政策规定需要调减定额的，由主管税务机关按照程序调整，依照原办法征收。

（四）上一纳税年度为不符合小型微利企业条件的企业，预计本年度符合条件的，预缴时累计实际利润或应纳税所得额不超过50万元的，可以享受减半征税政策。

（五）本年度新成立的企业，预计本年度符合小型微利企业条件的，预缴时累计实际利润或应纳税所得额不超过50万元的，可以享受减半征税政策。

五、企业预缴时享受了减半征税政策，年度汇算清缴时不符合小型微利企业条件的，应当按照规定补缴税款。

六、按照本公告规定小型微利企业2017年度第1季度预缴时应享受未享受减半征税政策而多预缴的企业所得税，在以后季度应预缴的企业所得税税款中抵减。

七、《国家税务总局关于发布〈中华人民共和国企业所得税月（季）度预缴纳税申报表（2015年版）等报表〉的公告》（国家税务总局公告2015年第31号）附件2《中华人民共和国企业所得税月（季）度和年度预缴纳税申报表（B类，2015年版）》填报说明第三条第（五）项中"核定定额征收纳税人，换算应纳税所得额大于30万的填'否'"修改为"核定定额征收纳税人，换算应纳税所得额大于50万元的填'否'"。

八、《国家税务总局关于贯彻落实进一步扩大小型微利企业减半征收企业所得税范围有关问题的公告》（国家税务总局公告2015年第61号）在2016年度企业所得税汇算清缴结束后废止。

特此公告。

国家税务总局

2017年6月7日

关于《国家税务总局关于贯彻落实扩大小型微利企业所得税优惠政策范围有关征管问题的公告》的解读

为进一步支持小型微利企业发展，持续推动实体经济降成本增后劲，近日，国家税务总局印发了《关于贯彻落实扩大小型微利企业所得税优惠政策范围有关征管问题的公告》（以下简称《公告》）。现解读如下：

一、《公告》出台的主要背景是什么？

当前，我国经济发展处在爬坡过坎的关键阶段，减税降费、扩大政策优惠面、持续激发微观主体活力，有利于稳增长、促改革、调结构、惠民生、防风险，保持经济的平稳健康发展和社会的和谐稳定。2017年《政府工作报告》提出，要"多措并举降成本"和"千方百计使结构性减税力度和效应进一步显现"。4月19日，国务院常务会议决定扩大享受企业所得税优惠的小型微利企业范围，2017年6月，财政部、税务总局联合发布了《关于扩大小型微利企业所得税优惠政策范围的通知》（财税〔2017〕43号），自2017年1月1日至2019年12月31日，将小型微利企业年应纳税所得额上限由30万元提高到50万元，符合这一条件的小型微利企业所得税减半计算应纳税所得额，并按20%优惠税率缴纳企业所得税（以下简称"减半征税政策"）。这是减半征税政策范围从年应纳税所得额不超过3万元、6万元、10万元、20万元、30万元后的又一次提高。为了积极贯彻落实国务院重大决策部署，确保广大企业能够及时、准确享受减半征税政策，税务总局制定了本《公告》。

二、本次扩大小型微利企业所得税优惠政策范围，哪些纳税人将从中受益？

根据财税〔2017〕43 号文件规定，自 2017 年 1 月 1 日至 2019 年 12 月 31 日，扩大享受企业所得税优惠的小型微利企业范围，主要体现在对小型微利企业“年度应纳税所得额”标准的提高。因此，年应纳税所得额在 30 万元至 50 万元之间的符合条件的企业，是最大的受益群体。

三、本次政策调整后，按照核定征收方式缴纳企业所得税的企业，是否能够享受减半征税政策？

根据《公告》第一条规定，只要是符合条件的小型微利企业，不区分企业所得税的征收方式，均可以享受减半征税政策。因此，包括定率征收和定额征收在内的企业所得税核定征收企业，可以享受减半征税政策。

四、以前年度成立的企业，在预缴享受减半征税政策时，需要判断上一纳税年度是否为符合条件的小型微利企业，2017 年度及以后年度如何判断？

根据规定，在预缴时需要判别上一纳税年度是否符合小型微利企业条件，2017 年度应当按照税法规定条件判别；2018 年度及以后纳税年度，应当按照财税〔2017〕43 号文件规定条件判别。

五、企业享受减半征税政策，需要履行什么程序？

根据《国家税务总局关于发布〈企业所得税优惠政策事项办理办法〉的公告》（国家税务总局公告 2015 年第 76 号）第十条和本《公告》第二条规定，企业享受小型微利企业所得税优惠政策通过填写纳税申报表相关内容即可。因此，符合条件的小型微利企业无须进行专项备案。

六、上一纳税年度为不符合小型微利企业条件的企业以及本年度新成立的企业，预缴企业所得税时，如何判断享受减半征税政策？

上一纳税年度为不符合小型微利企业条件的企业，预计本年度符合条件的，预缴时累计实际利润额或应纳税所得额不超过 50 万元的，可以享受减半征税政策。“预计本年度符合条件”是指，企业上一年度其“从业人数”和“资产总额”已经符合小型微利企业规定条件，但应纳税所得额不符合条件，本年度预缴时，如果上述两个条件没有发生实质性变化，预缴时累计实际利润额或应纳税所得额不超过 50 万元的，可以预先享受减半征税政策。

本年度新成立的企业，预计本年度符合小型微利企业条件的，预缴时累计实际利润额或应纳税所得额不超过 50 万元的，可以享受减半征税政策。“预计本年度符合小型微利企业条件”是指，企业本年度其“从业人数”和“资产总额”预计可以符合小型微利企业规定条件，本年度预缴时，累计实际利润额或应纳税所得额不超过 50 万元的，可以预先享受减半征税政策。

七、《公告》实施后，符合条件的小型微利企业 2017 年度第 1 季度预缴时，应享受未享受减半征税政策而多预缴的企业所得税如何处理？

此次政策调整从 2017 年 1 月 1 日开始，由于 2017 年第 1 季度预缴期已经结束，符合条件的小型微利企业在 2017 年度第 1 季度预缴时，未能享受减半征税政策而多预缴的企业所得税，在以后季度企业应预缴的企业所得税税款中抵减。

八、执行时间

本《公告》是贯彻落实财税〔2017〕43 号文件的征管办法，其执行时间与其一致。

财政部 国家税务总局关于延续支持农村金融发展有关税收政策的通知

财税〔2017〕44 号

各省、自治区、直辖市、计划单列市财政厅（局）、国家税务局、地方税务局，新疆生产建设兵团财务局：

为继续支持农村金融发展，现就农村金融有关税收政策通知如下：

一、自2017年1月1日至2019年12月31日,对金融机构农户小额贷款的利息收入,免征增值税。

二、自2017年1月1日至2019年12月31日,对金融机构农户小额贷款的利息收入,在计算应纳税所得额时,按90%计入收入总额。

三、自2017年1月1日至2019年12月31日,对保险公司为种植业、养殖业提供保险业务取得的保费收入,在计算应纳税所得额时,按90%计入收入总额。

四、本通知所称农户,是指长期(一年以上)居住在乡镇(不包括城关镇)行政管理区域内的住户,还包括长期居住在城关镇所辖行政村范围内的住户和户口不在本地而在本地居住一年以上的住户,国有农场的职工和农村个体工商户。位于乡镇(不包括城关镇)行政管理区域内和在城关镇所辖行政村范围内的国有经济的机关、团体、学校、企事业单位的集体户;有本地户口,但举家外出谋生一年以上的住户,无论是否保留承包耕地均不属于农户。农户以户为统计单位,既可以从事农业生产经营,也可以从事非农业生产经营。农户贷款的判定应以贷款发放时的承贷主体是否属于农户为准。

未收款、未开发票的收入需要确认吗?

本通知所称小额贷款,是指单笔且该农户贷款余额总额在10万元(含本数)以下的贷款。

本通知所称保费收入,是指原保险保费收入加上分保费收入减去分出保费后的余额。

五、金融机构应对符合条件的农户小额贷款利息收入进行单独核算,不能单独核算的不得适用本通知第一条、第二条规定的优惠政策。

六、本通知印发之日前已征的增值税,可抵减纳税人以后月份应缴纳的增值税或予以退还。

财政部 税务总局
2017年6月9日

财政部 国家税务总局关于小额贷款公司有关税收政策的通知

财税〔2017〕48号

各省、自治区、直辖市、计划单列市财政厅(局)、国家税务局、地方税务局,新疆生产建设兵团财务局:

为引导小额贷款公司在"三农"、小微企业等方面发挥积极作用,更好地服务实体经济发展,现将小额贷款公司有关税收政策通知如下:

一、自2017年1月1日至2019年12月31日,对经省级金融管理部门(金融办、局等)批准成立的小额贷款公司取得的农户小额贷款利息收入,免征增值税。

二、自2017年1月1日至2019年12月31日,对经省级金融管理部门(金融办、局等)批准成立的小额贷款公司取得的农户小额贷款利息收入,在计算应纳税所得额时,按90%计入收入总额。

三、自2017年1月1日至2019年12月31日,对经省级金融管理部门(金融办、局等)批准成立的小额贷款公司按年末贷款余额的1%计提的贷款损失准备金准予在企业所得税税前扣除。具体政策口径按照《财政部 国家税务总局关于金融企业贷款损失准备金企业所得税税前扣除有关政策的通知》(财税〔2015〕9号)执行。

四、本通知所称农户,是指长期(一年以上)居住在乡镇(不包括城关镇)行政管理区域内的住户,还包括长期居住在城关镇所辖行政村范围内的住户和户口不在本地而在本地居住一年以上的住户,国有农场的职工和农村个体工商户。位于乡镇(不包括城关镇)行政管理区域内和在城关镇所辖行政村范围内的国有经济的机关、团体、学校、企事业单位的集体户；有本地户口，但举家外出谋生一年以上的住户，无论是否保留承包耕地均不属于农户。农户以户为统计单位，既可以从事农业生产经营，也可以从事非农业生产经营。农户贷款的判定应以贷款发放时的承贷主体是否属于农户为准。

本通知所称小额贷款，是指单笔且该农户贷款余额总额在10万元（含本数）以下的贷款。

五、2017年1月1日至本通知印发之日前已征的应予免征的增值税，可抵减纳税人以后月份应缴纳的增值税或予以退还。

财政部　税务总局

2017年6月9日

财政部　税务总局　人力资源社会保障部关于继续实施支持和促进重点群体创业就业有关税收政策的通知

财税〔2017〕49号

各省、自治区、直辖市、计划单列市财政厅（局）、国家税务局、地方税务局、人力资源社会保障厅（局），新疆生产建设兵团财务局、人力资源社会保障局：

为支持和促进重点群体创业就业，现将有关税收政策通知如下：

一、对持《就业创业证》（注明"自主创业税收政策"或"毕业年度内自主创业税收政策"）或《就业失业登记证》（注明"自主创业税收政策"或附着《高校毕业生自主创业证》）的人员从事个体经营的，在3年内按每户每年8 000元为限额依次扣减其当年实际应缴纳的增值税、城市维护建设税、教育费附加、地方教育附加和个人所得税。限额标准最高可上浮20%，各省、自治区、直辖市人民政府可根据本地区实际情况在此幅度内确定具体限额标准，并报财政部和税务总局备案。

纳税人年度应缴纳税款小于上述扣减限额的，以其实际缴纳的税款为限；大于上述扣减限额的，以上述扣减限额为限。

上述人员是指：1.在人力资源社会保障部门公共就业服务机构登记失业半年以上的人员；2.零就业家庭、享受城市居民最低生活保障家庭劳动年龄内的登记失业人员；3.毕业年度内高校毕业生。高校毕业生是指实施高等学历教育的普通高等学校、成人高等学校应届毕业的学生；毕业年度是指毕业所在自然年，即1月1日至12月31日。

二、对商贸企业、服务型企业、劳动就业服务企业中的加工型企业和街道社区具有加工性质的小型企业实体，在新增加的岗位中，当年新招用在人力资源社会保障部门公共就业服务机构登记失业半年以上且持《就业创业证》或《就业失业登记证》（注明"企业吸纳税收政策"）人员，与其签订1年以上期限劳动合同并依法缴纳社会保险费的，在3年内按实际招用人数予以定额依次扣减增值税、城市维护建设税、教育费附加、地方教育附加和企业所得税优惠。定额标准为每人每年4 000元，最高可上浮30%，各省、自治区、直辖市人民政府可根据本地区实际情况在此幅度内确定具体定额标准，并报财政部和税务总局备案。

按上述标准计算的税收扣减额应在企业当年实际应缴纳的增值税、城市维护建设税、教育费附加、地方教育附加和企业所得税税额中扣减，当年扣减不完的，不得结转下年使用。

本条所称服务型企业，是指从事《销售服务、无形资产、不动产注释》（《财政部　国家税务总局关于全面推开营业税改征增值税试点的通知》——财税〔2016〕36号附件）中"不动产租赁服务"、"商务辅助服务"（不含货物运输代理和代理报关服务）、"生活服务"（不含文化体育服务）范围内业务活动的企业以及按照《民办非企业单位登记管理暂行条例》(国务院令第 251 号)登记成立的民办非企业单位。

三、享受上述优惠政策的人员按以下规定申领《就业创业证》:

(一) 按照《就业服务与就业管理规定》(人力资源社会保障部令第 24 号)第六十三条的规定,在法定劳动年龄内,有劳动能力,有就业要求,处于无业状态的城镇常住人员,在公共就业服务机构进行失业登记,申领《就业创业证》。对其中的零就业家庭、城市低保家庭的登记失业人员,公共就业服务机构应在其《就业创业证》上予以注明。

(二) 毕业年度内高校毕业生在校期间凭学生证向公共就业服务机构按规定申领《就业创业证》,或委托所在高校就业指导中心向公共就业服务机构按规定代为其申领《就业创业证》;毕业年度内高校毕业生离校后直接向公共就业服务机构按规定申领《就业创业证》。

(三) 上述人员申领相关凭证后,由就业和创业地人力资源社会保障部门对人员范围、就业失业状态、已享受政策情况进行核实,在《就业创业证》上注明"自主创业税收政策""毕业年度内自主创业税收政策"或"企业吸纳税收政策"字样,同时符合自主创业和企业吸纳税收政策条件的,可同时加注;主管税务机关在《就业创业证》上加盖戳记,注明减免税所属时间。

四、本通知的执行期限为 2017 年 1 月 1 日至 2019 年 12 月 31 日。本通知规定的税收优惠政策按照备案减免税管理,纳税人应向主管税务机关备案。税收优惠政策在 2019 年 12 月 31 日未享受满 3 年的,可继续享受至 3 年期满为止。

对《财政部 国家税务总局关于全面推开营业税改征增值税试点的通知》(财税〔2016〕36 号)文件附件 3 第三条第(二)项政策,纳税人在 2016 年 12 月 31 日未享受满 3 年的,可按现行政策继续享受至 3 年期满为止。

五、本通知所述人员不得重复享受税收优惠政策,以前年度已享受扶持就业的专项税收优惠政策的人员不得再享受本通知规定的税收优惠政策。如果企业的就业人员既适用本通知规定的税收优惠政策,又适用其他扶持就业的专项税收优惠政策,企业可选择适用最优惠的政策,但不能重复享受。

六、上述税收政策的具体实施办法由税务总局会同财政部、人力资源社会保障部、教育部、民政部另行制定。

各地财政、税务、人力资源社会保障部门要加强领导、周密部署,把大力支持和促进重点群体创业就业工作作为一项重要任务,主动做好政策宣传和解释工作,加强部门间的协调配合,确保政策落实到位。同时,要密切关注税收政策的执行情况,对发现的问题及时逐级向财政部、税务总局、人力资源社会保障部反映。

财政部 税务总局 人力资源社会保障部

2017 年 6 月 12 日

财政部 税务总局 民政部关于继续实施扶持自主就业退役士兵创业就业有关税收政策的通知

财税〔2017〕46 号

各省、自治区、直辖市、计划单列市财政厅(局)、国家税务局、地方税务局、民政厅(局),新疆生产建设兵团财务局、民政局:

为扶持自主就业退役士兵创业就业,现将有关税收政策通知如下:

一、对自主就业退役士兵从事个体经营的,在 3 年内按每户每年 8 000 元为限额依次扣减其当年实际应缴纳的增值税、城市维护建设税、教育费附加、地方教育附加和个人所得税。限额标准最高可上浮 20%,各省、自治区、直辖市人民政府可根据本地区实际情况在此幅度内确定具体限额标准,并报财政部和税务总局备案。

纳税人年度应缴纳税款小于上述扣减限额的,以其实际缴纳的税款为限;大于上述扣减限额的,以上述扣减限额为限。纳税人的实际经营期不足一年的,应当以实际月份换算其减免税限额。换算公式为:

减免税限额 = 年度减免税限额 ÷ 12 × 实际经营月数。

纳税人在享受税收优惠政策的当月,持《中国人民解放军义务兵退出现役证》或《中国人民解放军士官退出现役证》以及税务机关要求的相关材料向主管税务机关备案。

二、对商贸企业、服务型企业、劳动就业服务企业中的加工型企业和街道社区具有加工性质的小型企业实体,在新增加的岗位中,当年新招用自主就业退役士兵,与其签订 1 年以上期限劳动合同并依法缴纳社会保险费的,在 3 年内按实际招用人数予以定额依次扣减增值税、城市维护建设税、教育费附加、地方教育附加和企业所得税优惠。定额标准为每人每年 4 000 元,最高可上浮 50%,各省、自治区、直辖市人民政府可根据本地区实际情况在此幅度内确定具体定额标准,并报财政部和税务总局备案。

本条所称服务型企业是指从事《销售服务、无形资产、不动产注释》(《财政部 国家税务总局关于全面推开营业税改征增值税试点的通知》——财税〔2016〕36 号附件)中“不动产租赁服务”“商务辅助服务”(不含货物运输代理和代理报关服务)、“生活服务”(不含文化体育服务)范围内业务活动的企业以及按照《民办非企业单位登记管理暂行条例》(国务院令第 251 号)登记成立的民办非企业单位。

纳税人按企业招用人数和签订的劳动合同时间核定企业减免税总额,在核定减免税总额内每月依次扣减增值税、城市维护建设税、教育费附加和地方教育附加。纳税人实际应缴纳的增值税、城市维护建设税、教育费附加和地方教育附加小于核定减免税总额的,以实际应缴纳的增值税、城市维护建设税、教育费附加和地方教育附加为限;实际应缴纳的增值税、城市维护建设税、教育费附加和地方教育附加大于核定减免税总额的,以核定减免税总额为限。

纳税年度终了,如果企业实际减免的增值税、城市维护建设税、教育费附加和地方教育附加小于核定的减免税总额,企业在企业所得税汇算清缴时扣减企业所得税。当年扣减不完的,不再结转以后年度扣减。

计算公式为:

$$企业减免税总额 = \sum 每名自主就业退役士兵本年度在本企业工作月份 \div 12 \times 定额标准$$

企业自招用自主就业退役士兵的次月起享受税收优惠政策,并于享受税收优惠政策的当月,持下列材料向主管税务机关备案:1. 新招用自主就业退役士兵的《中国人民解放军义务兵退出现役证》或《中国人民解放军士官退出现役证》;2. 企业与新招用自主就业退役士兵签订的劳动合同(副本),企业为职工缴纳的社会保险费记录;3. 自主就业退役士兵本年度在企业工作时间表(见附件);4. 主管税务机关要求的其他相关材料。

三、本通知所称自主就业退役士兵是指依照《退役士兵安置条例》(国务院、中央军委令第 608 号)的规定退出现役并按自主就业方式安置的退役士兵。

四、本通知的执行期限为 2017 年 1 月 1 日至 2019 年 12 月 31 日。本通知规定的税收优惠政策按照备案减免税管理,纳税人应向主管税务机关备案。税收优惠政策在 2019 年 12 月 31 日未享受满 3 年的,可继续享受至 3 年期满为止。

对《财政部 国家税务总局关于全面推开营业税改征增值税试点的通知》(财税〔2016〕36号)附件3第三条第(一)项政策,纳税人在2016年12月31日未享受满3年的,可按现行政策继续享受至3年期满为止。

五、如果企业招用的自主就业退役士兵既适用本通知规定的税收优惠政策,又适用其他扶持就业的专项税收优惠政策,企业可选择适用最优惠的政策,但不能重复享受。

各地财政、税务、民政部门要加强领导、周密部署,把扶持自主就业退役士兵创业就业工作作为一项重要任务,主动做好政策宣传和解释工作,加强部门间的协调配合,确保政策落实到位。同时,要密切关注税收政策的执行情况,对发现的问题及时逐级向财政部、税务总局、民政部反映。

附件:自主就业退役士兵本年度在企业工作时间表(样式略)

财政部 税务总局 民政部

2017年6月12日

国家税务总局关于实施高新技术企业所得税优惠政策有关问题的公告

国家税务总局公告2017年第24号

为贯彻落实高新技术企业所得税优惠政策,根据《科技部 财政部 国家税务总局关于修订印发〈高新技术企业认定管理办法〉的通知》(国科发火〔2016〕32号,以下简称《认定办法》)及《科技部 财政部 国家税务总局关于修订印发〈高新技术企业认定管理工作指引〉的通知》(国科发火〔2016〕195号,以下简称《工作指引》)以及相关税收规定,现就实施高新技术企业所得税优惠政策有关问题公告如下:

一、企业获得高新技术企业资格后,自高新技术企业证书注明的发证时间所在年度起申报享受税收优惠,并按规定向主管税务机关办理备案手续。

企业的高新技术企业资格期满当年,在通过重新认定前,其企业所得税暂按15%的税率预缴,在年底前仍未取得高新技术企业资格的,应按规定补缴相应期间的税款。

二、对取得高新技术企业资格且享受税收优惠的高新技术企业,税务部门如在日常管理过程中发现其在高新技术企业认定过程中或享受优惠期间不符合《认定办法》第十一条规定的认定条件的,应提请认定机构复核。复核后确认不符合认定条件的,由认定机构取消其高新技术企业资格,并通知税务机关追缴其证书有效期内自不符合认定条件年度起已享受的税收优惠。

三、享受税收优惠的高新技术企业,每年汇算清缴时应按照《国家税务总局关于发布〈企业所得税优惠政策事项办理办法〉的公告》(国家税务总局公告2015年第76号)规定向税务机关提交企业所得税优惠事项备案表、高新技术企业资格证书履行备案手续,同时妥善保管以下资料留存备查:

1. 高新技术企业资格证书;

2. 高新技术企业认定资料;

3. 知识产权相关材料;

4. 年度主要产品(服务)发挥核心支持作用的技术属于《国家重点支持的高新技术领域》规定范围的说明,高新技术产品(服务)及对应收入资料;

5. 年度职工和科技人员情况证明材料;

6. 当年和前两个会计年度研发费用总额及占同期销售收入比例、研发费用管理资料以及研发费用辅助账,研发费用结构明细表(具体格式见《工作指引》附件2);

7. 省税务机关规定的其他资料。

四、本公告适用于2017年度及以后年度企业所得税汇算清缴。2016年1月1日以后按《认定办法》认定的高新技术企业按本公告规定执行。2016年1月1日前按《科技部 财政部 国家税务总局关于印发〈高新技术企业认定管理办法〉的通知》(国科发火〔2008〕172号)认定的高新技术企业,仍按《国家税务总局关于实施高新技术企业所得税优惠有关问题的通知》(国税函〔2009〕203号)和国家税务总局公告2015年第76号的规定执行。

《国家税务总局关于高新技术企业资格复审期间企业所得税预缴问题的公告》(国家税务总局公告2011年第4号)同时废止。

特此公告。

国家税务总局

2017年6月19日

关于《国家税务总局关于实施高新技术企业所得税优惠政策有关问题的公告》的解读

一、公告出台背景

为加大对科技型企业特别是中小企业的政策扶持,有力推动大众创业、万众创新,培育创造新技术、新业态和提供新供给的生力军,促进经济升级转型升级,2016年,科技部、财政部、税务总局联合下发了《关于修订印发〈高新技术企业认定管理办法〉的通知》(国科发火〔2016〕32号,以下简称《认定办法》)及配套文件《关于修订印发〈高新技术企业认定管理工作指引〉的通知》(国科发火〔2016〕195号,以下简称《工作指引》)。

《认定办法》和《工作指引》出台后,《国家税务总局关于实施高新技术企业所得税优惠有关问题的通知》(国税函〔2009〕203号,以下简称"203号文件")作为与原《认定办法》和《工作指引》相配套的税收优惠管理性质的文件,其有关内容需要适时加以调整和完善,以实现高新技术企业认定管理和税收优惠管理的有效衔接,保障和促进高新技术企业优惠政策的贯彻落实。为此,特制定本公告。

二、公告主要内容

(一) 明确高新技术企业享受优惠的期间

根据企业所得税法的规定,企业所得税按纳税年度计算,因此高新技术企业也是按年享受税收优惠。而高新技术企业证书上注明的发证时间是具体日期,不一定是一个完整纳税年度,且有效期为3年。这就导致了企业享受优惠期间和高新技术企业认定证书的有效期不完全一致。为此,公告明确,企业获得高新技术企业资格后,自其高新技术企业证书注明的发证时间所在年度起申报享受税收优惠,并按规定向主管税务机关办理备案手续。例如,A企业取得的高新技术企业证书上注明的发证时间为2016年11月25日,A企业可自2016年度1月1日起连续3年享受高新技术企业税收优惠政策,即,享受高新技术企业税收优惠政策的年度为2016、2017和2018年。

按照上述原则,高新技术企业认定证书发放当年已开始享受税收优惠,则在期满当年应停止享受税收优惠。但鉴于其高新技术企业证书仍有可能处于有效期内,且继续取得高新技术企业资格的可能性非常大,为保障高新技术企业的利益,实现优惠政策的无缝衔接,公告明确高新技术企业资格期满当年内,在通过重新认定前,其企业所得税可暂按15%的税率预缴,在年底前仍未取得高新技术企业资格的,则应按规定补缴税款。如,A企业的高新技术企业证书在2019年4月20日到期,在2019年季度预缴时企业仍可按高新技术企业15%税率预缴。如果

A企业在2019年年底前重新获得高新技术企业证书,其2019年度可继续享受税收优惠。如未重新获得高新技术企业证书,则应按25%的税率补缴少缴的税款。

(二)明确税务机关日常管理的范围、程序和追缴期限

在《认定办法》第十六条基础上,公告进一步明确了税务机关的后续管理,主要有以下几点:

一是明确后续管理范围。《认定办法》出台以后,税务机关和纳税人对高新技术企业在享受优惠期间是否需要符合认定条件存在较大的争议。经与财政部、科技部沟通,《认定办法》第十六条中所称"认定条件"是较为宽泛的概念,既包括高新技术企业认定时的条件,也包括享受税收优惠期间的条件。因此,公告将税务机关后续管理的范围明确为高新技术企业认定过程中和享受优惠期间,统一了管理范围,明确了工作职责。

二是调整后续管理程序。此前,按照203号文件的规定,税务部门发现高新技术企业不符合优惠条件的,可以追缴高新技术企业已减免的企业所得税税款,但不取消其高新技术企业资格。按照《认定办法》第十六条的规定,公告对203号文件的后续管理程序进行了调整,即,税务机关如发现高新技术企业不符合认定条件的,应提请认定机构复核。复核后确认不符合认定条件的,由认定机构取消其高新技术企业资格后,通知税务机关追缴税款。

三是明确追缴期限。为统一执行口径,公告将《认定办法》第十六条中的追缴期限"不符合认定条件年度起"明确为"证书有效期内自不符合认定条件年度起",避免因为理解偏差导致扩大追缴期限,切实保障纳税人的合法权益。

(三)明确高新技术企业优惠备案要求

《认定办法》和《工作指引》出台后,认定条件、监督管理要求等均发生了变化,有必要对享受优惠的备案资料和留存备查资料进行适当调整。公告对此进行了明确。在留存备查资料中,涉及主要产品(服务)发挥核心支持作用的技术所属领域、高新技术产品(服务)及对应收入、职工和科技人员、研发费用比例等相关指标时,需留存享受优惠年度的资料备查。

(四)明确执行时间和衔接问题

一是考虑到本公告加强了高新技术企业税收管理,按照不溯及既往原则,明确本公告适用于2017年度及以后年度企业所得税汇算清缴。二是《认定办法》自2016年1月1日起开始实施。但按照《科技部 财政部 国家税务总局关于印发〈高新技术企业认定管理办法〉的通知》(国科发火〔2008〕172号)认定的高新技术企业仍在有效期内。在一段时间内,按不同认定办法认定的高新技术企业还将同时存在,但认定条件、监督管理要求等并不一致。为公平、合理起见,公告明确了"老人老办法,新人新办法"的处理原则,以妥善解决新旧衔接问题。即按照《认定办法》认定的高新技术企业按本公告规定执行,按国科发火〔2008〕172号文件认定的高新技术企业仍按照203号文件和《国家税务总局关于发布〈企业所得税优惠政策事项办理办法〉的公告》(国家税务总局公告2015年第76号)的有关规定执行。三是明确《国家税务总局关于高新技术企业资格复审期间企业所得税预缴问题的公告》(国家税务总局公告2011年第4号)废止。

国家税务总局 财政部 人力资源社会保障部 教育部 民政部关于继续实施支持和促进重点群体创业就业有关税收政策具体操作问题的公告

国家税务总局 财政部 人力资源社会保障部 教育部 民政部公告2017年第27号

为贯彻落实《财政部 税务总局 人力资源社会保障部关于继续实施支持和促进重点群体创业就业有关税收政策的通知》(财税〔2017〕49号)精神,现就具体操作问题公告如下:

一、个体经营税收政策

（一）申请

1. 在人力资源社会保障部门公共就业服务机构登记失业半年以上的人员、零就业家庭或享受城市居民最低生活保障家庭劳动年龄内的登记失业人员，可持《就业创业证》（或《就业失业登记证》，下同）、个体工商户登记执照（未完成“两证整合”的还须持《税务登记证》）向创业地县以上（含县级，下同）人力资源社会保障部门提出申请。县以上人力资源社会保障部门应当按照财税〔2017〕49 号文件的规定，核实创业人员是否享受过税收扶持政策。对符合条件人员在《就业创业证》上注明“自主创业税收政策”。

2. 毕业年度高校毕业生在校期间从事个体经营享受税收优惠政策的，凭学生证到公共就业服务机构申领《就业创业证》，或委托所在高校就业指导中心向公共就业服务机构代为其申领《就业创业证》。公共就业服务机构在《就业创业证》上注明“毕业年度内自主创业税收政策”。

3. 毕业年度高校毕业生离校后从事个体经营享受税收优惠政策的，可凭毕业证直接向公共就业服务机构申领《就业创业证》。公共就业服务机构在《就业创业证》上注明“毕业年度内自主创业税收政策”。

（二）税款减免顺序及额度

符合条件人员从事个体经营的，按照财税〔2017〕49 号文件第一条的规定，在年度减免税限额内，依次扣减增值税、城市维护建设税、教育费附加、地方教育附加和个人所得税。纳税人的实际经营期不足一年的，应当以实际月份换算其减免税限额。换算公式为：

减免税限额＝年度减免税限额÷12×实际经营月数

纳税人实际应缴纳的增值税、城市维护建设税、教育费附加、地方教育附加和个人所得税小于减免税限额的，以实际应缴纳的增值税、城市维护建设税、教育费附加、地方教育附加和个人所得税税额为限；实际应缴纳的增值税、城市维护建设税、教育费附加、地方教育附加和个人所得税大于减免税限额的，以减免税限额为限。

上述城市维护建设税、教育费附加、地方教育附加的计税依据是享受本项税收优惠政策前的增值税应纳税额。

（三）税收减免备案

纳税人在享受本项税收优惠纳税申报时，持《就业创业证》（注明“自主创业税收政策”或“毕业年度内自主创业税收政策”）或《就业失业登记证》（注明“自主创业税收政策”或附着《高校毕业生自主创业证》），向其主管税务机关备案。

二、企业、民办非企业单位吸纳失业人员税收政策

（一）申请

符合条件的企业、民办非企业单位持下列材料向县以上人力资源社会保障部门递交申请：

1. 新招用人员持有的《就业创业证》。

2. 企业、民办非企业单位与新招用持《就业创业证》人员签订的劳动合同（副本），企业、民办非企业单位为职工缴纳的社会保险费记录。可通过内部信息共享、数据比对等方式审核的地方，可不再要求企业提供缴纳社会保险费记录。

3.《持〈就业创业证〉人员本年度实际工作时间表》（见附件）。

其中，劳动就业服务企业要提交《劳动就业服务企业证书》，民办非企业单位提交《民办非企业单位登记证书》。

县以上人力资源社会保障部门接到企业、民办非企业单位报送的材料后，应当按照财税〔2017〕49 号文件的规定，重点核实以下情况：

1. 新招用人员是否属于享受税收优惠政策人员范围，以前是否已享受过税收优惠政策；

2. 企业、民办非企业单位是否与新招用人员签订了1年以上期限劳动合同，为新招用人员缴纳社会保险费的记录；

3. 企业、民办非企业单位的经营范围是否符合税收政策规定。

核实后，对符合条件的人员，在《就业创业证》上注明“企业吸纳税收政策”，对符合条件的企业、民办非企业单位核发《企业实体吸纳失业人员认定证明》。

（二）税款减免顺序及额度

1. 纳税人按本单位吸纳人数和签订的劳动合同时间核定本单位减免税总额，在减免税总额内每月依次扣减增值税、城市维护建设税、教育费附加和地方教育附加。纳税人实际应缴纳的增值税、城市维护建设税、教育费附加和地方教育附加小于核定减免税总额的，以实际应缴纳的增值税、城市维护建设税、教育费附加、地方教育附加为限；实际应缴纳的增值税、城市维护建设税、教育费附加和地方教育附加大于核定减免税总额的，以核定减免税总额为限。

党组织工作经费如何扣除？

纳税年度终了，如果纳税人实际减免的增值税、城市维护建设税、教育费附加和地方教育附加小于核定的减免税总额，纳税人在企业所得税汇算清缴时，以差额部分扣减企业所得税。当年扣减不完的，不再结转以后年度扣减。

$$减免税总额 = \sum 每名失业人员本年度在本企业工作月份 \div 12 \times 定额$$

企业、民办非企业单位自吸纳失业人员的次月起享受税收优惠政策。

上述城市维护建设税、教育费附加、地方教育附加的计税依据是享受本项税收优惠政策前的增值税应纳税额。

2. 第二年及以后年度当年新招用人员、原招用人员及其工作时间按上述程序和办法执行。计算每名失业人员享受税收优惠政策的期限最长不超过3年。

（三）税收减免备案

1. 经县以上人力资源社会保障部门核实后，纳税人依法享受税收优惠政策。纳税人持县以上人力资源社会保障部门核发的《企业实体吸纳失业人员认定证明》《持〈就业创业证〉人员本年度实际工作时间表》，在享受本项税收优惠纳税申报时向主管税务机关备案。

2. 企业、民办非企业单位纳税年度终了前招用失业人员发生变化的，应当在人员变化次月按照前项规定重新备案。

三、税收优惠政策管理

（一）严格各项凭证的审核发放。任何单位或个人不得伪造、涂改、转让、出租相关凭证，违者将依法予以惩处；对采取上述手段已经获取减免税的企业、民办非企业单位和个人，主管税务机关要追缴其已减免的税款，并依法予以处罚；对出借、转让《就业创业证》的人员，主管人力资源社会保障部门要收回其《就业创业证》并记录在案。

（二）《就业创业证》采用实名制，限持证者本人使用。创业人员从事个体经营的，《就业创业证》由本人保管；被用人单位录用的，享受税收优惠政策期间，证件由用人单位保管。《就业创业证》由人力资源社会保障部统一样式，各省、自治区、直辖市人力资源社会保障部门负责印制，统一编号备案，作为审核劳动者就业失业状况和享受政策情况的有效凭证。

（三）《企业实体吸纳失业人员认定证明》由人力资源社会保障部统一式样，各省、自治区、直辖市人力资源社会保障部门统一印制，统一编号备案。

（四）县以上税务、财政、人力资源社会保障、教育、民政部门要建立劳动者就业信息交换和协查制度。人力资源社会保障部建立全国统一的就业信息平台，供各级人力资源社会保障、税务、财政、民政部门查询《就业创业证》信息。地方各级人力资源社会保障部门要及时将《就业创业证》信息（包括发放信息和内容更新信息）按规定上报人力资源社会保障部。

（五）主管税务机关应当在纳税人备案时，在《就业创业证》中加盖戳记，注明减免税所属时间。各级税务机关对《就业创业证》有疑问的，可提请同级人力资源社会保障部门予以协查，同级人力资源社会保障部门应根据具体情况规定合理的工作时限，并在时限内将协查结果通报提请协查的税务机关。

四、本公告自 2017 年 1 月 1 日起施行。《国家税务总局 财政部 人力资源社会保障部 教育部 民政部关于支持和促进重点群体创业就业有关税收政策具体实施问题的公告》（国家税务总局公告 2014 年第 34 号）和《国家税务总局 财政部 人力资源社会保障部 教育部 民政部关于支持和促进重点群体创业就业有关税收政策具体实施问题的补充公告》（国家税务总局公告 2015 年第 12 号）同时废止。

特此公告。

附件：持《就业创业证》人员本年度实际工作时间表（样表略）

国家税务总局 财政部

人力资源社会保障部 教育部 民政部

2017 年 6 月 29 日

关于《国家税务总局 财政部 人力资源社会保障部 教育部 民政部关于继续实施支持和促进重点群体创业就业有关税收政策具体操作问题的公告》的解读

近日，国家税务总局、财政部、人力资源社会保障部、教育部、民政部印发了《关于继续实施支持和促进重点群体创业就业有关税收政策具体操作问题的公告》（国家税务总局公告 2017 年第 27 号，以下简称《公告》）。现解读如下：

一、主要背景

就业是 13 亿多人口最大的民生，也是经济发展最基本的支撑。党中央、国务院坚持把就业放在经济社会发展的优先位置。2017 年 4 月 19 日，国务院常务会议决定延续支持和促进重点群体创业就业的税收政策。据此，财政部、国家税务总局、人力资源社会保障部印发了《关于继续实施支持和促进重点群体创业就业有关税收政策的通知》（财税〔2017〕49 号），将 2016 年 12 月 31 日执行到期的重点群体创业就业税收政策予以延期。为将优惠政策贯彻落实到位，使纳税人便捷享受优惠政策，同时，为利于基层税务机关征管操作，《公告》对一些具体管理操作问题作出了完善和明确。

二、优惠条件

《公告》明确了个体经营和企业（包括民办非企业单位，下同）吸纳就业适用税收优惠政策条件。

（一）个体经营享受税收优惠政策条件

纳税人持《就业创业证》（注明“自主创业税收政策”或“毕业年度内自主创业税收政策”）或《就业失业登记证》（注明“自主创业税收政策”或附着《高校毕业生自主创业证》）向主管税务机关办理备案并享受优惠。

每人只能享受一次该优惠政策。

(二)企业吸纳就业享受税收优惠政策条件

企业(包括民办非企业单位)吸纳就业享受优惠政策的条件是:与持有《就业创业证》(注明"自主创业税收政策")或《就业失业登记证》(注明"自主创业税收政策")的人员签订1年以上期限劳动合同并依法缴纳社会保险费。

吸纳就业的企业按符合条件的吸纳就业的人次,按规定享受优惠政策。企业可以在该税收优惠政策和其他扶持就业的专项税收优惠政策之间自主做出选择,但不能重复享受。例如,企业如果按照《财政部 国家税务总局关于促进残疾人就业增值税优惠政策的通知》(财税〔2016〕52号)规定,就安置甲残疾人享受即征即退增值税优惠,在甲残疾人同时持有《就业创业证》且符合其他享受本优惠政策条件的情况下,企业不能就该名残疾人再行按照本优惠政策享受税收扣减的优惠。但是,符合享受该税收优惠政策的企业同时符合享受小微企业、高新技术企业等非扶持就业的专项优惠政策条件的,不属于重复享受。

三、优惠方式

《公告》确立了"凭证享受、申报管理"的税收优惠管理方式。即纳税人领取《就业创业证》或者吸纳持有《就业创业证》的人员就业是享受优惠政策的前提条件,实际申报缴纳税款时按规定提交相关材料备案即可实际享受优惠政策。"凭证享受"可以方便纳税人判断是否符合享受税收优惠的条件,增强税收政策的确定性;"申报管理"可以便利纳税人办理和享受税收优惠,在加强事中管理的同时优化了纳税服务。

按照简政放权、放管结合、优化服务的要求,《公告》简化了享受优惠政策的备案管理方式,即不再要求纳税人在享受政策的当月专门到主管税务机关进行备案,而是改为纳税人在纳税申报享受优惠时进行备案,以进一步方便纳税人办税。

四、主要变化

与原有政策相比,《公告》主要有以下四个方面的变化:

(一)简化了办理材料

一是原政策规定从事个体经营的纳税人在办理税收减免备案时除需要提交列明的资料外,还需要提交"税务机关要求的相关材料"。《公告》明确了不再要求纳税人提供"税务机关要求的相关材料",纳税人在税收减免备案时只需要提交《就业创业证》。

二是原政策规定企业在办理《企业实体吸纳失业人员认定证明》时除需要提交列明的资料外,还需要提交"人力资源社会保障部门要求的其他材料"。《公告》明确了不再要求企业提供"人力资源社会保障部门要求的其他材料"。

(二)明确了计算口径

政策文件规定纳税人限额依次扣减增值税、城市维护建设税、教育费附加、地方教育附加和个人所得税(或企业所得税)。考虑到城市维护建设税、教育费附加、地方教育附加的计税依据是处于第一位扣减顺序的增值税,其计算方法是以扣减限额后的增值税作为计税依据,还是以扣减限额前的增值税作为计税依据,并不明确。《公告》明确了城市维护建设税、教育费附加、地方教育附加的计税依据是享受税收优惠政策前的增值税应纳税额。

(三)落实放管服要求

原政策要求纳税人在享受税收优惠的当月向主管税务机关提交相关材料进行备案。《公告》明确了纳税人不再单独向主管税务机关进行备案,在纳税申报首次享受优惠时提交备案材料即可。纳税人可以按照适用的申报期限要求自主选择在一个或多个申报期享受优惠政策,也可以在次年企业所得税汇算清缴时一次性享受优惠政策。

（四）注重政府内部数据共享

企业在向人力资源社会保障部门申请开具《企业实体吸纳失业人员认定证明》时，原政策规定需要提交为持有《创业就业证》职工缴纳社会保险费的记录，《公告》明确，有条件的地方可通过内部信息共享、数据比对等方式审核，不再要求企业提供缴纳社会保险费记录。

国家税务总局关于明确《中华人民共和国企业年度关联业务往来报告表（2016 年版）》填报口径的公告

国家税务总局公告 2017 年第 26 号

为落实《国家税务总局关于完善关联申报和同期资料管理有关事项的公告》（国家税务总局公告 2016 年第 42 号），做好《中华人民共和国企业年度关联业务往来报告表（2016 年版）》填报工作，现就有关事项公告如下：

一、《中华人民共和国企业年度关联业务往来报告表（2016 年版）》中的《国别报告——所得、税收和业务活动国别分布表》（中英文表）第 3 列“收入——关联方”，填报跨国企业集团在第 1 列填报的国家（地区）每个成员实体与该跨国企业集团在《国别报告——跨国企业集团成员实体名单》（中英文表）中填报的其他成员实体发生交易取得的收入，并按第 1 列填报的国家（地区）汇总之和。

二、需填报国别报告的居民企业可以在 2017 年 12 月 31 日之前对已经填报 2016 年度的《中华人民共和国企业年度关联业务往来报告表（2016 年版）》通过申报更正流程进行补充修改。

三、本公告自发布之日起施行。

特此公告。

国家税务总局

2017 年 7 月 7 日

关于《国家税务总局关于明确〈中华人民共和国企业年度关联业务往来报告表（2016 年版）〉填报口径的公告》的解读

一、本公告发布的目的是什么？

为落实《国家税务总局关于完善关联申报和同期资料管理有关事项的公告》（国家税务总局公告 2016 年第 42 号），做好《中华人民共和国企业年度关联业务往来报告表（2016 年版）》填报工作，并与 OECD 最新发布的国别报告填报口径相衔接。

二、本公告主要明确了哪些内容？

（一）明确国别报告中跨国企业集团“关联方”是指其“成员实体”

OECD 最新发布的填报口径明确，国别报告中跨国企业集团“关联方”的认定应与其“成员实体”的认定保持一致。因此，公告明确《中华人民共和国企业年度关联业务往来报告表（2016 年版）》中的《国别报告—所得、税收和业务活动国别分布表》（中英文表）第 3 列“收入—关联方”，填报跨国企业集团在第 1 列填报的国家（地区）每个成员实体与该跨国企业集团在《国别报告—跨国企业集团成员实体名单》（中英文表）中填报的其他成员实体发生交易取得的收入，并按第 1 列填报的国家（地区）汇总之和。

（二）明确填报国别报告的居民企业可以在规定时间内补充修改关联申报表

公告明确需填报国别报告的居民企业可以在 2017 年 12 月 31 日之前对已经填报的 2016 年度《中华人民共和国企业年度关联业务往来报告表（2016 年版）》通过申报更正流程进行补充

修改。

关于北京2022年冬奥会和冬残奥会税收政策的通知

财税〔2017〕60号

各省、自治区、直辖市、计划单列市财政厅(局)、国家税务局、地方税务局,广东分署、各直属海关,新疆生产建设兵团财务局:

为支持发展奥林匹克运动,确保北京2022年冬奥会和冬残奥会顺利举办,现就有关税收政策通知如下:

一、对北京2022年冬奥会和冬残奥会组织委员会(以下简称"北京冬奥组委")实行以下税收政策

(一)对北京冬奥组委取得的电视转播权销售分成收入、国际奥委会全球合作伙伴计划分成收入(实物和资金),免征应缴纳的增值税。

(二)对北京冬奥组委市场开发计划取得的国内外赞助收入、转让无形资产(如标志)特许权收入和销售门票收入,免征应缴纳的增值税。

(三)对北京冬奥组委取得的与中国集邮总公司合作发行纪念邮票收入、与中国人民银行合作发行纪念币收入,免征应缴纳的增值税。

(四)对北京冬奥组委取得的来源于广播、互联网、电视等媒体收入,免征应缴纳的增值税。

(五)对外国政府和国际组织无偿捐赠用于北京2022年冬奥会的进口物资,免征进口关税和进口环节增值税。

(六)对以一般贸易方式进口,用于北京2022年冬奥会的体育场馆建设所需设备中与体育场馆设施固定不可分离的设备以及直接用于北京2022年冬奥会比赛用的消耗品,免征关税和进口环节增值税。享受免税政策的奥运会体育场馆建设进口设备及比赛用消耗品的范围、数量清单由北京冬奥组委汇总后报财政部商有关部门审核确定。

(七)对北京冬奥组委进口的其他特需物资,包括:国际奥委会或国际单项体育组织指定的,国内不能生产或性能不能满足需要的体育器材、医疗检测设备、安全保障设备、交通通讯设备、技术设备,在运动会期间按暂准进口货物规定办理,运动会结束后留用或做变卖处理的,按有关规定办理正式进口手续,并照章缴纳进口税收,其中进口汽车以不低于新车90%的价格估价征税。上述暂准进口的商品范围、数量清单由北京冬奥组委汇总后报财政部商有关部门审核确定。

(八)对北京冬奥组委再销售所获捐赠物品和赛后出让资产取得收入,免征应缴纳的增值税、消费税和土地增值税。免征北京冬奥组委向分支机构划拨所获赞助物资应缴纳的增值税,北京冬奥组委向主管税务机关提供"分支机构"范围的证明文件,办理减免税备案。

(九)对北京冬奥组委使用的营业账簿和签订的各类合同等应税凭证,免征北京冬奥组委应缴纳的印花税。

(十)对北京冬奥组委免征应缴纳的车船税和新购车辆应缴纳的车辆购置税。

(十一)对北京冬奥组委免征应缴纳的企业所得税。

(十二)对北京冬奥组委委托加工生产的高档化妆品免征应缴纳的消费税。

具体管理办法由税务总局另行规定。

(十三)对国际奥委会、国际单项体育组织和其他社会团体等从国外邮寄进口且不流入国内市场的、与北京2022年冬奥会有关的文件、书籍、音像、光盘,在合理数量范围内免征关税和进口环节增值税。合理数量的具体标准由海关总署确定。对奥运会场馆建设所需进口的模型、

图纸、图板、电子文件光盘、设计说明及缩印本等规划设计方案，免征关税和进口环节增值税。

（十四）对北京冬奥组委取得的餐饮服务、住宿、租赁、介绍服务和收费卡收入，免征应缴纳的增值税。

（十五）对北京2022年冬奥会场馆及其配套设施建设占用耕地，免征耕地占用税。

（十六）根据中国奥委会、主办城市、国际奥委会签订的《北京2022年冬季奥林匹克运动会主办城市合同》（以下简称《主办城市合同》）规定，北京冬奥组委全面负责和组织举办北京2022年冬残奥会，其取得的北京2022年冬残奥会收入及其发生的涉税支出比照执行北京2022年冬奥会的税收政策。

二、对国际奥委会、中国奥委会、国际残疾人奥林匹克委员会、中国残奥委员会、北京冬奥会测试赛赛事组委会实行以下税收政策

（一）对国际奥委会取得的与北京2022年冬奥会有关的收入免征增值税、消费税、企业所得税。

（二）对国际奥委会、中国奥委会签订的与北京2022年冬奥会有关的各类合同，免征国际奥委会和中国奥委会应缴纳的印花税。

（三）对国际奥委会取得的国际性广播电视组织转来的中国境内电视台购买北京2022年冬奥会转播权款项，免征应缴纳的增值税。

（四）对按中国奥委会、主办城市签订的《联合市场开发计划协议》和中国奥委会、主办城市、国际奥委会签订的《主办城市合同》规定，中国奥委会取得的由北京冬奥组委分期支付的收入、按比例支付的盈余分成收入免征增值税、消费税和企业所得税。

（五）对国际残奥委会取得的与北京2022年冬残奥会有关的收入免征增值税、消费税、企业所得税和印花税。

（六）对中国残奥委会根据《联合市场开发计划协议》取得的由北京冬奥组委分期支付的收入免征增值税、消费税、企业所得税和印花税。

（七）北京冬奥会测试赛赛事组委会取得的收入及发生的涉税支出比照执行北京冬奥组委的税收政策。

三、对北京2022年冬奥会、冬残奥会、测试赛参与者实行以下税收政策

（一）对企业、社会组织和团体赞助、捐赠北京2022年冬奥会、冬残奥会、测试赛的资金、物资、服务支出，在计算企业应纳税所得额时予以全额扣除。

（二）企业根据赞助协议向北京冬奥组委免费提供的与北京2022年冬奥会、冬残奥会、测试赛有关的服务，免征增值税。免税清单由北京冬奥组委报财政部、税务总局确定。

（三）个人捐赠北京2022年冬奥会、冬残奥会、测试赛的资金和物资支出可在计算个人应纳税所得额时予以全额扣除。

（四）对财产所有人将财产（物品）捐赠给北京冬奥组委所书立的产权转移书据免征应缴纳的印花税。

（五）对受北京冬奥组委邀请的，在北京2022年冬奥会、冬残奥会、测试赛期间临时来华，从事奥运相关工作的外籍顾问以及裁判员等外籍技术官员取得的由北京冬奥组委、测试赛赛事组委会支付的劳务报酬免征增值税和个人所得税。

（六）对在北京2022年冬奥会、冬残奥会、测试赛期间裁判员等中方技术官员取得的由北京冬奥组委、测试赛赛事组委会支付的劳务报酬，免征应缴纳的增值税。

（七）对于参赛运动员因北京2022年冬奥会、冬残奥会、测试赛比赛获得的奖金和其他奖赏收入，按现行税收法律法规的有关规定征免应缴纳的个人所得税。

(八) 在北京 2022 年冬奥会场馆(场地)建设、试运营、测试赛及冬奥会及冬残奥会期间,对用于北京 2022 年冬奥会场馆(场地)建设、运维的水资源,免征应缴纳的水资源税。

(九) 免征北京 2022 年冬奥会、冬残奥会、测试赛参与者向北京冬奥组委无偿提供服务和无偿转让无形资产的增值税。

四、本通知自发布之日起执行。

财政部 税务总局 海关总署

2017 年 7 月 12 日

科技部 财政部 国家税务总局关于进一步做好企业研发费用加计扣除政策落实工作的通知

国科发政〔2017〕211 号

各省、自治区、直辖市和计划单列市科技厅(委、局)、财政厅(局)、国家税务局、地方税务局,新疆生产建设兵团科技局、财务局:

为贯彻落实国务院关于"简政放权、放管结合、优化服务"要求,强化政策服务,降低纳税人风险,增强企业获得感,根据《关于完善研究开发费用税前加计扣除政策的通知》(财税〔2015〕119 号)的有关规定,现就进一步做好企业研发费用加计扣除政策落实工作通知如下:

一、建立协同工作机制

地方各级人民政府科技、财政和税务主管部门要建立工作协调机制,加强工作衔接,形成工作合力。要切实加强对企业的事前事中事后管理和服务,以多种形式开展政策宣讲,引导企业规范研发项目管理和费用归集,确保政策落实、落细、落地。

公司购买名人字画可以税前扣除?

二、事中异议项目鉴定

1. 税务部门对企业享受加计扣除优惠的研发项目有异议的,应及时通过县(区)级科技部门将项目资料送地市级(含)以上科技部门进行鉴定;由省直接管理的县/市,可直接由县级科技部门进行鉴定(以下统称"鉴定部门")。

2. 鉴定部门在收到税务部门的鉴定需求后,应及时组织专家进行鉴定,并在规定时间内通过原渠道将鉴定意见反馈税务部门。鉴定时,应由 3 名以上相关领域的产业、技术、管理等专家参加。

3. 税务部门对鉴定部门的鉴定意见有异议的,可转请省级人民政府科技行政管理部门出具鉴定意见。

4. 对企业承担的省部级(含)以上科研项目,以及以前年度已鉴定的跨年度研发项目,税务部门不再要求进行鉴定。

三、事后核查异议项目鉴定

税务部门在对企业享受的研发费用加计扣除优惠开展事后核查中,对企业研发项目有异议的,可按照本通知第二条的规定送科技部门鉴定。

四、有关要求

1. 开展企业研发项目鉴定,不得向企业收取任何费用,所需要的工作经费应纳入部门经费预算给予保障。

2. 有条件的地方可建立信息化服务平台,为企业提供自我评价、材料提交、工作流转与信息传递等服务,提高工作效率,降低企业成本。

3. 各地方可根据本通知精神，制定实施细则，进一步明确职责分工、工作程序、办理时限等。

各地方在落实企业研发费用加计扣除政策过程中出现的问题以及意见和建议，要及时报科技部政策法规与监督司、财政部税政司和税务总局所得税司。

科技部 财政部 国家税务总局

2017 年 7 月 21 日

国家税务总局关于跨省经营企业涉税事项全国通办的通知

税总发〔2017〕102 号

各省、自治区、直辖市和计划单列市国家税务局、地方税务局：

为落实《深化国税、地税征管体制改革方案》和《国务院关于强化实施创新驱动发展战略进一步推行大众创业万众创新深入发展的意见》(国发〔2017〕37 号)关于"推进跨省经营企业部分涉税事项全国通办"的要求，按照《国家税务总局关于进一步深化税务系统"放管服"改革优化税收环境的若干意见》(税总发〔2017〕101 号)的工作安排，为方便纳税人办税，税务总局决定对跨省经营企业部分涉税事项实行全国通办，现将有关事项通知如下：

一、总体目标

坚持税收预算级次和收入归属不变的原则，在纳税人主管税务机关不改变的前提下，为跨省经营企业提供更加便捷的办税服务，2017 年底基本实现跨省经营企业部分涉税事项全国通办。

二、通办范围

全国通办是指跨省(自治区、直辖市、计划单列市)经营企业，可以根据办税需要就近选择税务机关申请办理异地涉税事项。全国通办的涉税事项范围确定为 4 类 15 项(具体事项见附件)：

1. 涉税信息报告类。具体包括存款账户账号报告、财务会计制度及核算软件备案报告。

2. 申报纳税办理类。具体包括欠税人处置不动产或大额资产报告、纳税人合并分立情况报告、发包出租情况报告、企业年金职业年金扣缴报告。

3. 优惠备案办理类。具体包括增值税优惠备案、消费税优惠备案、企业所得税优惠备案(根据税法规定由总机构统一备案的企业所得税优惠备案事项除外)、印花税优惠备案、车船税优惠备案、城市维护建设税优惠备案、教育费附加优惠备案。

4. 证明办理类。具体包括完税证明开具、开具个人所得税完税证明。

三、通办方式

全国通办涉税事项采取"异地受理，内部流转，属地办理，办结反馈"的方式办理。纳税人按规定提供资料及委托授权书向受理税务机关提出申请，由受理税务机关接收资料后，传递到属地税务机关办理，纳税人可以选择申请邮寄或主管税务机关领取办理结果(具体操作流程另行制定)。

四、工作要求

全国通办是落实国务院"放管服"改革要求、优化营商环境的举措，各地税务机关务必高度重视，按照职责分工，紧扣时间节点，加强协调沟通，对全国通办经办人员培训到位。各级税务机关要加大宣传力度，通过网站、办税服务厅等渠道主动公开全国通办的涉税事项和办理方式，便于纳税人自主选择，确保 2017 年 12 月 31 日前实现全国通办。

附件：跨省经营企业涉税事项全国通办目录

国家税务总局

2017 年 9 月 7 日

附件

跨省经营企业涉税事项全国通办目录

事项类别	事项名称
一、涉税事项报告	1. 存款账户账号报告
	2. 财务会计制度及核算软件备案报告
二、申报纳税	3. 欠税人处置不动产或大额资产报告
	4. 纳税人合并分立情况报告
	5. 发包、出租情况报告
	6. 企业年金、职业年金扣缴报告
三、优惠办理	7. 增值税优惠备案
	8. 消费税优惠备案
	9. 企业所得税优惠备案
	10. 车船税优惠备案
	11. 印花税优惠备案
	12. 城市维护建设税优惠备案
	13. 教育费附加优惠备案
四、证明办理	14. 完税证明开具
	15. 开具个人所得税完税证明

注：1. 依法应当进行处理的涉税违法行为涉及的办税事项，不纳入通办范围。

2. 根据税法规定由总机构统一备案的企业所得税优惠备案事项，不纳入通办范围。

3. 税收优惠中涉及地方政府减免权限的事项，不纳入通办范围。

国家税务总局关于取消一批涉税事项和报送资料的通知

税总函〔2017〕403 号

各省、自治区、直辖市和计划单列市国家税务局、地方税务局：

为了深入贯彻落实党中央、国务院关于深化“简政放权、放管结合、优化服务”改革的要求，进一步减轻纳税人和基层税务机关负担，改善营商环境，根据《国家税务总局关于进一步深化税务系统“放管服”改革优化税收环境的若干意见》（税总发〔2017〕101 号）的有关要求，税务总局近期在编制《全国税收征管规范（2.0 版）》过程中开展了涉税事项和报送资料的清理工作，形成了第一批取消事项和资料清单（详见附件）。现将有关事项通知如下：

一、业务事项取消原则

各地税务机关应当基于业务合理性，以还权还责于纳税人、信息互联互通、数据共享为前提，逐步取消有关事项。

二、报送资料取消原则

（一）相关证照、批准文书等信息能够通过政府信息共享获取的，只需要纳税人提供上述材料的名称、文号、编码等信息供查询验证，不再提交材料原件或复印件。相关证照、批准文书等信息无法获取的，除了本通知明确取消报送的资料外，纳税人需要按照政策规定提交相关材料作为归档资料，提交资料的复印件上应当有纳税人签章的与原件一致声明。

（二）对各地税务机关已纳入实名办税的业务，办税人、代理人提供本人身份证件原件供当场查验，身份证件复印件可不再报送，税务登记证件原件、复印件可不再要求报送。

三、有关要求

各地税务机关应当按照附件要求执行，对于已经取得的共享信息种类应当及时对外告知，不得在办理涉税事项过程中要求纳税人报送额外资料。各地税务机关根据需要自行制定的报送资料规则，应当一并随同清理。

国家税务总局后续将针对各地落实情况开展督导工作。各地对于执行中发现的问题，请及时报告国家税务总局（征管和科技发展司）。

附件：1. 第一批取消事项清单

2. 第一批取消资料清单

国家税务总局

2017 年 9 月 15 日

附件 1

第一批取消事项清单

序号	业务事项名称	备注
1	税务登记验证	
2	税务登记换证	
3	非居民企业认定	税务机关内部完成，不再要求纳税人依申请办理

附件 2

第一批取消资料清单（节选）

序号	业务事项名称	业务事项明细	取消资料的名称	取消资料的理由
340	居民企业（查账征收）企业所得税年度申报		法人执照副本复印件	能够获取相关信息的可取消复印件的报送
341	居民企业（查账征收）企业所得税年度申报		符合企业所得税法第二十四条条件的有关股权证明的文件或凭证复印件	能够获取相关信息的可取消复印件的报送
342	居民企业（查账征收）企业所得税年度申报		工商管理部门等有权机关认定的分立和被分立企业股东股权比例证明材料；分立后，分立和被分立企业工商营业执照复印件	能够获取相关信息的可取消复印件的报送
343	居民企业（查账征收）企业所得税年度申报		由省、自治区、直辖市和计划单列市高新技术企业认定管理机构出具的中小高新技术企业有效的高新技术企业证书（复印件）	能够获取相关信息的可取消复印件的报送
344	居民企业清算企业所得税申报		企业改变法律形式的工商部门或其他政府部门的批准文件	取消原件查验要求
345	居民企业清算企业所得税申报		企业改变法律形式的工商部门或其他政府部门的批准文件复印件	能够获取相关信息的可取消复印件的报送
346	居民企业清算企业所得税申报		企业合并的工商部门或其他政府部门的批准文件	取消原件查验要求
347	居民企业清算企业所得税申报		企业合并的工商部门或其他政府部门的批准文件复印件	能够获取相关信息的可取消复印件的报送

(续表)

序号	业务事项名称	业务事项明细	取消资料的名称	取消资料的理由
348	居民企业清算企业所得税申报		企业分立的工商部门或其他政府部门的批准文件	取消原件查验要求
349	居民企业清算企业所得税申报		企业分立的工商部门或其他政府部门的批准文件复印件	能够获取相关信息的可取消复印件的报送
350	居民企业清算企业所得税申报		企业全部资产的计税基础以及评估机构出具的资产评估报告	取消原件查验要求
351	居民企业清算企业所得税申报		企业债权、债务处理或归属情况说明	取消原件查验要求
352	居民企业清算企业所得税申报		企业全部资产和负债的计税基础以及评估机构出具的资产评估报告	取消原件查验要求
353	居民企业清算企业所得税申报		被合并企业债务处理或归属情况说明	取消原件查验要求
354	居民企业清算企业所得税申报		被分立企业全部资产的计税基础以及评估机构出具的资产评估报告	取消原件查验要求
355	居民企业清算企业所得税申报		被分立企业债务处理或归属情况说明	取消原件查验要求
356	对采取实际利润额预缴以外的其他企业所得税预缴方式的核定		经办人身份证件复印件	查验原件,取消复印件的报送
357	对采取实际利润额预缴以外的其他企业所得税预缴方式的核定		代理人身份证件复印件	查验原件,取消复印件的报送
358	企业所得税税收减免备案	实施清洁发展机制项目的所得定期减免企业所得税	清洁发展机制项目立项有关文件	取消原件查验要求
359	企业所得税税收减免备案	实施清洁发展机制项目的所得定期减免企业所得税	清洁发展机制项目立项有关文件复印件	能够获取相关信息的可取消复印件的报送
360	企业所得税税收减免备案	符合条件的节能服务公司实施合同能源管理项目的所得定期减免征收企业所得税	国家发展改革委、财政部公布的第三方机构出具的合同能源管理项目情况确认表,或者政府节能主管部门出具的合同能源管理项目确认意见	取消原件查验要求
361	企业所得税税收减免备案	符合条件的节能服务公司实施合同能源管理项目的所得定期减免征收企业所得税	国家发展改革委、财政部公布的第三方机构出具的合同能源管理项目情况确认表,或者政府节能主管部门出具的合同能源管理项目确认意见的复印件	能够获取相关信息的可取消复印件的报送
362	企业所得税税收减免备案	动漫企业自主开发、生产动漫产品定期减免征收企业所得税	动漫企业认定证明	取消原件查验要求
363	企业所得税税收减免备案	动漫企业自主开发、生产动漫产品定期减免征收企业所得税	动漫企业认定证明复印件	能够获取相关信息的可取消复印件的报送

（续表）

序号	业务事项名称	业务事项明细	取消资料的名称	取消资料的理由
364	企业所得税税收减免备案	符合条件的技术转让所得减免征收企业所得税	所转让技术产权证明	取消原件查验要求
365	企业所得税税收减免备案	符合条件的技术转让所得减免征收企业所得税	所转让技术产权证明复印件	能够获取相关信息的可取消复印件的报送
366	企业所得税税收减免备案	国家需要重点扶持的高新技术企业减按15%的税率征收企业所得税	高新技术企业资格证书	取消原件查验要求
367	企业所得税税收减免备案	国家需要重点扶持的高新技术企业减按15%的税率征收企业所得税	高新技术企业资格证书复印件	能够获取相关信息的可取消复印件的报送
368	企业所得税税收减免备案	经济特区和上海浦东新区新设立的高新技术企业在区内取得的所得定期减免征收企业所得税	高新技术企业资格证书	取消原件查验要求
369	企业所得税税收减免备案	经济特区和上海浦东新区新设立的高新技术企业在区内取得的所得定期减免征收企业所得税	高新技术企业资格证书复印件	能够获取相关信息的可取消复印件的报送
370	企业所得税税收减免备案	民族自治地方的自治机关对本民族自治地方的企业应缴纳的企业所得税中属于地方分享的部分减征或免征	本企业享受优惠的文件	取消原件查验要求
371	企业所得税税收减免备案	民族自治地方的自治机关对本民族自治地方的企业应缴纳的企业所得税中属于地方分享的部分减征或免征	本企业享受优惠的文件复印件	能够获取相关信息的可取消复印件的报送
372	企业所得税税收减免备案	技术先进型服务企业减按15%的税率征收企业所得税	技术先进型服务企业资格证书	取消原件查验要求
373	企业所得税税收减免备案	技术先进型服务企业减按15%的税率征收企业所得税	技术先进型服务企业资格证书复印件	能够获取相关信息的可取消复印件的报送
374	企业所得税税收减免备案	符合条件的非营利组织的收入免征企业所得税	非营利组织资格认定文件或其他相关证明	取消原件查验要求
375	企业所得税税收减免备案	符合条件的非营利组织的收入免征企业所得税	非营利组织资格认定文件或其他相关证明复印件	能够获取相关信息的可取消复印件的报送
376	企业所得税税收减免备案	经营性文化事业单位转制为企业的免征企业所得税	有关部门对文化体制改革单位转制方案批复文件	取消原件查验要求
377	企业所得税税收减免备案	经营性文化事业单位转制为企业的免征企业所得税	有关部门对文化体制改革单位转制方案批复文件的复印件	能够获取相关信息的可取消复印件的报送
378	企业所得税税收减免备案	综合利用资源生产产品取得的收入在计算应纳税所得额时减计收入	资源综合利用证书(已取得证书的提交)	取消原件查验要求
379	企业所得税税收减免备案	综合利用资源生产产品取得的收入在计算应纳税所得额时减计收入	资源综合利用证书(已取得证书的提交)的复印件	能够获取相关信息的可取消复印件的报送

(续表)

序号	业务事项名称	业务事项明细	取消资料的名称	取消资料的理由
380	企业所得税税收减免备案	从事农、林、牧、渔业项目的所得减免征收企业所得税	有效期内的远洋渔业企业资格证书	取消原件查验要求
381	企业所得税税收减免备案	从事农、林、牧、渔业项目的所得减免征收企业所得税	有效期内的远洋渔业企业资格证书复印件	能够获取相关信息的可取消复印件的报送
382	企业所得税税收减免备案	从事农、林、牧、渔业项目的所得减免征收企业所得税	从事农作物新品种选育的认定证书	取消原件查验要求
383	企业所得税税收减免备案	从事农、林、牧、渔业项目的所得减免征收企业所得税	从事农作物新品种选育的认定证书复印件	能够获取相关信息的可取消复印件的报送
384	企业所得税税收减免备案	从事国家重点扶持的公共基础设施项目投资经营的所得定期减免征收企业所得税	有关部门批准该项目文件复印件	能够获取相关信息的可取消复印件的报送
385	企业所得税汇总纳税总分机构信息备案		税务登记证副本	已实行实名制的可取消报送
386	源泉扣缴企业所得税合同备案		与经营业务相关的合同复印件及相关资料	能够获取相关信息的可取消复印件的报送
387	开发新技术、新产品、新工艺发生的研究开发费用加计扣除		研发项目立项文件	取消原件查验要求
388	开发新技术、新产品、新工艺发生的研究开发费用加计扣除		研发项目立项文件复印件	能够获取相关信息的可取消复印件的报送
389	创业投资企业按投资额的一定比例抵扣应纳税所得额		创业投资企业经备案管理部门核实后出具的年检合格通知书(副本)	取消原件查验要求
390	创业投资企业按投资额的一定比例抵扣应纳税所得额		创业投资企业经备案管理部门核实后出具的年检合格通知书(副本)复印件	能够获取相关信息的可取消复印件的报送

国家税务总局 科技部关于加强企业研发费用税前加计扣除政策贯彻落实工作的通知

税总发〔2017〕106号

各省、自治区、直辖市和计划单列市国家税务局、地方税务局、科技厅(委、局),新疆生产建设兵团科技局:

为进一步推进简政放权、放管结合、优化服务改革,积极为企业减负增效,增强企业技术创新动力,结合《财政部 国家税务总局 科技部关于完善研究开发费用税前加计扣除政策的通知》(财税〔2015〕119号)、《财政部 税务总局 科技部关于提高科技型中小企业研究开发费用税前加计扣除比例的通知》(财税〔2017〕34号)、《科技部 财政部 国家税务总局关于印发〈科技型中小企业评价办法〉的通知》(国科发政〔2017〕115号)以及《科技部 财政部 国家税务总局关于进一步做好企业研发费用加计扣除政策落实工作的通知》(国科发政〔2017〕211号)规定,现就加强企业研发费用税前加计扣除政策贯彻落实工作通知如下:

一、提高思想认识,加强组织领导。各级税务部门和科技部门应提高思想认识,站在贯彻落实创新驱动发展战略、深化供给侧结构性改革、促进新旧动能转换的高度,通过落实好研发费用税前加计扣除政策,积极主动谋创新、促发展。要把落实好研发费用税前加计扣除政策作为本单位的一项重要工作，加强组织领导，增强服务观念，精心谋划部署，夯实管理责任，依据相关政策及管理规定，强化有关事项的事前、事中、事后管理和服务，积极、稳妥地做好研发费用税前加计扣除政策的贯彻落实工作。要将研发费用税前加计扣除等创新支持政策落实情况作为对各级税务和科技部门绩效考核的重要内容。

二、强化合作意识，完善合作机制。各级税务部门和科技部门要紧密配合，建立和完善研发费用税前加计扣除政策部门间的联合工作机制。就涉及企业切身利益的研发项目鉴定问题，包括事中异议项目鉴定以及事后核查异议项目鉴定，统一政策口径，明确专门协调机制，制定异议研发项目鉴定实施细则，规范办理流程。

研发费用之其他相关费用问题

三、简化管理方式，优化操作流程。各级税务部门和科技部门要简化管理方式，优化操作流程，确保政策落地。优化委托研发与合作研发项目合同登记管理方式，坚持"实质重于形式"的原则。凡研发项目合同具备技术合同登记的实质性要素，仅在形式上与技术合同示范文本存在差异的，也应予以登记，不得要求企业重新按照技术合同示范文本进行修改报送。

四、加大宣传力度，实现"应知尽知"。各地要充分利用官方网站、微信、微博、APP 等方式开展多维度、多渠道的宣传，提醒纳税人及时申报享受研发费用税前加计扣除政策。税务部门和科技部门要联合开展宣传活动，精准锁定政策受惠企业群体，通过开展"键对键"的网上沟通，"面对面"的精准辅导，印发宣传资料等多种方式，扩大宣传辅导覆盖面，方便企业及时了解政策和管理要求。在宣传辅导工作中，要规范政策解答，及时为企业答疑解惑。

五、加强政策辅导，确保"应享尽享"。各级税务部门和科技部门要通过各种方式为企业提供研发项目管理和研发费用归集等政策辅导，切实加大政策落实力度。对尚处于亏损期的企业，进一步加大宣传及服务力度，引导企业及时办理税务备案等相关手续。要督促广大科技型中小企业按照《科技型中小企业评价办法》(国科发政〔2017〕115 号文件印发)规定，到"全国科技型中小企业信息服务平台"进行自主评价和登记，及时取得登记编号，确保纳税人政策落实"应享尽享"。

六、强化督导检查，确保落地见效。各省税务部门和科技部门要开展联合督导检查，加大对政策落实的督导力度，密切跟踪政策执行情况，随时收集基层和纳税人政策落实情况的反馈和工作建议，并加强部门间的信息沟通，确保优惠政策落地见效。税务总局和科技部将视情况适时联合开展督导检查。

国家税务总局　科技部

2017 年 9 月 18 日

关于印发节能节水和环境保护专用设备企业所得税优惠目录(2017 年版)的通知

财税〔2017〕71 号

各省、自治区、直辖市、计划单列市财政厅(局)、国家税务局、地方税务局、发展改革委、工业和信息化主管部门、环境保护厅(局)，新疆生产建设兵团财务局、发展改革委、工业和信息化委员会、环境保护局：

经国务院同意，现就节能节水和环境保护专用设备企业所得税优惠目录调整完善事项及有关政策问题通知如下：

一、对企业购置并实际使用节能节水和环境保护专用设备享受企业所得税抵免优惠政策的适用目录进行适当调整，统一按《节能节水专用设备企业所得税优惠目录（2017 年版）》（附件 1）和《环境保护专用设备企业所得税优惠目录（2017 年版）》（附件 2）执行。

二、按照国务院关于简化行政审批的要求，进一步优化优惠管理机制，实行企业自行申报并直接享受优惠、税务部门强化后续管理的机制。企业购置节能节水和环境保护专用设备，应自行判断是否符合税收优惠政策规定条件，按规定向税务部门履行企业所得税优惠备案手续后直接享受税收优惠，税务部门采取税收风险管理、稽查、纳税评估等方式强化后续管理。

三、建立部门协调配合机制，切实落实节能节水和环境保护专用设备税收抵免优惠政策。税务部门在执行税收优惠政策过程中，不能准确判定企业购置的专用设备是否符合相关技术指标等税收优惠政策规定条件的，可提请地市级（含）以上发展改革、工业和信息化、环境保护等部门，由其委托专业机构出具技术鉴定意见，相关部门应积极配合。对不符合税收优惠政策规定条件的，由税务机关按《税收征管法》及有关规定进行相应处理。

四、本通知所称税收优惠政策规定条件，是指《节能节水专用设备企业所得税优惠目录（2017 年版）》和《环境保护专用设备企业所得税优惠目录（2017 年版）》所规定的设备类别、设备名称、性能参数、应用领域和执行标准。

五、本通知自 2017 年 1 月 1 日起施行。《节能节水专用设备企业所得税优惠目录（2008 年版）》和《环境保护专用设备企业所得税优惠目录（2008 年版）》自 2017 年 10 月 1 日起废止，企业在 2017 年 1 月 1 日至 2017 年 9 月 30 日购置的专用设备符合 2008 年版优惠目录规定的，也可享受税收优惠。

附件：1. 节能节水专用设备企业所得税优惠目录（2017 年版）

2. 环境保护专用设备企业所得税优惠目录（2017 年版）

财政部 税务总局 国家发展改革委

工业和信息化部 环境保护部

2017 年 9 月 6 日

附件 1

节能节水专用设备企业所得税优惠目录（2017 年版）

序号	设备类别	设备名称	性能参数	应用领域	执行标准
（一）节能设备					
1	电动机	中小型三相异步电动机	符合执行标准范围和要求，且优于 1 级能效水平。	电力拖动	GB 18613—2012
2		永磁同步电动机	符合执行标准范围和要求，且优于 1 级能效水平。	电力拖动	GB 30253—2013
3		高压三相笼型异步电动机	符合执行标准范围和要求，且优于 1 级能效水平。	电力拖动	GB 30254—2013
4	空气调节设备	多联式空调（热泵）机组	符合执行标准范围和要求，能效比达到能效等级 1 级指标基础上再提高 10% 的要求。	制冷（热）	GB 21454—2008
5		冷水机组	符合执行标准范围和要求，且优于 1 级能效水平。	制冷（热）	GB 19577—2015，电机驱动压缩机冷水机组 GB 29540—2013，溴化锂吸收式
6		房间空气调节器	符合执行标准范围和要求，且优于 1 级能效水平。	制冷（热）	GB 12021.3—2010，定频 GB 21455—2013，变频
7		水（地）源热泵机组	符合执行标准范围和要求，且优于 1 级能效水平。	制冷（热）	GB 30721—2014

（续表）

序号	设备类别	设备名称	性能参数	应用领域	执行标准
8	风机	通风机	符合执行标准范围和要求，且优于1级能效水平。	通风	GB 19761—2009
9		离心鼓风机	符合执行标准范围和要求，且优于节能评价值水平。	鼓风	GB 28381—2012
10	水泵	清水离心泵	符合执行标准范围和要求，且优于节能评价值水平。	输送液体	GB 19762—2007
11		石油化工离心泵	符合执行标准范围和要求，且优于1级能效水平。	输送液体	GB 32284—2015
12	压缩机	容积式空气压缩机	符合执行标准范围和要求，且优于1级能效水平。	压缩空气	GB 19153—2009
13	变频器	1 kV及以下通用变频调速设备	符合执行标准范围及技术要求。	变频调速	GB/T 30844.1—2014 GB/T 21056—2007
14		1 kV以上不超过35 kV通用变频调速设备	符合执行标准范围及技术要求。		GB/T 30843.1—2014
15	变压器	三相配电变压器	符合执行标准范围和要求，且优于1级能效水平。	电力输配	GB 20052—2013
16		电力变压器	符合执行标准范围和要求，且优于1级能效水平。	电力输配	GB 24790—2009
17	电焊机	电弧焊机	符合执行标准范围和要求，且优于1级能效水平。	电焊	GB 28736—2012
18	锅炉	工业锅炉	1. 能效等级达到TSG G0002《锅炉节能技术监督管理规程》中热效率指标的目标值要求； 2. 工业锅炉大气污染物排放浓度值符合GB 13271—2014《锅炉大气污染物排放标准》要求，电站锅炉大气污染物排放浓度值符合GB 13223—2011《火电厂大气污染物排放标准》要求； 3. 燃煤锅炉额定蒸发量（或额定热功率）应当大于10 t/h（或7 MW），天然气锅炉不限。	输出蒸汽、热水等介质提供热能	TSG G0002《锅炉节能技术监督管理规程》
19	换热器	热交换器	能效等级达到TSG R0010《热交换器能效测试与评价规则》中的目标值要求。	不同流体之间热量传递	TSG R0010《热交换器能效测试与评价规则》
20	LED照明	LED路灯、LED隧道灯/工矿灯	电压220 V，频率50 Hz，规格光通量3 000 lm/5 400 lm/9 000 lm/14 000 lm，功率因数不低于0.95，初始光效不低于130 lm/W，显色指数不低于70，寿命不低于30 000小时。	道路、隧道、工矿照明	
21		LED管灯	电压220 V，频率50 Hz，规格T8/T5，600 mm/1 200 mm，功率因数不低于0.9，显色指数不低于85，寿命不低于25 000小时；色温为6 500 k/5 000 k/4 000 k时，初始光效不低于120 lm/W；色温为3 500 k/3 000 k/2 700 k时，初始光效不低于110 lm/W。	商用照明，单次订购量应在5 000只以上	
22	发电设备	汽轮机	1 000 MW级超超临界机组，28 MPa/600℃/620℃/4.9 kPa，一次再热+湿冷+汽泵：热耗率≤7 220 kJ/kWh。 1 000 MW级超超临界机组，31 MPa/600℃/620℃/620℃/4.9 kPa，二次再热+湿冷+汽泵：热耗率≤7 050 kJ/kWh。 1 000 MW级超超临界机组，28 MPa/600℃/620℃/11 kPa，一次再热+空冷+汽泵：热耗率≤7 480 kJ/kWh。	发电	
23	时效处理仪	频谱谐波时效仪	最大激振力80 kN；循环选择频率，同时具备加速度延时保护功能；振动参数除激振力调节保证有两个最大振动加速度在30～70 m/s²，参数选择由振动设备自动完成，以保证处理效果。	机械制造	

(续表)

序号	设备类别	设备名称	性能参数	应用领域	执行标准
24	通信用铅酸蓄电池	通信用耐高温型阀控式密封铅酸蓄电池	35℃工作环境温度,设计浮充寿命≥10年; 电池最高可承受工作环境温度:75℃; 55℃工作环境温度,80%DOD循环寿命大于12次大循环,每次大循环包含11次80%DOD放电循环。	通信基站数据中心	YD/T 2657—2013
(二)节水设备					
25	洗涤设备	工业洗衣机	用水量≤18 L/kg,洗净率>35%。	织物洗涤	QB/T 2323—2004
26	冷却设备	空冷式换热器	耐压、气密性、运转试验符合NB/T 47007—2010的要求。	发电、化工、冶金、机械制造	NB/T 47007—2010
27	冷却设备	机械通风开式冷却塔	循环水量≤1 000 m^3/h的中小型塔:飘水率≤0.006%;耗电比≤0.035 $kW/(m^3/h)$;冷却能力≥95%。	空调制冷、冷冻、化工、发电	GB/T 18870—2011
			循环水量>1 000 m^3/h的大型塔:飘水率≤0.001%;耗电比≤0.045 $kW/(m^3/h)$;冷却能力≥95%。		
28	滴灌设备	喷灌机	大型喷灌机:水量分布均匀系数、同步性能应符合JB/T 6280—2013的要求。	农业、园林灌溉	JB/T 6280—2013
			轻小型喷灌机:喷洒均匀性、燃油消耗率、喷灌机效率、管路系统密封性应符合GB/T 25406—2010的要求。		GB/T 25406—2010
29	滴灌设备	滴灌带(管)	流量一致性、流量和进水口压力之间关系、耐静水压、耐拉拔应符合GB/T 17187—2009的要求。	适用于棉花、蔬菜、果树等经济作物的滴灌	GB/T 17187—2009
30	水处理及回用设备	反渗透淡化装置	水回收率≥75%,脱盐率≥95%。	含盐量低于10 000 mg/L的苦咸水淡化或农村分散地区的饮用水处理	GB/T 19249—2003
31	水处理及回用设备	中空纤维超滤水处理设备	截留率≥90%; 产水量≥额定产水量。	水处理净化	HY/T 060—2002 CJ/T 170—2002
32	水处理及回用设备	海水/苦咸水淡化反渗透膜元件	苦咸水淡化反渗透膜:水通量≥$4.5\times10^{-2}m^3/(m^2\cdot h)$;脱盐率≥99.0%。	海水、苦咸水淡化	HY/T 107—2008
			海水淡化反渗透膜:水通量≥$3.8\times10^{-2}m^3/(m^2\cdot h)$;脱盐率≥99.4%。		

附件2

环境保护专用设备企业所得税优惠目录(2017年版)

序号	设备类别	设备名称	性能参数	应用领域
1	水污染防治设备	膜生物反应器	膜通量≥10 $L/(m^2\cdot h)$; 出口水质达到地表水环境质量Ⅳ类标准。	生活污水和工业废水处理
2	水污染防治设备	污泥脱水机	滤饼含水率≤50%。	生活和工业污泥处理
3	水污染防治设备	超磁分离水体净化设备	出口水质:悬浮物去除率≥90%;SS≤20 mg/L;TP在0.05 mg/L~0.5 mg/L之间,TP去除率80%~90%;油≤5 mg/L;藻类去除率80%~85%;非溶解态COD去除率>80%。	工业废水处理、重金属废水处理、黑臭水体处理(进口水质:SS≤500 mg/L;TP在1 mg/L~4 mg/L之间;油≤50 mg/L)
4	水污染防治设备	一体化污水处理设备	出口水质:COD≤30 mg/L;氨氮≤5 mg/L;TP≤0.3 mg/L;SS≤5 mg/L。	生活污水处理(进口水质:COD≤450 mg/L;氨氮≤50 mg/L;TP≤4 mg/L;SS≤200 mg/L)

（续表）

序号	设备类别	设备名称	性能参数	应用领域
5	大气污染防治设备	袋式除尘器	出口烟尘排放浓度≤10 mg/Nm^3；烟气排放达到林格曼一级；进出口压差≤1 200 Pa；出口温度≤120℃；漏风率≤2%；耐压强度≥5 kPa。	燃煤发电行业除外的烟尘处理
6		电袋复合除尘器	出口烟尘排放浓度≤30 mg/Nm^3；烟气排放达到林格曼一级；进出口压差≤1 000 Pa；设备阻力＜900 Pa；漏风率＜2%。	燃煤发电行业除外的烟尘处理
7	大气污染防治设备	选择性催化还原(SCR)脱硝设备	脱硝效率＞80%；系统氨逃逸质量浓度≤2.5 mg/m^3；SO_2 转化率＜1%。	燃煤发电行业除外的脱硝
8		VOCs 吸附回收装置	净化率＞90%。	喷涂、石油、化工、包装印刷、油气回收、涂布、制革等行业的 VOCs 治理
9		生物治理 VOCs 设备	生物降解净化效率＞85%；恶臭异味和 VOCs 排放浓度达到有关行业环保标准要求。	生活污水厂、石化或化工污水处理、垃圾处理厂、发酵堆肥行业、制药行业、饲料和肥料行业、食品加工行业、皮革加工行业等产生的有机废气、异味处理
10		VOCs 燃烧装置	燃烧净化效率＞95%；VOCs 排放浓度达到有关行业环保标准要求。	石油、化工、喷涂、电线电缆、制药等行业的 VOCs 治理
11		连续自动再生式柴油车黑烟净化过滤器	CO 的起燃温度＜195℃；HC 的起燃温度＜205℃； 黑烟颗粒 PM 的去除效果＞90%(在所有的工况下)； 黑烟颗粒的再生：开始再生温度为 200℃，全部烧完为 500℃，所需时间≤10 min。	柴油车尾气处理
12	土壤污染防治设备	污染土壤检测修复一体机	掘进速度≥9 m/h；最大掘进深度 20 m；取样量≥7×$10^{-3}$$m^3$/h；注药量≥90 L/min；注药半径≥1 m。	污染土壤修复
13	固体废物处置设备	餐厨垃圾自动分选制浆机	处理对象：餐厨垃圾或分类的厨余垃圾；可实现有机物与其他杂物如轻质塑料、织物和金属等的有效分离，实现接收垃圾中有机质的浆化处理；处理后有机物损失＜3%；杂物去除率≥95%；处理量≥10 t/h。	餐厨垃圾处理
14		废金属破碎分选机	主机功率：450 kW～7 500 kW；处理能力 30 t/h～420 t/h；送料宽度达 1 500 mm～3 000 mm；磁力分选率≥97%；有色金属涡流分选或有色光选分辨率≥98%；危险废物回收率≥95%。	金属废物处理
15		电子废物、报废汽车破碎分选机	处理对象：废弃电器电子产品，报废汽车；可实现铁、有色金属、塑料和其他杂质的有效分离，危险废物的安全回收；铁、有色金属回收率及纯净度≥95%，塑料回收率及纯净度≥90%；制冷剂、废油等危险废物回收率≥95%；报废汽车处理能力≥10t/h；废弃电器电子产品处理能力≥1 000 kg/h。	电子垃圾、报废汽车处理
16		新能源汽车废旧动力蓄电池处理设备	废旧动力蓄电池在物理环节的模组分离装备自动化拆解效率≥2 kg/min；单体单机分离装备自动化拆解效率≥3 kg/min；在湿法冶炼条件下，镍、钴、锰的综合回收率≥98%； 在火法冶炼条件下，镍、稀土的综合回收率应≥97%。	新能源汽车废旧动力蓄电池处理
17		危险废弃物焚烧炉	处理量≥20 t/d；焚烧温度：一般危险废物≥1 100℃， 持久性有机污染物废物≥1 200℃，医疗废物≥850℃； 烟气停留时间＞2s；残渣热灼减率≤5%。	医疗、工业领域危险废物处理
18		机械炉排炉	处理量≥200 t/d；焚烧温度≥850℃；烟气停留时间≥2 s； 残渣热灼减率≤5%。	生活垃圾处理

(续表)

序号	设备类别	设备名称	性能参数	应用领域
19	环境监测专用仪器仪表	烟气排放连续监测仪	可测量以下一种或几种参数:SO_2、NO_X、CO、Hg、HCl、HF、H_2S、颗粒物、流速;颗粒物零点漂移±2%,量程漂移±2%;气态污染物响应时间≤200 s,零点漂移±2.5%,量程漂移±2.5%,线性误差≤±5%;流速测量范围0~30 m/s,流速测量精度±12%;温度示值偏差≤±3℃。	污染源废气监测(火电厂超低排放),垃圾焚烧电厂废气在线监测
20		氨逃逸激光在线分析仪	检测下限:0.1 mg/L;重复性:1.0%F.S;线性误差:1.0%F.S;取样流量:10 L/min~20 L/min;环境温度:-20℃~45℃。	烟气脱硝氨逃逸检测
21		挥发性有机物VOCs分析仪	可测量以下一种或几种气态有机污染物成分:甲烷/非甲烷总烃、总挥发性有机物、半挥发性有机物、苯系物或其他特征有机污染物; 最低检测限: (1) C2~C5:1,3-丁二烯或者丁烯≤0.15 ppb,其他≤0.5 ppb; (2) C6~C12:苯≤0.05 ppb,其他≤0.5 ppb; 重现性: (1) C2~C5:<10%4 ppb(1,3-丁二烯或者丁烯); (2) C6~C12:<10%4 ppb(苯)。	有机废气排放监测、厂界及周边无组织排放监测
22		重金属水质自动分析仪	可测量以下一种或几种参数:汞、铬、镉、铅和砷; 六价铬水质监测设备:精密度≤5%,准确度±5%,零点漂移±5%,量程漂移±5%; 汞、镉、铅、砷水质监测设备:示值误差±5%,精密度≤5%,零点漂移±5%,量程漂移±10%。	污染源废水监测
23	噪声与振动控制	阵列式消声器	吸声体平均吸声系数≥0.9; 基准长度消声器的全压损失系数ξ≤0.7。	通风空调系统管道、机房进出风口、空气动力性设备等的消声降噪
24		阻尼弹簧浮置板隔振器	隔振效果≥18 dB;阻尼比≥0.08;轨面动态下沉量≤4 mm。	高铁及城市轨道交通噪声控制

国家税务总局关于全民所有制企业公司制改制企业所得税处理问题的公告

国家税务总局公告 2017 年第 34 号

为贯彻落实《中共中央国务院关于深化国有企业改革的指导意见》和《国务院办公厅关于印发中央企业公司制改制工作实施方案的通知》(国办发〔2017〕69 号),根据《财政部 国家税务总局关于企业重组业务企业所得税处理若干问题的通知》(财税〔2009〕59 号)有关规定,现就全民所有制企业公司制改制企业所得税处理问题公告如下:

一、全民所有制企业改制为国有独资公司或者国有全资子公司,属于财税〔2009〕59 号文件第四条规定的"企业发生其他法律形式简单改变"的,可依照以下规定进行企业所得税处理:

改制中资产评估增值不计入应纳税所得额;资产的计税基础按其原有计税基础确定;资产增值部分的折旧或者摊销不得在税前扣除。

二、全民所有制企业资产评估增值相关材料应由改制后的企业留存备查。

三、本公告适用于 2017 年度及以后年度企业所得税汇算清缴。此前发生的全民所有制企业公司制改制,尚未进行企业所得税处理的,可依照本公告执行。

特此公告。

国家税务总局

2017年9月22日

关于《国家税务总局关于全民所有制企业公司制改制企业所得税处理问题的公告》的解读

为解决全民所有制企业公司制改制过程中，资产评估增值如何进行企业所得税处理问题，经商财政部，国家税务总局发布了《关于全民所有制企业公司制改制企业所得税处理问题的公告》(以下简称《公告》)。为便于纳税人和税务机关理解和适用，现对《公告》解读如下：

一、《公告》意义

《中共中央国务院关于深化国有企业改革的指导意见》提出，到2020年，在国有企业改革重要领域和关键环节取得决定性成果。中央经济工作会议和《政府工作报告》要求，到2017年底基本完成国有企业公司制改制工作。为加快推动中央企业完成公司制改制，国务院办公厅2017年7月18日印发了《中央企业公司制改制工作实施方案》(国办发〔2017〕69号)，要求2017年底前，中央企业全部改制为有限责任公司或者股份有限公司，加快形成有效制衡的公司法人治理结构和灵活高效的市场化经营机制。为了贯彻落实上述文件精神，进一步发挥税收对国企改革的推动作用，有必要对全民所有制企业公司制改制企业所得税问题进行明确。《公告》明确此类改制中评估增值的资产递延纳税待遇，可以有效解决企业改制纳税难题，有利于国企改革顺利推进。

二、《公告》主要内容

对全民所有制企业公司制改制的，《公告》明确了以下企业所得税处理事项：

(一)明确了改制中资产评估增值不计入应纳税所得额。由于改制前后，资产权属未发生变化，也没有发生实际交易，资产评估增值不计入当期所得，可以有效减轻改制企业的负担。同时规定，改制后评估增值的资产，其计税基础应与原有计税基础保持一致。资产增值部分享受了递延纳税待遇，其资产增值部分对应的折旧或者摊销也不得在税前扣除。

(二)明确了《公告》适用的改制情形。本公告仅指由一个全民所有制企业整体改制为一个公司的形式。全民所有制企业改制为国有独资公司或者国有全资子公司，改制前后股东没有变化，财产权属没有变化，都是100%国家所有，满足法律形式的简单改变，适用本《公告》。改制为国有控股公司等其他情形的，则不适用本《公告》。

(三)明确了后续管理事项。依据本《公告》进行企业所得税处理，会产生一定的税会差异，为了保证税务机关有效实施后续管理，按照"放管服"要求，《公告》规定改制后的公司应将评估增值相关资料留存备查，以减少企业涉税资料报送，减轻企业负担。

(四)明确了《公告》时间效力。《公告》适用于2017年度及以后年度企业所得税汇算清缴。此前发生的全民所有制企业公司制改制，尚未进行企业所得税处理的，可依照本公告处理。

国家税务总局关于非居民企业所得税源泉扣缴有关问题的公告

国家税务总局公告2017年第37号

按照《国家税务总局关于进一步深化税务系统"放管服"改革优化税收环境的若干意见》(税总发〔2017〕101号)的安排，根据《中华人民共和国企业所得税法》(以下称"企业所得税法")及其实施条例、《中华人民共和国税收征收管理法》及其实施细则的有关规定，现就非居民企业所得税源泉扣缴有关问题公告如下：

一、依照企业所得税法第三十七条、第三十九条和第四十条规定办理非居民企业所得税源泉扣缴相关事项，适用本公告。与执行企业所得税法第三十八条规定相关的事项不适用本公告。

二、企业所得税法实施条例第一百零四条规定的支付人自行委托代理人或指定其他第三方代为支付相关款项，或者因担保合同或法律规定等原因由第三方保证人或担保人支付相关款项的，仍由委托人、指定人或被保证人、被担保人承担扣缴义务。

三、企业所得税法第十九条第二项规定的转让财产所得包含转让股权等权益性投资资产(以下称“股权”)所得。股权转让收入减除股权净值后的余额为股权转让所得应纳税所得额。

股权转让收入是指股权转让人转让股权所收取的对价，包括货币形式和非货币形式的各种收入。

股权净值是指取得该股权的计税基础。股权的计税基础是股权转让人投资入股时向中国居民企业实际支付的出资成本，或购买该项股权时向该股权的原转让人实际支付的股权受让成本。股权在持有期间发生减值或者增值，按照国务院财政、税务主管部门规定可以确认损益的，股权净值应进行相应调整。企业在计算股权转让所得时，不得扣除被投资企业未分配利润等股东留存收益中按该项股权所可能分配的金额。

多次投资或收购的同项股权被部分转让的，从该项股权全部成本中按照转让比例计算确定被转让股权对应的成本。

四、扣缴义务人支付或者到期应支付的款项以人民币以外的货币支付或计价的，分别按以下情形进行外币折算：

(一)扣缴义务人扣缴企业所得税的，应当按照扣缴义务发生之日人民币汇率中间价折合成人民币，计算非居民企业应纳税所得额。扣缴义务发生之日为相关款项实际支付或者到期应支付之日。

(二)取得收入的非居民企业在主管税务机关责令限期缴纳税款前自行申报缴纳应源泉扣缴税款的，应当按照填开税收缴款书之日前一日人民币汇率中间价折合成人民币，计算非居民企业应纳税所得额。

(三)主管税务机关责令取得收入的非居民企业限期缴纳应源泉扣缴税款的，应当按照主管税务机关作出限期缴税决定之日前一日人民币汇率中间价折合成人民币，计算非居民企业应纳税所得额。

五、财产转让收入或财产净值以人民币以外的货币计价的，分扣缴义务人扣缴税款、纳税人自行申报缴纳税款和主管税务机关责令限期缴纳税款三种情形，先将以非人民币计价项目金额比照本公告第四条规定折合成人民币金额；再按企业所得税法第十九条第二项及相关规定计算非居民企业财产转让所得应纳税所得额。

财产净值或财产转让收入的计价货币按照取得或转让财产时实际支付或收取的计价币种确定。原计价币种停止流通并启用新币种的，按照新旧货币市场转换比例转换为新币种后进行计算。

六、扣缴义务人与非居民企业签订与企业所得税法第三条第三款规定的所得有关的业务合同时，凡合同中约定由扣缴义务人实际承担应纳税款的，应将非居民企业取得的不含税所得换算为含税所得计算并解缴应扣税款。

七、扣缴义务人应当自扣缴义务发生之日起7日内向扣缴义务人所在地主管税务机关申报和解缴代扣税款。扣缴义务人发生到期应支付而未支付情形，应按照《国家税务总局关于非居民企业所得税管理若干问题的公告》(国家税务总局公告2011年第24号)第一条规定进行税务处理。

非居民企业取得应源泉扣缴的所得为股息、红利等权益性投资收益的，相关应纳税款扣缴义务发生之日为股息、红利等权益性投资收益实际支付之日。

非居民企业采取分期收款方式取得应源泉扣缴所得税的同一项转让财产所得的，其分期收取的款项可先视为收回以前投资财产的成本，待成本全部收回后，再计算并扣缴应扣税款。

八、扣缴义务人在申报和解缴应扣税款时，应填报《中华人民共和国扣缴企业所得税报告表》。

扣缴义务人可以在申报和解缴应扣税款前报送有关申报资料；已经报送的，在申报时不再重复报送。

税前扣除原则

九、按照企业所得税法第三十七条规定应当扣缴的所得税，扣缴义务人未依法扣缴或者无法履行扣缴义务的，取得所得的非居民企业应当按照企业所得税法第三十九条规定，向所得发生地主管税务机关申报缴纳未扣缴税款，并填报《中华人民共和国扣缴企业所得税报告表》。

非居民企业未按照企业所得税法第三十九条规定申报缴纳税款的，税务机关可以责令限期缴纳，非居民企业应当按照税务机关确定的期限申报缴纳税款；非居民企业在税务机关责令限期缴纳前自行申报缴纳税款的，视为已按期缴纳税款。

十、非居民企业取得的同一项所得在境内存在多个所得发生地，涉及多个主管税务机关的，在按照企业所得税法第三十九条规定自行申报缴纳未扣缴税款时，可以选择一地办理本公告第九条规定的申报缴税事宜。受理申报地主管税务机关应在受理申报后 5 个工作日内，向扣缴义务人所在地和同一项所得其他发生地主管税务机关发送《非居民企业税务事项联络函》(见附件)，告知非居民企业涉税事项。

十一、主管税务机关可以要求纳税人、扣缴义务人和其他知晓情况的相关方提供与应扣缴税款有关的合同和其他相关资料。扣缴义务人应当设立代扣代缴税款账簿和合同资料档案，准确记录非居民企业所得税扣缴情况。

十二、按照企业所得税法第三十七条规定应当扣缴的税款，扣缴义务人应扣未扣的，由扣缴义务人所在地主管税务机关依照《中华人民共和国行政处罚法》第二十三条规定责令扣缴义务人补扣税款，并依法追究扣缴义务人责任；需要向纳税人追缴税款的，由所得发生地主管税务机关依法执行。扣缴义务人所在地与所得发生地不一致的，负责追缴税款的所得发生地主管税务机关应通过扣缴义务人所在地主管税务机关核实有关情况；扣缴义务人所在地主管税务机关应当自确定应纳税款未依法扣缴之日起 5 个工作日内，向所得发生地主管税务机关发送《非居民企业税务事项联络函》，告知非居民企业涉税事项。

十三、主管税务机关在按照本公告第十二条规定追缴非居民企业应纳税款时，可以采取以下措施：

(一) 责令该非居民企业限期申报缴纳应纳税款。

(二) 收集、查实该非居民企业在中国境内其他收入项目及其支付人的相关信息，并向该其他项目支付人发出《税务事项通知书》，从该非居民企业其他收入项目款项中依照法定程序追缴欠缴税款及应缴的滞纳金。

其他项目支付人所在地与未扣税所得发生地不一致的，其他项目支付人所在地主管税务机关应给予配合和协助。

十四、按照本公告规定应当源泉扣缴税款的款项已经由扣缴义务人实际支付，但未在规定的期限内解缴应扣税款，并具有以下情形之一的，应作为税款已扣但未解缴情形，按照有关法律、行政法规规定处理：

(一) 扣缴义务人已明确告知收款人已代扣税款的；

(二) 已在财务会计处理中单独列示应扣税款的；

(三) 已在其纳税申报中单独扣除或开始单独摊销扣除应扣税款的；

（四）其他证据证明已代扣税款的。

除上款规定情形外，按本公告规定应该源泉扣缴的税款未在规定的期限内解缴入库的，均作为应扣未扣税款情形，按照有关法律、行政法规规定处理。

十五、本公告与税收协定及其相关规定不一致的，按照税收协定及其相关规定执行。

税前扣除凭证有哪些

十六、扣缴义务人所在地主管税务机关为扣缴义务人所得税主管税务机关。

对企业所得税法实施条例第七条规定的不同所得，所得发生地主管税务机关按以下原则确定：

（一）不动产转让所得，为不动产所在地国税机关。

（二）权益性投资资产转让所得，为被投资企业的所得税主管税务机关。

（三）股息、红利等权益性投资所得，为分配所得企业的所得税主管税务机关。

（四）利息所得、租金所得、特许权使用费所得，为负担、支付所得的单位或个人的所得税主管税务机关。

十七、本公告自2017年12月1日起施行。本公告第七条第二款和第三款、第九条第二款可以适用于在本公告施行前已经发生但未处理的所得。下列规定自2017年12月1日起废止：

（一）《国家税务总局关于印发〈非居民企业所得税源泉扣缴管理暂行办法〉的通知》（国税发〔2009〕3号）。

（二）《国家税务总局关于进一步加强非居民税收管理工作的通知》（国税发〔2009〕32号）第二条第（三）项中的以下表述：

"各地应按照《国家税务总局关于印发〈非居民企业所得税源泉扣缴管理暂行办法〉的通知》（国税发〔2009〕3号）规定，落实扣缴登记和合同备案制度，辅导扣缴义务人及时准确扣缴应纳税款，建立管理台账和管理档案，追缴漏税"。

（三）《国家税务总局关于加强税种征管促进堵漏增收的若干意见》（国税发〔2009〕85号）第四条第（二）项第3目中以下表述：

"按照《国家税务总局关于印发〈非居民企业所得税源泉扣缴管理暂行办法〉的通知》（国税发〔2009〕3号）规定，落实扣缴登记和合同备案制度，辅导扣缴义务人及时准确扣缴应纳税款，建立管理台账和管理档案"。

（四）《国家税务总局关于加强非居民企业股权转让所得企业所得税管理的通知》（国税函〔2009〕698号）。

（五）《国家税务总局关于印发〈非居民企业税收协同管理办法（试行）〉的通知》（国税发〔2010〕119号）第九条。

（六）《国家税务总局关于发布〈企业重组业务企业所得税管理办法〉的公告》（国家税务总局公告2010年第4号）第三十六条。

（七）《国家税务总局关于非居民企业所得税管理若干问题的公告》（国家税务总局公告2011年第24号）第五条和第六条。

（八）《国家税务总局关于发布〈非居民企业从事国际运输业务税收管理暂行办法〉的公告》（国家税务总局公告2014年第37号）第二条第三款中以下表述："和《国家税务总局关于印发〈非居民企业所得税源泉扣缴管理暂行办法〉的通知》（国税发〔2009〕3号）"。

（九）《国家税务总局关于非居民企业间接转让财产企业所得税若干问题的公告》（国家税务总局公告2015年第7号）第八条第二款。

特此公告。

附件：非居民企业税务事项联络函

国家税务总局

2017 年 10 月 17 日

非居民企业税务事项联络函

税联〔 〕号

______国家(地方)税务局：

(非居民企业名称) 从我国境内取得了《中华人民共和国企业所得税法》第三条第三款规定的所得，所得情况如下：________________________；

________________________。

我单位处理情况如下：

________________________；

________________________。

建议你单位处理事项：

________________________；

________________________。

特此函告。

(税务机关名称及公章)

年 月 日

税务机关地址： 邮编：

联系人： 电话： 传真：

关于《国家税务总局关于非居民企业所得税源泉扣缴有关问题的公告》的解读

为进一步深化税务系统“放管服”改革，优化非居民企业所得税服务和管理，完善非居民企业所得税源泉扣缴的相关制度办法，国家税务总局发布了《国家税务总局关于非居民企业所得税源泉扣缴有关问题的公告》(税务总局公告 2017 年第 37 号，以下称“本公告”)。本公告着眼于减轻纳税人及扣缴义务人负担，简化计算操作，便利扣缴义务人履行义务，重点解决了征管中的问题，减轻了纳税人和扣缴义务人的遵从责任。现将有关内容解读如下：

一、在减少办税负担方面，本公告有哪些举措？

减少办税负担，改善营商环境，是制定本公告的主要目的之一。这方面的举措包括：

一是取消合同备案。按照《国家税务总局关于印发〈非居民企业所得税源泉扣缴管理暂行办法〉的通知》(国税发〔2009〕3 号，此文已被本公告废止，以下称“原国税发〔2009〕3 号文件”)第五条规定，扣缴义务人每次与非居民企业签订涉及源泉扣缴事项的业务合同时，应当自签订合同(包括修改、补充、延期合同)之日起 30 日内，向其主管税务机关报送《扣缴企业所得税合同备案登记表》、合同复印件及相关资料。本公告废止了该项规定，除自主选择在申报和解缴应扣税款前报送有关申报资料的外，扣缴义务人不再需要办理该项合同备案手续。

二是取消税款清算。按照原国税发〔2009〕3 号文件第五条规定，对多次付款的合同项目，扣缴义务人应当在履行合同最后一次付款前 15 日内，向主管税务机关报送合同全部付款明细，前期扣缴表和完税凭证等资料，办理扣缴税款清算手续。本公告废止该项规定，扣缴义务人不再需要办理该项税款清算手续。

三是简并需报送的报表资料。鉴于《中华人民共和国扣缴企业所得税报告表》栏目内容已经包含相关合同信息,为避免重复填报信息,本公告废止了《扣缴企业所得税合同备案登记表》。除特定情形外,不再普遍要求报送合同资料。特定情形限于《国家税务总局国家外汇管理局关于服务贸易等项目对外支付税务备案有关问题的公告》(国家税务总局国家外汇管理局公告2013 年第 40 号)第二条和本公告第十一条规定需要提供相关合同资料的情形。

二、在改进非居民企业源泉扣缴协同管理和服务方面,本公告采取了哪些措施?

非居民企业应纳企业所得税源泉扣缴事项涉及境内外多个交易主体,多种情形混杂,程序环节多且衔接复杂,往往涉及多个税务机关,特别需要加强事前、事中和事后的协同管理和服务。对此,本公告采取了以下措施:

一是扣缴义务人未依法扣缴或者无法扣缴应扣缴税款的,按照企业所得税法第三十九条规定,由取得收入的非居民企业在所得发生地缴纳。按照企业所得税法实施条例第一百零七条规定,非居民企业取得的应税所得在境内存在多个所得发生地的,由纳税人选择一地申报缴纳企业所得税。为落实该上位法规定,本公告第十条规定沿用原国税发〔2009〕3 号文件第十六条规定,受理申报的税务机关应发函告知扣缴义务人所在地和其他所得发生地主管税务机关有关情况,并限定发函时限为受理申报后 5 个工作日内。

二是按照企业所得税法第三十七条规定应当扣缴的税款,但扣缴义务人应扣未扣的,如果扣缴义务人所在地与所得发生地不在一地,按照“纳税人在所得发生地缴税”以及扣缴义务人和纳税人分别承担责任的原则,本公告第十二条明确了扣缴义务人所在地主管税务机关和所得发生地主管税务机关工作职责,加强协同管理,即由扣缴义务人所在地主管税务机关依照《中华人民共和国行政处罚法》第二十三条规定责令扣缴义务人补扣税款,并依法追究扣缴义务人责任;需要向纳税人追缴税款的,由所得发生地主管税务机关通过扣缴义务人所在地主管税务机关核实有关情况后依法执行。在扣缴义务人所在地主管税务机关发函提供情况的时限上,本公告第十二条沿用了原国税发〔2009〕3 号文件第十五条第三款规定。本公告还取消了《国家税务总局关于印发〈非居民企业税收协同管理办法(试行)〉的通知》(国税发〔2010〕119 号)第九条规定的追缴税款 3 个月等待期。

三、非居民企业部分转让同项股权,如何计算股权转让成本?

如果非居民企业通过多次投资或收购而持有一项股权,但仅部分对外转让,根据本公告第三条第四款规定,应从该项股权全部成本中按照转让比例计算确定被转让股权对应的成本。举例说明如下:

境外 A 企业为非居民企业,境内 B 企业和 C 企业为居民企业,A 企业经过前后三次投资 C 企业,合计持有 C 企业 40%的股权,第一次投资人民币 100 万元,第二次投资人民币 200 万元,第三次投资人民币 400 万元。2016 年 1 月 8 日,A 企业与 B 企业签订股权转让合同,以人民币1 000万元的价格转让其持有的 C 企业 30%的股权给 B 企业。则 A 企业持有 C 企业 40%股权的全部成本为 700 万元(100+200+400),本次交易转让比例为 75%(30%÷40%),该被转让的 C 企业 30%股权对应的成本则为 525 万元(700×75%),本次股权转让交易的应纳税所得额为 475 万元(1 000-525)。

四、在计算应源泉扣缴的非居民企业应纳税款时,如何进行外汇换算?

原国税发〔2009〕3 号文件第九条规定,扣缴义务人对外支付或者到期应支付的款项为人民币以外货币的,在申报扣缴企业所得税时,应当按照扣缴当日国家公布的人民币汇率中间价,折合成人民币计算应纳税所得额。扣缴义务人须以折合成人民币后的应纳税所得额按适用税率计算应扣税款,并以人民币解缴应扣税款。除将扣缴当日限定为扣缴义务发生当日外,本公告第四条第(一)项规定沿用了原国税发〔2009〕3 号文件第九条规定做法,并明确扣缴义务发生之日为相关款项实际支付或者到期应支付之日。此外,如果应源泉扣缴税款由非居民企业纳税人申报缴纳,按照本公告第四条第(二)项和第(三)项规定,应当分别纳税人自行申报缴纳税款和主管税务机关责令限期缴纳税款两种情形,相应按照填开税收缴款书之日前一日或主管税务机关做出限期缴纳税款决定之日前一日人民币汇率中间价进行外汇折算。

五、对非居民企业取得的财产转让所得,如何进行外汇换算?

按照原《国家税务总局关于加强非居民企业股权转让所得企业所得税管理的通知》(国税函〔2009〕698 号,此文已被本公告废止,以下称"原国税函〔2009〕698 号文件")第四条规定,在计算股权转让所得时,以非居民企业向被转让股权的中国居民企业投资时或向原投资方购买该股权时的币种计算股权转让价和股权成本价。如果同一非居民企业存在多次投资的,以首次投入资本时的币种计算股权转让价和股权成本价,以加权平均法计算股权成本价;多次投资时币种不一致的,则应按照每次投入资本当日的汇率换算成首次投资时的币种。为进一步简化外汇换算,该项规定被本公告第五条所替代。根据替代后的规定,财产转让收入或财产净值以人民币以外的货币计价的,分扣缴义务人扣缴税款、纳税人自行申报缴纳税款和主管税务机关责令限期缴纳税款三种情形,先将以非人民币计价项目金额按照本公告第四条规定的时点汇率折合成人民币金额;再按企业所得税法第十九条第二项及相关规定计算非居民企业财产转让所得应纳税所得额。举例说明如下:

境外 A 企业为非居民企业,境内 B 企业和 C 企业为居民企业,A 企业经过前后两次投资 C 企业,合计持有 C 企业 40%的股权,2008 年 8 月 1 日第一次出资 100 万美元(假设当时人民币汇率中间价为:1 美元=8.6 元人民币),2010 年 9 月 1 日第二次投资 50 万欧元(假设当时人民币汇率中间价为:1 欧元=8.9 元人民币),2016 年 1 月 10 日 A 企业以人民币 2 000 万元将该项股权转让给 B 企业,合同于当天生效,B 企业于 2016 年 1 月 15 日向 A 企业支付了股权转让款 2 000 万元,假设 2016 年 1 月 15 日,人民币兑美元和欧元的中间价分别为:1 美元=6.6 元人民币,1 欧元=7.2 元人民币。则本次交易财产转让收入为 2 000 万元人民币;本次交易财产净值为 1 020 万元人民币(100×6.6+50×7.2);本次交易应纳税所得额为 980 万元人民币(2 000−1 020)。

六、扣缴义务人对外支付股息,如何确定扣缴义务时间?

按照企业所得税法第三十七条规定,应该源泉扣缴的税款由扣缴义务人在每次支付或者到期应支付时,从支付或到期应支付的款项中扣缴。据此,本公告第四条第(一)项明确,扣缴义务发生之日为相关款项实际支付或者到期应支付之日。关于到期应支付情形下扣缴所得税问题,本公告第七条第一款明确继续按照《国家税务总局关于非居民企业所得税管理若干问题的公告》(国家税务总局公告 2011 年第 24 号)第一条规定执行。基于这些规定,鉴于股息是由企业的税后利润派发给股东的,不应计入扣缴义务人的成本、费用,不会发生到期应支付情形,本公告第七条第二款进一步明确,非居民企业取得应纳税的股息所得,相关税款扣缴义务发生之日即是股息的实际支付之日。扣缴义务人应在实际支付之日代扣税款,并在扣缴义务发生之日起 7 日内向扣缴义务人所在地主管税务机关申报和解缴代扣税款。该规定改变了国家税务总局公告 2011 年第 24 号第五条的规定,不再以做出利润分配决定的日期作为扣缴义务发生之日。

七、非居民企业采取分期收款方式从扣缴义务人收取同一项财产转让收入价款的,如何计算扣缴税款?

按照本公告第七条第三款的规定,如果非居民企业采取分期收款方式取得应源泉扣缴所得税的同一项转让财产所得,其分期收取的款项可先视为收回以前投资财产的成本,待相关成本

全部收回后,再计算并扣缴应扣缴税款。举例说明如下:

境外A企业为非居民企业,境内B企业和C企业均为居民企业,A企业和B企业各持有C企业50%股权,A企业投资取得C企业50%股权的成本为500万元人民币。2016年1月10日A企业以人民币1 000万元人民币将该项股权一次转让给B企业,但按股权转让合同约定,B企业分别于2016年2月10日、2016年3月10日和2016年4月10日支付转让价款300万元、400万元和300万元。在本次交易中,B企业于2016年2月10日支付的300万元人民币价款可视为A企业收回500万元股权转让成本中的300万元;B企业于2016年3月10日支付的400万元人民币价款中的200万元为A企业收回500万元股权转让成本中的剩余200万元成本,其余200万元价款应作为股权转让收益计算扣缴税款;B企业于2016年4月10日支付的300万元人民币价款全部作为股权转让收益计算扣缴税款。

八、在扣缴义务人未依法履行扣缴义务的情况下,有关非居民企业申报缴纳税款期限的规定有何变化?

在扣缴义务人未依法履行扣缴义务的情况下,按原国税发〔2009〕3号文件第十五条第一款规定,非居民企业应于扣缴义务人支付或者到期应支付之日起7日内,到所得发生地主管税务机关申报缴纳企业所得税;非居民企业取得所得为股权转让所得的,按照原国税函〔2009〕698号文件第二条规定,非居民企业应自合同、协议约定的股权转让之日(如果转让方提前取得股权转让收入的,应自实际取得股权转让收入之日)起7日内,到所得发生地主管税务机关申报缴纳企业所得税。按照《国家税务总局关于非居民企业间接转让财产企业所得税若干问题的公告》(国家税务总局公告2015年第7号)第八条第二款规定,扣缴义务人未扣缴或未足额扣缴应纳税款的,股权转让方应自纳税义务发生之日起7日内向主管税务机关申报缴纳税款。为便于与源泉扣缴程序衔接和纳税人遵从,本公告第九条第二款规定取代上述三项规定。按照新规定,在扣缴义务人未依法履行或者无法履行扣缴义务的情况下,非居民企业在主管税务机关责令限期缴纳税款前自行申报缴纳未扣缴税款的,或者在主管税务机关限期缴纳税款期限内申报缴纳税款的,均视为按期缴纳了税款。

九、如何理解本公告第十条与国家税务总局公告2015年第7号第十二条的关系?

两项规定适用不同的情形,不存在矛盾。本公告第十条适用于非居民企业取得同一项所得的情形。国家税务总局公告2015年第7号第十二条适用于非居民企业直接转让境外企业股权导致间接转让两项以上境内应税财产交易所产生的所得。尽管适用国家税务总局公告2015年第7号第十二条的交易在形式上为转让境外企业股权的一次交易,但如果按照国家税务总局公告2015年第7号对其重新定性,则应将该直接转让境外企业股权的交易重新确认为直接转让境内应税财产的交易。而如果间接交易涉及的境内应税财产有两项或两项以上,那么重新确认后的直接转让境内应税财产交易也有两项或两项以上,进而可以确定,两项或两项以上直接转让境内应税财产交易产生的所得不属于同一项所得,不适用本公告第十条规定。

财政部 税务总局 商务部 科技部 国家发展改革委关于将技术先进型服务企业所得税政策推广至全国实施的通知

财税〔2017〕79号

各省、自治区、直辖市、计划单列市财政厅(局)、国家税务局、地方税务局、商务主管部门、科技厅(委、局)、发展改革委,新疆生产建设兵团财务局、商务局、科技局、发展改革委:

为贯彻落实《国务院关于促进外资增长若干措施的通知》(国发〔2017〕39号)要求,发挥外资对优化服务贸易结构的积极作用，引导外资更多投向高技术、高附加值服务业，促进企业技术创新和技术服务能力的提升，增强我国服务业的综合竞争力，现就技术先进型服务企业有关企业所得税政策问题通知如下：

一、自2017年1月1日起，在全国范围内实行以下企业所得税优惠政策：

代扣代缴个税问题

1. 对经认定的技术先进型服务企业，减按15%的税率征收企业所得税。

2. 经认定的技术先进型服务企业发生的职工教育经费支出，不超过工资薪金总额8%的部分，准予在计算应纳税所得额时扣除；超过部分，准予在以后纳税年度结转扣除。

二、享受本通知第一条规定的企业所得税优惠政策的技术先进型服务企业必须同时符合以下条件：

1. 在中国境内(不包括港、澳、台地区)注册的法人企业；

2. 从事《技术先进型服务业务认定范围(试行)》(详见附件)中的一种或多种技术先进型服务业务，采用先进技术或具备较强的研发能力；

3. 具有大专以上学历的员工占企业职工总数的50%以上；

4. 从事《技术先进型服务业务认定范围(试行)》中的技术先进型服务业务取得的收入占企业当年总收入的50%以上；

5. 从事离岸服务外包业务取得的收入不低于企业当年总收入的35%。

从事离岸服务外包业务取得的收入，是指企业根据境外单位与其签订的委托合同，由本企业或其直接转包的企业为境外单位提供《技术先进型服务业务认定范围(试行)》中所规定的信息技术外包服务(ITO)、技术性业务流程外包服务(BPO)和技术性知识流程外包服务(KPO)，而从上述境外单位取得的收入。

三、技术先进型服务企业的认定管理

1. 省级科技部门会同本级商务、财政、税务和发展改革部门根据本通知规定制定本省(自治区、直辖市、计划单列市)技术先进型服务企业认定管理办法，并负责本地区技术先进型服务企业的认定管理工作。各省(自治区、直辖市、计划单列市)技术先进型服务企业认定管理办法应报科技部、商务部、财政部、税务总局和国家发展改革委备案。

2. 符合条件的技术先进型服务企业应向所在省级科技部门提出申请，由省级科技部门会同本级商务、财政、税务和发展改革部门联合评审后发文认定，并将认定企业名单及有关情况通过科技部"全国技术先进型服务企业业务办理管理平台"备案，科技部与商务部、财政部、税务总局和国家发展改革委共享备案信息。符合条件的技术先进型服务企业须在商务部"服务贸易统计监测管理信息系统(服务外包信息管理应用)"中填报企业基本信息，按时报送数据。

3. 经认定的技术先进型服务企业，持相关认定文件向所在地主管税务机关办理享受本通知第一条规定的企业所得税优惠政策事宜。享受企业所得税优惠的技术先进型服务企业条件发生变化的，应当自发生变化之日起15日内向主管税务机关报告；不再符合享受税收优惠条件的，应当依法履行纳税义务。主管税务机关在执行税收优惠政策过程中，发现企业不具备技术先进型服务企业资格的，应提请认定机构复核。复核后确认不符合认定条件的，应取消企业享受税收优惠政策的资格。

4. 省级科技、商务、财政、税务和发展改革部门对经认定并享受税收优惠政策的技术先进型服务企业应做好跟踪管理，对变更经营范围、合并、分立、转业、迁移的企业，如不再符合认定条件，应及时取消其享受税收优惠政策的资格。

5. 省级财政、税务、商务、科技和发展改革部门要认真贯彻落实本通知的各项规定，在认定工作中对内外资企业一视同仁,平等对待,切实做好沟通与协作工作。在政策实施过程中发现问题,要及时反映上报财政部、税务总局、商务部、科技部和国家发展改革委。

6. 省级科技、商务、财政、税务和发展改革部门及其工作人员在认定技术先进型服务企业工作中,存在违法违纪行为的,按照《公务员法》《行政监察法》等国家有关规定追究相应责任;涉嫌犯罪的,移送司法机关处理。

7. 本通知印发后,各地应按照本通知规定于2017年12月31日前出台本省(自治区、直辖市、计划单列市)技术先进型服务企业认定管理办法并据此开展认定工作。现有31个中国服务外包示范城市已认定的2017年度技术先进型服务企业继续有效。从2018年1月1日起,中国服务外包示范城市技术先进型服务企业认定管理工作依照所在省(自治区、直辖市、计划单列市)制定的管理办法实施。

附件:技术先进型服务业务认定范围(试行)

财政部 税务总局 商务部 科技部 国家发展改革委

2017年11月2日

附件:

技术先进型服务业务认定范围(试行)

一、信息技术外包服务(ITO)

(一)软件研发及外包

类 别	适用范围
软件研发及开发服务	用于金融、政府、教育、制造业、零售、服务、能源、物流、交通、媒体、电信、公共事业和医疗卫生等部门和企业,为用户的运营/生产/供应链/客户关系/人力资源和财务管理、计算机辅助设计/工程等业务进行软件开发,包括定制软件开发,嵌入式软件、套装软件开发,系统软件开发、软件测试等。
软件技术服务	软件咨询、维护、培训、测试等技术性服务。

(二)信息技术研发服务外包

类 别	适用范围
集成电路和电子电路设计	集成电路和电子电路产品设计以及相关技术支持服务等。
测试平台	为软件、集成电路和电子电路的开发运用提供测试平台。

(三)信息系统运营维护外包

类 别	适用范围
信息系统运营和维护服务	客户内部信息系统集成、网络管理、桌面管理与维护服务;信息工程、地理信息系统、远程维护等信息系统应用服务。
基础信息技术服务	基础信息技术管理平台整合、IT基础设施管理、数据中心、托管中心、安全服务、通讯服务等基础信息技术服务。

二、技术性业务流程外包服务(BPO)

类别	适用范围
企业业务流程设计服务	为客户企业提供内部管理、业务运作等流程设计服务。
企业内部管理服务	为客户企业提供后台管理、人力资源管理、财务、审计与税务管理、金融支付服务、医疗数据及其他内部管理业务的数据分析、数据挖掘、数据管理、数据使用的服务;承接客户专业数据处理、分析和整合服务。

（续表）

类别	适用范围
企业运营服务	为客户企业提供技术研发服务、为企业经营、销售、产品售后服务提供的应用客户分析、数据库管理等服务。主要包括金融服务业务、政务与教育业务、制造业务和生命科学、零售和批发与运输业务、卫生保健业务、通讯与公共事业业务、呼叫中心、电子商务平台等。
企业供应链管理服务	为客户企业提供采购、物流的整体方案设计及数据库服务。

三、技术性知识流程外包服务（KPO）

适用范围
知识产权研究、医药和生物技术研发和测试、产品技术研发、工业设计、分析学和数据挖掘、动漫及网游设计研发、教育课件研发、工程设计等领域。

国家税务总局关于研发费用税前加计扣除归集范围有关问题的公告

国家税务总局公告 2017 年第 40 号

为进一步做好研发费用税前加计扣除优惠政策的贯彻落实工作，切实解决政策落实过程中存在的问题，根据《财政部 国家税务总局 科技部关于完善研究开发费用税前加计扣除政策的通知》(财税〔2015〕119 号)及《国家税务总局关于企业研究开发费用税前加计扣除政策有关问题的公告》(国家税务总局公告 2015 年第 97 号)等文件的规定，现就研发费用税前加计扣除归集范围有关问题公告如下：

一、人员人工费用

指直接从事研发活动人员的工资薪金、基本养老保险费、基本医疗保险费、失业保险费、工伤保险费、生育保险费和住房公积金，以及外聘研发人员的劳务费用。

（一）直接从事研发活动人员包括研究人员、技术人员、辅助人员。研究人员是指主要从事研究开发项目的专业人员；技术人员是指具有工程技术、自然科学和生命科学中一个或一个以上领域的技术知识和经验，在研究人员指导下参与研发工作的人员；辅助人员是指参与研究开发活动的技工。外聘研发人员是指与本企业或劳务派遣企业签订劳务用工协议(合同)和临时聘用的研究人员、技术人员、辅助人员。

接受劳务派遣的企业按照协议(合同)约定支付给劳务派遣企业，且由劳务派遣企业实际支付给外聘研发人员的工资薪金等费用，属于外聘研发人员的劳务费用。

（二）工资薪金包括按规定可以在税前扣除的对研发人员股权激励的支出。

（三）直接从事研发活动的人员、外聘研发人员同时从事非研发活动的，企业应对其人员活动情况做必要记录，并将其实际发生的相关费用按实际工时占比等合理方法在研发费用和生产经营费用间分配，未分配的不得加计扣除。

二、直接投入费用

指研发活动直接消耗的材料、燃料和动力费用；用于中间试验和产品试制的模具、工艺装备开发及制造费，不构成固定资产的样品、样机及一般测试手段购置费，试制产品的检验费；用于研发活动的仪器、设备的运行维护、调整、检验、维修等费用，以及通过经营租赁方式租入的用于研发活动的仪器、设备租赁费。

（一）以经营租赁方式租入的用于研发活动的仪器、设备，同时用于非研发活动的，企业应对其仪器设备使用情况做必要记录，并将其实际发生的租赁费按实际工时占比等合理方法在研发费用和生产经营费用间分配，未分配的不得加计扣除。

(二)企业研发活动直接形成产品或作为组成部分形成的产品对外销售的,研发费用中对应的材料费用不得加计扣除。

产品销售与对应的材料费用发生在不同纳税年度且材料费用已计入研发费用的,可在销售当年以对应的材料费用发生额直接冲减当年的研发费用,不足冲减的,结转以后年度继续冲减。

三、折旧费用

指用于研发活动的仪器、设备的折旧费。

(一)用于研发活动的仪器、设备,同时用于非研发活动的,企业应对其仪器设备使用情况做必要记录,并将其实际发生的折旧费按实际工时占比等合理方法在研发费用和生产经营费用间分配,未分配的不得加计扣除。

(二)企业用于研发活动的仪器、设备,符合税法规定且选择加速折旧优惠政策的,在享受研发费用税前加计扣除政策时,就税前扣除的折旧部分计算加计扣除。

四、无形资产摊销费用

指用于研发活动的软件、专利权、非专利技术(包括许可证、专有技术、设计和计算方法等)的摊销费用。

(一)用于研发活动的无形资产,同时用于非研发活动的,企业应对其无形资产使用情况做必要记录,并将其实际发生的摊销费按实际工时占比等合理方法在研发费用和生产经营费用间分配,未分配的不得加计扣除。

(二)用于研发活动的无形资产,符合税法规定且选择缩短摊销年限的,在享受研发费用税前加计扣除政策时,就税前扣除的摊销部分计算加计扣除。

五、新产品设计费、新工艺规程制定费、新药研制的临床试验费、勘探开发技术的现场试验费

指企业在新产品设计、新工艺规程制定、新药研制的临床试验、勘探开发技术的现场试验过程中发生的与开展该项活动有关的各类费用。

六、其他相关费用

指与研发活动直接相关的其他费用,如技术图书资料费、资料翻译费、专家咨询费、高新科技研发保险费,研发成果的检索、分析、评议、论证、鉴定、评审、评估、验收费用,知识产权的申请费、注册费、代理费,差旅费、会议费,职工福利费、补充养老保险费、补充医疗保险费。

此类费用总额不得超过可加计扣除研发费用总额的10%。

七、其他事项

(一)企业取得的政府补助,会计处理时采用直接冲减研发费用方法且税务处理时未将其确认为应税收入的,应按冲减后的余额计算加计扣除金额。

(二)企业取得研发过程中形成的下脚料、残次品、中间试制品等特殊收入,在计算确认收入当年的加计扣除研发费用时,应从已归集研发费用中扣减该特殊收入,不足扣减的,加计扣除研发费用按零计算。

(三)企业开展研发活动中实际发生的研发费用形成无形资产的,其资本化的时点与会计处理保持一致。

(四)失败的研发活动所发生的研发费用可享受税前加计扣除政策。

(五)国家税务总局公告 2015 年第 97 号第三条所称"研发活动发生费用"是指委托方实际支付给受托方的费用。无论委托方是否享受研发费用税前加计扣除政策,受托方均不得加计扣除。

委托方委托关联方开展研发活动的,受托方需向委托方提供研发过程中实际发生的研发项

目费用支出明细情况。

八、执行时间和适用对象

本公告适用于 2017 年度及以后年度汇算清缴。以前年度已经进行税务处理的不再调整。涉及追溯享受优惠政策情形的，按照本公告的规定执行。科技型中小企业研发费用加计扣除事项按照本公告执行。

国家税务总局公告 2015 年第 97 号第一条、第二条第(一)项、第二条第(二)项、第二条第(四)项同时废止。

国家税务总局

2017 年 11 月 8 日

关于《国家税务总局关于研发费用税前加计扣除归集范围有关问题的公告》的解读

一、公告出台背景

为进一步做好研发费用税前加计扣除优惠政策的贯彻落实工作，切实解决政策落实过程中存在的问题，根据《财政部 国家税务总局 科技部关于完善研究开发费用税前加计扣除政策的通知》(财税〔2015〕119 号)及《国家税务总局关于企业研究开发费用税前加计扣除政策有关问题的公告》(国家税务总局公告 2015 年第 97 号，以下简称“97 号公告”)等文件的规定，制定本公告。

二、公告的主要内容

本公告聚焦研发费用归集范围，在现行规定基础上，结合实际执行情况，完善和明确了部分研发费用掌握口径，在体例上适度体现系统性与完整性。

(一) 细化人员人工费用口径

保留 97 号公告有关直接从事研发活动人员范围的界定和从事多种活动的人员人工费用准确进行归集要求，增加了劳务派遣和股权激励相关内容。

1. 适当拓宽外聘研发人员范围。《国家税务总局关于企业工资薪金和职工福利费等支出税前扣除问题的公告》(国家税务总局公告 2015 年第 34 号)将劳务派遣分为两种形式，并分别适用不同的税前扣除规定：一种是按照协议(合同)约定直接支付给劳务派遣公司的费用作为劳务费支出在税前扣除，另一种是直接支付给员工个人的费用作为工资薪金和职工福利费支出在税前扣除。在 97 号公告规定的框架下，直接支付给员工个人的工资薪金属于人员人工费用范围，可以加计扣除。而直接支付给劳务派遣公司的费用，各地理解和执行不一。考虑到直接支付给员工个人和支付给劳务派遣公司，仅是支付方式不同，并未改变企业劳务派遣用工的实质，为体现税收公平，公告明确外聘研发人员包括与劳务派遣公司签订劳务用工协议(合同)的形式，将按照协议(合同)约定直接支付给劳务派遣公司，且由劳务派遣公司实际支付给研发人员的工资薪金等，纳入加计扣除范围。

2. 明确对研发人员的股权激励支出可以加计扣除。由于股权激励支付方式的特殊性，对其能否作为加计扣除的基数有不同理解。鉴于《国家税务总局关于我国居民企业实行股权激励计划有关企业所得税处理问题的公告》(国家税务总局公告 2012 年第 18 号)已明确符合条件的股权激励支出可以作为工资薪金在税前扣除，为调动和激发研发人员的积极性，公告明确工资薪金包括按规定可以在税前扣除的对研发人员股权激励的支出，即符合条件的对研发人员股权激励支出属于可加计扣除范围。需要强调的是享受加计扣除的股权激励支出需要符合国家税务总局公告 2012 年第 18 号规定的条件。

(二) 细化直接投入费用口径

保留97号公告有关直接投入费用口径和多用途的仪器、设备租赁费的归集要求,细化研发费用中对应的材料费用不得加计扣除的管理规定,进一步明确材料费用跨年度事项的处理方法。

97号公告规定企业研发活动直接形成产品或作为组成部分形成的产品对外销售的,研发费用中对应的材料费用不得加计扣除。但实际执行中,材料费用实际发生和产品对外销售往往不在同一个年度,如追溯到材料费用实际发生年度,需要修改以前年度纳税申报。为方便纳税人操作,公告明确产品销售与对应的材料费用发生在不同纳税年度且材料费用已计入研发费用的,应在销售当年以对应的材料费用发生额直接冲减当年的研发费用,不足冲减的,结转以后年度继续冲减。

(三) 细化折旧费用口径

保留97号公告有关仪器、设备的折旧费口径和多用途仪器、设备折旧费用归集要求,进一步调整加速折旧费用的归集方法。

97号公告明确加速折旧费用享受加计扣除政策的原则为会计、税收折旧孰小。该计算方法较为复杂,不易准确掌握。为提高政策的可操作性,公告将加速折旧费用的归集方法调整为就税前扣除的折旧部分计算加计扣除。

97号公告解读中曾举例说明计算方法:甲汽车制造企业2015年12月购入并投入使用一专门用于研发活动的设备,单位价值1 200万元,会计处理按8年折旧,税法上规定的最低折旧年限为10年,不考虑残值。甲企业对该项设备选择缩短折旧年限的加速折旧方式,折旧年限缩短为6年(10×60%=6)。2016年企业会计处理计提折旧额150万元(1 200/8=150),税收上因享受加速折旧优惠可以扣除的折旧额是200万元(1 200/6=200),申报研发费用加计扣除时,就其会计处理的“仪器、设备的折旧费”150万元可以进行加计扣除75万元(150×50%=75)。若该设备8年内用途未发生变化,每年均符合加计扣除政策规定,则企业8年内每年均可对其会计处理的“仪器、设备的折旧费”150万元进行加计扣除75万元。如企业会计处理按4年进行折旧,其他情形不变,则2016年企业会计处理计提折旧额300万元(1 200/4=300),税收上因享受加速折旧优惠可以扣除的折旧额是200万元(1 200/6=200),申报享受研发费用加计扣除时,对其在实际会计处理上已确认的“仪器、设备的折旧费”,但未超过税法规定的税前扣除金额200万元可以进行加计扣除100万元(200×50%=100)。若该设备6年内用途未发生变化,每年均符合加计扣除政策规定,则企业6年内每年均可对其会计处理的“仪器、设备的折旧费”200万元进行加计扣除100万元。

结合上述例子,按本公告口径申报研发费用加计扣除时,若该设备6年内用途未发生变化,每年均符合加计扣除政策规定,则企业在6年内每年直接就其税前扣除“仪器、设备折旧费”200万元进行加计扣除100万元(200×50%=100),不需比较会计、税收折旧孰小,也不需要根据会计折旧年限的变化而调整享受加计扣除的金额,计算方法大为简化。

(四) 细化无形资产摊销口径

保留97号公告有关无形资产摊销费用口径和多用途摊销费用的归集要求,进一步调整摊销费用的归集方法。

明确加速摊销的归集方法。《财政部 国家税务总局关于进一步鼓励软件产业和集成电路产业发展企业所得税政策的通知》(财税〔2012〕27号)明确企业外购的软件作为无形资产管理的可以适当缩短摊销年限。为提高政策的确定性,本公告明确了无形资产缩短摊销年限的折旧归集方法,与固定资产加速折旧的归集方法保持一致,就税前扣除的摊销部分计算加计扣除。

（五）明确新产品设计费、新工艺规程制定费、新药研制的临床试验费和勘探开发技术的现场试验费口径

此类费用是指企业在新产品设计、新工艺规程制定、新药研制的临床试验、勘探开发技术的现场试验过程中发生的全部费用，即，包括与开展此类活动有关的各类费用。

（六）细化其他相关费用口径

保留 97 号公告有关其他相关费用口径等内容，适度拓展其他相关费用范围。

明确其他相关费用的范围。除财税〔2015〕119 号列举的其他相关费用类型外，其他类型的费用能否作为其他相关费用，计算扣除限额后加计扣除，政策一直未明确，各地也执行不一。为提高政策的确定性，同时考虑到人才是创新驱动战略关键因素，公告在财税〔2015〕119 号列举的费用基础上，明确其他相关费用还包括职工福利费、补充养老保险费、补充医疗保险费，以进一步激发研发人员的积极性，推动开展研发活动。

（七）明确其他政策口径

1. 明确取得的政府补助后计算加计扣除金额的口径。近期，财政部修订了《企业会计准则第 16 号——政府补助》。与原准则相比，修订后的准则在总额法的基础上，新增了净额法，将政府补助作为相关成本费用扣减。按照企业所得税法的规定，企业取得的政府补助应确认为收入，计入收入总额。净额法产生了税会差异。企业在税收上将政府补助确认为应税收入，同时增加研发费用，加计扣除应以税前扣除的研发费用为基数。但企业未进行相应调整的，税前扣除的研发费用与会计的扣除金额相同，应以会计上冲减后的余额计算加计扣除金额。比如，某企业当年发生研发支出 200 万元，取得政府补助 50 万元，当年会计上的研发费用为 150 万元，未进行相应的纳税调整，则税前加计扣除金额为 150×50％＝75 万元。

2. 明确下脚料、残次品、中间试制品等特殊收入冲减研发费用的时点。97 号公告明确了特殊收入冲减的条款，但未明确在确认特殊收入与研发费用发生可能不在同一年度的处理问题。本着简便、易操作的原则，公告明确在确认收入当年冲减，便于纳税人准确执行政策。

3. 明确研发费用资本化的时点。税收上对研发费用资本化的时点没有明确规定，因此，公告明确企业开展研发活动中实际发生的研发费用形成无形资产的，其开始资本化的时点与会计处理保持一致。

4. 明确失败的研发活动所发生的研发费用可享受加计扣除政策。出于以下两点考虑，公告明确失败的研发活动所发生的研发费用可享受加计扣除政策：一是企业的研发活动具有一定的风险和不可预测性，既可能成功也可能失败，政策是对研发活动予以鼓励，并非单纯强调结果；二是失败的研发活动也并不是毫无价值的，在一般情况下的“失败”是指没有取得预期的结果，但可以积累经验，取得其他有价值的成果。

5. 明确委托研发加计扣除口径。一是明确加计扣除的金额。财税〔2015〕119 号要求委托方与受托方存在关联关系的，受托方应向委托方提供研发项目费用支出明细情况。实际执行中往往将提供研发费用支出明细情况理解为委托关联方研发的需执行不同的加计扣除政策，导致各地理解和执行不一。依据政策本意，提供研发支出明细情况的目的是为了判断关联方交易是否符合独立交易原则。因此委托关联方和委托非关联方开展研发活动，其加计扣除的口径是一致的。为避免歧义，公告在保证委托研发加计扣除的口径不变的前提下，对 97 号公告的表述进行了解释，即：97 号公告第三条所称“研发活动发生费用”是指委托方实际支付给受托方的费用。二是明确委托方享受加计扣除优惠的权益不得转移给受托方。财税〔2015〕119 号已明确了委托研发发生的费用由委托方加计扣除，受托方不得加计扣除。此为委托研发加计扣除的原

则,不管委托方是否享受优惠,受托方均不得享受优惠。公告对此口径进行了明确。三是明确研发费用支出明细情况涵盖的费用范围。由于对政策口径的理解不一,导致对研发费用支出明细涵盖的费用范围的理解也不一致,诸如受托方实际发生的费用、受托方发生的属于可加计扣除范围的费用等口径。在充分考虑研发费用支出明细情况的目的和受托方的执行成本等因素后,公告将研发费用支出明细情况明确为受托方实际发生的费用情况。比如,A企业2017年委托其B关联企业研发,假设该研发符合研发费用加计扣除的相关条件。A企业支付给B企业100万元。B企业实际发生费用90万元(其中按可加计扣除口径归集的费用为85万元),利润10万元。2017年,A企业可加计扣除的金额为100×80%×50%=40万元,B企业应向A企业提供实际发生费用90万元的明细情况。

三、明确执行时间和适用对象

在执行时间上,公告适用于2017年度及以后年度汇算清缴。本着保护纳税人权益、降低税务风险的考虑,明确对以前年度已经进行税务处理的,均不再调整。财税〔2015〕119号文件中明确了研发费用加计扣除政策可以追溯享受。由于本公告放宽了部分政策口径,本着有利追溯的原则,对企业涉及追溯享受情形的,也可以按照本公告规定执行。从适用对象上讲,科技型中小企业研发费用加计扣除事项也应适用本公告。

国家税务总局关于企业境外承包工程税收抵免凭证有关问题的公告

国家税务总局公告2017年第41号

根据《中华人民共和国企业所得税法》及其实施条例、《财政部 国家税务总局关于企业境外所得税收抵免有关问题的通知》(财税〔2009〕125号)和《国家税务总局关于发布〈企业境外所得税收抵免操作指南〉的公告》(国家税务总局公告2010年第1号)的有关规定,现就企业境外承包工程税收抵免凭证有关问题公告如下:

一、企业以总分包或联合体方式在境外实施工程项目(包括但不限于工程建设、基础设施建设等项目,下同),其来源于境外所得已在境外缴纳的企业所得税税额,可按本公告规定以总承包企业或联合体主导方企业开具的《境外承包工程项目完税凭证分割单(总分包方式)》[附件1,以下简称《分割单(总分包方式)》]或《境外承包工程项目完税凭证分割单(联合体方式)》[附件2,以下简称《分割单(联合体方式)》]作为境外所得完税证明或纳税凭证进行税收抵免。

二、企业以总分包方式在境外承包工程,除总承包企业自行施工的部分外,发生分包(再分包,下同)的,其分包部分来源于境外所得已由总承包企业在境外缴纳的企业所得税税额,总承包企业可按实际取得的收入、工作量等因素确定的合理比例进行分配,开具《分割单(总分包方式)》,并将《分割单(总分包方式)》复印件提供给分包企业,分包企业据此申报抵免。总承包企业按分配后的余额申报抵免。同一项目分配方法应当一致,且在项目存续期内不得改变。

三、企业以联合体方式中标境外工程,该联合体在境外缴纳的企业所得税税额可由主导方企业按实际取得的收入、工作量等因素确定的合理比例进行分配,开具《分割单(联合体方式)》,并将《分割单(联合体方式)》复印件提供给联合体各方企业,联合体各方企业据此申报抵免。

联合体主导方可按合同收入占比孰高原则或事先约定进行确定。

四、总承包企业作为境外纳税主体,应就其在境外缴纳的企业所得税税额,填制《分割单

（总分包方式）》后提交主管税务机关备案，并将以下资料留存备查：

1. 总承包企业与境外发包方签订的总承包合同；

2. 总承包企业与分包企业签订的分包合同，如建设项目再分包的，还需留存备查分包企业与再分包企业签订的再分包合同；

3. 总承包企业境外所得相关完税证明或纳税凭证；

4. 境外所得缴纳的企业所得税税额按收入、工作量等因素确定的合理比例分配的计算过程及相关说明。

五、联合体作为境外纳税主体，应就其在境外缴纳的企业所得税税额，由主导方企业填制《分割单（联合体方式）》后提交主管税务机关备案，并将以下资料留存备查：

1. 联合体与境外发包方签订的工程承包合同；

2. 各方企业组建联合体合同或协议；

3. 联合体境外所得相关完税证明或纳税凭证；

4. 境外所得缴纳的企业所得税税额按收入、工作量等因素确定的合理比例分配的计算过程及相关说明。

六、总承包企业或联合体主导方企业应按项目分别建立分割单台账，准确记录境外所得缴纳税额分配情况。

七、分包企业或联合体各方企业申报抵免时，应将《分割单（总分包方式）》或《分割单（联合体方式）》复印件提交主管税务机关备案。主管税务机关对企业有关境外所得抵免有异议的，可以向总承包企业或联合体主导方企业的主管税务机关提出书面复核建议，总承包企业或联合体主导方企业的主管税务机关在收到复核建议后30日内函复复核结果。

八、总承包企业、分包企业及联合体各方企业主管税务机关在后续管理过程中发现企业存在多抵免税款情况的，应及时将信息告知相关各方企业的主管税务机关。

九、本公告适用于2017年度及以后年度企业所得税汇算清缴。以前年度尚未进行境外税收抵免处理的，可按本公告规定执行。

特此公告。

附件：1. 境外承包工程项目完税凭证分割单（总分包方式）

2. 境外承包工程项目完税凭证分割单（联合体方式）

国家税务总局

2017年11月21日

附件 1

境外承包工程项目完税凭证分割单(总分包方式)

备案年度：________年　　　　　　　　　　　　　　税款所属年度：________年

<table>
<tr><td colspan="12">总承包企业及项目基本情况</td></tr>
<tr><td rowspan="2">总承包企业名称</td><td rowspan="2">纳税人统一社会信用代码（纳税人识别号）</td><td rowspan="2">主管税务机关</td><td rowspan="2">项目名称</td><td rowspan="2">项目编号</td><td rowspan="2">项目所在国家（地区）</td><td rowspan="2">合同金额</td><td rowspan="2">项目起止时间</td><td colspan="2">总承包企业境外所得当年度缴纳企业所得税税额(综合税额)</td><td colspan="2">总承包企业境外所得累计缴纳企业所得税税额(综合税额)</td></tr>
<tr><td>外币</td><td>折合人民币</td><td>外币</td><td>折合人民币</td></tr>
<tr><td></td><td></td><td></td><td></td><td></td><td></td><td></td><td></td><td></td><td></td><td></td><td></td></tr>
<tr><td colspan="2">完税凭证号码
□单一所得税凭证
□综合性税收凭证</td><td colspan="2">总承包企业当年度可抵免企业所得税税额（综合税额）</td><td colspan="2">总承包企业当年度分割的企业所得税税额（综合税额）</td><td colspan="2">总承包企业累计分割的企业所得税税额（综合税额）</td><td colspan="4">分配说明</td></tr>
<tr><td colspan="2"></td><td colspan="2"></td><td colspan="2"></td><td colspan="2"></td><td colspan="4"></td></tr>
<tr><td colspan="7">分包企业分配、再分配基本情况</td><td colspan="5">再分包企业分配基本情况</td></tr>
<tr><td>分包企业名称</td><td>纳税人统一社会信用代码（纳税人识别号）</td><td>主管税务机关</td><td>分配比例</td><td>分配税额</td><td>本企业抵免税额</td><td>分配给再分包企业税额</td><td>再分包企业名称</td><td>纳税人统一社会信用代码（纳税人识别号）</td><td>主管税务机关</td><td>分配比例</td><td>分配税额</td></tr>
<tr><td rowspan="4">（分包企业 1）</td><td rowspan="4"></td><td rowspan="4"></td><td rowspan="4"></td><td rowspan="4"></td><td rowspan="4"></td><td rowspan="4"></td><td>（再分包企业 1.1）</td><td></td><td></td><td></td><td></td></tr>
<tr><td>（再分包企业 1.2）</td><td></td><td></td><td></td><td></td></tr>
<tr><td>……</td><td></td><td></td><td></td><td></td></tr>
<tr><td colspan="3">小计</td><td></td><td></td></tr>
<tr><td rowspan="4">（分包企业 2）</td><td rowspan="4"></td><td rowspan="4"></td><td rowspan="4"></td><td rowspan="4"></td><td rowspan="4"></td><td rowspan="4"></td><td>（再分包企业 2.1）</td><td></td><td></td><td></td><td></td></tr>
<tr><td>（再分包企业 2.2）</td><td></td><td></td><td></td><td></td></tr>
<tr><td>……</td><td></td><td></td><td></td><td></td></tr>
<tr><td colspan="3">小计</td><td></td><td></td></tr>
</table>

（续表）

分包企业名称	纳税人统一社会信用代码（纳税人识别号）	主管税务机关	分配比例	分配税额	本企业抵免税额	分配给再分包企业税额	再分包企业名称	纳税人统一社会信用代码（纳税人识别号）	主管税务机关	分配比例	分配税额
总承包企业及项目基本情况											
……											
合计			—				—	—	—	—	

谨声明：本表是根据《中华人民共和国企业所得税法》《中华人民共和国企业所得税法实施条例》及企业所得税相关规定填报的，是真实的、准确的、完整的。 纳税人名称：（盖章） 年 月 日	主管税务机关受理专用章： 受理人： 受理日期：年 月 日

填报说明：

1. 本表由总承包企业填制并提交其主管税务机关备案。主管税务机关接收备案资料后需在本表加盖受理专用章。
2. 除特别说明外，本表相关金额应折合成人民币，单位为元，且保留至小数点后两位。
3. 本表中“总承包企业名称”“分包企业名称”“再分包企业名称”，必须填写单位名称全称，不得填写简称。
4. 本表中“项目名称”，填写总承包方与境外发包方签订的总承包合同上的项目名称。
5. “总承包企业境外所得当年度缴纳所得税税额（综合税额）”应等于“总承包企业当年度可抵免所得税税额（综合税额）”与“总承包企业当年度分割的所得税税额（综合税额）”之和；“总承包企业当年度可抵免所得税税额（综合税额）”是指总承包企业自行施工的部分来源于境外所得已由总承包企业在境外缴纳的所得税税额。
6. “分配说明”填写将分包部分来源于境外所得已由总承包企业在境外缴纳的所得税税额，按实际取得的收入、工作量等因素确定的合理比例，分配至分包企业予以抵免的情况。
7. 分包企业及再分包企业“分配比例”“分配税额”“本企业抵免税额”“分配给再分包企业税额”均填写税款所属年度数据。
8. 分包企业“分配税额”应等于“本企业抵免税额”与“分配给再分包企业税额”之和，且分包企业“分配税额”合计数应等于“总承包企业当年度分割的所得税税额（综合税额）”。
9. 同一分包企业对应的再分包企业“分配税额”之和应等于分包企业“分配给再分包企业税额”。
10. 本表一式两份。一份由税务机关留存，一份交付总承包企业作为提交备案的证明留存。同时，总承包企业应将复印件加盖本公司公章后提供给分包（再分包）企业作为境外所得完税证明或纳税凭证进行税收抵免。

附件 2

境外承包工程项目完税凭证分割单(联合体方式)

备案年度:______年　　　　　　　　　　　　　　税款所属年度:______年

主导方企业及项目基本情况

主导方企业名称	纳税人统一社会信用代码(纳税人识别号)	主管税务机关	项目名称	项目编号	项目所在国(地区)	合同金额	项目起止时间	联合体企业境外所得当年度缴纳所得税税额(综合税额)		联合体企业境外所得累计缴纳所得税税额(综合税额)	
								外币	折合人民币	外币	折合人民币

完税凭证号码 □单一所得税凭证 □综合性税收凭证	联合体企业当年度分割的所得税税额(综合税额)	联合体企业累计分割的所得税税额(综合税额)	分配说明

联合体各方企业分配基本情况

序号	联合体各方企业名称	纳税人统一社会信用代码(纳税人识别号)	主管税务机关	分配比例	分配税额
		......			
	合计			—	

谨声明:本表是根据《中华人民共和国企业所得税法》《中华人民共和国企业所得税法实施条例》及企业所得税相关规定填报的,是真实的、可靠的、完整的。

纳税人名称 :(盖章)

年　月　日

主管税务机关受理专用章:

受理人:

受理日期:年　月　日

填报说明:

1. 本表由主导方企业填制并提交其主管税务机关备案。主管税务机关接收备案资料后需在本表加盖受理专用章。
2. 除特别说明外,本表相关金额应折合成人民币,单位为元,且保留至小数点后两位。
3. 本表中“主导方企业名称”“联合体各方企业名称”必须填写单位名称全称,不得填写简称。
4. 本表中“项目名称”,填写联合体与境外发包方签订的承包合同上的项目名称。
5. “分配说明”填写将该联合体在境外缴纳的所得税税额由主导方企业按实际取得的收入、工作量等因素确定的合理比例,分配至联合体各方企业予以抵免的情况。
6. 联合体各方企业“分配比例”“分配税额”均填写税款所属年度数据。
7. 本表一式两份。一份由税务机关留存,一份交付主导方企业作为提交备案的证明留存。同时,主导方企业应将复印件加盖本公司公章后提供给各方企业作为境外所得完税证明或纳税凭证进行税收抵免。

关于《国家税务总局关于企业境外承包工程税收抵免凭证有关问题的公告》的解读

一、公告出台背景

为贯彻落实十九大会议精神，以“一带一路”建设为重点，鼓励企业“走出去”，支持企业在境外承包工程，明确对外承包工程来源于境外所得税收抵免凭证有关问题，根据《中华人民共和国企业所得税法》及其实施条例、《财政部 国家税务总局关于企业境外所得税收抵免有关问题的通知》（财税〔2009〕125 号）及《国家税务总局关于发布〈企业境外所得税收抵免操作指南〉的公告》（国家税务总局公告 2010 年第 1 号）的有关规定，制订本公告。

二、公告主要内容

（一）明确企业按规定取得的分割单（或复印件）可作为境外所得完税证明或纳税凭证

股权转让收入应何时确认

企业以总分包或联合体方式在境外实施工程项目，总承包企业和联合体是境外所得纳税人，分包企业和联合体各方企业因无法取得其作为纳税人的直接的境外所得完税证明或纳税凭证，导致其来源于境外所得已在境外缴纳的企业所得税税额无法进行抵免。为消除“走出去”企业的后顾之忧，公告按照“实质重于形式”的原则，明确其按本公告规定取得的分割单（或复印件）可作为境外所得完税证明或纳税凭证进行税收抵免。

同时，考虑到企业在境外实施工程项目种类多样，为体现税法公平性原则，公告对项目种类不作具体限定，即包括但不限于工程建设、基础设施建设等项目。

（二）明确境外所得在境外缴纳的企业所得税税额的分配方法

公告中明确了总承包企业、联合体主导方企业在分配境外缴纳的所得税税额时，可按实际取得收入、工作量等因素确定合理比例分配至分包企业、联合体各方企业予以抵免。

此外，为便于纳税人操作，公告明确了联合体主导方企业的确认原则，即可按合同收入占比孰高原则或事先约定进行确定。

（三）明确总承包企业、联合体主导方企业开具分割单时的备案要求和留存备查资料

由于总承包企业或联合体企业是境外企业所得税纳税主体，公告明确，由总承包企业、联合体主导方企业填制分割单后提交主管税务机关备案，并将公告规定的其他资料留存备查。分包企业或联合体各方企业申报抵免时，须向主管税务机关提交总承包企业或联合体主导方企业开具的分割单复印件备案。

（四）明确取得分割单的后续管理要求

公告明确了总承包企业、联合体主导方企业应按项目分别建立分割单台账。同时要求总承包企业、分包企业、联合体各方企业主管税务机关之间建立复核制度和信息交换制度，对适用本公告规定的总承包企业、分包企业、联合体各方企业加强管理。

（五）明确施行时间

公告适用于 2017 年度及以后年度企业所得税汇算清缴。以前年度尚未进行境外税收抵免处理的，可按公告规定执行。

财政部 税务总局关于完善企业境外所得税收抵免政策问题的通知

财税〔2017〕84 号

各省、自治区、直辖市、计划单列市财政厅（局）、国家税务局、地方税务局，新疆生产建设兵团财务局：

根据《中华人民共和国企业所得税法》及其实施条例和《财政部 国家税务总局关于企业境外所得税收抵免有关问题的通知》(财税〔2009〕125 号)的有关规定,现就完善我国企业境外所得税收抵免政策问题通知如下:

一、企业可以选择按国(地区)别分别计算[即"分国(地区)不分项"],或者不按国(地区)别汇总计算[即"不分国(地区)不分项"]其来源于境外的应纳税所得额,并按照财税〔2009〕125 号文件第八条规定的税率,分别计算其可抵免境外所得税税额和抵免限额。上述方式一经选择,5 年内不得改变。

企业选择采用不同于以前年度的方式(以下简称新方式)计算可抵免境外所得税税额和抵免限额时,对该企业以前年度按照财税〔2009〕125 号文件规定没有抵免完的余额,可在税法规定结转的剩余年限内,按新方式计算的抵免限额中继续结转抵免。

二、企业在境外取得的股息所得,在按规定计算该企业境外股息所得的可抵免所得税额和抵免限额时,由该企业直接或者间接持有 20%以上股份的外国企业,限于按照财税〔2009〕125 号文件第六条规定的持股方式确定的五层外国企业,即:

第一层:企业直接持有 20%以上股份的外国企业;

第二层至第五层:单一上一层外国企业直接持有 20%以上股份,且由该企业直接持有或通过一个或多个符合财税〔2009〕125 号文件第六条规定持股方式的外国企业间接持有总和达到 20%以上股份的外国企业。

三、企业境外所得税收抵免的其他事项,按照财税〔2009〕125 号文件的有关规定执行。

四、本通知自 2017 年 1 月 1 日起执行。

财政部 税务总局

2017 年 12 月 28 日

财政部税政司 税务总局所得税司负责同志就完善企业境外所得税收抵免政策答记者问

近日,财政部、税务总局联合印发《关于完善企业境外所得税收抵免政策问题的通知》(财税〔2017〕84 号,以下简称《通知》),财政部税政司、税务总局所得税司负责同志就《通知》有关问题答记者问。

1. 问:《通知》出台的背景是什么?

答:为贯彻落实党中央、国务院决策部署,按照《国务院关于促进外资增长若干措施的通知》(国发〔2017〕39 号)"对我国居民企业(包括跨国公司地区总部)分回国内符合条件的境外所得,研究出台相关税收支持政策"的要求,财政部、税务总局联合制发《通知》,明确在现行分国(地区)别不分项抵免方法(以下简称分国抵免法)的基础上,增加不分国(地区)别不分项的综合抵免方法(以下简称综合抵免法),并适当扩大抵免层级,进一步促进利用外资与对外投资相结合。

2. 问:现行境外所得税收抵免政策存在哪些问题?

答:根据 2008 年起施行的企业所得税法及其实施条例和《财政部 国家税务总局关于企业境外所得税收抵免有关问题的通知》(财税〔2009〕125 号),现行政策允许企业境外所得缴纳的所得税在一定限额内抵减其应纳税额,具体采取分国抵免法,并对我国企业在境外缴纳的所得税的抵免层级规定不能超过三层。

现行境外所得税收抵免政策对于鼓励我国企业"走出去"起到了积极作用。但随着国家"一带一路"战略的实施以及我国企业境外投资日益增加,现行分国抵免法已经难以完全适应新的发展形势需要:一是对于同时在多个国家(地区)投资的企业可能存在抵免不足问题。分国抵免法下，不同国家（地区）的抵免限额不能相互调剂使用，纳税人在低税国的抵免余额无法调剂给高税国使用，其高税国超过抵免限额的部分无法得到抵免，而来自低税国的所得还需要在中国补缴税款，因此部分企业存在抵免不够充分的问题，影响企业现金流。二是抵免层级较少，与当前“走出去”企业实际情况存在一定差距，也使得一部分税款无法抵免。我国企业在获取境外资源、市场、技术等关键要素的投资中，有时需要在境外投资架构中设立多个直接和间接控股的中间层平台公司，以实现对境外实体经营企业的控制，部分境内母公司的投资链条控制层级会超过三层，现行抵免层级不超过三层的限制，难以契合企业境外投资组织架构相对复杂的现实需求，导致一些企业的境外投资最终运营实体缴纳的所得税难以获得抵免。

3. 问：企业能否选择境外所得税收抵免方法，实行综合抵免法对降低企业税负有什么作用？

答：《通知》赋予纳税人选择权，对境外投资所得可自行选择综合抵免法或分国抵免法，但一经选择，5 年内不得改变。实行综合抵免法，对同时在多个国家投资的企业可以统一计算抵免限额，有利于平衡境外不同国家（地区）间的税负，增加企业可抵免税额，有效降低企业境外所得总体税收负担。同时，综合抵免依然遵守限额抵免原则，不会侵蚀所得税税基。2011 年，财税部门根据企业所得税法授权已发文明确对石油行业企业实行综合抵免法，在实际执行中对我国石油行业企业“走出去”起到了积极推动作用，石油行业企业的实践也为扩大综合抵免范围起到了试点和基础性作用。同时在税收征管操作方面，根据石油行业企业的实践，相对于分国抵免法而言，企业实行综合抵免法汇总计算境外所得抵免限额的复杂性和工作量大大降低，企业税法遵从度也得到提高。

此外，《通知》规定，企业选择采用不同于以前年度的抵免方法计算可抵免境外所得税税额和抵免限额时，对该企业以前年度尚未抵免完的余额，可在税法规定结转的剩余年限内，按新选择的抵免方法计算的抵免限额中继续结转抵免。即企业此前在分国抵免法下还有尚未抵免完的余额，可在税法规定 5 年结转期的剩余年限内，按照综合抵免法计算的抵免限额继续结转抵免。

4. 问：扩大境外所得税收抵免层级的考虑是什么？

答：近年来，随着我国企业越来越多地“走出去”参与国际竞争，很多企业在境外投资中需要专门架设中间层企业，现行抵免不超过三层的限制难以完全适应企业“走出去”的实际情况。为更好地鼓励中国企业“走出去”获取境外资源、市场、技术等关键要素，《通知》将抵免层级由三层扩大至五层。

一般来讲，抵免层级越多，消除重复征税就越彻底，但抵免层级增多后，纳税人计算更为复杂、税务机关也会面临较大的征管压力。现行政策规定我国境外所得抵免层级不超过三层，是适应当时纳税人遵从度和税收管理水平的。随着近年来企业核算水平的提高和税务信息化建设的推进，纳税人遵从度和税收管理水平也有一定程度提高，实施统一的五层抵免可以使抵免更加充分，在税收征管操作方面也具备相应的基础。

5. 问：《通知》自 2017 年 1 月 1 日起执行的主要考虑是什么？

答：2017 年 8 月，国务院印发《关于促进外资增长若干措施的通知》（国发〔2017〕39 号），明确提出制定三项税收支持政策的要求，此项政策是其中一项，另外两项政策，一是技术先进型服务企业所得税优惠政策推广至全国实施，财政部会同税务总局、商务部、科技部、发展改革委已于 11 月初联合印发文件，自 2017 年 1 月 1 日起执行；二是境外投资者以分配利润直接投资暂不征收预提所得税政策，财政部会同税务总局、发展改革委、商务部也已联合印发文件，执行时间是 2017 年 1 月 1 日。考虑国发〔2017〕39 号文件规定的三项税收政策执行时间的一致性，《通知》规定，此项政策也自 2017 年 1 月 1 日起执行。此外，由于企业所得税实行年度汇算清缴制度，2017 年度的企业所得税汇算清缴在 2018 年 5 月底前进行，《通知》规定自 2017 年 1 月 1 日起执行，在操作上也是可以做到的。

6. 问：在完善境外所得抵免政策的税收征管方面有哪些措施？

答：近年来，在完善境外所得抵免政策的税收征管方面，税务总局主要采取了以下措施：一是按照国务院行政审批改革的要求，印发《关于企业境外所得适用简易征收和饶让抵免的核准事项取消后有关后续管理问题的公告》（国家税务总局公告 2015 年第 70 号），将境外所得适用简易征收和饶让抵免由税务行政审批调整为事后备案管理，简政放权、放管结合，切实减轻纳税人负担，还权还责于纳税人；二是贯彻落实十九大精神，以“一带一路”建设为重点，鼓励企业“走出去”，印发《关于企业境外承包工程税收抵免凭证有关问题的公告》（国家税务总局公告 2017 年第 41 号），针对“走出去”企业在境外采取总分包或联合体形式承包工程，由于取得境外所得主体与境外纳税主体不一致而导致其在境外缴纳的企业所得税无法抵免的问题，按照“实质重于形式”的原则，明确对外承包工程来源于境外所得税收抵免凭证有关问题，妥善解决了因主体不一致所引发的无法抵免的问题，消除了“走出去”企业的后顾之忧，为“走出去”企业营造了更加良好的政策环境。

财政部 税务总局 国家发展改革委 商务部关于境外投资者以分配利润直接投资暂不征收预提所得税政策问题的通知

财税〔2017〕88 号

各省、自治区、直辖市、计划单列市财政厅（局）、国家税务局、地方税务局、发展改革委、商务主管部门，新疆生产建设兵团财务局、发展改革委、商务局：

为贯彻落实党中央、国务院决策部署，按照《国务院关于促进外资增长若干措施的通知》（国发〔2017〕39 号）有关要求，进一步积极利用外资，促进外资增长，提高外资质量，鼓励境外投资者持续扩大在华投资，现对境外投资者以分配利润直接投资暂不征收预提所得税政策有关问题通知如下：

一、对境外投资者从中国境内居民企业分配的利润，直接投资于鼓励类投资项目，凡符合规定条件的，实行递延纳税政策，暂不征收预提所得税。

二、境外投资者暂不征收预提所得税须同时满足以下条件：

（一）境外投资者以分得利润进行的直接投资，包括境外投资者以分得利润进行的增资、新建、股权收购等权益性投资行为，但不包括新增、转增、收购上市公司股份（符合条件的战略投资除外）。具体是指：

1. 新增或转增中国境内居民企业实收资本或者资本公积；

2. 在中国境内投资新建居民企业；

3. 从非关联方收购中国境内居民企业股权；

4. 财政部、税务总局规定的其他方式。

境外投资者采取上述投资行为所投资的企业统称为被投资企业。

（二）境外投资者分得的利润属于中国境内居民企业向投资者实际分配已经实现的留存收益而形成的股息、红利等权益性投资收益。

（三）境外投资者用于直接投资的利润以现金形式支付的，相关款项从利润分配企业的账户直接转入被投资企业或股权转让方账户，在直接投资前不得在境内外其他账户周转；境外投资者用于直接投资的利润以实物、有价证券等非现金形式支付的，相关资产所有权直接从利润分配企业转入被投资企业或股权转让方，在直接投资前不得由其他企业、个人代为持有或临时持有。

（四）境外投资者直接投资鼓励类投资项目，是指被投资企业在境外投资者投资期限内从事符合以下规定范围的经营活动：

1. 属于《外商投资产业指导目录》所列的鼓励外商投资产业目录；

2. 属于《中西部地区外商投资优势产业目录》。

三、境外投资者符合本通知第二条规定条件的，应按照税收管理要求进行申报并如实向利润分配企业提供其符合政策条件的资料。利润分配企业经适当审核后认为境外投资者符合本通知规定的，可暂不按照企业所得税法第三十七条规定扣缴预提所得税，并向其主管税务机关履行备案手续。

四、税务部门依法加强后续管理。境外投资者已享受本通知规定的暂不征收预提所得税政策，经税务部门后续管理核实不符合规定条件的，除属于利润分配企业责任外，视为境外投资者未按照规定申报缴纳企业所得税，依法追究延迟纳税责任，税款延迟缴纳期限自相关利润支付之日起计算。

五、境外投资者按照本通知规定可以享受暂不征收预提所得税政策但未实际享受的，可在实际缴纳相关税款之日起三年内申请追补享受该政策，退还已缴纳的税款。

六、地市（含）以上税务部门在后续管理中，对被投资企业所从事经营活动是否属于本通知第二条第（四）项规定目录范围存在疑问的，可提请同级发展改革部门、商务部门出具意见，有关部门应予积极配合。

七、境外投资者通过股权转让、回购、清算等方式实际收回享受暂不征收预提所得税政策待遇的直接投资，在实际收取相应款项后 7 日内，按规定程序向税务部门申报补缴递延的税款。

八、境外投资者享受本通知规定的暂不征收预提所得税政策待遇后，被投资企业发生重组符合特殊性重组条件，并实际按照特殊性重组进行税务处理的，可继续享受暂不征收预提所得税政策待遇，不按本通知第七条规定补缴递延的税款。

九、本通知所称"境外投资者"，是指适用《企业所得税法》第三条第三款规定的非居民企业；本通知所称"中国境内居民企业"，是指依法在中国境内成立的居民企业。

十、本通知自 2017 年 1 月 1 日起执行。境外投资者在 2017 年 1 月 1 日（含当日）以后取得的股息、红利等权益性投资收益可适用本通知，已缴税款按本通知第五条规定执行。

财政部 税务总局

国家发展改革委 商务部

2017 年 12 月 21 日

财政部税政司 税务总局国际税务司 国家发展改革委利用外资和境外投资司 商务部外国投资管理司负责同志就境外投资者以分配利润直接投资暂不征收预提所得税政策答记者问

近日，财政部、税务总局、国家发展改革委、商务部联合印发《关于境外投资者以分配利润直接投资暂不征收预提所得税政策问题的通知》（财税〔2017〕88 号，以下简称《通知》），财政部税政司、税务总局国际税务司、国家发展改革委利用外资和境外投资司、商务部外国投资管理司负责同志就该《通知》有关问题答记者问。

1. 问:《通知》出台的背景是什么?

答:现行企业所得税法对非居民企业取得来源于中国境内的股息、红利等权益性投资收益,实行源泉扣缴,减按 10%的税率或按税收协定优惠税率征收预提所得税。源泉扣缴原则符合“税收与经济活动相匹配”的基本原则,是维护国家税收利益的重要手段,也是世界上大多数国家采取的征税原则。

随着开放型经济发展,外商投资企业不断融入我国经济,在经济增长、产业升级、技术进步中发挥了越来越重要的作用,以分配利润进行的再投资活动也越来越多。与此同时,全球税收政策呈现新变化新特点,不少国家出台了鼓励投资的税收优惠政策。在此背景下,根据党中央、国务院部署,《国务院关于促进外资增长若干措施的通知》(国发〔2017〕39 号)提出,对境外投资者从中国境内居民企业分配的利润,直接投资于鼓励类投资项目,凡符合规定条件的,实行递延纳税政策,暂不征收预提所得税。从而为外商投资企业长期发展创造更好环境,鼓励境外投资者持续在华投资经营,扩大互利共赢合作。

为贯彻落实党中央、国务院决策部署,积极应对新挑战,提高存量外资的利用率,提高我国吸引外资的竞争力,进一步鼓励境外投资者持续扩大在华投资,四部门联合起草了《通知》,对境外投资者暂不征收预提所得税的条件、享受优惠的程序和责任、后续管理、部门协调机制、不再符合政策条件的税务处理、特殊事项和执行时间作了具体规定。

2. 问:境外投资者享受暂不征收预提所得税需要同时满足什么条件?

答:对境外投资者暂不征收预提所得税必须同时满足四个方面的条件:一是直接投资的形式,包括境外投资者以分得利润进行的增资、新建、股权收购等权益性投资行为。二是境外投资者分得利润的性质应为股息、红利等权益性投资收益,来源于居民企业已经实现的留存收益,包括以前年度留存尚未分配的收益。三是用于投资的资金(资产)必须直接划转到被投资企业或股权转让方账户,不得中间周转。四是鼓励类项目的范围属于《外商投资产业指导目录》中所列的鼓励外商投资产业目录,或《中西部地区外商投资优势产业目录》。

3. 问:哪些形式的直接投资行为符合暂不征收预提所得税政策规定?

答:为最大限度地发挥鼓励境外投资者扩大在华投资的作用,《通知》将大部分境外投资者在华投资的现有方式纳入暂不征税的适用范围。《通知》规定,对境外投资者以分得利润进行的直接投资,包括境外投资者以分得利润进行的增资、新建、股权收购等权益性投资行为,但不包括新增、转增、收购上市公司股份(符合条件的战略投资除外)。具体是指:一是新增或转增中国境内居民企业实收资本或者资本公积;二是在中国境内投资新建居民企业;三是从非关联方收购中国境内居民企业股权;四是财政部、税务总局规定的其他方式。

需要注意的是,考虑到可操作性和防止不当适用的需要,《通知》将两种直接投资情形排除在暂不征税政策适用范围之外:一是除符合条件的战略投资以外的新增、转增、收购上市公司股份。符合条件的战略投资是指符合《外国投资者对上市公司战略投资管理办法》(商务部 2005 年第 28 号令)规定的投资;二是从关联方收购股权。

另外,考虑对外开放的深入和扩大,外商直接投资形式会更趋多样,为扩大政策适用范围留有余地,《通知》将“财政部、税务总局规定的其他方式”作为该项政策适用范围的兜底条款,今后视政策执行情况和投资方式变化而规定。

4. 问:境外投资者直接投资的鼓励类项目包括哪些?基层税务部门与纳税人如果对被投资企业是否从事鼓励类项目发生争议,该如何处理?

答:目前,国家明确外商投资鼓励类项目的规定包括两个目录,均经过国务院批准,由国家发展改革委和商务部联合发布。一是《外商投资产业指导目录》中所列的鼓励外商投资产业目录;二是《中西部地区外商投资优势产业目录》。据此,为对境外投资者直接投资于鼓励类项目进行判定,《通知》规定:境外投资者直接投资鼓励类投资项目,是指被投资企业在投资期限内从事符合两个目录规定范围的经营活动,如生产产品或提供服务、投资建设工程或购置机器设备、以及开展研发活动等。

上述两个目录目前均为 2017 年修订版,相关部门今后如修订目录,可按新修订的目录执行。境外投资者在享受暂不征收预提所得税优惠时,被投资企业所从事的鼓励类项目是符合当时目录范围的,今后目录修订时该项鼓励类项目即使有所调整,不影响境外投资者继续享受该项优惠政策。

为做好鼓励类外商投资项目认定,《通知》中明确建立部门协调机制,即地市(含)以上税务部门在后续管理中,对被投资企业所从事经营活动是否属于两个目录规定范围存在疑问的,可提请同级发展改革部门、商务部门出具意见,有关部门应予积极配合。

5. 问:如果境外投资者所分配的利润在转给被投资企业之前在境内外的其他账户周转,能否享受暂不征收预提所得税政策?

答:为确保境外投资者所分得的利润实际用于直接投资,《通知》规定,境外投资者以分配利润进行直接投资,必须将资金(资产)直接转入被投资企业或相关股东账户,不得中间周转。如果境外投资者分得利润在转给被投资企业之前在境内外的其他账户周转,则不能享受暂不征收预提所得税政策。

6. 问:符合条件的境外投资者如何享受暂不征收预提所得税优惠?

答:按照现行税法规定,预提所得税的纳税人是境外投资者,扣缴义务人为利润分配企业。因此,境外投资者申报享受暂不征收预提所得税优惠,需要依靠扣缴义务人进行操作,即对符合条件的境外投资者不予代扣预提所得税。按照“合法”“合理”和“方便操作”的原则,《通知》第三条明确境外投资者和利润分配企业的法律责任,即享受暂不征收预提所得税政策的境外投资者负有申报责任,应向利润分配企业如实提供相关资料;要求利润分配企业适当审核境外投资者提交的资料,经适当审核符合条件的,方可暂不按照企业所得税法第三十七条规定扣缴预提所得税,并向其主管税务机关报告执行情况。据此,《通知》第四条规定:税务部门在后续管理中经核实境外投资者不符合政策规定条件的,除属于利润分配企业责任外,视为境外投资者未按照规定申报缴纳企业所得税,依法追究延迟纳税责任,税款延迟缴纳期限自相关利润支付之日起计算。

7. 问:境外投资者享受暂不征收预提所得税政策后,如果实际收回投资,暂不征收的税款如何处理?

答:符合条件的境外投资者按规定享受暂不征收预提所得税待遇,但之后如实际收回投资,则应补缴此前暂未征收的预提所得税税款。《通知》规定:境外投资者通过股权转让、回购、清算等处置方式实际收回享受暂不征收预提所得税待遇的股息、红利等权益性投资收益的,应在实际收取相应款项后 7 日内,向税务部门申报补缴税款。

对境外投资者通过内部重组方式处置股权的情形,《通知》明确,境外投资者享受暂不征收预提所得税待遇后发生的股权重组符合特殊性重组条件,并实际按照特殊性重组进行税务处理的,可继续享受暂不征税的优惠待遇。

8. 问:境外投资者在 2017 年 1 月 1 日至《通知》印发之前已做出的直接投资符合《通知》规定条件的,是否可以追补享受暂不征税政策?

答:为最大限度体现政策效果,释放吸引外资的积极信号,《通知》明确,暂不征税政策自 2017 年 1 月 1 日起执行,即境外投资者在 2017 年 1 月 1 日(含当日)以后,以分得的股息、红利等权益性投资收益直接投资可以适用《通知》规定。尽管境外投资者在 2017 年 1 月 1 日(含当日)至《通知》印发之前已做出的符合《通知》规定的直接投资,可以暂不征收预提所得税,但因预提所得税实行按次征收、代扣代缴的制度,上述符合条件的直接投资已扣缴了预提所得税。对于这部分可以享受暂不征税但未实际享受优惠待遇的境外投资者,《通知》明确,可在实际缴纳相关税款之日起三年内申请追补享受暂不征税政策,退还已缴纳的税款。该项追补享受暂不征税政策的规定也可以适用于《通知》印发之后发生的情形。

财政部关于修订印发一般企业财务报表格式的通知

财会〔2017〕30 号

国务院有关部委、有关直属机构,各省、自治区、直辖市、计划单列市财政厅(局),新疆生产建设兵团财务局,财政部驻各省、自治区、直辖市、计划单列市财政监察专员办事处,有关中央管理企业:

为解决执行企业会计准则的企业在财务报告编制中的实际问题,规范企业财务报表列报,提高会计信息质量,针对 2017 年施行的《企业会计准则第 42 号——持有待售的非流动资产、处置组和终止经营》(财会〔2017〕13 号)和《企业会计准则第 16 号——政府补助》(财会〔2017〕15 号)的相关规定,我部对一般企业财务报表格式进行了修订,现予印发。执行企业会计准则的非金融企业应当按照企业会计准则和本通知要求编制 2017 年度及以后期间的财务报表;金融企业应当根据金融企业经营活动的性质和要求,比照一般企业财务报表格式进行相应调整。执行中有何问题,请及时反馈我部。

附件:一般企业财务报表格式

财政部

2017 年 12 月 25 日

附件:一般企业财务报表格式

资产负债表

会企 01 表

编制单位: 年 月 日 单位:元

资产	期末余额	年初余额	负债和所有者权益(或股东权益)	期末余额	年初余额
流动资产:			流动负债:		
货币资金			短期借款		
以公允价值计量且其变动计入当期损益的金融资产			以公允价值计量且其变动计入当期损益的金融负债		
衍生金融资产			衍生金融负债		
应收票据			应付票据		
应收账款			应付账款		
预付款项			预收款项		
应收利息			应付职工薪酬		
应收股利			应交税费		
其他应收款			应付利息		
存货			应付股利		

（续表）

资产	期末余额	年初余额	负债和所有者权益（或股东权益）	期末余额	年初余额
持有待售资产			其他应付款		
一年内到期的非流动资产			持有待售负债		
其他流动资产			一年内到期的非流动负债		
流动资产合计			其他流动负债		
非流动资产：			流动负债合计		
可供出售金融资产			非流动负债：		
持有至到期投资			长期借款		
长期应收款			应付债券		
长期股权投资			其中：优先股		
投资性房地产			永续债		
固定资产			长期应付款		
在建工程			专项应付款		
工程物资			预计负债		
固定资产清理			递延收益		
生产性生物资产			递延所得税负债		
油气资产			其他非流动负债		
无形资产			非流动负债合计		
开发支出			负债合计		
商誉			所有者权益（或股东权益）：		
长期待摊费用			实收资本（或股本）		
递延所得税资产			其他权益工具		
其他非流动资产			其中：优先股		
非流动资产合计			永续债		
			资本公积		
			减：库存股		
			其他综合收益		
			盈余公积		
			未分配利润		
			所有者权益（或股东权益）合计		
资产总计			负债和所有者权益（或股东权益）总计		

修订新增项目说明：

1. 新增“持有待售资产”行项目，反映资产负债表日划分为持有待售类别的非流动资产及划分为持有待售类别的处置组中的流动资产和非流动资产的期末账面价值。该项目应根据在资产类科目新设置的“持有待售资产”科目的期末余额，减去“持有待售资产减值准备”科目的期末余额后的金额填列。

2. 新增“持有待售负债”行项目，反映资产负债表日处置组中与划分为持有待售类别的资产直接相关的负债的期末账面价值。该项目应根据在负债类科目新设置的“持有待售负债”科目的期末余额填列。

利 润 表

编制单位：　　　　　　　　　　　　　　　　____年____月　　　　　　　　　　　　　　　　单位:元

项　　目	本期金额	上期金额
一、营业收入		
减:营业成本		
税金及附加		
销售费用		
管理费用		
财务费用		
资产减值损失		
加:公允价值变动收益(损失以"－"号填列)		
投资收益(损失以"－"号填列)		
其中:对联营企业和合营企业的投资收益		
资产处置收益(损失以"－"号填列)		
其他收益		
二、营业利润(亏损以"－"号填列)		
加:营业外收入		
减:营业外支出		
三、利润总额(亏损总额以"－"号填列)		
减:所得税费用		
四、净利润(净亏损以"－"号填列)		
(一)持续经营净利润(净亏损以"－"号填列)		
(二)终止经营净利润(净亏损以"－"号填列)		
五、其他综合收益的税后净额		
(一)以后不能重分类进损益的其他综合收益		
1. 重新计量设定受益计划净负债或净资产的变动		
2. 权益法下在被投资单位不能重分类进损益的其他综合收益中享有的份额		
……		
(二)以后将重分类进损益的其他综合收益		
1. 权益法下在被投资单位以后将重分类进损益的其他综合收益中享有的份额		
2. 可供出售金融资产公允价值变动损益		
3. 持有至到期投资重分类为可供出售金融资产损益		
4. 现金流量套期损益的有效部分		
5. 外币财务报表折算差额		

（续表）

项　　目	本期金额	上期金额
……		
六、综合收益总额		
七、每股收益：		
（一）基本每股收益		
（二）稀释每股收益		

修订新增项目说明：

1. 新增"资产处置收益"行项目，反映企业出售划分为持有待售的非流动资产（金融工具、长期股权投资和投资性房地产除外）或处置组时确认的处置利得或损失，以及处置未划分为持有待售的固定资产、在建工程、生产性生物资产及无形资产而产生的处置利得或损失。债务重组中因处置非流动资产产生的利得或损失和非货币性资产交换产生的利得或损失也包括在本项目内。该项目应根据在损益类科目新设置的"资产处置损益"科目的发生额分析填列；如为处置损失，以"－"号填列。

2. 新增"其他收益"行项目，反映计入其他收益的政府补助等。该项目应根据在损益类科目新设置的"其他收益"科目的发生额分析填列。

3. "营业外收入"行项目，反映企业发生的营业利润以外的收益，主要包括债务重组利得、与企业日常活动无关的政府补助、盘盈利得、捐赠利得等。该项目应根据"营业外收入"科目的发生额分析填列。

4. "营业外支出"行项目，反映企业发生的营业利润以外的支出，主要包括债务重组损失、公益性捐赠支出、非常损失、盘亏损失、非流动资产毁损报废损失等。该项目应根据"营业外支出"科目的发生额分析填列。

5. 新增"（一）持续经营净利润"和"（二）终止经营净利润"行项目，分别反映净利润中与持续经营相关的净利润和与终止经营相关的净利润；如为净亏损，以"－"号填列。该两个项目应按照《企业会计准则第42号——持有待售的非流动资产、处置组和终止经营》的相关规定分别列报。

现金流量表

会企03表

编制单位：　　　　　　　　　　____年____月　　　　　　　　　　单位：元

项目	本期金额	上期金额
一、经营活动产生的现金流量：		
销售商品、提供劳务收到的现金		
收到的税费返还		
收到其他与经营活动有关的现金		
经营活动现金流入小计		
购买商品、接受劳务支付的现金		
支付给职工以及为职工支付的现金		
支付的各项税费		
支付其他与经营活动有关的现金		
经营活动现金流出小计		
经营活动产生的现金流量净额		

(续表)

项目	本期金额	上期金额
二、投资活动产生的现金流量:		
收回投资收到的现金		
取得投资收益收到的现金		
处置固定资产、无形资产和其他长期资产收回的现金净额		
处置子公司及其他营业单位收到的现金净额		
收到其他与投资活动有关的现金		
投资活动现金流入小计		
购建固定资产、无形资产和其他长期资产支付的现金		
投资支付的现金		
取得子公司及其他营业单位支付的现金净额		
支付其他与投资活动有关的现金		
投资活动现金流出小计		
投资活动产生的现金流量净额		
三、筹资活动产生的现金流量:		
吸收投资收到的现金		
取得借款收到的现金		
收到其他与筹资活动有关的现金		
筹资活动现金流入小计		
偿还债务支付的现金		
分配股利、利润或偿付利息支付的现金		
支付其他与筹资活动有关的现金		
筹资活动现金流出小计		
筹资活动产生的现金流量净额		
四、汇率变动对现金及现金等价物的影响		
五、现金及现金等价物净增加额		
加:期初现金及现金等价物余额		
六、期末现金及现金等价物余额		

所有者权益变动表

会企 04 表

编制单位：　　　　　　　　＿＿＿＿年度　　　　　　　　单位：元

项　目	本年金额										上年金额									
	实收资本（或股本）	其他权益工具			资本公积	减：库存股	其他综合收益	盈余公积	未分配利润	所有者权益合计	实收资本（或股本）	其他权益工具			资本公积	减：库存股	其他综合收益	盈余公积	未分配利润	所有者权益合计
		优先股	永续债	其他								优先股	永续债	其他						
一、上年年末余额																				
加：会计政策变更																				
前期差错更正																				
其他																				
二、本年年初余额																				
三、本年增减变动金额（减少以“－”号填列）																				
（一）综合收益总额																				
（二）所有者投入和减少资本																				
1. 所有者投入的普通股																				
2. 其他权益工具持有者投入资本																				
3. 股份支付计入所有者权益的金额																				
4. 其他																				
（三）利润分配																				
1. 提取盈余公积																				
2. 对所有者（或股东）的分配																				
3. 其他																				
（四）所有者权益内部结转																				
1. 资本公积转增资本（或股本）																				
2. 盈余公积转增资本（或股本）																				
3. 盈余公积弥补亏损																				
4. 其他																				
四、本年年末余额																				

国家税务总局关于发布《中华人民共和国企业所得税年度纳税申报表(A类,2017年版)》的公告

国家税务总局公告2017年第54号

为贯彻落实《中华人民共和国企业所得税法》及有关政策,现将《中华人民共和国企业所得税年度纳税申报表(A类,2017年版)》予以发布,适用于2017年度及以后年度企业所得税汇算清缴纳税申报。《国家税务总局关于发布〈中华人民共和国企业所得税年度纳税申报表(A类,2014年版)〉的公告》(国家税务总局公告2014年第63号)、《国家税务总局关于修改企业所得税年度纳税申报表(A类,2014年版)部分申报表的公告》(国家税务总局公告2016年第3号)同时废止。

特此公告。

国家税务总局

2017年12月29日

注:表单及填报说明请参考《企业所得税汇算清缴实务之年度纳税申报表项目解析与填报实务》(2018年版)(含表单及填报说明),由立信会计出版社出版。

关于《国家税务总局关于发布〈中华人民共和国企业所得税年度纳税申报表(A类,2017年版)〉的公告》的解读

近日,国家税务总局发布了《国家税务总局关于发布〈中华人民共和国企业所得税年度纳税申报表(A类,2017年版)〉的公告》(以下简称《公告》),对《中华人民共和国企业所得税年度纳税申报表(A类,2014年版)》(以下简称《年度纳税申报表(A类,2014年版)》)进行了修改。为便于纳税人准确把握本公告内容,现解读如下:

一、有关背景

《年度纳税申报表(A类,2014年版)》发布以来,对协助纳税人履行纳税义务,提高纳税遵从度,加强企业所得税科学化、专业化、精细化管理发挥了积极作用。但是,随着企业所得税相关政策不断完善,税务系统"放管服"改革不断深化,《年度纳税申报表(A类,2014年版)》已不能满足纳税申报需要。为全面落实企业所得税相关政策,进一步优化税收环境,减轻纳税人办税负担,税务总局在广泛征求各方意见的基础上,对企业所得税年度纳税申报表进行了优化、简化,发布《中华人民共和国企业所得税年度纳税申报表(A类,2017年版)》[以下简称《年度纳税申报表(A类,2017年版)》]。

二、修订原则

为符合纳税人填报习惯,《年度纳税申报表(A类,2017年版)》在保持《年度纳税申报表(A类,2014年版)》整体架构不变的前提下,遵循"精简表单、优化结构、方便填报"的原则,进一步优化纳税人填报体验,在填报难度上做"减法",在填报质量上做"加法",在填报服务上做"乘法"。

(一)报表结构更合理

为便利纳税人申报,缩减申报准备时间,《年度纳税申报表(A类,2017年版)》精简了表单,表单数量减少10%,进一步减轻了纳税人填报负担。

(二)落实政策更精准

2017年,党中央、国务院做出一系列重大决策部署,助力供给侧结构性改革,鼓励企业创新

发展，为了贯彻落实好相关所得税优惠政策，《年度纳税申报表（A类，2017年版）》对相应附表或表单栏次进行了优化与调整。

（三）填报过程更便捷

为使纳税人能够准确填报，《年度纳税申报表（A类，2017年版）》进一步优化了报表钩稽关系，为智能填报创造条件。例如，网上申报的纳税人，小微企业优惠金额、项目所得减免优惠金额等事项均可根据纳税人填报的基础数据自动计算、填写。

三、主要变化

《年度纳税申报表（A类，2017年版）》主要在以下几方面进行了优化。

（一）根据政策变化对部分表单和数据项进行了调整

为落实捐赠支出扣除政策、研发费用加计扣除政策、高新技术企业和软件、集成电路企业优惠政策等一系列税收政策，修订了《捐赠支出及纳税调整明细表》（A105070）、《研发费用加计扣除优惠明细表》（A107012）、《高新技术企业优惠情况及明细表》（A107041）、《软件、集成电路企业优惠情况及明细表》（A107042）等表单，调整了《期间费用明细表》（A104000）、《纳税调整项目明细表》（A105000）、《企业重组及递延纳税事项纳税调整明细表》（A105100）、《特殊行业准备金及纳税调整明细表》（A105120）、《符合条件的居民企业之间的股息、红利等权益性投资收益优惠明细表》（A107011）、《抵扣应纳税所得额明细表》（A107030）等表单的部分数据项。

（二）对部分表单进行了精简

为减轻纳税人填报负担，取消原有的《固定资产加速折旧、扣除明细表》（A105081）、《资产损失（专项申报）税前扣除及纳税调整明细表》（A105091）、《综合利用资源生产产品取得的收入优惠明细表》（A107012）和《金融、保险等机构取得的涉农利息、保费收入优惠明细表》（A107013）等4张表单。

（三）对部分表单的数据项进行了优化

为减少涉税信息重复填报，对《企业基础信息表》（A000000）、《资产折旧、摊销及纳税调整明细表》（A105080）、《资产损失税前扣除及纳税调整明细表》（A105090）、《免税、减计收入及加计扣除优惠明细表》（A107010）、《所得减免优惠明细表》（A107020）、《减免所得税优惠明细表》（A107040）、《企业所得税汇总纳税分支机构所得税分配表》（A109010）等表单的数据项进行了调整和优化。

（四）对部分表单数据项的填报口径和逻辑关系进行了优化和明确

根据企业所得税政策调整和实施情况，对《中华人民共和国企业所得税年度纳税申报表（A类）》（A100000）、《职工薪酬支出及纳税调整明细表》（A105050）、《企业所得税弥补亏损明细表》（A106000）、《境外所得税收抵免明细表》（A108000）、《境外所得纳税调整后所得明细表》（A108010）、《境外分支机构弥补亏损明细表》（A108020）、《跨年度结转抵免境外所得税明细表》（A108030）、《跨地区经营汇总纳税企业年度分摊企业所得税明细表》（A109000）部分数据项的填报口径和逻辑关系进行了优化和明确。

四、实施时间

《公告》适用于纳税人2017年度及以后年度汇算清缴。以前年度企业所得税年度纳税申报表相关规则与本《公告》不一致的，不追溯调整。纳税人调整以前年度涉税事项的，应按相应年度的企业所得税年度纳税申报表相关规则调整。

国家税务总局关于公布失效废止的税务部门规章和税收规范性文件目录的决定(节选)

国家税务总局令第42号

根据国务院办公厅关于做好“放管服”改革涉及的部门规章、规范性文件清理工作的有关要求，国家税务总局对现行有效的税务部门规章和税收规范性文件进行了清理。清理结果已经2017年11月30日国家税务总局2017年度第2次局务会议审议通过。现将《全文废止的税务部门规章目录》《全文失效废止的税收规范性文件目录》《部分条款废止的税收规范性文件目录》予以公布。

国家税务总局局长

王　军

二、全文失效废止的税收规范性文件目录

序号	制定机关	标题	发文日期	文号
20	国家税务总局	国家税务总局关于建筑企业所得税征管有关问题的通知	2010年1月26日	国税函〔2010〕39号
21	国家税务总局	国家税务总局关于新办文化企业企业所得税有关政策问题的通知	2010年3月2日	国税函〔2010〕86号
23	国家税务总局	国家税务总局关于发布《税收减免管理办法》的公告	2015年6月8日	国家税务总局公告2015年第43号

三、部分条款废止的税收规范性文件目录

序号	制定机关	标题	发文日期	文号	废止条款
6	国家税务总局	国家税务总局关于实施国家重点扶持的公共基础设施项目企业所得税优惠问题的通知	2009年4月16日	国税发〔2009〕80号	废止第七条
7	国家税务总局	国家税务总局关于境外注册中资控股企业依据实际管理机构标准认定为居民企业有关问题的通知	2009年4月22日	国税发〔2009〕82号	废止第七条第一款“境外中资企业可向其实际管理机构所在地或中国主要投资者所在地主管税务机关提出居民企业申请，主管税务机关对其居民企业身份进行初步审核后，层报国家税务总局确认。”的内容
8	国家税务总局	国家税务总局关于技术转让所得减免企业所得税有关问题的通知	2009年4月24日	国税函〔2009〕212号	废止第四条
9	国家税务总局	国家税务总局关于实施创业投资企业所得税优惠问题的通知	2009年4月30日	国税发〔2009〕87号	废止第四条

（续表）

序号	制定机关	标题	发文日期	文号	废止条款
10	国家税务总局	国家税务总局关于发布《企业境外所得税收抵免操作指南》的公告	2010年7月2日	国家税务总局公告 2010 年第1号	废止“22.我国企业所得税法目前尚未单方面规定税收饶让抵免，……，经企业主管税务机关确认，可在其申报境外所得税额时视为已缴税额（参见示例六）。”中“经企业主管税务机关确认”的内容
13	国家税务总局	国家税务总局关于电网企业电网新建项目享受所得税优惠政策问题的公告	2013年5月24日	国家税务总局公告 2013 年第26号	废止第二条
14	国家税务总局	国家税务总局关于执行软件企业所得税优惠政策有关问题的公告	2013年7月25日	国家税务总局公告 2013 年第43号	废止第一条“经认定并”及“所称经认定，是指经国家规定的软件企业认定机构按照软件企业认定管理的有关规定进行认定并取得软件企业认定证书”的内容，废止第四条、第五条
15	国家税务总局 国家发展改革委	国家税务总局国家发展改革委关于落实节能服务企业合同能源管理项目企业所得税优惠政策有关征收管理问题的公告	2013年12月17日	国家税务总局国家发展改革委公告 2013 年第77号	废止第六条
16	国家税务总局	国家税务总局关于非居民企业间接转让财产企业所得税若干问题的公告	2015年2月3日	国家税务总局公告 2015 年第7号	废止第十三条

关于《国家税务总局关于公布失效废止的税务部门规章和税收规范性文件目录的决定》的解读

根据国务院办公厅关于做好“放管服”改革涉及的部门规章、规范性文件清理工作的有关要求，国家税务总局对现行有效的税务部门规章和税收规范性文件中不利于“放管服”改革要求的规定进行了全面清理。清理结果已经国家税务总局局务会议审议通过，为便于纳税人及时了解掌握税收政策变化情况，按照有关规定，制发《国家税务总局关于公布失效废止的税务部门规章和税收规范性文件目录的决定》（以下简称《决定》）。

现就《决定》的有关内容解读如下：

一、制发《决定》的必要性

税务部门规章、税收规范性文件是税收制度体系的重要组成部分，对保障税制改革、规范执法、保护相对人权益具有重要意义。为保证税收法律制度的规范、统一，更好地适应经济社会发展进步的需要，按照《法治政府建设实施纲要（2015—2020年）》的要求，税务总局建立了日常清理和集中清理相结合的文件清理长效机制。此次文件集中清理工作是贯彻落实国务院关于简政放权、放管结合、优化服务要求,确保各项改革措施取得实效的重要举措,是进一步深化税务系统“放管服”改革的重要工作。文件清理结束后,统一公布失效废止的文件目录及条款,有利于公众及时了解掌握税收政策和征管制度的变化情况,规范税务机关执法行为,促进依法行政。

二、《决定》的主要内容

《决定》公布全文废止税务部门规章 1 件:《注册税务师管理暂行办法》(国家税务总局令第 14 号公布);全文失效废止税收规范性文件 23 件,部分条款废止的税收规范性文件 16 件。

失效废止的原因主要有以下几种:

一是根据国务院关于取消非行政许可审批事项的有关决定进行清理,例如注册税务师执业核准取消,税务师事务所设立审批改为具有行政登记性质的事项,因此废止《注册税务师管理暂行办法》(国家税务总局令第 14 号公布);

二是已过执行时间,不需要继续执行的文件,例如《国家税务总局关于新办文化企业企业所得税有关政策问题的通知》(国税函〔2010〕86 号)中规定的“享受优惠的期限截止至 2010 年 12 月 31 日”,目前已过优惠期限,因此该文件失效;

三是调整对象已经灭失的文件,例如《国家税务总局关于地质矿产部所属地勘单位征税问题的通知》(国税函发〔1995〕453 号)和《国家税务总局关于地质矿产部所属地勘单位征税问题的补充通知》(国税函〔1996〕656 号),因调整对象“地质矿产部所属地勘单位”已经不存在,上述文件失效;

四是与已有的规定重复,例如废止《国家税务总局关于建筑企业所得税征管有关问题的通知》(国税函〔2010〕39 号),该文件目前有效的内容与《国家税务总局关于跨地区经营建筑企业所得税征收管理问题的通知》(国税函〔2010〕156 号)第一条内容重复,例如废止《关于检发〈关于土地使用税若干具体问题的解释和暂行规定〉的通知》〔(88)国税地字第 015 号〕第十七条,该条款规定的企业办的学校、托儿所、幼儿园的税收政策与《财政部 国家税务总局关于教育税收政策的通知》(财税〔2004〕39 号)规定重复;

五是已有新的规定替代,例如废止《国家税务总局关于实施国家重点扶持的公共基础设施项目企业所得税优惠问题的通知》(国税发〔2009〕80 号)第七条、废止《国家税务总局关于技术转让所得减免企业所得税有关问题的通知》(国税函〔2009〕212 号)第四条、废止《国家税务总局关于实施创业投资企业所得税优惠问题的通知》(国税发〔2009〕87 号)第四条,因上述规定与《国家税务总局关于发布〈企业所得税优惠政策事项办理办法〉的公告》(国家税务总局公告 2015 年第 76 号)中有关备案要求的规定不一致。

国家税务总局关于境外投资者以分配利润直接投资暂不征收预提所得税政策有关执行问题的公告

国家税务总局公告 2018 年第 3 号

根据《国务院关于促进外资增长若干措施的通知》(国发〔2017〕39 号)、财政部等 4 部委《关于境外投资者以分配利润直接投资暂不征收预提所得税政策问题的通知》(财税〔2017〕88 号,以下称《通知》)等有关规定,现对境外投资者以分配利润直接投资暂不征收预提所得税(以下称“暂不征税”)政策有关执行问题公告如下:

一、《通知》第二条第(四)项规定的经营活动具体包括下列与鼓励类投资项目相关的一项或多项经济活动:

(一) 生产产品或提供服务;

（二）研发活动；

（三）投资建设工程或购置机器设备；

（四）其他经营活动。

境外投资者应在收回享受暂不征税政策的投资前或者按照《通知》第七条规定申报补缴税款时，向利润分配企业主管税务机关提供符合《通知》第二条第（四）项规定的交易证据、财务会计核算数据等资料。主管税务机关对相关资料有疑问的，提请地（市）税务机关按照《通知》第六条规定处理。

二、按照《通知》第四条或者第七条规定补缴税款的，境外投资者可按照有关规定享受税收协定待遇，但是仅可适用相关利润支付时有效的税收协定。后续税收协定另有规定的，按后续税收协定执行。

三、境外投资者按照《通知》第三条规定享受暂不征税政策时，应当填写《非居民企业递延缴纳预提所得税信息报告表》，并提交给利润分配企业。

境外投资者按照《通知》第五条规定追补享受暂不征税政策时，应向利润分配企业主管税务机关提交《非居民企业递延缴纳预提所得税信息报告表》以及相关合同、支付凭证、与鼓励类投资项目活动相关的资料以及省税务机关规定要求报送的其他资料。

境外投资者按照《通知》第四条或者第七条规定补缴税款时，应当填写《中华人民共和国扣缴企业所得税报告表》，并提交给利润分配企业主管税务机关。

四、利润分配企业应当按照《通知》第三条规定审核境外投资者提交的资料信息，并确认以下结果后，执行暂不征税政策：

（一）境外投资者填报的信息完整，没有缺项；

（二）利润实际支付过程与境外投资者填报信息吻合；

（三）境外投资者填报信息涉及利润分配企业的内容真实、准确。

五、利润分配企业已按照《通知》第三条规定执行暂不征税政策的，应在实际支付利润之日起 7 日内，向主管税务机关提交以下资料：

（一）由利润分配企业填写的《中华人民共和国扣缴企业所得税报告表》；

（二）由境外投资者提交并经利润分配企业补填信息后的《非居民企业递延缴纳预提所得税信息报告表》。

利润分配企业主管税务机关应在收到《非居民企业递延缴纳预提所得税信息报告表》后 10 个工作日内，向《通知》第二条第（一）项规定的被投资企业（以下称“被投资企业”）主管税务机关或其他相关税务机关发送《非居民企业税务事项联络函》，转发相关信息。

六、被投资企业主管税务机关或者其他税务机关发现以下情况的，应在 5 个工作日内以《非居民企业税务事项联络函》反馈给利润分配企业主管税务机关：

（一）被投资企业不符合享受暂不征税政策条件的相关事实或信息；

（二）境外投资者处置已享受暂不征税政策的投资的相关事实或信息。

七、在税务管理中，主管税务机关可以依法要求境外投资者、利润分配企业、被投资企业、股权转让方等相关单位或个人限期提供与境外投资者享受暂不征税政策相关的资料和信息。

八、利润分配企业未按照本公告第四条审核确认境外投资者提交的资料信息，致使不应享受暂不征税政策的境外投资者实际享受了暂不征税政策的，利润分配企业主管税务机关依照有关规定追究利润分配企业应扣未扣税款的责任，并依法向境外投资者追缴应该缴纳的税款。

九、境外投资者填报信息有误，致使其本不应享受暂不征税政策，但实际享受暂不征税政策的，利润分配企业主管税务机关依照《通知》第四条规定处理。

十、境外投资者持有的同一项中国境内居民企业投资包含已享受暂不征税政策和未享受暂不征税政策的投资,境外投资者部分处置该项投资的,视为先行处置已享受暂不征税政策的投资。

境外投资者未按照《通知》第七条规定补缴递延税款的,利润分配企业主管税务机关追究境外投资者延迟缴纳税款责任,税款延迟缴纳期限自实际收取相关款项后第8日(含当日)起计算。

十一、境外投资者、利润分配企业可以委托代理人办理本公告规定的相关事项,但应当向税务机关提供书面委托证明。

十二、本公告自2017年1月1日起执行。

附件:非居民企业递延缴纳预提所得税信息报告表(略)

国家税务总局

2018年1月2日

关于《国家税务总局关于境外投资者以分配利润直接投资暂不征收预提所得税政策有关执行问题的公告》的解读

为落实国务院决定,财政部、国家税务总局、国家发展和改革委员会、商务部联合发布了《关于境外投资者以分配利润直接投资暂不征收预提所得税政策问题的通知》(财税〔2017〕88号,以下称《通知》)。为配合《通知》执行,国家税务总局发布《国家税务总局关于境外投资者以分配利润直接投资暂不征收预提所得税政策有关执行问题的公告》(国家税务总局公告2017年第3号,以下称《公告》)。现就执行境外投资者以分配利润直接投资暂不征收预提所得税(以下称"暂不征税")政策有关问题解读如下:

一、如何认定被投资企业是否从事与鼓励类项目相关的经营活动?

按照《通知》第二条第(四)项规定,作为境外投资者享受暂不征税政策的条件之一,被投资企业要在境外投资者投资期限内从事符合鼓励类项目范围的经营活动,鼓励类项目范围包括《外商投资产业指导目录(2017年修订)》(中华人民共和国国家发展和改革委员会中华人民共和国商务部令第4号)所列的鼓励外商投资产业目录和《中西部地区外商投资优势产业目录(2017年修订)》(中华人民共和国国家发展和改革委员会中华人民共和国商务部令第46号)所列的目录。按照《公告》第一条第一款规定,符合鼓励类项目范围的经营活动包括与鼓励类项目相关的一项或多项经济活动,相关经济活动包括生产产品或提供服务、研发活动、投资建设工程或购置机器设备和其他经营活动。凡被投资企业在境外投资者投资期限内至少开展了一项《公告》第一条第一款规定所列举经营活动的,即可以被认为符合《通知》第二条第(四)项规定的条件。

按照《公告》第一条第二款规定,享受暂不征税待遇的境外投资者应向利润分配企业主管税务机关提供符合《通知》第二条第(四)项规定的证明资料,提交资料时间可以选择在收回享受暂不征税待遇的投资前或者按照《通知》第七条规定申报补缴递延税款时。主管税务机关对相关证明材料有疑问的,可提请地(市)税务机关转同级发展改革部门或商务部门出具意见。

二、境外投资者在享受暂不征税待遇过程中需要提交哪些资料?

境外投资者享受暂不征税待遇的过程包括向利润分配企业提出享受暂不征税待遇的要求,以分得利润直接投资,向利润分配企业主管税务机关提出追补享受暂不征税申请,通过处置投资资产收回直接投资等环节。在这些环节中,境外投资者应提供以下资料:

(一)境外投资者在向利润分配企业提出享受暂不征税待遇要求时,应按照《公告》第三条第一款规定填报并提交《非居民企业递延缴纳预提所得税信息报告表》。

(二)境外投资者在收回享受暂不征税待遇的投资前或者按照《通知》第七条规定申报补缴递延税款时,应按照《公告》第一条第二款规定向利润分配企业主管税务机关提供符合《通知》第二条第（四）项规定的证明资料。

（三）境外投资者在向利润分配企业主管税务机关提出追补享受暂不征税待遇申请时，应按照《公告》第三条第二款规定填报并提交《非居民企业递延缴纳预提所得税信息报告表》以及相关合同、支付凭证、与鼓励类投资项目活动相关的资料，以及省税务机关规定要求报送的其他资料。

（四）境外投资者在通过处置投资资产收回直接投资时，应按照《公告》第三条第三款规定填报《中华人民共和国扣缴企业所得税报告表》。

（五）按照主管税务机关根据《公告》第七条规定提出的要求，提供与享受暂不征税待遇相关的其他资料。

三、利润分配企业在执行暂不征税政策过程中需要办理哪些税务事项？

按照《通知》第三条规定，利润分配企业在执行暂不征税政策过程中需要办理的税务事项包括：

（一）接受境外投资者填报的《非居民企业递延缴纳预提所得税信息报告表》

（二）按照《公告》第四条规定审核境外投资者提供的信息资料。审核内容有三项，一是境外投资者填报的信息在形式上是否完整，有无缺项；二是利润实际支付过程与境外投资者填报信息是否吻合；三是境外投资者填报信息涉及利润分配企业的内容是否真实、准确。

（三）经过上述审核后，三项内容均无误的，利润分配企业可以在支付利润时暂不按照企业所得税法第三十七条规定扣缴企业所得税。

（四）利润分配企业在执行暂不征税政策后，应自实际支付利润之日起 7 日内向利润分配企业主管税务机关报送《中华人民共和国扣缴企业所得税报告表》，同时附报由境外投资者提交并经利润分配企业补填相关信息后的《非居民企业递延缴纳预提所得税信息报告表》。

（五）按照主管税务机关根据《公告》第七条规定提出的要求，提供与享受暂不征税待遇相关的其他资料。

四、境外投资者不当享受暂不征税政策的，利润分配企业和境外投资者分别承担什么责任？

按照《通知》第三条和《公告》第八条规定，利润分配企业承担错误执行暂不征税政策的责任，但限于未按照《公告》第八条规定进行审核的情形。在利润分配企业应承担责任的情形之外，因境外投资者提供信息有误，致使利润分配企业错误执行暂不征税政策的，按照《通知》第三条和《公告》第九条规定，由境外投资者承担未按期申报缴纳税款责任。

五、境外投资者在享受暂不征税待遇后补缴递延税款时，如何享受税收协定待遇？

按照《公告》第二条规定，境外投资者在享受暂不征税待遇后补缴递延税款时，仍可以按照有关规定享受税收协定待遇，但通常只能适用相关利润支付时有效的税收协定规定，即除税收协定另有规定外，境外投资者不得享受补缴递延税款时的税收协定待遇。补缴递延税款情形包括按照《通知》第四条规定纠正不当享受暂不征税待遇和按照《通知》第七条规定停止享受暂不征税待遇。按照《公告》第二条规定享受协定待遇的境外投资者应在办理纳税申报时，自行报送《非居民纳税人享受税收协定待遇管理办法》（国家税务总局公告 2015 年第 60 号）规定的报告表和资料。

中共中央组织部 财政部 国务院国资委党委 国家税务总局
关于国有企业党组织工作经费问题的通知

组通字〔2017〕38 号

全国国有企业党的建设工作会议明确指出，落实国有企业党建工作经费，按照上年度职工工资总额的一定比例安排，纳入企业管理费用税前列支。为落实好这一要求，根据党章及党内有关规定和国家有关法律法规，现将国有企业党组织工作经费问题通知如下。

一、国有企业(包括国有独资、全资和国有资本绝对控股、相对控股企业)党组织工作经费主要通过纳入管理费用、党费留存等渠道予以解决。纳入管理费用的部分，一般按照企业上年度职工工资总额 1%的比例安排，每年年初由企业党组织本着节约的原则编制经费使用计划，由企业纳入年度预算。

二、纳入管理费用的党组织工作经费，实际支出不超过职工年度工资薪金总额 1%的部分，可以据实在企业所得税前扣除。年末如有结余，结转下一年度使用。累计结转超过上一年度职工工资总额 2%的，当年不再从管理费用中安排。

三、纳入管理费用的党组织工作经费必须用于企业党的建设，使用范围主要包括：

(1) 开展党内学习教育，召开党内会议，开展“两学一做”学习教育、“三会一课”、主题党日，培训党员、入党积极分子和党务工作者，订阅或购买用于开展党员教育的报刊、资料、音像制品和设备，进行党内宣传，摄制党员电教片；

(2) 组织开展创先争优和党员先锋岗、党员责任区、党员突击队、党员志愿服务等主题实践活动；

(3) 表彰奖励先进基层党组织、优秀共产党员和优秀党务工作者；

(4) 党组织换届、流动党员管理、组织关系接转、党旗党徽配备、党建工作调查研究；

(5) 走访、慰问、补助生活困难党员和老党员；

(6) 租赁和修缮、维护党组织活动场所，新建、购买活动设施，研发和维护党建工作信息化平台；

(7) 其他与党的建设直接相关的工作。凡属党费使用范围的，先从留存党费中开支，不足部分从纳入管理费用列支的党组织工作经费中支出。

四、党组织工作经费要向企业生产经营一线倾斜，重视关心关爱基层，定期下拨基层党支部工作经费，保证党支部活动需要，以利于党支部在教育管理监督党员、组织宣传服务职工群众、促进生产经营中充分发挥战斗堡垒作用。

五、严格党组织工作经费的管理和监督，确保节约使用、用得其所、用出实效。党费的收缴、使用和管理，要严格按党内有关规定执行。纳入管理费用的部分，要严格执行财务制度，接受企业纪检监察、财务审计部门的监督。企业党组织要定期向党员大会或党员代表大会报告党组织工作经费收支情况，并在一定范围内进行公示。上级企业党组织要加强对党组织工作经费使用情况的日常监督，并定期进行检查。各级组织、财政、税务部门和国资监管机构要加强对经费使用情况的检查和监督，发现问题及时纠正，涉嫌违纪的移交纪检检查机关处理。

六、集体所有制企业参照上述规定执行。

各地区各有关部门和国有企业可根据实际需要制定具体实施办法。

2017 年 9 月 15 日

研发费用加计扣除政策执行指引(1.0 版)

一、研发费用加计扣除政策概述

(一) 政策沿革

1. 研发费用加计扣除政策最初仅限于国有、集体工业企业(1996 年—2002 年)

我国实施企业研发费用加计扣除政策起始于 1996 年。当年，财政部、国家税务总局为了贯彻落实《中共中央 国务院关于加速科学技术进步的决定》，积极推进经济增长方式的转变，提高企业经济效益，联合下发了《财政部 国家税务总局关于促进企业技术进步有关财务税收问题的通知》(财工字〔1996〕41 号)，首次就研发费用税前加计扣除问题进行了明确：国有、集体工业企业研究开发新产品、新技术、新工艺所发生的各项费用，增长幅度在10%以上的，经主管税务机关审核批准，可再按实际发生额的50%抵扣应税所得额。随后，《国家税务总局关于促进企业技术进步有关税收问题的补充通知》（国税发〔1996〕152号）对相关政策执行口径进行了细化。

2. 研发费用加计扣除政策享受主体逐步扩大（2003年—2007年）

2003年，为进一步促进社会主义市场经济的健康发展，鼓励各类企业增加科技投入，提高经济效益，促进企业公平竞争，财政部、国家税务总局联合印发了《关于扩大企业技术开发费加计扣除政策适用范围的通知》（财税〔2003〕244号），将享受研发费用加计扣除的主体从"国有、集体工业企业"扩大到"所有财务核算制度健全，实行查账征收企业所得税的各种所有制的工业企业"。2006年，《财政部 国家税务总局关于企业技术创新有关企业所得税优惠政策的通知》（财税〔2006〕88号）进一步对享受研发费用加计扣除主体进行扩围，在工业企业基础上，扩大到"财务核算制度健全、实行查账征税的内外资企业、科研机构、大专院校等"。

随着《中华人民共和国行政许可法》的颁布，以及为贯彻落实国务院关于行政审批制度改革工作的各项要求，主管税务机关审核批准制度被取消。2004年，国家税务总局印发了《关于做好已取消和下放管理的企业所得税审批项目后续管理工作的通知》（国税发〔2004〕82号），明确研发费用加计扣除政策，改由纳税人自主申报扣除。

3. 研发费用加计扣除政策逐步系统化和体系化（2008年—2012年）

2008年《中华人民共和国企业所得税法》及其实施条例的实施，将研发费用加计扣除优惠政策以法律形式予以确认。为便于纳税人享受政策，国家税务总局同年发布《企业研究开发费用税前扣除管理办法（试行）》（国税发〔2008〕116号），对研发费用加计扣除政策做出了系统而详细的规定。《国家税务总局关于企业所得税若干税务事项衔接问题的通知》（国税函〔2009〕98号），明确新旧税法衔接问题："企业技术开发费加计扣除部分已形成企业年度亏损，可以用以后年度所得弥补，但结转年限最长不得超过5年"。

4. 研发费用加计扣除范围渐次扩大且核算申报不断简化（2013年至今）

2013年初，国家决定在中关村、东湖、张江三个国家自主创新示范区和合芜蚌自主创新综合试验区开展扩大研究开发费用加计扣除范围政策试点。当年9月，在总结中关村国家自主创新示范区试点经验基础上，财政部、国家税务总局发布《关于研究开发费用税前加计扣除有关政策问题的通知》（财税〔2013〕70号），将试点政策推广到全国。

为进一步鼓励企业加大研发投入，有效促进企业研发创新活动，2015年11月，经国务院批准，财政部、国家税务总局和科技部联合下发《关于完善研究开发费用税前加计扣除政策的通知》（财税〔2015〕119号），放宽了享受优惠的企业研发活动及研发费用的范围，大幅减少了研发费用加计扣除口径与高新技术企业认定研发费用归集口径的差异，并首次明确了负面清单制度。《国家税务总局关于企业研究开发费用税前加计扣除政策有关问题的公告》（国家税务总局2015年第97号，以下简称"97号公告"），简化了研发费用在税务处理中的归集、核算及备案管理，进一步降低了企业享受优惠的门槛。

2017年5月，为进一步鼓励科技型中小企业加大研发费用投入，根据国务院常务会议决定，财政部、国家税务总局、科技部联合印发了《关于提高科技型中小企业研究开发费用税前加计扣除比例的通知》（财税〔2017〕34号），将科技型中小企业享受研发费用加计扣除比例由50%提高到75%。国家税务总局同时下发了《关于提高科技型中小企业研究开发费用税前加计扣除比例有关问题的公告》（国家税务总局公告2017年第18号），进一步明确政策执行口径，保证优惠政策的贯彻实施。三部门还印发了《科技型中小企业评价办法》，明确了科技型中小企业评价标准和程序。

2017年11月,为进一步做好研发费用加计扣除优惠政策的贯彻落实工作,切实解决政策落实过程中存在的问题,国家税务总局下发了《国家税务总局关于研发费用税前加计扣除归集范围有关问题的公告》(国家税务总局公告2017年第40号,以下简称"40号公告"),聚焦研发费用归集范围,完善和明确了部分研发费用掌握口径。

(二)政策调整

与以往政策相比,财税〔2015〕119号文件对研发费用加计扣除政策在以下方面进行了调整完善。

1. 放宽研发活动适用范围。原来的研发费用加计扣除政策,要求享受优惠的研发活动必须符合《国家重点支持的高新技术领域》和《当期优先发展的高技术产业化重点领域指南》两个目录范围,现改为参照国际通行做法,除规定不适用加计扣除的行业外,其余企业发生的研发活动均可以作为加计扣除的研发活动纳入到优惠范围里来。换言之,从操作上以及政策的清晰度方面,由原来的正列举变成了反列举,只要不在排除范围之列,都可以实行加计扣除。

2. 进一步扩大研发费用加计扣除范围。除原有允许加计扣除的费用外,将外聘研发人员劳务费、试制产品检验费、专家咨询费、高新科技研发保险费以及与研发直接相关的差旅费、会议费等纳入研发费用加计扣除范围,同时放宽原有政策中要求仪器、设备、无形资产等专门用于研发活动的限制。

3. 将创意设计活动纳入加计扣除范围。为落实《国务院关于推进文化创意和设计服务与相关产业融合发展的若干意见》(国发〔2014〕10号)的规定精神,明确企业为获得创新性、创意性、突破性的产品进行创意设计活动而发生的相关费用可以加计扣除。同时明确了创意设计活动的具体范围。

4. 简化对研发费用的归集和核算管理。原来企业享受加计扣除优惠政策必须单独设置研发费用专账,但实际上很多企业可能没有单独设立专账核算,申报时往往不符合条件。此次政策调整,只是要求企业在现有会计科目基础上,按照研发支出科目设置辅助账。辅助账比专账更为简化,企业的核算管理更为简便。

5. 减少审核程序。原来企业享受加计扣除优惠,必须在年度申报时向税务机关提供全部有效证明,税务机关对企业申报的研发项目有异议时,由企业提供科技部门的鉴定意见,增加了企业的工作量,享受优惠的门槛较高。调整后的程序将企业享受加计扣除优惠政策简化为事后备案管理,申报即可享受,有关资料由企业留存备查即可。另外,在争议解决机制上也进行了调整,如果税务机关对研发项目有异议,不再由企业找科技部门进行鉴定,而是由税务机关转请科技部门提供鉴定意见,从而使企业享受优惠政策的通道更加便捷高效。

(三)研发活动的概念

厘清研发活动的概念,有助于正确理解和把握研发费用加计扣除政策。

1. 科技方面对研发活动的界定

企业研发活动是指具有明确创新目标、系统组织形式和较强创造性的企业活动(见表1)。

表1 研发活动要素及内涵

研发活动要素	内涵
1. 有明确创新目标	企业研发活动的目标包括知识创新、技术改进、产品开发和服务改进等,即通过研发活动形成前所未有且具有价值的客体。
2. 有系统组织形式	企业研发活动以项目、课题等方式组织进行,活动围绕着具体的目标,有一定的期限,有较为确定的人、财、物等支持,因此是有边界的和可度量的。
3. 有较强创造性	研发活动的结果是不能完全事先预期的,具有较大的不确定性,有一定的风险并存在失败的可能。

经济合作组织(OECD)《研究与开发调查手册》《弗拉斯卡蒂手册》①从研发性质维度，将研发活动分为三类(见表2)[备注:《弗拉斯卡蒂手册》是对科技活动进行测度的基础，研究与发展(R&D)活动是科技活动最基本的和核心的内容。经济合作与发展组织(OECD)成员国从60年代开始，按照这一手册系统地开展了有关R&D活动的统计调查。]:

表2 三类研发活动及具体形式

类型	研发活动		非研发活动
	主要目的	具体形式	
应用性研究	主要是为解决实际应用中的问题，或寻找已有知识的实际应用途径，而开展的理论研究和实验探索。其目的是获取新知识，包括改良材料、产品、装置、工艺过程或服务。	包括辨别基础性研究成果的可应用性，或者研究出一套使企业能够完成预先设定的发展目标的新方案等。	纯粹以获取更多知识为目的，无明确应用目标的基础性、探索性研究和预研等。
试验性开发	主要针对某一特定的实际应用目的，通常是为了生产新材料、新产品、新设备、开发新程序、新系统和新服务，而进行的试制、小试、中试等试验性探索。	原型样机设计、制造、测试，设计新工艺所需要的专用设备和架构，对新产品和新工艺的构思、开发和制造等。	常规测试、为生产工艺而进行的设计、试生产等。
实质性改进	利用从研究或实际经验中获得的知识，对已产生或建立的新产品、新设备、新程序和新系统进行进一步研发、设计和工程化等改良活动，使其质量、水平或效率获得显著提升而进行的系统性的研发工作。	生产机械和工具的改良、生产工艺和质量控制工艺的改变、新方法和标准的开发、新产品或新工艺转到生产部门后，仍存在需要解决的技术问题，其中有一些可能需要进行进一步的研发工作等。	产品化后的相关技术支撑环节。

2. 会计方面对研发活动的界定

《企业会计准则第6号——无形资产》及其应用指南(2006年版)规定:企业内部研究开发项目的支出，应当区分研究阶段支出与开发阶段支出，并应当于发生时计入当期损益。企业应当根据研究与开发的实际情况加以判断，将研究开发项目区分为研究阶段与开发阶段(见表3)。

表3 研发活动分阶段定义及特征

研发阶段	定义	特征	相关活动例举
研究阶段	为获取新的科学或技术知识并理解它们而进行的独创性的有计划调查。	研究阶段是探索性的，为进一步开发活动进行资料及相关方面的准备，已进行的研究活动将来是否会转入开发、开发后是否会形成无形资产等均具有较大的不确定性。	意在获取知识而进行的活动，研究成果或其他知识的应用研究、评价和最终选择，材料、设备、产品、工序系统或服务替代品的研究，新的或经改进的材料、设备、产品、工序系统或服务的可能替代品的配置、设计、评价和最终选择等。

① 《弗拉斯卡蒂手册》是对科技活动进行测度的基础，研究与发展(R&D)活动是科技活动最基本的和核心的内容。经济合作与发展组织(OECD)成员国从60年代开始，按照这一手册系统地开展了有关R&D活动的统计调查。

(续表)

研发阶段	定义	特征	相关活动例举
开发阶段	在进行商业性生产或使用前,将研究成果或其他知识应用于某项计划或设计,以生产出新的或具有实质性改进的材料、装置、产品等。	已完成研究阶段的工作,在很大程度上具备了形成一项新产品或新技术的基本条件。	生产前或使用前的原型和模型的设计、建造和测试,不具有商业性生产经济规模的试生产设施的设计、建造和运营等。

《小企业会计准则》未对研发活动进行专门定义。按照《小企业会计准则》第三条第一款:“执行《小企业会计准则》的小企业,发生的交易或者事项本准则未作规范的,可以参照《企业会计准则》中的相关规定进行处理”,故可参照《企业会计准则》的定义执行。

《企业会计制度》规定,研究与开发活动是指企业开发新产品、新技术所进行的活动。研究和开发活动的目的是为了实质性改进技术、产品和服务,将科研成果转化为质量可靠、成本可行、具有创新性的产品、材料、装置、工艺和服务。

3. 税收方面对研发活动的界定

财税〔2015〕119号文件对企业研发活动进行了界定。研发活动是指企业为获得科学与技术新知识,创造性运用科学技术新知识,或实质性改进技术、产品(服务)、工艺而持续进行的具有明确目标的系统性活动。

(四) 研发费用加计扣除的概念

1. 加计扣除是企业所得税的一种税基式优惠方式,一般是指按照税法规定在实际发生支出数额的基础上,再加成一定比例,作为计算应纳税所得额时的扣除数额。如对企业的研发支出实施加计扣除,则称之为研发费用加计扣除。

按照现行政策规定,企业为了开发新技术、新产品、新工艺的研发费用,未形成无形资产计入当期损益的,在按照规定据实扣除的基础上,按照研发费用的50%加计扣除;形成无形资产的,按照无形资产成本的150%摊销。对于科技型中小企业而言,自2017年1月1日至2019年12月31日,研发费用加计扣除比例由50%提高到75%。

2. 研发费用加计扣除与研发费用据实扣除两者既有相同点又有不同点。

其相同点主要体现在如下方面:

(1) 适用对象相同。适用于财务核算健全并能准确归集研发费用的企业。

(2) 研发活动特征相同。都是企业为获得科学与技术(不包括人文、社会科学)新知识,创造性运用科学技术新知识,或实质性改进技术、工艺、产品(服务)而持续进行的具有明确目标的研究开发活动。

(3) 研发费用处理方式相同。企业实际发生的研发支出费用化与资本化处理的原则,按照财务会计制度规定执行。

(4) 禁止税前扣除费用范围相同。行政法规和国家税务总局规定不允许企业所得税税前扣除的费用和支出项目,同样不可以加计扣除。

(5) 核算要求基本相同。企业未设立专门的研发机构或企业研发机构同时承担生产经营任务的,应对研发费用和生产经营费用分开进行核算,准确、合理地计算各项研发费用支出。

其不同点主要体现在如下方面:

行业限制不同。享受研发费用加计扣除的企业有行业负面清单的限制,而研发费用据实扣除的企业则没有行业负面清单的限制。

研发费用范围不同。享受加计扣除的企业研发费用范围限于财税〔2015〕119号文件列举的 6 项费用及明细项，而实行税前据实扣除的企业研发费用范围按照财务会计制度的规定进行确定。

二、研发费用加计扣除政策的主要内容

（一）研发费用的费用化和资本化处理方式

企业为了开发新技术、新产品、新工艺所发生的研发费用，未形成无形资产计入当期损益的，在按照规定据实扣除的基础上，按照研发费用的 50%加计扣除；形成无形资产的，按照无形资产成本的 150%摊销（科技型中小企业按 75%加计扣除、175%摊销）。

企业的研发费用以是否形成无形资产为标准，划分为费用化和资本化两种方式加计扣除。两种方式准予税前扣除的总额是一样的。

企业需要注意的是，研发费用的核算无论是计入当期损益还是形成无形资产，可加计扣除的研发费用都应属于财税〔2015〕119 号文件及 97 号公告、40 号公告规定的范围，同时应符合法律、行政法规和财税部门税前扣除的相关规定，即不得税前扣除的项目也不得加计扣除。对于研发支出形成无形资产的，其摊销年限应符合企业所得税法实施条例规定，除法律法规另有规定或合同约定外，摊销年限不得低于 10 年。

（二）研发费用加计扣除可以与其他企业所得税优惠事项叠加享受

根据《国家税务总局关于发布〈企业所得税优惠政策事项办理办法〉的公告》（国家税务总局公告 2015 年第 76 号，以下简称"76 号公告"）的规定，所称税收优惠，是指企业所得税法规定的优惠事项，以及税法授权国务院和民族自治地方制定的优惠事项。包括免税收入、减计收入、加计扣除、加速折旧、所得减免、抵扣应纳税所得额、减低税率、税额抵免、民族自治地方分享部分减免等。

按照《财政部 国家税务总局关于执行企业所得税优惠政策若干问题的通知》（财税〔2009〕69 号）的规定，企业所得税法及其实施条例中规定的各项税收优惠，凡企业符合规定条件的，可以同时享受。因此，企业既符合享受研发费用加计扣除政策条件，又符合享受其他优惠政策条件的，可以同时享受有关优惠政策。

（三）负面清单行业的企业不能享受研发费用加计扣除政策

财税〔2015〕119 号文件第四条列举了 6 个不适用研发费用加计扣除政策的行业：烟草制造业、住宿和餐饮业、批发和零售业、房地产业、租赁和商务服务业、娱乐业。上述行业以《国民经济行业分类与代码（GB/4754—2017）》为准，并随之更新。

97 号公告将 6 个行业企业的判断具体细化为：以 6 个行业业务为主营业务，其研发费用发生当年的主营业务收入占企业按《企业所得税法》第六条规定计算的收入总额减除不征税收入和投资收益的余额 50%（不含）以上的企业。

在判定主营业务时，应将企业当年取得的各项不适用加计扣除行业业务收入汇总确定。

在计算收入总额时，应注意收入总额的完整性和准确性，税收上确认的收入总额不能简单等同于会计收入，重点关注税会收入确认差异及调整情况。

收入总额按企业所得税法第六条的规定计算。从收入总额中减除的投资收益包括税法规定的股息、红利等权益性投资收益以及股权转让所得。

（四）七类一般的知识性、技术性活动不适用加计扣除政策

财税〔2015〕119 号文件规定，研发活动是指企业为获得科学与技术新知识，创造性运用科学技术新知识，或实质性改进技术、产品（服务）、工艺而持续进行的具有明确目标的系统性活动。根据研发活动的定义，企业发生的以下一般的知识性、技术性活动不属于税收意义上的研发活动，其支出不适用研发费用加计扣除优惠政策：

1. 企业产品(服务)的常规性升级。

2. 对某项科研成果的直接应用,如直接采用公开的新工艺、材料、装置、产品、服务或知识等。

3. 企业在商品化后为顾客提供的技术支持活动。

4. 对现存产品、服务、技术、材料或工艺流程进行的重复或简单改变。

5. 市场调查研究、效率调查或管理研究。

6. 作为工业(服务)流程环节或常规的质量控制、测试分析、维修维护。

7. 社会科学、艺术或人文学方面的研究。

上述所列举的7类活动,仅是采取反列举的方法,对什么活动属于研发活动所做的有助于理解和把握的说明,并不意味着上述7类活动以外的活动都属于研发活动。企业开展的可适用研发费用加计扣除政策的活动,必须符合财税〔2015〕119号文件有关研发活动的基本定义等相关条件。

(五) 创意设计活动发生的相关费用可以享受加计扣除政策

为落实国发〔2014〕10号文件的规定精神,财税〔2015〕119号文件特别规定了企业为获得创新性、创意性、突破性的产品进行创意设计活动而发生的相关费用,可按照规定进行加计扣除。

创意设计活动是指多媒体软件、动漫游戏软件开发,数字动漫、游戏设计制作;房屋建筑工程设计(绿色建筑评价标准为三星)、风景园林工程专项设计;工业设计、多媒体设计、动漫及衍生产品设计、模型设计等。

值得一提的是,财税〔2015〕119号文件虽将"创意设计活动"纳入到了享受加计扣除优惠政策的范畴,但并不意味着此类"创意设计活动"就是研发活动。

(六) 研发费用归集的会计核算、高新技术企业认定和加计扣除三个口径

目前研发费用归集有三个口径,一是会计核算口径,由《财政部关于企业加强研发费用财务管理的若干意见》(财企〔2007〕194号)规范;二是高新技术企业认定口径,由《科技部 财政部 国家税务总局关于修订印发〈高新技术企业认定管理工作指引〉的通知》(国科发火〔2016〕195号)规范;三是加计扣除税收规定口径,由财税〔2015〕119号文件和97号公告、40号公告规范。

三个研发费用归集口径相比较,存在一定差异(见表4)。形成差异的主要原因如下:

一是会计口径的研发费用,其主要目的是为了准确核算研发活动支出,而企业研发活动是企业根据自身生产经营情况自行判断的,除该项活动应属于研发活动外,并无过多限制条件。

二是高新技术企业认定口径的研发费用,其主要目的是为了判断企业研发投入强度、科技实力是否达到高新技术企业标准,因此对人员费用、其他费用等方面有一定的限制。

三是研发费用加计扣除政策口径的研发费用,其主要目的是为了细化哪些研发费用可以享受加计扣除政策,引导企业加大核心研发投入,因此政策口径最小。可加计范围针对企业核心研发投入,主要包括研发直接投入和相关性较高的费用,对其他费用有一定的比例限制。应关注的是,允许扣除的研发费用范围采取的是正列举方式,即政策规定中没有列举的加计扣除项目,不可以享受加计扣除优惠。

表4 研发费用归集口径比较

费用项目	研发费用加计扣除	高新技术企业认定	会计规定	备注
人员人工费用	直接从事研发活动人员的工资薪金、基本养老保险费、基本医疗保险费、失业保险费、工伤保险费、生育保险费和住房公积金,以及外聘研发人员的劳务费用。	企业科技人员的工资薪金、基本养老保险费、基本医疗保险费、失业保险费、工伤保险费、生育保险费和住房公积金,以及外聘科技人员的劳务费用。	企业在职研发人员的工资、奖金、津贴、补贴、社会保险费、住房公积金等人工费用以及外聘研发人员的劳务费用。	会计核算范围大于税收范围。高新技术企业人员人工费用归集对象是科技人员。

（续表）

直接投入费用	(1) 研发活动直接消耗的材料、燃料和动力费用。	(1) 直接消耗的材料、燃料和动力费用。	(1) 研发活动直接消耗的材料、燃料和动力费用。	
	(2) 用于中间试验和产品试制的模具、工艺装备开发及制造费，不构成固定资产的样品、样机及一般测试手段购置费，试制产品的检验费。	(2) 用于中间试验和产品试制的模具、工艺装备开发及制造费，不构成固定资产的样品、样机及一般测试手段购置费，试制产品的检验费。	(2) 用于中间试验和产品试制的模具、工艺装备开发及制造费，样品、样机及一般测试手段购置费，试制产品的检验费等。	
	(3) 用于研发活动的仪器、设备的运行维护、调整、检验、维修等费用，以及通过经营租赁方式租入的用于研发活动的仪器、设备租赁费。	(3) 用于研究开发活动的仪器、设备的运行维护、调整、检验、检测、维修等费用，以及通过经营租赁方式租入的用于研发活动的固定资产租赁费。	(3) 用于研发活动的仪器、设备、房屋等固定资产的租赁费，设备调整及检验费，以及相关固定资产的运行维护、维修等费用。	房屋租赁费不计入加计扣除范围。
折旧费用与长期待摊费用	用于研发活动的仪器、设备的折旧费。	用于研究开发活动的仪器、设备和在用建筑物的折旧费。 研发设施的改建、改装、装修和修理过程中发生的长期待摊费用。	用于研发活动的仪器、设备、房屋等固定资产的折旧费。	房屋折旧费不计入加计扣除范围。
无形资产摊销	用于研发活动的软件、专利权、非专利技术(包括许可证、专有技术、设计和计算方法等)的摊销费用。	用于研究开发活动的软件、知识产权、非专利技术(专有技术、许可证、设计和计算方法等)的摊销费用。	用于研发活动的软件、专利权、非专利技术等无形资产的摊销费用。	
设计试验等费用	新产品设计费、新工艺规程制定费、新药研制的临床试验费、勘探开发技术的现场试验费。	符合条件的设计费用、装备调试费用、试验费用(包括新药研制的临床试验费、勘探开发技术的现场试验费、田间试验费等)。		
其他相关费用	与研发活动直接相关的其他费用，如技术图书资料费、资料翻译费、专家咨询费、高新科技研发保险费，研发成果的检索、分析、评议、论证、鉴定、评审、评估、验收费用，知识产权的申请费、注册费、代理费，差旅费、会议费，职工福利费、补充养老保险费、补充医疗保险费。此项费用总额不得超过可加计扣除研发费用总额的10%。	与研究开发活动直接相关的其他费用，包括技术图书资料费、资料翻译费、专家咨询费、高新科技研发保险费，研发成果的检索、论证、评审、鉴定、验收费用，知识产权的申请费、注册费、代理费，会议费、差旅费、通讯费等。此项费用一般不得超过研究开发总费用的20%，另有规定的除外。	与研发活动直接相关的其他费用，包括技术图书资料费、资料翻译费、会议费、差旅费、办公费、外事费、研发人员培训费、培养费、专家咨询费、高新科技研发保险费用等。研发成果的论证、评审、验收、评估以及知识产权的申请费、注册费、代理费等费用。	加计扣除政策及高新研发费用范围中对其他相关费用总额有比例限制。

（七）直接从事研发活动人员的范围

研发人员分为研究人员、技术人员和辅助人员三类。研究开发人员既可以是本企业的员工，也可以是外聘研发人员。外聘研发人员是指与本企业或劳务派遣企业签订劳务用工协议(合同)和临时聘用的研究人员、技术人员、辅助人员。

接受劳务派遣的企业按照协议(合同)约定支付给劳务派遣企业，且由劳务派遣企业实际支付给外聘研发人员的工资薪金等费用，属于外聘研发人员的劳务费用。

（八）企业研发活动的形式

企业研发活动一般分为自主研发、委托研发、合作研发、集中研发以及以上方式的组合。

1. 自主研发。是指企业主要依靠自己的资源,独立进行研发,并在研发项目的主要方面拥有完全独立的知识产权。

2. 委托研发。是指被委托单位或机构基于企业委托而开发的项目。企业以支付报酬的形式获得被委托单位或机构的成果。

3. 合作研发。是指立项企业通过契约的形式与其他企业共同对同一项目的不同领域分别投入资金、技术、人力等,共同完成研发项目。

4. 集中研发。是指企业集团根据生产经营和科技开发的实际情况,对技术要求高、投资数额大、单个企业难以独立承担,或者研发力量集中在企业集团,由企业集团统筹管理研发的项目进行集中开发。

不同类型的研发活动对研发费用归集的要求不尽相同,企业在享受加计扣除优惠时要注意区分。

(九)委托研发与合作研发的区别

有些大型的研究开发项目,往往不是企业自身独立完成,需要与其他单位进行合作。由于委托研发和合作研发适用的加计扣除不一致,为了准确享受政策,财务人员需要明确研发项目是委托开发,还是合作开发。

委托研发指被委托人基于他人委托而开发的项目。委托人以支付报酬的形式获得被委托人的研发成果的所有权。委托项目的特点是研发经费受委托人支配,项目成果必须体现委托人的意志和实现委托人的使用目的。

合作研发是指研发立项企业通过契约的形式与其他企业共同对项目的某一个关键领域分别投入资金、技术、人力,共同参与产生智力成果的创作活动,共同完成研发项目。合作研发共同完成的知识产权,其归属由合同约定,如果合同没有约定的,由合作各方共同所有。可以享受研发费用加计扣除优惠政策的合作方应该拥有合作研发项目成果的所有权。合作各方应直接参与研发活动,而非仅提供咨询、物质条件或其他辅助性活动。

除了委托指向的具体技术指标、研发时间和合同的常规条款外,最后还有一条关于知识产权的归属问题,或规定双方共有,或规定一方拥有。只有委托方部分或全部拥有时,才可按照委托研发享受加计扣除政策。若知识产权最后属于受托方,则不能按照委托研发享受加计扣除政策。

合作开发在合同中应注明,双方分别投入、各自承担费用、知识产权双方共有或各自拥有自己的研究成果的知识产权。

(十)失败的研发活动所发生的研发费用也可加计扣除

失败的研发活动所发生的研发费用也可享受加计扣除。一是企业的研发活动具有一定的风险和不可预测性,既可能成功也可能失败,政策是对研发活动予以鼓励,并非单纯强调结果;二是失败的研发活动也并不是毫无价值的,在一般情况下的"失败"是指没有取得预期的结果,但可以取得其他有价值的成果;三是许多研发项目的执行是跨年度的,在研发项目执行当年,其发生的研发费用就可以享受加计扣除,不是在项目执行完成并取得最终结果以后才申请加计扣除,在享受加计扣除时实际无法预知研发成果,如强调研发成功才能加计扣除,将极大地增加企业享受优惠的成本,降低政策激励的有效性。

(十一)盈利企业和亏损企业都可以享受加计扣除政策

现行企业所得税法第五条明确企业每一纳税年度的收入总额,减除不征税收入、免税收入、各项扣除以及允许弥补的以前年度亏损后的余额,为应纳税所得额,因此,企业发生的研发费用,不论企业当年是盈利还是亏损,都可以加计扣除。

（十二）叠加享受加速折旧和加计扣除政策

97号公告明确加速折旧费用享受加计扣除政策的原则为会计、税收折旧孰小。该计算方法较为复杂，不易准确掌握。为提高政策的可操作性，40号公告将加速折旧费用的归集方法调整为就税前扣除的折旧部分计算加计扣除。

97号公告解读中曾举例说明计算方法：甲汽车制造企业2015年12月购入并投入使用一专门用于研发活动的设备，单位价值1 200万元，会计处理按8年折旧，税法上规定的最低折旧年限为10年，不考虑残值。甲企业对该项设备选择缩短折旧年限的加速折旧方式，折旧年限缩短为6年（10×60%＝6）。2016年企业会计处理计提折旧额150万元（1 200/8＝150），税收上因享受加速折旧优惠可以扣除的折旧额是200万元（1 200/6＝200），申报研发费用加计扣除时，就其会计处理的"仪器、设备的折旧费"150万元可以进行加计扣除75万元（150×50%＝75）。若该设备8年内用途未发生变化，每年均符合加计扣除政策规定，则企业8年内每年均可对其会计处理的"仪器、设备的折旧费"150万元进行加计扣除75万元。如企业会计处理按4年进行折旧，其他情形不变。则2016年企业会计处理计提折旧额300万元（1 200/4＝300），税收上因享受加速折旧优惠可以扣除的折旧额是200万元（1 200/6＝200），申报享受研发费用加计扣除时，对其在实际会计处理上已确认的"仪器、设备的折旧费"，但未超过税法规定的税前扣除金额200万元可以进行加计扣除100万元（200×50%＝100）。若该设备6年内用途未发生变化，每年均符合加计扣除政策规定，则企业6年内每年均可对其会计处理的"仪器、设备的折旧费"200万元进行加计扣除100万元。

结合上述例子，按40号公告口径申报研发费用加计扣除时，若该设备6年内用途未发生变化，每年均符合加计扣除政策规定，则企业在6年内每年直接就其税前扣除"仪器、设备折旧费"200万元进行加计扣除100万元（200×50%＝100），不需比较会计、税收折旧孰小，也不需要根据会计折旧年限的变化而调整享受加计扣除的金额，计算方法大为简化。

（十三）企业委托外部机构或个人进行研发活动所发生的费用加计扣除的规定

企业委托外部机构或个人开展研发活动发生的费用，可按规定税前扣除；加计扣除时按照研发活动发生费用的80%作为加计扣除基数。委托个人研发的，应凭个人出具的发票等合法有效凭证在税前加计扣除。其中"研发活动发生费用"是指委托方实际支付给受托方的费用。无论委托方是否享受研发费用税前加计扣除政策，受托方均不得加计扣除。

（十四）企业委托关联方和非关联方管理要求的区别

委托方委托关联方开展研发活动的，受托方需向委托方提供研发过程中实际发生的研发项目费用支出明细情况。比如，A企业2017年委托其B关联企业研发，假设该研发符合研发费用加计扣除的相关条件。A企业支付给B企业100万元。B企业实际发生费用90万元（其中按可加计扣除口径归集的费用为85万元），利润10万元。2017年，A企业可加计扣除的金额为100×80%×50%＝40万元，B企业应向A企业提供实际发生费用90万元的情况。

委托非关联方研发，考虑到涉及商业秘密等原因，财税〔2015〕119号规定，委托方加计扣除时不再需要提供研发项目的费用支出明细情况。

（十五）企业委托境外机构或个人进行研发活动所发生的费用加计扣除的规定

企业委托境外机构或个人进行研发活动所发生的费用，不得加计扣除。97号公告进一步对受托研发的境外机构或个人的范围作了解释，受托研发的境外机构是指依照外国和地区（含港澳台）法律成立的企业和其他取得收入的组织。受托研发的境外个人是指外籍（含港澳台）个人。

(十六)委托研发与合作研发项目的合同需经科技主管部门登记

根据97号公告留存备查资料要求,委托研发、合作研发的合同需经科技主管部门登记。未申请认定登记和未予登记的技术合同,不得享受研发费用加计扣除优惠政策。

《国家税务总局 科技部关于加强企业研发费用加计扣除政策贯彻落实工作的通知》(税总发〔2017〕106号)规定:各级税务部门和科技部门要简化管理方式,优化操作流程,确保政策落地。优化委托研发与合作研发项目合同登记管理方式,坚持"实质重于形式"的原则。凡研发项目合同具备技术合同登记的实质性要素,仅在形式上与技术合同示范文本存在差异的,也应予以登记,不得要求企业重新按照技术合同示范文本进行修改报送。

(十七)允许加计扣除的其他费用的口径

与研发活动直接相关的其他费用,如技术图书资料费、资料翻译费、专家咨询费、高新科技研发保险费,研发成果的检索、分析、评议、论证、鉴定、评审、评估、验收费用,知识产权的申请费、注册费、代理费,差旅费、会议费,职工福利费、补充养老保险费、补充医疗保险费。此项费用总额不得超过可加计扣除研发费用总额的10%。

(十八)研发费用"其他相关费用"限额计算的简易方法

财税〔2015〕119号文件参照高新技术企业研发费用的相关规定,明确与研发活动直接相关的其他相关费用,不得超过可加计扣除研发费用总额的10%。97号公告进一步明确了该限额的计算:应按项目分别计算,每个项目可加计扣除的其他相关费用都不得超过该项目可加计扣除研发费用总额的10%。其简易计算方法如下:假设某一研发项目的其他相关费用的限额为X,财税〔2015〕119号文件第一条允许加计扣除的研发费用中的第1项至第5项费用之和为Y,那么$X=(X+Y)\times10\%$,即$X=Y\times10\%/(1-10\%)$。

例:某企业2016年进行了二项研发活动A和B,A项目共发生研发费用100万元,其中与研发活动直接相关的其他费用12万元,B共发生研发费用100万元,其中与研发活动直接相关的其他费用8万元,假设研发活动均符合加计扣除相关规定。A项目其他相关费用限额=(100-12)×10%/(1-10%)=9.78万元,小于实际发生数12万元,则A项目允许加计扣除的研发费用应为97.78万元(100-12+9.78=97.78)。B项目其他相关费用限额=(100-8)×10%/(1-10%)=10.22万元,大于实际发生数8万元,则B项目允许加计扣除的研发费用应为100万元。

该企业2016年度可以享受的研发费用加计扣除额为98.89万元[(97.78+100)×50%=98.89]。

(十九)特殊收入应扣减可加计扣除的研发费用

企业开展研发活动中实际发生的研发费用可按规定享受加计扣除政策,实务中常有已归集计入研发费用、但在当期取得的研发过程中形成的下脚料、残次品、中间试制品等特殊收入,此类收入均为与研发活动直接相关的收入,应冲减对应的可加计扣除的研发费用。为简便操作,企业取得研发过程中形成的下脚料、残次品、中间试制品等特殊收入,在计算确认收入当年的加计扣除研发费用时,应从已归集研发费用中扣减该特殊收入,不足扣减的,加计扣除研发费用按零计算。

(二十)研发活动直接形成产品或作为组成部分形成的产品对外销售的特殊处理

生产单机、单品的企业,研发活动直接形成产品或作为组成部分形成的产品对外销售,产品所耗用的料、工、费全部计入研发费用加计扣除不符合政策鼓励本意。考虑到材料费用占比较大且易于计量,企业研发活动直接形成产品或作为组成部分形成的产品对外销售的,研发费用中对应的材料费用不得加计扣除。产品销售与对应的材料费用发生在不同纳税年度且材料费用已计入研发费用的,可在销售当年以对应的材料费用发生额直接冲减当年的研发费用,不足冲减的，结转以后年度继续冲减。

（二十一）财政性资金用于研发形成的研发费用应区别处理

企业取得的政府补助，会计处理时采用直接冲减研发费用方法且税务处理时未将其确认为应税收入的，应按冲减后的余额计算加计扣除金额。

近期，财政部修订了《企业会计准则第16号——政府补助》。与原准则相比，修订后的准则在总额法的基础上，新增了净额法，将政府补助作为相关成本费用扣减。按照企业所得税法的规定，企业取得的政府补助应确认为收入，计入收入总额。净额法产生了税会差异。企业在税收上将政府补助确认为应税收入，同时增加研发费用，加计扣除应以税前扣除的研发费用为基数。但企业未进行相应调整的，税前扣除的研发费用与会计的扣除金额相同，应以会计上冲减后的余额计算加计扣除金额。比如，某企业当年发生研发支出200万元，取得政府补助50万元，当年会计上的研发费用为150万元，未进行相应的纳税调整，则税前加计扣除金额为150×50%＝75万元。

三、加计扣除研发费用核算要求

（一）享受研发费用加计扣除政策的会计核算要求

企业需要关注的是，财税〔2015〕119号文件对研发费用会计核算提出了若干要求：

1. 遵照国家统一会计制度：企业应按照国家财务会计制度要求，对研发支出进行会计处理。

2. 设置研发支出辅助账：对享受加计扣除的研发费用，按研发项目设置辅助账，准确归集核算当年可加计扣除的各项研发费用实际发生额。企业在一个纳税年度内进行多项研发活动的，应按照不同研发项目分别归集可加计扣除的研发费用。

3. 研发与生产分别核算：企业应对研发费用和生产经营费用分别核算，准确、合理归集各项费用支出，对划分不清的，不得实行加计扣除。

97号公告为指导企业设置研发支出辅助账做了细化规定，以帮助企业防范相关风险：

1. 研发项目立项时应设置研发支出辅助账，由企业留存备查。

2. 企业可参照97号公告所附样式，设置研发支出辅助账、编制研发支出辅助账汇总表。

3. 年末汇总分析填报研发支出辅助账汇总表，并在报送《年度财务会计报告》的同时随附注一并报送主管税务机关。

（二）研发支出辅助账的样式

企业按照财税〔2015〕119号文件和97号公告要求设置研发支出辅助账时，应参照97号公告所附样式编制。企业也可以根据自己的实际情况建立辅助账，但应涵盖97号公告所附样式内容。也就是说辅助账样式可以在总局发布的辅助账框架内增加有关项目，但不得减少和合并有关项目。

（三）研发支出辅助账基本核算流程

研发支出辅助账包括4种形式的研发支出辅助账、研发支出辅助账汇总表以及研发项目可加计扣除研究开发费用情况归集表。4种形式的研发支出辅助账分别是：1. 自主研发"研发支出"辅助账；2. 委托研发"研发支出"辅助账；3. 合作研发"研发支出"辅助账；4. 集中研发"研发支出"辅助账。

企业应根据研发项目的形式，在立项后按照项目分别设置辅助账。从凭证级别记录各个项目的研发支出，并将每笔研发支出按照财税〔2015〕119号文件列明的可加计扣除的六大类研发费用类别进行归类。

企业应在年度终了之后，根据所有项目辅助账贷方发生余额汇总填制《研发支出辅助账汇总表》,并作为年度财务报告附注,随年度财务报告一并报送主管税务机关。

企业还需注意的是,《研发项目可加计扣除研究开发费用情况归集表》用于填报计算本年度享受研发费用加计扣除优惠政策的金额,包括本年度研发支出费用化加计扣除的部分,以及本年度及以前年度研发费用资本化在本年度加计摊销的部分,最后作为附列资料随企业年度纳税申报表一并报送主管税务机关。

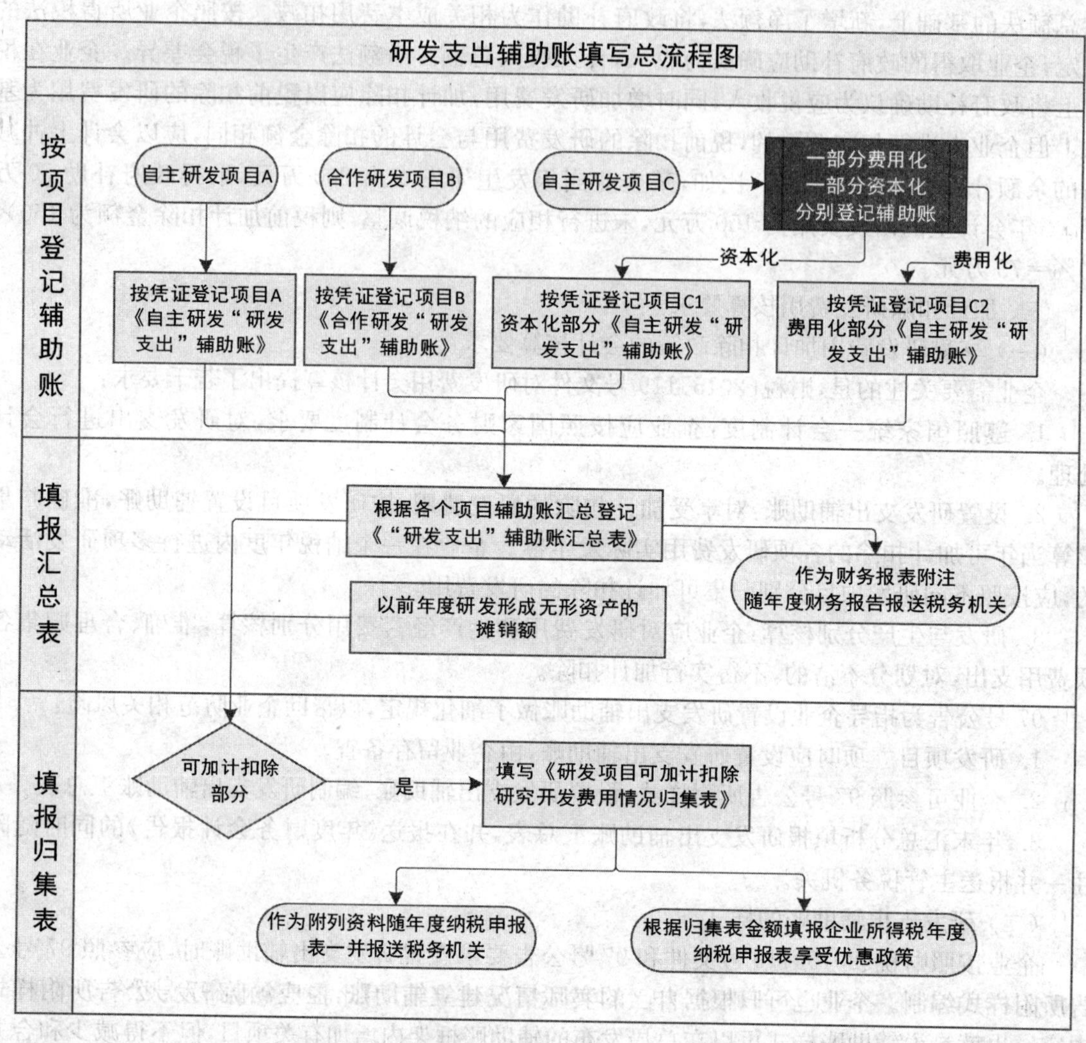

(四)研发费用的费用化或资本化处理方面的规定

企业开展研发活动中实际发生的研发费用形成无形资产的,其税收上资本化的时点应与会计处理保持一致。《企业会计准则第6号——无形资产》第7条规定,企业内部研究开发项目的支出,应当区分研究阶段支出与开发阶段支出。

1. 研究阶段支出

研究阶段,是指为获取新的科学或技术知识并理解它们而进行的独创性的有计划调查,主要是指为获取相关知识而进行的活动。

考虑到研究阶段的探索性及其成果的不确定性,企业无法证明其能够带来未来经济利益的无形资产的存在,因此,对于企业内部研究开发项目,研究阶段的有关支出,应当在发生时全部费用化,计入当期损益(管理费用)。

2. 开发阶段支出

开发阶段，是指在进行商业性生产或使用前，将研究成果或其他知识应用于某项计划或设计，以生产出新的或具有实质性改进的材料、装置、产品等，包括生产前或使用前的原型和模型的设计、建造和测试、小试、中试和试生产设施等。

考虑到进入开发阶段的研发项目往往形成成果的可能性较大，因此，如果企业能够证明开发支出符合无形资产的定义及相关确认条件，则可将其确认为无形资产。具体来讲，对于企业内部研究开发项目，开发阶段的支出同时满足了下列条件的才能资本化，确认为无形资产，否则应当计入当期损益（管理费用）。

(1) 完成该无形资产以使其能够使用或出售在技术上具有可行性。

(2) 具有完成该无形资产并使用或出售的意图。

(3) 无形资产产生经济利益的方式，包括能够证明运用该无形资产生产的产品存在市场或无形资产自身存在市场，无形资产将在内部使用的，应当证明其有用性。

(4) 有足够的技术、财务资源和其他资源支持，以完成该无形资产的开发，并有能力使用或出售该无形资产。

(5) 归属于该无形资产开发阶段的支出能够可靠地计量。

3. 无法区分研究阶段和开发阶段的支出

无法区分研究阶段和开发阶段的支出，应当在发生时费用化，计入当期损益（管理费用）。

（五）共用的人员及仪器、设备、无形资产会计核算要求

有的企业特别是中小企业，从事研发活动的人员同时也会承担生产经营管理等职能，用于研发活动的仪器、设备、无形资产同时也会用于非研发活动，财税〔2015〕119 号文件对允许加计扣除的研发费用不再强调“专门用于”。为有效划分这类情形，企业应对此类人员活动情况及仪器、设备、无形资产的使用情况做必要记录，并将其实际发生的相关费用按实际工时占比等合理方法在研发费用和生产经营费用间分配，未分配的不得加计扣除。

（六）核定征收企业不能享受加计扣除政策

根据财税〔2015〕119 号文件规定，研发费用加计扣除政策适用于会计核算健全、实行查账征收并能够准确归集研发费用的居民企业。按核定征收方式缴纳企业所得税的企业不能享受此项优惠政策。

（七）研发费用的核算须做好部门间协调配合

研发费用的核算需要做大量的准备工作，如研发费用加计扣除政策要求的留存备查资料，涉及公司决议、研发合同、会计账簿、相关科技成果资料等等，因此需要企业研发、财务等各职能部门密切配合。如果各部门不能有效配合，导致相关资料、会计凭证不全，记账不完整，会影响到研发费用的核算以及优惠政策的享受。

（八）合作研发项目会计核算要求

财税〔2015〕119 号文件规定，企业共同合作开发的项目，由合作各方就自身实际承担的研发费用分别计算加计扣除。企业共同合作研发的项目，由合作各方按照《企业（合作）研究开发项目计划书》和经登记的《技术开发（合作）合同》分项目设置《合作研发“研发支出”辅助账》，就自身实际承担的研发费用按照会计核算要求分项目核算，并按照研发费用归集范围分别计算加计扣除。

四、研发费用加计扣除备案和申报管理

（一）享受研发费用加计扣除优惠政策基本流程

享受研发费用加计扣除优惠政策主要有以下关键资料和程序：

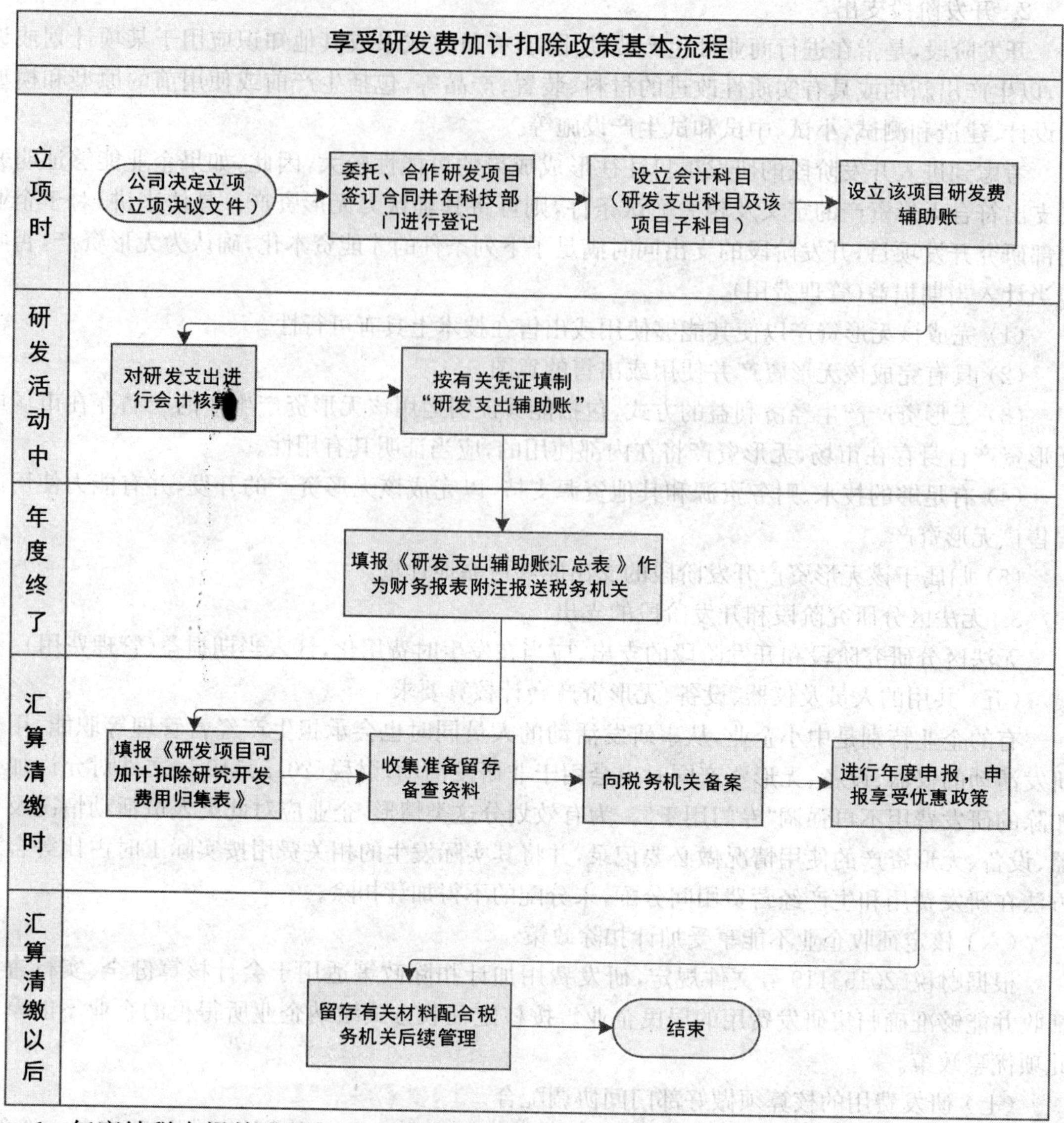

1. 年度纳税申报前进行优惠备案并准备好留存备查资料；

2. 填写并报送《“研发支出”辅助账汇总表》；

3. 在年度纳税申报表中填报研发费用加计扣除优惠附表及栏次。

完整流程见上图。

（二）研发费用加计扣除优惠备案的要点

1. 自行判断。根据76号公告规定，企业应自行判断其是否符合研发费用加计扣除政策规定的条件。

2. 履行备案。研发费用加计扣除实行备案管理，凡享受研发费用加计扣除优惠的，企业应当不迟于年度汇算清缴纳税申报时，向主管税务机关报送《企业所得税优惠事项备案表》和研发项目文件，履行备案手续。按照76号公告规定，研发费用加计扣除优惠不属于定期减免税事项，在费用化项目发生当期或者资本化项目形成无形资产后的摊销期间，应每年履行备案手续；企业同时存在多个享受优惠研发项目的，应当按不同项目分别进行核算，并按项目分别进行备案。

2015年度及以前按照原政策已审核立项的跨期研发项目延续至2016年度及以后的，在享受优惠年度，应每年履行备案手续。

属于跨地区经营汇总纳税企业，其分支机构享受研发费用加计扣除税收优惠。应由二级分支机构按规定向其主管税务机关备案后，总机构汇总所属二级分支机构已备案优惠事项，在年度纳税申报时填写《汇总纳税企业分支机构已备案优惠事项清单》一并报送。

3. 留存备查资料。企业对报送的备案资料、留存备查资料的真实性、合法性承担法律责任。企业应按照97号公告，将相关资料留存备查，保存期限为相关研发项目享受优惠结束后10年。

企业应当按照税务机关要求限期提供留存备查资料，以证明其符合税收优惠政策条件。企业不能提供留存备查资料，或者留存备查资料与实际生产经营情况、财务核算、相关技术领域、产业、目录、资格证书等不符，不能证明企业符合税收优惠政策条件的，税务机关将追缴其已享受的减免税，并按照税收征管法规定处理。

（三）享受研发费用加计扣除优惠政策的留存备查资料

根据97号公告，企业应保留下列留存备查资料：

1. 自主、委托、合作研究开发项目计划书和企业有权部门关于自主、委托、合作研究开发项目立项的决议文件；

2. 自主、委托、合作研究开发专门机构或项目组的编制情况和研发人员名单；

3. 经科技行政主管部门登记的委托、合作研究开发项目的合同；

4. 从事研发活动的人员和用于研发活动的仪器、设备、无形资产的费用分配说明（包括工作使用情况记录）；

5. 集中研发项目研发费用决算表、集中研发项目费用分摊明细情况表和实际分享收益比例等资料；

6. "研发支出"辅助账；

7. 企业如果已取得地市级（含）以上科技行政主管部门出具的鉴定意见，应作为资料留存备查；

8. 省税务机关规定的其他资料。

（四）享受研发费用加计扣除优惠政策但汇算清缴期结束前未备案的处理方法

根据76号公告规定，企业已经享受税收优惠，但在汇缴期间未按照规定备案的，企业发现后应当及时补办备案手续，同时提交《企业所得税优惠事项备案管理目录》列示优惠事项对应的留存备查资料。

企业已经享受税收优惠，但在汇缴期间未按照规定备案的，税务机关发现后，应当责令企业限期备案，同时提交《企业所得税优惠事项备案管理目录》列示优惠事项对应的留存备查资料。

（五）享受研发费用加计扣除优惠政策汇算清缴时的有关规定

企业年度纳税申报时，根据《研发支出辅助账汇总表》填报《研发项目可加计扣除研发费用情况归集表》，在年度纳税申报时随申报表一并报送主管税务机关。

根据《国家税务总局关于2016年度企业研究开发费用税前加计扣除政策企业所得税纳税申报问题的公告》（国家税务总局公告2017年第12号）规定，对2016年度研发费用加计扣除附表的填报有了新的要求。具体填报时，《研发项目可加计扣除研发费用情况归集表》中的第11行"当期实际加计扣除总额"将自动带入年度纳税申报表附表A107014《研发费用加计扣除优惠明细表》中合计行的第19列"本年研发费用加计扣除额合计"（该表其余数据项无需填写），同时带入上级附表A107010《免税、减计收入及加计扣除优惠明细表》中第22行"开发新技术、新产品、新工艺发生的研究开发费用加计扣除”。

(六) 预缴所得税时不能享受研发费用加计扣除优惠

根据《国家税务总局关于发布〈企业所得税优惠事项办理办法〉的公告》(国家税务总局公告2015年第76号)的规定,研发费用税前加计扣除政策属于汇缴享受优惠项目,因此企业实际发生的研发费用,在年度中间预缴所得税时,允许据实计算扣除,在年度终了进行所得税年度汇算清缴纳税申报时,再依照规定享受加计扣除优惠政策。

(七) 企业集团集中开发的研发费用分摊需要关注关联申报

企业集团根据生产经营和科技开发的实际情况,对集中研发项目按照财税〔2015〕119号文件规定归集的可加计扣除的研发费用,按照权利和义务相一致、费用支出和收益分享相配比的原则,合理确定研发费用的分摊方法,在受益成员企业间进行分摊,由相关成员企业分别计算加计扣除。

企业集团应将集中研发项目的协议或合同、集中研发项目研发费用决算表,集中研发项目费用分摊明细情况表和实际分享收益比例等资料提供给相关成员企业。协议或合同应明确参与各方在该研发项目中的权利和义务、费用分摊方法等内容。

根据《国家税务总局关于完善关联申报和同期资料管理有关事项的公告》(国家税务总局公告2016年第42号)的规定,企业集团开发、应用无形资产及确定无形资产所有权归属的整体战略,包括主要研发机构所在地和研发管理活动发生地及其主要功能、风险、资产和人员情况等应在主体文档中披露。

(八) 享受研发费用加计扣除的研发项目无需事先通过科技部门鉴定或立项

自2016年1月1日起,企业申报享受研发费用加计扣除优惠,无需事前通过科技部门鉴定。

企业自主研发的项目,需经过企业有权部门审核立项。也就是说,不需经过科技部门和税务部门进行立项备案,只需企业内部有决策权的部门,如董事会等做出决议即可。政府及相关部门支持的重点项目,根据政府部门立项管理的相关要求,需科技部门备案的特殊情况除外,但税务部门对自主研发项目没有登记的硬性要求。

委托研发及合作研发的项目立项则需要科技部门登记。《技术合同认定管理办法》(国科发政字〔2000〕63号)第六条规定:未申请认定登记和未予登记的技术合同,不得享受国家对有关促进科技成果转化规定的税收、信贷和奖励等方面的优惠政策;97号公告规定,委托及合作研发的,需提供经科技行政主管部门登记的委托、合作研究开发项目的合同留存备查。因此,经科技行政主管部门登记的委托、合作研发项目合同是享受研发费用加计扣除的要件之一。

(九) 税企双方对研发项目有异议的由税务机关转请科技部门鉴定

《科技部 财政部 国家税务总局关于进一步做好企业研发费用加计扣除政策落实工作的通知》(国科发政〔2017〕211号)规定,税务部门事中、事后对企业享受加计扣除优惠的研发项目有异议的,应及时通过县(区)级科技部门将项目资料送地市级(含)以上科技部门进行鉴定;由省直接管理的县/市,可直接由县级科技部门进行鉴定。鉴定部门在收到税务部门的鉴定需求后,应及时组织专家进行鉴定,并在规定时间内通过原渠道将鉴定意见反馈税务部门。鉴定时,应由3名以上相关领域的产业、技术、管理等专家参加。

企业承担省部级(含)以上科研项目的,以及以前年度已鉴定的跨年度研发项目,不再需要鉴定。

(十) 当年符合条件未享受加计扣除优惠的可以追溯享受

企业符合财税〔2015〕119号文件规定的研发费用加计扣除条件而在2016年1月1日以后

未及时享受该项税收优惠的，可以追溯享受并履行备案手续，追溯期限最长为3年。

（十一）正确处理税务核查与企业享受研究费用加计扣除优惠政策的关系

《国家税务总局关于进一步做好企业研究开发费用税前加计扣除政策贯彻落实工作的通知》（税总函〔2016〕685号）文件明确要求，"各级税务机关在落实加计扣除优惠政策时，应以核实企业享受2016年度优惠的有关情况为基准，原则上不核实以前年度有关情况。如企业以前年度存在或发现存在涉税问题，应按相关规定另行处理，不得影响企业享受2016年度加计扣除优惠政策"。

五、科技型中小企业研发费用加计扣除政策

（一）科技型中小企业的研发费用加计扣除比例提高到75%

财政部、税务总局、科技部联合下发了《关于提高科技型中小企业研究开发费用税前加计扣除比例的通知》（财税〔2017〕34号），将科技型中小企业开发新技术、新产品、新工艺实际发生的研发费用加计扣除比例由50%提高到75%。新的政策规定：在2017年1月1日至2019年12月31日期间，科技型中小企业开展研发活动中实际发生的研发费用，未形成无形资产计入当期损益的，在按规定据实扣除的基础上，再按照实际发生额的75%在税前加计扣除；形成无形资产的，在上述期间按照无形资产成本的175%在税前摊销。科技型中小企业享受研发费用加计扣除政策的其他政策口径按照财税〔2015〕119号文件执行。

（二）科技型中小企业的标准

根据《科技部 财政部 国家税务总局关于印发<科技型中小企业评价办法>的通知》（国科发政〔2017〕115号）规定：科技型中小企业须同时满足以下条件：

1. 在中国境内（不包括港、澳、台地区）注册的居民企业。

2. 职工总数不超过500人、年销售收入不超过2亿元、资产总额不超过2亿元。

3. 企业提供的产品和服务不属于国家规定的禁止、限制和淘汰类。

4. 企业在填报上一年及当年内未发生重大安全、重大质量事故和严重环境违法、科研严重失信行为，且企业未列入经营异常名录和严重违法失信企业名单。

5. 企业根据科技型中小企业评价指标进行综合评价所得分值不低于60分，且科技人员指标得分不得为0分。

（三）科技型中小企业评价指标

根据国科发政〔2017〕115号文件规定，科技型中小企业评价指标具体包括科技人员、研发投入、科技成果三类，满分100分。其中，科技人员指标满分20分，研发投入指标满分50分，科技成果指标满分30分。

科技型中小企业评价指标体现了国家对科技型企业的评价导向，由企业填写《科技型中小企业信息表》，进行自我评价。

（四）科技型中小企业的认定方式

国科发政〔2017〕115号文件规定，科技型中小企业评价工作采取企业自主评价、省级科技管理部门组织实施、科技部服务监督的工作模式。

具体流程是：

1. 企业自主评价，并在线填报《科技型中小企业信息表》。

2. 省级科技管理部门组织有关单位对企业填报的《科技型中小企业信息表》内容是否完整进行确认。内容不完整的，在服务平台上通知企业补正。

3. 信息完整且符合条件的，由省级科技管理部门在服务平台公示10个工作日。

4. 公示无异议的企业，纳入信息库并在服务平台公告；有异议的，由省级科技管理部门组织有关单位进行核实处理。

5. 省级科技管理部门为入库企业赋予科技型中小企业入库登记编号。

取得科技型中小企业入库登记编号的企业即为科技型中小企业,可享受科技型中小企业研发费用75%加计扣除优惠政策。

(五)可以直接确认符合科技型中小企业的规定

根据国科发政〔2017〕115号文件规定,符合科技型中小企业条件第(一)~(四)项条件的企业,若同时符合下列条件中的一项,可直接确认符合科技型中小企业条件:

1. 企业拥有有效期内高新技术企业资格证书;

2. 企业近五年内获得过国家级科技奖励,并在获奖单位中排在前三名;

3. 企业拥有经认定的省部级以上研发机构;

4. 企业近五年内主导制定过国际标准、国家标准、行业标准。

(六)科技型中小企业季度预缴时不享受研发费用加计扣除政策

根据76号公告的规定,研发费用加计扣除政策属于汇缴享受的优惠项目,即季度预缴申报时,允许据实计算扣除,年度汇算清缴申报时,再依照规定享受加计扣除优惠政策。

关于非营利组织免税资格认定管理有关问题的通知

财税〔2018〕13号

各省、自治区、直辖市、计划单列市财政厅(局)、国家税务局、地方税务局,新疆生产建设兵团财政局:

根据《中华人民共和国企业所得税法》第二十六条及《中华人民共和国企业所得税法实施条例》第八十四条的规定,现对非营利组织免税资格认定管理有关问题明确如下:

一、依据本通知认定的符合条件的非营利组织,必须同时满足以下条件:

(一)依照国家有关法律法规设立或登记的事业单位、社会团体、基金会、社会服务机构、宗教活动场所、宗教院校以及财政部、税务总局认定的其他非营利组织;

(二)从事公益性或者非营利性活动;

(三)取得的收入除用于与该组织有关的、合理的支出外,全部用于登记核定或者章程规定的公益性或者非营利性事业;

(四)财产及其孳息不用于分配,但不包括合理的工资薪金支出;

(五)按照登记核定或者章程规定,该组织注销后的剩余财产用于公益性或者非营利性目的,或者由登记管理机关采取转赠给与该组织性质、宗旨相同的组织等处置方式,并向社会公告;

(六)投入人对投入该组织的财产不保留或者享有任何财产权利,本款所称投入人是指除各级人民政府及其部门外的法人、自然人和其他组织;

(七)工作人员工资福利开支控制在规定的比例内,不变相分配该组织的财产,其中:工作人员平均工资薪金水平不得超过税务登记所在地的地市级(含地市级)以上地区的同行业同类组织平均工资水平的两倍,工作人员福利按照国家有关规定执行;

(八)对取得的应纳税收入及其有关的成本、费用、损失应与免税收入及其有关的成本、费用、损失分别核算。

二、经省级(含省级)以上登记管理机关批准设立或登记的非营利组织,凡符合规定条件的,应向其所在地省级税务主管机关提出免税资格申请,并提供本通知规定的相关材料;经地市级或县级登记管理机关批准设立或登记的非营利组织，凡符合规定条件的，分别向其所在地的地市级或县级税务主管机关提出免税资格申请，并提供本通知规定的相关材料。

财政、税务部门按照上述管理权限，对非营利组织享受免税的资格联合进行审核确认，并定期予以公布。

三、申请享受免税资格的非营利组织，需报送以下材料：

（一）申请报告；

（二）事业单位、社会团体、基金会、社会服务机构的组织章程或宗教活动场所、宗教院校的管理制度；

（三）非营利组织注册登记证件的复印件；

（四）上一年度的资金来源及使用情况、公益活动和非营利活动的明细情况；

（五）上一年度的工资薪金情况专项报告，包括薪酬制度、工作人员整体平均工资薪金水平、工资福利占总支出比例、重要人员工资薪金信息（至少包括工资薪金水平排名前10的人员）；

（六）具有资质的中介机构鉴证的上一年度财务报表和审计报告；

（七）登记管理机关出具的事业单位、社会团体、基金会、社会服务机构、宗教活动场所、宗教院校上一年度符合相关法律法规和国家政策的事业发展情况或非营利活动的材料；

（八）财政、税务部门要求提供的其他材料。

当年新设立或登记的非营利组织需提供本条第（一）项至第（三）项规定的材料及本条第（四）项、第（五）项规定的申请当年的材料，不需提供本条第（六）项、第（七）项规定的材料。

四、非营利组织免税优惠资格的有效期为五年。非营利组织应在免税优惠资格期满后六个月内提出复审申请，不提出复审申请或复审不合格的，其享受免税优惠的资格到期自动失效。

非营利组织免税资格复审，按照初次申请免税优惠资格的规定办理。

五、非营利组织必须按照《中华人民共和国税收征收管理法》及《中华人民共和国税收征收管理法实施细则》等有关规定，办理税务登记，按期进行纳税申报。取得免税资格的非营利组织应按照规定向主管税务机关办理免税手续，免税条件发生变化的，应当自发生变化之日起十五日内向主管税务机关报告；不再符合免税条件的，应当依法履行纳税义务；未依法纳税的，主管税务机关应当予以追缴。取得免税资格的非营利组织注销时，剩余财产处置违反本通知第一条第五项规定的，主管税务机关应追缴其应纳企业所得税款。

有关部门在日常管理过程中，发现非营利组织享受优惠年度不符合本通知规定的免税条件的，应提请核准该非营利组织免税资格的财政、税务部门，由其进行复核。

核准非营利组织免税资格的财政、税务部门根据本通知规定的管理权限，对非营利组织的免税优惠资格进行复核，复核不合格的，相应年度不得享受税收优惠政策。

六、已认定的享受免税优惠政策的非营利组织有下述情形之一的，应自该情形发生年度起取消其资格：

（一）登记管理机关在后续管理中发现非营利组织不符合相关法律法规和国家政策的；

（二）在申请认定过程中提供虚假信息的；

（三）纳税信用等级为税务部门评定的C级或D级的；

（四）通过关联交易或非关联交易和服务活动，变相转移、隐匿、分配该组织财产的；

（五）被登记管理机关列入严重违法失信名单的；

（六）从事非法政治活动的。

因上述第（一）项至第（五）项规定的情形被取消免税优惠资格的非营利组织，财政、税务部门自其被取消资格的次年起一年内不再受理该组织的认定申请;因上述第(六)项规定的情形被取消免税优惠资格的非营利组织,财政、税务部门将不再受理该组织的认定申请。

被取消免税优惠资格的非营利组织,应当依法履行纳税义务;未依法纳税的,主管税务机关应当自其存在取消免税优惠资格情形的当年起予以追缴。

七、各级财政、税务部门及其工作人员在认定非营利组织免税资格工作中,存在违法违纪行为的,按照《公务员法》《行政监察法》等国家有关规定追究相应责任;涉嫌犯罪的,移送司法机关处理。

八、本通知自 2018 年 1 月 1 日起执行。《财政部 国家税务总局关于非营利组织免税资格认定管理有关问题的通知》(财税〔2014〕13 号)同时废止。

财政部 税务总局

2018 年 2 月 7 日

关于公益性捐赠支出企业所得税税前结转扣除有关政策的通知

财税〔2018〕15 号

各省、自治区、直辖市、计划单列市财政厅(局)、国家税务局、地方税务局,新疆生产建设兵团财政局:

根据《中华人民共和国企业所得税法》和《中华人民共和国企业所得税法实施条例》的有关规定,现就公益性捐赠支出企业所得税税前结转扣除有关政策通知如下:

一、企业通过公益性社会组织或者县级(含县级)以上人民政府及其组成部门和直属机构,用于慈善活动、公益事业的捐赠支出,在年度利润总额 12%以内的部分,准予在计算应纳税所得额时扣除;超过年度利润总额 12%的部分,准予结转以后三年内在计算应纳税所得额时扣除。

本条所称公益性社会组织,应当依法取得公益性捐赠税前扣除资格。

本条所称年度利润总额,是指企业依照国家统一会计制度的规定计算的大于零的数额。

二、企业当年发生及以前年度结转的公益性捐赠支出,准予在当年税前扣除的部分,不能超过企业当年年度利润总额的 12%。

三、企业发生的公益性捐赠支出未在当年税前扣除的部分,准予向以后年度结转扣除,但结转年限自捐赠发生年度的次年起计算最长不得超过三年。

四、企业在对公益性捐赠支出计算扣除时,应先扣除以前年度结转的捐赠支出,再扣除当年发生的捐赠支出。

五、本通知自 2017 年 1 月 1 日起执行。2016 年 9 月 1 日至 2016 年 12 月 31 日发生的公益性捐赠支出未在 2016 年税前扣除的部分,可按本通知执行。

财政部 税务总局

2018 年 2 月 11 日